SIBERC

可持续与创新桥梁系列丛书

钢管混凝土拱桥

Concrete Filled Steel Tubular Arch Bridges

（第三版）

陈宝春　著

人民交通出版社股份有限公司
China Communications Press Co.,Ltd.

内 容 提 要

本书以作者的工程实践与研究为基础,系统总结了我国20多年来在钢管混凝土拱桥理论与应用研究方面的成果,在第一版和第二版的基础上,以国家标准《钢管混凝土拱桥技术规范》(GB 50923—2013)为基础,介绍了钢管混凝土拱桥应用的技术背景,结构体系、构造、计算设计方法,施工技术,养护等内容。全书共分6章。

本书可供桥梁专业设计、施工与管理养护人员参考,亦可作为高等院校土木工程专业高年级本科生、桥隧专业和结构工程专业研究生的教材,也可供组合结构、桥梁结构研究人员参考。

图书在版编目(CIP)数据

钢管混凝土拱桥 / 陈宝春著. —3 版. — 北京:
人民交通出版社股份有限公司, 2016.9
(可持续与创新桥梁系列丛书)
ISBN 978-7-114-13061-8

Ⅰ. ①钢… Ⅱ. ①陈… Ⅲ. ①钢管混凝土拱桥 Ⅳ.
①U448.22

中国版本图书馆 CIP 数据核字(2016)第 120981 号

可持续与创新桥梁系列丛书

书　　名:	**钢管混凝土拱桥**(第三版)
著 作 者:	陈宝春
责任编辑:	吴有铭 李 农 李 沛 肖 鹏 闫吉维
出版发行:	人民交通出版社股份有限公司
地　　址:	(100011)北京市朝阳区安定门外外馆斜街3号
网　　址:	http://www.ccpress.com.cn
销售电话:	(010)59757973
总 经 销:	人民交通出版社股份有限公司发行部
经　　销:	各地新华书店
印　　刷:	北京市密东印刷有限公司
开　　本:	787×1092　1/16
印　　张:	38
字　　数:	1280 千
版　　次:	1999 年 9 月第 1 版　2007 年 1 月第 2 版　2016 年 9 月第 3 版
印　　次:	2016 年 9 月第 3 版　第 1 次印刷　总计第 4 次印刷
书　　号:	ISBN 978-7-114-13061-8
定　　价:	168.00 元

作者简介

陈宝春,男,1958年4月出生于福建省罗源县。1982年2月福州大学路桥专业毕业后参加广东容奇大桥施工。1986年5月福州大学结构工程硕士研究生毕业后留校任教,2003年获日本九州大学工学博士学位。现为福州大学土木工程学院、可持续与创新桥梁福建省高校工程研究中心(SIBERC)教授、博士生导师。兼任国际拱桥大会永久性学术委员会(Permanent Scientific Committee, International Conference on Arch Bridges, PSC-iCAB)委员和秘书长,国际无伸缩缝桥梁协会(International Association of Jointless Bridges, IAJB)副主席,亚洲混凝土协会(Asia Concrete Federation, ACF)中国团组(筹)负责人,fib第6.5团组委员,中国钢协理事、钢—混凝土组合结构分会副理事长等。现为《土木工程学报》、《建筑结构学报》、《中国公路学报》、《工程力学》、《Open Journal of Civil Engineering》、《Advanced Concrete Construction》等杂志编委。主要研究方向为拱桥、无缝桥、组合结构、超高性能混凝土桥和空心板桥等。先后主持完成国家自然科学基金项目4项、科技部国际合作项目2项和交通部课题1项;在研国家基金重点项目1项和面上项目2项。主持或参与了河南郑州黄河公路二桥、广东深圳彩虹(北站)大桥等20多项国家重点工程的设计与科研工作。在国内外刊物发表论文200多篇,出版了《钢管混凝土拱桥设计与施工》、《钢管混凝土拱桥(第二版)》、《钢管混凝土拱桥实例集(一)》、《钢管混凝土拱桥实例集(二)》、《钢管混凝土拱桥技术规程与设计应用》、《钢管混凝土拱桥设计计算方法与应用》、《无伸缩缝桥梁》等专著与教材,主编国际会议论文集6本,负责《Bridge Engineering Handbook》第8章"Arch Bridges"的编写。主编国家标准《钢管混凝土拱桥技术规范》(GB 50923—2013),参编行业标准《公路钢管混凝土拱桥设计规范》(JTG/T D65-06—2015)。拥有国家专利30余项,其中发明专利十余项。获国家科学技术进步奖二等奖1项(参与),省级科学技术奖一等奖2项(主持1项、参与1项)、二等奖6项(主持4项,参与2项),此外还获省级三等奖以及华夏科技奖、公路学会奖二等奖等多项。主编《桥梁工程》教材等,负责福建省精品课程《桥梁工程》建设。2000年获国务院政府津贴,2010年获福建省第六届教学名师称号,2011年获宝钢优秀教师奖。2012年获首届福建省优秀人才和福建省第三届杰出科技人才称号,2016年入选福建省科技创新领军人才。

"可持续与创新桥梁系列丛书"序

我国幅员辽阔,地形复杂,水系发达,桥梁在交通工程中具有极其重要的地位。从古到今,我国桥梁取得了很高的技术成就,为中华民族的发展繁荣提供了重要的基础条件,成为中华灿烂文明的重要组成部分,也为世界桥梁的发展做出了重要的贡献。新中国成立以来,桥梁建设日新月异。改革开放以来,桥梁建设更是成就辉煌。中国已成为世界桥梁大国,并正从桥梁大国向桥梁强国迈进。这些桥梁的建设基本上由中国的工程技术力量完成,充分体现了中国人的聪明才智,闪耀着自力更生、奋发图强的光芒和屹立于世界民族之林的伟大精神。

我国目前仍处于现代化建设的重要时期。在今后相当长的时间内,基础设施建设任务还很艰巨,仍需新建大量的桥梁。交通空间的利用一般遵循先易后难的规律,且随着有限交通空间的利用越来越充分,今后的桥梁建设自然条件将更加复杂与困难,工程造价将急剧上升,资源、能源耗费及对环境的影响可能更大。因此,应加强新材料、新结构、新技术的研发及创新活动,强调节能、环保与低碳等可持续发展的理念,全面推进桥梁工程科学技术的进步,促进基础设施建设和社会经济建设的健康、协调和可持续发展。

与此同时,随着越来越多的桥梁投入使用,并伴随着桥龄的增长,在气候、环境等自然因素的作用以及一些不可预测的自然破坏力作用下,不少桥梁的老化和功能退化已呈现加速的趋势;且随着社会对交通运输能力要求的不断提高,荷载等级、交通流量、行车速度等也必然提高,再加上我国超载车辆的问题长期没有得到解决,如何保证桥梁的安全、耐久、全寿命服务品质,是摆在我们面前的重要问题。

可持续与创新是当今国际土木工程领域的发展趋势,越来越受到关注与重视。欧盟在 Erasmus Mundus 计划中推出了 "Innovation in Design, Rehabilitation and Control of Structures"(结构设计、修复与控制的创新)联合培养硕士的项目;葡萄牙的 Minho 大学与 Coimbra 大学联合成立了"Institute for the Sustainability and Innovation of Structural Engineering"(结构工程可持续与创新学院);以可持续与创新为主题的国际会议不断举办,如 International Symposium on Innovation and Sustainability of Structures in Civil Engineering(土木工程结构创新与可持续国际学术研讨会)的系列会议。在桥梁工程方面,国际桥梁与结构工程协会(IABSE)分别于 1996年和 2002 年颁布了两份重要文件,即《国际桥梁与结构协会可持续发展宣言》和《结构工程实践中的道德准则》。此外，2004 年 IABSE 还在其会刊《国际结构工程》上刊登了题为《可持续工程——付诸实践》的系列文章。

随着国际交往的不断增多和经济社会发展的内在要求，在我国的桥梁工程等领域，可持续与创新理念已引起关注，然而由于大规模建设时间紧、任务重、人才缺乏，大量技术人员的时间与精力主要集中于完成现有的任务，对可持续与创新的研究与实践还没有深入地展开，也没有专门以此为主题的研发机构，远不能满足我国桥梁建设与使用管理的要求，也落后于发达国家的水平。

为此，福州大学以桥梁工程研究所为基础，以国家"外专千人计划"专家 Bruno Briseghella 教授为负责人，以陈宝春、吴庆雄领导的"大跨度拱桥新技术"省级科研创新团队为主要力量，成立了"可持续与创新桥梁福建省高校工程研究中心"（Sustainable and Innovative Bridges—Engineering Research Center，简称 SIBERC，赛博克）。中心通过引进国外知名的专家学者研究团队，进行国外人才与国内科研骨干的融合和交流；以国际上"可持续与创新"的新理念，联合国内外企业实体，建立协同创新体制与机制，结合我国的实际情况，开展桥梁工程新技术、新结构、新材料的创新研发与应用推广。中心目前主要的研究方向有桥梁概念设计，无伸缩缝桥梁，拱桥与组合桥梁，超高性能混凝土在桥梁中的应用，桥梁防震减灾，中小跨径桥梁合理构造形式，既有桥梁的评估、养护、维修与加固等。

中心计划将相应的研究成果和相关的学术交流与教材，以"可持续与创新桥梁系列丛书"的形式，在人民交通出版社股份有限公司出版，形成品牌图书，努力为提升我国桥梁工程可持续发展与创新水平做出贡献。

可持续与创新桥梁福建省高校工程研究中心（SIBERC）

2013 年 6 月 18 日

钢管混凝土拱桥在我国诞生 20 多年来，修建了 400 余座，分布在公路、城市道路、铁路上，跨径已经超过 500m，可望在不久的将来达到 700m，这是桥梁发展史上的奇迹。究其原因，钢管混凝土拱桥除具备优越的拱结构力学性能外，也是一个最佳的钢—混组合结构。钢管因管内混凝土的支撑，提高了抗局部屈曲能力，混凝土因钢管的套箍作用，增大了韧性和强度。因此，钢管混凝土拱桥较之钢拱桥用钢量少，刚度大，施工方便，造价低，尤其适合占我国国土面积 69% 的山区。跨越地基好的山谷时，钢管混凝土拱桥可替代跨径大得多的悬索桥、斜拉桥，经济价值更为凸显。近几年，高速铁路在我国兴起。5 年来，高速铁路上建成和在建的跨径超过 300m、以钢管混凝土作劲性骨架的混凝土拱桥有 6 座。高速铁路对特大跨径混凝土拱桥的强烈需求，必将推动钢管混凝土拱桥的发展。

经过 20 多年大规模建桥实践及研究，特别是"大型钢管混凝土结构管内混凝土真空辅助灌注方法"等一批具有我国自主知识产权的技术研究成功，钢管混凝土拱桥设计理论、施工工艺日趋完善，工程质量提高，施工风险降低。但是，其发展是不平衡的，这一时期也出现了一些质量差的钢管混凝土拱桥。因此，急需对钢管混凝土拱桥建造技术进行总结提高。

福州大学陈宝春教授 20 多年来潜心研究钢管混凝土拱桥，先后编著了《钢管混凝土拱桥》第一版、第二版，主编了国家标准《钢管混凝土拱桥技术规范》（GB 50923—2013）。在总结《钢管混凝土拱桥》第二版出版以来钢管混凝土拱桥设计、施工、养护方面的新经验的基础上，吸收了新的科研成果，结合国家标准《钢管混凝土拱桥技术规范》（GB 50923—2013），编写了《钢管混凝土拱桥》第三版。本书无疑是桥梁从业人员的重要参考书，亦可供桥梁专业师生学习，我在此隆重推荐。

郑皆连

2016 年 3 月 27 日

前　言

钢管混凝土拱桥在我国走过了 20 多年的发展历程,初步形成设计计算理论体系,积累了丰富的工程经验。在工程应用方面,据我们的跟踪统计分析,新建的钢管混凝土拱桥数量持续增加,跨径不断增大,目前跨径最大的四川合川长江一桥(波司登大桥)净跨径超过 500m(计算跨径 530m),技术也在不断进步。截至 2015 年 1 月,我们收集到已建和在建跨径不小于50m 的钢管混凝土拱桥 413 座。

在长期研究与应用的基础上,通过大量的调查研究和充分吸收国内外有关的研究成果与工程实践经验,并参考了有关标准规范,福州大学和中建海峡建设发展有限公司会同有关单位编制了国家标准《钢管混凝土拱桥技术规范》(GB 50923—2013)。该标准已于 2014 年 6 月 1日起在全国实施。行业标准《公路钢管混凝土拱桥设计规范》(JTG/T D65-06—2015)也于2015 年底颁布实施。

本书是在《钢管混凝土拱桥》第二版基础上,经过全面修订而成的。《钢管混凝土拱桥》第二版撰写时,钢管混凝土拱桥计算理论体系尚未形成,缺乏相应的标准与规范,所以对各种钢管混凝土构件的计算方法、钢管混凝土结构的受力特点研究进行了较详细的介绍。第三版则以《钢管混凝土拱桥技术规范》(GB 50923—2013)为主要依据,部分参考了《公路钢管混凝土拱桥设计规范》(JTG/T D65-06—2015),删除或简化了第二版中对各种计算方法和钢管混凝土结构的受力特点研究的详细内容,全书简洁流畅、重点突出、实用性更强。全书共 6 章,主要内容有概述、结构体系、构造、设计计算、施工、养护等。有关本版的具体修改,见第一章第五节的介绍。

本书从 1999 年第一版、2007 年第二版到现在的第三版,在撰写过程中得到国内外同行、所在单位、团队成员的大力支持与帮助,在此深表谢意。希望大家继续支持,多提意见与建议,以便在将来适当的时候再行修订。

本书编写时除参考了书后所列文献外,还参考了国家标准《钢管混凝土拱桥技术规范》(GB 50923—2013)以及各参编单位提供的相关材料和专题研究报告,书中还采用了交通运输部公路科学研究院孙晓红等人提供的许多照片。韦建刚、刘君平参与了部分章节的编写。四川省交通运输厅公路规划勘察设计研究院牟廷敏,广西壮族自治区公路桥梁工程总公司陈光辉、韩玉，武船重型工程有限公司阮家顺，柳州欧维姆机械股份有限公司龙跃、朱元，福州大学赵秋等对本书的初稿提出了宝贵的意见与建议并进行了相应的修改。作者特别感谢郑皆连院士在百忙之中审阅了全书，提出了宝贵的意见，并为本书作序。此外，周俊、黄聪燕等同学为本书做了细致的资料收集整理与绘图等工作。本书是人民交通出版社股份有限公司"可持续与创新桥梁系列丛书"的第二本，责任编辑吴有铭、李农等为本书出版付出了辛勤的劳动，在此表示衷心的感谢。

作　者
二〇一六年三月
于福州大学旗山校区

第二版序

拱是曲线中最优美的线形,无处不在,人见人爱。

亚洲与欧洲都是较早修建石拱桥的地域,中国文字"桥"即是"木"与"拱"象形复合而成。繁体字"橋"可复原为*:

橋·········

在工业革命前后,欧洲石拱桥逐步被铸铁拱桥、钢拱桥所替代,已很少修建石拱桥。中国由于封建社会霸治太久,工业发展滞后,故在石拱桥的不断建造中创造了多种形式,如敞肩拱、薄型半圆拱、陡型拱等等,可谓拱桥之国。在 2000 年还建成了主跨 146m 的全空腹变截面石拱桥,为世界之最。而百米以上的石拱桥也有 16 座,亦可谓世界之最。

随着我国社会主义现代化建设的突飞猛进,全国高速公路、城市交通线路都已蛛网密布,桥梁建设日新月异,已取得辉煌的发展。虽早期在国外有少量小跨径钢管混凝土拱桥的修建经验,但其设计意图各有不同。我国钢管混凝土拱桥大量修建的发展过程,体现了国家发展、自主创新、民族振兴的无畏精神,跨径已从早期的百米左右,向现在的大跨五百米以上冲击。

钢管混凝土拱桥现已跻身大跨度桥梁的建设行列,从跨河、跨江进入了跨海的桥梁建设方案中。这就必然要对该种桥型的设计理论,结构的静、动力性能,多灾害防治能力,以及大桥的安全性、耐久性、可靠性和可持续发展——都必须提高到结构全寿命理念上——做深入的理论与实验研究。

钢管混凝土拱桥的发展应归功于许多学者的研究成果、工程建设者的实践贡献。陈宝春

---

* "橋"字象形左为树也,右则上端形如桥栏杆,中间曲线部分如拱,中有□象形为拱冠,在拱的下方则为一小船也。

教授就是其中一位，他领导研究组奋战至今，坚持不懈，不断探索，总结以往经验，提出新的课题，联系实际工程不断创新，实属不易。欣然为之作序，向读者郑重推荐一本好书。

二〇〇五年十月十二日于福州

第二版前言

《钢管混凝土拱桥设计与施工》(第一版)一书是在国内钢管混凝土拱桥应用发展很快,但相关资料缺乏的情况下于 1999 年出版的。受当时的研究水平与作者个人水平的限制,加上时间仓促,书中有许多不尽人意之处。该书第一次印刷 4000 册,很快就销售一空,在不到数月的时间内又第二次印刷了 4000 册,所以没有足够的时间进行修订。该书出版以来,钢管混凝土拱桥的应用与研究都有了很大的发展,但该书至今仍为钢管混凝土拱桥的主要参考书。对此,作者深感不安,因此自 2003 年就着手进行该书的修改再版工作,经过 3 年多的努力,现在终于告一段落。

在本书第二版中,主要有以下几个重大改动:

(1)用钢管混凝土作为劲性骨架修建的钢筋混凝土拱桥,虽然也与钢管混凝土有关,但还涉及钢筋混凝土拱桥的内容,且这种桥型目前修建得较少,已修建的典型桥例为万县长江大桥(主跨 420m 箱拱)和邕宁邕江大桥(主跨 312m 箱肋拱),其中万县长江大桥已有专著论述。所以,第二版中所指的钢管混凝土拱桥不再包含采用钢管混凝土作为劲性骨架的钢筋混凝土拱桥,个别地方涉及的将单独指出。

(2)由于钢管混凝土拱桥近年来在耐久与安全方面暴露出来一些问题,并出于对桥梁可持续发展的关注,书中增加了"基于全寿命理念的建设与管养"一章。

(3)将钢管混凝土拱桥设计理论研究成果与现有工程应用中的设计计算方法分开叙述,理论研究成果集中到全书的最后 3 章,便于不同读者根据不同阅读需要进行选择。

(4)将钢管混凝土构件几何性质、钢管混凝土拱桥一览表等作为附录附于正文后,使正文更加简洁。

第二版全书共分十二章,大致上每三章成一个版块。第一章至第三章主要介绍钢管混凝土拱桥应用的理论与技术基础,包括拱桥的发展简史、发展方向,钢管桥梁结构、钢管混凝土结构与构件的基本知识。第四章至第六章主要介绍钢管混凝土拱桥的设计,包括结构体系、构造与设计计算。第七章至第九章主要介绍施工技术和基于全寿命理念的建设与管理养护。第十章至第十二章主要介绍钢管混凝土拱桥的设计计算理论的研究成果,包括钢管混凝土拱桥的极限承载力、静力性能与动力性能。

第一章"拱桥发展概论"，以大量的桥例与图片介绍了国内外拱桥的发展简史和发展方向，尤其突出了近年来国外在大跨度钢筋混凝土拱桥方面的研究成果，并对我国拱桥的造型与结构的异化进行了评述，这些都是第二版新加的内容。本章还对钢管混凝土拱桥在国内外的发展进行了总体性的介绍。

第二章"钢管桥梁结构"也是第二版新加的内容。钢管混凝土拱桥在管内混凝土强度形成之前无论结构的制作、施工还是受力都属于钢管结构，成桥以后对于桁式拱肋也还具有管结构的受力特点，因此，对钢管结构的了解，是进行钢管混凝土拱桥设计与施工所必需的基础知识。

第三章"钢管混凝土结构应用与构件计算"在第一版第一章与第二章合并的基础上，加入了近年的研究成果，在介绍基本计算理论与方法方面，增加了国外的有关规程与国内的部分地方规程。

第四章"钢管混凝土拱桥结构体系"与第五章"钢管混凝土拱桥构造"由第一版的第三章"钢管混凝土拱桥结构与构造"扩充修改而成。

第四章结构体系着重从拱桥的纵向受力性能方面来介绍。按上承式有推力拱、中承式有推力拱、下承式拱梁组合桥、下承式刚架系杆拱、中承式刚架系杆拱（五大类）加上其他类型共六大类进行介绍。对五大桥型均根据现有的应用情况进行了主要参数的统计分析，对结构的受力特点与构造特点进行了介绍，并给出了典型桥例的简介。这一章的内容对进行结构的总体设计具有重要的参考价值。

第五章的构造内容在第四章结构体系介绍的基础上，从主拱肋（圈）构造、横向构造、桥道系结构与构造、立柱吊杆与系杆等方面介绍了钢管混凝土拱桥的构造，并增加了细部构造一节。本章大量吸收了近年来在构造方面的技术成果，通过图例与照片进行介绍。

第六章"钢管混凝土拱桥设计计算"以《钢管混凝土拱桥设计规范》（报批稿）为主要依据，对钢管混凝土拱桥的计算与验算的方法、内容进行了介绍。

第七章"钢管拱肋制作与管内混凝土施工"与第八章"钢管混凝土拱桥架设"是对第一版第七章、第八章的修改与补充，主要参考了《钢管混凝土拱桥施工技术规范》（报批稿），增加了拱桥架设方法的国外资料和近年来的技术发展、实际经验与桥例。

第七章从钢管混凝土拱肋的钢管拱肋制作与管内混凝土两个方面介绍其施工技术。对于钢管拱肋制作，主要介绍拱肋的组拼和焊接，关于钢管制作的内容已在第二章中介绍，这一章不再重复。管内混凝土的施工主要介绍管内混凝土的制备与泵送和质量检查。

第八章一开始介绍了桥梁施工方法，尤其是拱桥的施工方法，其中出现了大量的国外拱桥施工的资料与图片，对我国拱桥施工架设方法具有重要的参考价值。在此基础上，着重对钢管混凝土拱桥中常用的斜拉悬臂缆索吊装方法和转体施工方法进行了介绍。此外，与第一版相比，增加了吊杆与系杆的施工、施工计算与施工控制的内容。

第九章"基于全寿命理念的建设与管养"是这一版新增的内容。主要介绍了桥梁全寿命理念、钢管混凝土拱桥从全寿命理念出发在设计中应注意的问题、钢管结构的防腐设计与施工、桥梁静动载试验、施工过程的监测监控和使用管理与维修养护等。

第十章至第十二章是在第一版第五章和第六章部分内容的基础上根据近几年的研究成果扩充修改而成的。第十章"钢管混凝土拱桥使用状态下的静力性能"和第十一章"钢管混凝土拱桥的强度与稳定"是在第一版第五章中有关静力受力性能的基础上,大量吸收近年来钢管混凝土拱桥方面的理论研究成果扩充修改而成。这两章内容密切相关,第十一章中的强度与稳定实际上也是静力性能的一个方面,而在第十章的静力性能中的初应力、混凝土收缩徐变等内容也涉及极限承载能力的问题,但由于放在一章中篇幅太大,所以分两章来写。

第十章主要介绍了钢管混凝土拱桥在使用状态下的静力受力性能、温度特性、混凝土收缩徐变问题、拱肋刚度计算取值、挠度限值与振动限制问题、局部应力和钢管混凝土节点疲劳问题等。其中,后四节的内容是此次再版中新增加的。

第十一章首先对梁柱的强度与稳定问题作了简要的叙述,作为拱结构强度与稳定分析的基础。接着,介绍了对钢管混凝土拱桥中常用的哑铃形拱肋、桁式拱肋的构件已进行的试验研究成果。随后,从面内受力和空间受力两方面对钢管混凝土拱的强度与稳定的研究成果进行介绍。面内受力主要介绍试验研究、有限元分析方法及实用算法。空间受力则侧重于稳定极限承载力的试验研究、有限元分析方法和空间弹性一类稳定分析、横向结构影响等。本章有些成果还尚未在学术刊物上发表。

第十二章以第一版第五章中有关动力性能的内容为基础,吸收了近年来的研究成果,对钢管混凝土拱桥的基本动力特性、抗震性能、抗风性能和车振性能等进行了介绍。

由于这一版中除设计与施工内容外,还包括了基于全寿命理念的建设与管养内容,以及大量的设计计算理论研究内容,因此,这一版的书名由原来的《钢管混凝土拱桥设计与施工》改为《钢管混凝土拱桥》,使书名更加贴切,但它与第一版书存在着不可分割的联系,并不是一本新写的书,因此仍称之为第二版。

自本书第一版出版以来,作者和研究小组成员在钢管混凝土拱桥的应用与理论研究方面继续努力地工作。主持完成了国家自然科学基金项目"钢管混凝土拱桥抗震理论研究"、福建省重点科技项目"316国道福建闽清石潭溪大跨度钢管混凝土拱桥试验研究"、福建省自然科学基金项目"钢管与钢管混凝土复合拱桥受力性能研究"等多项纵向科研项目。参加编写的交通部《钢管混凝土拱桥施工技术规范》完成了报批稿,参加的交通部西部交通建设科技项目"钢管混凝土拱桥设计、施工及养护关键技术研究"进展顺利。参与完成了多个以实际桥梁和深圳北站大桥、郑州黄河公路二桥、广东东莞水道大桥、福鼎山前大桥等为背景的研究项目,获省部级科技奖励3项。目前正在主持的福建省基础性研究计划重大项目"钢管混凝土拱桥设计理论关键技术研究"即将顺利完成,2005年又承担了国家自然科学基金项目"钢管混凝土格构柱受力性能研究"。在开展研究的同时，我们还负责设计了福建省福鼎山前大桥、新桐山大桥、泉州和昌大桥、百崎湖大桥等多座钢管混凝土拱桥，参加了郑州黄河公路二桥、广东东莞水道大桥、大汾北大桥等钢管混凝土拱桥的设计。此外，作者还参与了国内众多钢管混凝土拱桥设计施工的咨询工作和福建省漳州西洋坪大桥等钢管混凝土拱桥的设计审查工作。以上这些研究与实践，都为此次再版提供了坚实的理论基础与实践经验。在这些工作过程中得到了许多前辈、专家和同行的大力支持，在此表示衷心的感谢。

　　本书的顺利再版是作者所在研究小组集体努力的结果，也是福州大学桥梁工程、结构工程近几年来学科发展的成果之一。孙潮、韦建刚、吴庆雄、彭桂瀚、陈友杰等老师和博士生黄福云、黄文金、欧智菁、盛叶、黄卿维、高婧、刘振宇及硕士生杨亚林等参加了本书部分章节的编写工作。高婧、柯婷娴等同学为本书的编辑付出了辛勤的劳动。本书的再版工作也得到许多同行的鼎力相助，尤其应该感谢的是清华大学的韩林海教授，他为本书第三章提供了钢管混凝土结构应用的资料与照片；西南交通大学的范文理教授，他为第二章、第七章和第十一章的部分章节提出了宝贵的修改意见。特别令作者感动的是范立础院士，他在百忙之中审阅了全书，提出了宝贵的意见，并为本书的第二版作序。人民交通出版社吴有铭编辑为本书的出版付出了辛勤的劳动。作者的妻子陈海燕女士对作者编写此书给予了大力的支持。此外，本书中大量照片除一部分为作者自拍外，国外桥梁照片有相当部分是由西班牙 Leonardo Fernandez Troyano 先生提供的，国内桥梁照片则有相当部分是由作者众多的桥梁界朋友提供的，在此一并表示衷心的感谢。

　　由于钢管混凝土拱桥无论是在应用还是在理论研究方面，都还在不断的发展过程之中，给本书的再版修改带来了很大的困难。在修改过程中，作者想尽可能多地反映最新的成果、使第二版更加完善，但不断有新的材料出现，以至于很难有完稿的时候。为使该书第二版的出版不再拖下去，本书的参考资料截至 2006 年 3 月。因此，第二版交稿后可能相隔不了多久又要考虑第三版的问题了。希望在第三版时，技术已经比较成熟。为此，敬请大家对本书的第二版提出意见与建议，以便第三版时修改。

作　者

二〇〇六年七月

于福州大学土木工程学院

第一版前言

  钢管混凝土拱桥自 1990 年四川旺苍东河大桥建成以来，近几年在我国应用发展很快。福州大学从 1993 年开始钢管混凝土拱桥的设计、施工、监理与科研工作。先后在福建省设计了福清玉融大桥、安溪铭选大桥、福安群益大桥、闽清石潭溪大桥、仙游兰溪大桥等钢管混凝土拱桥 8 座；承担了其中 3 座的监理和成桥静载测试工作；承担了福建省自然科学基金项目"钢管混凝土拱桥结构受力特性研究"、福建省科委"国道 316 线石潭溪大跨度钢管混凝土拱桥试验研究"、福州市建委"福州解放大桥汽车荷载测试"、深圳市建委"深圳北站大桥拱墩固结点局部应力光弹性试验与有限元分析"等科研课题，在钢管混凝土拱桥在使用荷载作用下的结构受力性能、施工受力分析、面内极限承载力、面外稳定分析、温度应力等方面取得了可喜的成果。"钢管混凝土拱桥结构受力特性研究"获福建省 1998 年科技进步二等奖。这些成果都是集体智慧的结晶，倾注了福州大学结构工程学科桥梁研究方向全体教师的辛勤劳动与心血。

  在上述应用与研究的基础上，本书作者收集了大量的资料，在交通土建高年级本科生和结构工程硕士研究生的有关课程中开始讲授钢管混凝土拱桥的应用与理论研究。由于目前尚无相应的介绍钢管混凝土拱桥的书籍，在多方鼓励与支持下，通过两年多的努力，对讲稿进行了充实与系统完善，完成了本书的编写。

  全书共分八章。

  第一章"钢管混凝土简介"，介绍了钢管混凝土结构的发展概况、钢管混凝土的基本性能与分类以及材料。

  第二章"钢管混凝土基本计算理论"，对在我国目前影响较大的三个理论体系和相应的规程进行了对比性的介绍，有助于读者对钢管混凝土构件基本理论的理解和灵活应用。

  第三章"钢管混凝土在拱桥中的应用与发展"，简要介绍了拱桥的发展历史、钢管混凝土在拱桥中应用的必然性与合理性和我国钢管混凝土拱桥的应用概况，并选取了有代表性的一些桥例进行较详细的介绍。在桥例选取中，尽量考虑到桥梁结构的类型、地域分布、设计单位、施工方法等，并且均选用已建好的桥梁为桥例。

  第四章"钢管混凝土拱桥结构与构造"。钢管混凝土拱桥较之传统的圬工与钢筋混凝土拱桥，因其材料强度的提高与施工的方便，使其具有很强的表现能力，几乎涵盖了圬工拱桥、钢筋混凝土拱桥和钢拱桥的所有桥型，而且还出现了像刚架系杆拱这类桥型。本章在上一章桥例介绍的基础上，试图从横向比较，从主拱圈构造、横向构造、桥面系、立柱吊杆与系杆等方面介绍钢管混凝土拱桥的构造，并且鉴于在钢管混凝土拱桥中无推力拱应用较多，所以另外开辟了一节介绍无推力拱，而无风撑拱和提篮拱则归入横向构造一节。所以这一章既介绍构造也介绍结构体系。

第五章"钢管混凝土拱桥结构受力特性分析"，集中地反映了福州大学等科研、生产单位在钢管混凝土拱桥方面的理论研究成果。有些成果还尚未在学术刊物上发表。这一章从结构的静力受力特性、面内承载力、面外承载力、温度特性、收缩、徐变问题以及结构动力特性方面介绍了钢管混凝土拱桥的受力特性。这些研究成果对于挖掘和合理利用钢管混凝土拱桥的受力特性，推动钢管混凝土拱桥的技术进步，具有积极的理论意义和现实意义。这一章还简要介绍了作者的导师郑振飞教授所领导的研究小组长期以来在拱桥研究方面所取得的成果。

第六章"钢管混凝土拱桥设计计算"在第五章的基础上，介绍了钢管混凝土拱桥设计计算方法中与其他拱桥不同的部分，并给出了一座下承式钢管混凝土刚架系杆桁肋拱的设计算例作为参考。

第七章"钢管混凝土材料的制作与施工要求"，介绍了钢管的加工制作、钢管骨架的加工制作、防腐与涂装、管内混凝土的制备与浇注以及质量检验等施工问题。

第八章"钢管混凝土拱桥成桥施工技术"从介绍拱桥的施工方法入手，简要分析了各种施工方法与适用范围，并从中指出钢管混凝土应用于拱桥解决了拱桥向大跨度发展的施工问题。钢管混凝土拱桥施工方法实质上是劲性骨架方法和自架设方法。本章着重介绍了钢管骨架架设方法的两种主要方法：缆索吊装法和转体施工法，同时还介绍了施工过程的稳定性问题和施工加载程序问题。

作者在从事钢管混凝土拱桥的研究与本书的撰写过程中得到哈尔滨建筑大学钟善桐教授、韩林海教授、黄侨教授，中国建筑科学研究院蔡绍怀教授，广州市高速公路总公司张尚杰高工，福建省建筑设计研究院龚昌基高工，清华大学聂建国教授，交通部重庆公路研究所许晓锋高工，日本九州大学刘玉擎博士等专家与同行的帮助与鼓励；同济大学金成棣教授、郑州铁路局勘测设计院的乔景川高工、四川省公路勘测设计研究院的谢邦珠高工、南昌冶金设计研究院的程懋方高工、铁道部第一勘测设计院的季坤高工、深圳市市政设计院的陈宜言高工和李勇工程师、水利水电十二局金属结构厂林书楦高工、江苏省交通工程总公司一公司瞿栋工程师等为本书提供了大量的照片与资料。作者对上述提及和未提及的在本书编写过程中给予大力支持与帮助的前辈、专家和同行表示衷心的感谢。

在本书编写的同时，作者有幸应广州市高速公路总公司的邀请参加了目前在建的跨径最大的钢管混凝土拱桥——主跨360m的广州市东南西环高速公路丫髻沙大桥专家组的工作；应交通部重庆公路研究所的邀请参加了交通部组织编写的《钢管混凝土拱桥施工规范》的编写工作;应深圳市市政设计院的邀请参加了深圳北站大桥的设计与科研工作。在这些工作中,各位专家与同行丰富的工程实践经验、扎实的理论基础为作者完成本书的编写提供了非常有益的帮助。

研究生孙潮、陈友杰、徐爱民、欧智菁等参加了第五章至第八章中部分有关的科研工作。林英、郑宝锦、黄国兴、彭桂翰等同学为本书的录入、绘图付出了辛勤的劳动。恩师郑振飞教授、郭金琼教授、毛承忠副教授始终关注本书的编写工作,尤其是郑振飞教授在百忙之中审阅了全书并提出了宝贵的意见;人民交通出版社蒋明耀主任、责任编辑张斌和曲乐同志为本书的出版付出了辛勤的劳动;作者的家人特别是作者的妻子陈海燕女士对作者编写此书给予了大力的支持。在此一并表示衷心的感谢。

由于时间仓促,加上本人的水平有限,书中一定存在着缺点和错误,恳请专家和读者批评指正。

作　者

一九九九年三月

于福州大学怡园

术　　语

钢管混凝土柱　concrete-filled steel tubular（CFST）column

由钢管和管内混凝土组成的钢—混凝土组合柱。

钢管混凝土拱桥　concrete-filled steel tube（CFST）arch bridge

采用以圆形钢管混凝土为基本单元所形成的拱肋作为主要承重结构的桥梁。

钢管约束混凝土柱　steel tube confined concrete（STCC）column

由钢管和管内混凝土组成的、钢管不直接承担纵向荷载而只对管内混凝土起约束作用的钢—混凝土组合柱。

钢管混凝土拱肋　CFST arch rib

主要承重单元为钢管混凝土的拱肋。

（有推力）上承式拱　deck（true）arch

桥面行车道位于拱肋之上、拱脚支承提供水平反力的拱结构。

（有推力）中承式拱　half-through（true）arch

桥面行车道部分位于拱肋之上、部分位于拱肋之下，拱脚支承提供水平反力的拱结构。

刚架系杆拱　rigid-frame tied arch

拱肋与桥墩固结，以系杆索的预加力来平衡拱部分水平推力的结构，也称为部分推力拱。

下承式刚架系杆拱　rigid-frame tied through arch

全部桥面系悬挂在拱肋以下的刚架系杆拱。

中承式刚架系杆拱　rigid-frame tied half-through arch

由多跨组成，主跨为中承式，两端边跨为上承式悬臂半拱，系杆索锚固在边跨端部的刚架系杆拱，又称飞鸟式拱或飞燕式拱。

（下承式）拱梁组合结构　rigid-frame tied（through）arch

由拱肋与梁通过吊杆组成的共同承重结构，桥面行车道位于拱肋之下。

钢管拱肋　steel tube arch rib

施工过程中钢管内未填充混凝土的拱肋。

管内混凝土　concrete in tube

浇注在钢管内的混凝土，又称核心混凝土。

钢管混凝土构件　CFST member

在钢管内浇注混凝土，并由钢管和管内混凝土共同承担荷载的构件。

约束效应系数　confinement or hooping coefficient

反映钢管对核心混凝土约束效应的系数，又称约束套箍系数。

单圆管拱肋　single tube arch rib

截面为单个圆钢管混凝土的拱肋。

哑铃形拱肋　dumbbell shape arch rib

截面由上下两个单圆钢管混凝土和两块连接钢腹板组成的拱肋。

桁式拱肋　truss arch rib

由上下钢管混凝土弦杆通过腹杆组成桁式的拱肋。

钢管混凝土格构柱　CFST laced column

由若干钢管混凝土主肢和空钢管缀件组成的柱子。

钢管初应力　initial stress or preloading of steel tube

因钢管构件先于管内混凝土施工而在钢管混凝土组合作用形成前作用于钢管中的纵向正应力，又称钢管混凝土初应力。

初应力度　initial stressing ratio or preloading ratio

钢管初应力与其钢材屈服强度的比值。

计算合龙温度　computional closure temperature

管内混凝土形成设计强度时，通过换算确定的钢管混凝土拱肋温度内力为零时所对应的截面平均温度。

相贯节点　intersection joint

主管和支管直接通过相贯线焊接的节点。

脱粘　debonding

由温度荷载、管内混凝土收缩等非施工质量原因形成的管内混凝土与钢管之间微小程度脱离的现象。

脱粘率　debonding rate

钢管混凝土横截面上产生脱粘区域对应圆心角与整个截面角度的比值，又称脱粘角度率。

强健性　robustness

结构承受像火灾、爆炸、冲击或人为错误后果等极端事件时，不使破坏达到与原始动因不成比例程度的能力。

符 号

1. 荷载、荷载效应与临界荷载

g_1——主拱恒载集度；

g_2——边拱恒载集度；

N——截面轴向力设计值；

N_c——支管受压时的节点承载力；

N_D——钢管混凝土哑铃形和格构柱构件截面轴心抗压强度设计值；

N_t——支管受拉时的节点承载力；

N_s——轴向压力组合设计值；

N_1,N_2——分配到哑铃形拱肋两个肢管上的轴向力值；

N_0——钢管混凝土单圆管截面轴心抗压强度设计值或单圆管钢管混凝土承载力；

N_0'——考虑脱粘影响的钢管混凝土单圆管截面轴心抗压强度设计值；

N_f^i——与钢管混凝土主肢共同承担荷载的连接钢板的抗压强度设计值；

N_{0i}——桁式拱肋第 i 根钢管混凝土弦杆轴心抗压强度设计值；

N_{cr}——1/4 跨中处的临界轴压荷载，或肋拱桥面外失稳临界力；

N_{01}——钢管混凝土单圆管截面偏心抗压强度设计值；

N_{02}——钢管混凝土单圆管偏心受压构件稳定承载力设计值；

N_{D1}——钢管混凝土哑铃形构件和格构柱偏心抗压强度设计值；

M——截面弯矩设计值；

ΔM_0——边拱脚弯矩；

M_1,M_2——分配到哑铃形拱肋两个肢管上的弯矩值；

p_{cr}——格构柱分支点失稳临界荷载；

p_e——实腹柱分支点失稳临界荷载；

q_{cr}——圆弧拱面外屈曲临界荷载；

Q——剪力；

R——构件承载力设计值；

$R(\cdot)$——构件的承载力函数；

S——荷载效应的组合设计值；

T_1——系杆索拉力；

V_1——腹杆所受轴力设计值；

σ——吊索或系杆索的应力或主管最大轴向应力；

$\sigma_0^{'}$——钢管初应力；

σ_L——局部应力；

σ_N——名义应力；

σ_G——热点应力。

2. 材料指标

$(EA)_{sc}$——钢管混凝土拱肋截面整体压缩设计刚度；

$(EI)_{sc}$——钢管混凝土拱肋截面整体弯曲设计刚度；

$(EA)_{sc1}$——钢管混凝土毛截面压缩设计刚度；

$(EI)_{sc1}$——钢管混凝土毛截面弯曲设计刚度；

$(EA)_{sc2}$——单肢钢管混凝土毛截面压缩设计刚度；

$(EI)_{sc2}$——单肢钢管混凝土毛截面弯曲设计刚度；

EI_y——拱肋面外抗弯刚度；

E_c——混凝土弹性模量；

E_s——钢材弹性模量；

f——钢材的强度设计值；

f_s——钢材抗拉、抗压和抗弯强度设计值；

f_y——钢材的屈服强度或钢材的强度标准值；

f_{sd}——钢材的强度设计值；

f_{sk}——钢材的强度标准值；

f_{cd}——混凝土轴心抗压强度设计值；

f_{ck}——混凝土轴心抗压强度标准值；

f_d——材料强度设计值；

f_{vd}——钢材抗剪强度设计值；

f_{td}——混凝土轴心抗拉强度设计值；

f_{tk}——混凝土轴心抗拉强度标准值；

f_{tpk}——吊索或系杆索的抗拉强度标准值；

G_c——混凝土剪切变形模量；

G_s——钢材剪切变形模量；

α——钢管混凝土拱肋受截面均匀温度作用时轴线方向的线膨胀系数；

α_s——钢板或钢材线膨胀系数；

α_c——混凝土材料线膨胀系数；

ρ_s——钢材密度；

ρ_c——钢管混凝土截面含钢率；

μ_c——混凝土泊松比；

μ_s——钢材泊松比；

σ_p——比例极限；

σ_s——屈服强度。

3. 几何参数

a_d——几何参数设计值；

a——横系梁间距；

a_i——钢管混凝土格构柱单根柱肢中心到虚轴 $y\text{-}y$ 的距离；

b_i——钢管混凝土格构柱单根柱肢中心到虚轴 $x\text{-}x$ 的距离；

A——面积；

A_0——斜缀条毛截面面积之和；

A_b——横系梁截面面积或一个节间内各平腹杆面积之和；

A_c——钢管内混凝土的截面面积；

A_d——一个节间内各斜腹杆面积之和；

A_{fs}——连接钢板的截面面积；

A_s——钢管的截面面积；

A_{sc}——钢管混凝土构件的组合截面面积；

A_{s1}——拱肋截面的钢材面积；

A_{c1}——拱肋截面的混凝土面积；

b——拱肋轴线间距；

d——拉索直径或钢管直径；

D——钢管外径,或主管外径；

e_0——截面偏心距；

f——拱的矢高；

f_1——桥面系以上拱肋的矢高或主拱矢高；

g——两支管间的间隙；

G——横系梁的剪变模量；

h_1——哑铃形截面、格构柱截面受弯面内两肢中心距离；

h_2——哑铃形截面腹板高度；

H——拱肋截面高度；

i——截面回转半径；

I_b——一根横系梁横截面对自身竖轴的惯性矩；

I_c——一根拱肋横截面对自身竖轴的惯性矩或混凝土截面惯性矩；

I_s——钢管截面惯性矩；

I_{sc}——钢管混凝土组合截面惯性矩；

I_{s1}——钢材截面惯性矩；

I_{c1}——混凝土截面惯性矩；

L——拱桥计算跨径，或直线段长；

L_1——主跨跨径；

L_2——边跨跨径；

L_0——拱肋的等效计算长度；

L_d——吊索长度；

L_z——拱肋节段的直线段长度；

l_{0x}——构件对 x 轴的计算长度；

l_{0y}——构件对 y 轴的计算长度；

l——构件长度或拱的计算跨径；

l_0——构件的计算长度；

l_{01}——拱肋净跨径；

l_1——格构柱柱肢节间距离或单肢长度；

l_2——哑铃形截面腹板加劲构造间沿拱肋方向的距离；

r——截面计算半径或截面回转半径；

r_c——钢管内混凝土横截面的半径；

R——圆弧拱的半径；

R_0——拱的曲率半径；

S——拱轴长度；

t——钢管壁厚，或混凝土初凝时间或混凝土终凝时间；

T——计算合龙温度，或主管的壁厚；

T_0——附加升温值；

T_{28}——钢管内混凝土浇注后 28d 内的平均气温;

α——拱的开角;

ε_b——界限偏心率;

θ——拱肋两节段间的折角;

θ_c——受压支管轴线与主管轴线的夹角;

θ_t——受拉支管轴线与主管轴线的夹角;

θ_0——由剪力所引起挠度曲线的附加斜率。

4. 计算系数及其他

a, a_1, b_1——有初应力的钢管混凝土极限承载力计算时,考虑长细比影响的系数;

f_0——钢管混凝土拱桥的一阶竖向频率;

k——有效长度系数;

k_3——轴心抗压强度设计值换算系数;

k_c——钢管混凝土承载力徐变折减系数;

K_p——考虑初应力度对钢管混凝土承载力的折减系数;

K——单肋拱面外屈曲稳定系数,或换算长细比系数;

K'——换算长细比修正系数;

K_G——几何应力集中系数;

K_t——钢管混凝土承载力脱粘折减系数;

m, m_1, n_1——有初应力的钢管混凝土极限承载力计算时,考虑偏心率影响的系数;

n——桁式拱肋弦杆数或与横系梁截面形式有关的系数;

Q_0——要求灌注的混凝土量;

v——输送泵的额定速度;

$\Delta\sigma$——疲劳应力幅;

$[\sigma_0]$——疲劳容许应力幅;

α——轴力系数或拱肋的拱脚支承条件系数;

α_0——剪力影响系数;

β——钢管初应力度或支管与主管外径之比;

ξ_0, ξ——钢管混凝土约束效应系数设计值、标准值;

ζ——构件长细比与弹性失稳界限长细比的比值,或剪切影响附加值;

ρ——构件偏心率;

χ——计算系数;

μ——柔度系数，或钢管混凝土节点疲劳强度修正系数，或计算长度系数；

γ_0——桥梁结构重要性系数；

η_1——单肢钢管混凝土和整个构件截面抗弯刚度之比；

φ——稳定系数；

φ_e——偏心率折减系数；

λ——钢管混凝土构件的名义长细比或拱肋刚度比；

λ_n——相对长细比；

λ^*——钢管混凝土格构柱的换算长细比；

λ_1——钢管混凝土格构柱单肢名义长细比；

λ_E——界限长细比；

λ_p——弹性失稳界限长细比；

λ_x, λ_y——钢管混凝土格构柱对 x 轴、y 轴的名义长细比；

θ——由剪力所引起挠度曲线的附加斜率。

目 录

第一章　概述···1

　　第一节　钢—混凝土组合桥梁··1

　　第二节　钢管、钢管混凝土构件与结构···13

　　第三节　钢管与钢管混凝土桥梁··30

　　第四节　钢管混凝土拱桥发展概况··49

　　第五节　《钢管混凝土拱桥技术规范》（GB 50923—2013）简介·············62

　　第六节　关于本书···66

第二章　结构体系···69

　　第一节　概述···69

　　第二节　上承式拱桥··81

　　第三节　中承式拱桥··90

　　第四节　拱梁组合桥···100

　　第五节　下承式刚架系杆拱桥···108

　　第六节　飞鸟式拱桥···118

　　第七节　其他结构体系桥···134

第三章　构造··154

　　第一节　拱肋···154

　　第二节　拱肋横向结构···173

　　第三节　桥面系···190

　　第四节　吊索与系杆索···212

　　第五节　节点与局部构造···227

　　第六节　拱座、墩台与基础···236

第四章　设计与计算···243

　　第一节　概述···243

第二节　钢管混凝土拱肋强度计算 ……………………………………… 253

第三节　钢管混凝土拱稳定计算 …………………………………………… 262

第四节　钢管混凝土偏压柱稳定承载力计算 …………………………… 283

第五节　钢管混凝土拱正常使用极限状态计算 ………………………… 296

第六节　其他计算 …………………………………………………………… 298

第七节　耐久性设计 ………………………………………………………… 305

第八节　强健性设计 ………………………………………………………… 317

第五章　施工 …………………………………………………………………… 328

第一节　钢管拱肋制作 ……………………………………………………… 328

第二节　焊接 ………………………………………………………………… 336

第三节　防腐涂装 …………………………………………………………… 347

第四节　钢管拱肋架设 ……………………………………………………… 357

第五节　管内混凝土浇注 …………………………………………………… 405

第六节　其他构造施工 ……………………………………………………… 419

第七节　施工监控 …………………………………………………………… 426

第六章　养护 …………………………………………………………………… 432

第一节　概述 ………………………………………………………………… 432

第二节　检查 ………………………………………………………………… 435

第三节　技术状况评定 ……………………………………………………… 442

第四节　结构养护 …………………………………………………………… 445

第五节　桥梁荷载试验 ……………………………………………………… 467

第六节　健康监测 …………………………………………………………… 473

附录 A　钢管混凝土拱桥一览表 ……………………………………………… 478

附录 B　钢管混凝土拱桥一览表参考文献 …………………………………… 513

参考文献 ………………………………………………………………………… 544

桥名索引 ………………………………………………………………………… 570

第一章　概述

本章首先概略性介绍钢—混凝土组合桥梁、钢管和钢管混凝土结构、钢管与钢管混凝土桥梁等，为全书的钢管混凝土拱桥理论与应用提供一个宽广的背景；然后介绍钢管混凝土拱桥在国内外的发展与应用、相关规范编制情况和《钢管混凝土拱桥技术规范》（GB 50923—2013）[1]的主要内容；最后介绍本书的编写情况。

第一节　钢—混凝土组合桥梁

钢—混凝土组合桥梁最早可追溯到 20 世纪初，将主要受力的钢梁与局部受力且构成行车平面的混凝土桥面板通过剪力键连接成整体受力结构，即钢—混凝土组合梁。随着研究与应用的不断进展，在第二次世界大战后，这种桥梁逐渐成为与钢桥、混凝土桥并列的三大桥梁类型之一。

钢—混凝土组合桥梁在我国的应用与研究起步较晚，然而近二三十年取得很大的进步，目前已颁布的行业标准有公路工程行业的《公路钢结构桥梁设计规范》（JTG D64—2015）、《公路钢混组合桥梁设计与施工规范》（JTG/T D64-01—2015），国家标准有《钢—混凝土组合桥梁设计规范》（GB 50917—2013）[2-4]等，并出版了一批专著，如文献[5-6]。

钢—混凝土组合在大部分桥型中都有应用，按此划分，钢—混凝土组合桥梁可分成组合梁桥、组合刚构桥、组合拱桥、组合斜拉桥等，其基本力学原理是充分利用钢材的高抗拉强度和混凝土的高抗压强度，形成经济合理的受力构件，进而组成桥梁结构，以最大限度地发挥两种材料的相对优势。由于混凝土抗拉强度低，因此这种组合构件主要用于受弯与受压构件中。

文献[7]从钢—混凝土组合桥梁的主要构件或结构的受力特性出发，将其分为以受压为主的梁（板）、以受压为主的柱（及塔和桩），以及介于梁与柱之间的拱。组合梁桥、组合刚构桥、组合斜拉桥等桥梁均可以看成由梁和柱两类基本构件或结构组成。

一、组合梁

钢—混凝土组合梁桥发展至今，出现了多种多样的截面形式，主要有钢梁—混凝土板组合梁、钢腹板（杆）—PC 组合箱梁和钢管混凝土组合梁。

（一）钢梁—混凝土板组合梁

钢梁—混凝土板组合梁主要由钢梁与混凝土上翼缘板组成，两者之间通过抗剪连接件连接，其类型又可根据钢梁的不同形式细分为工字钢梁—混凝土板组合梁、钢箱梁—混凝土板组合梁以及钢桁架—混凝土板组合梁 3 种。目前，关于钢梁—混凝土板组合梁的研究主要涉及超高性能钢（如高强、耐候、高焊接性能等）、变厚度钢、高性能混凝土、结构形式的优化和新型剪力键的开发等。

钢梁—混凝土板组合梁由钢梁桥发展而来，是最早出现的钢—混凝土组合结构，也是应用最广的组合梁桥，简称钢—混凝土组合梁。它的研究也很成熟，美国 AASHTO 规范、美国 AISC 规范、加拿大建筑设计规范以及德国 DIN078 规范分别在 1944 年、1952 年、1953 年和 1954 年列入了有关组合梁的设计条文。欧洲共同体委员会也在 1985 年对《钢—混凝土组合结构设计规范》进行了修订和补充，形成了目前比较完整的一部组合结构设计规范——《欧洲规范 4》（Eurocode 4）。

近几十年来，钢—混凝土组合桥梁在我国的应用越来越多，其应用与研究成果已成为相应规范的主要内容，如前述的几部行业与国家标准。随着我国生产效率的提高和可持续发展的需要，钢—混凝土组合桥梁在我国的应用范围将会不断扩大。钢—混凝土板组合梁作为技术最为成熟的一种组合结构桥梁形式，将会得到大量的应用。我们应密切跟踪国际最新发展趋势，开展创新性的研究，为我国仍在进行的大规模基础设施建设服务，并充分利用这个建设时期，使我国钢—混凝土组合桥梁技术达到国际领先水平。

钢—混凝土组合板在桥梁工程中也有应用，主要用于桥面板等局部受力结构，在钢管混凝土拱桥中也有应用，如四川合江长江一桥（又名波司登大桥），见第三章第三节的介绍。

（二）钢腹板（杆）—PC 组合箱梁

钢腹板（杆）—PC 组合箱梁从预应力混凝土箱梁发展而来，采用钢结构替代混凝土腹板，最早采用的是平钢腹板，由于其抗剪屈曲强度低、吸收纵向预应力能力强等原因而应用较少。目前其主要形式分为波形钢腹板—PC 组合箱梁和钢腹杆—PC 组合箱梁两种。

1. 波形钢腹板—PC 组合箱梁

1986 年，法国建成了世界上首座波形钢腹板—PC 组合箱梁桥——Cognac 桥。随后，法国相继修建了 Maupre 高架桥、Asterix 桥、Dole 桥等波形钢腹板—PC 组合箱梁桥。此后，这种桥型在日本、挪威、委内瑞拉、德国和韩国等国得到应用,其中以日本应用最多。日本于 1993 年在国内修建了首座波形钢腹板梁桥——新开桥。之后,日本又展开了大量的科研工作,使该类桥梁在本国得到迅速的发展,相继修建了银山御幸桥、本谷桥、日见桥以及矢作川桥等一系列桥梁,其中有连续梁桥、连续刚构桥、部分斜拉桥和斜拉桥,不仅拓宽了该类型桥梁结构的应用范围,还发展了其设计和施工技术,取得了较为丰硕的成果。

文献[8]收集了 2010 年以前世界已建成的 113 座波形钢腹板—PC 组合箱梁桥,其中,国外 107 座,国内 6 座。图 1-1 给出的是波形钢腹板—PC 组合箱梁桥建成时间与主跨跨径的分布图,其中标明了所建成的具有代表性的桥梁。从图 1-1 可以发现,波形钢腹板—PC 组合箱梁桥的数量基本上是随时间推移呈增长趋势。

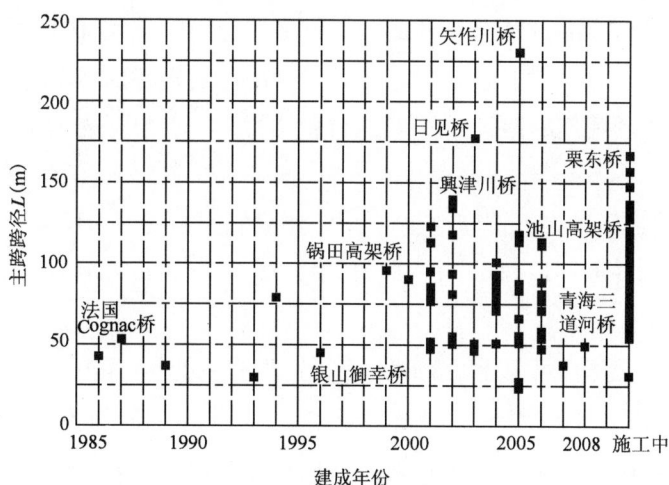

图 1-1 波形钢腹板—PC 组合箱梁桥跨径的变迁

波形钢腹板—PC 组合箱梁主要用于梁桥中,其结构形式有简支梁、连续梁、连续刚构、斜拉桥和部分斜拉桥。统计结果显示,在 113 座波形钢腹板—PC 组合箱梁桥中,简支梁仅 7 座,最大跨径达 51m;连续梁 47 座,最大跨径达 135m;连续刚构 56 座,最大跨径达 150.4m;部分斜拉桥 2 座,最大跨径 180m;斜拉桥 1 座,其主跨跨径为 235m。由此可见,连续梁和连续刚构是波形钢腹板—PC 组合箱梁桥的主要桥型。

波形钢腹板—PC 组合箱梁桥在 20 世纪 90 年代被介绍到国内。2005 年,国内先后建成了 3 座波形钢腹板—PC 组合箱梁桥,分别是江苏淮安长征桥(人行桥)、河南光山泼河大桥(公路桥)和重庆大堰河桥(公路桥)。此后,山东东营银座 B 桥、青海三道河桥、山东鄄城黄河公路大桥、广东深圳南山大桥等相继修建,目前已建和在建的有约 20 座,无论是规模还是跨径都有了突破性的发展。

伴随着应用,研究也不断地深入。研究的内容包括波形钢腹板—PC 组合结构的受力性能、设计计算方法、施工技术等。目前已出版了《波形钢腹板预应力混凝土桥设计与施工》、

《波形钢腹板 PC 组合箱梁桥设计与应用》[9-10]等专著,形成了《组合结构桥梁用波形钢腹板》(JT/T 784—2010)、《公路波形钢腹板预应力箱梁桥设计规范》(DB 41/T 643—2010)[11-12]等行业标准和地方标准。波形钢腹板—PC 组合箱梁桥在我国的应用已完成了初期的引进消化阶段,因此今后的发展重点应该是对现有工程经验的总结、针对我国实际情况的研究和标准规范的完善。

2. 钢腹杆—PC 组合箱梁

钢腹杆—PC 组合箱梁由混凝土顶底板、钢腹杆、体内体外预应力钢束等构成。钢腹杆可采用型钢或钢管,对于受压力较大的钢管,可在管内浇注混凝土形成抗压强度很高的钢管混凝土。

钢腹杆—PC 组合箱梁由于腹杆抗屈曲能力较之波形钢腹板大,因此可采用较高的截面,从而提高截面的抗弯效率,适用于跨径较大的连续梁桥、刚构桥,以及斜拉桥等其他桥型中。文献[13]收集到国内外建成的钢腹杆—PC 组合箱梁桥 11 座,包括连续梁桥、单跨刚构桥、连续刚构桥和斜拉桥。

1985 年,法国建成了世界上首座钢腹杆—PC 组合箱梁桥——Arbois 桥,随后又相继修建了 Boulonnais 高架桥、Brasde la Plaine 桥等。其中,Brasde la Plaine 桥是一座跨越深谷河流的单孔刚构桥。

其他国家如日本、德国、葡萄牙以及瑞士也将钢腹杆—PC 组合箱梁这一新颖结构应用于其桥梁建设中,其中以日本应用最多。先后修建了 Kinokawa 桥、Shitsumi 桥、Sarutagawa 桥、Tomoegawa 桥等连续梁桥。葡萄牙修建的 Europe 桥则为世界上首座主梁为钢腹杆—PC 组合箱梁的斜拉桥。

图 1-2 上海闵浦大桥施工

国内的上海闵浦大桥为双塔双索面双层桥面公路斜拉桥,跨径布置为 4 × 63m + 708m + 4 × 63m,主跨主梁采用钢桁梁,边跨主梁采用钢腹杆—PC 组合箱梁(图 1-2),桥面宽度43.8m,主梁高度9m,边跨主梁可以有效地平衡主跨主梁的自重,减小边跨主梁的长度及用钢量指标。

在已建成的 11 座钢腹杆—PC 组合箱梁桥中,刚构和斜拉桥各 2 座,其余 7 座均为连续梁桥。连续梁桥的跨径介于 40～208m 之间。等截面钢腹杆—PC 组合箱梁的高跨比在 1/12.5～1/20 之间,较混凝土箱梁高跨比(1/15～1/20)有所提高。除了法国 Brasde la Plaine 桥的高跨比为 1/70 外,变截面钢腹杆—PC 组合箱梁的墩上截面高跨比在 1/10～1/18 之间,较混凝土箱梁(1/15～1/25)的大,跨中截面高跨比与混凝土箱梁(1/25～1/40)相差不大。施工方法主要为悬臂拼装、悬臂现浇及劲性骨架施工。

钢腹杆—PC组合箱梁桥具有较大的跨越能力,在双层桥面中具有特殊的优势。对于具体的工程应用,其在节点受力性能、施工方法等方面可能有其特殊性,需要开展针对性的研究。

(三)钢管混凝土组合梁

钢管混凝土构件是指在钢管(Steel Tube)内填充混凝土组成的钢—混凝土组合构件。钢管内的混凝土称为管内混凝土或核心混凝土(Concrete Core)。钢管混凝土的英文为 Concrete Filled Steel Tube,一般简写为 CFST,日本、美国等一些国家则简写为 CFT。用钢管混凝土建造的结构称为钢管混凝土结构,英文为 Concrete Filled Steel Tubular Structure。

钢管混凝土组合梁简称钢管混凝土梁,由钢管桁梁发展而来。钢管桁梁结构具有自重轻、施工简单且外观轻盈美观等特点,在桥梁结构中多有应用,详见本章第三节的介绍。

然而,钢管结构的节点刚度与承载力较小,节点疲劳问题也很突出,制约了其应用范围。管内浇注了混凝土后的钢管混凝土则能够克服或缓解上述这些问题,因而以钢管混凝土为主要受力构件的梁式结构在桥梁中得到了较多的应用,有用于连续梁、连续刚构的,也有用于斜拉桥加劲梁之中的。除传统的钢管混凝土梁外,近年来我国还提出了劲性骨架混凝土桥面板—钢管混凝土桁架组合桁梁、波形钢腹板钢管混凝土组合梁等新型结构,并在实际工程中应用。有关介绍详见本章第二节。

二、组合柱

钢—混凝土组合柱,以两种材料的相对位置可分为混凝土浇注在钢管内的钢管混凝土柱和型钢外包混凝土的型钢混凝土(Steel Reinforced Concrete, SRC)柱,如图1-3所示。

钢管混凝土柱主要用于桥梁墩柱与桥塔中,可方便施工、减小断面和提高结构延性。当构件直径较小时,可采用普通钢管混凝土结构;当其直径较大时,常采用约束型钢管混凝土。在这种结构中,钢管不直接参与受压,而主要起约束管内混凝土的作用,这可以避免钢管的局部屈曲问题,施工时它还可作为浇注混凝土的模板。

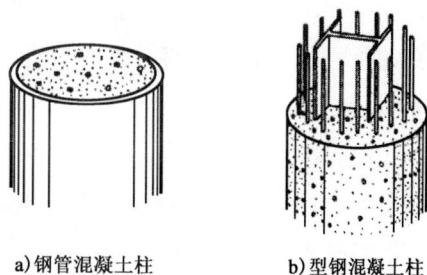

a)钢管混凝土柱　　b)型钢混凝土柱

图1-3　钢—混凝土组合柱

型钢混凝土柱在我国桥梁工程中的应用,更多地是采用钢管,管内填有混凝土成为钢管混凝土,管外再外包混凝土成为型钢混凝土。这种结构更多地是基于施工的需要,所以又将钢管(或钢管混凝土)视为施工的劲性骨架,称为钢管混凝土劲性骨架柱。

此外,近年来又发展出了以钢筋混凝土腹板代替传统钢管混凝土格构柱中的钢管缀杆的钢管混凝土复合柱等新结构,并在山区高墩、高抗震区得到应用。对此,本章第二节也有介绍,这里不再赘述。

三、组合拱

拱由于支承处水平推力的存在,使压力成为重要的内力,稳定问题突出,这一点与以受压为主的柱相似;然而,拱又是跨空结构,主要应用于桥梁的上部结构之中,一般也受到弯矩的作用,这一点与梁类似。所以,拱是介于柱与梁之间的一种特殊结构,在组合结构中将其与梁、柱并列,单独介绍。

(一)钢管混凝土拱和劲性骨架混凝土拱

从以受压为主、类似于柱的受力出发,组合柱中的两种主要结构形式均可用于拱结构中,即钢管混凝土拱和劲性骨架混凝土拱。本书是有关钢管混凝土拱桥的专著,钢管混凝土拱的发展概况详见本章第四节,设计、施工、养护等其他内容见各章节。

劲性骨架施工法是由钢支架法演变和发展而来的、用于混凝土拱桥的一种施工方法。由于钢支架的周转利用率低,因此工程师们就考虑将钢支架现浇到混凝土拱圈之中,一方面通过分阶段浇注混凝土使先期浇注的混凝土达到强度后可以与钢支架共同承担后期浇注的混凝土的重量,以此来减小钢支架的用钢量,另一方面作为结构的一部分来减少拱圈中的钢筋用量。这种钢支架比传统的钢支架的刚度小,但对混凝土拱中的钢筋来说其强度与刚度均大很多,所以它被称为劲性骨架或刚性骨架。这种施工方法在国内又称为埋置拱架法。这种施工方法最早由捷克工程师 Joseph Melan(当时捷克处于奥匈帝国统治之下,所以也有文献称其为奥地利工程师)提出,所以又称为 Melan 法(米兰法)。拱圈混凝土达到强度后,在后续的施工过程和成桥后的受力中,劲性骨架可作为结构的一部分,因此与型钢混凝土柱相对应,它又称为型钢混凝土拱(SRC 拱)。从施工过程的结构形成来看,它属于结构组分不断增加的自架设方法,即截面增大法。当然,劲性骨架本身也要架设成拱,但比起混凝土拱来说,其自重轻很多,当然也就容易得多。

劲性骨架施工法被许多混凝土拱桥的施工所采用,1929 年德国建成的跨径 130m 的 Echelsbach 桥[图 1-4a)]、1942 年西班牙建成的跨径超过 200m 的艾斯拉(Esla)桥[图 1-4b)]、1993 年西班牙建成的跨径 160m 的 Tamaraceite 桥、1996 年西班牙建成的跨径 170m 的 Ricobayo 水库桥、2003 年奥地利建成的跨径 70m 的 Stampfgraben 桥等都是用该方法修建的。Esla 桥跨径达到 209.84m(矢高 64.75m),为当时世界跨径最大的拱桥,是一座铁路桥[14-15]。由文献[15]可知,Stampfgraben 桥采用的劲性骨架达 100t;Esla 桥采用的劲性骨架为 500kg/m。

此外,日本将劲性骨架法与其他施工方法相结合,修建了许多混凝土拱桥。在 2003 年日本土木学会所进行的主跨 100m 以上混凝土拱桥统计中,采用劲性骨架与斜拉悬臂浇筑组合法施工的有 11 座桥,采用与悬臂桁架浇筑组合法施工的有 4 座桥,还有一些桥梁与竖转法相组合,如跨径204m的宇佐川桥、跨径180m的青叶大桥、跨径235m的别府明矾桥、跨径260m的高松大桥等[16-17]。这种组合施工法中,两半跨先以斜拉悬臂法、悬臂桁架法浇筑或竖转,中间一段用劲性骨架合龙。合龙后,外包劲性骨架段的混凝土形成全拱。这种施工方法既能减小悬臂的长度,又不使劲性骨架的用钢量太多。当然,它的不足之处是一座拱桥要用到两套施工设备与工艺。采用的劲性骨架有钢箱、型钢和钢管桁架。青叶大桥(图1-5)跨中段劲性骨架采用的是钢管混凝土桁架。该桥主跨180m,采用钢筋混凝土箱拱,双边斜拉悬臂施工,跨中57m为钢管混凝土劲性骨架,吊装合龙后在管内填充混凝土,再现浇混凝土形成箱形断面。

a)德国Echelsbach桥

b)西班牙Esla桥

图1-4 两座用米兰法修建的混凝土拱桥

劲性骨架方法耗用钢材多,这些钢材主要是为了满足施工需要,在成桥受力中所起作用很小,远多于混凝土拱桥抵抗弯矩所需的用量,这使这种方法造价高昂。因此,尽管该方法曾广泛应用于许多桥梁,但现在即使对于钢材相对便宜的经济发达国家也很少采用。为减少劲性骨架的用钢量,拱圈混凝土的浇注常采用分环分段的方法进行,前一期浇注的混凝

图1-5 日本青叶大桥

土与钢骨架协同受力,共同支撑后期浇注的混凝土。这种方法在减少劲性骨架用钢量的同时,又产生了另一不足之处,即施工工序多、周期长。

混凝土拱桥在相当长的一段时期内是我国的主导桥型,桥梁工程师对各种施工方法均进行了不断的探索,包括劲性骨架施工法。由于早期我国钢产量偏低、单价偏高,一开始探索应用半劲性骨架的施工方法,以减少用钢量。但半劲性骨架的刚度与强度不足以单独承担主拱圈混凝土的全部自重,因此除采用分环浇注混凝土的方法外,还采用了竖琴式地锚或水箱对骨架施加假载使其在浇注混凝土过程中受力均匀的措施。1980年用该方法建成了辽宁蚂蚁沙桥(跨径60m)。随后,用这一方法建成的拱桥有十余座,其中典型的有1982年建成的辽宁沙

图 1-6　四川宜宾小南门大桥

河口大桥（跨径 156m 的中承式箱肋拱）、1983 年建成的四川攀枝花宝鼎大桥（跨径达 170m）和四川宜宾小南门大桥（跨径 240m，图 1-6）[18]。这几座桥梁都是我国当时大跨径的混凝土拱桥。

尽管我国对半劲性骨架施工方法组织力量进行了攻关，基本解决了其设计与施工的关键技术问题，然而，一方面由于其技术要求较高，施工控制难度大（尤其是拱轴线形），推广应用难度较大，而且随跨径增大，其施工难度越显突出；另一方面其施工费用较高，周期较长。因此，采用型钢的半劲性骨架法后来没有得到发展。

在钢管混凝土作为主拱肋的钢管混凝土拱桥在我国应用后，钢管混凝土拱又被作为劲性骨架应用于混凝土拱桥的施工之中。施工时，先架设钢管拱合龙成拱，然后浇注管内混凝土形成钢管混凝土劲性骨架，再在钢管混凝土劲性骨架上现浇混凝土形成钢筋混凝土拱桥。由于钢管和钢管混凝土的刚度较之型钢有很大的提高，使得这一施工方法的经济性得到显著改善，劲性骨架法得到真正的发展，也使得混凝土拱桥的跨越能力有了很大的提高。如果追溯历史，本章第四节介绍的 1937 年苏联列宁格勒（现俄罗斯圣彼得堡）修建的涅瓦河拱桥，可视为第一座采用钢管混凝土作为劲性骨架的混凝土拱桥（图 1-65）。本书收集到的我国已建和在建的钢管混凝土劲性骨架混凝土拱桥有 20 座，见表 1-1。

钢管混凝土劲性骨架混凝土拱桥一览表　　　　　　　表 1-1

序号	桥　　名	建成时间	跨径（m）	矢跨比	结构形式	桥宽（m）	
						行车道（机动车）	总宽
1	沪昆高速铁路北盘江大桥	在建	445		上承式箱拱		
2	成贵铁路鸭驰河大桥	在建	436		中承式钢混结合拱桥		
3	重庆万州长江大桥	1997	420	1/5	上承式箱拱	15	15
4	云桂铁路南盘江大桥	在建	416		上承式箱拱		
5	渝黔铁路夜郎河大桥	在建	370		上承式箱肋提篮拱		
6	四川昭化嘉陵江大桥	2012	364		上承式箱拱		
7	大瑞铁路澜沧江大桥	在建	342		上承式箱拱		
8	郑万铁路梅溪河大桥	在建	320				
9	广西邕宁邕江大桥	1996	312	1/6	中承式变截面箱肋拱	12	18
10	浙江淳安威坪大桥	2001	198	1/6	中承式箱肋拱	9	10.5
11	云南化皮冲大桥	2000	180	1/5.5	上承式四箱肋		21.5
12	四川西昌金河雅砻江大桥	1996	170	1/6	上承式工字肋拱	7	9
13	浙江金华婺江大桥	1996	168	1/5	中承式箱肋拱	14	24

序号	桥　　名	建成时间	跨径 (m)	矢跨比	结 构 形 式	桥宽(m)	
						行车道 (机动车)	总宽
14	四川攀枝花金沙江偎果大桥	1995	160	1/6	中承式箱肋拱	12	15
15	湖北巴东无源洞大桥	1997	160	1/6	上承式箱拱		12
16	广东英德香炉峡北江大桥	1999	160	1/5	中承式箱肋拱	12	13
17	江西德兴太白桥	1993	130	1/9	箱肋刚架拱	14	24
18	四川内江新龙坳立交桥	1994	117.8	1/4	中承式箱肋拱	2×9.75	22
19	四川白勉峡大桥	1994	105	1/5	上承式箱肋拱	9	11
20	浙江温州瓯江三桥	2000	98	1/9	三跨连续箱肋拱	18	21.4

江西德兴太白桥较早采用了这一方法施工[19]。该桥为跨径 130m 的箱肋刚架拱桥,骨架由钢与混凝土杆系组成,上弦角隅为直径 15.2cm 的钢管混凝土,下弦杆为钢筋混凝土底板,腹板为角钢。该桥采用水平转动法施工劲性骨架。因骨架轻,所需设备很小,桥台本身即能维持平衡。转动就位后,分层分段浇注拱圈混凝土。

广西邕宁邕江大桥于 1996 年建成(图 1-7),为主跨 312m 的钢筋混凝土中承式肋拱,采用了钢管混凝土劲性骨架法施工,提出了多项创新技术,并在后续多座大跨径混凝土拱桥的施工中得到应用发展[20-21]。

该桥的钢管劲性骨架拱肋采用缆索吊装,分9 段进行,吊装质量 42.1～59.5t。合龙形成两铰拱后,浇注劲性骨架弦杆钢管内混凝土(C60),使

图 1-7　广西邕宁邕江大桥

之成为钢管混凝土骨架,封铰成为无铰拱;然后挂模板现浇外包混凝土,形成钢筋混凝土箱肋;最后进行桥道系安装。

为节约劲性骨架的材料用量,对外包混凝土采用"八工作面浇注法"进行了分析。分析表明,该方法在理论上是可行的,它无须在拱上施加额外荷载(如水箱平衡法),实施简单。但工作面较多,所需施工设备也较多。为此,提出利用拱肋吊装中的斜拉索来协助劲性骨架受力的施工方法,即"千斤顶斜拉扣挂连续浇注法"。具体地说,是在拱肋适当位置选择扣点,用钢绞线作为扣索(斜拉索),两岸设置塔架,在外包混凝土浇注过程中,根据各断面的应力情况,对扣索进行张拉或放松,以调整结构应力,从而达到控制结构应力,实现从拱脚到拱顶每环混凝土的连续浇注的施工方法。该桥钢管骨架的架设采用缆索吊装设备,吊装合龙时的斜扣索如图 1-8 所示。浇注外包混凝土过程采用斜拉扣挂法,利用了拱肋吊装合龙时的斜扣索(每边 3组),所以没有增加什么施工设备。其中 1 号扣索为 $4\phi^j15$mm 钢绞线,最大索力控制在

500kN。2 号、3 号扣索为 8ϕ^j15mm 钢绞线，最大控制索力为 1 100kN。

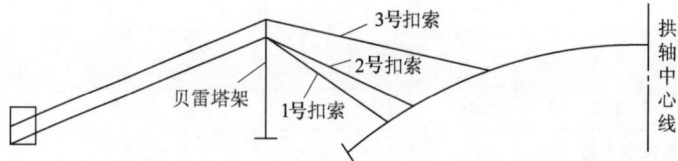

图 1-8　广西邕宁邕江大桥浇注外包混凝土时的斜扣索布置示意图

重庆万州长江大桥(原四川万县长江大桥)的施工也采用了钢管混凝土劲性骨架法。大桥净跨径为 420m，是当前世界上跨径最大的混凝土拱桥，建成后的大桥如图 1-9 所示[22]。

由于钢骨架最后将埋在混凝土里不能回收，工程师总是力图减少用钢量，然而，用钢量减少往往导致骨架的刚度也随之减小。提高刚度的一个可能的措施是加大钢骨架截面的高度。然而，截面高度增大在提高劲性骨架刚度的同时，也增大了所需浇注的混凝土的体积和重量，这样会使劲性骨架通过截面高度来提高刚度的效率降低。同时，由于混凝土常需分环分段浇注，使得施工工序复杂、工期长。因此，曾有一段时间采用钢管混凝土作为劲性骨架修建的混凝土拱桥的应用明显减少，而更倾向于修建钢管混凝土拱桥。

近年来在铁路特别是高速铁路工程中，由于对桥梁刚度的要求较高，导致在跨越深谷时更青睐于混凝土拱桥。此外，混凝土拱对于温度变化的敏感性低于钢拱桥和钢管混凝土拱桥，也有利于大跨径拱桥桥面线形不因季节温差而有较大的变化。我国目前在建的两座跨径超过 400m 的混凝土拱桥，也都采用了钢管混凝土劲性骨架的施工方法。一座是沪昆高速铁路北盘江大桥，主跨跨径 445m，建成后将是世界上跨径最大的混凝土拱桥，也是跨径最大的高速铁路桥，沪昆高速铁路设计时速达 350km(图 1-10)[23]。另一座为云桂铁路南盘江大桥，主跨为 416m，设计时速达 250km[24]。在浇注混凝土时，采用"千斤顶斜拉扣挂连续浇注法"能有效地简化施工，成为推广应用钢管混凝土劲性骨架法修建混凝土拱桥的关键技术。

图 1-9　重庆万州长江大桥

图 1-10　沪昆高铁北盘江大桥(施工中)

文献[25]对钢管混凝土劲性骨架施工方法进行了总结与分析，收集到的几座采用此方法修建的混凝土拱桥的主要材料用量见表 1-2。用钢管混凝土作为劲性骨架，其自重仅为混凝土拱圈重量的 1/15，较过去型钢劲性骨架等的重量小。

钢管混凝土劲性骨架拱桥主要材料用量表   表1-2

序号	桥　　名	建成时间	跨径(m)	劲性骨架(t)	外包混凝土(m³)	外包混凝土/劲性骨架
1	沪昆高速铁路北盘江大桥	在建	445	4 180	26 500	15.8
2	重庆万州长江大桥	1997	420	2 091	11 000	13.2
3	云桂铁路南盘江大桥	在建	416	4 000	24 000	15
4	昭化嘉陵江大桥	2012	364	1 866	11 130	14.9
5	广西邕宁邕江大桥	1996	312	851	5 000	14.7

注:最后一列中外包混凝土按 2.5t/m³ 计算。

应用钢管混凝土作为劲性骨架修建的混凝土拱桥,本书第一版中侧重其与钢管混凝土有关的部分,进行了较为详细的介绍。在第二版中,基于其成桥受力性质属于混凝土拱桥,不再将其归入钢管混凝土拱桥的范畴,仅在拱桥施工方法中提及,其他章节不再介绍。本版在这里仅简单介绍,以后章节也不再介绍。

(二)钢腹板(杆)—混凝土组合拱

上面介绍的是与两种组合柱相似的组合拱的结构形式。下面则介绍借鉴组合梁结构的组合拱。组合梁中第一种形式为钢(梁)—混凝土桥面板组合梁的截面形式,对于拱结构借鉴意义不大,一是拱受的弯矩沿拱轴线的变化复杂,二是拱圈不能直接利用桥面板。第二种形式为钢管混凝土梁,与钢管混凝土柱相似,已被应用于拱中,即钢管混凝土拱。第三种形式为钢腹板(杆)—混凝土组合梁,其截面形式还未见应用于拱结构中,而它有可能适用于拱结构。为此,本书作者提出了钢腹板(杆)—混凝土组合拱,具体包含波形钢腹板—混凝土组合拱、平钢腹板—混凝土组合拱和钢腹杆—混凝土组合拱三种组合拱结构。

波形钢腹板—混凝土组合拱是将混凝土拱圈中的混凝土腹板用波形钢腹板来代替,顶底板仍采用混凝土,减轻了拱圈(肋)的自重,也减少了现浇法中现场混凝土浇注的工作量,缩短了工期。在交通部西部交通建设科技项目的资助下,开展了这种新桥型的试设计、模型拱试验(图1-11)和受力性能等系列研究[26-29],目前正在进行依托工程的应用研究。

a)波形钢腹板　　　　　　　　b)平钢腹板　　　　　　　　c)钢腹杆

图1-11　钢腹板(杆)—混凝土组合拱模型试验

　　研究结果表明,波形钢腹板—混凝土组合拱的受力性能与钢筋混凝土拱相近,主拱自重比混凝土拱桥主拱自重可减轻30%左右,拱的轴力和基础的水平推力明显降低,地震反应也明显减小。施工时,由于混凝土腹板被钢构件代替,可免除腹板模板的布设、浇注混凝土等施工工序,拱圈浇筑的施工周期缩短近1/3。

　　波形钢腹板—混凝土组合拱提出来后,有质疑的观点认为,波形钢腹板不承受压力而应用于以受压为主的拱结构,受力不合理。实际上,拱的极限承载力不是以受压强度为控制,而是稳定和弯压强度,而这两个方面无不与其截面抗弯刚度和抗弯强度有关,采用波形钢腹板无疑提高了截面的抗弯效率,因此是可行的。无论是钢拱还是钢管混凝土拱,大跨径时常用的截面是桁式,腹杆也是不承担轴向力的,而我们从来没有质疑过其合理性。如果我们将波形钢腹板—混凝土组合拱理解成是在钢腹杆—混凝土组合拱中用波形钢腹板取代腹杆,应该就不会产生质疑了。

　　当然,拱结构受压为主的特点,也使我们重新考虑在组合梁中已被否定的平钢腹板的应用。因为在拱结构中剪力较小,平钢腹板的受剪屈曲问题不突出,同时,它没有预应力,不存在预应力被顶底板吸收从而减小了预应力效率的问题。

　　文献[28]对平钢腹板—混凝土组合拱开展了试验研究和理论分析。结果表明,平钢腹板对减轻结构的效率与波形钢腹板—混凝土拱相近,不同之处在于需要对平钢腹板进行加劲,以防止局部屈曲。在受力性能方面,试验研究和有限元分析表明,平钢腹板拱的受力性能更接近于钢管混凝土拱,而非钢筋混凝土拱或波形钢腹板—混凝土拱,因为平钢腹板可抑制裂缝在截面高度方向的发展,难以形成塑性铰的机构破坏模式。仅通过腹板少量钢材的应用,改变了结构的破坏模式,从另一方面说明了这种组合的良好效应。

　　钢腹杆—混凝土组合拱与前述两种钢腹板组合拱相比,用腹杆代替腹板,同样具有减轻自重等优点,同时由于抗局部屈曲性能更强,适用于大跨径、截面较高的拱桥。其结构与受力性能以及施工性能主要受节点制约。如果采用劲性骨架法施工,劲性骨架的上下弦埋入顶底板中,无论施工与节点受力性能都将得到改善[29]。

　　钢腹板(杆)—混凝土组合拱是基于拱结构的受力特点,借鉴钢腹板—PC梁的截面形式提出来的组合拱新结构,其最大的优势一是减轻了自重,二是施工时免除了腹板混凝土的浇注。对这种新型结构已开展了系列的受力性能研究,已为实际工程应用提供了坚实的理论基础。今后,应推进其试验桥的修建,并根据应用需要开展相应的研究,循序渐进地推广应用。

　　对于波形钢腹板—混凝土组合拱,当采用劲性骨架法施工时,施工阶段的骨架是波形钢腹板—钢管混凝土。对这种结构的受力性能也开展了相关的研究(图1-12)[30]。研究表明,在这种结构中,波形钢腹板与钢管混凝土弦杆均能发挥其各自的优势,结构刚度与承载力较钢管混凝土单圆管或哑铃形拱有很大提高,又避免了钢管混凝土桁拱的节点破坏问题。

图 1-12　波形钢腹板—钢管混凝土组合拱模型

第二节　钢管、钢管混凝土构件与结构

一、钢管结构

(一)钢管制作

钢管按截面形状可分为圆钢管、方钢管和其他形状的钢管。土木工程结构中应用的钢管简称结构管(截面),英文为 Structural Hollow Section,简称 SHS;在美国和加拿大也称为 Hollow Structural Sections,简称 HSS。圆管截面的称为 Circular Hollow Sections,简称 CHS;矩形管截面的称为 Rectangular Hollow Section,简称 RHS[31]。本章下面所讨论的钢管均指圆钢管,特别注明者除外。

圆钢管各向同性、截面封闭,由于管薄、回转半径大,对受压受扭均有利。钢管的端部封闭后,内部不易锈蚀,表面也难积灰尘和水,具有较好的防腐性能。正因为它具有以上不少优点,因此被应用于各种结构,如建筑结构、桥梁结构、海洋构造物、防护结构物以及输变电塔架等[32]。

钢管桥梁结构中的钢管按制造方法可分为电焊钢管和无缝钢管两大类,在设计中应尽量采用前者,因它较无缝钢管更适宜于桥梁结构径厚比的要求且造价便宜。电焊钢管一般采用埋弧焊,无缝钢管一般采用轧制方法(满乃斯曼穿孔法)制造,如图 1-13 所示。

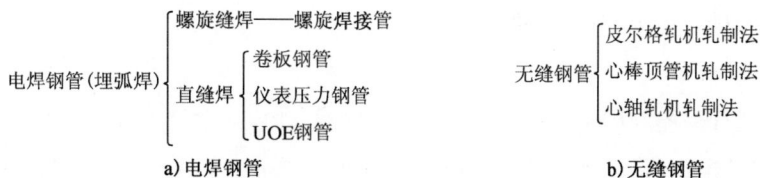

电焊钢管(埋弧焊)
- 螺旋缝焊——螺旋焊接管
- 直缝焊
  - 卷板钢管
  - 仪表压力钢管
  - UOE钢管

无缝钢管
- 皮尔格轧机轧制法
- 心棒顶管机轧制法
- 心轴轧机轧制法

a)电焊钢管　　　　　　　　　　b)无缝钢管

图 1-13　结构用钢管的分类

有缝管根据管径的不同有不同的生产方法。一般将管径小于426mm（或者508mm）的钢管称为中小直径电焊管，反之为大直径电焊管。中小直径电焊管的生产多半采用连续焊接的方法，而且主要用于直缝钢管。用螺旋成型方法生产中小直径焊管，生产率低，所以较少采用。

大直径直缝焊管的生产方法有多种，如卷板法、UOE法。卷板法利用卷板机将钢板卷制成圆管，然后将接口焊接成管。它设备简单，但生产效率较低。UOE法是用钢板作原料，经过刨边、预弯边、U成型、O成型、预焊、内焊、外焊、扩管、水压试验、切头倒棱等工序完成钢管生产的，它的生产效率较高，设备要求也高。

螺旋焊方法是生产大直径焊管的一种有效方法。它的优点是设备费用少，可以用一种宽度的带钢（或钢板）生产直径范围相当大的钢管而不需要特殊的成型模具，可以生产长的钢管（只受运输条件限制）。由于采用双面焊，又有各种探伤方法检查，因此焊缝的质量有保证。

电焊管的焊缝可以用搭接，也可以对接。目前90%以上的焊管采用对接，搭接焊管的数量日趋减少。接焊管的焊接方法很多，主要有压力焊、熔化焊。小直径钢管主要采用高频电焊，大直径则采用埋弧电焊。

建筑物的屋盖、场馆等结构所用的钢管多半是中小直径的钢管，我国过去在钢管网架结构中大多采用无缝钢管，目前较多采用焊接管，特别是冷弯高频焊管，以节约钢材、降低造价。输电铁塔中常用的是直径42.7~711mm、壁厚2.3~18mm的钢管。海洋平台中常用抗拉强度达600~800MPa的大直径厚壁焊接管或无缝管，常用的规格为直径244.5~355.6mm，壁厚12~23.9mm。

无缝钢管的内外表面不得有裂缝、折叠、轧折、离层、发纹和结疤。这些缺陷必须完全清除掉，清除深度不得超过公称壁厚的负偏差。其清除处实际壁厚不得小于壁厚所允许的最小值。不超过壁厚负偏差的其他缺陷允许存在。

焊接管除了小管径构件卷制困难外，主要是焊缝质量问题。目前随着焊管技术的发展，焊接管在结构中的应用越来越多。焊接管在工业上最多的是应用在输油气的管道之中，因此，当钢管结构采用成品管时，经常是购买用于输油气的钢管。这种钢管，它的承载力以管压力 P 和环向应力 $\sigma = 0.5P(D/t)$ 控制。当它们用于桥梁管结构时，要注意桥梁管结构中钢管是以受纵向力为主的。

螺旋焊接管通常由专门的工厂制作，生产效率高、产品质量也高、产品价格低，同时钢管的长度一般较直缝管长，可减少纵向钢管对接的工作量。螺旋焊接管在内缝的焊接过程中应对内缝的间隙进行自动控制调整，并进行超声波探伤。在外缝焊接后还应进行射线探伤，成管后进行涂装与标识。

螺旋焊钢管直径控制措施可分为3类：①内控轮定型：是靠设定的内切圆滚轮刚性撑开保持直径；②外控轮定型：是靠外切轮滚轮刚性压住保持直径；③自由定型：通过3组排辊作用，进行钢管弯圆曲率调节。

螺旋焊接管在卷制过程中存在较复杂的残余应力,如卷制过程中的弯曲、扭曲以及因自由边变形充分而递送边强迫变形产生的应力,内外焊接产生的残余应力等。残余应力的分布及大小变化较大,实测结果表明它在焊缝区及附近均在屈服点左右。另外,螺旋焊接管用于桁式或格构式钢管结构,支管和主管间的相贯焊缝与成管的焊缝难以避免相交,易出现各类交叉焊缝。交叉焊缝中,如果横向焊缝有缺陷,而这些缺陷正好位于拉应力场中,会造成复杂的三轴应力状态,由于应变集中的原因,消耗了材料的塑性,往往造成脆性断裂和疲劳破坏。交叉焊缝对结构抗疲劳性的不利影响,应引起设计人员的足够重视,对于由许多节点构成的钢管结构,选用螺旋焊接管要慎重。

直缝焊接管最好采用钢管厂生产的成品管。当条件受到限制时,也可以由具有较强钢管加工能力的厂家,如压力容器厂等组织生产。直缝焊接管当用于节点较多的管结构中时,卷管的焊缝与节点焊缝应尽量避开。

制作钢管的钢板在加工前要注意存放保管,应避免露天存放,并每日进行翻动检查。下料时,钢板按钢管周长横向画线,钢料切割应使用剪板机。其他钢材的下料应尽可能使用剪板机,下料时加工预留焊接收缩量由试焊决定。钢料宜在切割后进行校正,校正后钢料表面不应有明显的凹痕和其他损伤,可采用锤击法和热矫法。用锤击法校正时,应在其上放置垫板。热矫温度应控制在 600~800℃(用测温笔法测定)。温度尚未降至室温时,不得锤击钢料。下料后应根据要求将板端开好坡口。钢板的防锈工作可以在卷管前,也可以在卷管后进行。

焊接钢管的卷管方向应与钢板压延方向一致,并采用自动双面焊缝,焊接质量和成管直径误差应符合设计要求;卷制钢管前,应根据要求将板端开好坡口。对于钢管结构,焊接坡口应符合要求;卷管焊接完成后应进行全面外观检查,符合要求者再进行超声波检测和 X 射线检测,发现问题及时返修。对于外观检测不符合要求者,应视情况作返工或者作废品处理。

卷板过程中,应注意保证管端平面与管轴线垂直。钢管管端应严格放样,以适应钢管拼接后的轴线要求。钢板卷材与样板的偏差应不大于 1.0mm,样板本身的偏差也不应大于 1.0mm。卷板过程中,应注意保证管端处于一个平面上。

卷管后应进行校圆。校圆分为整体校圆和局部校圆两道工序。整体校圆可在卷板机上进行,也可在整体校圆夹具上进行。局部校圆采用薄钢板剪成直径为钢管内径的圆弧的一部分作为样板(弧形样板),样板弦长不应小于钢管内径的2/3。该样板内靠筒体口附近进行检查,若不密贴表示该处不圆,在不圆处局部锤直,直至密贴为止。成型部位与样板的间隙不得大于 2.2mm。

成型后的钢管圆度 f/d 不得大于 3/1 000,否则应返工重卷。为满足小直径钢管接缝处的圆度要求,可在卷管前沿钢板边缘 15cm 左右进行局部压圆。

（二）钢管受压构件特性

钢管截面由于靠近中性轴附近的面积比重较大，其截面惯性矩或抗弯模量不如工字钢、槽钢或 H 型钢，甚至比矩形截面的还要小，所以用于受弯构件并无优势。然而，圆截面因为回转半径与面积之比大、在所有方向回转半径相同、抗扭刚度大，因此它是经济受扭截面。对于受压，从整体受力来说其承载力取决于截面面积和设计屈服强度，而与截面形状无关。但由于各向抗弯惯矩相同，无强弱轴之分，对于受力方向变化的构件，圆截面具有较强的适应性。圆截面风阻力系数小，仅为正方形的 30%，八角形断面的 43%，因此对抗风有利。同时，圆截面非常适合于承受内压力，因此它是输送有压力的气体与液体最常用的截面形式。

钢管截面管壁较薄，其失稳破坏除整体失稳外，还有局部失稳问题。如果钢管的径厚比 d_0/t 较大，在轴压力作用下，钢管壁发生波浪状的压曲现象，称为局部屈曲。因局部屈曲后的形状像提灯，因此也称提灯式压屈。按照板壳力学规定，当钢管径厚比较大（$d_0/t \geqslant 40$）时，钢管构件就属于薄壁壳体结构。对于薄壁圆管，局部失稳问题分为两个方面，一是整体失稳出现前，构件因局部失稳而破坏；二是构件在整体失稳过程中伴随出现的局部失稳问题。工程实际中受压钢管的整体稳定，是构件局部屈曲和杆件屈曲耦合的问题，是局部与整体相关屈曲作用下的极值点失稳，因而钢管的极限承载力是一个几何和材料非线性的问题。钢管截面的塑性极限弯矩是弹性极限弯矩的 1.25 倍。然而，如果受压区较早出现局部屈曲，可能使得其真实的承载力甚至小于弹性极限承载力。所以如果采用塑性设计，必须采用更为严格的条件，以避免局部屈曲的过早发生，如 GB 50017—2003[33] 规定钢管的外径与壁厚之比不应超过 $100(235/f_y)$，JTG D64—2015[2] 规定钢管的外径与壁厚之比不应超过 $70(345/f_y)$。

三维圆管屈曲后性能与二维平板、一维柱的屈曲后性能不同，如图 1-14 所示。对于平板，由于两竖向边提供约束，在平板屈曲后形成明显的横向薄膜拉应力，薄膜拉应力约束侧向运动，因此板屈曲后仍能承担附加荷载。对于柱，屈曲发生后，不能形成明显的薄膜拉应力来约束侧向运动，因此，柱在临界荷载下侧向将自由变形。对于圆管，内向的屈曲引起叠加横向薄膜压应力，屈曲形式本身是不稳定的。在钢管受压发生整体弹塑性失稳过程中，往往伴随着局部材料的屈服与局部失稳的发生，使得构件在达到荷载极值点后荷载—横向变形曲线急剧下降，表现出与实心构件失稳不同的特征。薄膜压应力导致轴向受压圆管的屈曲与失效同步，且突然发生，伴随着荷载陡降（突然发生屈曲）。由于圆管屈曲后应力突然降低，与传统屈曲应力不同，有缺陷管最大应力比经典应力低很多。

偏压构件或考虑了初始几何或材料缺陷的构件，其失稳为弹塑性极值点失稳。在工程应用中，对于受压钢管结构，通常采用柱子曲线进行设计计算。主要根据构件的长细比来考虑其稳定的承载力。对于径厚比较大的钢管柱，应同时考虑局部失稳和整体失稳问题。一种方法是分别求出二者的承载力，取小值进行设计。另一种方法可用图 1-15 的例子给以说明[34]。

假定某一柱子以图中的 A 曲线进行设计,然而理论上局部失稳的容许应力是 207MPa。这样,考虑局部稳定问题后的曲线为 C。美国 AISC 规范在其附录 C 中采用了类似的方法。

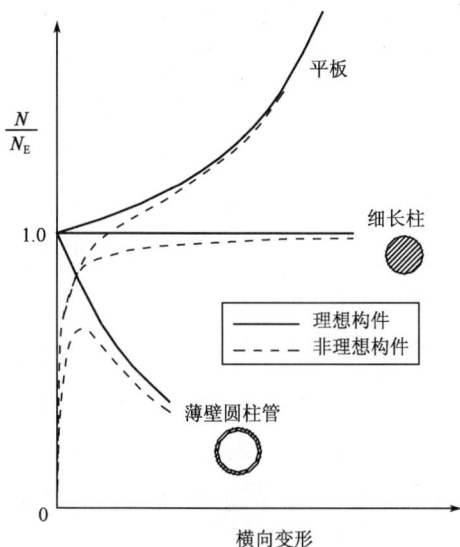

图 1-14　钢管受压构件的荷载—位移曲线

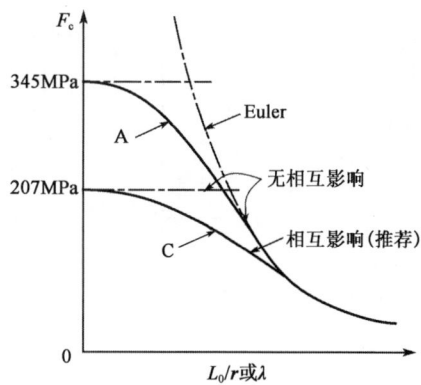

图 1-15　钢管柱局部失稳与整体失稳的相互影响

(三) 钢管结构形式

钢管用于受弯为主的梁结构时,除了单管外,经常采用桁架形式。与其他桁架结构相似,常见的钢管桁架主要有 Warren(斜腹杆)桁架、Pratt 桁架、Vierendeel(直腹杆)桁架以及带交叉腹杆的桁架,如图 1-16 所示。在 Warren 桁架中主要节点为 K 形节点,在 Pratt 桁架中的主要节点为 N 形节点,在 Vierendeel 桁架中主要节点为 T 形节点,在带交叉腹杆的桁架中节点是 KT 形复合节点。对于全焊的钢管桁架,实际上各杆件除承受轴向力外,一般还要受到弯矩的作用,但这种弯矩与轴力相比通常比较小,所以在近似计算时,仍可以按桁架理论进行计算。

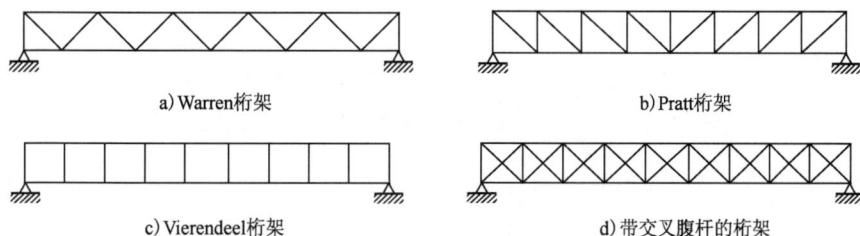

a) Warren桁架

b) Pratt桁架

c) Vierendeel桁架

d) 带交叉腹杆的桁架

图 1-16　钢管桁架基本类型

钢管用于受压为主的柱结构时,除了单管外,还经常采用格构式组合柱,简称格构柱。钢管格构柱常见的有斜缀杆格构柱(Laced Column)和平缀杆格构柱(Batten Column),如图 1-17 所示。根据横截面上钢管的根数,钢管格构柱常见的有两肢柱、三肢柱和四肢柱。

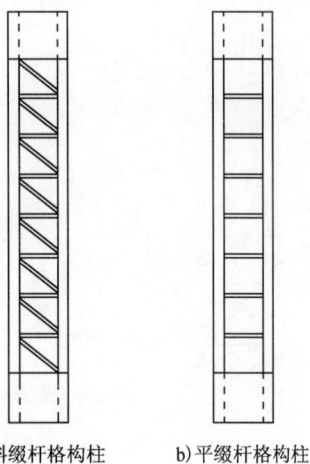

a) 斜缀杆格构柱 b) 平缀杆格构柱

图 1-17 钢管格构柱基本类型

桥梁中常见的钢管结构是全钢管结构，弦杆和腹杆、柱肢和缀杆均采用钢管。它们之间的连接方式多种多样，有采用特殊连接件连接的，有采用螺栓与端部零件连接的，有采用节点插板连接的，最常用的是采用直接焊接连接。直接焊接连接的节点称为相贯节点，又称简单节点或无加劲节点。在钢管桁架（格构柱）中，上、下弦杆（柱肢）在节点处是贯通的，也称为主管，腹杆（缀杆）也称为支杆或支管。支管通过端部相贯线加工后，直接焊接在主管的外表。

钢管结构节点形式多样。按支管的空间位置来分，节点有平面节点和空间节点。尽管节点形式与形状有关，但设计计算中决定节点类型的是荷载。例如，一个 K 形节点如果支杆荷载的作用和表现与 T 形节点一样，则必须按 T 形节点验算。图 1-18 为几种常见的平面节点形式，包括 T 形、K 形、Y 形、X 形等。图 1-19 为常见的空间节点形式，包括 TT 形、KK 形和 XX 形。

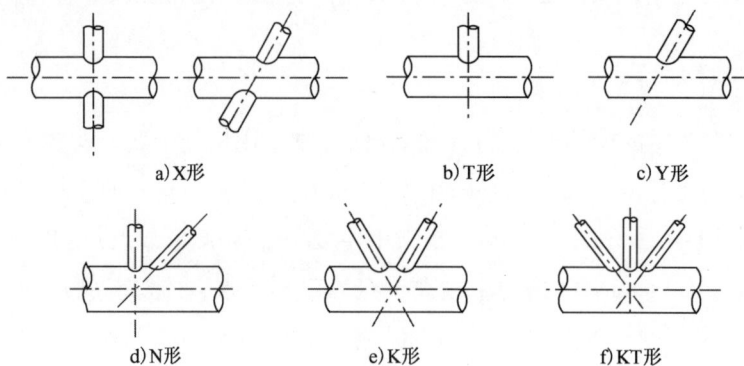

a) X形   b) T形   c) Y形

d) N形   e) K形   f) KT形

图 1-18 常见的钢管平面节点形式

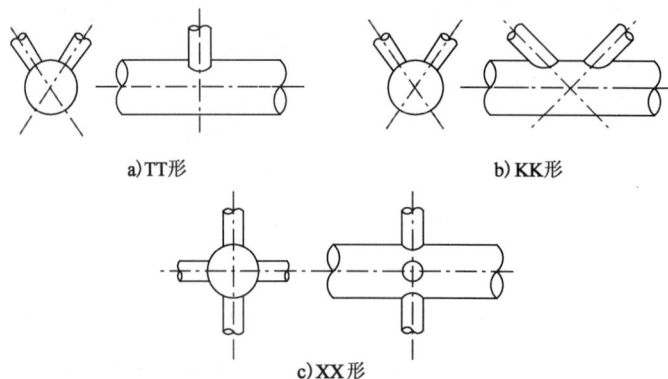

a) TT形   b) KK形

c) XX形

图 1-19 常见的钢管空间节点形式

支管在节点处相互分离的节点称为间隙节点,部分重叠的称为搭接节点。JTG D64—2015[2]规定,对 K 形及 N 形节点,宜采用间隙节点,不宜采用搭接节点。采用间隙节点时,腹杆间的距离不应小于两腹杆壁厚之和。

在设计管截面桁架时一般从开始就考虑节点的性能,因为仅仅基于构件内力进行的构件设计或许在其后会形成不符合要求的节点刚度,因此管截面桁架设计总是在各种不同而又相互矛盾的要求(例如静力强度、稳定、制作和维护的经济形等)之间的折中和平衡。

JTG D64—2015[2]规定,钢管构件在承受较大横向荷载的部位应采取适当的加劲措施,防止产生过大的局部变形。大直径钢管拱肋、桥墩在集中荷载作用下,其节点部位应设置环形加劲钢板。考虑容许剪应力,环形加劲的最大间隔为钢管外径的 3 倍。当 $d_0/t \leq 60$ 时,考虑制作上的方便可以不设加劲钢板。此外,构件的主要受力部位应避免开孔;当必须开孔时,应采取适当的补强措施。

钢管结构实际支杆的长度要小于将结构按构件轴线简化所得的杆件长度。当受压支杆长细比控制设计时,将由于实际杆件长细比的减小而提高稳定承载力。然而,管结构在轴向荷载作用下将产生较大的横向变形,这种横向变形施加到连接构件上,使得连接构件产生附加内力,这种附加内力当采用杆系结构计算时无法给出。当采用全焊的钢管结构时,还将由于节点连接采用的是焊接,使得各杆件除了受轴向力外,还存在着二阶弯矩的作用,只有当节点具有足够的转动能力时,静力设计时才可忽略实际节点刚度引起的二阶弯矩。

GB 50017—2003[33]和 JTG D64—2015[2]均规定在下列情况下,分析钢管桁架杆件内力时可将节点视为铰接:

(1)符合各类节点相应的几何参数的适用范围。

(2)在桁架平面内杆件的节间长度或杆件长度与截面高度(或直径)之比不小于 12(主管)和 24(支管)时。

全焊钢管结构各杆件的中轴相交于一点是工程设计中常用的方法,但有时由于构造或施工方面的考虑,可能出现偏心,当偏心较小时,偏心引起的弯矩可以忽略不计,而当偏心较大时则应考虑。GB 50017—2003[33]和 JTG D64—2015[2]均规定若支管与主管连接节点偏心不超过式(1-1)限制时,在计算节点和受拉主管承载力时,可忽略因偏心引起的弯矩的影响,但受压主管必须考虑此偏心弯矩 $M = \Delta N \times e$(ΔN 为节点两侧主管轴力之差值)的影响。

$$-0.55 \leq \frac{e}{D} \leq 0.25 \tag{1-1}$$

式中:e——偏心距,如图 1-20 所示;

　　　D——主管外径。

直接汇交焊是最简单和最简洁的连接,但由于沿着被连接支杆周长的非线性刚度分布,荷载传递相当复杂。对于相贯节点的钢管结构,节点的主要破坏模式有支杆破坏(屈服、局部屈曲）、焊缝破坏、弦杆屈服（表面/侧面，或截面）、层状撕裂、焊缝破坏、弦杆冲剪破坏、弦杆局部屈曲和弦杆剪切破坏等，如图 1-21 所示。一般在设计中，可以通过对焊缝强度的保证避免焊缝的破坏，通过对材料含硫量的控制来避免层状撕裂破坏，通过支杆几何尺寸的限制来防止支杆的破坏，而且在设计建议的适用范围内，弦杆屈服准则包含了弦杆剪切准则，因此钢管节点的主要破坏模式一般控制为弦杆屈服和弦杆冲剪。

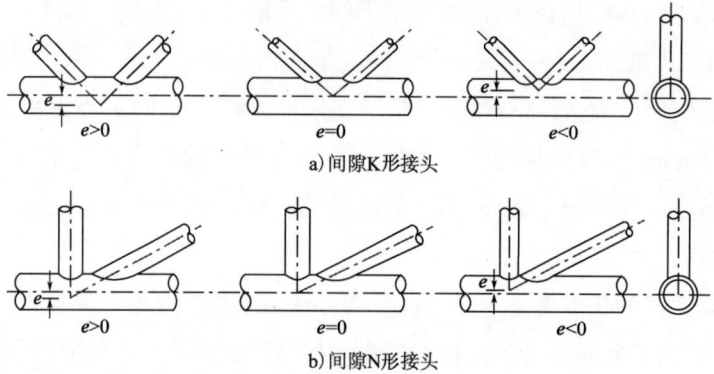

图 1-20　K 形和 N 形管节点的偏心

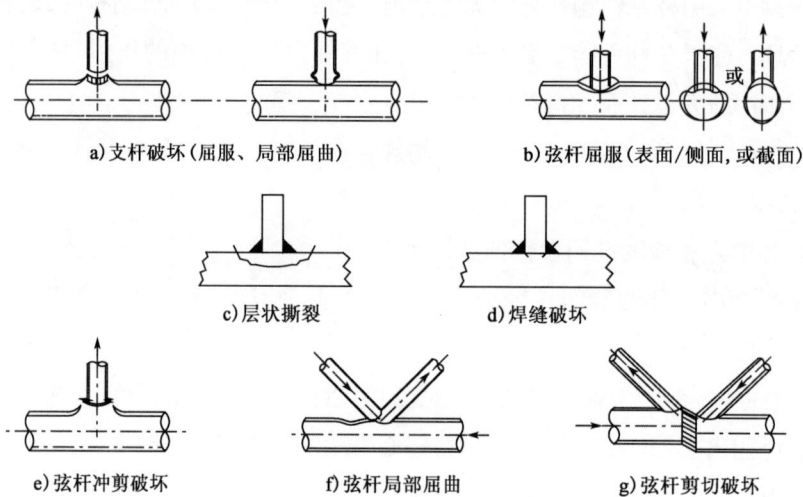

图 1-21　圆管节点的破坏模式

　　相贯节点的承载力是指节点破坏时，作用在支管端部的最大轴力，它是以极限强度作为承载力的判断条件，而不是以最大应力作为判断条件。通常管节点热点应力在支管轴力不是很大时就达到屈服，随着支管轴力的增大，热点处将形成塑性区使应力重新分布。管节点本身具有很大的刚度储备，节点的承载力在屈服后仍能继续增加，直至出现显著的局部变形或裂缝时才发生破坏。

　　目前，节点静力强度有 3 种计算模型，即环向模型（用于弦杆屈服）、冲剪模型（用于弦杆冲剪）和弦杆剪切模型[31]。根据研究成果，一些钢结构或钢管结构的设计规范，如欧洲规范、我国的钢结构设计规范、日本钢管结构设计指南等,给出了主要针对弦杆塑性弯曲变形破坏的相贯节点承载力计算公式。在计算节点静力强度时,主要考虑的因素有:弦杆径厚比、腹杆与弦杆的外径比和壁厚比、腹杆轴线与弦杆轴线的夹角、腹杆之间的间隙等。上面所述主要是针对腹杆承受轴力的平面圆管节点,至于承受弯矩作用的节点以及空间节点也是以平面节点为基础提供了静力强度计算公式,详见相应的文献和规范[31,33,35]。

(四)管节点的疲劳问题

管结构的节点疲劳寿命是管结构设计中的一个重要课题。合理的节点构造及其设计方法引起了各国工程界的关注,目前共有 40 余个实验室进行了管节点疲劳试验的研究。相关的研究成果与规范标准对桥梁管结构的抗疲劳设计有极好的参考价值。

疲劳是指在反复交变荷载作用下引起裂纹缓慢扩展而造成结构部件的损伤。疲劳断裂通常是一种低名义应力破坏,它和脆性断裂有许多相同或相近的特点,但其本质与一般脆断不同,疲劳破坏可以认为是由于反复地施加载荷形成了一条或多条的裂纹,而每次载荷本身是不足以引起正常静态破坏的。由于几何形状及应力状态均很复杂,管节点的疲劳裂纹一般出现在具有高应力集中的主管热点处的焊趾附近。首先出现一系列间距很接近的微裂纹,当其增长到几毫米后,这些裂纹连接在一起形成以热点为中心的单一裂纹。一般表面裂纹扩展到60% 周长时,节点刚度仍然无显著变化,直到裂纹贯穿主管管壁,承载力丧失。

对焊接管结构而言,在支、主管连接的相贯线焊缝中常存在一些小而非常尖锐的缺陷,也就是小裂纹。由于焊接残余应力和应力集中现象的存在,交变荷载作用时,这些小裂纹很容易得到发展,引发节点疲劳破坏。钢管相贯节点的最大缺口应力和应力强度因子决定了其寿命强度。事实上,发生在焊缝处的疲劳裂纹多数都会进入焊接热影响区或母材之中。从实用出发,只要最大缺口应力及应力强度因子与构件的基本名义应力成正比,便可认定它们取决于相邻母材的名义应力而不取决于静载作用下起决定作用的焊缝名义应力。

弦管是支承支管的弹性基础,在相贯线上,沿支管轴向的弦杆刚度愈大,弦管反作用力愈大。弦管每一点上的反作用力可分解成弦管环向力和径向力,前者主要引起中面应力,后者则造成弦管弯曲应力,弦管在交接线表面上的应力由这两种应力叠加而成,称为几何应力。管节点最大几何应力通常在弦、支管交线处的弦管一边,发生的最大几何应力即为热点应力,用 σ_G 表示,是主应力的外推值。如果采用相应的几何应力集中系数 K_G,则热点应力 $\sigma_G = K_G \sigma_N$,再考虑焊趾几何形状的影响,引入局部应力集中系数 K_W,其局部应力 $\sigma_L = K_W \sigma_G$,局部应力 σ_L 还可用名义应力 σ_N 表示,记为 $\sigma_L = K_G K_W \sigma_N$。

管节点应力分析可采用有限元法、试验分析法和几何参数法(无量纲分析法)。有限元分析时,利用薄壳单元可直接求得热点应力 σ_G。采用试验分析法时,需利用节点模型试验实测几何应力。由于管节点的种类繁多,不可能对每一节点在多种荷载作用下均采用前述两种方法,因而可采用在有一定参数基础上的无量纲分析法来确定几何应力集中系数 K_G 的表达式内的各项参数,用以推求热点应力 $\sigma_G = K_G\sigma_N$。不同形式管节点的几何应力集中系数 K_G 可以通过相关资料查表求得。当热点应力 $\sigma_G = f_y$ 时,节点应力将会发生重分布。

对焊接接头疲劳强度而言,由于局部最大应力实际上起着主导作用,因此焊接接头的疲劳强度分析方法可有 4 个不同的层次:即名义应力评定法、结构应力评定法、缺口应力评定法和断裂安全性评定法。这 4 种方法既可相互配合使用,又可各自单独使用。

名义应力评定法是用材料力学法来确定构件断面上的名义应力 σ_N 是否小于疲劳断裂时的持久名义应力。该方法是应用十分广泛的基本方法。

结构应力评定法要求除名义应力外还采用解析或有限元法确定无缺口效应的结构非均匀应力分布情况,又称热点应力法。热点应力是最大结构应力或结构中控制截面的危险点应力。

缺口应力评定法做分析时除名义应力和结构应力外,还应确定焊趾和焊缝根部的应力集中。在焊接结构分析中,该方法迄今只用于某些特殊场合。焊接接头缺口等级的划分取决于接头形式、焊缝类型、加载情况和制造加工质量以及缺陷状况,通常以疲劳试验(而不是应力分析)的结果为基础。

断裂安全性评定法将焊接接头(特别是焊趾和焊缝根部)的裂纹和缺陷利用裂纹尖端处的应力强度因子加以计算。裂纹随着循环次数增大而进行稳定扩展以及最终发生断裂时裂纹的临界尺寸,均可由裂纹尖端处应力强度因子的幅值加以确定。

对于长期承受反复活载作用的桥梁结构,直接焊接的相贯接头的疲劳设计主要有如下几种方法:

1. 应力幅(应力脉动量)

对焊接接头而言,常用的各种施焊方法都会在焊缝区产生数值接近(或等于)材料屈服强度的残余拉应力。所以,对不经消除残余应力的接头,其疲劳寿命大多是因在高残余拉应力区开裂而告终的。在反复荷载作用下,其最大应力显然是屈服点,其应力变化范围为屈服点 f_y 和 $f_y - (\sigma_{max} - \sigma_{min}) = f_y - \sigma_R$。$\sigma_R$ 称为应力幅或者应力脉动量。按应力幅确定的疲劳强度不再取决于平均应力 $\sigma_m = 1/2(\sigma_{max} + \sigma_{min})$。可以认为,平均应力不同而应力幅相同的应力循环,其疲劳损伤相同。应力脉动量的意义就在于进行疲劳设计时,只需考虑活载和冲击作用所产生的应力。

2. 细节分类

对不同的焊接接头给予特定的结构细节名称,该方法既考虑了细节的局部应力集中,可接受的最大不连续性尺寸和形状、受力方向、冶金效应、残余应力、疲劳裂纹形状,在某些情况下还考虑了焊接工艺和焊后的改善处理。对于任一给定的细节类型,不同强度等级的钢材疲劳强度间的差别很少,可略去不计。

3. S-N 曲线

在给定应力幅 σ_R 的情况下,特定细节类型的焊接接头疲劳强度 S 与循环次数 N 的关系可用 S-N 曲线来描述,S-N 曲线需经疲劳试验获得。S-N 曲线法是疲劳设计时采用最多的方法。S-N 曲线上的应力可为名义应力(名义应力幅),也可为结构应力(热点应力)。曲线上的每一特征点必须用 8 ~ 12 个试验条件完全相同的试件的试验数据经统计给出,并有 97.7% 的保证率。

4. 变幅疲劳和疲劳损伤

为了估计变幅应力的作用,采用 Miner 线性累积损伤假设。通过这个假设把疲劳的随机加载(变幅疲劳)和常幅的 S-N 曲线联系起来。线性累积损伤法认为,接头在应力幅 σ_i 作用下,发生疲劳破坏的寿命为 N_i,经受 n_i 次循环的损伤为 $D_i = n_i/N_i$,在 m 个不同应力幅 σ_i 作用下的累积损伤 D 可按式(1-2)计算,当累积损伤 $D \geqslant 1$ 时,接头就会破坏。

$$D = \frac{n_1}{N_1} + \cdots + \frac{n_i}{N_i} + \cdots + \frac{n_m}{N_m} = \sum_{i=1}^{m} \frac{n_i}{N_i} \tag{1-2}$$

由于影响节点疲劳强度的因素很多很复杂,抗疲劳设计的措施也需采用合理的结构细节、焊接工艺、焊后处理等多种方法来综合治理。这些措施应该能够缓解缺口应力集中,改变残余应力分布或在缺口产生有利的残余压应力,防止缺口与空气或其他腐蚀介质接触。

大量的疲劳试验证明,疲劳裂纹只有当临近破坏点时才扩展到可目测的尺寸,此前尺寸都较小。而疲劳破坏点与钢管材料韧性有关,变动很大,低韧性材料将缩短检测疲劳裂纹所需的时间间隔(抗疲劳性能差)。对材料的韧性要求应随强度作适当提高,这在许多国家技术标准中均有所反映。

为提高焊接结构的抗疲劳性能,母材的韧性指标应有充分的保证,对焊缝金属及焊缝形式经常有如下的要求:

1. 焊接接头的强韧比

焊接接头的冲击试验表明,焊缝韧性随焊缝的屈服强度 σ_{yw} 增大而降低。这表明焊缝强度不能随意增大,限制焊缝超强实质上是防止因焊缝韧性过低而产生脆断,因而对其强韧性 A_{kv}/σ_{yw} 应有限制。英国桥规 BS5400 对有严重应力集中的受拉焊接构件及接头,按 $A_{kv} \geqslant \sigma_y [0.3t(1+0.67K)]/355$ 来要求,其中 t 为板厚,应力集中系数 K 可取 3.5。

2. 焊缝金属和母材金属的强韧性匹配

焊缝金属强度与母材金属强度之比大于 1,称为超强组配;两者之比等于 1,称为等强组配;两者强度之比小于 1,则称为低强组配。适当的"低强组配",可使焊缝金属有足够的韧性储备,也有利于焊接接头的抗脆断和抗疲劳性能。选用焊接材料时,不能过分强调强度,而应更多地着眼于保证韧性的要求。必须掌握实际焊缝金属的数据，不能停留在熔敷金属的数据上。同时，所选的焊接材料还必须适应所选定的焊接工艺条件。

选用焊接材料时，在满足强度要求的前提下，尽可能使用韧性好的焊接材料。用同一强度级别的碱性和酸性焊条焊接同一母材金属后，虽然所得焊缝金属的强度几乎相同，但用碱性焊条所焊焊缝金属的韧性却明显要高于用酸性焊条所焊焊缝金属的韧性。美国 AWS D1.1 和 AWS D1.5 均允许焊缝采用低强组配，并要求焊缝的最小韧性值 $A_{kv} \geqslant 34$。

3. 焊缝形式的确定

管结构相贯连接焊缝的形式与连接的耐疲劳强度密切相关，对常见的管状 T、Y、K 形连接，美国 AWS 专门提供了完全熔透、部分熔透和角焊缝的形式，同时对有疲劳要求的焊缝下凹形剖面作了说明。

焊后处理也是常用的提高疲劳强度的方法，其工艺措施主要有如下 3 种：

（1）TIG 熔修

国内外的研究均表明，TIG 熔修可大幅度提高焊接接头的疲劳强度。这种方法是用钨极氩弧焊方法（或专用焊条）在焊接接头的过渡区部位重熔一次，使焊缝与基本金属之间形成平滑过渡，减小应力集中，同时也减小该部位的微小非金属杂物，因而使接头部位的疲劳强度提高。重熔工艺要求焊枪一般位于焊趾部位 0.5~1.5mm 处，并要保持重熔部位洁净。

（2）砂轮打磨

砂轮打磨是一种提高焊接接头疲劳强度的有效方法。国际焊接学会（IIW）推荐采用高速驱动的砂轮，转速 1 500~4 000r/min，砂轮由碳—钨材料制作，其直径应保证打磨深度半径大于或等于1/4 板厚。最近的研究表明，经打磨后，其 2×10^6 循环下的标准疲劳强度提高45%。

（3）锤击法

锤击法是冷加工方法，其作用是在接头焊趾处表面造成压缩应力，因此，本方法的有效性与焊趾表面产生的塑性变形有关；同时锤击还可以减少存在的缺口尖锐度，因而减小了应力集中，这也是其大幅度提高接头疲劳强度的原因。国际焊接学会（IIW）推荐的汽锤压应力为 5~6Pa。锤头顶部应有直径 8~12mm 的实体材料。推荐采用 4 次锤击以保证锤击深度达0.6mm。研究表明，经锤击后，其 2×10^6 循环下接头疲劳强度可提高54%。

二、钢管混凝土结构

（一）钢管混凝土构件

钢管混凝土由于加载方式的不同，可分为普通型［图 1-22a)］和约束型［图 1-22b)］。前者荷载同时施加在钢管和核心混凝土上，钢管参与轴向受力；后者也称为钢管约束混凝土，荷载仅施加于核心混凝土之上，钢管不参与轴向受力，仅对混凝土起约束作用，由于钢管不承受压力所以不存在局部屈曲问题,因此钢管的壁厚可以比普通型的更薄,它应用于房屋结构的柱子中,因柱端没有钢管,较容易与楼板的混凝土梁板结构连接。此外,一般情况下,普通型钢管混凝土管内填充的是素混凝土,而约束型钢管混凝土管内混凝土则配有钢筋,为钢筋混凝土。在钢管混凝土结构中,大量应用的是普通型钢管混凝土。除特别指明外,钢管混凝土均指普通型钢管混凝土。钢管混凝土拱桥中主要受力结构的主拱肋也都是普通型钢管混凝土,一般也都直接称为钢管混凝土。

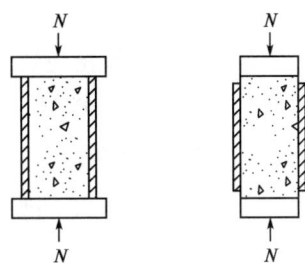

a)普通型钢管混凝土　　b)约束型钢管混凝土

图1-22　钢管混凝土基本构件及其加载形式

　　用于钢管混凝土结构中的钢管有圆管、方管(矩形管)、多边形管和圆端形管等,它也决定了钢管混凝土构件的外形,相应的钢管混凝土构件就称为圆形钢管混凝土、方形钢管(矩形钢管)混凝土等。圆形钢管混凝土由于平面形状为轴对称,压力作用下钢管环向应力均匀,施加于内填混凝土的套箍力也均匀,因而受力性能最好,且钢管加工容易,因而应用最广泛。本书后面所介绍的钢管混凝土结构,除特别指明外,均指圆形钢管混凝土。

　　我们知道,钢材在弹性工作阶段时,它的泊松比 μ_s 变动很小,在 $0.25 \sim 0.30$ 之间,而混凝土的泊松比 μ_c 随着纵向力的增长从低应力的 0.167 左右逐渐增至 0.5,接近破坏时,将超出 0.5。因此管内混凝土随着轴向力 N 的增大,其泊松比 μ_c 会超过钢管的泊松比 μ_s,使得混凝土的径向变形受到钢管的约束而处于三向受力状态(图1-23)。这就是所谓的钢管对核心混凝土的套箍作用,简称套箍作用。套箍作用在提高核心混凝土承载力的同时,还提高了它的塑性性能,使得混凝土,特别是高强混凝土脆性的弱点得到克服。另一方面,钢管内的混凝土能有效地阻止钢管向内的变形,增强了钢管抵抗局部屈曲的能力,而钢管混凝土构件的整体刚度也远大于钢管构件,整体稳定性也有了很大的提高。因此,钢管与混凝土的组合应用于以受压为主的构件中,具有明显的优势互补、相互提高的组合效应。

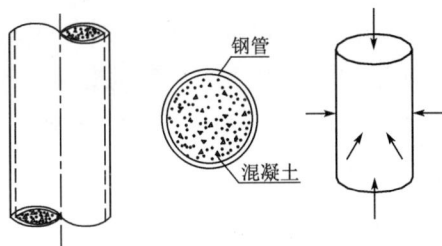

图1-23　钢管混凝土柱受压示意图

　　对于方形(矩形)钢管混凝土(图1-24),轴压力作用下当核心混凝土的泊松比大于钢材的泊松比时,在横截面上管壁因受到混凝土向外膨胀的内压力产生弯曲变形,对混凝土的套箍作用主要体现在四个刚度较大的角点上以及截面的核心。与圆形钢管混凝土相比,其套箍力作用小且分布不均匀,组合作用较差。此外,钢管的角点存在应力集中。然而,方形(矩形)截面作为建筑物的柱子,与梁的连接较容易,构造也比较简单,因而在建筑物中也得到了较多的应用,国内外也有许多学者对其进行了研究。

　　多边形管如八边形,则介于圆形和方形之间,由于交角的角度变小,其套箍力的分布较方形管均匀,接近于圆形,而几何形状上与圆形相比更易于与梁连接。但这种结构钢管加工较复杂,应用并不多。圆端形主要用在受压弯构件中两个方向的受弯能力要求不同的情况时。对这种结构的套箍力分布情况还缺乏研究。

普通型钢管混凝土构件中,一般管内混凝土不配筋,但也有少量配有纵筋或钢管束,如图 1-25 所示。配纵筋(和螺旋筋)的主要目的是为了满足构造或连接方面的要求,主要用在房屋建筑中。配钢管束则是为了进一步提高承载能力。

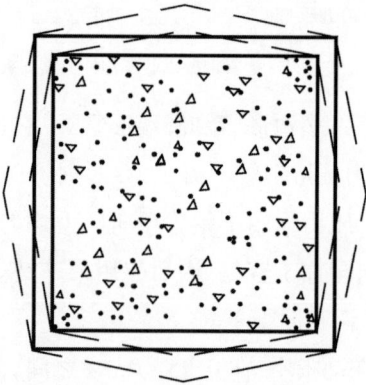

图 1-24　方形钢管混凝土截面

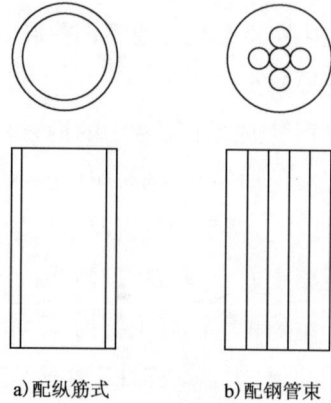

a) 配纵筋式　　b) 配钢管束

图 1-25　配筋钢管混凝土

当对构件的刚度要求大于强度要求时,钢管混凝土还可做成空心的。相对于空心钢管混凝土,前面介绍的则可称为实心钢管混凝土。

空心钢管混凝土根据内填混凝土的相对厚度又可分为重型空心和轻型空心两种,如图 1-26 所示。设 ψ 为核心混凝土内外半径之比(又称为空心率),则当 $\psi \leqslant 0.5$ 时,称为重型空心钢管混凝土,其受力性能随着 ψ 的减小而趋于实心钢管混凝土,即混凝土受到钢管的套箍作用。

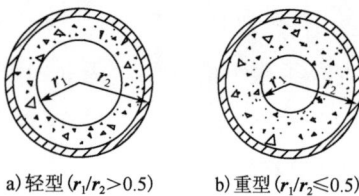

a) 轻型 $(r_1/r_2 > 0.5)$　　b) 重型 $(r_1/r_2 \leqslant 0.5)$

图 1-26　空心钢管混凝土

当 $\psi > 0.5$ 时,称为轻型空心钢管混凝土,其受力性能随着 ψ 的增大而趋于钢结构,即内填混凝土受到钢管的套箍作用不大,内填混凝土主要起着加强钢管壁稳定性,加强整体刚度以及防锈作用,混凝土在强度方面所起的作用较小。空心钢管混凝土可采用离心法生产,应用于电力部门的输变电塔之中,具有良好的经济效益。

此外,近年来还提出了在内外净距处处相等(圆心相同)的钢管夹层中灌以混凝土的钢管—混凝土—钢管的组合结构(图 1-27)。如果外管直径很大而夹层较薄,其为三明治(sandwich)壳体结构,可被用于储罐、核反应堆护罩和军事防护结构中。如果外管直径不大、相对的夹层较厚,称之为中空夹层钢管混凝土或双层钢管混凝土(Concrete-Filled Double Skin Steel Tubes,简称 CFSTD),它可被用于桥梁中的高墩和大管径的拱肋之中。

钢管混凝土结构主要用于受压构件之中,其稳定性问题突出,构件的长细比对稳定影响很大。当需要较大刚度时,可考虑采用多肢结构,即钢管混凝土格构柱(CFST Laced Column),其主要构件称为柱肢或主肢,为钢管混凝土构件;连接构件为缀杆,多为空钢管构件;连接构件与主要构件多采用相贯节点焊接连接。多肢结构也可应用于压弯或受弯为主的结构中,它是单肢以受轴力为主的结构。当它应用于梁时,称为钢管混凝土桁梁(CFST Truss),主要受力构件称为弦杆,连接构件称为腹杆。

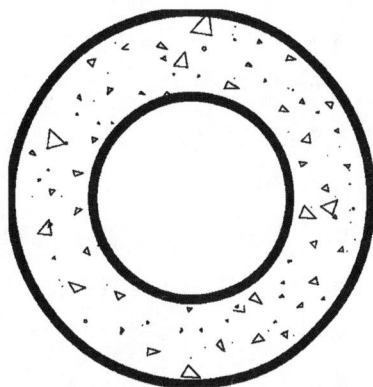

图 1-27 钢管—混凝土—钢管结构

钢管混凝土除了在受力方面能充分发挥两种材料组合的优势外,在施工方面也具有明显的优点。钢管具有较大的刚度和强度,可以作为施工的劲性骨架。钢管本身又可作为耐侧压的模板。这样,施工时就基本不需要模板和支架。钢管制作工厂化,劳动效率高,比起钢筋混凝土结构中的钢筋加工制作省时省工。

钢管混凝土结构耐腐蚀性能比钢筋混凝土弱,与钢结构一样需要采取有效的防腐措施,但与钢结构相比,其内壁因填充了混凝土,只有外壁需采取防腐措施,因而防腐的比表面面积减少一半。在抗火性能方面,钢管混凝土结构由于管内存在混凝土,能吸收热量,与空钢管相比它的软化温度将极大地提高,为抗火而增加的保护材料费用比钢结构节省。钢管混凝土结构还具有较好的耐冲击能力和动力性能。圆形钢管混凝土柱在抵抗方向不确定的地震力作用时,由于其各个方向的强度和刚度相同,显示出其有效性。

(二)钢管混凝土结构的研究与应用

钢管在土木工程中应用不久,钢管混凝土结构就得到应用。1879 年英国赛文(Severn)铁路桥采用了钢管混凝土桥墩,但当时管内浇注混凝土的主要目的是为了防锈。1901 年,Sewell J. S. 首次发表文章报道了方形钢管混凝土柱的应用情况,认为钢管内填充混凝土不仅能防锈,还能提高刚度和承载力。1907 年美国的 Lally 公司首次给出了圆管混凝土柱的安全承载能力公式,此后这种被称为 Lally Column 的圆形钢管混凝土柱在一些单层和多层房屋建筑中得以应用。

20 世纪初叶以来,许多学者对这种结构进行了不断深入的研究。苏联在 20 世纪三四十年代修建了两座钢管混凝土拱桥,一批学者对钢管混凝土结构进行了深入的研究,出版了一批专著。20 世纪 60 年代,英国聂基(Neogi P. K.)等人对管内混凝土三向受力时强度的提高及考虑钢管对混凝土约束效应时钢管混凝土承载力的计算方法作了研究,是钢管混凝土理论探讨上的一大突破。美国在 20 世纪六七十年代对钢管混凝土组合柱的研究获得大量研究成果。这一时期,西欧、北美、日本、苏联等工业发达国家,钢管混凝土结构在厂房建筑、多层和高层建筑、立交桥以及特种工程结构中得到较多应用,收到了良好的效果。

随着钢管混凝土结构的理论研究与应用的进展,有关钢管混凝土结构的设计与施工规范或规程也不断取得进步。美国的 ACI 318—65 中列入了轴心受压钢管混凝土柱的计算公式,ACI 318—71 则把钢管混凝土结构作为组合构件而单独分列,包括轴心受压和受弯的计算。日本建筑学会在 1967 年年会上制定了《钢管混凝土构件设计施工指南(AIJ)》,并在 1980 年和 1997 年作了修订。欧盟制定的 EURO CODE 由 8 个部分组成,其中 EURO CODE No.4 是组合结构部分,包含有钢管混凝土结构的内容。此外,英国 BS 5400(1979)和德国 DIN 18806 等也列有钢—混凝土组合柱的设计内容。

我国于 20 世纪 50 年代末开始进行钢—混凝土组合结构的研究,1963 年在北京地铁车站中采用了钢管混凝土柱。随后,钢管混凝土柱在一些厂房中逐步得到应用。20 世纪 80 年代后,钢管混凝土结构在多高层建筑和桥梁等方面的应用发展速度迅猛。与此同时,理论研究方面也取得了重大的进展,一批专著相继出版,如文献[36-38],迄今各种图书的出版仍方兴未艾。1986 年在中国钢协的支持下,钢—混凝土组合结构分会成立,从 1987 年开始每两年举行一次年会,为推动组合结构在我国的应用发展起了积极的作用。每次年会都有大量有关钢管混凝土结构的理论和应用成果进行交流。1985 年首届钢管混凝土国际学术讨论会在哈尔滨举行,会上成立了"国际钢—混凝土组合结构合作研究协会(ASCCS)"。此后,协会每 3 年举行一次会议。每次会议上,我国都有大批高质量的论文发表,表明我国在组合结构研究与应用方面在国际上占有重要的学术地位。

我国已颁布许多有关钢管混凝土结构的设计施工规程,如:国家建筑材料工业局的《钢管混凝土结构设计与施工规程》(JCJ 01—89);中国工程建设标准化协会的《钢管混凝土结构设计与施工规程》(CECS 28:90)(2012 年修订);国家经济贸易委员会的《钢—混凝土组合结构设计规程》(DL/T 5085—1999);解放军总后勤部的《战时军港抢修早强型组合结构技术规程》(GJB 4142—2000);能源部电力规划设计管理局的《火力发电厂主厂房钢—混凝土组合结构设计暂行规定》(DLF J99—91);冶金工业部的《钢骨混凝土结构设计规程》(YB 9082—97)(2006 年修订)、《钢—混凝土组合楼盖结构设计与施工规程》(YB 9238—92);福建省工程建设地方标准《钢管混凝土结构技术规程》(DBJ/T 13-51—2010);国家标准《钢管混凝土结构技术规范》(GB 50936—2014)等。

大量工程实践表明,与钢结构相比,钢管混凝土在保持承载力相同的条件下,可节省钢材50% 左右,减小焊接工作量,提高结构的耐火性、动力性及稳定性。与普通钢筋混凝土结构相比,钢管混凝土结构虽然用钢量一般会增加,但施工用钢量可相应减少,在承载力条件相同时,混凝土用量和构件自重可减少约 50%,构件的截面面积可减少约一半。在高层建筑的应用中,在目前的经济条件下,钢管混凝土的造价比普通钢筋混凝土略高,但解决了"胖柱"的问题,从而增加了建筑的有效面积,加快了施工进度,有较好的综合效益,这种综合效益随着结构层数的增多而更加明显。因此,钢管混凝土在房屋建筑的柱子中得到广泛的应用。

福建泉州邮电大楼是我国第一座采用钢管混凝土柱的高层建筑。它建成于 1990 年,高63.5m,地下 1 层,地上 15 层,采用框架—剪力墙结构体系。为了使营业大厅能有较大的空间,地上 1~2 层营业大厅中间的 8 根柱子采用了圆钢管混凝土柱,相应地下 1 层也采用了圆钢管混凝土柱。图 1-28 为泉州邮电大楼地上 1 层的营业大厅。

图 1-28　泉州邮电大楼营业大厅

20 世纪 90 年代以后,随着我国高层和超高层建筑修建的增多,钢管混凝土柱在其中的应用也越来越多,应用的范围从部分柱子代替钢筋混凝土柱到全部柱子采用钢管混凝土柱,从多层、高层向超高层发展。这里给出两个例子。

深圳赛格广场大厦(图 1-29)是一座全部采用钢管混凝土柱的超高层建筑。大厦地下 4 层,地上 72 层,结构高 291.6m,总建筑面积 17.5 万 m^2,在塔楼和裙房的部分框架柱中采用钢管混凝土柱,塔楼中部的抗侧力内筒也采用了 28 根密排钢管混凝土柱组成的内筒。

a)封顶后

b)局部构造

图 1-29　深圳赛格广场大厦

福建电力调度通信中心大厦(图 1-30)采用了钢管混凝土柱、钢筋混凝土梁结构。钢管最大截面为 $\phi500mm \times 30mm$,Q235B 钢,内灌 C60 混凝土,最大柱距为 9m。该工程总建筑面积为 63 301 m^2。该大厦地下 2 层,地上 31 层,结构总高度 145.6m,在屋面层设置有高度为 49.5m 的钢结构微波通信塔。

钢管混凝土还在输变电塔架、桥梁等结构中得到应用。钢管混凝土在桥梁中的应用详见本章第三、四节。

a)总体   b)局部构造

图 1-30　福建电力调度通信中心大厦

第三节　钢管与钢管混凝土桥梁

一、钢管桥梁

(一)钢管桁架桥

钢管结构很早就被应用于桥梁结构之中。1883～1890 年修建的苏格兰 Firth of Forth 铁路桥就是一座大跨径的钢管结构桥梁。该桥两主跨为 521m 的悬臂梁,整个结构是由受压的钢管和受拉的角钢组成的桁架。钢管由轧制板经铆接制作而成。桁架为变截面,桥梁外形富于变化。

近年来,各国修建了多座以钢管为主要承重结构的桥梁。与开口截面杆件或箱形梁相比,钢管桁架形状美观且轻巧,特别适合对透视要求很高的高架桥和城市桥梁,如德国的 Sindelfingen 人行桥、Kaiserlei 桥,瑞士的 Lully 桥、Dättwil 桥和 Aarwangen 桥等[39]。由于圆管截面的抗弯效率不高,所以以钢管为主要承重结构的梁桥,均以桁梁为主。

Lully 桥(1997)为一座全长 1km 的高架公路桥,由两幅完全相同的空间桁架组成,每幅各支撑着单向双车道的混凝土桥面板。桥梁平均跨径为 43m。桁架横断面为三角形,具有 2 根上弦杆和 1 根下弦杆,断面大约高 3m,宽 4m,如图 1-31a)所示。上、下弦杆分别采用搭接 K 形焊接节点和间隙 KK 形焊接节点与腹杆相连组成空间桁架。桥面板通过均布于上弦杆上的抗剪栓钉与空间管桁直接连接在一起。Lully 桥是一条经过农村地区公路的新建部分,选用圆管截面桁架主要是可获得结构轻巧和视野通透的外观,如图 1-31b)、c)所示。

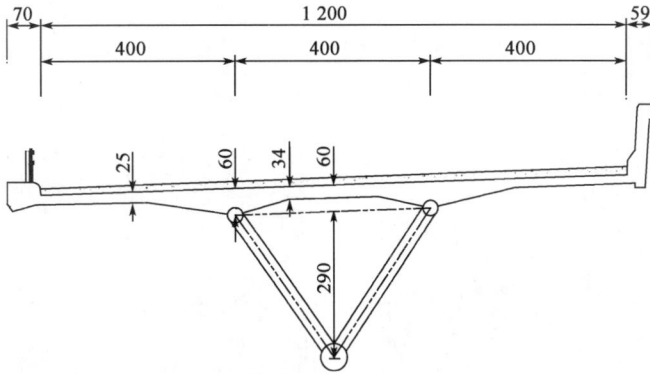

a)标准横截面(尺寸单位:cm)

b)施工照片　　　　　　　　　　　　　　c)成桥照片

图 1-31　瑞士 Lully 桥

Dättwil 桥(2001)是一座同 Lully 桥非常类似但更短的公路桥,全长只有 200m,标准跨径 38m。钢管空间桁架横断面也是三角形。由于该桥工期紧,必须在 8 个月内完工,因而采用了预制混凝土桥面板加焊接 CHS 桁架的结构,如图 1-32 所示。

图 1-32　瑞士 Dättwil 桥

1997 年, Aarwangen 的一条交通繁忙的州际公路上的一座桥需要重建, 在公路桥旁边有一座旧的铁路桁架桥。新桥既要有现代感, 又要与铁路桥相协调, 最后方案选择了两平行平面圆管截面桁架, 如图 1-33 所示。新桥是两跨桁架桥, 跨径 48m, 桁高 1.8m。在拆除旧桥后, 桁架从河岸边浮运就位。预制桥面板通过抗剪栓钉与桁架连接在一起。

a) 施工现场照片

b) 成桥照片

图 1-33 瑞士 Aarwangen 桥

钢管桁梁也被用于悬索桥加劲梁中, 如我国的重庆忠县长江大桥等。这种加劲梁风荷载小, 抗弯、抗扭性能好, 桥型轻盈。如图 1-34 所示, 重庆忠县长江大桥桥面为净—15m + 2 × 1.5m 人行道, 主跨 560m。桥梁设计荷载为汽—超 20, 挂车—120, 人群荷载 3.5kN/m²; 设计风速为 25.9m/s; 地震烈度Ⅵ度, 按Ⅶ度设防。该桥的钢管桁架加劲梁的上、下弦管间中心高 3.3m, 中心宽 19.5m, 标准节间长 3.95m。桁架主弦管采用 16Mn 直缝焊接钢管或无缝钢管, 外径 325mm。腹杆及下横梁采用无缝钢管, 外径 152mm, 上横梁采用焊接工字钢, 风构采用无缝钢管。图 1-34c) 为重庆忠县长江大桥钢管桁架加劲梁典型节段的一般构造图[40]。

(二) 钢管拱桥

钢管在受压为主的桥墩、桩基础和拱肋中也有较多的应用。

应用钢管作为拱肋修建的拱桥称为管拱桥, 或钢管拱桥。钢管拱桥的拱肋有单圆管、并列双圆管、三肢桁式和四肢桁式。与钢管混凝土拱桥相比, 钢管拱桥的钢管内没有充填混凝土。国内有些文献将钢管混凝土拱桥简称为钢管拱桥, 这是不妥的。

瑞典的阿斯克劳水道 (Askerofjord) 桥是 1960 年 6 月建成的一座钢管拱桥, 其总体布置如图 1-35 所示。该桥采用 278.036m 跨径的无铰拱, 主拱肋由两根外径 3 800mm、壁厚 14 ~ 22mm、中心距离 8.7m 的钢管构成, 两根钢管之间用 K 形桁式纵向联结系与横向联结系 (横板) 联结起来。风洞试验表明, 在 $x/d \le 3$ (其中 x 为拱管的中心距离, d 为管的直径) 的条件下, 阻力系数 C_w 为 0.75。根据瑞典的规范, 对于箱形截面的拱, 设计风荷载为 260kPa, 而该桥采用钢管拱则只有 75kPa[41]。该桥车行道宽 7.5m, 两侧的人行道各宽 0.75m, 两栏杆之间的距离为 9.40m。桥面系为钢筋混凝土梁格体系。立柱也是钢管(外径 318～750mm),相距约 16.2m。1980 年 1 月 18 日凌晨,一艘利比亚注册的快船之星号货轮,从南面驶向该桥时,由于偏离桥中线而把整座拱桥撞塌。文献[42]认为,该桥的倒塌事故与空钢管结构对缺陷异常敏感有关,如果管内浇注了混凝土,则会降低此敏感性,提高桥梁的强健性,也许就不至于发生严重的倒塌事故。有关强健性的分析见第四章第八节。

a)全桥侧影图

b)桥头仰视图

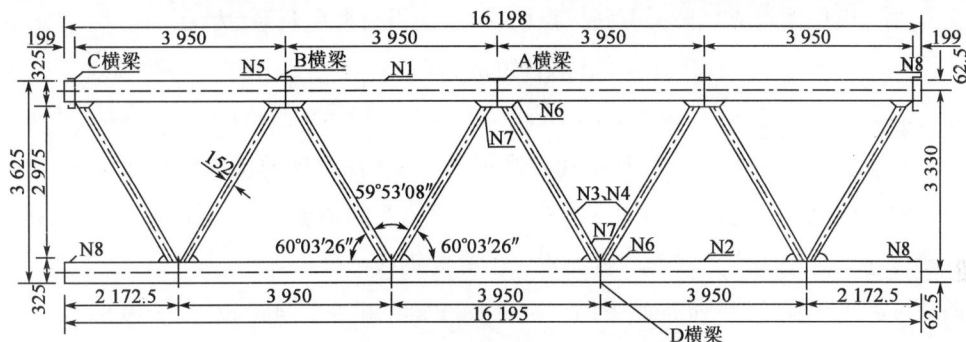

c)加劲梁节段一般构造图(尺寸单位:mm)

图 1-34 重庆忠县长江大桥

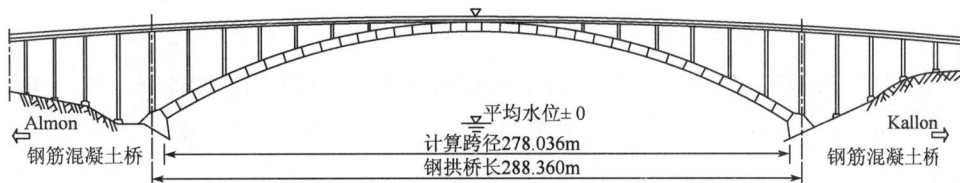

图 1-35 瑞典 Askerofjord 桥总体布置图

日本也建有一批钢管拱桥,比较著名的如松岛大桥[32]。该桥位于日本国道 266 线上、熊本县境内风景如画的国家公园内,为上承式两铰拱,建于 1966 年。桥梁全长 177.7m,主拱跨径 126m,桥面宽为 6.5m(双车道)+2×0.75m(人行道),大桥总体布置如图 1-36 所示。主拱肋由两根钢管构成。钢管外径 1 850mm,拱脚处缩小至 800mm。拱脚附近管壁厚 12mm,

1/4 处附近为 16mm,采用 SM50 钢材。桥面纵梁采用腹板高 1 000mm 的工字形钢纵梁,两引桥采用腹板高度同样为 1 000mm 的钢—混凝土组合梁。这样使得桥面纵梁高度保持一致,流畅美观。全桥总用钢量为 324.5t,其中拱肋用钢量为 196.3t,桥面纵梁为 46.8t,桥面板为 7.8t,上下横联为 35.4t,立柱、支承等为 38.2t。

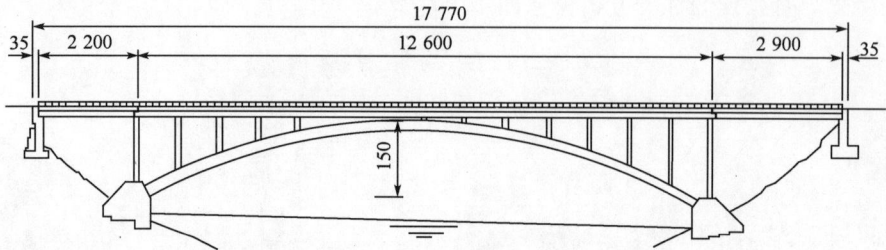

图 1-36　日本松岛大桥总体布置图(尺寸单位:cm)

德国的 Kaiserlei 桥也是一座著名的钢管拱桥。与前面两座上承式有推力拱不同的是,它是一座无推力的下承式系杆拱桥,跨径为 220m,宽 36m,桥的矢跨比为 1/8.5。该桥桥面有两个 13.41m 宽的行车道、一个中间隔离带和两侧人行道。桥道系由 4 根纵板梁和许多横梁支承正交异性钢板桥面构成。该桥有两根拱肋,拱肋间没有横向联系,为无风撑拱。大桥的一般构造如图 1-37 所示。每根拱肋由两根钢管组成,钢管直径为 2m,跨径与肋高之比为 108/1。两根圆管的中心间距为 3.0m,用水平联结板(兼作检查用的人行道)联结,一根拱肋全宽达 5.04m,拱肋截面的水平弯曲刚度及扭转刚度都非常大,且管拱的抗风阻力系数小。以 7.2m 间距布置的 6 根主梁,用分配横梁来联结,形成梁格体系的桥道系,上面设钢桥面板,拱的水平推力直接传递给与拱端焊在一起的桥面板。吊杆为钢板吊杆。

西班牙的瓜迪亚纳(Guadiana)河上的银(La Plata)桥全长 480m,主跨 190m,两边各有 3 个边跨,各约 45m[43]。桥宽 24m,机动车道 2×7m,中央人行道 5.5m。主跨为单肋三肢桁式拱桥,弦管直径 900mm,壁厚 40～90mm。钢索双吊杆,外套不锈钢管。桥道系采用箱梁结构。建成的银桥如图 1-38 所示。

荷兰的 Dintel 港桥也是一座钢管拱桥,如图 1-39a)所示[44]。该桥为三跨拱梁组合铁路桥,主跨 170m,两边跨各 50m。拱轴线为抛物线,矢高 30.85m,拱肋内倾成提篮式。拱肋钢管直径为 2 000mm,桥面系为三跨连续钢梁,与主拱焊在一起,梁高 4.25m,板厚 30mm。Dintel 港桥的上锚窝构造如图 1-39b)所示。

二、钢管混凝土桥梁

钢管混凝土应用于以受弯为主的梁中和应用于以受压为主的柱或拱中,在发挥组合优势的侧重点方面有不同之处。众所周知,在以受压为主的结构中,钢管对管内混凝土起套箍作用从而提高其强度与韧性、管内混凝土对钢管向内变形起约束作用从而提高其抗局部屈曲能力

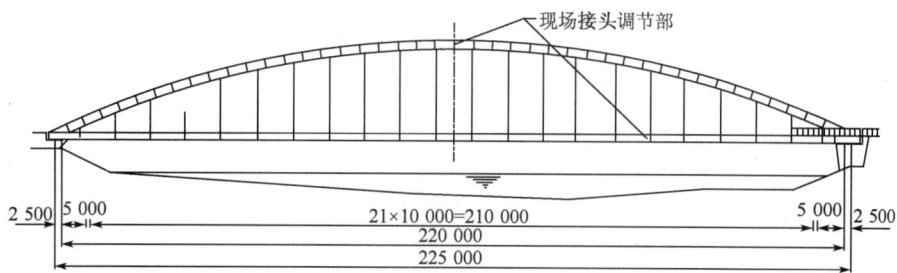

a)立面图

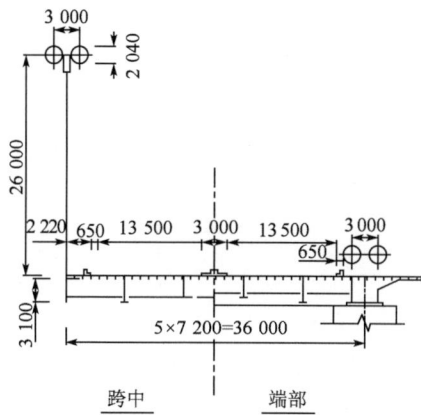

b)横断面

跨中　　　端部

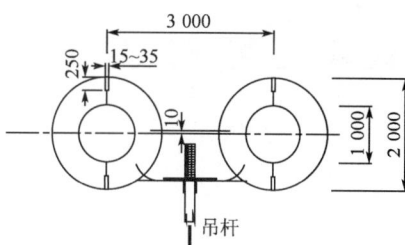

c)拱肋吊点截面

图 1-37　德国 Kaiserlei 桥一般构造图(尺寸单位:mm)

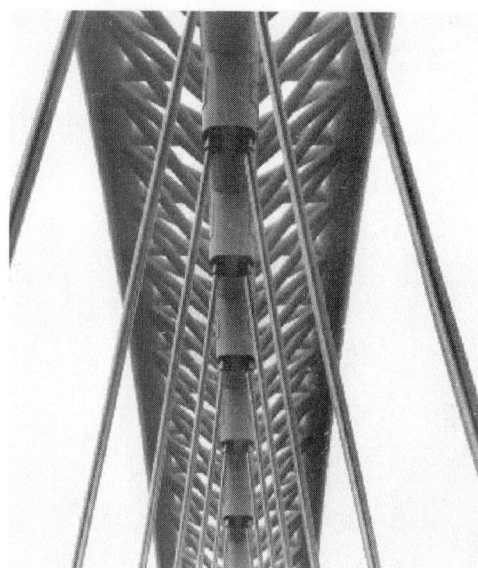

图 1-38　西班牙瓜迪亚纳河上的银桥

的效果是明显的。然而,在钢管混凝土梁中,受压弦杆的受力一般不会很大,这种组合作用难以得到充分的发挥;而对于受拉弦杆,则以钢管受拉为主,混凝土发挥的强度作用很小。实际工程中,在以受弯为主的实腹梁中,钢管与混凝土的组合更多的功能在于刚度的提高、动力性能的改善;对于空腹的桁梁来说,除整体刚度提高外,管内混凝土对于节点刚度、强度的提高作用很大,对于减小节点应力集中,进而提高抗疲劳能力,其作用也是非常明显的。

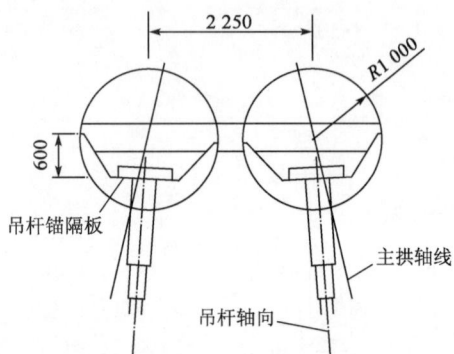

| a)大桥照片 | b)上锚窝构造（尺寸单位:mm） |

图 1-39　荷兰 Dintel 港桥

文献[45]进行了空钢管桁梁 B0、上弦杆为钢管混凝土下弦杆为钢管的桁梁 B1、上下弦杆均为钢管混凝土的桁梁 B2 的受弯对比试验。表 1-3 给出的是 3 种结构试件的承载力对比情况。从表 1-3 可以看出,节点失效时的荷载 F_B、峰值点荷载 F_C,试件 B1 与 B2 桁梁均大于空钢管桁梁。特别需要指出的是,虽然下弦管为受拉构件,管内混凝土对受拉承载力提高不大,但由于它对提高节点承载力有较大的贡献,因此,对桁梁的整体受力性能提高有较大的作用。

钢管与钢管混凝土桁梁承载力比较　　　　　　　　　　　表 1-3

试 件 编 号	F_B		F_C	
	试验值(kN)	相对值	试验值(kN)	相对值
B0	90	100%	92.5	100%
B1	104.5	116%	107.5	116%
B2	140	156%	147.5	159%

由于钢管混凝土梁和柱(拱)在发挥组合优势的侧重点方面有所不同,导致其设计理念、计算理论不尽相同,因此,不宜笼统地将二者归为钢管混凝土桥梁结构,用相同的理论来指导设计。本书以介绍钢管混凝土拱为主,计算原理、方法与钢管混凝土柱相近,有关的应用概况在下一节介绍。对于钢管混凝土梁的研究与工程应用,本书不作详细介绍,读者可参阅文献[46-48]等。

（一）钢管混凝土梁

1.钢管混凝土（单圆管）梁

日本在铁路桥中提出直接应用单根钢管混凝土作为主梁的设想,其效果图如图1-40所示,并已在一座三跨桥梁中应用。该桥每跨36m,采用耐候钢钢管(直径1 200mm,壁厚22mm)。钢管主梁通过现场电焊对接,两根主梁间每隔6m用I型钢横梁进行联结。钢管主梁在内支座附近管内填充混凝土,在跨中部位则填充的是气泡砂浆(自重小,可减轻主梁的自重)。在正弯矩区域内,普通混凝土桥面板与主梁形成组合结构。这种主梁的一个显著优点是能减小火车通行引起的噪声和振动,而噪声和振动是普通铁路钢桥的主要缺点,常遭到铁路沿线居民的投诉。经过钢厂卷制的钢管只要稍稍加工便可成为主梁,与需要焊接的钢板梁相比成本较低。分析认为,若使用中空夹层钢管混凝土(图1-27)主梁,则它能用于跨径更大的桥梁[49]。

图1-40　日本钢管混凝土铁路梁桥效果图

2.钢管混凝土下弦杆—混凝土桥面板桁梁

钢管混凝土桁梁在我国被用于连续刚构主梁和斜拉桥加劲梁之中[46]。主梁或加劲梁由钢管混凝土空间桁架和钢筋混凝土顶板组成。施工时先逐段组装、平移及合龙自重较轻的空间钢桁架,然后安装混凝土桥面板。除施工方便外,这种结构总的自重也明显较轻,有利于降低工程造价。

湖北秭归向家坝大桥是一座钢管混凝土桁梁连续刚构桥,跨径布置为43m+72m+43m,桥面净宽为7.5m+2×1.0m。主墩为钢筋混凝土双肢薄壁柔性墩,桥墩基础为钢管混凝土长方形空心嵌岩整体基础。主梁为等高度、正四角锥空间钢管混凝土网架,横桥与顺桥向的节点间距均为3.8m,纵轴线处梁的总高度为354.95cm(不包括6cm的桥面铺装)[46]。图1-41为该桥建成后的照片。

图1-42是广东南海紫洞大桥。该桥是一座跨径为69m+140m+69m的双塔单索面斜拉桥,双幅六车道。主梁采用钢管混凝土空间桁架组合梁式结构,梁高3m,主梁截面如图1-43所示[46]。

图 1-41　湖北秭归向家坝大桥

a)全桥

b)桥道系

图 1-42　广东南海紫洞大桥

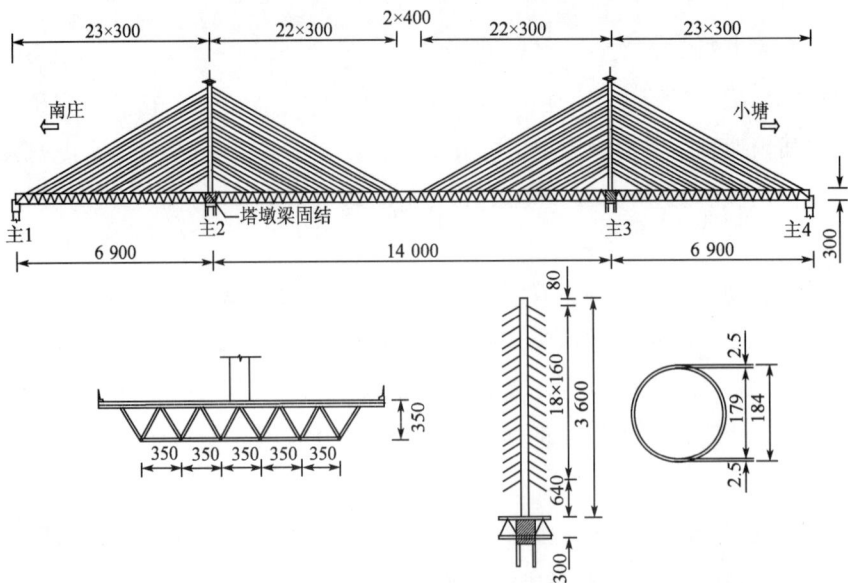

图 1-43　广东南海紫洞大桥总体布置和主梁截面图(尺寸单位:cm)

3. 钢管混凝土弦杆—劲性骨架混凝土桥面板桁梁

2012 年建成通车的四川干海子大桥,采用了钢管混凝土弦杆—劲性骨架混凝土桥面板桁梁。它是由(钢管混凝土劲性骨架)混凝土顶板、钢管混凝土下弦杆和钢管腹杆组成。施工时先制作钢管桁架梁,架设就位后,浇注上、下弦管内混凝土形成钢管混凝土桁梁,然后现浇混凝土桥面板并将上弦杆包到桥面板中,所以上弦杆实际上是钢管混凝土劲性骨架的混凝土结构。与传统钢管混凝土桁梁相比,这种结构中桥面板参与主梁受力,材料作用发挥充分,可减轻自重、节约成本。与前述的紫洞大桥、向家坝大桥的结构相比,上弦改型钢为钢管(灌混凝土后成钢管混凝土),提高了桁梁架设时和现浇桥面板混凝土时的结构刚度,节约了用钢量[50]。

干海子大桥是四川省雅安经石棉至泸沽高速公路上的一座特大桥,位于我国南北向地震带中南段,属强震到弱震活动的过渡带。一般场地基准期 50 年超越概率 10% 的地震峰值加速度 $a = 0.362g$,地震动反应谱特征周期为 $0.45\mathrm{s}$,对应地震基本烈度为Ⅷ度。由于大桥桥位处地形复杂,地质与交通条件差,且处于强震到弱震活动的过渡带,采用质量轻、抗震性能好的桥梁结构是设计的关键。

桥梁总长 1 811m,分为三联,跨径布置为:第一联 $40.7\mathrm{m} + 9 \times 44.5\mathrm{m} + 40.7\mathrm{m}$,第二联 $45.1\mathrm{m} + 3 \times 44.5\mathrm{m} + 11 \times 62.5\mathrm{m} + 3 \times 44.5\mathrm{m} + 45.1\mathrm{m}$,第三联 $45.1\mathrm{m} + 4 \times 44.5\mathrm{m} + 45.1\mathrm{m}$。总体布置如图 1-44 所示。

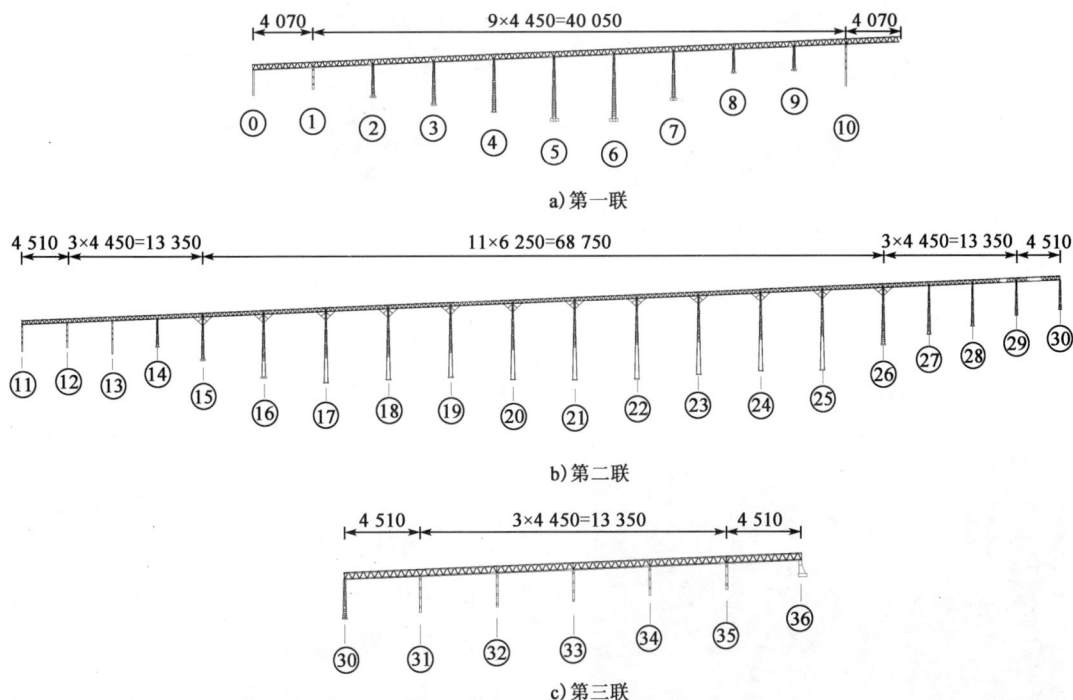

a) 第一联

b) 第二联

c) 第三联

图 1-44　四川干海子大桥总体布置示意图(尺寸单位:cm)

主梁中心高 440cm,节间间距为 440cm,下弦管径 813mm、腹管管径 406mm,壁厚根据不同位置变化,钢管内浇注 C60 混凝土。主梁横向为左、右分幅设计,每幅桥由钢管混凝土下弦、钢管腹杆及顶板组成三角形。主梁桥面板为多点腹杆支撑,受力情况复杂。主梁横断面布置如图 1-45 所示。

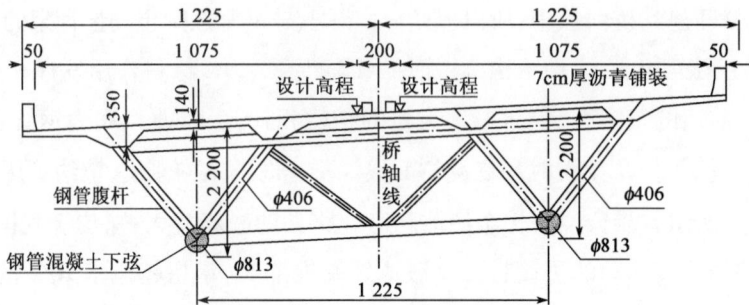

图 1-45　四川干海子大桥主梁断面图(尺寸单位:cm)

该桥的大部分桥墩为高墩,也采用了钢管混凝土结构,且有所创新,详见本节后续介绍。主梁与桥墩连接构造分为两种:当跨径大于 50m 时,在桥墩处加设托架,使主桁加工制造简便,且外形协调美观,如第二联的 15 ~ 26 号桥墩处,如图 1-46a)所示;另一种设置支座,如图 1-46b)所示。

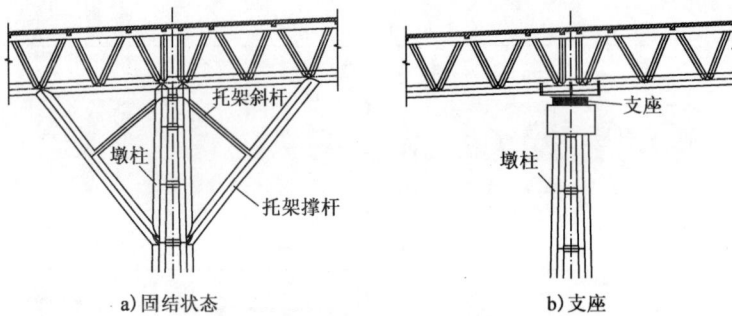

a)固结状态　　　　　　　　b)支座

图 1-46　四川干海子大桥主梁与桥墩连接构造示意图

以该桥上部结构为原型,进行了 1∶8 缩尺的两跨连续梁模型受弯性能试验(图 1-47),对钢管混凝土组合桁梁的正弯矩节段和负弯矩节段的应力应变分布、极限承载力、破坏模式和组合截面连续梁的挠度进行了试验分析和研究。研究结果表明,负弯矩区混凝土顶板开裂荷载相当于 2.98 倍公路—Ⅰ级车道荷载作用于实桥,正弯矩区下弦钢管开始屈服的荷载相当于 6.36 倍公路—Ⅰ级车道荷载作用于实桥;钢腹杆所受

图 1-47　四川干海子大桥主梁模型试验

轴向力不大;钢管内填混凝土可有效加强节点径向刚度,合理的节点构造可避免桁梁节点破坏,从而提高该结构的整体承载力;钢管混凝土组合桁梁结构具有较强的抗变形能力和延性,极限荷载与屈服荷载之比为 1.69,结构最大挠度 58.5mm,为计算跨径的 1/113[51]。

由于上部结构较轻且抗震性能较好,桥梁采用了大跨长联的结构体系,下部采用了钢管混凝土组合高墩的新型结构,利用高桥墩的柔性且与主梁共同受力的特点来减小结构的地震响应。设计制作了几何缩尺比例 1:8 的两跨钢管混凝土组合桁梁—格构墩试验模型,在福州大学地震模拟振动台台阵系统上采用实桥的设计地震波,对该轻型桥梁进行了基本动力特性试验、抗震性能试验及破坏特性研究。结果表明,模型实测频率和位移与实桥满足相似比关系;在横向或纵向地震作用下,桥墩格构式区域加速度放大效应明显,减小了主梁混凝土顶板的加速度响应;相同强度下,横桥向地震作用桥墩应变大于纵桥向地震作用,同时可以不考虑纵、横向地震力共同作用。在设计地震动作用下,墩顶位移满足位移限值的规定;模型未出现开裂和破坏现象,表明钢管混凝土组合桁梁—格构墩轻型桥梁具有良好的抗震性能。振动台试验如图 1-48 所示[52]。

图 1-48 四川干海子大桥 3 台振动台模型试验

建成后的干海子大桥如图 1-49 所示。有关该桥的桥墩构造与科研情况见本节后续介绍。干海子大桥创新型组合结构形式是四川省交通运输厅公路规划勘察设计研究院根据实际工程需要提出来的一种适合我国自然条件恶劣的西部山区应用的一种桥梁新结构,在(四)川(西)藏高速公路等西部道路的建设中存在着应用的需要与可能,现有的研究与应用表明它是一种极具推广应用前景的结构。

图 1-49 四川干海子大桥照片

4. 波形钢腹板—钢管混凝土梁

尽管钢管混凝土结构节点的刚度与承载力均大于钢管节点，但节点仍可能是钢管混凝土组合桁梁承载力与刚度的控制因素，采用波形钢腹板代替桁梁腹杆有望解决这一问题。

建于 1988 年的法国 Maupre 桥，既是一座较早采用钢管混凝土的梁式桥，也是第一座采用波形钢腹板—钢管混凝土弦杆的复合梁桥。它是七跨连续梁桥。主梁下弦管采用钢管混凝土，通过波形钢腹板与桥面板组成三角形截面（图 1-50）[53]。等腰三角形主梁截面能有效地抵抗扭转力。竖直荷载引起的顶板（桥面板）横桥向拉力，由均匀分布在顶板内的横向预应力来平衡。该桥主梁采用顶推架设施工。

图 1-50　法国 Maupre 桥

法国 Maupre 桥三角形截面的顶板为混凝土桥面板，施工架设时若包含桥面板则自重大，若不包含则结构刚度小。为此，本书作者提出了上下弦杆均为钢管混凝土、腹板为波形钢腹板的组合桁梁结构，如图 1-51 所示。

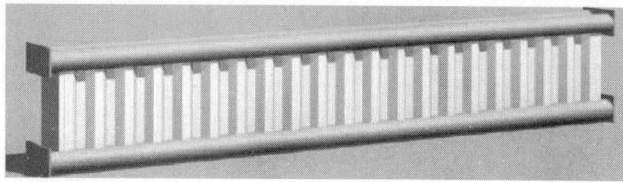

图 1-51　波形钢腹板—钢管混凝土组合梁示意图

文献［54］设计了 3 根截面尺寸和材料与文献［45］相同的试验梁，仅将腹杆用波形钢腹板代替，承载力分别为 190.0kN、240.0kN 和 265.0kN，分别为表 1-3 中 3 根桁梁（峰值点）承载力的 2.05 倍、2.23 倍和 1.80 倍，承载力提高效果明显。这种结构不仅受力性能好、施工方便，且能取得较好的景观效果。目前该结构已应用于福建厦门侨英人行天桥（图 1-52）、京港澳高速公路柏乡服务区人行天桥（图 1-53）等桥梁中。

此外，法国 Maupre 桥的三角形截面，下弦单根钢管混凝土的支承构造复杂，波形钢腹板的加工空间小。为此，本书作者等人提出了双下管的钢管混凝土桁梁结构（图 1-54），并开展了相应的研究和实桥试设计。结果表明，这是一种具有可行性的新型组合结构[55]。

图 1-52 厦门侨英人行天桥

图 1-53 京港澳高速公路柏乡服务区人行天桥

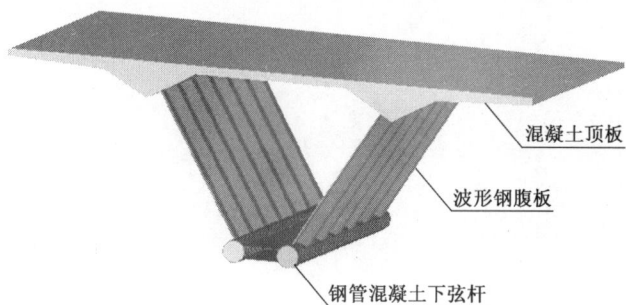

图 1-54 波形钢腹板—双管弦杆—混凝土板组合梁示意图

(二)钢管混凝土柱(桥墩、桥塔与桩基)

1.钢管混凝土(单圆管)桥墩

钢管混凝土应用于桥墩中,能方便施工、减小断面和提高结构延性。当墩柱直径较小时,可以采用普通型钢管混凝土结构,如某高速公路人行桥(图 1-55)。

2.约束型钢管混凝土(单圆管)桥墩

钢管混凝土应用于大直径的桥墩时,若采用普通型钢管混凝土,根据其径厚比要求,管壁可能太厚,施工困难、造价上升,所以常采用钢管约束混凝土柱。以深圳彩虹(北站)大桥为例,其桥墩直径为 2 800mm,即使径厚比采用 100,管壁厚也要 28mm,无论卷管还是焊接都较困难,而采用钢管约束混凝土柱,柱子中还照样配有钢筋,结构的受力是以钢筋混凝土为主,钢管主要起约束混凝土的作用,当然施工时还可以作为浇注混凝土的模板。深圳彩虹(北站)大桥(图 1-56)、兰州雁盐黄河大桥(图 1-57)等均采用了钢管约束混凝土桥墩。有关约束混凝土结构的受力性能研究与其他工程应用参见文献[56]。

图 1-55　某高速公路人行桥

图 1-56　深圳彩虹(北站)大桥钢管混凝土桥墩

日本许多混凝土桥墩采用了钢(管)约束混凝土对其底部部分进行了抗震加固,形成底部钢约束混凝土的钢筋混凝土桥墩;而另有一些钢桥墩为克服其对缺陷敏感、易发生局部屈曲和整体屈曲等不足,在其底部填充了混凝土,形成了底部部分填充混凝土的钢桥墩。这类桥墩在我国还少有应用。

3.钢管混凝土格构柱桥墩

多肢钢管混凝土格构柱常用于轻型桥墩,干海子大桥高度在 24～60m 之间的桥墩采用了钢管混凝土格构柱,如图 1-58 所示。桥墩采用了 4 根 $\phi813(720)$mm ×$(12～16)$mm 钢管,内灌 C50 混凝土,纵桥向采用钢管平腹杆连接,横桥向采用平行弦钢管桁架和交叉钢管撑连接。

钢管混凝土格构柱桥墩纵桥向采用变截面形式,按1:40(或1:50)进行放坡,横桥向为等截面,柱肢中心距为1 225~1 649.8cm。柱脚处承台以上300cm范围内的钢管混凝土柱肢外包了15cm厚C30钢筋混凝土防护层,以增强柱脚的承载力、缓和刚度突变并防止钢管腐蚀。

图1-57 兰州雁盐黄河大桥钢管混凝土桥墩

图1-58 四川干海子大桥钢管混凝土格构柱桥墩

4.钢管混凝土劲性骨架混凝土桥墩

格构柱中钢管缀杆的剪切变形会削弱结构的整体稳定性。为此,四川雅(安)西(昌)高速公路上的黑石沟大桥、腊八斤大桥部分桥墩采用了以钢管混凝土为劲性骨架,外包混凝土,并通过钢筋混凝土缀板将四肢联结的箱形柱结构[57]。施工时,首先架设空钢管,然后内填混凝土,再外包混凝土形成最终的钢管混凝土劲性骨架柱,如图1-59a)所示。称之为钢管混凝土劲性骨架混凝土柱,简写为CFST-SRC柱。

较之采用型钢的SRC柱,钢管加工方便,刚度大,节约钢材,方便施工。CFST-SRC柱结构已在黑石沟大桥和腊八斤大桥的高墩(多个桥墩墩高在100m以上)中得到应用,如图1-59b)、c)所示。

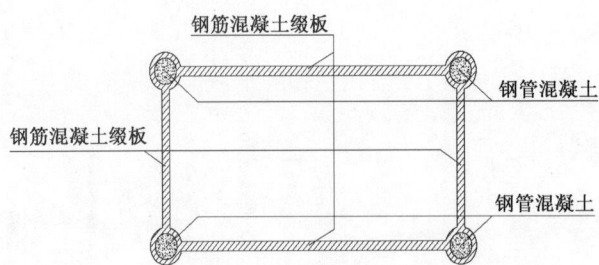

a) 截面示意图

b) 黑石沟大桥

c) 腊八斤大桥

图 1-59　钢管混凝土劲性骨架混凝土桥墩

5. 钢管混凝土主肢—混凝土联结板复合墩与混合墩

在黑石沟、腊八斤大桥 CFST-SRC 柱应用的基础上,设计者在同一线路上的干海子大桥又提出了钢管混凝土复合柱(简称"复合柱")新型组合结构。它是以钢管混凝土为柱肢、主受力方向(面内)以钢筋混凝土板为联结板(缀板)的多肢柱,如图 1-60 所示。与上述的钢管混凝土劲性骨架混凝土柱相比,复合柱免去了外包混凝土的施工工序,减少了混凝土的用量。与钢管混凝土格构柱相比,复合柱减小了缀杆剪切变形带来的稳定系数降低的不利影响,提高了稳定系数;且钢筋混凝土腹板可以参与承受轴压力,减小了柱肢的压应力。

这种复合柱没有单独在桥墩中应用,而是与钢管混凝土格构柱一起在高墩中应用。干海子大桥对于高度大于 60m(16 ~ 25 号)的桥墩,在桥墩墩脚 30m 范围内采用钢管混凝土复合柱,即设置 40cm 厚的纵桥向钢筋混凝土腹板连接钢管混凝土主肢,其上部采用钢管混凝土格构柱,整个桥

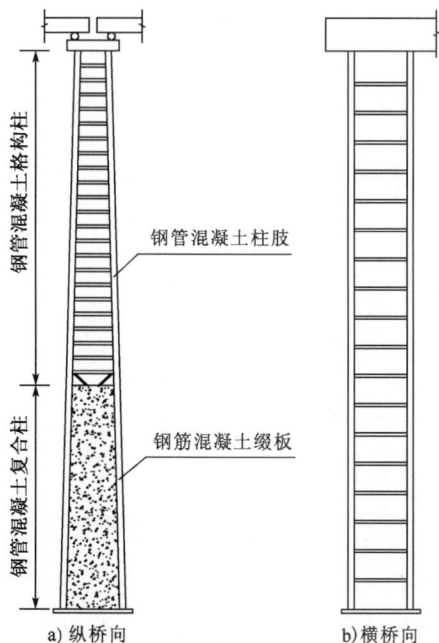

图 1-60　钢管混凝土复合柱示意图

墩为钢管混凝土格构柱与钢管混凝土复合柱混合的柱子(简称"混合柱"),其中最高桥墩为 107m,如图 1-61 和图 1-62 所示。

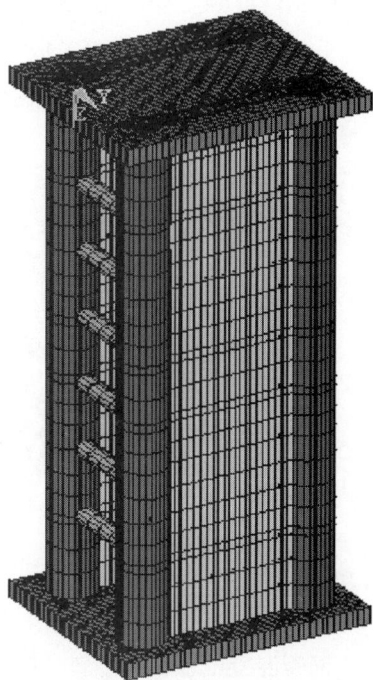

a) 纵桥向　　　　b) 横桥向

图 1-61　钢管混凝土混合柱构造示意图

图 1-62　四川干海子大桥钢管混凝土复合柱

对钢管混凝土复合柱、混合柱的受力性能与极限承载力开展了系列的理论、试验研究和有限元分析，为工程应用提供了技术支撑，为应用推广打下了基础。图1-63给出了其中3根试件试验结束后的对比照片，有关详细研究情况参见文献[58-59]。

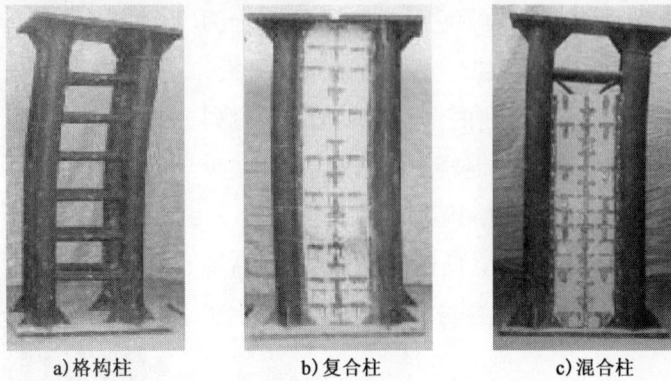

| a)格构柱 | b)复合柱 | c)混合柱 |

图1-63　钢管混凝土四肢柱试验对比

6. 钢管混凝土桥塔与桩基

钢管混凝土也被用于斜拉桥与悬索桥的桥塔之中。江苏淮北长山路桥，为跨越淮北火车站站场的独塔双索面斜拉桥，跨径布置为88m+80m，总体布置如图1-64所示。桥塔H形，桥面以下设剪刀撑，桥面以上设双道横撑，柱肢为哑铃形钢管混凝土结构，两根钢管的净距为2m，钢管为16Mn钢，直径1.5m、壁厚18mm，内填C50微膨胀混凝土。为加强钢管与管内混凝土的黏结力，在钢管内壁上焊接了规则设置的毛刺钢筋。非拉索区的腹腔内填充混凝土，拉索区不填充，用锚梁作联结腹板[60]。

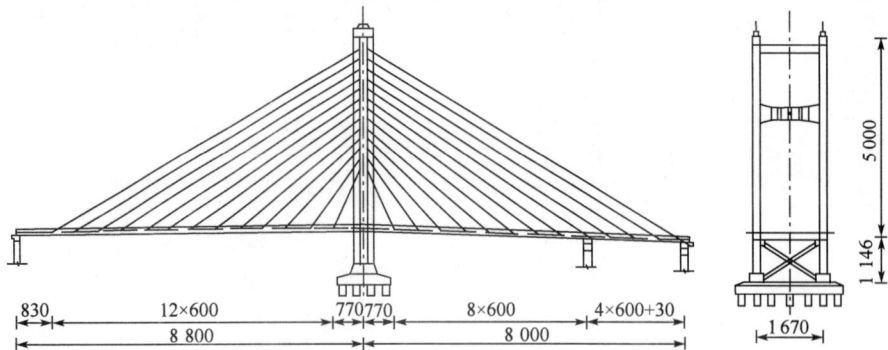

图1-64　江苏淮北长山路桥总体布置图(尺寸单位:cm)

甘肃刘家峡大桥为主跨536m的悬索桥，桥塔采用直径3m、壁厚50mm的钢管混凝土门式框架结构，钢管为Q345D钢，管内混凝土为C40微膨胀混凝土[61]。

此外，钢管混凝土也可被用于桩基。浙江绍诸高速公路富盛互通连接线金家岭河2号桥，为三跨20m预应力混凝土空心板无缝桥，桥台为整体式，基础采用4根ϕ0.8m钻孔灌注桩，其中桩顶部分(10m)采用直径80cm、壁厚6mm的钢管混凝土[62]。

第四节 钢管混凝土拱桥发展概况

一、国外应用概况

世界上第一座钢管混凝土拱桥是由苏联修建的。1937年,苏联在列宁格勒(今圣彼得堡)采用集束的小直径钢管混凝土作为拱肋,建造了横跨涅瓦河的跨径101m的下承式拱桥,如图1-65所示;1939年,又在西伯利亚依谢季河(Исеrb)建成了跨径140m的上承式钢管混凝土铁路拱桥(图1-66)[37]。分析认为,与钢拱桥相比,钢管混凝土拱桥可节约钢材52%,降低造价20%[36]。然而,苏联这两座桥的施工是在现场将钢管拱架分段预浇灌混凝土以后,在满堂支架上拼装成桥,因而钢管混凝土在施工安装方面的优越性能并未得到发挥。这两座桥中,第一座可归为钢管混凝土劲性骨架混凝土拱桥,第二座为钢管混凝土拱桥。

图1-65 苏联列宁格勒涅瓦河拱桥

图1-66 苏联西伯利亚依谢季河铁路桥

此后,直至1990年我国四川旺苍东河大桥建成之前,未见钢管混凝土拱桥修建的报道。近20多年来,钢管混凝土拱桥在我国的大量应用与发展已引起国外的关注。近年来,国外也陆续修建了一些钢管混凝土拱桥。

法国修建的Antrenas桥(图1-67)跨越Autoroute A75公路,主跨径56m,全桥宽11m,主骨架为一根直径 1 200mm、壁厚 32mm 的钢管。为提高抗车辆撞击能力，拱脚段钢管内填充了混凝土[62]。

图 1-67　法国 Antrenas 桥

捷克也有一座与 Antrenas 桥相近的钢管混凝土三角桁式拱桥——布尔诺—维也纳高速公路跨线桥（图 1-68）。专家评估了该桥斜交角可能带来的影响，并认为单拱肋建筑美观效果最好，同时也是最经济的结构形式[64]。

图 1-68　捷克布尔诺—维也纳高速公路跨线桥

该桥的跨径为 60.75m，拱轴线为半径 $R = 74.75$m 的圆弧，拱肋钢管直径为 900mm，壁厚为 30mm，内灌混凝土。管内的混凝土从拱脚泵入到拱顶。混凝土抗压强度 50MPa。管内每隔 2m 配置一对环形加劲板，以避免钢管扭曲变形，同时可传递剪力，并用作拱上立柱（横桥向斜撑杆）的支撑。拱脚固定于道路两边的混凝土基础上。拱上立柱支承的是轻巧的槽形截面梁，它由带新泽西式护栏（New Jersey Barrier）的边梁和现浇混凝土桥面板组成。

拱上立柱（中到中 6m 间隔）垂直于拱，这意味着桥面梁（板）支承点之间的距离非恒定。这些立柱的下部焊接到拱肋设有加强环的截面处，上部连接到支承预应力混凝土桥面的横梁上。桥梁跨中的 5m 范围内，桥面与拱架整体相连。

桥面梁（板）由设置在边梁上的预应力筋，通过后张法施加预应力。另在桥面板内设置了直线形预应力筋。

西班牙也有一座钢管混凝土拱桥,位于 Cantabrico Unquera 公路上,跨越 Escudo 河,长229m,宽30m。该桥于2001年建成,主跨为跨径126.4m的上承式拱,矢跨比为1/8,如图1-69所示。该桥共有两根拱肋,每肋由两根平置的钢管组成,钢管直径1 219mm,管壁由跨中部分的16mm增加到拱脚处的50mm,拱肋高度与跨径的高跨比为1/104。管内填有素混凝土,形成钢管混凝土组合断面,钢管与管内混凝土之间除变壁厚处外,均没有设置剪力构造。桥面系由6根钢—混凝土组合双T梁和25cm混凝土桥面板组成[65]。

图1-69 西班牙 Arco del Escudo 桥

该桥原设计为钢结构,由于组合结构具有许多优势,故改为钢管混凝土结构。管内混凝土大幅度减小了钢管承受活载的应力,使主拱的用钢量得以减少,钢管直径从原来的1 600mm减小到1 219mm,壁厚从原来的20mm减小到16mm。尽管浇注管内混凝土会增加一些费用,但流动性好的混凝土浇注难度并不大。

美国已建成的新达门大街(New Damen Avenue)桥,位于芝加哥市跨越芝加哥河,桥长94m,双向四车道,两侧还有人行道。桥梁总宽度为21.9m,拱肋位于车行道与人行道之间,两吊杆间距离为15.3m。建成后的桥梁如图1-70所示。拱肋采用直径为1 200mm的钢管,钢管壁厚为25mm,热弯成拱。拱肋净跨径为74m,在拱脚段8m范围内填有混凝土以抵抗拱脚段较大的推力和弯矩。该桥为中承式拱,桥面以上无风撑。圆形的拱肋具有良好的空气动力性能,减小了风对拱肋的压力,使得取消风撑成为可能。风撑取消后,桥面上的结构空间显得开阔,没有压抑感,造型简洁美观。桥面结构由纵向施加了预应力的现浇混凝土桥面板和支承于钢箱横梁上的加劲纵梁组成。钢箱横梁与桥面板为组合结构[66]。

2009年,美国哥伦布高架桥又一次采用了钢管混凝土拱桥。该桥共有两跨,一跨为拱梁组合,跨径为79.25m,另一跨为梁,跨径29.26m。主跨钢管混凝土拱梁组合桥,由钢管混凝土拱肋、系梁、吊杆和桥面系组成。由于桥面较宽,采用了1根中拱肋和2根边拱肋共3根拱肋。为取消拱肋间的横向联系(横撑),取得较好的美观效果,每根拱肋由两根相同的钢管混凝土并列组成,两管中到中距离为914mm,用钢构件联成整体。中拱肋采用 ϕ457mm×23.8mm 钢管,边拱为 ϕ457mm×12.7mm。系梁采用内填混凝土的预应力钢箱,截面宽914mm,高

610mm，壁厚12.7mm。两边和中间的系梁分别采用38ϕ15.2mm 和 74ϕ15.2mm 钢丝束对系梁进行后张拉。该桥为旧桥更新工程，利用了部分未拆除的旧桥作为新桥两个拱的组装和架设平台，加快了施工进度，并减少了对桥下铁路交通的干扰。钢管主拱分段采用汽车吊机安装，如图 1-71 所示[67]。

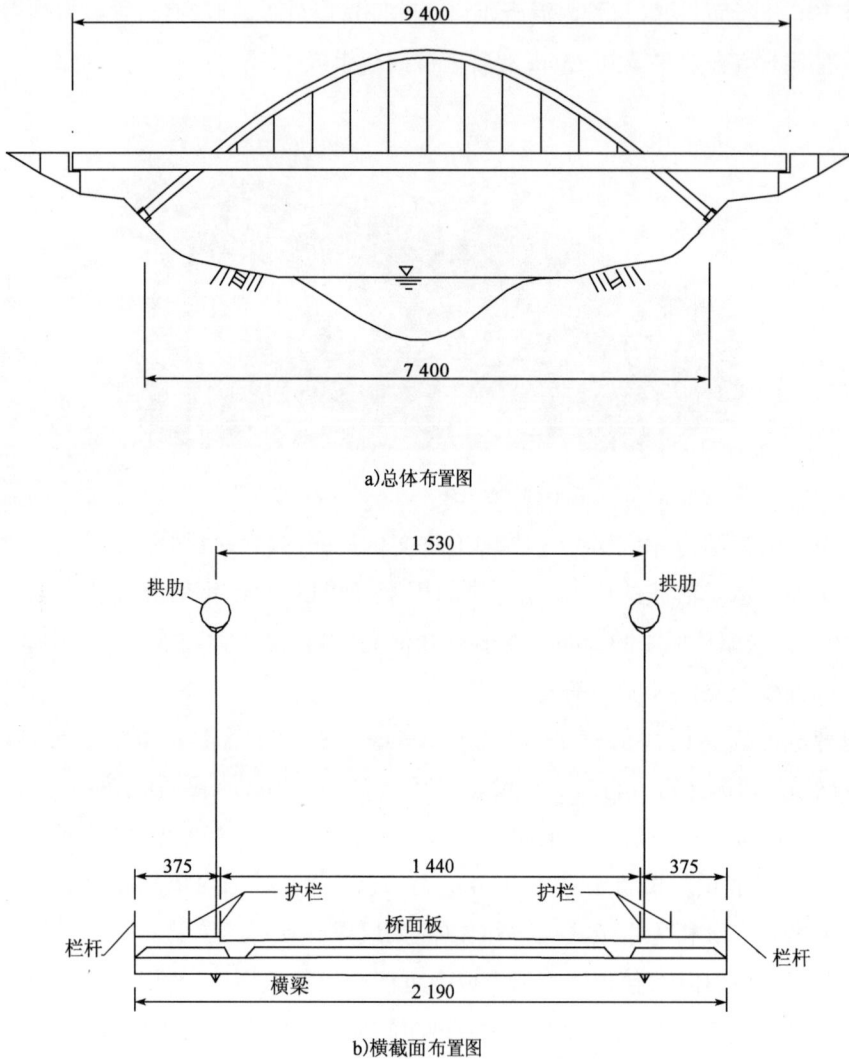

a)总体布置图

b)横截面布置图

图 1-70　美国新达门大街桥一般布置图(尺寸单位:cm)

　　在国外修建的钢管混凝土拱桥中，跨径最大的是 2005 年建成的日本新西海桥，其主孔跨径达 240m。该桥为中承式，桥宽 20.2m。桥梁总体布置图和横向布置图如图 1-72 所示。该桥位于风景秀丽的西海公园内，与日本著名的钢拱桥西海大桥相邻，所以设计时考虑采用钢管混凝土拱桥的结构形式。该桥有两根主拱肋，每根拱肋由 3 根钢管混凝土弦杆组成三角形断面(上面 2 根管，下面 1 根管)，钢管的外径为 812.8mm，壁厚是变化的。桥面系由纵横向钢梁与混凝土桥面板组成。钢管拱肋采用缆索吊装施工[1-73a)]。该桥所处的高速公路没有人行道,但为了便于公园内两岸游人的交通,该桥在行车桥面下悬挂了3m宽、293.225m长的人行道[68-69]。成桥后的照片如图1-73b)所示。

图 1-71 美国哥伦布高架桥施工

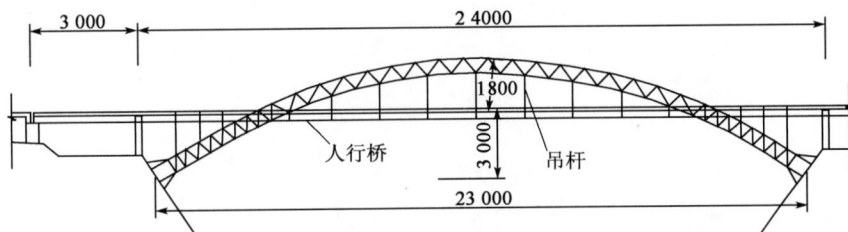

a) 总体布置图(尺寸单位:cm)

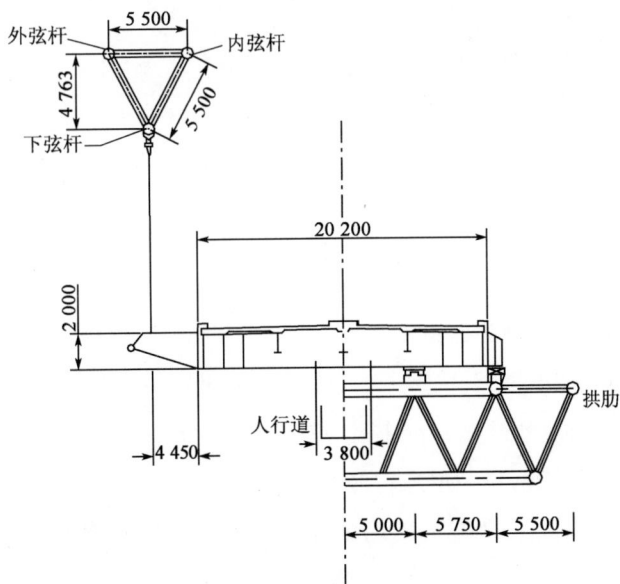

b) 横截面布置图(尺寸单位:mm)

图 1-72 日本新西海桥一般布置图

a) 主拱肋吊装施工

b) 成桥后

图 1-73　日本新西海桥

西班牙 Ricobayo 水库桥是一座上承式拱桥，1996 年建成。桥梁宽 12m，跨径 168m，矢高 23m，其矢跨比为 1/7。拱肋为 4m 宽、1.7m 高（高跨比为 1/100）的矩形钢箱内填混凝土的钢—混凝土组合断面，可视为方钢管混凝土拱肋。钢板为 AE-355WD，内填的混凝土为 N350。在拱肋的中间，为减轻重量，设置了 3 根直径 1m 的钢管，管内填充轻质的发泡材料，以防管内受到水的侵蚀。桥面加劲梁长 14m，拱上 12 根钢箱立柱（宽 0.7~1.1m）。加劲梁为单箱单室的钢箱梁，在横向每隔 2m 设一道悬臂伸出的斜撑。25cm 厚的钢筋混凝土桥面板与钢箱组成组合结构。钢箱拱肋的架设施工采用斜拉悬臂法。桥梁横断面布置图和建成后的照片如图 1-74[15-16,70]所示。

印度在建的 Chenab 钢桁拱桥，靠近拱脚处的钢箱弦杆内填充了混凝土，以增强构件与结构的稳定性，并提高结构抗恐怖袭击的能力，它也可视为矩形钢管混凝土构件。该桥位于印度

Katra 地区的 Jammu-Kashmir 铁路上,总长 1 315m,高 359m,主跨 465m,效果图如图 1-75a)所示,主拱截面如图 1-75b)所示。该桥主拱采用斜拉悬臂法施工架设,预计于 2017 年完工[71]。

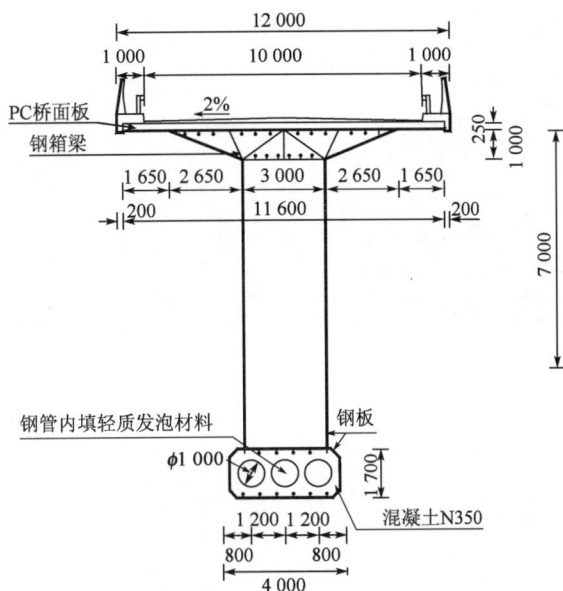

a)横断面布置图(尺寸单位:mm)

b)建成后的照片

图 1-74　西班牙 Ricobayo 水库桥

此外,越南有 3 座由我国设计与施工的跨径均为 990m 的钢管混凝土拱桥,分别为南西贡大道芹玉桥、大翁桥和森举桥[72]。

总的来说,国外修建的钢管混凝土拱桥,与我国的 400 多座相比,数量极少,同时在跨径、规模、桥型和理论研究等各个方面都与我国有较大的差距。可以说,钢管混凝土拱桥是极具中国特色的一种桥型。

a) 效果图

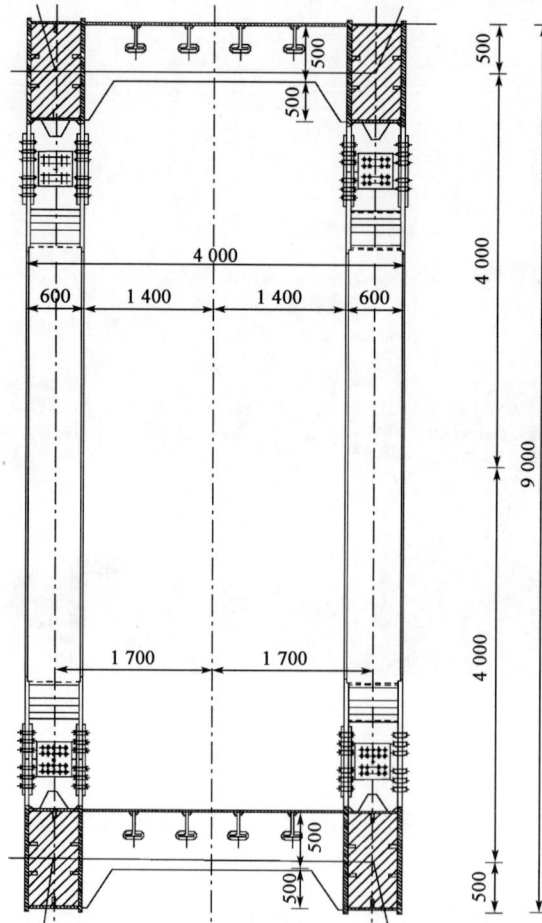

b) 主拱肋横断面布置图(尺寸单位:mm)

图 1-75　印度 Chenab 钢桁拱桥

二、国内应用概况

20 世纪 60 年代,南昌有色冶金设计研究院设计的山西省中条山铜矿尾矿输送线上的跨径 27m 的桁架桥,其桁架压杆为外径 140mm 的钢管混凝土。这可能是我国在桥梁上部结构中首次应用钢管混凝土。此后,该院将钢管混凝土应用于江西体育馆。该馆的屋盖由跨径 88m 的箱拱悬挂,箱拱采用钢管和型钢组成劲性骨架,浇注管内混凝土后,再挂模板现浇混凝土箱。此外,铁路部门还曾将钢管混凝土应用于南岭、海龙口等 6 座铁路隧道中用作拱形支撑。这些都为钢管混凝土在拱桥中的应用提供了工程实践经验[73]。

1990 年我国第一座钢管混凝土拱桥——四川旺苍东河大桥的建成,是我国桥梁工作者在拱桥技术方面又一次努力的结果,也是我国对钢管混凝土结构理论研究与实际应用的新突破[74]。

钢管混凝土拱桥是近 20 多年来在我国得到大量应用的新桥型,本书作者对其进行了长期的跟踪统计分析[75-81]。在文献[81]的基础上,以 2015 年 1 月为截止时间,本书对钢管混凝土拱桥重新进行了统计分析,共搜集到 413 座跨径 50m 以上的桥例。具体桥例见附录 A。

(一)数量

将收集到的钢管混凝土拱桥桥例,与文献[82-83]收集到的钢拱桥和钢筋混凝土拱桥的桥例进行对比,对比 1990 年至 2010 年 20 年间 3 种拱桥在我国修建的数量情况(后两种只收集到 2010 年),结果如图 1-76 所示。

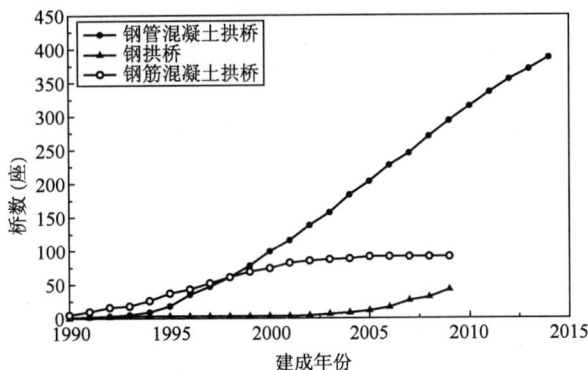

图 1-76　我国 3 种拱桥 1990 年以来修建情况图

从总量上来说,钢管混凝土拱桥修建数量最多,钢筋混凝土拱桥次之,钢拱桥数量最少。从发展趋势来看,钢管混凝土拱桥修建的数目从 1993 年开始大幅增长,1998 年以后超过钢筋混凝土拱桥的修建数量,每年新建成的数量平均为 17 座。一种新桥型在一个国家,以如此高的速度持续增长 20 多年,达到如此之多的数量,这在世界桥梁史上是极其少见的。它充分说明了这种桥型自身所具有的优势和强大的生命力。

（二）跨径

就跨径而言，钢拱桥的跨越能力最大，目前统计有 8 座跨径 400m 以上的桥例，其中重庆朝天门大桥和上海卢浦大桥跨径分别为 552m 和 550m；钢管混凝土拱桥次之，跨径最大的四川合江长江一桥，主跨 518m；钢筋混凝土拱桥的跨径相对小些，仅有 3 座跨径在 300m 以上，最大跨径为重庆万州长江大桥，主跨跨径 420m。

表 1-4 为已知修建时间的 391 座钢管混凝土拱桥建设数量逐年分布表。结合图 1-76 可以看出，我国的钢管混凝土拱桥建设大概可分为 3 个阶段。

我国钢管混凝土拱桥逐年修建数量表 表 1-4

建成年份	数 量	数量累计	座数比例（%）	座数累计比例（%）
1990	1	1	0.26	0.26
1991	1	2	0.26	0.51
1992	1	3	0.26	0.77
1993	2	5	0.51	1.28
1994	4	9	1.03	2.31
1995	9	18	2.31	4.62
1996	17	35	4.36	8.97
1997	12	47	3.08	12.05
1998	14	61	3.59	16.64
1999	17	78	4.36	20.00
2000	21	99	5.38	25.38
2001	17	116	4.36	29.74
2002	22	138	5.64	35.38
2003	19	157	4.87	40.26
2004	26	183	6.67	46.92
2005	20	203	5.13	52.05
2006	24	227	6.15	58.21
2007	18	245	4.62	62.82
2008	26	271	6.41	69.23
2009	23	294	5.90	75.13
2010	22	316	5.64	80.77
2011	21	337	5.38	86.15
2012	19	356	4.87	91.03
2013	15	371	3.85	94.87
2014	17	388	4.36	99.23
在建	3	391	0.77	100.00
合计	391			

第一阶段为 1990~1994 年,共建成 9 座,处在摸索阶段。第二阶段为 1995~1999 年,共建成 69 座,平均每年 14 座,处在推广阶段。第三阶段为 2000 年至今,共建成 346 座,这一阶段平均每年修建 23 座,处在全面应用阶段(最近几年的桥梁数量,因为文献与资料的滞后性,所以偏少)。

图 1-77 为钢管混凝土拱桥最大跨径增长趋势图(各种结构形式的跨径增长见第二章表 2-2)。从图中可以看出,钢管混凝土拱桥的跨径从第一座 1990 年的 115m,25 年来持续增长。2013 年建成的四川合江长江一桥,计算跨径达 530m(净跨径 518m),成为继钢拱桥后跨径越过 500m 大关的又一种桥梁,在世界上所有拱桥的跨径纪录中列第三位。这一跨径在 8 年后较原跨径纪录 460m 推进了 70m,较第一座的 115m 增大了 415m,跨径平均增长速度为 16.6m/年。与之相对应的,钢拱桥 2000 年以来,跨径从卢浦大桥的 550m 到朝天门大桥的 552m,仅增加了 2m;而钢筋混凝土拱桥,在建跨径最大的是沪昆高速铁路北盘江大桥的 445m,比 1997 年建成的重庆万州长江大桥的 420m 仅增加了 25m。相比较而言,钢管混凝土拱桥的跨径增长速度明显快很多,表明其跨径的技术优势还有增长的趋势[84]。

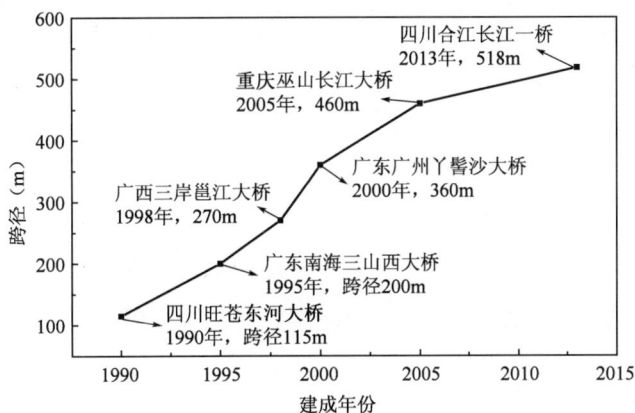

图 1-77　钢管混凝土拱桥最大跨径增长示意图

文献[85]以 500m 级钢管混凝土拱桥的设计和成套施工技术为基础,对 700m 级钢管混凝土拱桥的设计和建造技术进行可行性研究,提出了总体设计和施工方案,较为详细地研究了拱肋制造和安装、管内混凝土浇注等关键技术。研究结果表明,建造 700m 级的钢管混凝土拱桥已不存在技术门槛。综合考虑经济、安全等因素,钢管混凝土拱桥是 700m 跨径级别的强力竞争桥型之一,应尽早进行工程实践和推广。

(三)地域分布

按照地理区域,我国可分为华东(江苏、安徽、江西、浙江、福建、上海)、华南(广东、广西、海南)、华中(湖北、湖南、河南)、华北(北京、天津、河北、山西、山东、内蒙古部分)、西北(宁夏、新疆、青海、陕西、甘肃、内蒙古部分)、西南(四川、重庆、云南、贵州、西藏)、东北(辽宁、吉林、黑龙江、内蒙古部分)7 大区域(未包括香港、澳门、台湾)。这 7 个地区钢管混凝土拱桥数目随时间变化趋势如图 1-78 所示(统计桥例 390 座)。从图中可以看出,各个地区的钢管混凝土拱桥的数目呈现均匀增长的趋势,其中以华东地区修建的数量最多(占到总数的 42.31%),增长也最快,这可能与这一地区的基础设施建设最为迅速有关。其余各地区分布较均匀,差别不大,东北地区钢管混凝土拱桥的修建数量最少,到目前为止仅统计到 14 座。

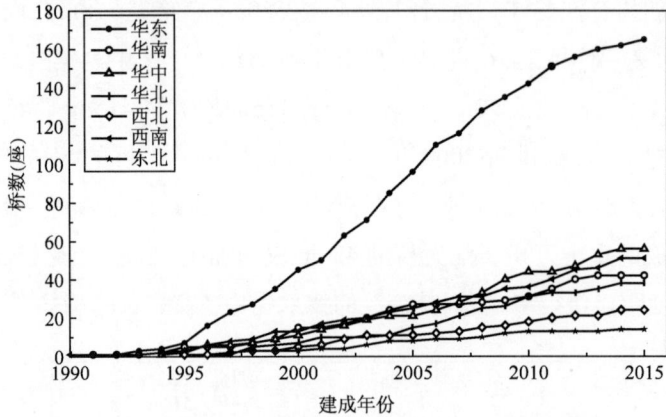

图 1-78　我国各区域钢管混凝土拱桥数目的增长曲线

钢管混凝土拱桥的分布区域比较广泛,这得益于钢管混凝土拱桥丰富的结构形式。文献[83]统计表明,钢筋混凝土拱桥 60% 以上分布在西南等山区。这主要是由于钢筋混凝土拱桥自重大,水平推力较大,不适合于软弱地基;另一方面上承式拱桥在平原地区的修建存在着通航和两头接线两方面的问题。而钢管混凝土拱桥中大量应用的中下承式则能够很好地解决上述问题。

(四) 发展展望

尽管钢管混凝土拱桥在 20 世纪 30 年代的苏联就已出现,但其大量的应用与快速的发展是在 20 世纪 90 年代的中国,其原因主要有以下几点:

第一,改革开放以来,我国大力加强交通基础设施建设,需修建大量的桥梁,对我国桥梁设计、施工、科研工作提出了新的要求,也提供了极好的发展条件,使得我国桥梁技术迅速接近、部分已达到国际先进水平。我国的拱桥建设历史悠久,成就突出,在相当长的时期内是我国的主要桥型,拥有一支理论扎实、经验丰富、勇于创新的技术队伍。基于我国的国情,拱桥桥型中主要是钢筋混凝土拱和圬工拱,直到现在也还无法大量应用钢结构,而材料强度低,施工方面的困难一直困扰着拱桥跨径的发展。钢管混凝土拱桥的应用,无疑给拱桥的发展注入了新的活力,在许多适合拱桥的情况下得到大量应用。

第二,拱桥技术的进步与施工技术的进步密不可分。拱桥的施工方法是影响拱桥方案能否成立、能否被采用的最关键技术问题,对于超大跨径拱桥更是如此。我国桥梁技术人员在拱桥施工技术方面通过认真学习、不懈努力、不断创新,不仅掌握了世界上所有的拱桥施工技术,而且有许多创新的技术,如斜拉扣挂悬臂施工、水平转体施工、钢管混凝土劲性骨架、斜拉索调载浇注混凝土、真空浇注管内混凝土等。雄厚的拱桥施工技术,为钢管混凝土拱桥的施工奠定了坚实的基础,同时结合钢管混凝土拱桥的新结构,施工技术又迎来新的发展机遇。

第三,我国从20世纪50年代开始钢管混凝土结构的研究,虽然起步晚于国外,但进展很快。近二三十年,我国钢管混凝土基础理论研究处于世界前列。钢管混凝土在厂房、高层建筑、输变电工程中的应用也不断发展。这些都为将钢管混凝土应用于拱桥奠定了坚实的理论基础和工程实践基础。

第四,随着我国经济建设的发展,社会劳动生产率不断提高,人工费用上涨幅度较大。而随着冶金业的发展,钢产量不断上升,虽然钢桥造价一般仍高于混凝土桥梁,但适当增加钢材用量,减少人工费用,提高机械化、装配化水平,加快施工进度,可能求得较佳的综合效益。此外,钢管混凝土结构虽然结构用钢量增加,但施工用钢量减少,所以工程实际用钢量并没有急骤上升。这是钢管混凝土拱桥得以迅速发展的经济原因。

第五,桥梁美学日益受到重视。拱桥是一种极具美学价值的桥梁形式,在我国又有深厚的文化基础。钢管混凝土结构的应用,使拱桥更加轻巧,表现力也更强,中承式、下承式等形式在城市桥梁中得到青睐。已建和在建的钢管混凝土拱桥有一半左右是城市桥梁,其中,中、下承式占了绝大多数。

钢管混凝土拱桥近20余年间在中国得到如此迅速的发展,无论是在世界桥梁史上还是在中国桥梁史上都是一个十分特殊的现象。伴随着大量的应用,施工方法、新桥型也相继出现。但是在技术准备并不充分的情况下,如此大规模地应用一种新桥型,是否会带来不良的后果,是否会像双曲拱桥一样在若干年后出现大量的维修问题,已引起工程界的关注与争论。在早期的钢管混凝土拱桥实践中,由于受设计与施工周期的限制,在缺乏充分研究的情况下一些新结构形式的出现,加剧了此类桥梁中出现病害的程度。中、下承式钢管混凝土拱高强吊杆与系杆容易由于锈蚀和疲劳引起破断,近期已出现了数量不少的吊杆更换工程。同时,悬吊桥面刚度与整体性较差、管内混凝土与钢管的脱粘、管节点的疲劳等问题,也成为钢管混凝土拱桥管养中突出的问题。

令人高兴的是,近20余年来我国有关钢管混凝土拱桥的理论与应用研究不断取得进步,计算理论体系已初步形成,施工与养护经验不断成熟,国家标准《钢管混凝土拱桥技术规范》(GB 50923—2013)[1]、行业标准《公路钢管混凝土拱桥设计规范》(JTG/T D65-06—2015)[86]已分别于2014年6月和2015年12月正式颁布实施。我国钢管混凝土拱桥的应用发展进入了新的阶段。

从前面的统计分析可知,无论从数量还是跨径的变化趋势来看,钢管混凝土拱桥仍处在高速发展状态,没有减缓的趋势。我国仍处于大规模交通基础设施建设的时期,仍有大量的桥梁需要修建。在现代拱桥中,钢筋混凝土拱桥因自重大、施工难度较大和周期较长,其施工速度与难易程度方面的竞争力相对下降,而钢拱桥总体上来说造价仍偏高,因此钢管混凝土拱桥成为较具竞争力的桥型。

400余座桥梁的建设与管理经验、持续不断的技术创新和国标、行标的相继制定颁布,为钢管混凝土拱桥的应用提供了强有力的技术保证与新的应用动力。最近,川藏铁路拉林段藏木雅鲁藏布江大桥(主跨430m的上承式钢管混凝土拱桥)、贵州大小井大桥(主跨450m的上承式钢管混凝土拱桥)、四川合江长江三桥(主跨507m飞鸟式钢管混凝土拱桥)等开工建设或设计的开展,预示着大跨径钢管混凝土拱桥在我国仍将不断建设的发展趋势。

第五节 《钢管混凝土拱桥技术规范》
(GB 50923—2013)简介

一、规范发展概况

自钢管混凝土拱桥实际应用开始,我国工程界和学术界就对其应用基础理论开展了大量的研究。除众多实桥为保证顺利建成所进行的研究和省级和其他各级各类的研究课题外,2000年以来国家自然科学基金等各种基金与科研项目资助了"钢管混凝土拱桥抗震理论研究"、"大跨度钢管混凝土拱桥施工过程变形及应力模拟"、"核心混凝土收缩、徐变对钢管混凝土拱桥静力性能影响研究"等众多课题。许多具体的桥梁在建设过程中,也开展了针对性或基础性的研究。我国钢管混凝土拱桥的有关应用与研究成果,除了有大量的论文在专业刊物和学术会议上发表外,还出版了一些专著。此外,以钢管混凝土拱桥为主要研究对象,对钢管混凝土的某些专题研究也取得了可喜的成果,如《钢管混凝土徐变》[87]、《钢管混凝土》[88]等。

在应用基础研究不断进展与工程经验大量积累的同时,标准、规范的制定工作也在不断进行之中。在标准方面,《公路工程质量检验评定标准》(JTJ 071—94)、(JTJ 071—97)[89]中较早出现了钢管混凝土拱桥的内容。《公路桥涵施工技术规范》(JTJ 041—2000)[90]中也增加了钢管混凝土拱桥的内容,《公路桥涵施工技术规范》(JTG/T F50—2011)[91]又对相关内容进行了修订。1998年,交通部下达了行业标准《钢管混凝土拱桥设计规范》、《钢管混凝土拱桥施工技术规范》的编制任务,由重庆交通科研所(现招商局重庆交通科研设计院有限公司)主编,于2004年完成了送审稿。同年,交通部西部交通建设科技项目资助了"钢管混凝土拱桥设计、施工与养护关键技术研究"。为此,交通部决定延迟行业标准的审批发布,待西部交通建设科技项目研究结束后,根据所取得的研究成果,制定钢管混凝土拱桥的相关行业标准。2007年西部交通建设科技项目结束后,交通运输部下达了行业标准《公路钢管混凝土拱桥设计规范》的编制任务,由四川省交通运输厅公路规划勘察设计研究院主编,并于2015年颁布实施(标准号 JTG/T D65-06—2015)[86]。

　　第一本钢管混凝土拱桥的专门技术标准是福建省工程建设地方标准《钢管混凝土拱桥技术规程》(DBJ/T 13-136—2011)(住房和城乡建设部备案号:J11833—2011)[92],由福州大学与中建七局三公司主编,2008年开始编制,2011年4月发布,2011年7月15日正式实施。该规程以公路与城市道路钢管混凝土拱桥为对象,包括了设计、施工与养护等内容。以该规程为设计计算依据,还编写了相应的计算示例[93]。

　　2011年7月重庆市交通委员会发布重庆市公路工程行业标准《公路钢管混凝土拱桥设计规范》(CQJTG/T D66—2011)[94],2011年11月1日正式实施。

　　2011年3月,《钢管混凝土拱桥技术规范》列入国家建设标准的制定任务,由福州大学与中建海峡建设发展有限公司(原中建七局三公司)主编,适用范围为公路与城市道路钢管混凝土拱桥的设计、施工与养护等。在所有参编单位的共同努力下,该规范于2012年形成了报批稿,2013年11月1日发布,2014年6月1日正式实施,标准号为 GB 50923—2013[1]。该规范也是本书进行第三版编写的主要动因和依据。

二、关于《钢管混凝土拱桥技术规范》(GB 50923—2013)

(一)对象

　　钢管混凝土拱肋截面有圆形截面、方形截面和其他形式截面。圆形钢管混凝土由于平面形状为轴对称,受力性能好,钢管加工容易,因而在钢管混凝土拱桥中应用最广泛,理论研究与工程应用较为成熟。因此,GB 50923—2013 适用的对象是指以圆形钢管混凝土拱肋为主要承重结构的桥梁。

　　我国钢管混凝土拱桥(统计桥例 387 座)按行业(用途)可分为 4 类:公路桥梁、城市道路桥梁、铁路桥梁及其他桥梁(人行桥、码头栈桥等)。图1-79、图1-80 分别给出了这种分类的钢管混凝土桥梁数量随时间增长的曲线和所占比例份额。

　　钢管混凝土拱桥最早出现于公路桥梁之中,随后在城市道路桥梁中也得到大量的应用。由图1-79、图1-80 可知,钢管混凝土拱桥主要应用于公路和城市道路桥梁,占总数的 87%,二者的总量与增长速度相当,基本上代表了钢管混凝土拱桥的总体发展趋势。

　　钢管混凝土拱桥在相当长时间内没有被铁路行业认可,至 2001 年铁路上才出现第一座钢管混凝土拱桥,此后建设数量呈缓慢增长的趋势。这一方面得益于钢管混凝土拱桥技术的不断成熟,另一方面也因为铁路(特别是山区铁路)建设的需要。钢管混凝土拱桥因较之索结构具有更大的刚度,较之钢筋混凝土拱桥在施工方面、较之钢拱桥在经济方面有更大的优势,而受到青睐。

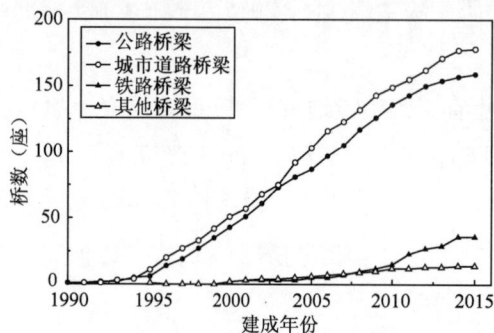

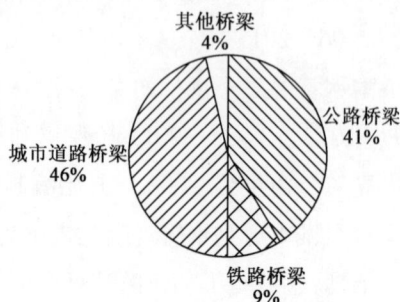

图 1-79　钢管混凝土拱桥按行业分类的数量增长曲线　　图 1-80　钢管混凝土拱桥按行业分类的数量分布图

至于其他用途桥梁,直到 1996 年以后才有跨径 50m 以上的桥例出现,虽然之前有人行钢管混凝土拱桥修建,但跨径均在 50m 以下,未进入统计范围。本书共统计到这种桥例 14 座。

由于钢管混凝土拱桥主要应用于公路和城市道路桥梁,而二者均以服务于汽车通行为主要交通功能,受力性能相近,我国的公路桥梁与城市道路桥梁的规范体系相近且以公路桥梁规范更为齐全,因此,国家标准考虑将公路和城市道路钢管混凝土拱桥均归入规范应用范围,既是可行的,也是合适的。为此,在确定规范编制单位构成时,公路部门和市政部门单位都有。这也有利于集中我国钢管混凝土拱桥的技术力量,全面系统地编好这部规范。

(二)范围

作为以钢管混凝土拱桥为主要对象的技术规范,其内容以这种桥型与其他桥型相比有特殊性的钢管混凝土拱肋、吊索、系杆索等为主,对于桥梁上部结构的桥面系、下部结构、基础以及桥梁附属结构等,已有成熟的行业规范,则要求根据工程性质,分别满足公路或城市道路桥梁相关规范的要求。

就一座桥梁而言,其生命周期可分为规划建设期、使用与回收期两大阶段。规划建设期又可分为规划、设计与施工 3 个阶段,使用与回收期又可分为使用养护期和拆除回收期 2 个阶段,因此桥梁生命周期又可细分为 5 个阶段。就桥梁结构来说,设计、施工与养护是其生命周期中最重要的 3 个阶段。将这 3 个阶段在同一本规范中考虑,有利于从生命周期的角度,全面、一致、协调地提出各个阶段的技术要求;同时也可避免设计、施工、养护各编一本规范可能造成内容重叠、规定不一致甚至矛盾的情况出现。

为此,编制组中包括了在钢管混凝土拱桥研究、设计、施工和养护等各个方面具有丰富经验的人员。

（三）主要内容

GB 50923—2013 主要技术内容包括：总则、术语和符号、材料、基本规定、持久状况承载能力极限状态计算、持久状况正常使用极限状态计算、结构与构造、钢管拱肋制造、焊接施工、防腐涂装施工、钢管拱肋架设、管内混凝土的浇注、其他构造施工、养护等，共14章。这14章大致可分为通用部分、设计、施工和养护四大部分。

第1章至第3章，分别为总则、术语和符号、材料，可归入通用部分中。

第4章至第7章，分别为基本规定、持久状况承载能力极限状态计算、持久状况正常使用极限状态计算、施工阶段计算、结构与构造，以钢管混凝土拱桥设计为主。其中，第4章的基本规定，不仅与设计有关，也将施工与养护的一些基本规定纳入其中。

第8章至第13章，分别为钢管拱肋制造、焊接施工、防腐涂装施工、钢管拱肋架设、管内混凝土的浇注和其他构造施工，以钢管混凝土拱桥的施工为主。

第14章为钢管混凝土拱桥养护。

从具体内容来看，规范主要针对的是钢管混凝土拱桥中的钢管混凝土拱肋、吊索和系杆索等特殊结构，其他结构的设计、施工与养护，如桥面系、墩台与基础等钢结构、钢筋混凝土结构、预应力混凝土结构、圬工结构等，应符合公路或城市道路桥梁相应的设计、施工与养护规范的要求。

规范的内容均是基于近20年来国内外钢管混凝土拱桥理论研究成果和工程实践经验所提出的较为成熟的设计方法和最基本的施工、养护技术要求。当实际工程中钢管混凝土拱桥的受力状况、材料性能、施工、养护方法等基本技术条件与本规范的编制依据有出入时，则需根据具体情况通过试验分析或专项科研等方式加以解决。

（四）强制性条文

GB 50923—2013 中有两条强制性条文，分别为第7.4.1条和第7.5.1条，即：

"7.4.1 钢管混凝土拱桥的吊索与系杆索必须具有可检查、可更换的构造与措施。

"7.5.1 中承式和下承式拱桥的悬吊桥面系应采用整体性结构，以横梁受力为主的悬吊桥面系必须设置加劲纵梁，并应具有一根横梁两端相对应的吊索失效后不落梁的能力。"

这两条强制性条文是根据我国钢管混凝土拱桥的工程实践经验总结出来的。我国中、下承式拱桥过去多采用以横梁受力为主且无加劲纵梁的桥道系，已发生了多起吊索破坏后车辆、横梁和桥面板坠落的严重事故。造成这种严重事故的主要原因，一是索的破断，二是桥面系强健性不足。

吊索与系杆索的使用寿命小于主结构且为易损构件，因此，除了在设计中应采取防水、防腐构造与措施外，还必须具有可检修性与可更换性。因此，提出第7.4.1条的强制性规定。

第 7.5.1 条则是基于结构强健性的要求而提出的。它是为防止偶然作用下或因局部构件破坏而产生严重破坏后果的重要保证。本书将在第四章第八节对此进行较详细的介绍。

第六节 关 于 本 书

一、主要内容与特点

本书以国家标准《钢管混凝土拱桥技术规范》（GB 50923—2013）为主要依据，通过对《钢管混凝土拱桥(第二版)》进行改写、修订而成。由于 GB 50923—2013 的适用对象为公路与城市道路桥梁，因此在设计计算时仅介绍公路与城市道路桥梁。然而，钢管混凝土拱桥在铁路等桥梁中也有大量的应用，在结构体系、构造、施工方法等方面，有时也对铁路桥梁等进行介绍。

对于具体的桥梁对象，与 GB 50923—2013 相一致，以圆形钢管混凝土拱肋拱桥为主要对象，但在桥例统计资料中包括了其他截面形式的钢管混凝土拱桥。

与第二版的以资料性为主相比，本书以实用性为主，对第二版进行了大量的删减，由原来的 12 章缩减为 6 章。读者若对被删减的相关资料感兴趣，可参阅本书的第二版。

在桥例资料方面，以文献[81]的调查资料为基础，在 GB 50923—2013 编制和本书撰写时，进一步收集整理了资料，如前所述共收集到 413 座跨径不小于 50m 的桥例，作为本书的基础资料，并作为附录附于书后，同时给出了桥例资料数据来源，以便读者查阅。此外，考虑到现有计算以计算机为主，将第二版中的钢管混凝土杆件几何特征表删除。

为便于阅读，全书参考文献统一按出现顺序编排，不再每章单独给出参考文献。

本书的术语、符号以 GB 50923—2013 的术语、符号为主，加上本书中新增的内容。

二、章节编排

第一章"概述"，由第二版前 3 章的主要内容浓缩而成，对钢—混凝土组合桥梁、钢管、钢管混凝土结构与桥梁进行介绍，为读者了解钢管混凝土拱桥结构的背景提供帮助；在此基础上对钢管混凝土拱桥的发展和 GB 50923—2013 进行概要性介绍，为全书的内容打下基础。与第二版相比，略去了一些细节和与钢管混凝土拱桥相关度较小的内容，如各类拱桥的发展简史、发展方向、拱桥的造型追求与结构异化、钢管混凝土建筑结构的应用等。第二版第三章中有关钢管混凝土结构的基本理论则放在第四章"设计与计算"中。

第二章"结构体系"由第二版的第四章修改而成。首先以调查资料为基础，对钢管混凝土拱桥常用的 5 种结构体系进行了概略性的介绍和应用情况分析，然后应用大量的桥例统计资料，对 5 种常用体系的跨径、矢跨比等技术参数进行统计，对其受力性能、适用条件等进行分析,为钢管混凝土拱桥的总体设计提供参考。最后,简要介绍了5种主要体系之外的其他体系。

第三章"构造"与第二版的第五章相近。本章共有6节,主要介绍拱肋、主拱横向结构、桥面系、吊索与系杆索、节点,最后简要介绍拱座、墩台与基础。

第四章"设计与计算"以第二版的第三章、第六章、第十章至第十二章的内容为基础,以GB 50923—2013的第4~6章为主要依据,重新整理而成。在前面3章介绍的基础上,本章首先介绍钢管混凝土结构体系的适用范围与设计选型,然后介绍桥梁的设计计算。设计计算的内容有结构的作用、作用反应计算、结构(主要是钢管混凝土拱和吊索、系杆索)的设计验算。在钢管混凝土受压构件的强度与稳定承载力方面,着重介绍GB 50923—2013的计算方法,对于单圆管构件的基本计算理论不再介绍不同规范的计算方法。在钢管混凝土拱桥受力性能方面,删除了梁柱稳定理论等基本知识的一般性介绍。此外,对GB 50923—2013中没有规定的节点疲劳等,介绍了其他规范的计算方法。

本章最后两节,介绍了耐久性与强健性的设计。今天,耐久性设计越来越受到人们的重视,虽然GB 50923—2013并没有用专门的章节来规定,但它贯穿了整本规范,本书则将第二版第九章的钢结构的防腐设计部分移到这一章,以其为主要内容,介绍了耐久性设计。

强健性设计目前在我国桥梁设计规范中还少有提及,它在GB 50923—2013中以强制性条文出现,既反映了这种先进的设计理念,也是从我国工程实际出发的经验总结。在过去一段时间里,我国中、下承式拱桥悬吊桥面系发生了多起高强吊索破断引发桥面系坠落而出现的恶性事故。本章最后一节对强健性设计进行了简要介绍,对钢管混凝土拱桥的强健性设计进行了分析,重点介绍了桥面系的强健性设计,并对GB 50923—2013中的两条强制性条文和其他相关条文进行了解读。

第五章"施工"由第二版的第七章、第八章和第九章的部分内容合并而来,删除了桥梁施工方法的一般性介绍内容,增加了近年来的技术发展,且强调了GB 50923—2013第8~13章钢管混凝土拱桥施工的有关规定。

第六章"养护"选取了第二版第九章的部分内容,着重介绍了GB 50923—2013第14章钢管混凝土拱桥养护的有关规定,并简要介绍了静动载试验和健康监测等。

三、相关图书

书中对较常引用的标准,在第一次出现之后,将以标准号的形式出现。对于较常引用的相关图书,将以简称的形式出现,主要有:

陈宝春,钢管混凝土拱桥设计与施工(人民交通出版社,1999),简称"第一版"[76]。

陈宝春,钢管混凝土拱桥(第二版)(人民交通出版社,2007),简称"第二版"[78]。

陈宝春主编,郑皆连主审,钢管混凝土拱桥实例集(一)(人民交通出版社,2002),简称

"《实例集一》"[77]。

陈宝春主编，郑皆连主审，钢管混凝土拱桥实例集（二）（人民交通出版社，2008），简称"《实例集二》"[79]。

陈宝春、韦建刚、吴庆雄，钢管混凝土拱桥设计计算方法与应用（中国建筑工业出版社，2014），简称"《计算方法》"[95]。

孙潮、陈友杰主编，陈宝春主审，钢管混凝土拱桥计算示例（人民交通出版社，2015），简称"《算例集》"[96]。

本书不是简单地替代第一版[76]、第二版[78]，书中对前面版本中出现而本版没有的内容会给予说明，指向相应的版本。

本书在介绍结构体系和构造时，会涉及一些桥例，当不作详细介绍时，会指向《实例集一》[77]、《实例集二》[79]以及其他相关文献。

为配合 GB 50923—2013 的宣贯，在本书之前已出版了《计算方法》[95]与《算例集》[96]两本书。

《计算方法》[95]对 GB 50923—2013 中设计计算方法的编制情况与具体应用进行了介绍，以帮助读者了解设计计算规定的来源、使用条件等。全书共分 10 章，除第一章概述外，每章介绍 1 个专题，共 9 个专题，首先介绍规范的计算内容与方法，然后介绍规定的相关研究与分析的情况。9 个专题分别为：钢管混凝土拱肋汽车荷载冲击系数计算；钢管混凝土拱温度作用计算；钢管混凝土拱肋刚度计算；钢管混凝土单圆管截面承载力计算；钢管混凝土拱肋强度计算；钢管混凝土柱稳定承载力计算；钢管混凝土拱整体稳定计算；考虑初应力的钢管混凝土拱极限承载力计算；钢管混凝土拱收缩、徐变计算。

《算例集》[96]则是以 GB 50923—2013 为依据，精选了 8 个实桥进行了设计计算。在结构体系方面，示例包括 5 种主要的结构体系；在主拱肋截面形式方面，示例包括了单圆管、哑铃形和四肢桁式 3 种最常用的形式。它以实例的形式，对 GB 50923—2013 的设计计算规定进行了解读，虽然是教学参考书，但对于设计人员的实际应用极具参考价值。

《计算方法》[95]与《算例集》[96]有助于读者对 GB 50923—2013 中设计计算理论与应用的理解，与本书一道构成 GB 50923—2013 应用的重要参考文献。

第二章 结构体系

钢管混凝土拱桥结构体系(形式)非常丰富,对其结构体系的了解是进行此类桥梁设计、施工与管理的基础。本章将在对拱桥结构体系分类分析的基础上,提出车承形式与结构受力特征相结合的分类方法,将钢管混凝土拱桥分为 6 种结构体系,即常见的 5 种结构体系和其他体系。然后分别对各结构体系进行分析,并通过对收集到的已建成桥例的统计分析,给出桥梁结构的主要参数和施工方法,而详细的结构与构造则见第三章。桥梁设计时各种体系的选型见第四章第一节。

第一节 概　　述

一、结构体系分类

(一)按车承形式分类

与其他拱桥一样,钢管混凝土拱桥按车承形式可分为上承式、中承式和下承式(图 2-1)[97]。车行道(桥面系)在拱肋之上的称为上承式拱桥(Deck Arch Bridge)。上承式主要用于峡谷和桥面高程较高的桥梁,该桥型构造较为简单,其上部结构由主拱圈及拱上建筑所组成。车行道在拱肋之下的称为下承式拱桥(Through Arch Bridge)。下承式拱桥的桥跨结构由拱肋、悬吊结构和横向联结系三部分组成。由于车辆在两片(有时为 3 片)拱肋之间行驶,所以需要用吊杆将桥面系悬挂在拱肋下。桥面系和这些传力构件称为悬

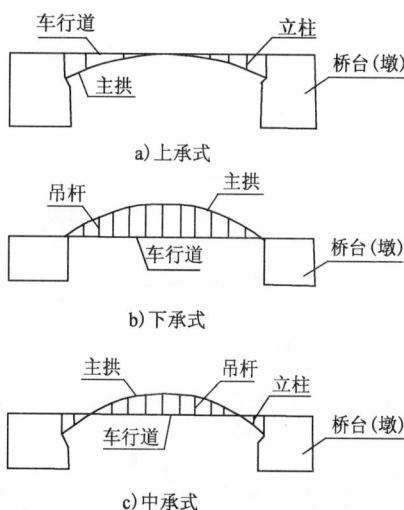

图 2-1　上承、下承及中承式拱桥图示

吊结构。中承式拱桥（Half-through Arch Bridge）的行车平面位于肋拱矢高的中间部位，桥面系一部分用吊杆悬挂在拱肋下，一部分用立柱支撑在拱肋上。

中承式或下承式拱桥一般是在桥梁建筑高度受到限制时考虑，其拱圈只能使用肋拱形式。中、下承式主要用于地势平坦、桥面高程受限制或基础较差的拱桥之中。上、中、下承式在钢管混凝土拱桥中都有应用，尤以中、下承式为多。

（二）按水平推力分类

钢管混凝土拱桥按拱的水平推力是否传递给下部结构，又可分为有推力拱、无推力拱和部分推力拱。

有推力拱，又称简单拱（True Arch），拱是跨空的主要受力结构，桥面系是局部承力与传力结构，不考虑与主拱联合受力，拱的水平推力直接由墩台及其基础承受，如图 2-1a）所示。它是拱桥中最早出现的结构形式，也是圬工拱、混凝土拱常用的形式之一，以上承式为主，也应用于中承式，在钢管混凝土拱桥中也有较多的应用。

有推力拱按照主拱的静力图式，又可分为三铰拱、两铰拱和无铰拱。我国修建的钢管混凝土拱桥均为无铰拱。

无推力拱，也称为拱梁组合桥，应用于下承式拱桥中，如图 2-2 所示。拱和梁在两端固结、在中间用吊杆联结，然后简支于桥梁墩台上，因此是内部超静定、外部静定的结构。拱的水平推力由系梁承受，墩台与基础的受力与简支梁相同。因此，这种结构可在地质条件不好的地区采用。

拱梁组合桥中，主拱、系杆[1]和吊杆组成整体结构。其系杆为具有一定抗弯刚度、承担弯

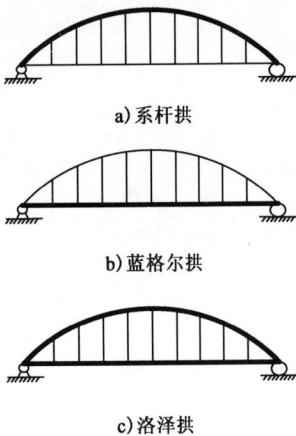

a) 系杆拱

b) 蓝格尔拱

c) 洛泽拱

图 2-2　无推力拱（拱梁组合结构）

矩的梁式构件，也称为系梁。根据拱肋和系杆的相对刚度大小及吊杆的布置形式，一般将 $E_肋 I_肋/(E_系 I_系)$ 大于 80 的拱梁组合桥视为柔性系杆刚性拱，简称系杆拱（Tied Arch）[图 2-2a)]，以主拱受力为主，系杆以受拉为主，也承受一定的弯矩；当 $E_肋 I_肋/(E_系 I_系)$ 小于 1/80 时，认为拱肋的抗弯刚度远小于系杆的抗弯刚度，不承受弯矩，仅承受轴向压力，即刚性系杆柔性拱——蓝格尔拱（梁）（Langer Girder 或 Langer Girder-type Arch）[图 2-2b)]，拱对整体结构刚度提高的作用较大，承载力提高的作用较小，高速铁路桥梁常采用此种组合结构；当 $E_肋 I_肋/(E_系 I_系)$ 在 1/80～80 之间时，系杆和拱均具有一定的刚度，它们共同承受荷载，系杆为拉弯构件，拱为压弯构件，这种

---

[1] 系杆是指无推力拱（拱梁组合结构）或部分推力拱（刚架系杆拱）中以承担拱的水平推力为主的构件。当系杆采用具有一定抗弯刚度、承担弯矩的梁式构件时，称为系梁；当系杆采用无抗弯刚度、不承担弯矩的拉索时，称为系杆索。

结构称为刚性系杆刚性拱,也称为洛泽拱(Lohse Arch),[图2-2c)],公路、城市道路桥梁常用这种组合结构。

　　拱梁组合桥中,当用斜吊杆来代替竖直吊杆(单组交叉)时,称为尼尔森拱(Nielsen Arch),当吊杆为多组交叉斜吊杆时称为网拱(Network Arch)。

　　部分推力拱,又称刚架系杆拱(Rigid-framed Tied Arch)。它将拱肋与桥墩固结,形成刚架,在拱脚处设置柔性高强的水平系杆索,通过张拉对结构施加向内的水平力,以平衡拱的大部分水平推力。系杆索的水平力属于主动平衡力,而在拱梁组合桥中,系梁(杆)是以较大的抗拉刚度来承受拱的水平推力,属于被动平衡力。

　　刚架系杆拱中由于其系杆索抗拉刚度很小,所以系杆索能产生的被动平衡力也是很小的,因此活载作用下拱的水平推力主要是由桥墩和拱肋自身承受,因而考虑系杆索变形后是有推力的结构。系杆索的作用是对拱施加预应力以抵消拱的大部分水平推力(主要是恒载产生的水平推力),因此通常把系杆索看成预应力体外索。除去系杆索承受的水平推力后余下的拱的水平推力一般来说不大,还可以通过适当的超张拉给予最大限度的减小,所以也常把它归入无推力拱中。

　　刚架系杆拱又可分为下承式和中承式两种,如图2-3所示。下承式刚架系杆拱以单跨为主,也有采用多跨的。在多跨的刚架系杆拱中,系杆索是分跨锚固的。中承式一般为三跨结构,主跨为中承式,两个边跨为上承式半拱,通过张拉锚固于两边跨端部的系杆索来平衡拱的恒载水平推力,所以又称为自锚式;有时又根据其形状称之为飞鸟式或飞燕式。国外也有一个中拱带两个悬臂半拱的桥型,中孔可以是上承式,也可以是中承式,称之为悬臂拱(图2-4),但在主拱墩之上通常是有支座的,系杆结构通常为刚性系杆,且与桥面系相结合。与梁式桥相比,如果我国的刚架系杆拱可比之为连续刚构的话,国外这种体系则可比之为连续梁。

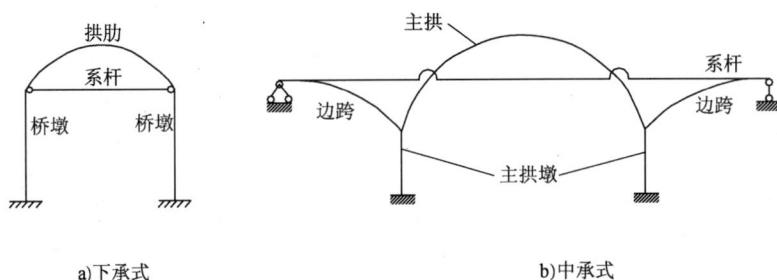

图2-3　部分推力拱(刚架系杆拱)

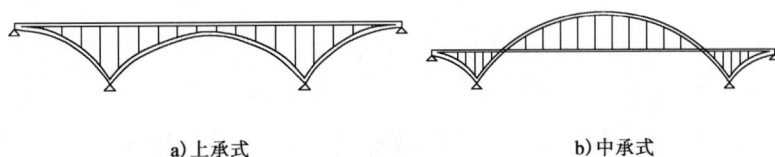

图2-4　悬臂拱

(三)《钢管混凝土拱桥技术规范》(GB 50923—2013)的分类

对钢管混凝土拱桥结构体系,按车承形式与水平推力两种分类进行组合,因每类各有 3 种(上、中、下承;有推力、无推力和部分推力),所以共有 9 种可能。但其中上承式与无推力组合、上承式与部分推力组合、中承式与无推力组合、下承式与有推力组合,还未见或极少应用,这样常见的只有 5 种,即有推力上承式、有推力中承式、部分推力中承式(飞鸟式)、无推力下承式(拱梁组合)和部分推力下承式(下承式刚架系杆拱)。

GB 50923—2013 第 7.1.1 条给出了钢管混凝土拱桥的常见结构体系,如图 2-5 所示。分类时以车承形式为主,即分为上承式[图 a)]、中承式[图 b)、c),图 c)中桥面系未示]和下承式[图 d)、e),图 d)中桥面系未示]3 种,并对推力情况进行附加说明,共 5 种。

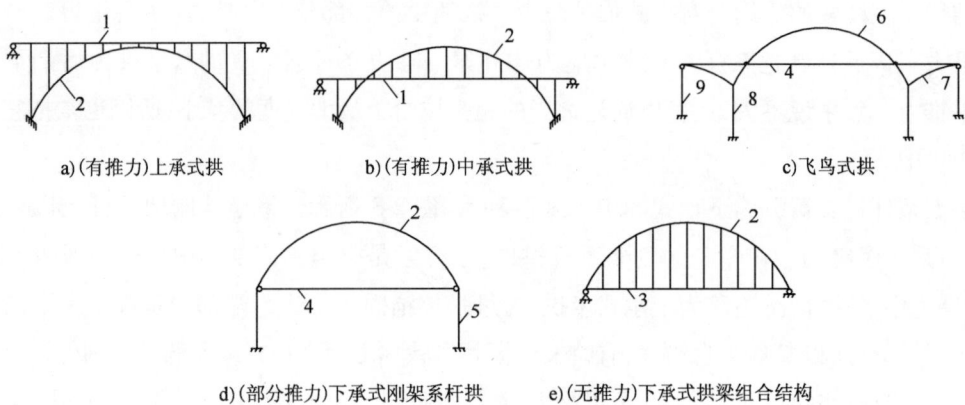

a)(有推力)上承式拱　　b)(有推力)中承式拱　　c)飞鸟式拱

d)(部分推力)下承式刚架系杆拱　　e)(无推力)下承式拱梁组合结构

图 2-5　钢管混凝土拱桥主要结构体系

1-桥面系;2-拱肋;3-系梁;4-系杆索;5-桥墩;6-主拱肋;7-边拱肋;8-主墩;9-边墩

由于上承式拱桥只有有推力的一种情况,所以以后的介绍中简称为上承式;拱梁组合只应用于下承式,所以以后所说的拱梁组合均指下承式。因此,将钢管混凝土拱桥常见的 5 种桥型简称为:上承式拱、中承式拱、飞鸟式拱、下承式刚架系杆拱和拱梁组合。在这 5 种结构体系中,主跨的跨径对于有推力的上承式和中承式拱是指净跨径,对于无推力拱按梁式桥考虑,主跨跨径是指墩到墩的中心距。

除此 5 种常用的结构体系外,钢管混凝土拱桥还有一些其他结构体系,详见本章第七节介绍。

应该指出的是,中、下承式拱桥过去常出现在钢拱桥中,钢筋混凝土拱桥由于受吊装能力的限制,采用中承式和下承式的结构较少。钢管混凝土的应用,使吊装重量大大减轻,因而中下承形式在钢管混凝土拱桥中使用较多。

图 2-6 为各种结构体系钢管混凝土拱桥数量比例图。从结构体系来看,在收集到的 413 座桥例中,拱梁组合桥和中承式拱所占的比例较大,分别占总数的 34% 和 24% ,二者之和达到

总数的 58%;飞鸟式、下承式刚架系杆拱和上承式拱所占比例分别为 11%、10% 和 6%,相对较小。5 种结构体系,占所有钢管混凝土拱桥的 85%,而其他结构体系,汇集了 5 种主要结构体系之外的所有桥型,也仅占到总数的 15%,说明按 5 种主要结构体系的划分方法是合理的。

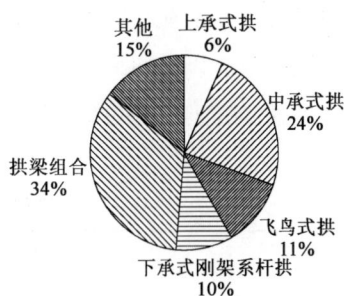

图 2-6 钢管混凝土拱桥各种结构
体系数量统计图

二、结构体系应用调查

(一)跨径

图 2-7 和表 2-1 为各种结构体系按不同跨径范围统计的数量(统计桥例 413 座)。钢管混凝土拱桥的跨径范围主要在 200m 以内,占总数的 87.8%。已建成的桥梁中,跨径超过 300m 的仅有 13 座桥,占总数的 12.2%。上承式、中承式和飞鸟式拱桥的应用范围较广,在 300m 以下分布相对均匀,并且在 300m 以上也有应用;中承式拱在 100m 以上跨径中,所占比例较大。下承式刚架系杆拱与拱梁组合主要应用范围在 200m 以内,其中拱梁组合在 100m 以下占主导地位。

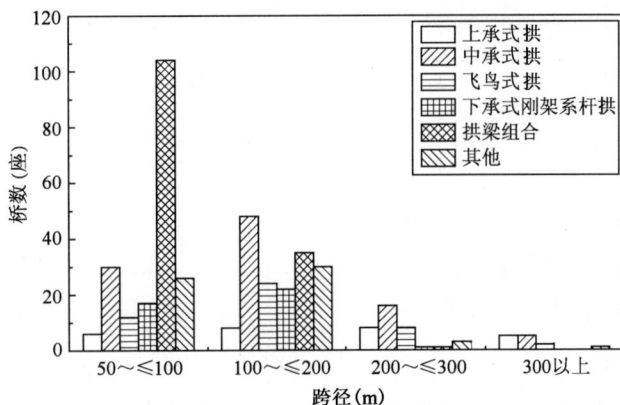

图 2-7 各种结构体系按不同跨径范围分布数量

钢管混凝土拱桥各种结构体系数量及跨径范围　　　　　表 2-1

结 构 体 系		跨　　径　（m）				总数(座)	百分比
		50 ~ ≤100	100 ~ ≤200	200 ~ ≤300	300 以上		
上承式拱		6	8	8	5	27	6.5%
中承式拱		30	48	16	5	99	24.0%
飞鸟式拱		13	24	8	2	47	11.4%
下承式刚架系杆拱		17	23	1	0	41	9.9%
拱梁组合		104	35	1	0	140	33.9%
其他		25	30	3	1	59	14.3%
总数	(座)	195	168	37	13	413	100.0%
	百分比	47.2%	40.7%	9.0%	3.1%		

通过对各类钢管混凝土拱桥的跨径数据进行分析，得出钢管混凝土拱桥的跨径参数统计结果，见表2-2。以平均跨径为基准，取$1.2\sigma_n$（其中σ_n为桥梁跨径的分散程度）为覆盖范围，可得到钢管混凝土拱桥的常用跨径范围。这一跨径范围覆盖了全部钢管混凝土拱桥的87%左右，见表2-3。

钢管混凝土拱桥的跨径参数统计表（m） 表2-2

结 构 体 系	桥例座数	最小跨径 L_{min}	最大跨径 L_{max}	平均跨径 L	标准偏差 σ_n
上承式拱	27	52	430	209.6	110.1
中承式拱	99	57.5	518	141.7	82.6
飞鸟式拱	47	60	368	146.5	73.8
下承式刚架系杆拱	41	68.5	280	96.4	42.5
拱梁组合	140	50	225	83.8	27.6
其他	59	50	388	115.9	57.7

钢管混凝土拱桥常用跨径表（m） 表2-3

结 构 体 系	统计桥例数量	跨径下限 $L-1.2\sigma_n$	跨径上限 $L+1.2\sigma_n$	跨径上下限范围内桥梁 数量	比例
上承式拱	27	77	342	20	74%
中承式拱	99	43	241	86	87%
飞鸟式拱	47	58	235	41	89%
下承式刚架系杆拱	41	45	147	35	88%
拱梁组合	140	51	117	120	86%
其他	59	47	185	57	95%

从表2-2平均跨径和表2-3跨径上限（$L+1.2\sigma_n$），以车承形式来说，跨越能力大小依次排列为上承式、中承式（有推力与飞鸟式）和下承式（刚架系杆拱和拱梁组合）。

对于各种桥型的跨越能力，本书第二版第一章第二节中，曾参照《桥梁方案比选》[98]一书将桥梁分为墩支桥与杆吊桥两大类的方法，将桥梁结构分为墩支桥、拱支桥和塔支桥3类。

墩支桥依靠桥墩支承上部结构，为梁式桥、斜腿刚构桥以及拱梁组合桥（含无推力的拱梁组合体系和有推力的拱梁组合体系，如桁架拱、刚架拱）。这种桥梁行车系与主结构合为一体，但随着跨径的增加，其上部结构自重和材料用量将迅速增加，因而，桥墩间距不能太大，即跨越能力不大。

塔支桥依靠桥塔和索拉住上部结构，又称为索支撑桥梁，如悬索桥和斜拉桥，其行车平面成为由索弹性支承的小跨径梁，桥面系单位自重与索距（桥面系支撑跨径）直接相关，而与主跨径相关较小。拉索采用高强材料，自重较轻。因此，塔支桥跨越能力大，建筑高度低。施工方面，基础和塔施工完成后，上部属自架设体系，施工较为容易。

拱支桥指除拱梁组合体系外的各类上、中、下承式拱，主要有传统的上承式板拱、肋拱和箱拱以及中、下承式的刚架系杆拱。它介乎墩支桥和塔支桥之间,通过两墩(台)之间跨空的拱来支承上部结构。其桥面系类似于塔支桥,单位自重与主跨径相关较小,但主结构(拱)以受压为主,稳定问题较为突出,要求刚度较大,自重也因此较大,且拱的架设也比塔和墩困难得多,所以,其跨越能力介于墩支桥和塔支桥之间。

具体到钢管混凝土拱桥的5种常用结构形式中,拱梁组合桥属于墩支桥,跨越能力显然要小于其他4种形式。在其他4种形式中,部分推力拱,由拉索来平衡拱的水平推力,而拱的水平推力随着跨径的增大而急剧增大,跨越能力将受到限制,要小于无推力拱。无推力拱的跨越能力最大。

钢管混凝土拱桥各种结构体系最大跨径的发展趋势如图2-8所示。各种结构体系的跨径均呈不断增大的趋势。各种结构体系的最大跨径桥例见表2-4。

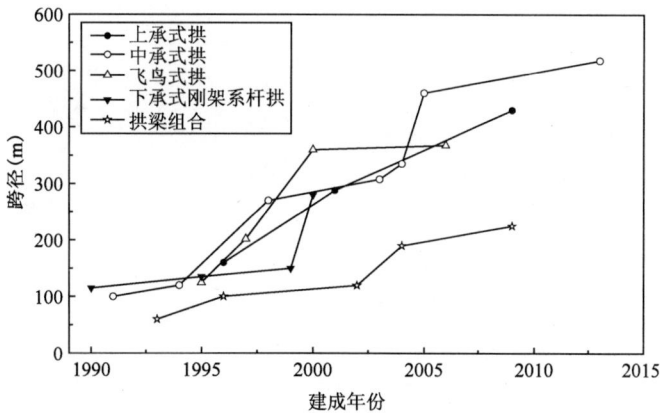

图2-8 钢管混凝土拱桥最大跨径增长趋势图

钢管混凝土拱桥各种结构体系最大跨径   表2-4

结 构 体 系		桥 梁 名 称	跨径(m)	建 成 年 份
上承式拱		云南蒙新高速公路凉水沟大桥 湖北沪蓉西高速公路支井河大桥	430	2009
中承式拱		四川合江长江一桥	518	2013
飞鸟式拱		湖南益阳茅草街大桥	368	2006
下承式刚架系杆拱		湖北武汉晴川大桥(汉江三桥)	280	2000
拱梁组合(简支)		河南岭南高速公路蒲山大桥	225	2007
其他	连续刚构+拱	湖北宜万铁路宜昌长江大桥	264	2007
	斜拉+拱	湖南湘潭莲湘大桥(湘潭湘江四桥)	388	2007

从最大跨径来说,有推力中承式最大,上承式次之,其顺序与前面的有所不同,后面的顺序则与前述的相同,依次为飞鸟式、下承式刚架系杆拱和拱梁组合。有推力的上承式拱与中承式拱,主拱结构的跨越能力基本相当,但对于上承式拱当跨径很大时,拱上立柱的高度高、自重

大,成为结构设计的重要控制因素,以600m拱为例,若矢跨比为1/6,拱脚处的立柱高度将达100m。相对而言,中承式拱将大大减低立柱的高度,从这一点来说,中承式拱具备比上承式拱更大的跨越能力。目前在钢管混凝土拱桥中,最大跨径的两座均为中承式拱,即主跨460m的重庆巫山长江大桥和主跨518m的四川合江长江一桥(计算跨径为530m)。

(二)矢跨比

图2-9为拱肋矢跨比的统计分布图(统计桥例331座)。从图中可以看出,矢跨比分布在1/5~1/4之间的最多,占到总数的80.3%。拱桥的矢跨比选用,除考虑受力外,还与地形、线位、造型和施工难度等因素有关。GB 50923—2013第7.1.2条推荐钢管混凝土拱桥的主拱矢跨比宜为1/3.5~1/6.0。

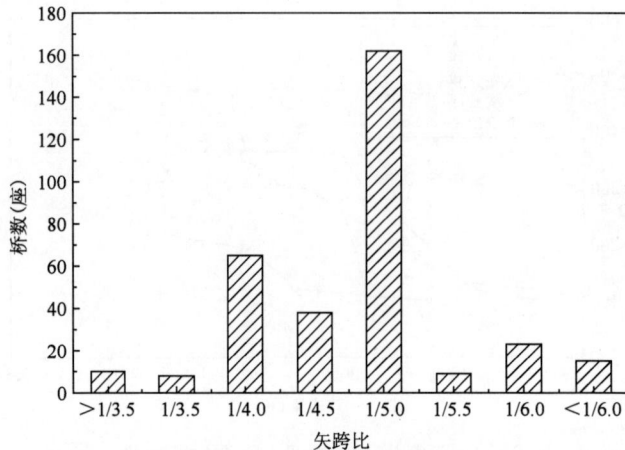

图2-9 拱肋矢跨比统计图

图2-10为不同结构体系的矢跨比分布。上承式拱(统计桥例23座)的矢跨比在1/4~1/6之间的占总数的73.9%;中承式拱(统计桥例80座)有88.8%的矢跨比分布于1/4~1/6之间;飞鸟式拱(统计桥例35座)的矢跨比主要分布于1/3.5~1/5之间,比例达到88.6%;下承式刚架系杆拱(统计桥例37座)的矢跨比集中分布于1/4~1/5之间,所占比例为94.4%;而拱梁组合桥(统计桥例114座)矢跨比分布于1/4~1/6的比例达到93.9%。

从上述统计可知,上承式钢管混凝土拱桥的矢跨比主要在1/4~1/6之间,中承式为1/4~1/6,下承式为1/4~1/5。这些统计结果可供设计时参考。

图2-11为矢跨比与跨径的关系统计结果。从图中可以看出,矢跨比与跨径关系不大,这与2005年的调查结论[80]是一致的。除一些小跨径的人行桥或者景观桥采用了比较特殊的矢跨比外,当桥梁的跨径较大时,矢跨比主要集中在1/4~1/6之间,在跨径200m以上的桥例中,较多的桥梁采用了1/4.5以下的矢跨比,尤其以1/5居多,只有重庆巫山长江大桥采用了1/3.8的矢跨比。

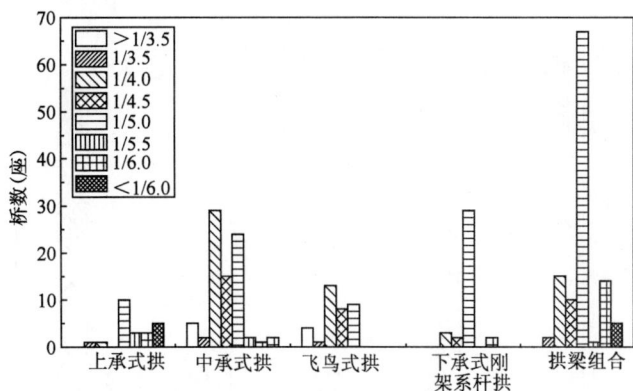

图 2-10　不同结构体系的拱肋矢跨比统计图

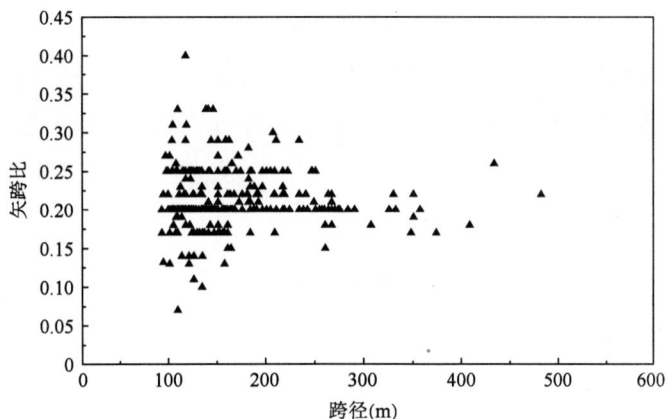

图 2-11　矢跨比与跨径关系统计图

(三) 拱轴线

拱轴线形的选取对拱桥受力性能影响较大。为了充分发挥钢管混凝土材料的性能,拱轴线应接近压力线。从图 2-12 的拱轴线统计图(统计桥例 345 座)可知,悬链线和二次抛物线为主要的拱轴线形,占到总数的 96% 左右,与 2005 年的调查结果[80]相差不大。其他类型的拱轴线形所占比例较少,仅为 4% 。

不同结构体系的钢管混凝土拱桥,由于受力性能方面的差异,所采取的拱轴线形也有区别。图 2-13 为不同桥型的拱轴线分布图(统计桥例 345 座)。上承式拱的拱轴线以悬链线为主导,仅有 1 座(人行桥)采用了二次抛物线;拱梁组合桥主要采用二次抛物线,悬链线比例较低;其余 3 种桥型,悬链线与二次抛物线均有较大的比例,前者

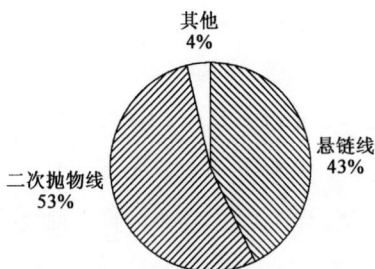

图 2-12　拱轴线形统计图

高于后者,二者的差值从大到小的排序是中承式、飞鸟式和下承式刚架系杆拱。

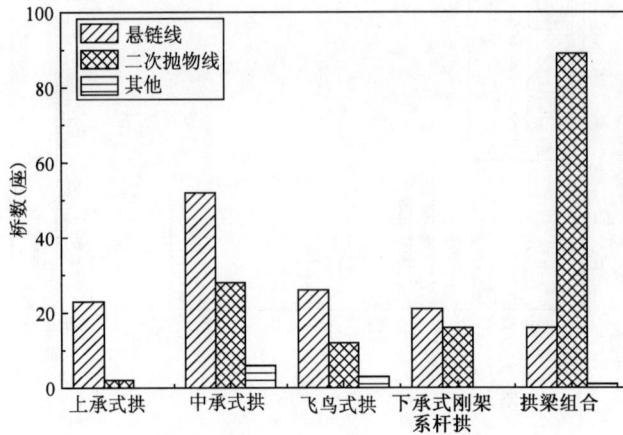

图 2-13　不同结构体系的拱轴线形统计图

　　拱轴系数是悬链线的主要参数,统计的拱轴系数如图 2-14 所示(统计桥例 133 座)。上承式拱采用的拱轴系数较大,大部分大于 1.5;而中承式拱和飞鸟式拱的次之,多为 1.2 ~ 2.0;拱梁组合和下承式刚架系杆拱的最小,一般在 1.8 以下。从总体来看,拱轴系数为 1.2 ~ 2.8 之间的桥例占总数的 75.7%。

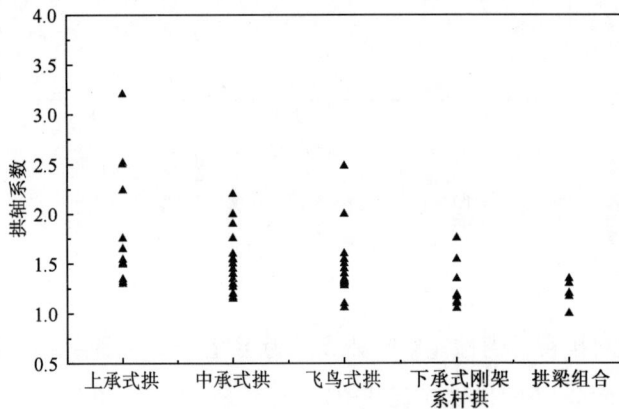

图 2-14　悬链线拱拱轴系数统计图

　　根据钢管混凝土拱桥的结构与受力特点,结合调查统计结果,GB 50923—2013 第 7.2.3 条规定,"钢管混凝土拱的拱轴线应根据桥梁跨径和受力情况选择,宜为抛物线或拱轴系数为 1.2 ~ 2.8 的悬链线。当采用悬链线时,其拱轴系数 m 对上承式宜为 1.2 ~ 2.8,对中承式不宜大于 1.9,对下承式不宜大于 1.5。"

　　设计计算时,需要计算拱轴线的长度。对于二次抛物线,曲线长度按幂级数展开为式(2-1)。

$$l_s = l\left[1 + \frac{8}{3}\left(\frac{f}{l}\right)^2 - \frac{32}{5}\left(\frac{f}{l}\right)^4 + \frac{257}{7}\left(\frac{f}{l}\right)^6 + \cdots \right] = \alpha l \tag{2-1}$$

式中: l——拱轴曲线的跨径;

　　f——拱轴曲线的矢高;

　　α——曲线长度系数,见表2-5。

二次抛物线曲线长度系数表　　　　　　　　　　　　　　　　　　　表2-5

f/l	1/3	1/4	1/5	1/6
α	1.268	1.151	1.099	1.026

表2-5所列为常用矢跨比的拱轴曲线长度系数,其他矢跨比的曲线长度可用式(2-1)直接计算。当拱轴线为悬链线时,拱轴曲线长度要大于二次抛物线的曲线长度,但相差不是很大,可以用表2-5中的值近似计算。

(四)钢管拱肋架设方法

钢管混凝土拱桥中钢管拱肋的施工方法形式多样,将其分为悬臂法、转体法、支架法3种主要施工方法以及"其他方法"进行统计(具体施工方法见第五章介绍)。已知施工方法的273座5种桥型桥例中,悬臂法应用最多,共有126座,占46.2%;支架法次之,共有89座,占32.6%;转体法只有7座,占2.6%;此外,还有51座采用其他方法,占18.6%。

拱桥的桥型选择与施工条件有很大的关系。图2-15统计了施工方法与结构体系的关系(统计桥例268座)。悬臂法是主要的施工方法。在所有桥梁中,采用悬臂法的有127座,占总数的47.4%;其中,上承式拱、中承式拱、飞鸟式和下承式刚架系杆拱4种桥型中,采用悬臂法的分别占该桥型所有施工方法的72.7%、82.7%、60%和53.1%。

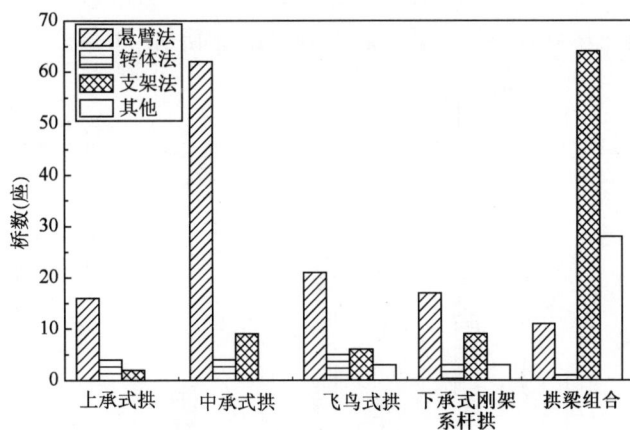

图2-15　拱肋架设方法按5种结构体系的统计图

拱梁组合桥型则主要运用支架法,在统计的104座桥梁中,有64座采用了支架法,占总数的61.5%。此外,其他桥型以支架法为主,共28座,占54.9%。

拱桥施工方法的选择与桥梁的跨径有一定的联系。

图 2-16 为施工方法按跨径的统计结果。从图中可以看出,悬臂法和转体法应用范围较广,且是跨径 200m 以上桥梁的主要施工方法,跨径大于 300m 以上时,除广州丫髻沙大桥采用转体法外,其余全部采用悬臂法。支架法和其他施工方法(主要为整体吊装、整体拖拉等施工方法)主要应用于跨径小于 200m 的桥梁。

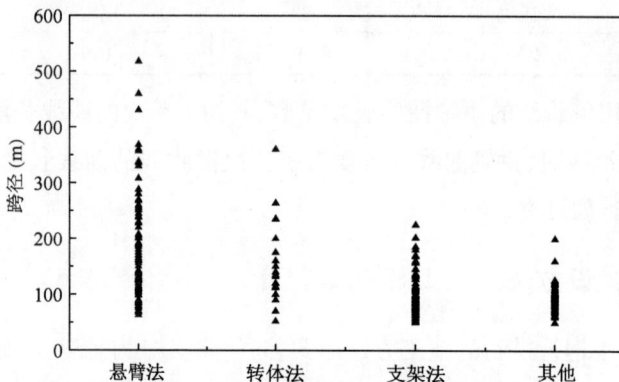

图 2-16 拱肋架设方法按跨径的统计图

从施工角度而言,有推力拱和部分推力拱(刚架系杆拱)4 种桥型的主拱与墩台的关系均为固结,易于采用无支架施工法。拱梁组合桥,主拱与墩台之间存在支座,采用悬臂法和转体法难度较大,多采用支架法(达 61.5%)。有关拱梁组合桥的施工方法,详见本章第四节的介绍。

(五)桥梁用途

调查统计结果显示,387 座已知用途的桥梁中,公路桥梁有 159 座,占 41%;城市道路桥梁有 178 座,占 46%;铁路桥梁有 36 座,占 9%;其他桥梁有 14 座,占 4%。图 2-17 为 5 种结构体系的桥梁按不同用途统计的结果(其他桥型未计在内)。

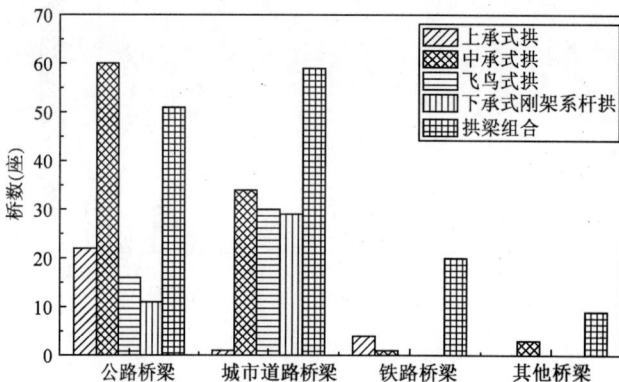

图 2-17 不同用途的 5 种结构体系统计图

在公路桥梁中,中承式拱和拱梁组合桥数量较多,分别达到 37.5% 和 31.9%,二者之和占公路桥梁总数的 69.4%;其次是上承式拱和飞鸟式拱,分别占到 13.8% 和 10%;下承式刚架系杆拱和其他桥型所占比例最少,仅6.5%和4.2%。

在城市道路桥梁中,拱梁组合桥数量最多,占总数的38.6%,而中承式拱和飞鸟式拱数量相当,分别占总数的22.2%和19.6%。下承式刚架系杆拱占总数的19.0%。由于桥面高程和地质条件难以满足,上承式拱桥在城市道路桥梁中只有1座。此外,其他桥型占了6.8%,虽然在所有城市道路桥梁中所占比例不大,但相比于公路桥梁和铁路桥梁,比例属于最大的。

铁路桥梁和其他桥梁中,主要以拱梁组合桥居多,分别占各自总数的80%和75%。从第一章可知,铁路桥梁,尤其是高速铁路桥梁对刚度要求较高,拱梁组合桥能够满足这一要求。此外,在铁路桥梁中,采用拱与预应力混凝土连续梁、连续刚构的组合结构也很多,因为拱不仅能较大地提高结构的整体刚度,减小短期活载作用下的变形,还能有效地减小结构的徐变等长期变形,收集到的此类铁路桥梁有10座,占铁路桥梁的27.8%。

公路桥梁和城市道路桥梁的跨径分布调查统计结果如图2-18所示。公路桥梁中跨径50~100m和100~200m的分别占39%和41%,总计80%。城市道路桥梁中跨径在这两个范围内的则分别为58%和36%,总计94%。显然,公路桥梁的跨径较大,城市道路桥梁的次之。铁路桥梁使用的跨径更小,多集中在100m以内。

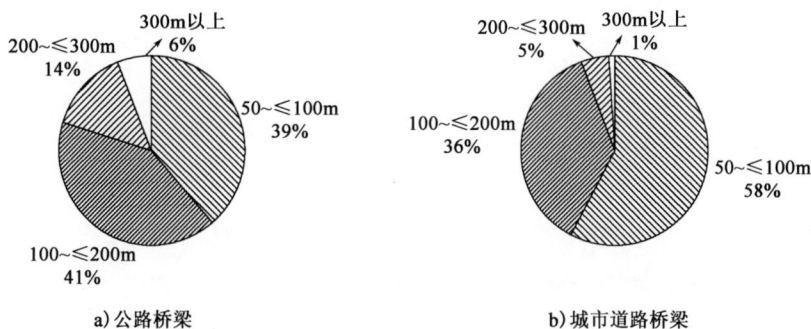

图2-18 公路与城市道路桥梁跨径统计图

第二节 上承式拱桥

一、发展概况

上承式是拱桥的传统结构形式,在圬工、混凝土、钢拱桥中有大量应用,如图2-4a)所示。调查表明,与其他拱桥相比,在我国钢管混凝土拱桥中,上承式修建得不多,仅占总数的6.8%,中、下承式占了主要地位。这主要是因为钢筋混凝土拱桥或石拱桥自重较大,对基础要求高,在城市和平原地区修建,容易由于下部结构与基础的工程量较大而使造价上升,因而较少采用。而钢管混凝土拱桥由于自重较轻,加上刚架系杆拱等新结构形式的出现,使得对下部结构与基础的要求降低,因而在城市与平原地区得到大量的应用,从而使上承式拱在钢管混凝土拱桥中所占的比例相对于中、下承式下降了。尽管如此,钢管混凝土上承式拱桥有其独特的优越性,因而成为地质条件较好的峡谷和山谷地区具有很强竞争力的桥型。这种桥型构造简单、横向联系容易布置,桥面系支承于立柱上,整体性、横向稳定性均较好。

图 2-19 给出了上承式钢管混凝土拱桥跨径随时间的发展。在统计的 25 座桥梁中,主孔跨径在 100m 以下的只有 5 座,100~200m 的有 8 座,超过 200m 的有 12 座,约占了一半,表明钢管混凝土上承式拱具有较大的跨越能力。从图中可以看出,随着设计施工技术水平的提高,该桥型的跨径随着时间呈现增大的趋势。

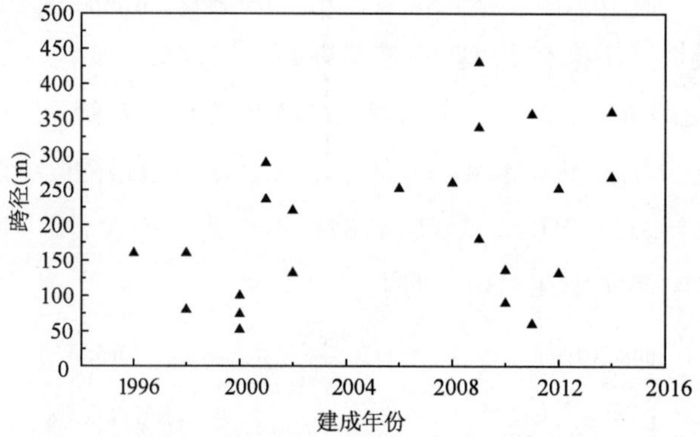

图 2-19　上承式钢管混凝土拱桥跨径随时间的发展

上承式钢管混凝土拱桥各个时期具有代表性的桥梁有:1996 年建成的湖北三峡黄柏河大桥和下牢溪大桥,跨径 160m;2001 年建成的重庆奉节梅溪河大桥,跨径 288m;2011 年建成的内蒙古准朔铁路黄河大桥,跨径 356.8m(计算跨径 380m);2009 年建成的湖北沪蓉西高速公路支井河大桥和云南蒙新高速公路凉水沟大桥,跨径 430m,跨径并列世界第一。此外,2014年建成的贵州总溪河大桥,跨径 360m,也是一座具有代表性的桥梁。目前正在设计的贵州大小井大桥为主跨 450m 的上承式钢管混凝土拱桥,建成后将创造这一桥型跨径新的世界纪录。

二、构造特点

(一)主拱

矢跨比是拱桥的重要参数,从受力方面来说,它的选择要考虑到下部结构与基础承受的水平推力、弯矩、主拱的内力与稳定等多种因素。除考虑受力外,对上承式拱桥而言,矢跨比还影响到拱桥的总体布置、结构与周围景观的协调、拱上建筑设计和主拱的施工方法等。对于峡谷桥位的大跨径拱桥,矢跨比的选择应同时兼顾地形地质条件、跨径和拱上立柱的布置。当桥面高程确定后,一般来说,矢跨比大则跨径小,但立柱高度增大(特别是靠拱脚处),同时管内混凝土泵送的高度增大;反之亦然。从图 2-20 给出的矢跨比与跨径的关系可见,钢管混凝土上承式拱的矢跨比大多在 1/4 ~ 1/6.5(0.25 ~ 0.15)之间,以 1/5(0.2)最多,只有新疆阿克苏过境公路老大河桥(跨径仅 52m)采用了 1/8(0.125)的矢跨比。

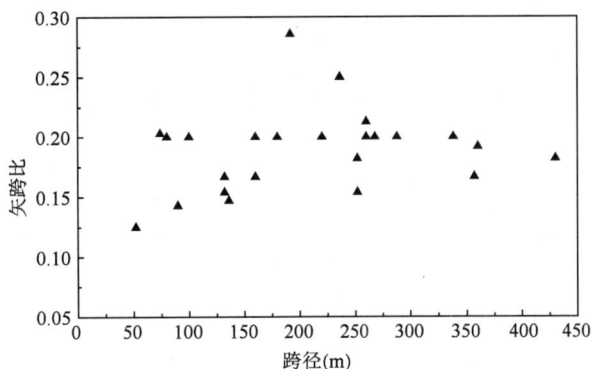

图 2-20　上承式拱矢跨比与跨径的关系

上承式钢管混凝土拱桥的拱轴线基本为悬链线,而中、下承式中有相当部分采用了抛物线。由于上承式拱中靠近拱脚处的立柱较高且自重较大,在恒载作用下悬链线拱的受力更为合理,所以上承式拱基本采用悬链线作为拱轴线。从图 2-21 和图 2-22 可知,其拱轴系数大多大于 1.5,且与跨径和矢跨比的相关性均不大。

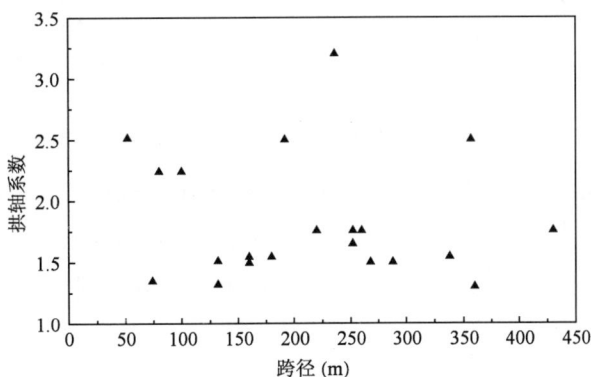

图 2-21　上承式拱拱轴系数与跨径的关系

由于拱肋全部位于桥面之下,所以上承式拱可以采用较多的拱肋,从而使每根肋的受力减小、拱肋截面尺寸也相应减小,因此即使跨径较大也仍可采用哑铃形拱肋。如湖北三峡黄柏河大桥和下牢溪大桥采用了 4 片拱肋,虽然其跨径较大(160m)、荷载较重(汽—36 级),仍可采用哑铃形拱肋;又如青海拉西瓦水电站黄河大桥,跨径 132m,采用 3 片拱肋,拱肋截面也用哑铃形。跨径更大时,则桁肋更合理,如重庆奉节梅溪河大桥(288m)、湖北支井河大桥(430m),设计采用两根桁式拱肋,两肋之间采用较多的横向联系将两肋联成整体。

在所调查的 24 座上承式拱桥中,等高度和变高度拱肋的各为 12 座。图 2-23 是等高度拱肋的跨高比与跨径的关系。从图中可以看出,拱圈的高度一般在跨径的 1/70 ~ 1/40 之间。

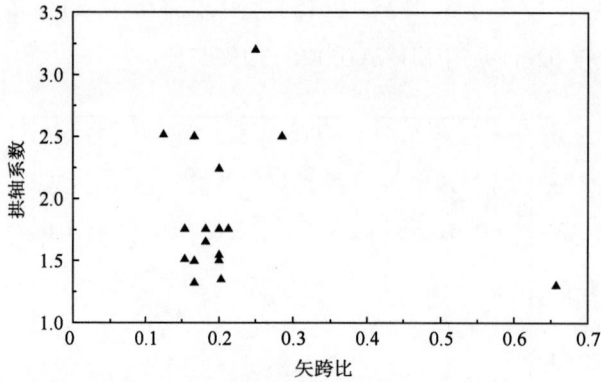

图 2-22 上承式拱拱轴系数与矢跨比的关系

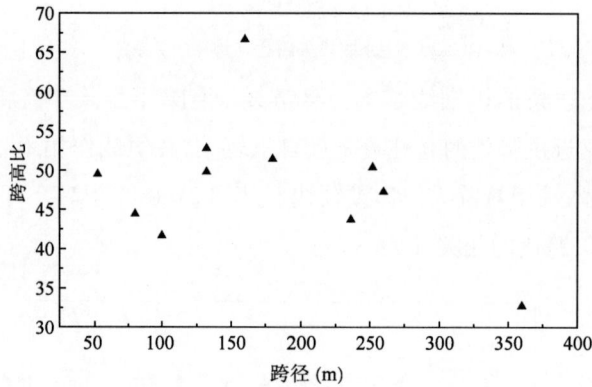

图 2-23 上承式拱等高度拱肋截面跨高比与跨径的关系

图 2-24 是变高度拱肋桥的拱脚截面、拱顶截面跨高比与跨径的关系。从图 2-24 可知,这些变截面拱的跨径均较大(多数大于 200m),变截面的经济效益较高。拱顶截面高度一般为跨径的 1/70 ~ 1/50,拱脚截面高度一般为跨径的 1/60 ~ 1/30,拱脚处与拱顶处拱肋高度的比值在 1.1 ~ 2.0 之间。

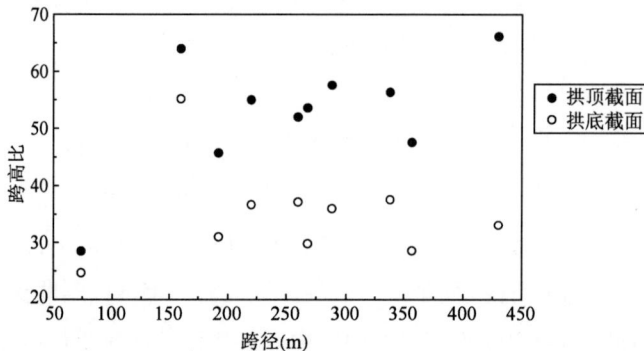

图 2-24 上承式拱变高度拱肋截面跨高比与跨径的关系

（二）墩台与基础

上承式拱桥目前的应用以单跨为主，主拱座采用钢筋混凝土结构，桥位处地质均较好，拱座多直接坐落于基岩上。此外，引桥的墩台基础也多采用扩大基础。

（三）拱上建筑

上承式钢管混凝土拱桥的立柱一般采用钢筋混凝土或钢管混凝土。立柱与钢筋混凝土盖梁组成排架或刚架式结构。当跨径较大时，拱脚附近的立柱较高，在柱间应设置横向联系来提高其稳定性。同时，由于立柱较高，为减轻恒载自重，使结构整体协调一致且方便施工，多采用钢管混凝土立柱，如湖北三峡黄柏河大桥和下牢溪大桥、秭归九畹溪大桥、恩施南泥渡大桥等。也有采用钢筋混凝土立柱的，一般将截面做成空心，如贵州水柏铁路北盘江大桥。在跨径最大（430m）的湖北沪蓉西高速公路支井河大桥中，立柱最高（在拱脚处）达74m，采用了钢箱混凝土格构式立柱。

在中、下承式拱桥中，受拱肋数量的限制，横梁的跨径一般较大，由此，桥面板的跨径不能太大。而对于上承式拱，拱肋可以采用多片，相应的立柱也多，立柱盖梁的跨径就减小，这样桥面板可以采用较大的跨径、较少的跨数，有利于缩短施工周期，并使结构的立面较为简洁美观。所以，上承式拱的桥面板跨径一般比中、下承式的大，桥面系的受力以纵梁为主，而不是横梁（盖梁）。当跨径较小时桥面系纵梁可以采用板梁，较大的可以采用T梁或箱梁。

桥面系纵梁（板）一般采用桥面连续的简支梁、先简支后连续梁或连续梁。有关构造见第三章第三节介绍，有关强健性分析见第四章第八节。

上承式拱一般以主拱为跨空承重结构，桥面系为局部受力和传力结构，但也有一些桥梁为拱梁组合结构（称之为倒洛泽拱），与这一节所说的上承式拱有所不同，在附录A的桥例统计中将其归入"其他"类，如广东广梧高速公路上寨高架二桥（计算跨径90m）、江苏南京孙家凹分离式立交桥（跨径60m），两桥的主拱均只有单肋，由斜撑杆支承桥面连续箱梁，形成三角形受力结构，类似于第一章介绍的法国的Antrenas桥（图1-67）和捷克布尔诺—维也纳高速公路跨线桥（图1-68）。

三、施工方法

钢管混凝土上承式拱桥的架设方法主要有转体施工法和斜拉扣挂悬臂法。在已知采用这两种施工方法的20座桥例中，16座采用了斜拉扣挂悬臂法，只有4座采用了平面转体施工法。

当施工的桥梁跨越较深的峡谷时，可以利用两岸的山体和岸坡的地形条件，采用平面转体施工技术架设拱肋。采用平面转体法时，上承式拱不像飞鸟式拱那样有边拱可以作为平衡体利用,因此需要考虑将交界墩作为平衡重。另外,由于上承式拱的桥道纵梁跨径较大、自重也较大,主拱合龙后,桥面系纵梁的吊装还需另外考虑。湖北三峡黄柏河大桥和下牢溪大桥、贵州水柏铁路北盘江大桥三座桥采用水平转体施工的上承式钢管混凝土拱桥,其桥面系纵梁均采用了缆索吊机进行安装,这就使得桥梁施工除转体设备外,同时还要有缆索吊装设备,使转体施工的优势受到影响。

因此,在钢管混凝土上承式拱桥中采用较多的还是斜拉扣挂悬臂法。在施工中,悬臂拱肋通过斜拉索扣挂于索塔上。上承式拱可以利用交界墩来支承索塔或扣塔,以节约临时设施的投资。当地形合适、跨径不大时也可以采用少量支架临时支承,如河北京张高速公路周家沟1号桥。

四、桥例介绍

(一)重庆奉节梅溪河大桥

奉节梅溪河大桥属有推力的上承式钢管混凝土拱桥,位于重庆市奉节县,桥梁设计荷载为汽—20级,挂—100,人群荷载 3.5kN/m²;桥面宽度为净—14m + 2×1.75m,外加人行道及栏杆后全宽17.5m;地震烈度为Ⅵ度,提高1度按Ⅶ度设防。大桥主桥净跨288m。引桥为西岸两孔、东岸6孔的21.7m预应力混凝土T梁。全桥长491m。桥梁总体布置如图2-25所示。

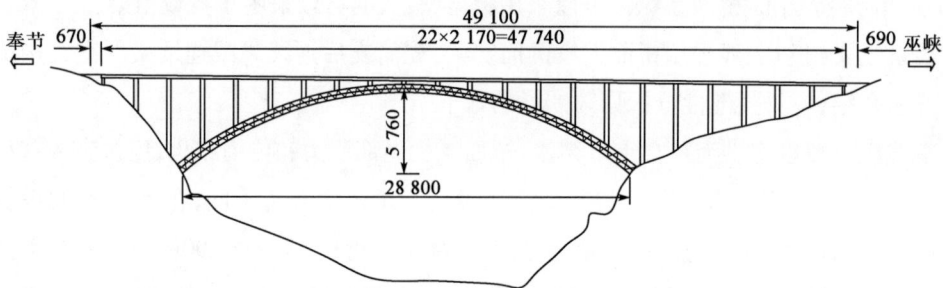

图2-25 奉节梅溪河大桥总体布置图(尺寸单位:cm)

拱肋为变高等宽的钢管混凝土桁肋,矢跨比1/5,矢高57.60m,拱轴线为 $m = 1.5$ 的悬链线。主拱由两根四肢桁肋通过横向联系组成,宽13.20m(外管中到中距离),高5(拱顶)~8m(拱脚)。每根四肢桁肋宽4.4m(两管中到中的距离)。弦管采用 $\phi920mm \times 14mm$ 钢管内灌C60混凝土;腹杆采用 $\phi351mm \times 8mm$ 钢管,靠拱脚处个别斜腹杆内灌C60混凝土,其余为空钢管;平联杆采用 $\phi351mm \times 7mm$ 的空钢管。两拱肋间横向联系采用钢管桁片联结,主管为 $\phi351mm \times 7mm$ 的空钢管,横系梁斜撑及肋内剪力撑均采用 $\phi175mm \times 6mm$ 的空钢管。其主拱横断面构造如图2-26所示。

拱上立柱为钢管混凝土排架。竖向主管采用 $\phi351mm \times 8mm$ 的16Mn钢管,内灌C50混凝土,主管间纵横向平联管采用 $\phi175\text{mm}\times6\text{mm}$ 钢管,纵向平联管间距 2m,横向平联管间距 4m。盖梁为钢筋混凝土 π 形梁。行车道板长 21.7m,为部分预应力混凝土 T 梁。

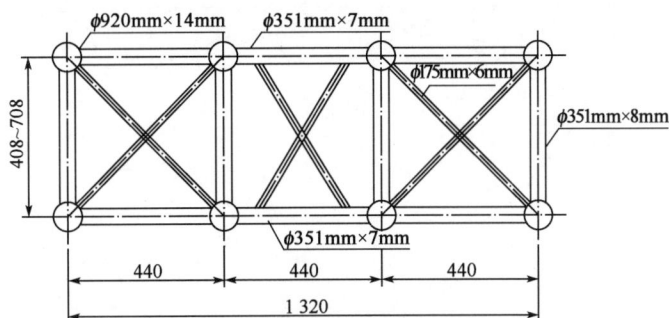

图 2-26　奉节梅溪河大桥主拱圈横断面图(尺寸单位:cm)

大桥自 1999 年 4 月开工,2001 年 11 月完工,12 月通车。建成后的大桥如图 2-27 所示。该桥的详细资料参见《实例集一》[77]第十章。

图 2-27　奉节梅溪河大桥

(二)湖北沪蓉西高速公路支井河大桥

沪蓉西高速公路支井河大桥为主跨 430m 的上承式钢管混凝土拱桥;引桥为 1 孔 36m 和两孔 27.3m 预应力混凝土简支箱梁;引桥墩为箱形薄壁空心墩和矩形变坡实体墩两种,墩高 24～83m 不等,引桥墩台和主桥拱座均为扩大基础。拱上立柱为 1 400mm×1 000mm 的空钢箱混凝土组成的格构柱,高度 2～74m;主桥桥面系采用 21～21.4m 预应力混凝土箱梁,先简支后连续;桥面铺装为 9cm 沥青混凝土和 8cm 防水混凝土,交界墩和两桥台共设 4 道伸缩缝。总体布置如图 2-28 所示。

大桥主拱圈计算跨径 430m,计算矢高 78.18m,矢跨比 1/5.5。主拱结构与奉节梅溪河大桥相似,由两根四肢桁肋通过横向联系组成,宽 17.00m(外管中到中距离),高 6.5(拱顶)～13m(拱脚)。每根四肢桁肋宽 4.0m(两管中到中距离)。弦管钢管外径 1 200mm,最大壁厚 35mm,内灌 C50 高强微膨胀混凝土。拱圈横断面如图 2-29 所示。

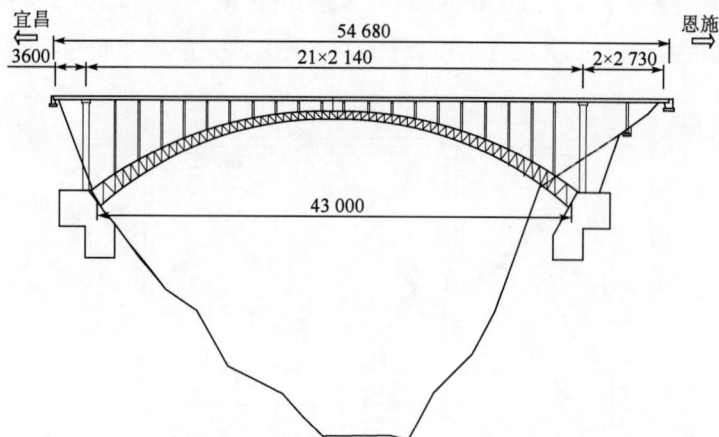

图 2-28　沪蓉西高速公路支井河大桥总体布置图(尺寸单位:cm)

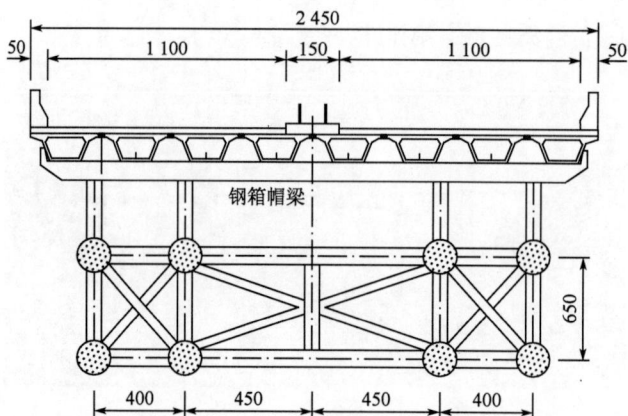

图 2-29　沪蓉西高速公路支井河大桥拱圈横断面图(尺寸单位:cm)

　　主拱肋采用缆索吊装、斜拉扣挂悬臂施工,大桥于 2009 年建成,如图 2-30 所示。详细资料参见文献[99]等资料。

图 2-30　沪蓉西高速公路支井河大桥

（三）贵州水柏铁路北盘江大桥

水柏铁路北盘江大桥是贵州水（城）—柏（果）铁路上的重点控制工程,位于贵州省六盘水市境内的崇山峻岭中,在线路高程 1 143.91m 处（全线最低点）横跨北盘江,从 1994 年全线可行性研究开始,先后进行了 10 多个桥型方案的比选,最终选用上承提篮式钢管混凝土拱。根据勘测资料,考虑两岸岩溶发育的分布、两岸基础埋深及岸坡稳定等因素,其桥跨布置为 $3 \times 24m$ PC简支梁 $+236m$ 上承提篮式钢管混凝土拱 $+5 \times 24m$ PC 简支梁,桥全长 468.20m。全桥布置如图 2-31 所示。

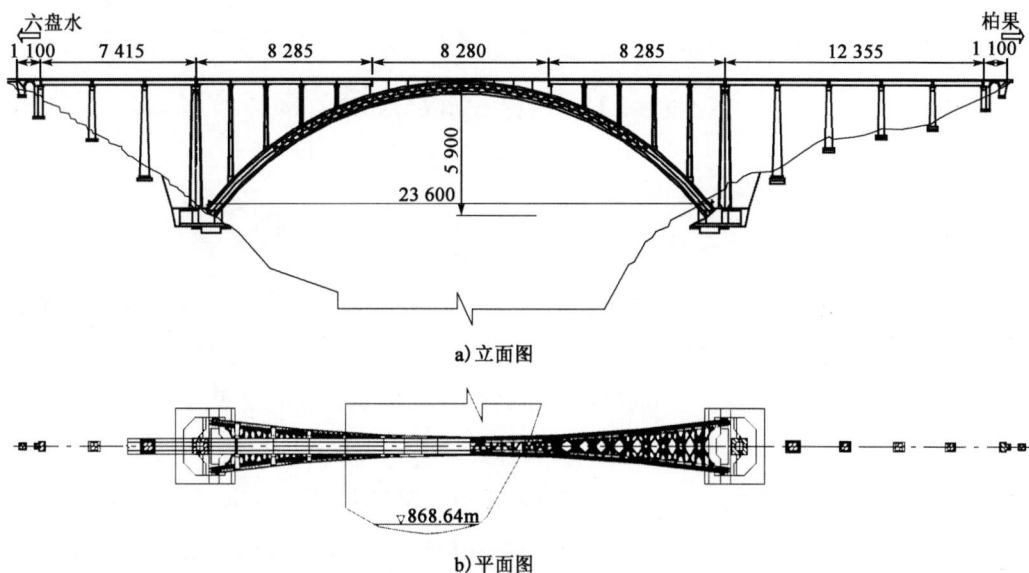

图 2-31　水柏铁路北盘江大桥总布置图（尺寸单位:cm）

主桥拱脚中心跨径 236m。拱圈由两条拱肋与横向联系构成,单肋横向内倾 6.5°,拱脚处横桥向中心距 19.6m,拱顶处 6.156m,主拱立面投影拱轴线为悬链线,拱轴系数为 $m = 3.2$,矢跨比 1/4。

单拱高 5.4m、宽 2.5m,由 4 肢 ϕ1 000mm $\times$ 16mm 钢管构成,其上、下弦各由两肢钢管与其间的两块 12mm 厚钢板联结成横哑铃形,在拱肋的全长上均为等截面;由于拱脚附近恒载负弯矩较大,而且在活载作用下正、负弯矩变化剧烈,连接上、下弦的腹杆内力很大,因此设计从拱脚起两跨 16m 梁范围内采用两块 12mm 厚钢板代替腹杆联结上、下弦管成竖哑铃形。因此,这一段成为实腹段,断面呈箱形。两块横、竖联结板之间均浇注混凝土,为减小或抵消浇注混凝土时钢板的鼓胀变形,采用中间带套筒的拉杆将两钢板拉住。

大桥于 1998 年 6 月开工,2001 年 11 月竣工。架梁、铺轨后经动静载试验证明,全桥使用性能良好。自 2002 年 8 月全线正式运营以来,列车运行平稳、舒适。建成后的大桥如图 2-32 所示。该桥的详细资料参见《实例集二》[79] 第二章。

图 2-32　水柏铁路北盘江大桥

第三节　中承式拱桥

一、发展概况

中承式拱桥与上承式拱桥一样适用于山区，特别是跨越峡谷的桥梁。从结构构造与管理养护方面来说，上承式拱桥较之中承式拱桥优越。在山区中选用上承式拱桥时，通常由于路线高程与起拱线高程之间的距离太小而满足不了其矢高和建筑高度的要求，因此常选用有推力中承式拱桥。

拱桥的桥面高程，一方面由两岸线路的纵断面设计来控制，另一方面由桥下净空（泄洪或通航）要求来控制。关于起拱线高程，为了尽量减小桥墩（台）基础底面的弯矩、节省墩台的圬工数量和缩小主拱的跨径，一般宜选择低拱脚的设计方案。然而，拱脚位置往往又受到通航净空、排洪、流冰等条件的限制。在已建的许多有推力的中承式钢管混凝土拱桥中，有多座桥坐落于水库库区中，如福建闽清石潭溪大桥、浙江淳安南浦大桥等。这些桥梁为避开两岸桥台及基础的水中困难施工，起拱线位于常水位或低水位之上，而由于这个水位高程往往较高，这样在一定的矢跨比和跨径条件下，拱的矢高远大于起拱线与桥面高程间的距离，就无法采用上承式，只能采用中承式。重庆巫山长江大桥初步设计时选用的是上承式拱，跨径为400m，后考虑到该桥位于长江主航道上，靠近拱脚处的拱肋防撞问题不好处理，后将拱脚抬高成中承式，跨径也相应增大到460m。

由于中承式拱桥桥面可以放得较低，因此它也可用于地质条件较好的城市道路桥梁。城市道路桥梁采用中承式钢管混凝土拱桥时，常以多跨的形式出现。在所统计的钢管混凝土中承式拱桥中，有20座桥梁是多跨式的，其比例超过了1/4。其中，重庆合川嘉陵江大桥的跨径最大，主跨达到了200m。

当采用多跨拱桥跨越河流时，一般河道中间的主跨跨径较大，边跨跨径较小，形成不等跨的拱形结构,这样往往能取得较好的建筑造型。边跨可采用上承式,通过采用小的矢跨比和较大的恒载集度比(如钢筋混凝土板拱、肋拱、刚架拱)来解决不等跨的不平衡推力问题,如广西柳州文惠大桥、福建福清玉融大桥等。这样处理也较经济,且总体造型上主孔中承式位于广阔的江中,视野开阔,不会造成与沿江建筑物相拥挤的感觉,又由于边孔的衬托,主孔显得雄伟壮观,车行其间,又有出入门户的感觉,往往成为城市标志性建筑。

有时受建筑高度限制或由于其他原因,边跨也用中承式,如浙江新安江望江大桥、福建仙游兰溪大桥。如果主边跨比例得当,可取得很好的立面效果。这种桥型拱肋横向联系较难处理,容易产生杂乱的感觉。此外,还有一些桥梁的中间几跨采用不等跨中承式拱桥,两边跨采用上承式钢筋混凝土拱,如湖南长沙黑石铺湘江大桥、湖南益阳资江三桥等。

收集到的中承式拱桥有 99 座,跨径 50 ~ 100m 的有 23 座,占 23%;100 ~ 200m 的有 55 座,占 56%;200m 以上的有 21 座,占总数的 21%。图 2-33 给出了这种桥型的跨径随时间的发展。

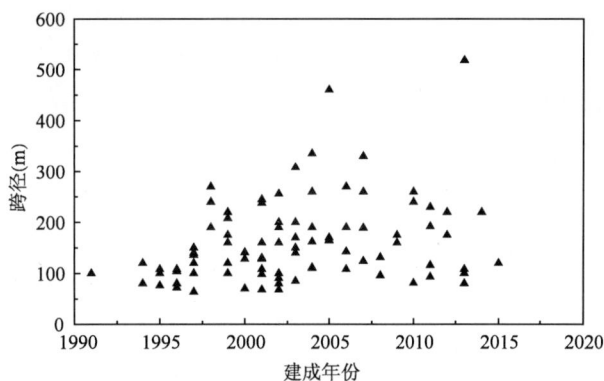

图 2-33 钢管混凝土中承式拱桥跨径随时间的发展

在大跨径钢管混凝土拱桥中,中承式拱占了相当大的比例,在 55 座跨径超过 200m 的钢管混凝土拱桥中,中承式占了 23 座,达到了 41.8%。由此可见,中承式拱在钢管混凝土拱桥中不仅数量多,而且跨径大,其重要性可见一斑。

具有代表性的中承式拱桥主要有:1991 年建成的广东高明大桥,1994 年建成的浙江新安江望江大桥,跨径 120m;1997 年建成的福建闽清石潭溪大桥,跨径 136m;1998 年建成的广西三岸邕江大桥,跨径 270m;1999 年建成的广西六景郁江大桥,跨径 220m;2003 年建成的浙江淳安南浦大桥,跨径 308m;2004 年建成的广西南宁永和大桥,跨径 335.4m;2005 年建成的重庆巫山长江大桥,跨径 460m;2013 年建成的四川合江长江一桥,跨径 518m。

二、构造特点

(一)主拱

钢管混凝土中承式拱桥,作用在拱肋上的荷载比较均匀,因此,拱轴线大都采用二次抛物线和低拱轴系数的悬链线。在统计的87座中承式桥例中，只有6座桥采用了其他拱轴线形，占6.9%；其余81座均为二次抛物线或悬链线，占93.1%，其中采用二次抛物线的桥梁有28座，采用悬链线的桥梁有53座。图2-34是53座采用悬链线拱轴线桥梁拱轴系数与跨径的关系图。从图中可见，拱轴系数分布在1.167~1.756之间，主要集中在1.347~1.543之间。

中承式拱桥拱脚负弯矩一般比较大。对这一问题的处理，在设计中主要有如下四种方法：①拱脚段的钢管壁厚加厚；②拱脚段全截面填充混凝土；③拱脚段外包混凝土；④拱脚截面高度增大。

第一种处理方法施工方便易行，如浙江淳安南浦大桥、安徽黄山太平湖大桥；第二种方法应用得不多，在统计的桥梁中仅有青海公伯峡黄河大桥、吉林松原公铁立交桥和延吉延河大桥的拱脚段采用；采用第三种处理方法可对拱脚段的钢管起到防腐作用，如四川宜宾金沙江戎州大桥、浙江三门健跳大桥等；第四种方法施工比较麻烦，但是在大跨径桥梁中，不少桥梁采用了这种处理方法，如重庆巫山长江大桥、广西南宁永和大桥等。

中承式拱桥选择合适的矢跨比不仅可以使桥面系与拱肋的相对位置合理，造型美观，而且有利于横撑的布置。图2-35是矢跨比的分布图。较多的桥梁矢跨比是1/5，或者超过1/5，这与这些桥梁很多处于城市、平原地区有很大关系。城市、平原的桥梁采用较大的矢跨比，不仅有利于获得较好的建筑造型，还能降低对基础的要求。

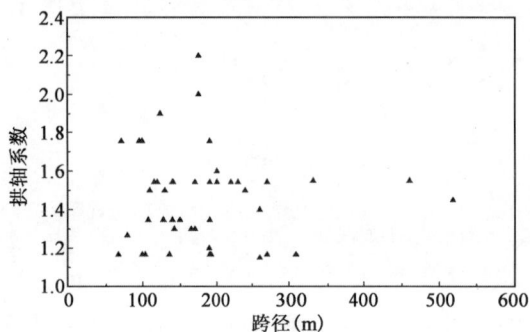

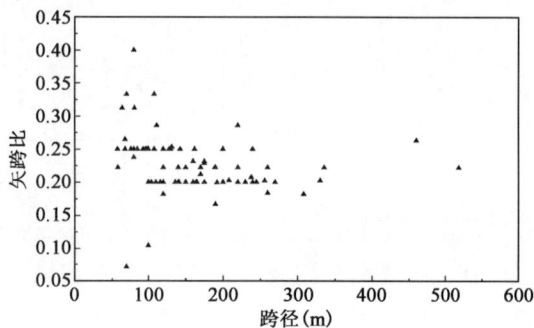

图2-34　中承式拱跨径与拱轴系数的关系　　　　图2-35　中承式拱跨径与矢跨比的关系

（二）墩台与基础

中承式拱桥的墩台除要承受竖向压力、弯矩外，还要抵抗拱产生的水平推力，故其尺寸一般较大。当桥位处于库区、峡（河）谷时，两岸往往具有比较好的天然地基，很多桥梁直接将桥台或拱座置于基岩上，如重庆巫山长江大桥、福建闽清石潭溪大桥、青海公伯峡黄河大桥等；当桥位处于城市或平原地区时，多采用重力式桥台或组合式桥台，基础采用扩大基础，如江西宜春袁州大桥、广西柳州文惠大桥等；部分桥梁基础采用了钻孔灌注桩，如湖南长沙黑石铺湘江大桥、湖南益阳资江三桥；个别桥梁还采用了部分斜桩和竖直桩结合的基础来抵抗拱产生的水平推力，如湖北秭归青干河大桥、四川德昌安宁河大桥。

墩台基础的设计应综合考虑实际的地质条件、通航等因素，使桥梁的下部结构既满足受力性能的要求,又能使造价达到最经济。对多孔钢管混凝土中承式拱桥墩台,如果相邻孔恒载推力基本平衡,设计时一般只考虑施工荷载和单边最不利活载;但是,有一部分桥梁只考虑了很少的连拱作用甚至不考虑,这样基础的刚度就比较大,如重庆合川嘉陵江大桥、黑龙江依兰牡丹江大桥等。

(三)桥面系与上、下承交界处构造

中承式拱桥面系有上承部分和下承部分。上承部分的构造与上承式相近,下承部分与下承式相近,上下承交接处也是拱肋与桥面系相交处,一般设有一根横梁,称之为肋间横梁。它要支承上承式桥面板与下承式桥面板,同时又起拱肋间横撑(风撑)的作用,要发挥的功能较多、受力也复杂。此外,肋间横梁要处理好与拱肋、桥面系各种构造之间的关系,构造也较为复杂。因此,肋间横梁的设计,是中承式拱桥中需要重点考虑的一个部分。

GB 50923—2013 第7.5.3 条规定,"中承式拱桥面系肋间横梁的设置不应影响主拱结构的连续性"。因为钢管混凝土主拱是桥梁的主要受力结构,应保持其结构的连续完整。肋间横梁只能是连接于主拱之上,不能插入主拱中而使主拱结构中断。

GB 50923—2013 第7.5.3 条还规定,"桥面系与拱肋之间的结构设计应防止因变形不同引起的结构损伤"。因为,桥面系结构与主拱结构因温度和其他荷载引起的变形可能不同,结构设计时应避免在二者相交处因温度变化等引起不同构件之间的碰撞而造成结构的损伤。某实际工程中,肋间 H 形钢横梁与桁肋腹杆相距较近,实际使用过程中不断发生碰撞,久而久之出现了腹杆被割破的损伤现象。

肋间横梁有采用混凝土结构的,也有采用钢结构的。图2-36 所示的福建闽清石潭溪大桥和广西六景郁江大桥的肋间横梁均采用混凝土构造。福建闽清石潭溪大桥的肋间横梁包住拱肋竖腹杆,同时又作为拱肋 K 撑中的直撑,通过预埋的钢板将钢管单片桁式斜撑焊在肋间横梁上,形成 K 撑。

a)福建闽清石潭溪大桥　　　　　　　　　　b)广西六景郁江大桥

图 2-36　钢筋混凝土肋间横梁

浙江建德新安江大桥的肋间横梁采用了钢横梁,通过电焊将它与拱肋连接,如图 2-37 所

示。钢横梁为箱形断面,顶板宽 60cm,板厚 12mm;底板宽 36cm,板厚 16mm;腹板高 117.2cm,板厚 12mm。钢箱内腹板有加劲肋。钢横梁虽然便于与拱肋的连接和施工安装,但钢横梁顶面为钢筋混凝土桥面板,因此钢横梁顶面的防护较困难,这是应改进之处[100]。

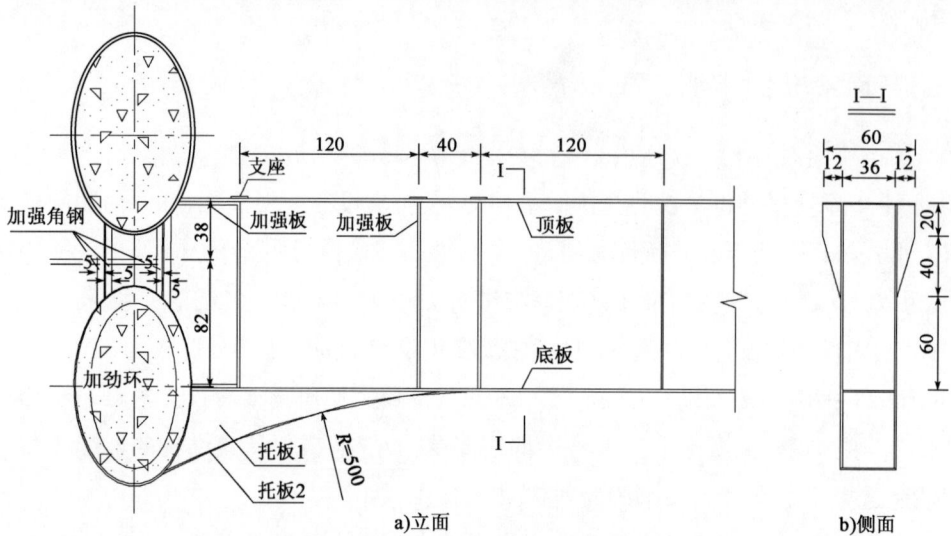

图 2-37　浙江建德新安江大桥肋间钢横梁构造图(尺寸单位:cm)

　　重庆巫山长江大桥肋间横梁也采用了钢横梁,以便于它与钢管结构的连接及空中安装。肋间横梁由钢板梁和钢管桁架两部分组成,钢板梁直接焊接于钢管桁架之上,支承桥面系的支座垫板用贴角焊缝固定在钢板梁上翼缘板顶面。其结构构造如图 2-38 所示。另外,肋间横梁两端头和两端部 5.5m 的梁侧面用铝塑板包封,并在铝塑板和梁体表面均涂刷与混凝土一致的灰白色,使其与其他横梁外观相同。

　　也有一些中承式拱不设肋间横梁,桥面与拱肋相交处的桥面板一端放在吊杆横梁上,另一端放在立柱横梁上,在立柱横梁上设伸缩缝。青海公伯峡黄河大桥、江西景德镇瓷都大桥的拱肋与桥面相交处均采用这种处理方式。

　　中承式拱上、下承桥面系构造与伸缩缝设置,详见第三章第三节的介绍。

三、施工方法

　　钢管混凝土中承式拱桥的拱肋架设多采用斜拉扣挂悬臂施工法,尤其是多孔拱桥,斜拉扣挂悬臂施工法优于转体法和支架法。在已知施工方法的 66 座桥梁中,51 座采用了斜拉扣挂悬臂施工法,8 座采用支架法,5 座采用转体法,另有两座采用其他方法。

四、桥例介绍

(一)广西三岸邕江大桥

　　三岸邕江大桥在广西南宁市东南郊跨越邕江。桥梁设计荷载为汽—超 20,挂—120。桥

a) 立面图

b) 侧面图

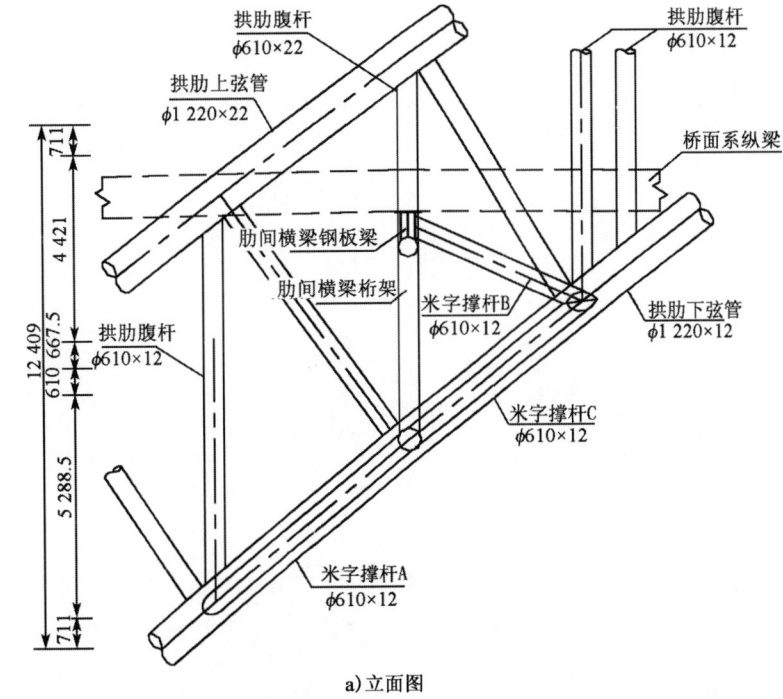

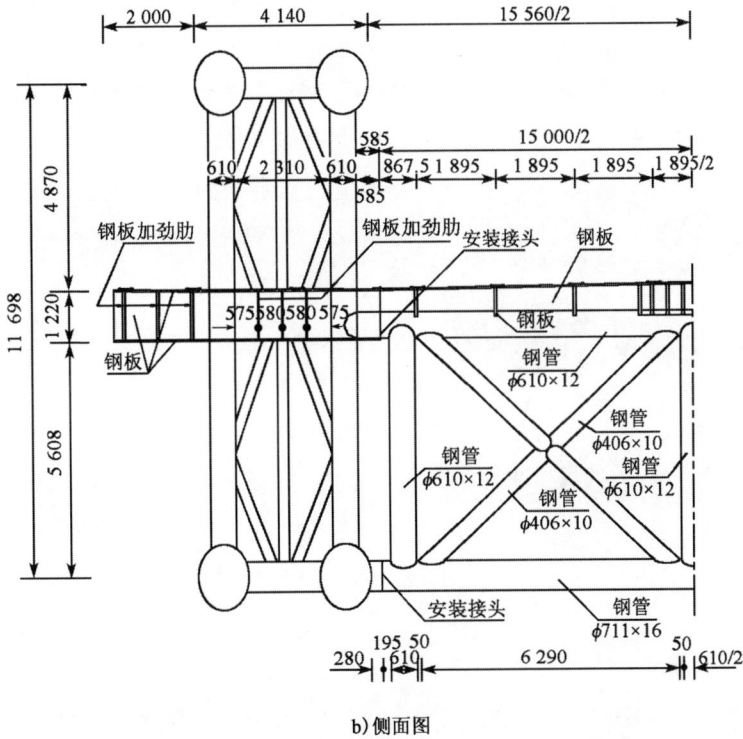

图 2-38　重庆巫山长江大桥肋间横梁构造图(尺寸单位:mm)

面为六车道。主孔为净跨 270m 的钢管混凝土中承式拱,拱肋为等截面横哑铃形桁式断面。拱轴线为 $m=1.167$ 的悬链线,矢跨比 1/5。南宁岸主台为混凝土明挖扩大基础,混凝土台身;北海岸主台为钢筋混凝土重力式沉井基础,混凝土台身。总体布置如图 2-39 所示。

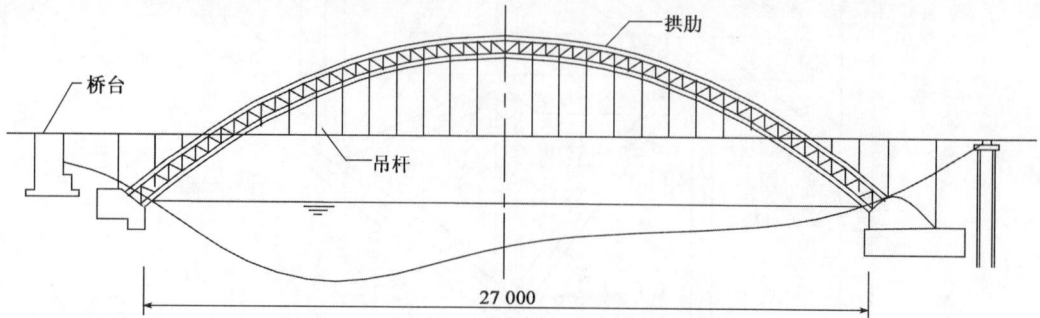

图 2-39　三岸邕江大桥总体布置图(尺寸单位:cm)

拱肋上、下弦杆断面为横哑铃形,钢管外径 1 020mm,拱脚以上 21.45m 范围内壁厚为 14mm,其余为 12mm。水平横缀板厚 12mm,两圆管间净距 400mm,弦杆主管及横缀板内均充填 C50 混凝土;腹杆为外径 400mm、壁厚 12mm 的圆管,腹杆成对设置,分别与弦杆的圆管直接连接,弦腹杆节点水平距离为 5m。肋高 5.6m,宽 2.4m。为了增加拱脚段拱肋的刚度,抵抗船舶撞击,拱脚段一个节间在桁构外侧用钢板外包,内灌混凝土,形成高 5.6m、宽 2.4m 的钢管混凝土实心断面。

全桥共设 8 道横向联结系,其中桥面以上有 6 道钢管空间桁式横向联结系。在桥面系与拱肋相交处设钢筋混凝土肋间横系梁,共两道。拱上立柱横梁及吊杆横梁均采用部分预制部分现浇的复合截面。吊杆由 61ϕ7mm 的镀锌高强钢丝组成,两端为镦头锚。桥面行车道采用连续结构体系,在肋间横系梁上及与引桥结合处设伸缩缝,共 4 道。行车道由 C50 先张法预应力混凝土 T 梁和 C50 现浇整体化混凝土桥面板组成。预制梁跨径 10.0m。

图 2-40　三岸邕江大桥

大桥于 1995 年 12 月开工,1998 年 10 月建成。建成后的三岸邕江大桥如图 2-40 所示。该桥的详细资料参见《实例集一》[77]第九章。

(二)重庆巫山长江大桥

巫山长江大桥位于著名的三峡风景区巫峡入口处,主桥为净跨 460m 的钢管混凝土中承式拱,桥面布置为净 15m + 2 × 1.5m 人行道。设计荷载为汽—超 20 级,挂—120,人群荷载 3.5kN/m²。总体布置如图 2-41 所示。

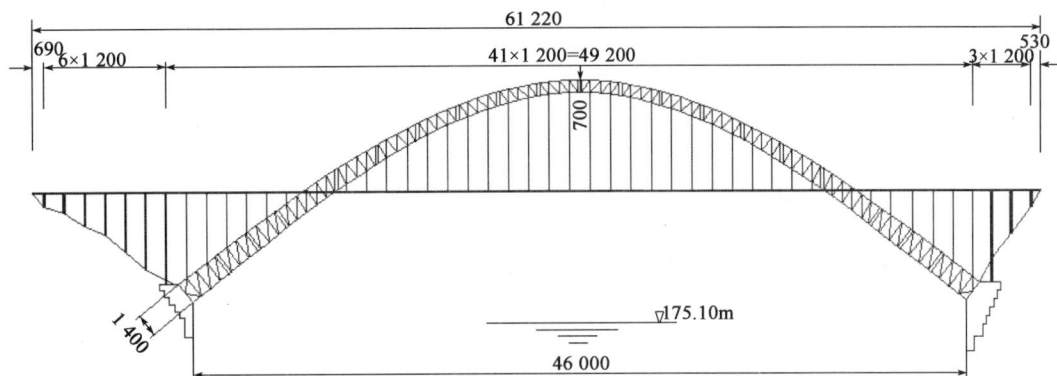

图 2-41 巫山长江大桥总体布置图(尺寸单位:cm)

拱肋为钢管混凝土桁肋,拱顶截面肋高 7.0m,拱脚截面肋高 14.0m,肋宽 4.14m。每肋上、下弦杆各两根,为 $\phi1\ 220$mm × 22(25)mm 钢管内灌 C60 混凝土。弦杆通过 $\phi711$mm × 16mm 钢管平联和 $\phi610$mm × 12mm 的钢管腹杆连成桁式拱肋。两肋间桥面以上设置 K 形横撑,桥面以下的拱脚段设置米字形撑,每道横撑均为空钢管桁架。拱肋与桥面交接处,设置 1 道肋间横撑,全桥共设横撑 20 道。吊杆采用 109$\phi7$mm 的预应力环氧喷涂钢丝,两端采用 OVMLZMT-109 型冷铸锚具。吊杆横梁和立柱横梁为预应力混凝土组合截面梁,肋间横梁为钢横梁。行车道梁为先简支、后连续的预应力混凝土 π 形连续梁。桥面铺装为 8cm 的钢纤维钢筋混凝土,全桥在两岸桥台处设两道 24cm 伸缩量的伸缩装置。

两岸均采用 U 形桥台,台口宽度分别为 19.0m 和 55.17m。引桥桥墩为明挖扩大基础,现浇钢筋混凝土双排桩。拱座为分离式钢筋混凝土结构,横向设 3 道钢管混凝土横撑,拱座基础置于稳定的、完整的弱风化基岩上,要求地基允许承载力不小于 3.0MPa。

大桥于 2001 年 12 月开工,2005 年元月建成通车。成桥照片如图 2-42 所示。大桥施工见第五章第四节(图 5-18 ~ 图 5-22)的介绍。该桥其他详细资料参见《实例集二》[79]第十一章。

图 2-42 巫山长江大桥

(三)四川合江长江一桥

合江长江一桥是国家高速公路网成渝地区环线合江(川渝界)至纳溪段高速公路控制性工程。大桥全长 841m,宽 28m,跨径布置为 11 × 20m 简支箱梁 + 530m(净跨 518m)钢管混凝土中承式拱桥 + 5 × 20m 简支箱梁。大桥的总体布置如图 2-43 所示。

主拱拱肋净矢跨比为 1/4.5,拱轴线为拱轴系数 1.45 的悬链线。拱肋截面等宽、变高,

ϕ1 320mm弦杆通过ϕ711mm 钢管平联和ϕ660mm 钢管腹杆连接而成,宽4m,截面径向高拱顶为8m、拱脚为16m。主弦钢管内浇注 C60 混凝土。吊杆处竖向两根腹杆间设交叉撑,加强拱肋横向连接。拱肋截面如图 2-44 所示。

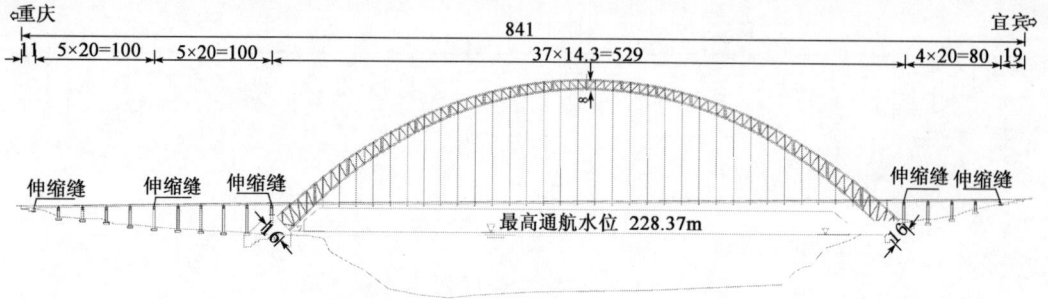

图 2-43　合江长江一桥总体布置图(尺寸单位:m)

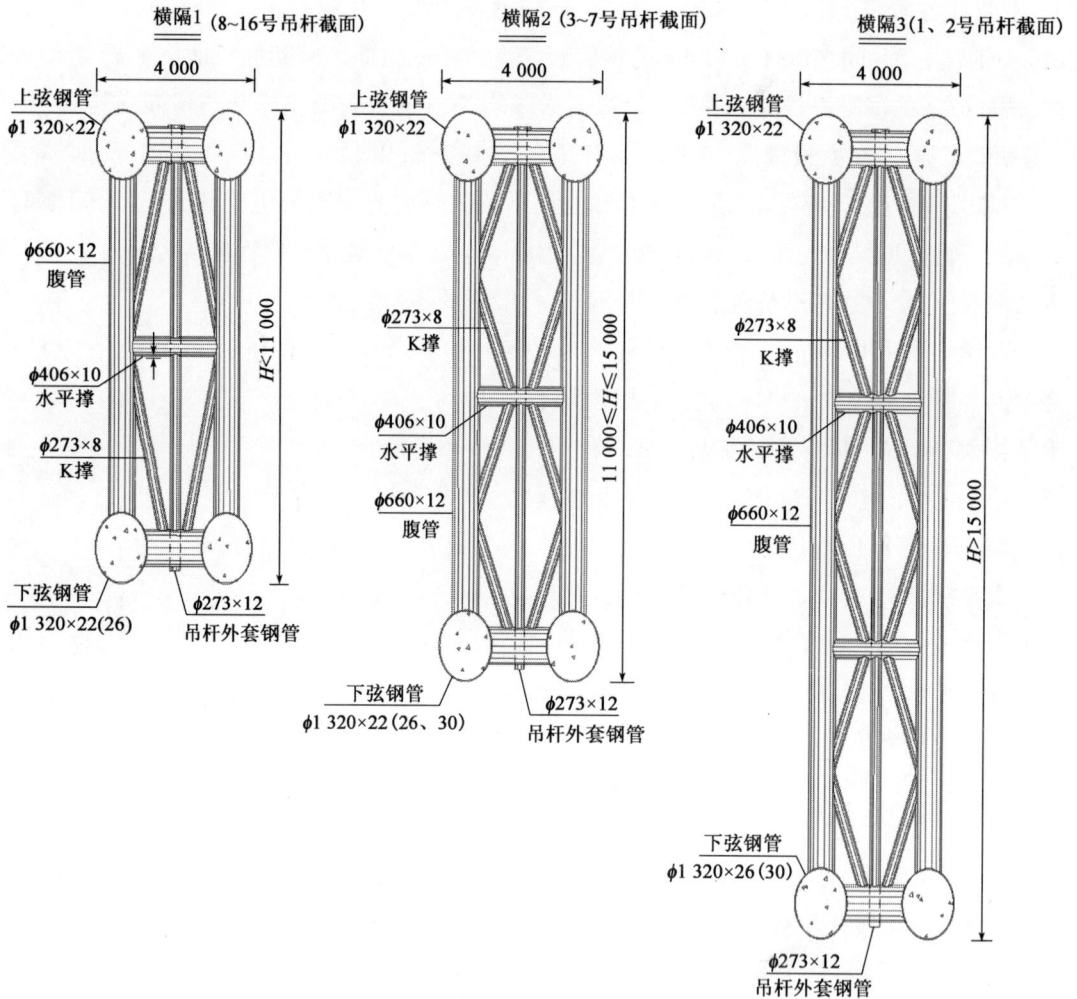

图 2-44　合江长江一桥拱肋截面构造图(尺寸单位:mm)

两拱肋之间以 K 形横撑相连。肋间横撑兼作桥面梁主横梁,采用了空间桁架与钢板梁组合的结构形式,如图 2-45 所示。瞬时合龙构造、拱脚固结构造见第三章。吊杆和拱上立柱间距为 14.3m。吊杆中部设置吊杆抗风减振索。桥面梁为工字形格子梁,桥面板为钢—混凝土组合桥面板。

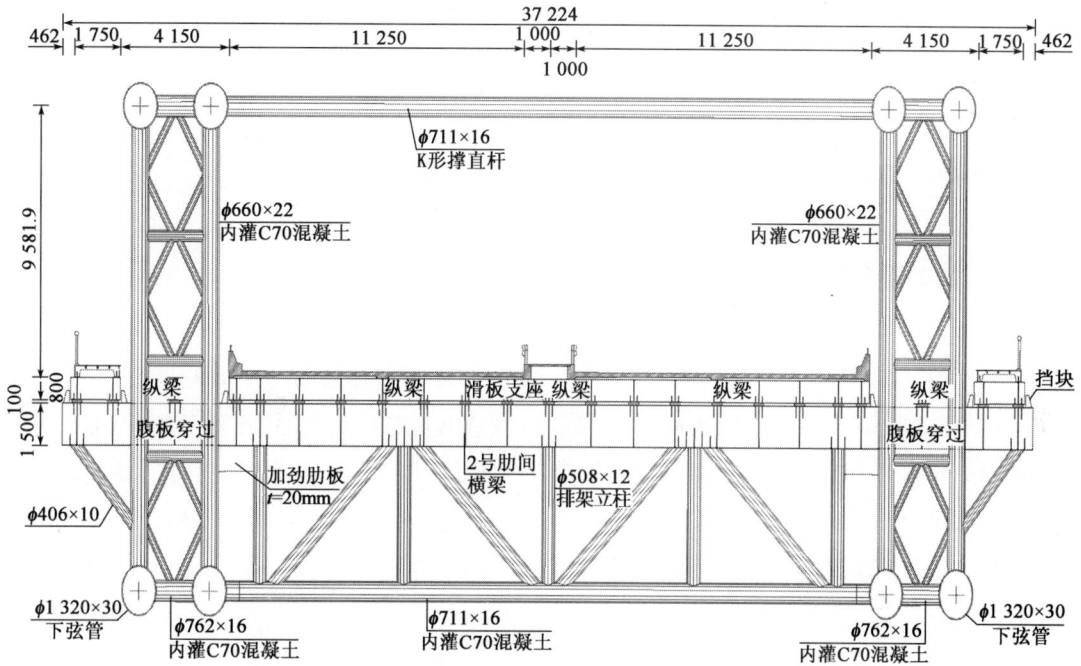

图 2-45 合江长江一桥肋间横撑构造图(尺寸单位:mm)

大桥主跨采用缆索吊装、斜拉扣挂法施工。管内混凝土浇注采用了抽真空法,以提高密实度,减少钢管与混凝土之间的脱粘。大桥于 2009 年 12 月 31 日正式开工建设,于 2012 年 10 月完工。图 2-46 为大桥的效果图。大桥的拱肋架设施工见第五章第四节介绍,管内混凝土浇注见第五章第五节介绍,其他详细情况见文献[101-102]等。

图 2-46 合江长江一桥效果图

第四节　拱梁组合桥

一、发展概况

图 2-5e）所示的拱梁组合桥，是单跨的简支结构，拱与梁用吊杆连接、在拱脚处刚结在一起，形成整体结构，拱与梁共同承受荷载，从整体上节约材料；同时，利用桥面系的纵梁作为拉杆，承担拱的水平推力，支承于墩台支座之上，降低了对墩台与基础抗水平推力的要求，外部受力类似于简支梁。拱梁组合体系根据拱肋与系杆（梁）相对抗弯刚度的大小又分为柔性系杆刚性拱、刚性系杆柔性拱和刚性系杆刚性拱三种，如图 2-2 所示。多跨拱梁组合结构见第七节介绍。

钢管混凝土拱梁组合桥，一般为刚拱刚梁结构，具有较大的竖向和横向刚度，拱肋的空间稳定性较好。同时，拱梁组合桥桥面系整体性好，较之其他悬吊桥面系，车桥共振作用小，结构安全性高。由于外部为静定结构，它可应用于多孔结构，不存在连拱作用问题；但是其结构内部为超静定结构，吊杆内力的大小直接影响着成桥时结构各部位特别是纵梁的线形和内力分布。吊杆的设计与施工、拱脚节点的处理、系梁预应力的张拉调整、支座的构造均是拱梁组合桥设计、施工的关键技术。

随着对钢管混凝土、预应力技术研究的不断深入，钢管混凝土拱梁组合桥得到了广泛的应用，在 6 种桥型中所占的比重最大，达 34.0%，成为钢管混凝土拱桥最常用的桥型。与相同跨径的预应力混凝土梁桥相比，钢管混凝土拱梁组合桥不仅具有较大的跨越能力，而且上部结构施工方便，下部结构工程量较低。图 2-47 给出了这种桥型的跨径随时间的发展。

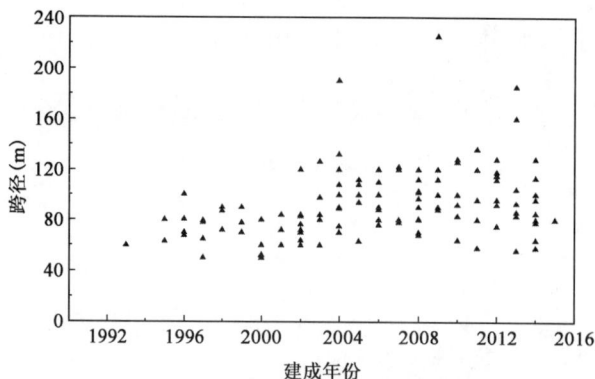

图 2-47　钢管混凝土拱梁组合桥跨径随时间的发展

在所收集的 140 座桥例中，跨径 50～100m 的有 95 座，占 67.9%；100～200m 的有 44 座，占 31.4%；二者相加（跨径在 50～200m）达 99.3%。200m 以上的只有 1 座，即 2009 年建成的

河南岭南高速公路蒲山大桥。从表2-3可知,其最常用的跨径范围是51~117m。

钢管混凝土拱梁组合桥中,刚性系杆刚性拱较为常用。典型的桥例如江苏苏州斜港大桥(跨径100.5m)和尹山桥(跨径80.5m)、浙江义乌篁圆桥(跨径80m)、江苏泰州引江河大桥(跨径80m)和常熟海虞桥(跨径44m)、河南郑州黄河公路二桥(跨径100m)、浙江杭州钱江复兴大桥(又称钱江四桥,主跨190m)和河南岭南高速公路蒲山大桥(跨径225m)等。其中,江苏苏州斜港大桥是早期跨径较大的钢管混凝土拱梁组合桥,河南郑州黄河公路二桥是规模最大的此类桥,而浙江杭州钱江四桥则是跨径比较大的,河南岭南高速公路蒲山大桥为该类型桥跨径最大的。钢管混凝土在拱梁组合体系拱桥的应用,不仅充分发挥了钢管混凝土抗压性能好的优点,而且减轻了桥梁上部结构的自重,大大提高了拱梁组合体系拱桥的跨越能力。同时,拱肋采用钢管混凝土结构,可以充分利用空钢管作为浇注混凝土的模板功能,实现无支架施工或少支架施工。钢管混凝土拱梁组合桥以其结构轻盈、线形美观、造价经济等优点在我国江浙一带得到了蓬勃的发展。

二、构造与受力特点

(一)主拱

钢管混凝土拱梁组合桥由于具有较大刚度的系梁,桥面系恒载通过系梁均匀地分布到各吊杆再传递到拱肋,因此拱肋轴线一般设计成二次抛物线,使拱的受力状态达到最佳。在统计的已知拱轴线形的140座桥梁中,有89座采用二次抛物线,超过60%。其余采用悬链拱轴线的,其拱轴系数也较低,多在1.16~1.35之间。

拱梁组合桥的矢跨比不宜取得过小。矢跨比小,系梁水平力大,需配置的预应力束就多,截面尺寸和建筑高度就大,并且由活载引起的附加内力也大。另外,对于需布置横撑的桥梁,采用较大的矢跨比还对横撑的布置有利,不至于使过往的车辆和行人产生压抑感。统计资料显示,拱梁组合桥的矢跨比大多为1/5,共有67座,占总数的55.4%,有25座桥梁的矢跨比小于1/5,其比例仅占已知矢跨比桥梁的20.7%,有29座桥梁的矢跨比大于1/5,占总数的24.0%,大多数拱梁组合桥的矢跨比相比于国外钢拱梁组合桥常用的矢跨比1/6~1/8要大。

拱梁组合桥的拱肋可以是单肋、双肋及多肋,加劲纵梁的位置应与其对应,相应的是单梁、双梁和多梁,一般为箱梁。拱肋的布置与道路横断面的布置、建筑高度的限制等有关。

单肋拱适用于道路有中央分隔带的情况,系梁一般采用具有较大抗扭刚度的箱梁,以消除活载偏载时的不利影响,如浙江义乌宾王大桥、浙江宁波琴桥。

当道路横断面有人行道,机动车道、非机动车道总宽在20m左右时,可采用双肋,将人行道外挑,这是钢管混凝土拱梁组合桥拱肋最常采用的布置方式。

多肋式桥梁主要是为了压低拱肋、系梁及横梁的建筑高度,当横断面有中央分隔带,桥梁较宽时,可以采取三肋,拱肋之间可以不设风撑;当道路横断面机动车、非机动车车道分离时,可采取四肋,非机动车道设风撑,机动车道敞开,如浙江嘉兴菜花泾桥。但是多肋拱梁组合桥内力计算及吊杆的张拉均比较麻烦,因此较少采用。在特宽桥中,不少桥梁将横梁在中间断开,做成两座独立的桥,如江苏溧阳南河大桥、河南郑州黄河公路二桥等。

（二）主拱横向构造

拱梁组合桥应合理布置拱肋间的横撑,以保证其横向稳定性。这类桥的桥面系刚度较大,吊杆的非保向力作用可以大大提高结构的横向稳定性,因此在桥面较宽而跨径又不大时,出于经济和美观考虑,部分桥梁取消了拱肋之间的横撑,成为敞口拱桥(无风撑拱),如浙江义乌篁园桥、杭州新塘桥、温州南塘河大桥等。无风撑拱桥一般通过提高拱肋截面自身的横向抗弯刚度来保证结构的面外稳定性,如采用横向圆端形截面(浙江义乌篁园桥和杭州新塘桥、陕西宝鸡新世纪渭河大桥)、横哑铃形截面(内蒙古呼和浩特金川大桥)等截面形式。

另有一些拱梁组合桥,则采用提篮拱。提篮拱不仅大大提高了拱的空间稳定性,而且具有较好的建筑造型。与钢筋混凝土提篮拱桥相比,钢管混凝土提篮拱桥的施工更便捷,因此在中、下承式钢管混凝土拱桥中出现了不少提篮拱桥。在钢管混凝土拱梁组合桥中,也有采用提篮式拱肋的桥梁。原铁道部科技司于1999年立项开展高速铁路大跨径提篮式系杆拱(X形拱)桥设计试验研究,研究的桥型计算跨径为112m,系梁采用全预应力混凝土单箱三室截面,桥面箱全宽16.5m,梁全高2.5m。研究与工程应用表明:①该桥型造型美观;②可一孔简支,主桥短,对地基无特殊要求;③建筑高度低,跨越能力强;④结构的竖、横向刚度大;⑤解决了大跨径下承式(如钢桁梁、结合梁)结构要求整体桥面的技术难题,对轨道的适应性能好;⑥个别吊杆突然失效,桥梁仍有足够的安全储备;⑦造价经济,施工养护方便[103]。这一桥型已在高速铁路上得到了较多的应用,如浙江宣杭铁路东苕溪大桥(见第三章第四节)、湖北赤壁武广客运专线胡家湾大桥、山西大西客运专线临汾大桥、河南郑州郑西客运专线跨310国道桥等。除在铁路上应用外,这类桥在城市道路桥梁、公路桥梁中也有应用。

（三）系梁

拱梁组合桥的拱肋和系梁均承受弯矩,弯矩按二者的刚度比进行分配。拱肋、系梁截面设计得合理,能使结构受力合理,用材经济;此外,还可以使全桥外形协调美观。系梁、拱肋截面一般设计成等宽;在靠近拱脚处,有些桥梁的系梁高度、宽度均变大,这样有利于两者的连接。

图2-48、2-49是统计的双肋拱梁组合桥跨径与拱肋、系梁的截面高度之比分布图。从图中可以看出,拱肋高度与跨径之比一般在1/120~1/30之间,而系梁的截面高度与跨径之比一般在1/60~1/30之间。

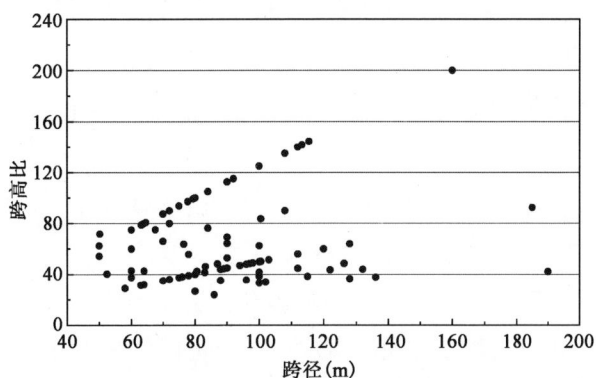

图 2-48　拱梁组合桥跨径与拱肋高度比值分布图

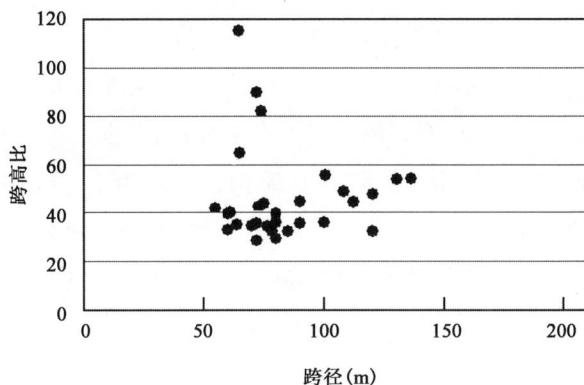

图 2-49　拱梁组合桥跨径与系梁的截面高度比值分布图

(四)吊杆

拱梁组合桥是一种结构形式极富变化的桥式,拱肋、系梁、吊杆等主要受力构件均有多种布置形式。吊杆的布置形式一般有竖直吊杆、斜吊杆(尼尔森体系)、网状吊杆三种形式。钢管混凝土拱梁组合桥的吊杆一般竖直布置,斜交叉式吊杆由于构造和施工均比较复杂,在我国应用很少,目前只有浙江宣杭铁路东苕溪大桥采用了尼尔森吊杆体系。这种吊杆布置形式大大减小了拱肋和系梁的弯矩,节省材料。同时斜吊杆能提高桥梁的整体刚度,也有利于提高拱梁组合桥的跨越能力。此外,拱梁组合桥中的吊杆除承受结构自重和活载等作用外,还要承担调节拱和梁之间受力的作用,因此较之其他中、下承式桥(如中承式拱、刚架系杆拱)的吊杆受力要大。

(五)桥面系

钢管混凝土拱梁组合桥的结构受力特点与其他拱梁组合桥相似。在构造上,应设计强大的端横梁(见第三章第三节),为主拱与系梁的抗扭转变形提供约束(主拱与系梁的扭转变形是端横梁的弯曲变形）。端横梁与系梁构成的平面框架,是桥面系的主结构,加上横梁(有时还有小纵梁)为桥面板提供支撑。

对于拱梁组合桥桥面板的受力,本书第二版第四章中,通过河南郑州黄河公路二桥主桥的空间效应分析,得到其主要特点:

(1)杠杆法计算的荷载横向分配系数与空间模型计算结果接近,最大差值不超过5%。结构设计计算时可以按杠杆法计算活载的偏载系数。

(2)在竖直荷载作用下,主拱与系梁是以面内受力为主的构件。考虑空间效应后,主拱肋的拱脚处还将受到面外弯矩与扭矩,但其值较小,一般可以忽略不计;而系梁所受到的扭矩较大,设计与施工中应予考虑。

(3)吊杆横梁受力介于简支梁和固端梁之间,但偏于简支梁,设计时其正弯矩可按简支梁的跨中正弯矩来考虑。横梁与系梁相接处的负弯矩在平面模型计算中按固端梁的固端负弯矩来考虑是不合理的,而应该取空间计算结果。为简化计算,全桥的吊杆横梁负弯矩可以按靠近拱脚的第一根吊杆横梁的负弯矩(在各吊杆横梁中最大)来考虑。

(4)系梁的扭矩绝大部分由端横梁承担,在结构自重作用下,支点处有较大的正弯矩,因此不能按平面模型中的简支梁来考虑,而应采用空间计算分析结果来设计。

关于拱梁组合桥的桥面系受力特点,第三章第三节有更详细的介绍。

三、施工特点

拱梁组合桥中,拱与梁均为整体结构的主要受力构件,按主要受力构件的施工顺序,钢管混凝土拱梁组合桥上部结构的施工又可分为"先梁后拱"、"先拱后梁"和"整体架设"等3种方法。

"先梁后拱"是比较成熟的施工方法,这种方法需要较强的系梁,以便在此基础上分段架设拱肋。其特点是在梁拱形成联合作用之前,结构不承受外力,施工过程安全可靠。拱肋的轻型化,有利于其采用"先梁后拱"的施工方法。据统计,在109座已知施工方法的拱梁组合桥中,有66座采用了"先梁后拱"施工法,占总数的60%。"先梁后拱"施工法中,钢管拱肋采用支架法架设,施工难度较小。"先梁后拱"施工法的主要难度在于系梁施工。系梁多为混凝土结构,自重大,一般也需采用支架法,且对支架基础要求较高。当对桥下交通和抗洪要求较高时,难度更大。因此,有时考虑采用"先拱后梁"的施工方法。

"先拱后梁"的施工方法先安装主拱肋,再利用主拱肋和吊杆来安装系梁,要求拱肋本身具有一定的刚度及较强的稳定性,系梁的自重相对要小。在梁、拱形成整体之前,荷载由主拱肋及临时构造承担,主拱在施工过程中增加的应力,应进行必要的验算并根据情况采取相应的措施。

"先拱后梁"施工时,常需要临时固结主拱且采用临时拉索平稳施工中的水平力,这需要增加施工临时措施、工序与费用。在统计的109座桥例中,仅有15座采用了这种施工法,占总数的 14%。在这一方法中，主拱肋的架设与其他几种桥型中拱肋的施工一样，也可分为支架法、悬臂法和转体法等。

桥梁施工方法的选择必须考虑桥位的施工条件、施工的技术水平和施工设备等因素。对于中小跨径、系梁采用钢结构或钢骨架的拱梁组合桥梁，当桥梁需跨越已建成的高等级公路、水上交通繁忙的航道时，采用整体拖拉、浮运吊装就位等整体架设的施工方法，可以大大降低对桥下通行、通航的影响。这种施工方法先将空钢管拱、系梁、临时横撑在桥梁的两岸或浮船上形成空间骨架，然后将结构运至桥位处并安装到支承上。近年来，在码头栈桥或我国江南地区的钢管混凝土拱梁组合桥中，有一批桥梁采用了这种施工方法，如辽宁营口港仙人岛 2 号原油码头栈桥、辽宁大连长兴岛码头栈桥、河北唐海曹妃甸海上矿石码头栈桥等。此外，在我国江南一带，由于河网众多，具有较好的浮运条件，一些跨径与规模不大的桥梁，也采用了这种施工方法，如江苏宿迁泗阳 2 号桥、江苏京杭运河高邮二桥等。在 109 座已知施工方法的拱梁组合桥中，采用整体架设法施工的有 28 座，占总数的 26%。整体架设法的应用有越来越多的趋势。有关介绍详见第五章第四节。

四、桥例介绍

(一) 河南郑州黄河公路二桥

郑州黄河公路二桥是京珠国道主干线跨越黄河的特大桥，全长近 10km，主桥长 800m。桥梁设计荷载：汽—超 20 级，挂—120。桥梁为双向八车道，上、下行分离，每幅桥净宽 19.484m。主桥为 8×100m 下承式钢管混凝土拱梁组合结构（系杆拱），总体布置如图 2-50 所示。

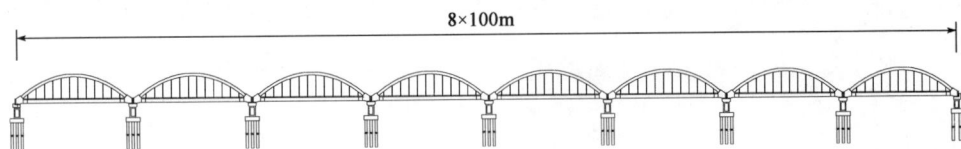

图 2-50　郑州黄河公路二桥主桥总体布置图

主桥每跨两墩中心距 100m，计算跨径 95.5m，矢跨比 1/4.5。上部结构一般构造如图 2-51 所示。每座桥有两片拱肋，每片由两根 $\phi1\,000$mm×16mm 钢管和腹板组成高 2.4m 的哑铃形截面。钢管内浇注 C50 混凝土；拱脚到第一根吊杆间的腹腔内浇注 C50 混凝土，其余部分腹腔内不填充混凝土，这是腹腔不填混凝土的新型哑铃形拱肋的首次应用（第三章第一节）。两拱肋中心距离 22.377m，由 3 道横撑（中间 1 道一字形和两边各 1 道 K 形撑）联系两拱肋，形成空间结构。横撑为 $\phi1\,500$mm×16mm 的钢管，管内不填充混凝土。

吊杆采用 91 根 $\phi7$mm 镀锌高强钢丝，双层 PE 保护，采用 OVM 冷铸镦头锚。吊杆纵桥向间距 7.1m。系梁采用预应力混凝土箱梁，宽 2.0m，高 2.75m，配置 16 根 $\phi15.24$mm-16 预应力钢绞线，采用 OVM15-16 夹片锚。中横梁采用预应力工字形组合梁，高 2.2m，配 5 束 ϕ15.24mm-9 预应力钢绞线，采用 OVM15-9 夹片锚。桥面板为普通钢筋混凝土 π 形板。端横梁采用预应力箱梁，宽 2.9m，高 3.22m，配 8 束 ϕ15.24mm-9 钢绞线，采用 OVM15-9 夹片锚；拱脚固结点为三向预应力混凝土结构，并配有劲性钢骨架。详见第三章第六节的介绍。

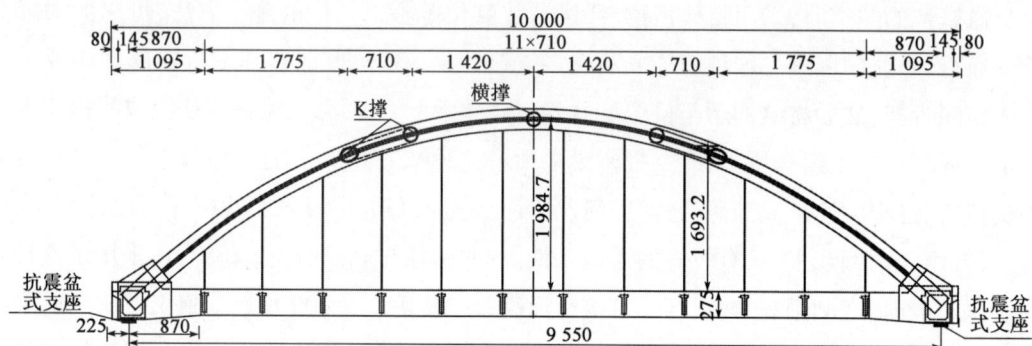

图 2-51　郑州黄河公路二桥主桥上部结构一般构造图（尺寸单位：cm）

支座为 17 500kN 盆式橡胶支座。一端为固定支座，另一端为滑动支座。每两跨的固定支座放在同一个墩上，在该处桥面连续（两跨一联）。每两跨的滑动支座放置在另一个墩上，在该处设 XFⅡ-160 型伸缩装置（每 200m 设一道）。

两幅桥的下部结构与基础共为一体，桥墩为三柱式空心墩，群桩基础。当柱高在 7m 以上

图 2-52　郑州黄河公路二桥

时，桩顶设置横系梁，桥面横坡由柱桩调整。纵向水平力计算，考虑桥面的连续作用，按连续梁弹模结构理论计算墩台水平力。郑州黄河公路二桥计算时考虑了三种河床断面形态，即实测河床断面、发生最大冲刷深度时的河床断面和考虑河床淤积的断面。建成后的郑州黄河公路二桥如图 2-52 所示。建成十几年来，该桥承担着繁重的交通任务，总体运行情况良好。该桥的详细资料参见《实例集二》[79]第七章。

（二）浙江杭州钱江四桥

杭州钱江四桥（又名复兴大桥）位于杭州市中心区南部，在钱江一桥下游 4.3km 处跨越钱塘江，主桥全长 1 376m。桥型方案为双层双主拱的钢管混凝土拱梁组合（系杆拱）桥，主桥跨径布置为 2×85m+190m+5×85m+190m+2×85m（计算跨径），其中边跨为下承式系杆拱桥和上承式拱桥的组合，190m 跨为下承式系杆拱桥和中承式拱桥的组合。上层桥面设置了 6 条城市机动车快速行车道，下层桥面中间预留杭州地铁 1 号线双向线整体道床，双侧设置公交专

用道与非机动车道及人行道。上下桥面采用同宽设计,分别为 26.4m(小拱)和 32.0m(大拱)。总体布置如图 2-53 所示,主跨大拱布置情况如图 2-54 所示。

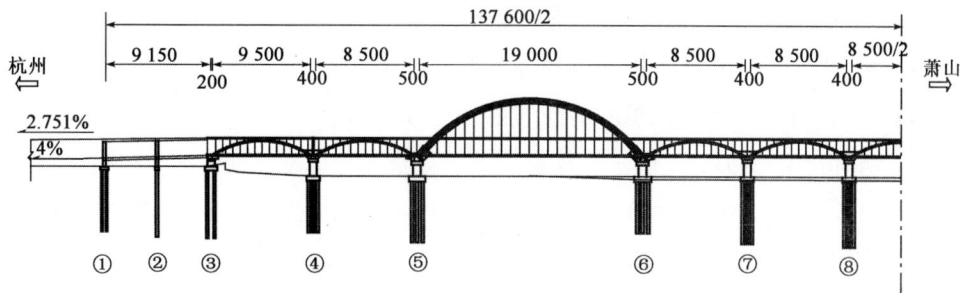

图 2-53 杭州钱江四桥总体布置图(杭州岸 1/2 跨径)(尺寸单位:cm)

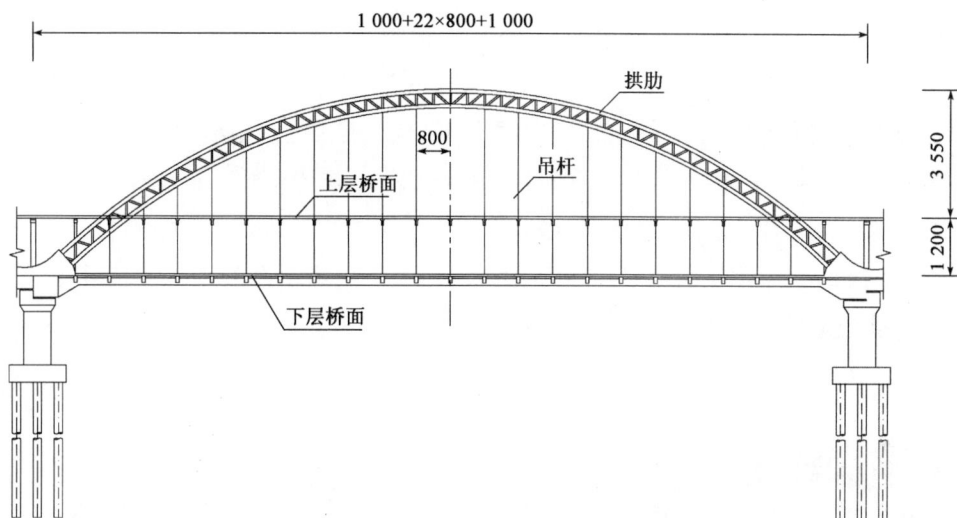

图 2-54 杭州钱江四桥主跨大拱的桥面布置图(尺寸单位:cm)

桥梁设计荷载有汽车荷载与轻轨荷载。85m 跨按汽车荷载城—A 级设计;190m 跨按汽—20 级、挂—100 设计。轻轨按上海明珠线标准取值。人群荷载为 4.0kN/m²。设计洪水位按 300 年一遇考虑,通航按四级航道考虑。抗震等级为Ⅵ度,按Ⅶ度设防。

上部结构为外部静定、内部高次超静定的简支拱梁组合结构。190m 跨拱脚处设置 65 000kN 盆式支座,并设置刚度很大的端横梁,85m 跨拱脚处设置 30 000kN 盆式支座。各跨独立,相邻跨桥面用伸缩缝相联。

190m 跨拱肋轴线为二次抛物线,矢跨比 1/4。桁式拱肋,高 4.5m,宽 2.6m。上层桥面以上每肋由 4 根 φ950mm 的钢管通过腹杆和平联组成全桁式断面。上层桥面以下拱肋,平联钢管改为钢板,形成横哑铃形桁式断面。上层桥面以上设置 5 道一字形桁式风撑,风撑弦杆为 φ400mm×14mm 的钢管。上层桥面与拱肋相交处设置肋间钢横梁。该桥的拱梁组合结构采用先梁后拱法施工,原设计的系梁为劲性骨架预应力混凝土结构,后改为预应力钢箱系梁,详见第三章第三节介绍。拱肋钢管混凝土构件强度计算中，未考虑钢管对混凝土的套箍作用。稳定计算中各种工况下弹性一类稳定系数均大于5.0。

85m跨拱肋拱轴线也为二次抛物线，矢跨比1/7。单圆管拱肋，管径1 700mm、壁厚22mm，内灌C50混凝土。为增加拱肋的刚度，管内纵向设置6道钢板加劲肋，厚22mm、高250mm，与钢管内壁焊接。为保证拱肋的横向稳定性，拱肋间设置5道钢管风撑，管径900mm、壁厚16mm。钢材均采用Q345C钢。

吊杆均采用双吊杆，纵向间距8m，横向中心距29.4m。上、下层双吊杆在拱肋上呈十字形布置，下层吊杆纵桥向布置，上层横桥向布置，每一对吊杆分别吊一层桥面。上层吊杆采用2×55ϕ7mm高强钢丝束。吊杆在拱肋锚固点位置由于有4根吊杆锚固，受力复杂，采用了锚箱方案。

主桥共有主孔大墩4个，上部结构计算跨径190m，每墩采用21ϕ200cm的钻孔灌注桩基础，承台厚度4.5m；主桥小孔桥墩共有8个，每墩采用13ϕ200cm的钻孔灌注桩基础，承台厚度3.5m。钻孔桩均为嵌岩桩。

该桥的上部结构安装采用缆索吊装、斜拉扣挂法成拱。由于全桥较长，采用三塔两跨的缆索吊机，主塔架分别置于2、9、16号墩，扣塔分别置于5、6、11、12号墩。主塔宽42m，高120m；扣塔宽38m，高52m。根据拱肋吊装节段和横梁的最大重量确定缆索系统的设计吊装重量。图2-55为主拱合龙照片，图2-56为成桥照片。该桥的详细资料参见《实例集二》[79]第六章。

图2-55　杭州钱江四桥主拱合龙

图2-56　杭州钱江四桥

第五节　下承式刚架系杆拱桥

一、刚架系杆拱简介

刚架系杆拱桥是钢管混凝土拱桥中出现的新桥型。与拱梁组合桥不同，刚架系杆拱桥中拱肋与桥墩固结,不设支座,桥梁上部、下部结构甚至地基连成一体,结构的超静定次数较多,受力复杂。

刚架系杆拱桥设有采用高强拉索的系杆,通过张拉产生的预应力来主动平衡恒载产生的水平推力,余下的活载等产生的水平推力一般来说不大,还可以通过适当的超张拉给予最大限度的减小,从这个角度来讲刚架系杆拱又可看成无推力拱。GB 50923—2013 将这种系杆拉索称为系杆索。系杆索独立于桥面系之外,不参与桥面系受力,而桥面系为局部受力构件不参与结构整体受力。这种结构由于拱和墩连接处为刚结点,属刚架结构,又有系杆,故称之为刚架系杆拱。

由于其系杆索刚度与拱梁组合体系中的系梁刚度相比小很多,特别对于大跨径桥梁,系杆索拉力增量将使其产生很大的变形,而拱肋、系杆索和墩柱固结在一起,根据位移变形协调条件,拱的水平推力增量主要由桥墩和拱肋自身承受,因而考虑系杆索变形后刚架系杆拱是有推力的结构。因此,刚架系杆拱是介于有推力拱与无推力拱之间、偏向无推力拱的一种结构,也就是部分推力拱。此外,应该指出,系杆索承担活载水平推力很小,应力幅很小,疲劳问题并不突出,可以将其看成预应力体外索。本章第六节以广东东莞水道大桥对刚架系杆拱桥的水平推力和系杆索受力进行了相关分析,有助于对这一问题的直观认识。

刚架系杆拱有下承式和中承式,本节介绍下承式,中承式在下一节介绍。

二、下承式刚架系杆拱发展概况

我国建成的第一座钢管混凝土拱桥——四川旺苍东河大桥即为下承式刚架系杆拱桥。图 2-57 反映了这种桥型跨径随时间的发展情况。常见的跨径范围为 $80 \sim 150\text{m}$,在统计的 41 座桥梁中有 32 座在此范围内,占 78%。

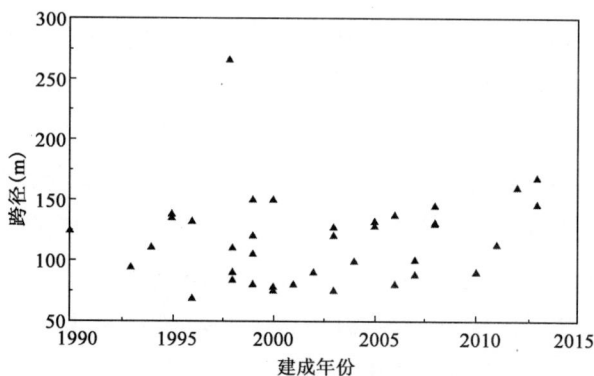

图 2-57 下承式刚架系杆拱桥跨径随时间的发展

下承式刚架系杆拱桥是一种自平衡的桥梁,与连续梁、连续刚构和斜拉桥相比,不需要副跨,又能有较大的跨越能力,因此在跨越铁路、公路时,具有很强的竞争力。河南安阳文峰路立交桥、江苏无锡锡宜高速公路跨京沪铁路大桥、山东济南东站立交桥、广东深圳彩虹（北站）大桥等跨铁路桥梁均选用了这种桥型。

由本章第一节可知，在本次统计的已知桥型的413座钢管混凝土拱桥中，下承式刚架系杆拱桥有40座，占总数的9.6%，应用数量在5种主要桥型中列第五位。部分有代表性的桥梁，如1990年建成的跨径115m的四川旺苍东河大桥、1995年建成的跨径135m的河南安阳文峰路立交桥（采用竖转＋平转法施工）、2000年建成的跨径150m的广东深圳彩虹（北站）大桥（组合桥面系、钢管约束混凝土桥墩）和同年建成的跨径280m的湖北武汉晴川大桥（汉江三桥）（同类桥梁中跨径最大）、2003年建成的主跨127m的甘肃兰州雁滩黄河大桥（三跨）等。

三、构造特点

（一）主拱

下承式刚架系杆拱的拱肋与其他拱的结构相似，截面以哑铃形与桁式为主。

由于拱肋承受着沿跨径方向近似均布的荷载，因此其拱轴线的线形选择应该是二次抛物线或拱轴系数较低的悬链线。在统计的桥例中，拱轴线采用二次抛物线的有16座，采用悬链线的有21座（有2/3桥梁的拱轴系数在1.05～1.2之间，最大的拱轴系数为1.756）。

矢跨比采用最多的是1/5，有30座；采用1/4的有3座，采用1/6、1/4.5的各有两座。下承式刚架系杆拱桥由于受桥面净空高度所限，不能布置太多的横撑，选择合理的矢跨比将给全桥的整体稳定性、经济性带来益处。

（二）桥墩及其基础

下承式刚架系杆拱桥大多采用单柱墩，构造简洁，有利施工；但也有个别桥梁采用了空心薄壁门式墩，比较适宜拱肋中心间距不大的桥梁，如河南安阳文峰路立交桥、福建泉州百崎湖大桥，但是空心薄壁门式墩体积较大，占地宽，拱座处易开裂。

与拱梁组合桥一样，下承式刚架系杆拱也需要强大的端横梁为拱肋扭转变形提供约束，同时端横梁还要为主跨内的桥面板、引桥上部结构提供支撑。拱墩固结点处拱肋、端横梁、系杆索、桥墩墩柱汇聚在一起，是这种结构的一个大节点，构造与受力均复杂。图2-58和图2-59所示分别为福建安溪兰溪大桥和广东广州解放大桥的拱墩固结点，第三章第六节还介绍了其他几座下承式刚架系杆拱桥的桥墩，及广东深圳彩虹（北站）大桥的拱墩固结点构造。

在系杆索预应力作用下拱墩固结点中将产生与系杆索方向大致垂直的主拉应力，在墩柱中背离主跨一侧也将可能产生较大的拉应力，这两者均可能导致混凝土开裂。有些桥在桥墩中配置了竖向预应力束，如广东广州解放大桥、深圳芙蓉大桥。预应力束下端自锚于桩基上部或承台内，上端锚固于墩帽顶，布索曲线尽可能与主拉应力迹线相同。

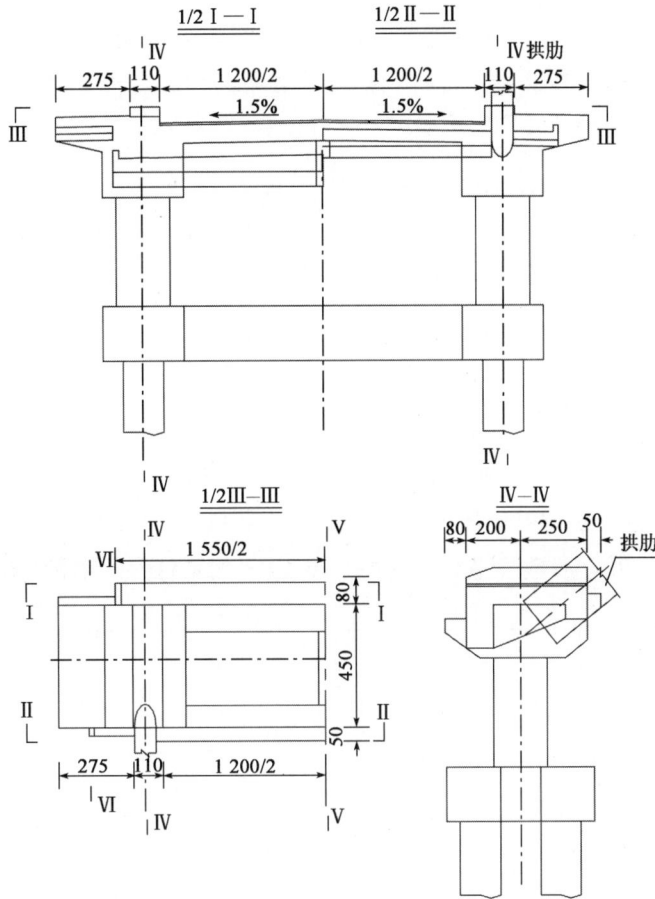

图 2-58 福建安溪兰溪大桥拱墩固结点构造(尺寸单位:cm)

图 2-59 广东广州解放大桥拱墩固结点

甘肃兰州雁滩黄河大桥、广东深圳彩虹(北站)大桥则采用了钢管约束混凝土桥墩,不仅有利于抗震,也能有效地提高桥墩的抗裂性能。

下承式刚架系杆拱主要应用于平原地质不良地区,基础大部分为钻孔灌注桩。在施工过程和桥梁使用期间,桥墩与基础均要承受一定的水平推力,且为避免系杆索破断而产生严重事故，这类桥梁的基础抗推刚度一般较大，桩的数量也相对较多。如果将拱梁组合桥与简支梁相比，刚架系杆拱与连续刚构相比，可以发现，拱梁组合桥对基础的要求与简支梁基本相同，然而，刚架系杆拱与连续刚构则相反。连续刚构桥一般希望基础抗推、抗弯刚度小些，以使上部结构接近于连续梁的受力，减小下部结构的受力与结构费用，但刚架系杆拱（包括下承式单跨、多跨和中承式）虽有系杆索的主动力平衡拱的水平推力（主要是恒载的水平推力），但在活载增量下其仍为有推力结构，加上对系杆索安全性的考虑，一般希望基础的抗推刚度大些，因此其桩基要比拱梁组合桥和连续刚构的数量大许多。从第四章的强健性设计分析可知，刚架系杆拱的桩基础也需要采用较大的抗推刚度和安全储备。

（三）系杆索

系杆索是承担刚架系杆拱在荷载作用下拱产生的大部分水平推力的重要构件，直接影响桥梁的使用与安全性。图 2-60 所示为下承式刚架系杆拱每片拱肋下当系杆索采用 $\phi^j15.24mm$ 钢绞线时，其索股数与主跨径的关系曲线，显然系杆索的用量与跨径成正比。

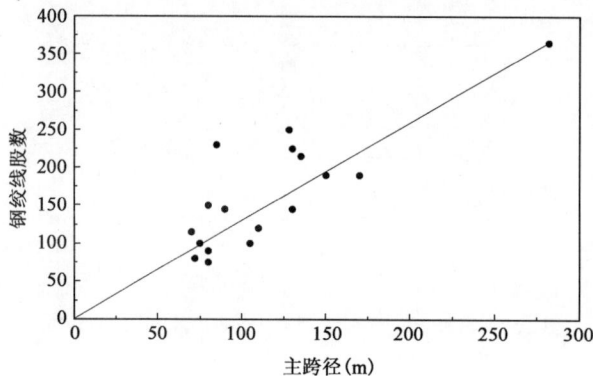

图 2-60 下承式刚架系杆拱系杆索钢绞线股数与跨径的关系

系杆索容易因腐蚀引发破坏是这类桥梁的主要病害，已有多座桥梁在施工和使用过程中出现了系杆索破断的问题，因此其安全问题已引起工程界的广泛关注。为提高桥梁的使用寿命，近年来系杆索设计时其可检查、可更换以及使用过程的养护受到高度的重视。GB 50923—2013第7.4.1条以强制性条文对此进行了相应的规定，详见第三章第四节的介绍。

（四）多跨结构

下承式刚架系杆拱桥一般为单跨［图 2-61a）］，但也有两跨［图 2-61b）］或三跨［图2-61c）］的。统计的40座桥梁中，已知有6座为多跨，其中广东东莞鸿福路大桥、四川南充下中坝嘉陵江大桥等两座为两跨式，甘肃兰州雁滩黄河大桥、广东深圳芙蓉大桥等4座为三跨式。

GB 50923—2013 第 7.1.4 条规定,"下承式多跨连续刚架系杆拱的系杆宜各跨独立锚固"。该条文规定,主要是为了防止多孔拱桥的连拱破坏,也有利于避免相邻拱跨施工的相互干扰。

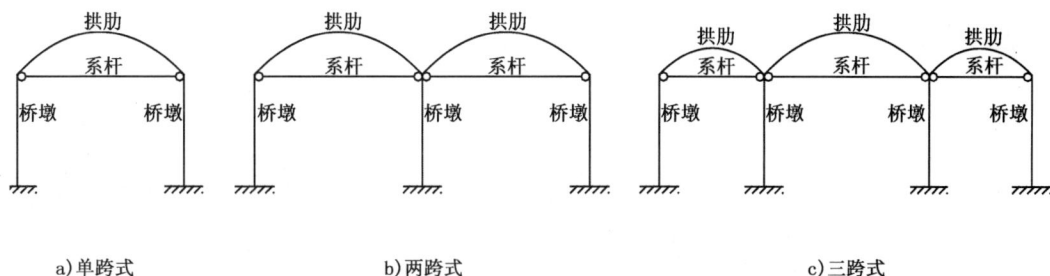

图 2-61 下承式刚架系杆拱桥结构形式

在跨径布置上,由于各跨均有平衡本跨推力的系杆索,拱的连拱作用大大减小,因此,这种桥型边拱、主拱可以选择适当的跨径与矢高,使边跨、中跨的比值在黄金分割率附近,让全桥的造型协调美观。在前述统计的 4 座三跨桥梁中,边跨与中跨跨径比值均在 0.65 附近,边跨、主跨矢高的比值在 0.65 ~ 0.75 之间。在结构构造方面,中墩的构造较之单跨桥的桥墩或多跨桥的边墩更为复杂,中墩不仅有两头的拱脚锚固构造,还有系杆索的交叉锚固构造。

四、施工方法

钢管混凝土刚架系杆拱桥在系杆索张拉前的水平推力由拱和下部结构承担。因水平位移对拱受力有较大的不利影响,通常要求下部结构有较大的抗推刚度、承受大部分的水平推力。由于先期架设的空钢管拱的自重较轻,水平推力较小,下部结构也容易具备承受水平推力的能力。但此后加上的恒载,如横梁、纵梁、桥面铺装等自重,应由系杆索承受。也就是说系杆索应随着上部结构的施工逐步张拉。在实际的施工过程中,系杆索的张拉以控制墩顶的水平位移为主,并参考设计提供的系杆索张拉力和伸长量,随着恒载的不断增加逐步张拉。

刚架系杆拱桥可以像固定拱一样采用无支架施工,施工难度较之拱梁组合结构的小。已知施工方法的桥梁中,拱肋架设采用悬臂法的有 17 座,采用转体法的有 3 座,采用支架法的有 9 座,无支架施工占了主导地位。拱肋施工方法还可根据桥位处实际条件选择其他方法,如广东广州解放大桥和江苏无锡锡宜高速公路京杭运河大桥采用浮船整体吊装拱肋,福建莆田阔口大桥采用水上浮托架设拱肋。

下承式刚架系杆拱桥施工中,拱肋的架设和系杆索的张拉是成桥的关键技术。如果是多跨桥,系杆索的张拉过程则比较复杂。

此外，对于大跨、宽桥，桥面纵坡会使系杆索较难在横梁架设之前安装，因而在横梁架设之前的恒载水平推力要靠桥墩来抵抗。对于宽桥，横梁的自重在桥梁恒载中所占比重很大，尤其是混凝土横梁，这就使得桥梁基础工程量急增，未能充分发挥这类桥型对下部结构要求低的优势。如何解决这一问题，是这一桥型应用与发展的关键技术之一。

五、桥例介绍

（一）四川旺苍东河大桥

旺苍东河大桥位于四川北部的旺苍县城郊，跨越东河。主桥全长 244.03m，桥面净宽为净—7m + 2 × 3m 人行道，全宽为 15.00m。设计荷载为汽—20 级，挂—100，人群荷载 3kN/m²。该桥主跨为下承式钢管混凝土刚架系杆拱桥，跨径 115m。下部构造 3 号、4 号墩为钻孔灌注桩，其余为明挖扩大基础。主墩（2 号、3 号）为 ϕ2.50m 双圆柱墩，其余墩为 ϕ1.20m 双圆柱墩。大桥总体布置如图 2-62 所示。

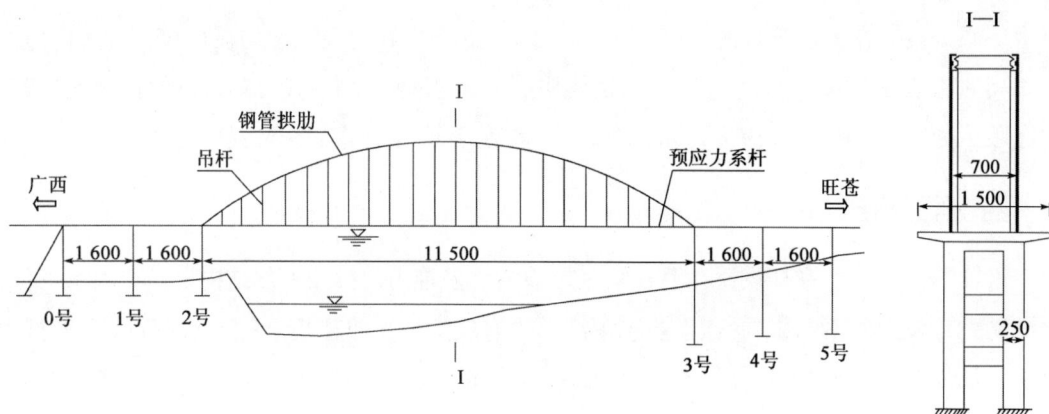

图 2-62　旺苍东河大桥总体布置图（尺寸单位：cm）

拱肋采用悬链拱轴线，拱轴系数 $m = 1.347$，矢跨比 1/6。两根拱肋为等截面哑铃形，由两根 A3 钢卷制的 ϕ800mm × 10mm 钢管和腹板组成，钢管及腹腔内浇注 C30 混凝土，截面高 2.0m。两拱肋间设置横撑 8 道，采用 A3 钢卷制的 ϕ800mm × 10mm 空钢管。

桥面系为悬吊结构。由锚入拱圈下管的 44 对 ϕ^j32mm 精轧螺纹钢吊杆，悬吊 22 根长 15m 的预制钢筋混凝土横梁。每根横梁两侧设牛腿 9 对，分别支承车道纵梁 7 根和加劲纵梁 2 根，人行道板搁置在横梁的两翼上。

系杆索为 22 束 24ϕ^j5mm 钢丝束，恒载加完、张拉到位后用混凝土加浆封闭。为防止系杆索锚固区开裂，还在墩柱靠岸边一侧的半圆内一定高度处设置 22 束 24ϕ^j5mm 无黏结竖向预应力高强钢筋束。

钢管拱肋采用缆索吊装，斜拉悬臂架设合龙，每肋分为 5 段，每段长约 25m，质量约 13t。

大桥于 1990 年建成。图 2-63 为成桥图。尽管从今天的技术来看,该桥的吊索、系杆索耐久性设计,桥面系的强健性等方面存在着一些不足之处,然而这毕竟是我国第一座钢管混凝土拱桥。本版仍在这里对其进行简要的介绍,更着重于其在我国桥梁史上的意义。该桥的详细资料参见《实例集一》[77]第二章。

图 2-63　旺苍东河大桥

(二)广东深圳彩虹(北站)大桥

深圳彩虹(北站)大桥为跨越深圳火车北站的城市跨线桥,要求跨径不小于 150m。场地原始地貌为坡洪积、冲洪积台地及湖区;场地稳定性好,无不良地质条件。大桥采用主跨 150m 的下承式刚架系杆拱。主拱矢跨比 1/4.5,悬链拱轴线,拱轴系数 1.167。桥面宽 23.5m(拱脚处宽 28m)。设计荷载为汽—超 20 级,挂—120,人群荷载 4.5kN/m²,桥下按电气化列车运营要求预留净空,不小于 7.2m。桥面纵坡 0.25%,横坡为双向 1.5%,抗震按Ⅷ度设防。大桥的总体布置如图 2-64 所示。

主拱肋为桁肋,由 4 根上、下弦钢管(ϕ750mm×12mm)和上下平联(ϕ400mm×10mm)、腹杆(ϕ245mm×10mm)焊接成四肢桁式截面,截面高 3.0m,宽 2.0m。在拱脚实腹段取消了上下平联与腹杆,用钢板连接 4 根钢管弦杆。上、下弦钢管和拱脚实腹腔内泵送 C50 微膨胀混凝土。两片拱肋的横向中心距为 18.5m。全桥设两道 K 形横撑、4 道一字形横撑。横撑由弦管(ϕ500mm×10mm)和腹杆(ϕ299mm×8mm)组成钢管桁式结构。

全桥共设 17 对吊杆,相邻两吊点中心距 8.0m。每点吊杆为双吊杆,其中心距为 48cm。吊杆为挤包双层大节距扭绞型拉索,每根由 61 根 ϕ7mm 镀锌高强度低松弛预应力钢丝组成,钢丝的标准强度 R_y^b = 1 670MPa。每片拱肋的水平系杆索为 16 根高强低松弛预应力钢绞线束,每根钢束由 12 根 7ϕ5mm 钢绞线组成,钢绞线标准强度 R_y^b = 1 860MPa。系杆钢束设置在拱肋下防撞护栏外侧,在拱脚处穿过拱肋,锚固于帽梁的外侧。系杆锚具采用 OVM15-12 型。系杆钢绞线束防护同吊杆钢丝束,采用高密度聚乙烯双护层。桥面系采用预应力钢箱—混凝土组合梁。

为适应钢管拱主拱间距的要求,主桥桥墩采用整体承台上中心间距为 18.5m 的两个等截面圆形墩身。墩身为钢管约束混凝土柱,如图 1-56 所示。墩身直径 2.8m,接近墩顶处变化到 3.4m,两个墩身用箱形帽梁连接。基础为 ϕ3.0m 钻孔灌注桩,桩顶设有横向系梁。

深圳彩虹(北站)大桥拱肋吊装采用缆索吊装,斜拉扣挂悬臂法架设,共分 7 节进行吊装。大桥于 1998 年 11 月开工,2000 年 3 月竣工通车。建成后的主桥如图 2-65 所示。该桥的详细资料参见《实例集一》[77]第七章。

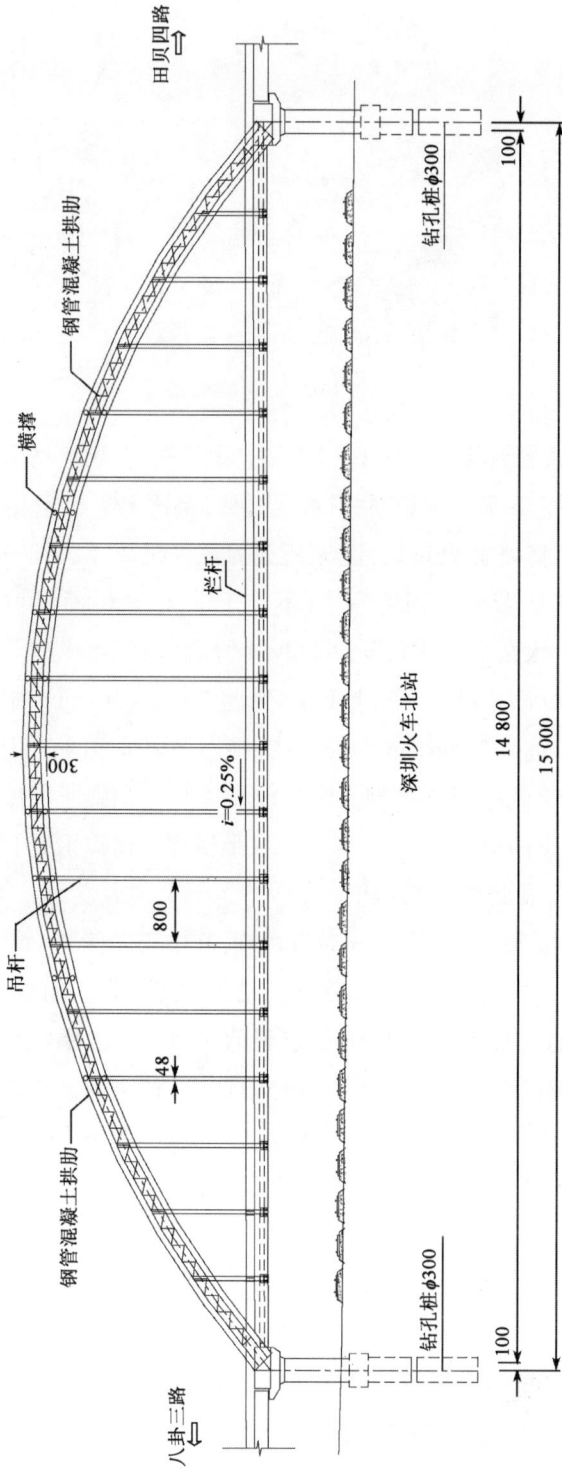

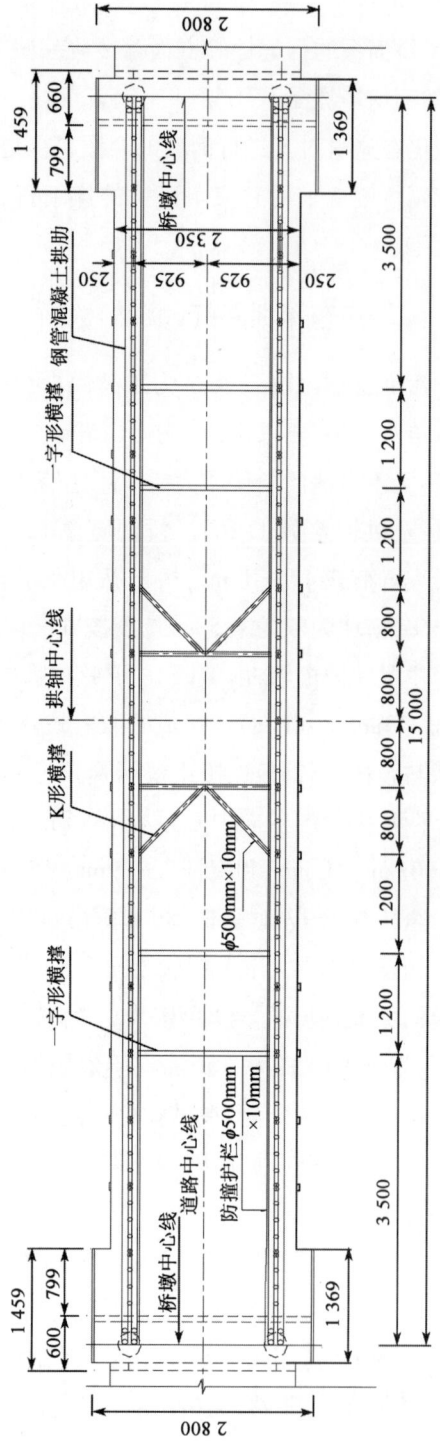

图 2-64 深圳彩虹（北站）大桥总体布置图（尺寸单位：cm）

(三)甘肃兰州雁滩黄河大桥

兰州雁滩黄河大桥是连接雁滩地区和盐场堡地区的城市桥梁。大桥全长 791m,其中西引桥长 50m,为钢筋混凝土连续梁桥。主桥长 301m,为 85m + 127m + 85m 三跨连续钢管混凝土下承式刚架系杆拱桥(图 2-66),中孔矢高 25.4m,边孔矢高 17.0m,矢跨比 1/5,拱轴线为二次抛物线。桥面宽 31.0m,双向四车道,设计荷载汽—超 20 级,挂—120,人群荷载 3.5kN/m^2。

图 2-65　深圳彩虹(北站)大桥

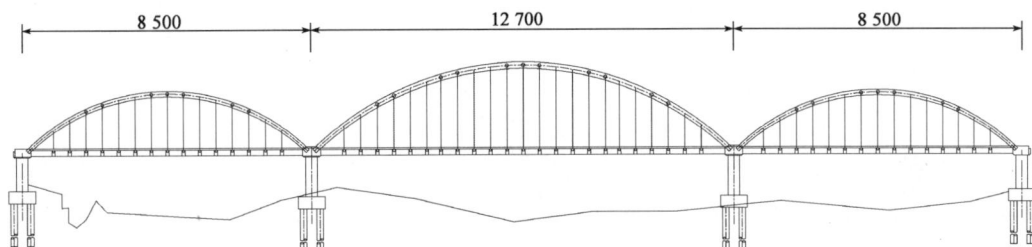

图 2-66　兰州雁滩黄河大桥主桥总体布置图(尺寸单位:cm)

拱肋采用哑铃形断面,中拱肋高 3m,上、下弦管采用 $\phi1\,200$mm × 14mm 钢管,缀板为壁厚 14mm 的钢板,两缀板间距 60cm;边拱肋高 2.5m,上、下弦管采用 $\phi1\,000$mm × 14mm 钢管,缀板为壁厚 14mm 的钢板,两缀板间距为 50cm。拱肋上、下弦钢管内均填充 C50 微膨胀混凝土。每片拱肋用横撑连接,中孔设 5 道横撑,拱顶设 1 道米字撑,两边各两道 K 撑;边孔设 3 道横撑,拱顶 1 道米字撑,两边各 1 道 K 撑。

全桥共设 53 对吊杆(中孔 23 对,边孔各 15 对),吊杆间距 5.0m。吊杆由 109ϕ7mm 高强低松弛镀锌钢丝构成。系杆索设计成可更换索,每束由 19ϕ^j15.24mm 的高强低松弛钢绞线构成。全桥系杆共 56 束钢绞线(中孔 24 束,边孔各 16 束)。

横梁为预应力混凝土箱梁,采用预制吊装法施工,并采用了钢管桁架作为加劲纵梁,详见第三章第三节介绍。

兰州市属于Ⅷ度地震区,抗震设防也是本桥的重点。与深圳彩虹(北站)大桥相似,桥墩采用钢管约束混凝土柱,以提高抗震性能,如图 1-57 所示。双柱式桥墩单柱直径 3.5m,墩高 10~12m。外套的钢管壁厚 20mm,同时兼作施工时的钢模板。桥墩基础为桩基础,直径为 2.0m,桩长 40m,按嵌岩桩设计。桩基护筒采用壁厚 14mm 的钢护筒,护筒长度在 10~12m 之间,护筒底伸入基岩不少于 50cm。护筒不回收,作为桩基抗震能力的储备。

大桥于 2001 年 1 月 21 日开工,2003 年 12 月竣工。建成后的主桥如图 2-67 所示。该桥的详细资料参见《实例集二》[79] 第八章。

图 2-67　兰州雁滩黄河大桥

第六节　飞鸟式拱桥

一、发展概况

钢管混凝土飞鸟式拱桥为多跨桥梁结构,两边跨为半跨悬臂上承式拱,主跨为中承式拱,通过锚固于两边跨端部的拉索来平衡主跨大部分水平推力,也称自平衡式或自锚式拱桥。主跨一般为一跨,与两个边跨构成三跨连续结构,如图 2-5c)所示。与多跨拱梁组合悬臂拱桥(图 2-4)相比,用无抗弯能力的系杆索代替系杆,系杆索只受拉,不参与受弯;主拱与桥墩为固结,不设支座,桥墩需承担部分的水平推力。钢管混凝土飞鸟式拱桥与下承式刚架系杆拱桥的受力特点相近,也属于部分推力拱。

图 2-68 给出了飞鸟式拱主跨径随时间的发展。在统计的 46 座桥梁中,只有 9 座主拱跨径在 100m 以内,27 座跨径在 100 ~ 200m 范围内,10 座跨径大于 200m,跨径不小于 100m 的占了 80% 。平均跨径为 146.5m,仅次于上承式的 209.6m,略高于中承式的 141.7m,是 5 种主要桥型中具有较大跨越能力的桥型之一。

飞鸟式拱通过张拉系杆索平衡主拱所产生的大部分水平推力,大大降低了平原或软基地区拱桥的下部结构工程量与造价。同时,这种桥型造型美观,受到人们的喜爱。从图 2-68 可以看出,该桥型的跨径随着时间呈现出增大的趋势。

1995 年建成的广东南海三山西大桥是第一座钢管混凝土飞鸟式拱桥,跨径组合为45m + 200m + 45m。一些具有代表性的桥梁有:1996 年建成的湖北三峡莲沱大桥,跨径组合为48.3m + 114m + 48.3mm,采用竖转法施工;2000 年建成的湖北武汉长丰大桥(汉江五桥),跨径组合为 60.5m + 251m + 60.5m,斜拉吊挂悬臂施工;2001 年建成的江苏徐州连徐路京杭运河大桥,跨径组合为 57.5m + 235m + 57.5m,竖转法施工;2000 年建成的广东广州丫髻沙大桥,跨径组合为76m+360m+76m,这座桥把这一桥型,也可以说把钢管混凝土拱桥的跨径推上了一个新台阶,该桥采用的竖转+平转的施工方法也极具特色与创新;2006年建成的湖南益阳茅草街大桥,跨径组合为80m+368m+80m,是目前这一桥型的跨径纪录。正在设计之中的另一座四川合江长江大桥,主跨径为507m,建成后将刷新钢管混凝土飞鸟式拱桥的跨径纪录,也将是第二座跨径超过500m的钢管混凝土拱桥。此外,还有一些多主跨的飞鸟式拱桥也具有代表性,将在下面介绍。

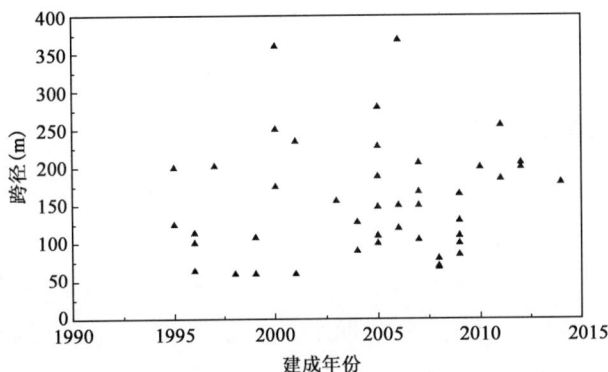

图2-68　飞鸟式拱主跨径随时间的发展

二、结构受力特点与总体设计

飞鸟式拱桥与前一节的下承式刚架系杆拱桥一样,也是外部超静定结构,包括主跨、边跨、系杆索、桥墩及基础四大组成部分,各部分相互影响,结构设计参数众多、受力复杂,总体设计的关键是使这四个组成部分形成有机的、受力合理的结构,这就需要对结构的受力特点有所了解。

(一)结构受力特点

飞鸟式拱桥的跨径一般较大,恒载在总荷载中占相当大的比重,是设计中需要考虑的主要荷载,同时由于恒载的分布接近均布,也使得简化分析易于实现。本节将介绍飞鸟式拱桥在恒载作用下总体受力的简化分析,这在桥梁总体设计和初步设计时非常有用[104]。

恒载作用下,系杆索拉力为主拱的推力与地基土水平抗力之和(差),初步设计时,为了估算系杆索拉力,定出系杆索所需的面积,可假定拱脚处的水平位移为零,这时地基土水平抗力为零。因此,系杆索拉力等于主拱的水平推力。求恒载作用下的水平推力 T 时,可将主拱简化为三铰拱[图2-69a)],系杆索拉力估算见式(2-2)。

$$T_1 = \frac{g_1 \cdot L_1^2}{8f_1} \tag{2-2}$$

式中:T_1——系杆索拉力;

g_1——主拱恒载集度；

L_1——主跨跨径；

f_1——主拱矢高。

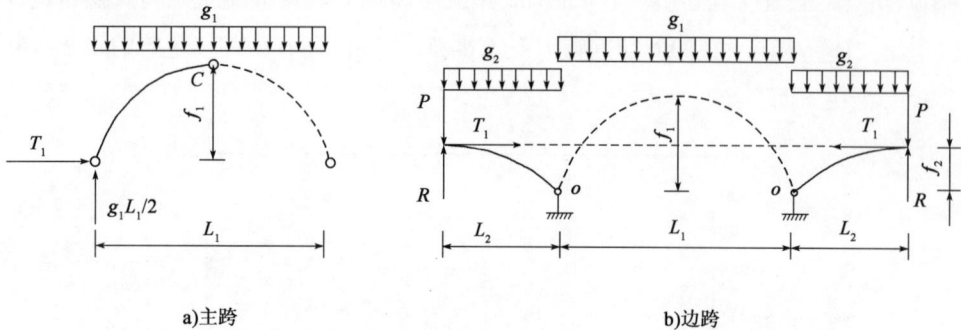

a)主跨　　　　　　　　　　　b)边跨

图2-69　飞鸟式拱恒载作用下结构受力简化分析示意图

　　边拱的受力行为在恒载作用下应为半拱，才能最大限度地减小边拱肋的弯矩，从而避免其因弯拉应力太大而导致混凝土开裂。边拱肋所受恒载的作用力包括：边拱恒载 g_2L_2、端横梁压重 P、边墩支反力 R 及系杆索拉力 T_1。其中端横梁压重往往与边墩支反力互相抵消（支反力太大时，边拱恒载也有一部分参与抵消支反力），以避免发生边拱端部由于温降太大所引起的上抬。在边跨恒载和水平系杆索拉力的作用下，拱脚的弯矩最大，边拱脚下缘混凝土容易开裂。为使边拱受力合理，令边拱脚的弯矩为零，这样边拱的受力就与一个半跨三铰拱的受力相同，如图2-69b)所示，边拱脚弯矩平衡式见式(2-3)。

$$\Delta M_o = T_1 \cdot f_2 - \frac{g_2 \cdot L_2^2}{2} = 0 \tag{2-3}$$

式中：ΔM_o——边拱脚弯矩；

　　　L_2——边跨跨径；

　　　f_2——边拱矢高；

　　　g_2——边拱恒载集度；

其他符号意义同前。

将式(2-2)代入式(2-3)可得式(2-4)。

$$\frac{g_1 \cdot L_1^2}{8f_1} \cdot f_2 - \frac{g_2 \cdot L_2^2}{2} = 0 \tag{2-4}$$

　　式(2-4)给出了三跨飞鸟式拱在恒载作用下，结构总体受力简化计算的基本平衡方程。在这个方程中，主要变量有主跨跨径 L_1、边跨跨径 L_2、主跨矢高 f_1、边跨矢高 f_2、主拱恒载集度 g_1、边拱恒载集度 g_2。在初步设计时，可根据工程经验与已建桥梁的资料，确定某些变量，然后应用式(2-4)确定另一些变量。显然，由于飞鸟式拱的结构较为复杂，影响参数多，比一般拱桥的结构拟定要复杂、更需要经验,也显得更为重要。

文献[105]以广东东莞水道大桥(见本节桥例介绍)为例,对其受力情况进行了分析。该桥中跨跨径 271.5m,矢高 54.3m,恒载集度 $g_1 = 266\text{kN/m}$,将这些参数代入式(2-2)估算得一根系杆索(单片拱肋)所需张力 T_1 为 $4.51 \times 10^4\text{kN}$。空间有限元计算的系杆索拉力为 $4.44 \times 10^4\text{kN}$。由此可见,用式(2-2)估算系杆索在恒载作用下的张力是可行的。

应该指出的是,活载作用下拱的水平推力由拱、桥墩和系杆索共同承担,由于系杆索抗拉刚度很小,所以水平力主要由拱和墩承担,这对于拱和墩的受力极为不利。为此,一般设计时均考虑系杆索拉力中除了恒载产生的水平推力外,还加上一半活载作用下拱所产生的水平推力。这样,式(2-2)所估算的系杆索拉力还不能直接作为设计的系杆索拉力。以东莞水道大桥为例,该桥的设计系杆索拉力是 $6.1 \times 10^4\text{kN}$,比前述估算的系杆索拉力要大 30% 左右。

东莞水道大桥的边跨计算跨径 $L_2 = 44.7\text{m}$,计算矢高 $f_2 = 9.1\text{m}$,恒载集度 $g_2 = 506.1\text{kN/m}$。把边跨参数和估算的系杆索拉力 T 代入式(2-3)的左边,可得 $\Delta M_0 = -9.6 \times 10^4\text{kN} \cdot \text{m}$,说明拱脚有负弯矩产生,但此时的拱脚负弯矩比边跨作为悬臂曲梁要小很多,仅为悬臂梁弯矩 $5.06 \times 10^5\text{kN} \cdot \text{m}$ 的 19%。

上述计算是在边拱端横梁与边墩支反力相等的假定下给出的,实际上边跨的恒载自重也有一部分由边墩承担,由此边跨自重在拱脚所产生的负弯矩要小于作为悬臂梁所产生的负弯矩 $(g_2 L_2^2)/2$,因此实际的边墩拱脚负弯矩要比式(2-3)计算出来的还要小。换言之,应用式(2-3)作为初步设计中的参数估算是可行的。

在飞鸟式拱桥中,主拱产生的水平推力由系杆索、桩基础与主拱自身承担。本节以东莞水道大桥为例,对其有限元计算结果进行分析。

东莞水道大桥设计施加的系杆索拉力为 $6.10 \times 10^4\text{kN}$,是主动力。这个力除平衡主拱恒载产生的水平推力 $4.44 \times 10^4\text{kN}$ 外,还对结构储备了向着主拱方向的水平力,此时每边桩基有朝主拱方向的水平力 $0.83 \times 10^4\text{kN}$。活载作用时主拱产生的水平力,一部分由这个储备的水平力平衡,余下的由桩基和系杆索(作为构件)来承担。对于水平推力最大的工况,桩基所承担(背离主拱方向)的水平力为 $0.40 \times 10^4\text{kN}$,小于桩基朝主拱的最大水平推力 $0.83 \times 10^4\text{kN}$,所以设计时应以后者为控制荷载。若取消系杆索及系杆索拉力,恒载作用下东莞水道大桥的桩基水平力为 $3.70 \times 10^4\text{kN}$,是有系杆索(张拉力)时的 3.97 倍。显然,系杆索的张拉力使桩基所受的水平推力极大地降低,使这种桥型在地质条件较差的地区的应用成为可能。

活载作用下系杆索作为构件也参与承担主拱水平推力。然而,由于其抗拉刚度远小于墩的抗推刚度,所以系杆索只承担很小部分的水平力。对于东莞水道大桥,在活载水平推力最大的工况下所承担的水平推力为 $0.02 \times 10^4\text{kN}$(被动力),仅为其张拉力 $6.10 \times 10^4\text{kN}$ 的 0.33%,可以忽略不计,因此,系杆索的水平力只需计张拉力。同时,由于系杆索的作用主要是以主动的张拉力来平衡恒载的水平力,所以其与吊杆或斜拉桥中的拉索受力有很大的不同,通常把系杆索看成预应力体外索,而不考虑其疲劳问题。

(二)总体设计原则

飞鸟式拱总体结构设计时,有3个问题或称3个原则需要引起注意:

(1)系杆索拉力要足以平衡主拱的恒载水平推力,通常还稍大些。然而也不能太大,使得桥墩长期处于向主跨跨中方向的水平受推。桥墩所受水平推力应控制在合理的范围内。

(2)为平衡主拱的受力,边跨一般采用自重较重的钢筋混凝土结构。应该使其像拱结构一样以受压为主,而不是像悬臂(竖向)曲梁那样以受弯为主,以防止钢筋混凝土边拱肋开裂。

(3)边跨端支承于边墩支座上。支座一般仅受压而不受拉,因此应保证在任何作用下不产生上拔力。换言之,该处应有足够的压力储备,能防止温降等作用下边跨端部脱离支座上升,引发伸缩装置破坏和跳车。

(三)多主跨结构

飞鸟式拱也有主跨为两跨或三跨的,与两边跨构成四跨或五跨的结构。江西南昌生米大桥为四跨式,中间两跨中承式拱为等跨,如图 2-70a)所示。江西吉安白鹭大桥[图 2-70b)]和浙江绍兴曹娥江大桥[图 2-70c)]为五跨式,前者中间三跨中承式拱为不等跨,后者中间三跨为等跨。

a)江西南昌生米大桥(四跨式)

b)江西吉安白鹭大桥(五跨式)

c)浙江绍兴曹娥江大桥(五跨式)

图 2-70 多跨飞鸟式拱桥

四跨或五跨飞鸟式拱,系杆索很长,导致作用在两边跨的系杆索拉力在平衡各跨水平推力时,传力路径很长,因而结构受力复杂,构造也不好处理。另外,这种多跨连续的飞鸟式拱,施工时由于各跨之间恒载要基本保持平衡,因此工作面很多,施工组织相当困难。因此,大部分的飞鸟式拱为三跨结构。在统计的46座桥例中,仅有6座为四跨或五跨的结构,占13%;而三跨的则有40座,占87%,是主流桥型。

(四)飞鸟式拱的退化

图2-71所示为某大桥的初步设计方案,主桥为40m+150m+40m的三跨结构,由钢管混凝土飞鸟式拱演变而来。两边跨由飞鸟式拱的半拱结构退化成钢筋混凝土变截面曲梁,在恒载和活载作用下,整个边跨,尤其是固定端将产生很大的弯矩,容易引起边跨混凝土的开裂;中拱由飞鸟式拱的中承式退化成下承式,而该方案中的系杆仍像飞鸟式拱中那样锚于两边跨端部,增加了系杆的长度。在横桥向,该桥将两拱肋内倾成提篮拱,内倾角设计为14°。该桥桥面宽达35m,显然内倾并不是因横向稳定所需,且内倾角过大将引起拱的面内极限承载力的下降。这个方案在结构受力方面不合理,导致了施工难度的增加和造价的上升。

图2-71　某退化的飞鸟式拱的设计方案效果图

方案提出者的初衷是使该桥获得较佳的造型效果。然而,从纵桥向看,由于边跨退化成曲梁,中跨退化成下承式,原有桥型的飞鸟寓意不复存在;从横桥向看,该桥是一座宽桥,将拱肋内倾更增加了桥面以上主结构的压抑感。还应该指出的是,该方案还在横撑与拱肋之间别出心裁地布设了开圆孔的薄膜结构,以期获得奇异的造型效果,殊不知,这会使得原已显得压抑的结构更加压抑。虽然薄膜是一种轻质的材料,但当车辆以较快速度驶近该桥时,拱肋与横撑间的薄膜重叠在一起将给人以极大体量的感觉。

虽然在提交方案时给出的效果图令人对该方案有一较好的印象,实际上一座桥梁的造型效果应该以人为本,从行人在两岸最经常出现的赏桥位置、车辆驾乘人员的动态视觉和乘船者的观桥角度来全面考察,并根据实际情况选择某一观桥主体效果来主导设计。该桥所提供的设计效果图(图2-71),是一种从空中俯瞰的效果,建桥之后基本无人有此机会与角度观桥,因此不能成为该桥具有美观造型的依据。

本章最后一节介绍的悬带拱,也可以看成是飞鸟式拱的退化,但其与悬带的结合,赋予结构新的形式,受力合理,且获得较好的建筑效果。此外,在附录"其他"形式桥例中,还有一些由飞鸟式拱变化而来的结构,详见相关文献。

三、结构特点

根据飞鸟式拱的受力特点和工程实践经验,GB 50923—2013 第 7.1.3 条规定,"钢管混凝土中承式刚架系杆拱桥,边跨与中跨跨径之比宜为 1/4.0 ~ 1/5.5,边跨拱肋与中跨拱肋的矢高之比宜为 1/3.5 ~ 1/4.5,边跨拱肋矢跨比与中跨拱肋矢跨比之比宜为 1/1.1 ~ 1/2.0"。本节将对上述参数进行详细的分析。

(一)总体结构的主要参数

飞鸟式拱由一孔(或一孔以上)的主拱加两端的两个半拱组成。图 2-72 和图 2-73 为飞鸟式拱桥中、边跨跨径关系和跨径比的统计,其中有 87% 的三跨飞鸟式钢管混凝土拱桥(统计桥例 39 座)边跨与中跨跨径之比分布在 1/3.0 ~ 1/5.5 之间,且有 56% 在 1/4.0 ~ 1/5.5 之间。

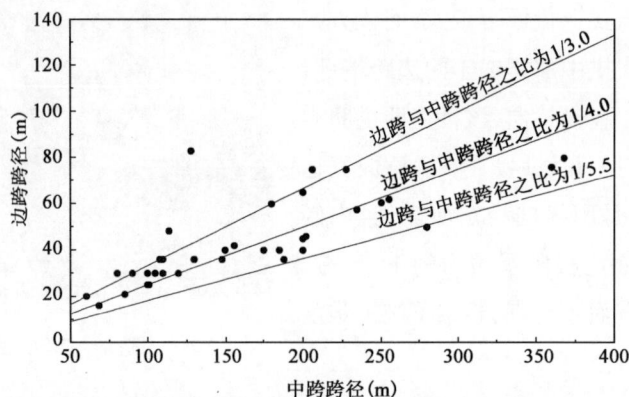

图 2-72　飞鸟式拱边跨与中跨跨径关系图

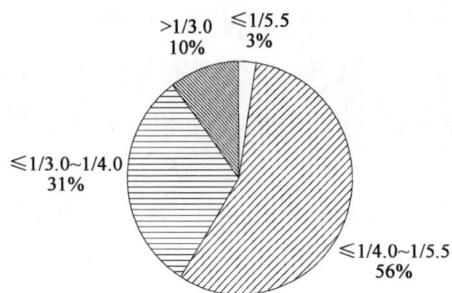

图 2-73　三跨飞鸟式拱边跨与中跨跨径之比比例图

图 2-74a)为飞鸟式拱边跨与中跨的矢高比统计情况。边跨的矢高与中跨的矢高之比(f_2/f_1)的变化范围是 1/1.75 ~ 1/10.65。统计的 39 座桥例中,大于 1/3.5 的有 4 座,1/3.5 ~ 1/4.5 的有 3 座,1/4.5 ~ 1/5.5 的有 2 座,小于 1/5.5 的有 6 座,其余 24 座不详。因此,边跨与中跨的矢高比(f_2/f_1)最常见的取值在 1/3 ~ 1/4.5。由于边跨为上承式,主跨为中承式,所以这个比值反映了中跨桥面系通过中跨拱肋高度的位置。

另外,由图 2-74b)可知,边跨的矢跨比都小于中跨的矢跨比,统计桥例的这一比值范围在 1/1.15 ~ 1/2.4,分布在 1/1.1 ~ 1/2.0 之间的比例达到 95%。

在其他参数不变时,边跨与中跨的矢高和矢跨比都呈正比关系,即边跨矢高随着中跨矢高的增大而增大,边跨矢跨比也随着中跨矢跨比的增大而增大。

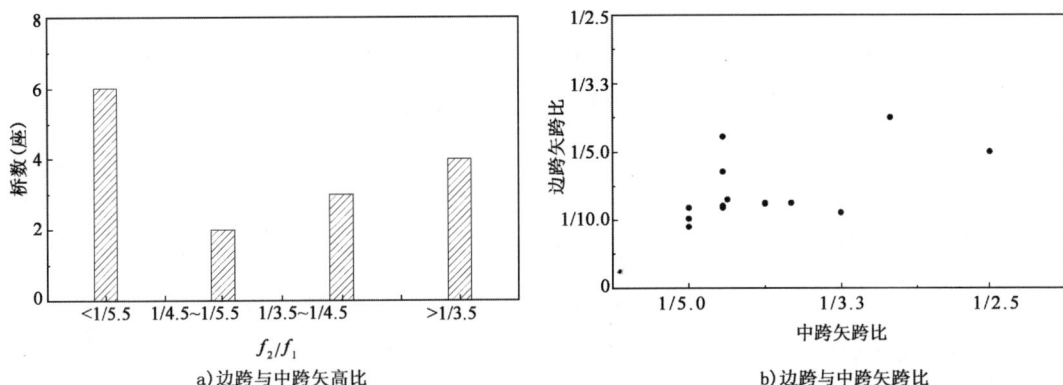

a)边跨与中跨矢高比

b)边跨与中跨矢跨比

图 2-74 飞鸟式拱边跨与中跨矢高、矢跨比关系图

　　飞鸟式拱作为一种自平衡的体系,要解决中、边跨大小跨带来的不平衡推力问题,除了边跨采用比中跨小的矢跨比之外,还有一个方法是边跨采用比中跨大的恒载集度,如中跨采用钢管混凝土拱肋,边跨采用钢筋混凝土拱肋。除了拱肋自重集度的变化外,还可以考虑桥面系的自重,如中跨采用钢—混凝土组合结构,边跨采用钢筋混凝土或预应力混凝土结构,但目前尚未见到具体的桥例,这主要涉及两种桥面结构的连接处理、刚度的匹配(中跨为中承式,大部分桥面为悬吊结构,刚度小,边跨为上承式,桥面支承在立柱上,刚度大,如果中、边跨采用不同的桥面结构将加剧桥面刚度的差距)、施工与养护难度加大等问题。此外,边跨端横梁的压重也是解决不平衡推力问题的一项重要措施。有时还将引桥主梁(板)压在端横梁上,以增加端横梁的压重。

　　飞鸟式拱边拱肋的端部实际上是落在边墩支座上的。边墩支座反力也是飞鸟式拱设计中应认真考虑的一个问题。在恒载作用下,支座上的反力如果比端横梁自重大很多,说明边拱肋及其拱上建筑的自重有很大一部分由边墩支座承担,边拱肋的受力将向曲梁靠近,其弯矩将增大;但如果支座反力太小,则边拱肋可能在温降等因素作用下上翘,引起伸缩缝的破坏、边跨桥面与结构的损坏和行车时的冲击力。因此,边墩支反力除由边拱端横梁抵消外,还要有一部分边拱自重参与压重。

　　个别桥梁在边墩顶上通过设置拉压支座来解决这一问题。但拉压支座在受力状态频繁变化中产生破坏和疲劳,桥梁设计中应避免采用。通过调整边拱肋端部的压重使其在各种受力情况下均有足够的压力储备,又使边拱肋所受弯矩最小,这样的设计才是合理的。

(二)拱肋构造

1. 主拱肋

同其他形式的钢管混凝土拱桥一样,悬链线也是飞鸟式拱主拱的主要拱轴线形。在调查的46座桥中,有26座采用悬链线,占总数的56.5%,拱轴系数 $m=1.3\sim2.0$,以1.5为多;有

12 座采用二次抛物线；另有 1 座采用圆弧拱，跨径较小；1 座采用六次抛物线；还有 6 座拱轴线形不详。

主拱拱肋截面形式多样。主跨不大于 100m 的 9 座桥中，4 座采用哑铃形，1 座采用四肢桁式，采用单圆管、方形倒圆角、竖圆端形和四肢实肋的各 1 座；主跨超过 100m 的 37 座桥中，15 座采用四肢全桁式，9 座采用横哑铃形桁式，7 座采用哑铃形，三者相加共 31 座，占总数的 84%；其他 6 座中，采用三肢桁式、六肢桁式以及箱形的各有 1 座，采用单片桁式的 2 座，另有 1 座不详。可见，在主跨小于 100m 的桥中，拱肋以哑铃形为主；在主跨大于 100m 的桥中，拱肋则以四肢桁式和横哑铃形桁式为主。主拱钢管多采用 Q345 钢；管内浇注 C40 或 C50 混凝土。

收集到的桥例所统计分析的有关主拱拱肋的几个参数与主跨跨径的关系，如图 2-75 所示。主拱拱肋截面高度比主跨跨径为 0.010 9 ~ 0.027 8；主拱管径比主跨跨径为 0.002 1 ~ 0.010 5；主拱钢管壁厚比主拱管径为 0.011 7 ~ 0.024；主拱肋间中距比主跨跨径为 1/19.1 ~ 1/3.2。这些参数基本上都随主跨跨径的增大而呈不同程度的增大趋势。

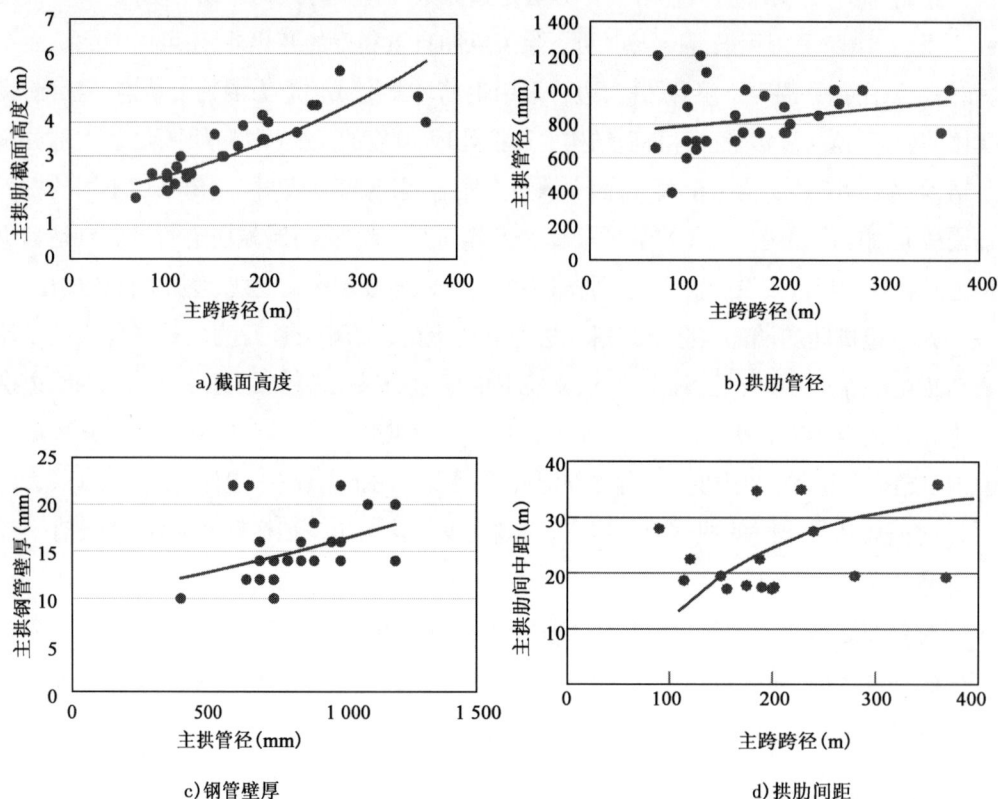

a) 截面高度

b) 拱肋管径

c) 钢管壁厚

d) 拱肋间距

图 2-75　飞鸟式拱主拱肋参数与主跨跨径关系的统计曲线

桁式主拱肋的肋宽除了考虑横向稳定和横向平联构造需要外，还需要考虑系杆索穿过所需要的空间，尽可能使系杆索全部从肋间穿过。当然由于有强大的端横梁，系杆索也可以部分布置在拱肋外侧的人行道上。

为提高桁式主拱肋的防撞能力和降低拱脚段钢管的应力,有些桁肋拱的拱脚至桥面段(如湖北武汉长丰大桥等)或拱脚至第一根吊杆段(如广东南海三山西大桥等)做成钢—混凝土实腹的箱形结构,即上、下弦管间以两块钢腹板连接形成腹腔,腹腔间浇注混凝土。有时,对可能受到船撞的拱脚段还将整个截面全部浇注混凝土,形成实心段。

飞鸟式主拱为中承式,其拱肋间横梁的设置与第三节的中承式拱相似。主拱肋之间的横向联系详见第四章的介绍。

2. 边拱肋

在收集到的46座桥例中,除湖北三峡莲沱大桥、北京潮白河大桥两座边拱肋为钢管混凝土哑铃形结构外,其余均为钢筋混凝土结构,截面多为箱形,也有个别为矩形。箱形截面效率高,是合理的截面形式。在靠近端横梁处无法设置拱上立柱,桥面横梁直接与拱肋相接,因此,这一段边拱肋常做成实体式。

实体截面施工方便,但截面效率不高,仅适用于跨径较小的桥梁。但在飞鸟式拱中,有时由于条件限制,边孔跨径太小,需要将边拱肋做成实体式,以增加其自重,达到平衡主孔恒载水平反力的目的,如广东东莞水道大桥。

边拱肋一般采用二次抛物线或悬链线线形,混凝土多采用C40、C50。当边拱肋为钢筋混凝土结构时,自身刚度较大,且有强大的端横梁,所以半跨拱肋的横向稳定性一般较好,可以根据需要设置少量的横撑。如果横撑也采用钢筋混凝土,则可考虑用一字撑,如果为钢管构造,则可采用X撑或K撑,如广东广州丫髻沙大桥。

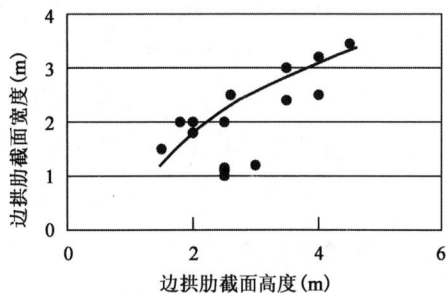

图2-76　飞鸟式拱边拱肋截面宽度—高度曲线

从图2-76和图2-77可知,边拱肋截面宽度与边拱肋截面高度的比值范围是0.4~1.11;边拱肋截面宽度与边跨跨径的比值范围是0.024 85~0.075;边拱肋间中距与边跨跨径的比值范围是0.241 3~0.933。

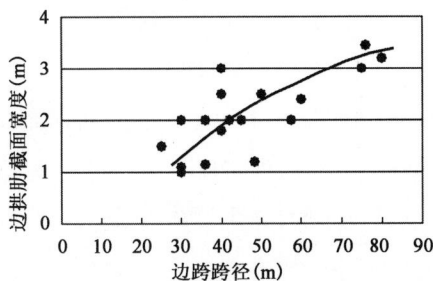

a)截面宽度

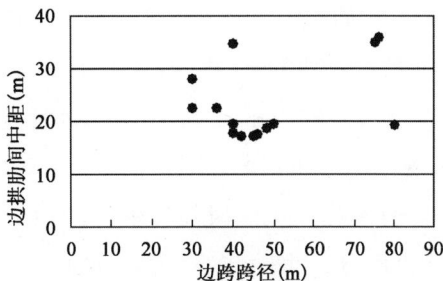

b)拱肋间中距

图2-77　飞鸟式拱边拱肋参数—边跨跨径关系曲线

（三）系杆索与下部结构

当飞鸟式拱每片拱肋下的系杆索采用 $\phi^j 15.24$mm 钢绞线时，其股数与主跨径的关系曲线如图 2-78 所示。显然，钢绞线股数与跨径成正比。

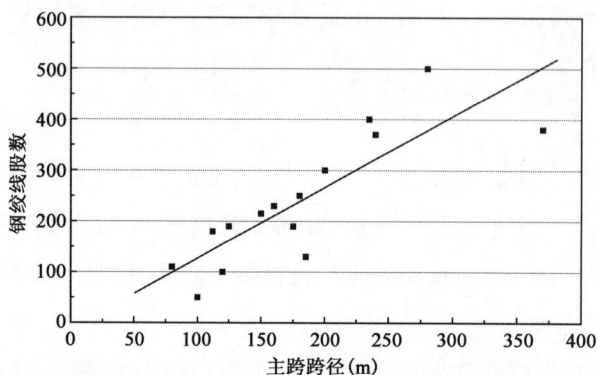

图 2-78　飞鸟式拱系杆索钢绞线股数—主跨跨径关系曲线

飞鸟式拱的主墩可采用工字形、箱式截面薄壁墩（如湖北三峡莲沱大桥）等钢筋混凝土结构。桥梁高度较低时，主墩可以没有墩身而只有承台与拱座。

虽然有系杆索的张拉力，飞鸟式拱的主墩与基础仍承受一定的水平推力，因此主墩与基础应具有较大的抗推刚度，以尽量减小拱脚水平变位在主拱内产生的附加弯矩。在总体设计中应尽可能减小不平衡水平力，避免其长期作用引起地基土的变形。边墩与一般梁桥桥墩相同，基本不承受水平力，可采用双柱式、三柱式墩身。

飞鸟式拱主要应用于平原地质不良地区，以群桩基础为主，桩基多为钻孔灌注桩，也有个别的采用钢筋混凝土打入桩或夯扩桩。

四、施工方法

与其他钢管混凝土拱桥桥型相同，飞鸟式拱钢管主拱肋安装最常用的是悬臂法和转体法。调查的 35 座桥例中 21 座采用悬臂法，5 座采用转体法（其中竖转 4 座，平竖转组合 1 座），6 座跨径较小的采用支架法，另有 3 座施工方法不详。

主拱采用悬臂法施工时，主拱座可用作扣塔塔架的基础，吊索塔架立于引桥桥墩基础上。竖转法施工时，在低矮的胎架上将工厂加工好的拱肋焊接拼装成两个半拱，由立在主拱座上的塔架伸出的扣索分别将其拉起，在空中对接合龙。平转法施工时，将主拱和边拱作为一个转动单元，边拱作为主拱半拱的平衡重，实现较为经济的无平衡重转体方案。

边拱一般为钢筋混凝土结构，常用支架法（一般为少支架）现浇施工。35 座桥例中 13 座采用支架法施工，另有 12 座施工方法不详。边拱的支架一般在主拱合龙、桥面系安装完成、系杆力基本张拉到位、支架受力很小时,方才拆除。

边拱在系杆索张拉前是一根支承在临时支架上的钢筋混凝土(竖向)曲梁,边跨现浇支架要进行超压,以防止支架沉降引起混凝土开裂。

柔性系杆索在边跨的锚固,一般是在通过边拱肋后向下弯曲,以争取锚固空间。然而在系杆索张拉时,其竖向分力会在边拱肋拱脚产生附加的正弯矩,与系杆索水平力产生的正弯矩叠加,可能造成边拱肋拱脚的下缘开裂。对于有纵坡的飞鸟式拱,系杆索张拉时还可能对立柱和吊杆产生向下的分力,在边拱肋中段产生正弯矩使拱肋下缘开裂。这也是边拱肋施工应该注意的。此外,系杆索张拉要防止绞丝现象的发生,特别是锚点附近穿过锚孔时,以免系杆索破断事故的发生。系杆索张拉是两端同时进行的,以控制张拉应力为主量测伸长量为辅的"双控"法进行施工控制。

五、桥例介绍

(一)广东南海三山西大桥

南海三山西大桥位于广东省南海市东北部,连接平洲镇及凤鸣镇(三山岛),桥址处江面宽约170m。桥位处地质较差。主桥采用45m+200m+45m的飞鸟式拱。桥面净宽为4×3.75m(主车道)+2×3m(慢车道)+2×1.5m(人行道),桥面总宽28m。设计荷载为汽—20级(快车道),汽—10级(慢车道),挂—100,人群荷载3.5kN/m²。

该桥的边墩为单排钻孔灌注桩基础,桩径1.2m,桩长最长38m,柱径1.0m,上设帽梁。边孔端梁通过板式橡胶支座支承在帽梁上。主墩(2号、3号)为双排钻孔灌注桩基础,每墩均设12φ1.5m的钻孔桩,2号墩桩长63m,3号墩平均桩长48m。双排桩上为承台和拱座。该桥总体布置如图2-79所示。

主拱肋采用悬链拱轴线,矢跨比为1/4.5,等截面横哑铃形桁式,每肋由4根φ750mm×10mm的16Mn钢管组成,内灌C40混凝土作为弦杆,上、下弦之间用φ350mm×10mm钢管作为腹杆,肋高3.5m,宽1.8m。桥面以上两肋之间设9条一字式横撑,横撑由φ500mm×12mm的4根钢管弦杆和φ350mm×10mm钢管腹杆组成空间桁架,截面高2.75m,宽2.0m,横撑布置图及桥面以上的结构见第三章第二节介绍。另设有钢筋混凝土肋间横梁。

两边半拱拱肋矢跨比为1/8.8,钢筋混凝土矩形截面,高2m,宽2m,两肋间用4条肋间横梁及两条平行横撑连接。

每肋共设25束φ^j15.2mm钢绞线为系杆索,每束长91.2m,标准强度R_y^b为1 860MPa,用OVM15-12锚具锚于两边拱的端横梁上。吊杆间距5m,每根吊杆采用144φ^j5mm平行钢筋束,两端用墩头锚,安全系数采用3,上下导管口均设置一个防震圈。

主拱肋采用分段缆索吊装、缆索悬挂方法施工,每条拱肋分17段由工厂预制。上、下游拱

a）立面图

b）平面图

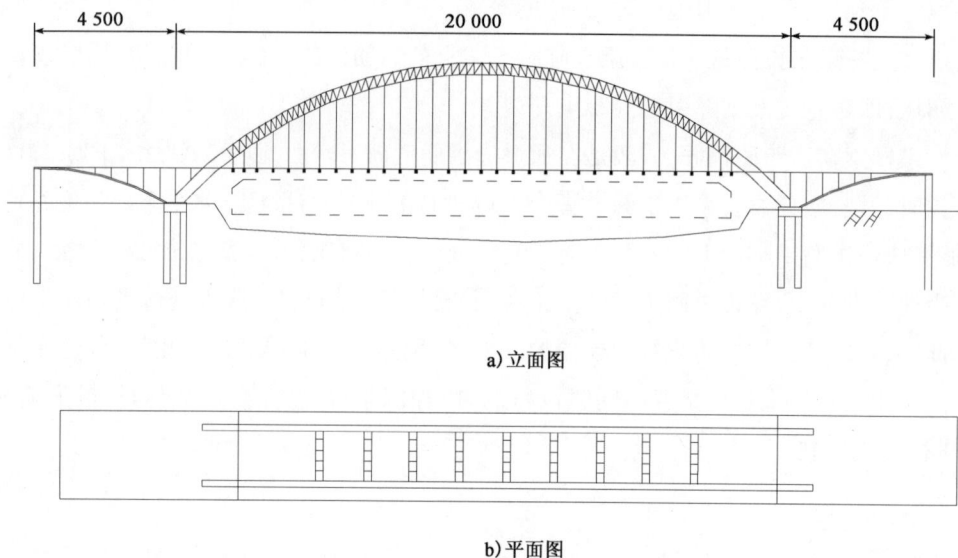

图 2-79　南海三山西大桥总体布置图（尺寸单位：cm）

肋相应节段用贝雷架临时组拼成四边形组合节段经水路运抵桥位，并立即由缆索垂直起吊安装就位，段与段间由多点螺栓定位，已安装的节段由临时吊索扣于承重主索上并逐步调整拱肋

图 2-80　南海三山西大桥

高程，如此往复，直至所有节段安装完毕，再经多次拱轴线的调整，当达到设计精度后，即可焊接每段间的接头焊缝及外包加劲钢板。拱肋吊装过程中的施工控制详见第二版第八章第二节。边跨钢筋混凝土拱肋在岸上搭支架现浇。

大桥于 1993 年 6 月开工，1995 年 8 月竣工。建成后的大桥如图 2-80 所示。详细资料见第二版第四章第六节介绍。

（二）广东东莞水道大桥

东莞水道大桥位于广东省东莞市五环路，跨越东莞水道，主桥为三跨（50m＋280m＋50m）飞鸟式钢管混凝土拱桥，上、下行分幅独立。边、主跨跨径之比为 0.178。主跨矢跨比为 1/5，边跨矢跨比为 1/9.82，边、主跨矢跨比之比为 0.51。大桥总体布置如图 2-81 所示。

主拱肋拱轴线为悬链线，拱轴系数为 1.5；计算跨径 271.5m，计算矢高 54.3m，计算矢跨比 1/5。横哑铃形桁式拱肋，高 5.5m，宽 2.5m，上、下弦管为 $\phi1\,000mm \times 16mm$ 钢管，管内浇注 C50 微膨胀混凝土，拱脚第一段钢管壁厚增至 18mm。弦管间由两块 12mm 厚的平缀板组成平联腔，管内浇注 C50 微膨胀混凝土。腹管为 $\phi500mm \times 12mm$ 空钢管。主拱肋钢材均为 Q345C 钢。拱肋从拱脚至桥面以上约 2m 为钢管混凝土实心结构，全截面用混凝土填实。主拱肋各截面形式如图 2-82 所示。拱肋之间在拱顶处设 1 道平行风撑,两边共设 12 道 K 形风撑。

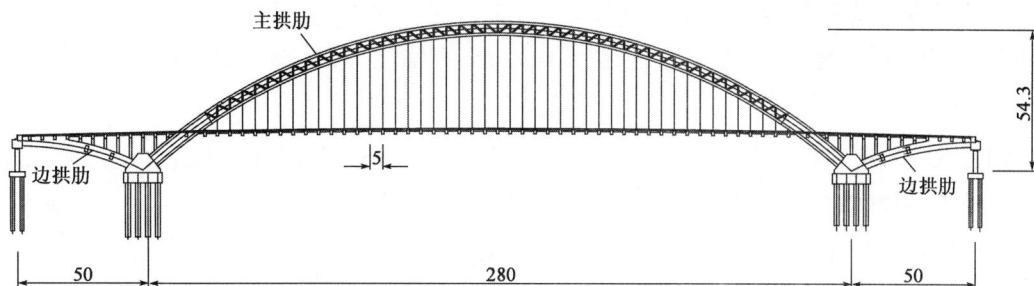

图 2-81 东莞水道大桥总体布置图(尺寸单位:m)

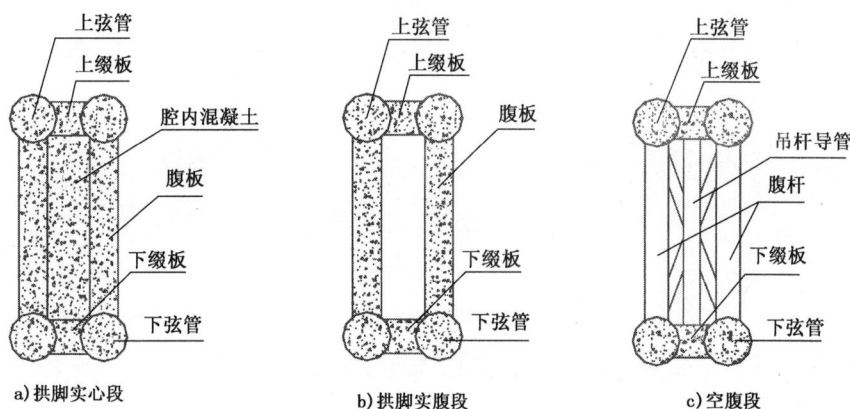

图 2-82 东莞水道大桥主拱肋截面形式

边拱为 50m 半拱,钢筋混凝土实心断面,端横梁处断面尺寸为 4.0m×3.19m(高×宽),其他位置为 4.0mm×2.5m(高×宽)。

每片拱肋系杆索采用 16 束 31ϕ^{j}15.24mm 钢绞线,标准强度 R_y^b 为 1 860MPa,PE 保护。系杆索钢束从拱肋内外两侧和拱肋中间穿过,两端锚固于边拱的端横梁上,采用可更换式专用锚具。

每幅桥各有吊杆 49 对 98 根。主拱肋间横梁和双吊杆横梁之间,吊点中心间距为 7.5m,为双吊杆结构;其余吊点中心间距均为 5m,为单吊杆结构。每根吊杆为 91ϕ7mm 镀锌高强度低松弛预应力钢丝,标准强度 R_y^b 为 1 670MPa,PE 双护层保护,上下端均采用可调式冷铸镦头锚。

桥面系由横梁、加劲纵梁和行车道板组成。加劲纵梁为矩形截面,固结于横梁。横梁有吊杆横梁和立柱横梁,均为预应力混凝土 A 类构件,箱形截面,长 26.1m,宽 0.8m,高 1.622 ~ 1.722m.主拱肋间横梁为钢结构,箱形截面,长 26.1m,宽 1.2m,高 1.5m,边拱肋间横梁与端横梁均为 C40 钢筋混凝土结构。

桥面行车道板在边拱端部四跨采用实心钢筋混凝土板;其余均采用钢筋混凝土 π 形板,板高 0.35 ~ 0.45m。桥面后浇层采用 10cm 厚 C40 钢纤维混凝土,内设钢筋网。桥面铺装采用 5cm SMA 改性沥青。

主桥墩承台上设两个分离式拱座，承台与拱座均为实心钢筋混凝土结构，两拱座间用系梁相连。主墩基础为24根φ1.8m钻孔灌注桩，桩长17.0~22.9m，为嵌岩桩。边墩为φ1.8m双圆柱墩，由于地质情况不同，Z0号墩基础为φ1.2m钻孔灌注桩，而Z3号墩基础则为φ1.5m钻孔灌注桩。

钢管拱肋采用悬臂法施工，扣塔与索塔分离设置。上、下行两幅桥的拱肋吊装只用一套缆索吊装设备，一幅桥吊装好后平移吊装设备进行另一幅桥的施工。图2-83所示为第一幅桥第二根拱肋吊装合龙时的施工照片。该桥的详细资料参见《实例集二》[79]第三章。

图2-83　东莞水道大桥施工

(三) 广东广州丫髻沙大桥

广州丫髻沙大桥为广州市环城高速公路西南环上跨越珠江南航道的一座特大桥，全长1 084m，分为主桥与副航道桥。主桥为76m+360m+76m三跨钢管混凝土飞鸟式拱，副航道桥为三跨预应力混凝土连续刚构桥，另有6孔40m预应力混凝土简支梁。桥梁设6条车道，总宽32.4m。设计荷载为汽—超20级，挂—120。地震烈度为Ⅶ度震区，按Ⅷ度设防。基本风压W_0=800Pa，极大风速38m/s。

广州丫髻沙大桥主桥总体布置如图2-84所示。主航道按通行7 000t级船舶计算船舶撞击力。桥位处主航道通航净高34m、净宽137m，通航水位7.0m，因此要求主桥一跨越过超300m宽的主航道。

主拱计算跨径344m，矢高76.30m，矢跨比1/4.5，拱肋为悬链线，拱轴系数$m=2$。图2-85为主拱的横断面图。每肋由6根φ750mm钢管混凝土弦杆、横向平联和腹杆组成横哑铃形六肢桁式拱肋。其中外侧、内侧钢管管壁厚18mm，中间钢管管壁厚20mm，平联总厚500mm（两块钢板加平联腔内混凝土）。腹杆为φ450mm×12mm和φ351mm×10mm空钢管。拱肋为变高度、等宽度（3.45m）的截面，拱脚处上下钢管中心距为8.039m，拱顶为4.00m。两肋中心距35.95m，共设置6组米字形、两组K形横撑，桥面以上横撑见第三章第二节介绍。在拱肋的弦管和平联板内浇注C50高强混凝土。为了便于转体施工，两组K形撑置于拱顶。

边拱为双肋悬链线半拱，拱轴系数$m=2$，计算跨径71.0m，矢高27.3m，矢跨比1/5.2。肋高4.5m、宽3.45m，为C50钢筋混凝土箱形截面，两肋间设1组K形和1组米字形钢管桁式横

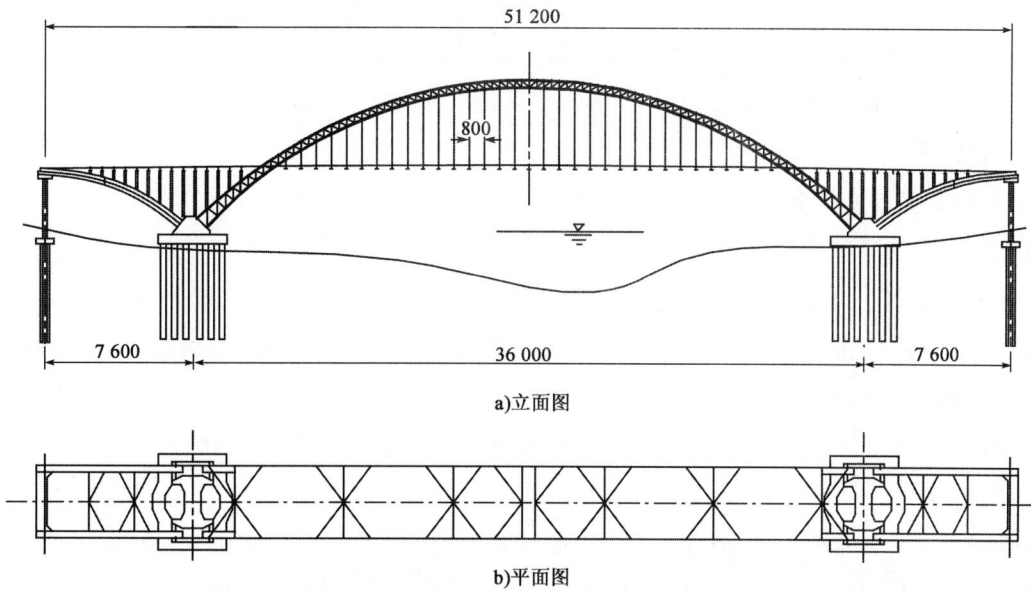

a)立面图

b)平面图

图2-84 广州丫髻沙大桥主桥总体布置图(尺寸单位:cm)

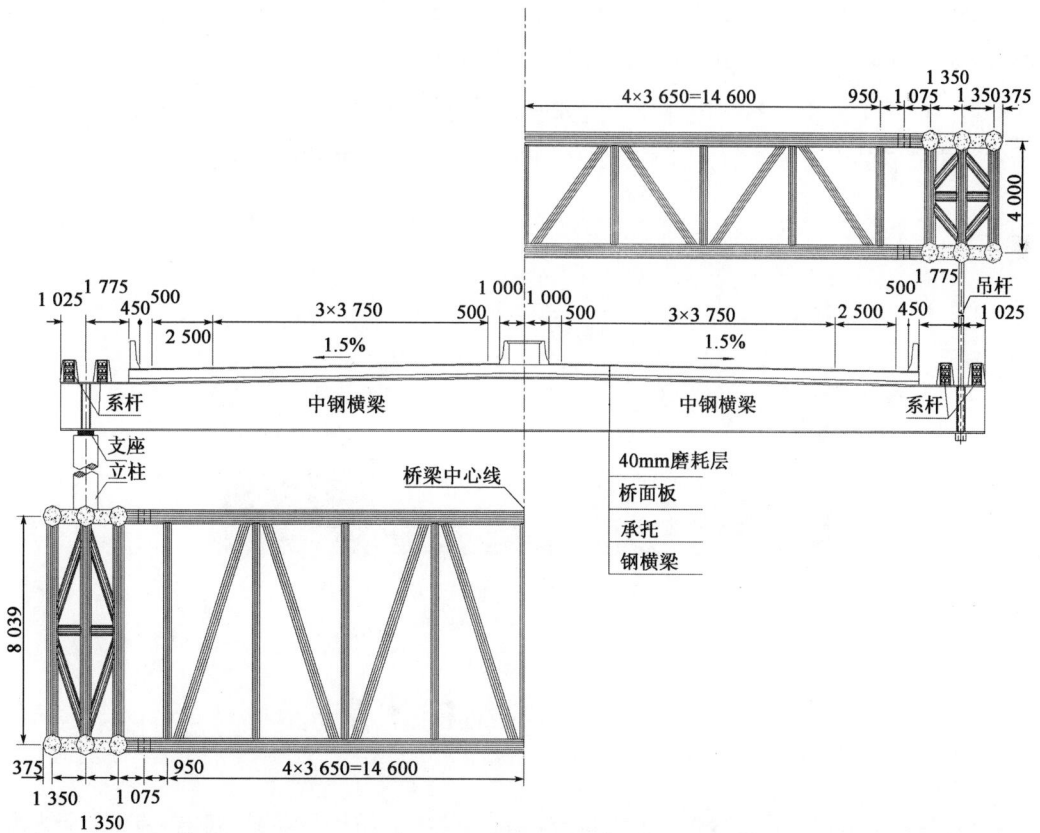

图2-85 广州丫髻沙大桥主拱横截面布置图(尺寸单位:mm)

撑以及预应力混凝土端横梁。边拱设计为钢管混凝土劲性骨架结构,在转体施工时根据平稳需要以钢管混凝土结构为主,部分外包了混凝土,转体合龙后完成所有的外包混凝土。

拱上立柱为钢管混凝土结构。吊杆采用镀锌高强低松弛 $91\phi7mm$ 钢丝束,R_y^b 为 1 670MPa,采用 OVM-LZM 型冷铸镦头锚。系杆索采用 OVMXG15-37 钢绞线拉索体系,R_y^b 为 1 860MPa,外包双层 PE 热挤塑护套。每束张拉力为 5 000kN,在全部施工过程中每索只需张拉一次。系杆索支撑架带简易滑动轴承。

桥面采用钢—混凝土组合结构。工字形钢横梁,长约 38m,计算跨径 35.95m,每梁质量约 30.0t。桥面板由预制 π 形 C50 钢筋混凝土板和现浇桥面铺装层构成。预制板全高 36cm,肋宽 23~25cm,桥面铺装厚 12cm。桥面系结构见第三章第三节介绍。

拱座基础处于水文计算冲刷未及岩面,采用高桩承台结构及钻(挖)孔桩基础,避免了在风化岩及破碎带上大面积清基,并能排除潮汐的不利影响。

桥址基岩岩性组成复杂,风化层厚,弱风化岩面起伏大。承台下采用 $\phi3.0m$ 大直径嵌岩灌注桩。为了保证施工质量,以桩长、桩底基岩岩性双控桩底高程,对少数成孔困难的桩,根据具体情况分别采用旋喷桩、冷冻法作防水处理。

广州丫髻沙大桥主桥钢管施工采用了竖向转体加平面转体的施工技术,即利用主拱半跨拱肋、拱座、边拱拱肋、扣索、扣塔组成竖转、平转的转动体系,详见第五章第四节介绍。转体施工时不封航。广州丫髻沙大桥于 1997 年 4 月开始方案设计,1998 年 8 月开始施工,2000 年 6 月建成通车。建成后的广州丫髻沙大桥如图 2-86 所示。该桥的详细资料参见《实例集二》[79] 第八章。

图 2-86　广州丫髻沙大桥

第七节　其他结构体系桥

钢管混凝土拱桥除了前述介绍的大量应用的 5 种主要结构体系外,还有一些其他结构体系(形式),本书列为"其他"类桥型。在本次统计的桥梁中,"其他"类桥型有 60 座,占总数的

14.6%，较 2010 年统计的 2.8% 有明显上升（部分由于统计口径变化引起），反映了桥型的丰富与变化发展趋势。"其他"类桥型主要有多跨拱梁组合结构（连续梁＋拱、连续刚构＋拱）、斜靠拱、桁架拱与桁式组合拱、系索拱（简支）、钢管—钢管混凝土复合拱、悬带拱等。此外，还有一些桥根据景观和桥位处特殊条件而采用异形拱结构，如蝴蝶拱、新月拱等。本节对这些桥型进行简要介绍。

一、多跨拱梁组合桥

第四节介绍的是单跨下承式简支的拱梁组合结构，外部静定、内部超静定，工程中最常见。下面，将介绍除此之外的其他拱梁组合结构。

（一）多跨连续梁＋下承式拱

拱梁组合结构也被用于多跨，即外部也为超静定的拱梁组合。如果墩台处设有支座，则体系外部呈连续结构，如图 2-87 所示。这类桥在所有"其他"类桥型中所占比例最大，60 座桥中有 19 座，占 31.7%。

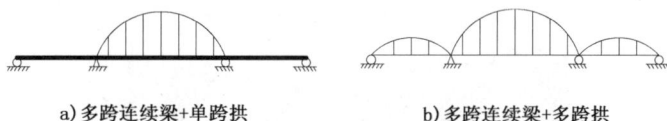

a) 多跨连续梁+单跨拱　　　　　　　b) 多跨连续梁+多跨拱

图 2-87　多跨连续梁—拱组合体系

与简支拱梁组合桥以刚梁刚拱为主相比，多跨拱梁组合桥多为刚梁柔拱结构，施工时先施工连续梁，然后在梁上架设拱，施工较为简单。江苏苏州澹台湖大桥，跨越京杭大运河，桥宽为36m，双向六车道。主桥采用三跨连续梁＋单跨钢管混凝土拱的组合结构［图 2-87a)］，跨径组合为 40m＋96m＋40m，如图 2-88a)[106]所示。这种桥具有较大的刚度，在铁路桥梁尤其是高速铁路桥梁中，近年得到较多的应用。图 2-88b)为合（肥）福（州）高速铁路跨福州三环线桥。另有湖北武汉轻轨 1 号线跨京汉货场桥，也是这种结构，主桥三跨为 54.85m＋105m＋54.85m，由于受建筑高度限制，主梁采用槽形梁。这种桥梁虽然主拱承担的恒载不大，活载的承担比例也有限，但对连续梁的徐变变形有极好的控制能力和调节能力。

另一些桥梁采用图 2-87b)所示的多跨连续梁＋多跨钢管混凝土拱加劲的组合结构。如江苏泰兴滨江大桥，其斜交角为 20°，采用 54m＋72m＋54m 的三跨连续梁，每跨均用横圆端形钢管混凝土拱进行加劲。湖南邵阳西湖大桥，主桥为 3 孔 88m 的连续梁，每跨均有钢管混凝土拱加劲，主拱为哑铃形，拱与梁组合后采用顶推施工。

此外，还有一种结构介于上述两者之间。如广西南宁凌铁大桥，为四跨连续梁＋中间两跨钢管混凝土拱加劲的组合结构，跨径布置为 45m＋2×132m＋45m。

多跨连续梁与拱的组合桥，跨径不大且以梁受力为主时，拱肋多为实肋，单圆或哑铃形。

当跨径较大，且为刚拱柔梁或刚拱刚梁时，拱肋多为桁式，主拱肋还可以扩展到边孔，形成连续桁梁与桁拱的组合结构。上海昌吉东路蕴藻浜大桥全长 710m，主桥采用两跨 66m＋135m 的下承式连续桁梁＋桁拱组合结构体系。主桥总宽 33m。主拱设柔性吊杆，桥面系采用箱形纵梁和端横梁、工字形主横梁、工字形小纵梁和纵向 U 形肋组成的正交异性钢桥面。桥梁总体布置如图 2-89[107]所示。

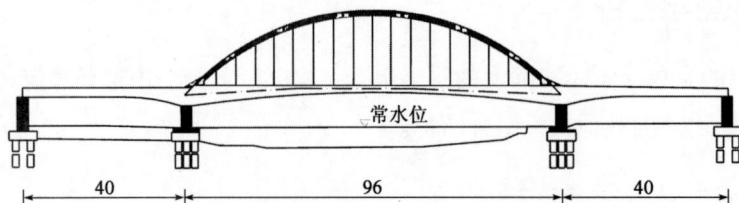

a) 江苏苏州澹台湖大桥总体布置图(尺寸单位:m)

b) 合福高速铁路跨福州三环线桥

图 2-88　多跨连续梁—拱组合体系桥

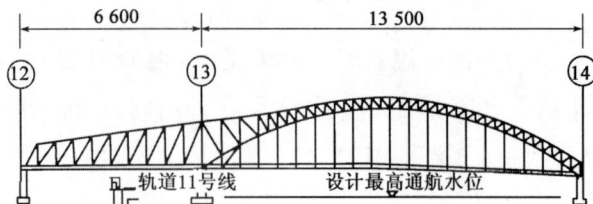

图 2-89　上海昌吉东路蕴藻浜大桥总体布置图(尺寸单位:cm)

(二) 多跨连续刚构＋下承式拱

钢管混凝土拱也与连续刚构组合，与前面连续梁不同的是，其上部结构与下部结构固结，不设支座。此类桥有 7 座，在"其他"类桥中也是一个主要桥型，占总数的 11.7%。如宜万铁路宜昌长江大桥(图 2-90)，主桥为四跨连续刚构＋两孔柔性拱组合结构，跨径布置为 130m＋275m＋275m＋130m。这种组合结构在城市桥梁中也因造型上的考虑而被采用。下面以福建福州湾边大桥为例进行简要介绍。

福建福州湾边大桥位于福州市区西南,跨越
乌龙江,桥位处地势平坦,河宽 1 500 多米。大
桥按六车道高速公路设计,兼顾城市桥梁功能。
大桥左右幅总宽 34m,半幅组成为:3.5/2m(中
央分隔带)+0.5m(路缘带)+2×3.75m(快车
道)+3.75m(慢车道)+0.5m(路缘带)+0.5m
(防撞护栏)+2.0m(非机动车道及人行道)+
0.5m(护栏),设计荷载为公路—Ⅰ级。

主桥跨径布置为 45m + 90m + 106m + 90m

图 2-90　宜万铁路宜昌长江大桥

+45m,为 V 形撑刚构连续梁 +3 孔单肋钢管混凝土拱加劲的组合结构。上部结构以连续梁
为主体,主梁为分离式双箱单室截面,拱肋位于两箱之间,通过吊杆和吊杆横梁与连续梁组成
空间受力结构。主桥一般布置如图 2-91[108]所示。

a)总体布置图

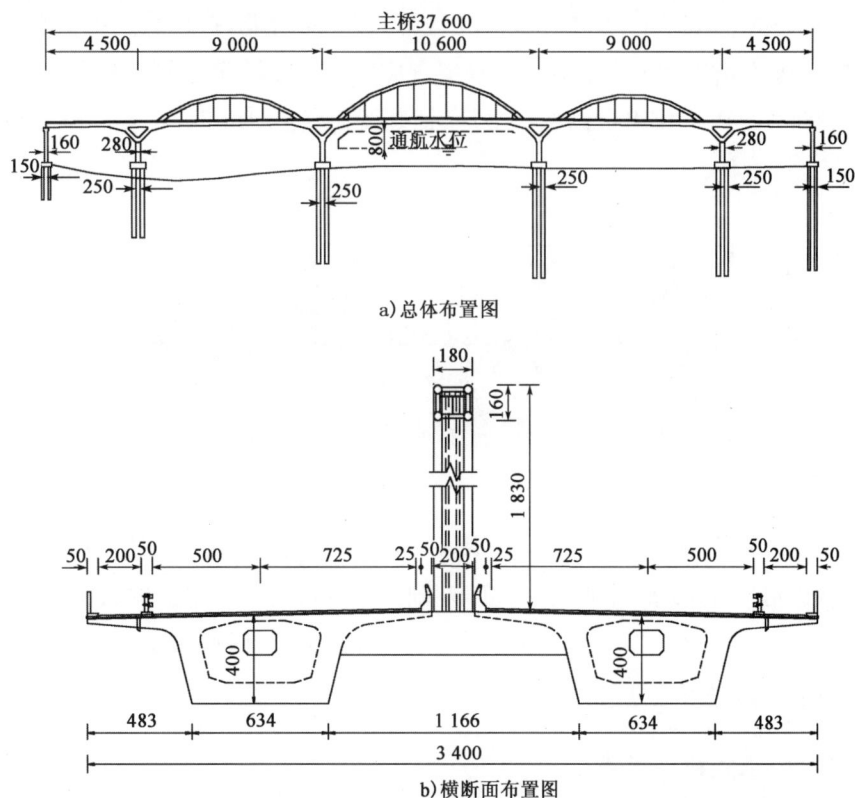

b)横断面布置图

图 2-91　福建福州湾边大桥主桥一般布置图(尺寸单位:cm)

三跨拱肋一大二小。大拱矢跨比 1/5,跨径88m;小拱矢跨比 1/6,跨径72m。拱轴线均为
二次抛物线。拱肋为双哑铃形截面。每肋有 4 根 φ400mm×10mm 的 16Mn 无缝钢管,钢管之

间横向、竖向均用两块厚 10mm 钢板相连,组成宽 180cm、高 160cm 的截面。钢管及连接钢板间(平联腔和腹腔)内浇注 C50 混凝土。

吊杆采用平行钢丝束双吊索, PES(PD)755 型索体, ϕ7mm 高强镀锌钢丝。吊杆横向间距50cm,纵向间距 8m。小拱设置两排 7 根吊杆,大拱设置两排 9 根吊杆。吊索单端张拉,横梁端为张拉端,拱肋端为固定端。主桥桥上设有纵坡,主拱沿水平净跨中心线对称布置;边拱为正拱斜置对称坡拱,将平坡拱绕跨径中心旋转设置。

主桥连续梁采用变截面双箱斜腹板箱梁,边墩根部梁高 3.6m(高跨比 1/25),中墩根部梁高 4m(高跨比 1/26.5),各墩墩顶上梁高 2.8m,边跨支点及跨中梁高均为 2.4m。主梁在桥墩两侧各 9m 范围内为 V 撑墩顶过渡段,在边跨设 6.88m 现浇直线段,在边跨、次边跨、中跨上均设有 2m 的现浇合龙段。桥墩采用薄壁墩,中墩及次边墩纵向呈 Y 形,边墩采用与引桥相同的薄壁花瓶墩。中墩与上部固结,次边墩、边墩顶设支座。主墩在 Y 形部位设置预应力索,与主梁及拱肋共同参与结构受力。基础采用钻孔灌注桩群桩基础。

施工时,设支架和临时墩现浇 V 形刚构及 0 号块,然后挂篮悬浇箱梁,其中横梁随梁体一起浇筑,只在两幅桥中间预留 2m 现浇段。先边跨、后中跨合龙后,形成连续—刚构体系。然后,浇筑两幅桥间横梁现浇段,一次性张拉横梁预应力索。接着搭设支架,安装钢管拱肋、浇注管内混凝土,连接吊杆,形成组合结构。最后,铺装桥面、浇筑防撞护栏等。建成后的大桥如图 2-92 所示。

图 2-92　福建福州湾边大桥

钢管混凝土连续刚构 + 柔性拱组合桥梁,拱肋的加劲提高了桥梁的跨越能力,但是这种结构体系为高次超静定,温度变化、收缩、徐变、基础变位等可能产生很大的次内力,结构受力与各部位的刚度以及梁、拱施工方案(特别是合龙顺序)有关,结构整体受力和拱脚节点受力复杂,在实际应用时,应进行充分的分析研究。

(三)多跨中承式拱 + 系梁

除下承式拱可与多跨连续梁组合外,中承式拱也可以与梁组合。常见的是中孔为中承式、两边跨为上承式半拱的三跨结构,又称为悬臂拱,如图 2-4b)所示。这种结构与前面介绍的飞鸟式拱外形相似,但因承担拱水平推力的是系梁而不是高强的系杆索,拱与梁固结后,上部结构的超静定次数很高,因此上部结构不与桥墩固结,而是支承于支座之上。这种结构国外在钢拱桥、混凝土拱桥中都有应用。如美国的弗里蒙特桥(Fremont Bridge),跨径布置为137.72m + 382.625m + 137.72m。

上海轨道交通3号线跨苏州河桥就是一座中承式拱梁组合桥,跨径布置为25m + 64m + 25m。其外部结构体系为连续梁,即拱脚与桥墩处以支座连接,内部为主纵梁、小纵梁、横梁、拱肋组合而成的超静定结构体系。主孔为中承式拱,矢跨比1/4。桥面以上拱肋采用圆端形钢管混凝土结构,桥面以下为带圆角的矩形C50钢筋混凝土结构。边拱肋矢跨比1/7.4,钢筋混凝土矩形截面。下承部分用高强钢丝吊杆,拱上主柱为钢管混凝土柱,下端与混凝土拱肋固结,上端设聚四氟乙烯球冠形铰支座,支承纵梁(系梁)。系梁、横梁均为预应力混凝土结构,主墩基础采用桩基础[109]。

上海中春路淀浦河东闸桥,是一座结构较为特殊的两跨中承式拱梁组合桥,两跨跨径均为55m,总体布置如图2-93[110]所示。拱肋为带圆角的矩形钢管混凝土,宽和高均为1.5m。两拱肋之间不设风撑。纵桥向对应两拱肋设置高1.535m、宽2.3m的矩形预应力混凝土加劲梁,与拱肋固结。拱肋与中墩固结,在边墩处则与系梁固结后置于边墩的支座上。桥墩采用桩基础。施工方案采用先拱后梁少支架施工。

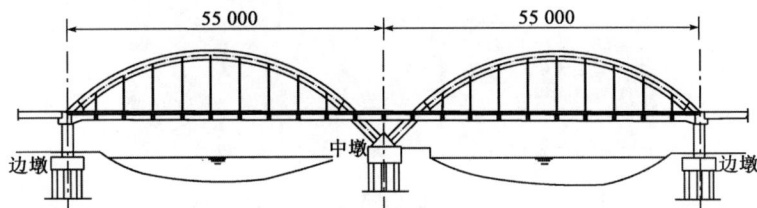

图2-93 上海中春路淀浦河东闸桥总体布置图(尺寸单位:cm)

二、桁架拱桥与桁式组合拱桥

钢管混凝土桁架拱是指钢管混凝土拱肋与立柱、桥面系组成共同受力的整体结构,为上承式拱。在这种结构中,各构件以受轴力为主。应该指出的是,简单拱中拱肋采用桁式构造的称之为桁肋拱,简称桁拱,不应与这里介绍的桁架拱与桁式组合拱相混淆。

1992年建成的江西高安樟树岭大桥,是一座钢管混凝土桁架拱[111]。该桥净跨70m,单车道,桥宽5m。桁架下弦杆采用$\phi300mm \times 10mm$钢管混凝土构件,腹杆为空钢管,其余为钢筋混凝土杆件。钢管外露面用钢丝网水泥砂浆保护防锈。该桥采用转体法施工,桥梁构造与转动体系构造如图2-94所示,施工结构由空钢管桁架和拱顶实腹段的钢管混凝土劲性骨架组成。

预应力桁式组合拱在20世纪末我国贵州等山区中得到较多的应用。在使用中发现,这种桥型混凝土桁架节点易出现开裂,目前面临着维修与加固的问题。进入21世纪后,此类桥梁已少有修建。将这种体系中的预应力弦杆用钢管混凝土构件进行替代,形成钢管混凝土桁式组合拱桥,这方面的研究与应用也在开展。与其他钢管混凝土拱桥相比,其主要概念是将桁架悬臂施工的临时性拉索,作为永久性拉索,以资充分利用材料。然而,临时性拉索与永久性拉索对耐久性是不同的,且这种结构中斜拉索数量多,单根拉索长度短,拉索的有效性和耐久性及检查、养护、维修是否存在问题还需要经过长期的观察。目前,此类桥梁仅见湖南天子山大桥等个别例子。

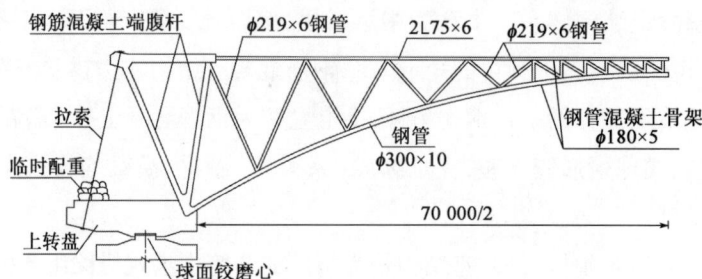

a)立面与转体体系(尺寸单位:mm)

b)转体施工

图2-94　江西高安樟树岭大桥

湖南天子山大桥,主孔跨径125m,宽12m,矢跨比1/5。钢管混凝土哑铃形拱肋,高200cm,宽600cm,单肋截面由两根$\phi100mm\times12mm$钢管组成,斜杆为$85\phi7mm$平行钢丝拉索,两岸桥台后设有实体钢筋混凝土锚固墙,以承受主拱悬拼时产生的拉力。采用悬臂桁架法施工,主孔分为14个节段,两岸逐件逐段悬拼至跨中合龙。湖南天子山大桥如图2-95[112]所示。

三、(简支)系索拱桥

(简支)系索拱是指主拱简单支承于支座上、两拱脚间用高强拉索的预应力来平衡拱的主要水平推力的一种结构。一些设计者认为这种结构为外部静定、内部超静定的无推力拱。实际上,此类桥的桥面系不参与总体受力,主结构的受力如图2-96所示。

在拱的水平推力平衡方面,(简支)系索拱与刚架系杆拱相似,由预加力平衡拱的恒载水平推力,活载作用下系杆索由于抗拉刚度EA较小,只承担很小一部分的水平推力。在刚架系杆拱中,拱与墩是固结的,活载作用下拱的水平推力由拱、墩共同承受,而系索拱的拱与桥之间

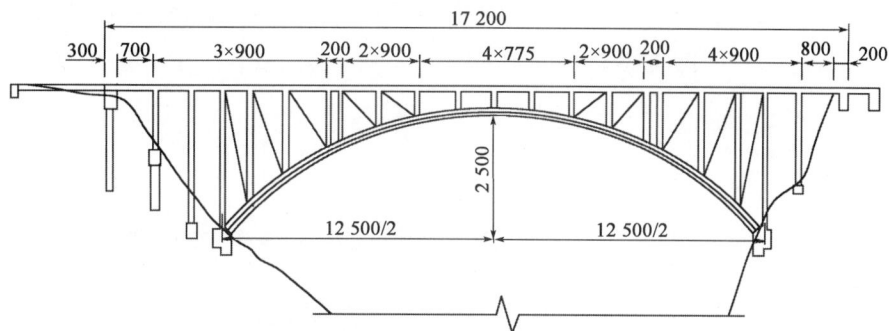

a)总体布置图(尺寸单位:cm)

b)成桥图

图2-95 湖南天子山大桥

设有支座,墩不承担水平推力,只有靠拱来承受。

在支座支承方面,(简支)系索拱与下承式拱梁组合桥相似,但拱梁组合桥中系梁具有较大的抗拉刚度,拱和系梁共同承担水平推力,由于系梁抗拉刚度远大于拱的抗推刚度,系梁承受绝大部分的水平推力(系梁受拉)且纵向变形很小。此外,系梁具有一定的抗弯刚度,既作为桥面系的一部

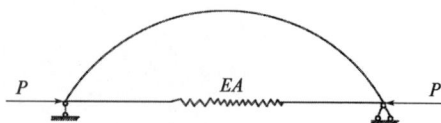

图2-96 (简支)系索拱受力示意图

分参与局部受力,也参与总体受力,是弯拉构件。而系索拱中拉索采用高强钢索,仅承受拉力,不受弯,且拉索强度高、抗拉刚度小,活载产生的水平推力主要由拱肋承担,两拱脚间会产生较大的向外水平的变形。

本次收集到钢管混凝土(简支)系索拱桥例5个,占"其他"类桥型的8.3%。下面以福建某桥为例进行简要介绍。

福建省某城市桥梁跨越排洪渠连接两岸城市交通,净跨66m,桥面宽38m(其中车行道26m)。设计荷载为城—A级;人群荷载为5kN/m²。计算跨径 $L=70\mathrm{m}$,计算矢高 $f=14\mathrm{m}$,矢跨

比 1/5。其总体布置如图 2-97 所示。拱肋断面为四肢双竖哑铃形,这种断面的不合理性见第三章第一节的评述。两拱肋轴线横向间距 29.0m。两拱肋间共设 3 道一字横撑,横撑均采用空钢管桁架。

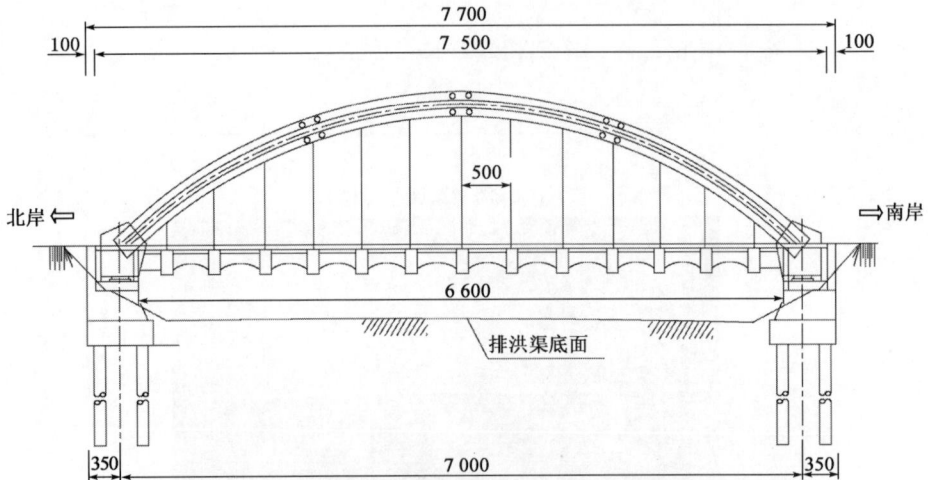

a) 总体布置图(尺寸单位:cm)

b) 成桥图

图 2-97 某钢管混凝土系索拱

预应力混凝土吊杆横梁长 38m,跨中高 2.5m。车行道板为钢筋混凝土空心板。分离式桥台,桩基础。桥台帽梁上设大吨位盆式橡胶支座。

由于系杆索抗拉刚度很小,该桥活载作用下拱脚水平变位最大为 18.2mm,比常年温度变化的 17.5mm 还要大。两端的伸缩装置不仅要承担温变伸缩量,还要承担活载变形量,这使得伸缩装置极易损坏,系杆索的疲劳问题也比较突出。显然这种设计是不合理的。

该桥净跨仅 66m,矢高仅 14m,桥面宽却有 38m。这种比例下的有风撑拱从行车方向看会有很强的压抑感。横撑虽然采用的是一字式,但却是空间桁式,仍然会显得很杂乱。而且该桥拱肋采用了很复杂的桁式拱肋。这座桥虽然较宽,但如果采用了拱梁组合体系,拱所承担的荷载下降了,采用横哑铃形的拱肋而不采用风撑是完全有可能的。

该桥的系索拱施工也非常困难。设计提出的施工方案是先拱后梁。拱肋采用缆索吊装,吊杆横梁采用支架上预制横梁,顶升或提升就位的方法安装。

然而,拱肋合龙时,系杆索还未安装,需要临时系杆索或将支座临时固结。无论哪一种方法,都会增加施工费用,且使施工复杂。此外,一根横梁的自身质量高达160t左右,远大于拱肋15t的吊装质量。160t的横梁提升就位同样施工困难。对于一座跨径与规模均不大的桥梁,用一套缆索吊装系统去吊并不重的拱肋,还要另外再做一套其他提升系统来吊横梁,这使得施工非常复杂,费钱费时。

由于该桥所跨越河流水不深,如果采用拱梁组合体系,完全可以采用现浇桥面系的方法施工,然后在桥面系上用汽车吊或其他吊装设备配合少支架来安装钢管拱肋,既方便又经济安全。

系索拱除受力性能较差外,强健性也极差。有关强健性分析详见第四章第八节的介绍。

四、钢管—钢管混凝土复合拱桥

钢管与钢管混凝土复合拱桥是指主拱肋在拱脚段采用钢管混凝土、拱顶段采用空钢管的一种桥梁结构。这种桥型与国外部分充填混凝土的钢管拱有相似之处,但不完全相同。相同的地方在于拱顶段都是空钢管,不同的是复合拱中拱脚段钢管壁厚比拱顶段薄,设计采用的是钢管混凝土理论;而国外的部分充填混凝土的钢管拱,拱脚段的钢管壁厚并没有减薄,设计采用的是钢结构理论。复合拱使得拱肋的自重较小、重心较低,对提高拱肋的横向稳定性和减小横向地震作用力具有积极的作用,同时也避开了拱顶段管内混凝土不密实的问题。福建福鼎山前大桥是第一座钢管—钢管混凝土复合拱桥[113]。

福鼎山前大桥主跨为80m的下承式刚架系杆拱,如图2-98所示。拱肋矢跨比1/5,两拱肋间设置两道一字形横撑。拱肋采用 $\phi1\,200$mm钢管,空钢管段壁厚20mm,拱脚钢管混凝土段壁厚16mm,空钢管段内设加劲钢筋。

钢管与钢管混凝土交接段是刚度急剧变化的地方,构造上应给予重视。福鼎山前大桥设计时,将混凝土填充段与空钢管段的接头,与钢管壁厚20mm与16mm的接头错开15mm。用厚10mm的钢板分隔混凝土填充段和空钢管段。隔板与两边钢管之间各用6块沿圆周等分布置的厚10mm的三角形钢板连接。空钢管段的三角形连接钢板几何尺寸大些,以使拱肋刚度急剧变化的情况有所缓解。拱肋钢管混凝土与空钢管段的接头构造如图2-99所示。

吊点处的拱肋受吊点传来的集中力的作用,局部应力很大。在钢管混凝土段,管内混凝土对扩散和传递应力有很大的作用,使得这一问题并不突出。但在空钢管段,需要在构造上予以处理。福鼎山前大桥空钢管段的吊点构造如图2-100所示。在吊点处内置1根直径为564mm、壁厚10mm、长约800mm(根据吊点处的水平角定)的圆钢管,两端用两块厚10mm的

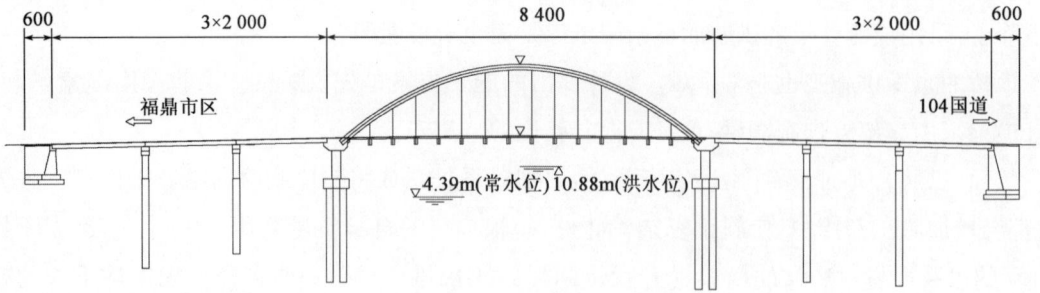

a) 总体布置图(尺寸单位:cm)

b) 成桥图

图 2-98　福鼎山前大桥

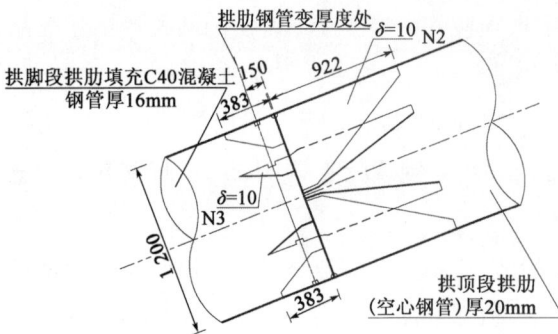

图 2-99　福鼎山前大桥拱肋钢管与钢管混凝土
交接段的构造(尺寸单位:cm)

钢板圆环连接拱肋钢管和内置钢管,吊杆穿过内钢管。

湖南湘潭湘江四桥为斜拉＋钢管混凝土组合桥,其主拱肋下弦杆拱脚段填有混凝土,拱顶段为空钢管,也属于钢管—钢管混凝土复合拱桥。

湘潭湘江四桥设计荷载为城市—A 级,桥面布置按双向四车道,全宽 27.0m[114]。桥梁选型考虑钢管混凝土拱桥。考虑到钢管拱肋安装需要用斜拉扣挂,设计者想充分利用施工过程中的斜拉索,将其也作为结构的一部分,这样就提出了钢管混凝土拱与斜拉桥相结合的桥型,即所谓的钢管混凝土斜拉拱。

湘潭湘江四桥主桥为 120m ＋400m ＋120m 钢管混凝土斜拉飞鸟式拱桥。边跨与主跨跨径比为 0.3。结构以拱受力为主、以斜拉索受力为辅。边跨拱脚、主跨拱脚、索塔均固结于拱座;主梁与边墩、索塔与主拱间均为铰接。主跨范围的桥面系由桥面板、钢纵横梁组成纵横梁悬吊系统。其总体布置和效果如图 2-101 所示。

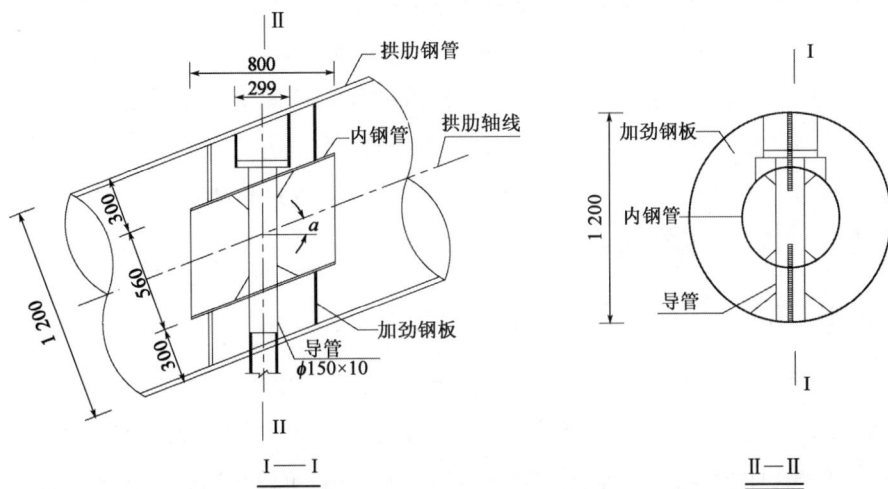

图 2-100　福鼎山前大桥拱肋空钢管段吊点构造(尺寸单位:cm)

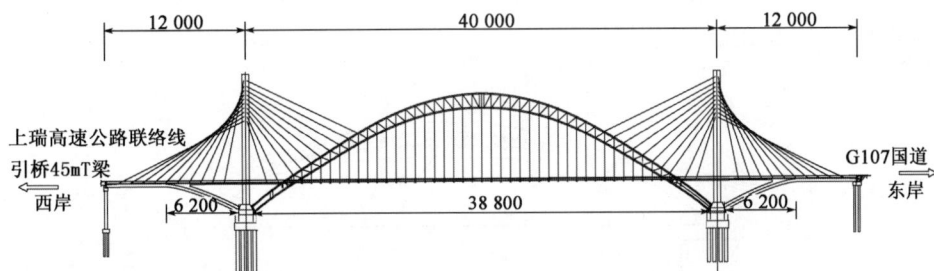

图 2-101　湘潭湘江四桥总体布置图(尺寸单位:cm)

主拱肋为六肢桁式,上、下弦钢管直径为 850mm,壁厚从拱脚到拱顶分段变化,上弦管分别采用 28mm、24mm 和 22mm,下弦管分别采用 28mm、24mm 和 20mm。上弦杆均浇注 C50 无收缩混凝土,下弦杆距拱脚中心水平距离 0 ~ 116m 范围内浇注 C50 无收缩混凝土,其余为空钢管截面。因此,主拱肋也是钢管与钢管混凝土复合拱肋。下弦管空钢管与钢管混凝土交接处的构造与福鼎山前大桥相似,参见图 2-100。

桥塔采用直线和圆曲线组成的花瓶形混凝土索塔,桥塔塔身包括上塔柱、中塔柱、下塔柱。中塔柱、下塔柱为 C50 普通混凝土,上塔柱为 C50 预应力混凝土。

将斜拉桥与拱桥相结合,湘潭湘江四桥并不是第一座。2002 年 6 月在马来西亚的行政中心 Putrajaya 建成的 8 号桥就是一座斜拉与拱相结合的桥。有关该桥的介绍与评述见文献[115]和第二版第一节。

表面上看,湘潭湘江四桥利用了主拱肋施工所用的塔架和拉索,似乎是节约了工程造价。

然而,施工所用的临时塔架、拉索与作为永久性结构的塔架、拉索在材料与构造上的要求有着很大的差别,综合起来以后,桥梁的造价可能不但没有下降反而还要增加。

虽然斜拉与拱的组合体系桥以其新奇与独特会吸引一些人的目光,但新奇与独特不一定就是美观。从当代世界美学潮流来说,简洁美是一种主流。斜拉与拱的组合使得结构过于复杂,拱肋的刚劲与斜拉索的柔细显得不协调,拱桥吊杆与斜拉索相交显得凌乱,因而并不见得美观。大桥作为大型、大跨、受力复杂的结构,受力合理、传力途径简洁明确,结构美是最主要的。一座好的桥梁应该满足经济、受力简单合理、造型与周围环境协调的条件,若仅追求结构新颖是不合理的。因此,斜拉与拱的组合应慎重考虑。

五、悬带拱桥

钢管混凝土悬带拱是从钢管混凝土飞鸟式拱[2-3b)]变化而来的。由本章第六节可知,飞鸟式拱通常为三跨结构,主跨为中承式拱,两个边跨为上承式半拱,通过张拉锚固于两边跨端部的系杆来平衡拱的恒载水平推力。对于小跨径人行桥,可以将边跨退化到承台结构中,同时用系杆索来支承桥面系,即将系杆与桥面系做成悬带结构,则形成悬带与拱组合的结构,简称悬带拱[116]。第一座钢管混凝土悬带拱桥是 2013 年 10 月在福州大学旗山校区建成的卧龙桥,其总体布置如图 2-102 所示。

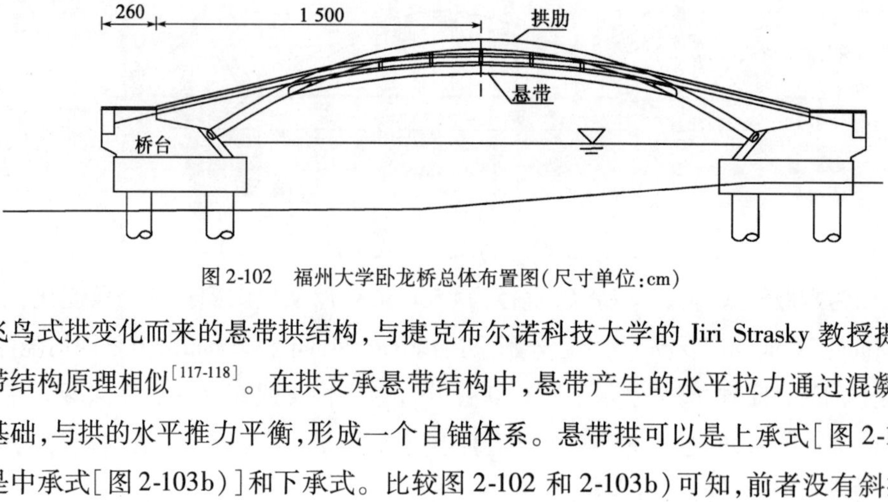

图 2-102　福州大学卧龙桥总体布置图(尺寸单位:cm)

由飞鸟式拱变化而来的悬带拱结构,与捷克布尔诺科技大学的 Jiri Strasky 教授提出的拱支承悬带结构原理相似[117-118]。在拱支承悬带结构中,悬带产生的水平拉力通过混凝土斜撑传递到基础,与拱的水平推力平衡,形成一个自锚体系。悬带拱可以是上承式[图 2-103a)],也可以是中承式[图 2-103b)]和下承式。比较图 2-102 和 2-103b)可知,前者没有斜撑杆,直接用桥台结构,桩基础也没有明确的抗拔桩。

福州大学卧龙桥位于连接校区东大门(主大门)与图书馆(中心建筑)的景观大道上。校园具有因山就水、质朴淡雅、宁静简远的环境特质,活跃着青春飞扬、活泼向上的大学生。桥位处地基软弱,桥下有通行小船的规划。桥梁设计时,要求能适应这些特点,同时具有较好的景观效果,且能反映福州大学桥梁工程学科的特色与成就。为此,本书作者采用了钢管混凝土悬带拱进行设计。具体的设计构思见文献[116],实桥如图 2-104 所示。

a) 上承式桥梁照片(跨越捷克Svratka河)

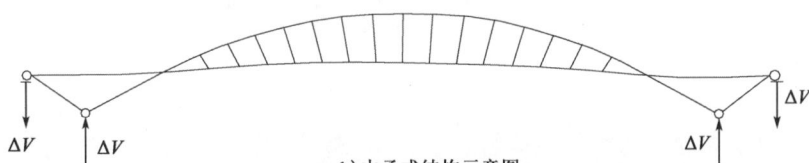

b) 中承式结构示意图

图 2-103 拱支承悬带桥梁

该桥计算跨径 25m、宽 6m。桥面采用 15.6% 双向纵坡,竖曲线半径 42m,共有两幅桥,结构完全相同。主结构为中承式拱,主拱肋在平面上呈外倾状的蝴蝶拱造型,由主拱和副拱组成,通过刚性吊杆连接为整体,共同受力。拱结构产生的水平推力由架设于肋间横梁并锚固于桥台的拉索平衡。桥面板为双悬臂板,支承于拉索之上。桥台与拱座为钢筋混凝土结构,下设双排直径 120cm 的灌注桩基础。

图 2-104 福州大学卧龙桥

主拱肋为钢管混凝土结构,直径 42.6cm、壁厚 16mm 的钢管内填充 C50 微膨胀混凝土,拱肋横向外倾 30°,矢高 4.0m。副拱肋也为钢管混凝土结构,管径 37.7cm,内倾 10°。固定于副拱间的横撑将上、下游两片拱肋联系起来,并作为悬带鞍座的支承构件。拉索采用钢丝直径为 7mm 的 $12\phi^j15.24$mm 钢绞线,穿入直径 15cm 的不锈钢管并锚固在桥台端部,再支承于拱肋横梁鞍座上。桥面板为预制钢筋混凝土板,支承于拉索上,各板之间由螺栓连接,上面现浇一层钢筋混凝土以加强整体性,拱顶部分呈上拱的圆弧形(与副拱相同的曲线),拱脚与第一根横撑间呈下挠的悬带状,与拱顶上拱形成反弯曲线。拱座桥台采用 C35 混凝土实体式桥台,下设双排 ϕ120cm 灌注桩基础,单排布置两根,桩长 29m,嵌入下层卵石层 5m 深度。有关该桥的设计详见文献[116]。

六、异形拱桥

拱是一种自然舒适的结构形式,能清晰地表达出它的功能,往往令人赏心悦目。拱极易融入环境并满足大众的审美习惯与需求。因此,拱受到广大桥梁设计师尤其是建筑师的喜爱。在现代桥梁设计中,许多拱桥的方案往往因其建筑学方面的意义而被选中。与此同时,对建筑结构造型的追求,促使拱结构的形式不断变化与翻新,甚至出现异化的现象,如斜靠拱、蝴蝶拱。这些桥多采用钢拱,其形式也被用于钢管混凝土结构中,有些则是在钢管混凝土拱桥中首次提出的,如新月拱。本节所说的异形拱,就是指拱肋不是单根、截面也不一定是常见的单圆管、哑铃形和桁式,而是一种复合结构。这种结构多为无推力结构,纵桥向与简支系梁、连续系梁或刚架系梁组合。

(一)主、副拱结构

广东江门东华大桥是一跨简支拱梁组合桥,计算跨径118m,比较特殊的地方在于主拱采用高低主副拱,且主副拱均有倾角。主拱(低拱)为钢管混凝土拱,内倾13°;副拱(高拱)为钢管拱,外倾10°。主拱竖向矢高23.6m,矢跨比1/5;副拱竖向矢高34.6m,矢跨比1/3.41。其总体布置如图2-105[119]所示。

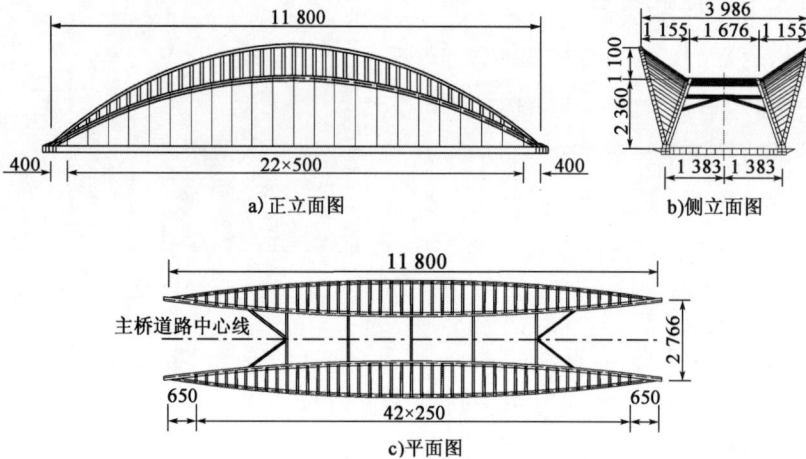

图2-105　广东江门东华大桥总体布置图(尺寸单位:cm)

浙江宁波院士桥也采用高低拱,但高低拱在一个竖直平面内,且相互交叉。其总体布置如图2-106所示。拱肋的钢箱内填充了混凝土,所以可称之为钢管混凝土拱[120]。

宁波院士桥的结构与日本西河原新桥(图2-107)相似。日本西河原新桥跨径78.8m,车行道净宽7m。该桥为双肋拱,每片拱肋由高低两肋交叉构成,使一座普通的下承式钢拱因其独特的造型而受到关注[121]。

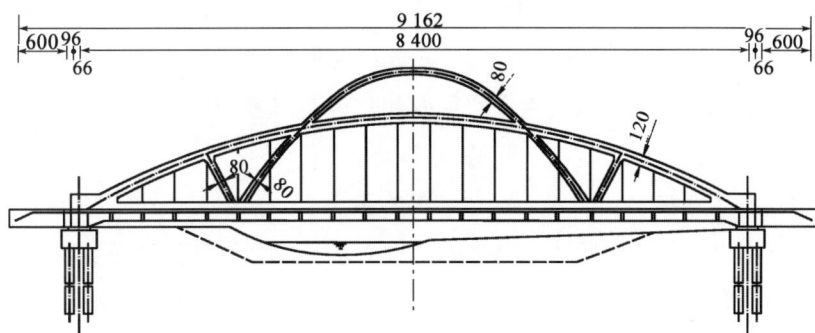

图2-106 浙江宁波院士桥总体布置图(尺寸单位:cm)

图2-107 日本西河原新桥

(二)新月拱

异形拱中还有一种称为新月拱。新月拱是指在拱脚处固结在一起、在拱顶处张开最大的3根拱肋组成的,形似于新月的结构[122]。新月拱多用于城市桥梁,以求得美观效果,已建的有河南洛阳赢洲大桥、浙江宁波长丰桥、吉林长春伊通河大桥、江西赣州章江大桥等。新月拱桥梁一般以主拱受力为主,主拱与边跨及桥面系固结,组成三角形刚架,为避免高次超静定引起过大的结构次内力,跨中采用简支钢梁,由主、边拱的吊杆支承,采用支架法架设主拱和钢梁,如图2-108所示。这种结构外形似飞鸟式,但与本章第六节所说的飞鸟式结构体系不尽相同。此类桥在附录A的桥例中也归入其他类。

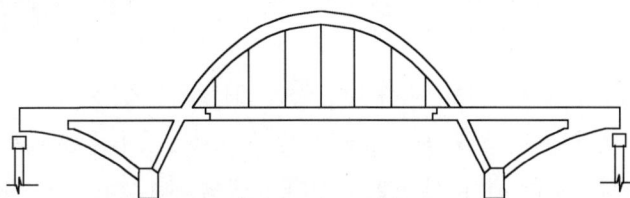

图2-108 一般新月拱结构体系示意图

福建漳州九龙江大桥在规划阶段,经方案投标和市民评选,决定主桥采用新月拱结构与造型。设计投标时,也采用了类似图2-108所示的结构,只是边跨继续延伸一跨成五跨结构,跨径组成为 40m + 67m + 158m + 67m + 40m，总长 372m。

漳州九龙江大桥是市内南北交通和过境交通的主要干道，建设标准为一级公路（兼城市Ⅱ级主干道功能），主桥宽 43m，双向六车道加两侧非机动车道、人行道。作者在对该设计方案进行咨询时，根据漳州九龙江大桥的实际情况，认为：

（1）漳州九龙江大桥跨径大、桥面宽，主跨简支钢梁支承条件复杂（图 2-109），既有两简支端的硬支承，又有主拱肋与边拱肋 3 道吊杆的柔性支承，且主、边拱肋吊杆支承范围不同，钢梁的变形、受力均较复杂。同时，新月拱受力很大，空间稳定性不好，拱脚锚固处空间较小，结构处理困难。此外，对应的水平系杆索受力也大。

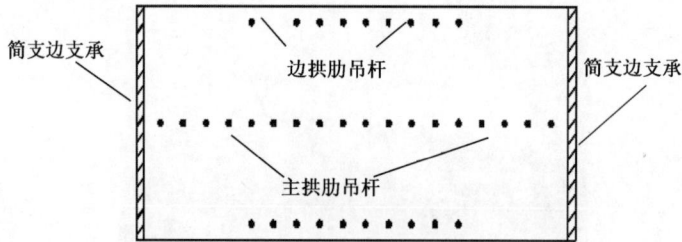

图 2-109 新月拱悬吊简支钢箱梁支承示意图

（2）桥位附近钢结构加工能力弱，主跨钢箱梁外地制造后，因九龙江为四级航道，只能通过公路运输，费用高，难度大。

（3）由于航道等级低，无法进行大吨位船吊，主拱和钢梁只能靠江中设支架来架设。支架不仅影响通航，而且受洪水威胁，施工风险大，工期难以保证，施工费用高。

（4）桥位近海，湿度大、盐分高，钢梁以及钢桥面的铺装建设与养护费用都相对较高。

为此，在保证新月拱造型、跨径布置、横向断面不变的前提下，提出预应力混凝土连续梁与新月拱相组合的设计方案，以同时解决上述 4 个问题。该建议被业主与设计单位采用。在桥梁横断面上，与福建福州湾边大桥相似，由 3 个结构体系构成。主受力结构为分离式的双箱双室预应力混凝土连续梁，中间设隔离带，两侧桥宽各 18.4m，中间净距 3.7m，以便于拱结构体系从中穿过。拱结构为三跨中承式钢管混凝土新月拱。在横桥向，两分离箱之间用横梁相联，再由主拱肋和副拱肋的吊杆悬吊横梁，使拱与梁形成共同受力体系。该桥总体布置和横断面布置如图 2-110 所示。

新月拱—连续梁组合结构中，将原来作为主受力的拱结构，变为只参与承担二期恒载和活载等作用的辅助结构，结构承担荷载的作用降低，造型功能与减小连续梁跨中徐变挠度的功能成为主要功能。3 根拱肋中主拱肋保持为钢管混凝土结构，副拱肋改为空钢管结构，以减化施工。边拱肋的吊杆从原来的支承简支钢箱梁为主，改为以提高新月拱的空间稳定性为主，新月拱的空间稳定性能得到极大的提高。分析表明，拱的加劲对于改善连续梁支点负弯矩和跨中正弯矩、减小跨中挠度均有明显的作用，更为明显的效果是极大地减小了混凝土梁的徐变变形。经计算,该桥 10 年收缩徐变产生的跨中挠度由 24cm 减小到 9.5cm[123-124]。

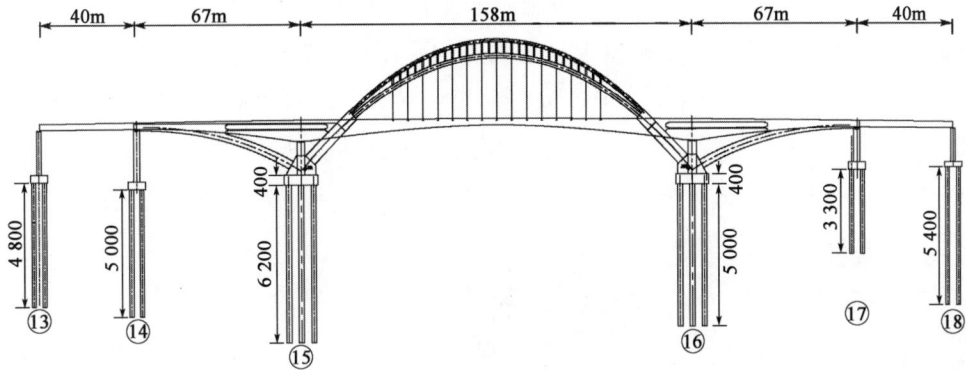

a)总体布置图

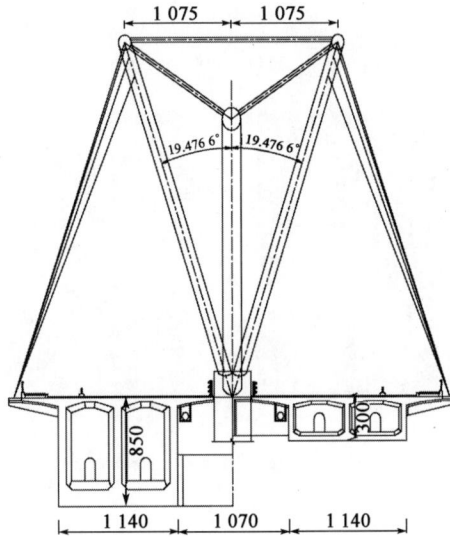

b)横断面布置图

图 2-110 福建漳州九龙江大桥一般布置图(尺寸单位:cm)

施工时,先施工基础、桥墩、拱座,接着进行连续梁悬臂浇筑法施工,先合龙边跨,再合龙中跨;然后施工中间结构的边跨混凝土拱肋和纵梁,形成三角框架结构;之后,在连续梁上安装主拱肋、副拱肋及其连接系;最后施工主梁间连接横梁,安装、张拉吊杆、系杆索,以及桥面系和附属设施施工。竣工后的大桥如图 2-111 所示。

(三)斜靠拱

1987 年西班牙建筑师在巴塞罗那设计的斜靠拱是一件倍受人们推崇的作品,如图 2-112

所示。斜靠拱主要是为了在宽、短桥中取消横向风撑，每组拱肋由一根直立的主拱和一根斜靠的副拱组成自身横向稳定的结构。这座桥是对拱桥造型追求和结构创新的一个成功范例。这一体系近年来在我国钢管混凝土拱桥中也被大量的采用，本次收集到的桥例有 15 座，在"其他"类的 60 座桥中，占 25.0%，仅次于多跨连续梁＋下承式拱的桥型。这反映了我国桥型结构原创能力不强、知识产权意识薄弱等问题。更有一些斜靠拱，应用条件勉强，造型不佳。还有的则是因为原设计的无风撑拱，拱肋面外刚度太小，后期不得已变更设计为斜靠拱。

a)全桥夜景   b)桥面上的新月拱

图 2-111　福建漳州九龙江大桥

a)全桥图   b)拱肋

图 2-112　西班牙巴塞罗那 Bacde Roda 斜靠拱桥

（四）关于拱桥造型的"度"

本书第二版第一章最后一节对"拱桥造型的追求与结构的异化"进行了简要的评述，因其大部分桥例为钢拱桥，这里不再重复。

随着我国综合国力和人民生活水平的不断提高，桥梁美学在桥梁建设中日益受到重视，钢管混凝土拱桥作为我国一种主要的桥型也不例外。然而，桥梁造型的追求应有"度"。

第一，"美观价"应该是花在有共识的"美观"上。在承受着很大的恒载与活载、以跨空为主的桥梁工程中，要强调"结构美"作为桥梁美学的核心，以合理的结构、合适的工程投资，来获取美的造型、美的景观。应该反对猎奇、为求新求异而不顾结构基本原理的结构异化行为。工程技术人员应在建立健康的桥梁审美情趣方面起主导与推动作用，负起社会责任，不应屈从于不健康的审美情趣。在审美评价中，要强调"以人为本"的理念，桥梁的设计效果要通过观桥者不同身份和时空来评判,如通过以一定车速通过桥梁的驾乘人员和步行通过桥梁的行人、沿河或其他与桥梁垂直方向运动或静止观桥者、桥下通过者等的角度来对桥梁的美学效果进行评价,而不是设计者任意角度画出的效果图或动画。桥梁设计师不应在市场竞争的压力下,为了个人或单位的利益,以夸大和不实际的效果图或动画将自己都不一定满意的作品推销出去。要守住底线,要有工程伦理道德。

第二,这个"度"应包含百分数和总价两个指标。一般来说,大桥的比例要小,而小桥或人行桥比例可以大些,但总价都应该有个控制。当然这里说的是造型,范围比美观要小些。桥梁,特别是以满足交通需求为主的大交通量、大跨径、大规模的桥梁,投资巨大,作为大型的公共建筑与基础设施,多由政府(纳税人的钱)出资建造。在建设过程中,要时刻将交通功能摆在桥梁建设的第一位,将经济合理作为建设的主要控制目标,在结构合理,以"结构美"为主达到桥梁美学效果的同时,在经济许可的前提下,可以通过一些辅助措施,如局部的装饰、灯光等,进行桥梁的美化。过分强调桥梁的美学,甚至以标新立异为美的唯一标准,不顾结构、不顾投资的做法是应该受到批评的。

第三,能够应用于小桥或人行桥的非常规结构,不能无限制地推广到大桥上,要有尺"度"。例如外倾拱或"蝶形拱",应用于人行桥,能取得轻巧美观的效果,应用于大桥上,如广西南宁大桥,巨大的拱肋,达不到美观的效果,更不用说花费巨大、结构性能差了。

第四,桥梁的造型应有实际的结构或功能意义,不应仅为外观的"新"而"新",桥梁是功能性建筑,不是雕塑。结构的异化倾向不应该提倡,需要掌握"度"。

第五,对于国外的作品与建筑师,目前国内推崇的多,批评的少,不利于认识他的风格与作品的局限性,导致盲目抄袭跟风的现象泛滥。

我国的钢管混凝土拱桥数量众多,已具有较为完善的理论体系和施工技术,成为极具中国特色的技术。希望我国的钢管混凝土拱桥,不仅技术越来越先进,而且也越来越美,不仅满足我们物质生活的需要,也愉悦我们的身心,满足我们精神生活的需要,成为我国作为桥梁强国的重要标志,成为我们留给后人重要的文化遗产。

第三章 构造

本章是在第二章结构体系的基础上,以钢管混凝土拱桥中的主要构造为对象,进行分类介绍,如拱肋、拱肋横向结构、桥面系、立柱、吊索与系杆索、节点、拱座、墩台与基础等。

第一节 拱 肋

一、拱肋材料

(一)钢材

GB 50923—2013 第 3.1.1~3.1.4 条规定,"钢管混凝土拱肋中的钢管宜选用质量等级为 B 级及以上的碳素结构钢或低合金高强度结构钢,其质量要求应符合现行国家标准《碳素结构钢》(GB/T 700)或《低合金高强度结构钢》(GB/T 1591)的规定。钢管可采用卷制焊接管或无缝钢管。当满足卷制要求时,宜采用直缝焊接管。"钢材的主要强度指标应按表 3-1 采用。钢材的物理性能指标可按表 3-2 采用。

钢 材 强 度 指 标   表 3-1

钢 号	厚度或直径（mm）	强度设计值（N/mm²）		强度标准值 f_y（N/mm²）
		抗拉、抗压和抗弯 f_s	抗剪 f_{vd}	
Q235	≤16	190	110	235
	>16~40	180	105	225
	>40~100	170	100	215
Q345	≤16	275	160	345
	>16~40	270	155	325
	>40~63	260	150	295

钢 号	厚度或直径（mm）	强度设计值（N/mm²）		强度标准值 f_y（N/mm²）
		抗拉、抗压和抗弯 f_s	抗剪 f_{vd}	
Q390	≤16	310	180	390
	>16～40	295	170	370
	>40～63	280	160	350

钢材的物理性能指标　　　　　　　　　　　　表 3-2

弹性模量 E_s（N/mm²）	剪切变形模量 G_s（N/mm²）	线膨胀系数 α_s（1/℃）	密度 ρ_s（kg/m³）	泊松比 μ_s
2.06×10^5	7.90×10^4	1.20×10^{-5}	7.85×10^3	0.30

（二）混凝土

GB 50923—2013 第 3.2.1、3.2.2 条规定,钢管混凝土拱肋的管内混凝土强度等级不应低于 C30,宜为 C40～C60。混凝土轴心抗压强度标准值 f_{ck}、轴心抗压强度设计值 f_{cd}、轴心抗拉强度标准值 f_{tk}、轴心抗拉强度设计值 f_{td}、弹性模量 E_c 应按表 3-3 采用。混凝土的剪切变形模量 G_c 可按表 3-3 中弹性模量 E_c 的 0.4 倍采用,混凝土的泊松比 μ_c 可取为 0.2。

混凝土强度和弹性模量（N/mm²）　　　　　　　　表 3-3

强度等级	轴心抗压强度		轴心抗拉强度		弹性模量 E_c
	标准值 f_{ck}	设计值 f_{cd}	标准值 f_{tk}	设计值 f_{td}	
C30	20.10	14.30	2.01	1.43	3.00×10^4
C35	23.40	16.70	2.20	1.57	3.15×10^4
C40	26.80	19.10	2.39	1.71	3.25×10^4
C45	29.60	21.10	2.51	1.80	3.35×10^4
C50	32.40	23.10	2.64	1.89	3.45×10^4
C55	35.30	25.30	2.74	1.96	3.55×10^4
C60	38.50	27.50	2.85	2.04	3.60×10^4

（三）钢管与管内混凝土的匹配

GB 50923—2013 第 3.3.1～3.3.3 条规定,"钢管与管内混凝土的匹配可按下列材料组合选用:

（1）Q235 钢配 C40～C50 强度等级混凝土;

（2）Q345 钢配 C40～C60 强度等级混凝土;

（3）Q390 钢配 C60 或 C60 以上强度等级混凝土。"

钢管混凝土构件的钢管壁厚不应小于 8mm。钢管的外直径 D 与壁厚 t 之比宜为 35 × $(235/f_y)$～100 × $(235/f_y)$,钢材强度标准值 f_y 取值应符合表 3-1 的规定。

钢管混凝土约束效应系数设计值 ξ_0 不宜小于 0.60，截面含钢率 ρ_c 宜为 $0.04 \sim 0.20$。ξ_0、ρ_c 应按式（3-1）和式（3-2）计算。

$$\xi_0 = \frac{A_s f_s}{A_c f_{cd}} \tag{3-1}$$

$$\rho_c = \frac{A_s}{A_c} \tag{3-2}$$

式中：ξ_0——钢管混凝土约束效应系数设计值；

　　ρ_c——钢管混凝土截面含钢率；

　　A_s——钢管的截面面积（mm^2）；

　　A_c——钢管内混凝土的截面面积（mm^2）；

　　f_s——钢板（材）抗拉、抗压和抗弯强度设计值（N/mm^2）；

　　f_{cd}——混凝土轴心抗压强度设计值（N/mm^2）。

有些文献或实际工程中，截面含钢率会用 $4t/D$ 表示，这是一个近似值。如果记其为 α_s，则通过分析可得 $\rho_c = (\alpha_s - 1/4\alpha_s^2)/(1 - \alpha_s + 1/4\alpha_s^2)$，显然 ρ_c 略小于 α_s。

（四）钢管混凝土拱肋材料设计

拱肋作为钢管混凝土拱桥的主要承重构件，所采用的材料性能对结构的承载能力有较大的影响。在文献[80]收集到数据的 175 座钢管混凝土拱桥中，拱肋主弦管的钢材以 Q345 为主，达到统计桥梁的 83%，少量用 Q235 钢的主要是早期修建的桥梁，而 Q390 钢几乎还未见采用。钢材种类的选用也与我国经济发展形势相关，随着经济的发展和对钢管混凝土组合材料研究的不断深入，所用材料也不断向高强化方向发展。如图 3-1 所示，越来越多的钢管混凝土拱桥采用 Q345 钢，使用比例由 2005 年之前的 78% 增长到 2005 ~ 2010 年之间的 92%[81]。2010 年至今，采用 Q345 钢的比例更是增长到 96%，仅有一座桥采用 Q235 钢，且 Q390 钢也开始得到应用。

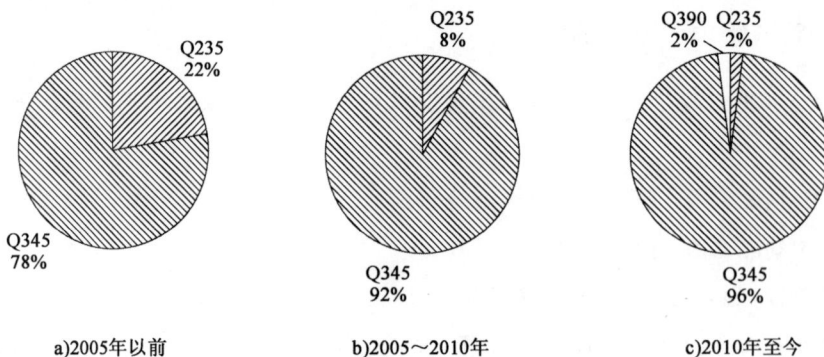

a)2005年以前　　　　b)2005～2010年　　　　c)2010年至今

图 3-1　不同时期钢管材料使用比例图

根据结构受力需要及上述统计结果,钢管混凝土拱肋的钢管材料宜选用 Q345 钢,Q235 钢由于强度偏低,只适用于跨径很小的桥梁。考虑到拱肋以受压为主,局部稳定要求决定了钢管要有一定的板厚与厚径比,因此钢管材料也不必采用过高的强度。

根据钢材对冲击韧性的要求,将 Q235 钢分为 A、B、C、D 四个等级,将 Q345 钢分为 A、B、C、D、E 五个等级。A 级钢没有冲击韧性要求,C、Mn 可不作为交货条件,冲击韧性和可焊性不能得到保证,所以不能用于钢管拱肋。GB 50923—2013 规定钢管拱肋的钢材等级宜在 B 级以上。钢材 B、C、D、E 级的冲击韧性试验温度分别为 20℃,0℃,-20℃,-40℃,要求 V 形缺口冲击功大于 27J。实际桥梁设计时,钢材等级的要求宜根据当地气候条件和桥梁实际要求进行选用,不能盲目提高钢材的等级。

据统计,钢管混凝土拱桥弦管内浇注的混凝土强度一般达到 C40 以上,收集到的桥例中只有 1998 年以前修建的 6 座小跨径的桥例采用了 C30 混凝土,1998 年以后基本不再使用 C30,C35 混凝土也只在 2010 年使用过一次。从图 3-2(统计桥例 323 座)可以看出,管内浇注的混凝土以 C40 和 C50 为主,二者达到总数的 88%,其中 C50 的比例为 64%,应用最多。

图 3-3 则为管内混凝土强度等级不同时期的占比情况。从图中可以看出,2005 年之前建设的钢管混凝土拱桥,所采用的混凝土

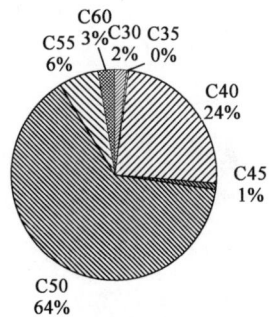

图 3-2 混凝土材料总比例图

强度等级以 C40 和 C50 为主,两者占总数的 93%,其中 C50 的比例为 51%;2005~2009 年之间建成的桥梁,C50 混凝土的比例从 51% 跃升到 78%,C40 则降低到 10%;2010 年至今,C55 混凝土使用量增长到 17%,C50 则为 72%,降低了 6% 的使用量,但 C50 和 C55 合起来的用量则达到 89%。目前使用的混凝土材料最高强度等级为 C60,但仅限于个别桥例。高于 C60 强度等级的混凝土则还未有应用。

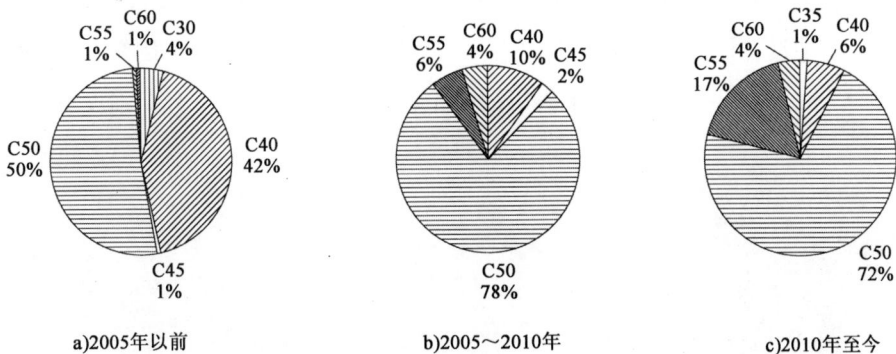

a)2005年以前　　　　　　b)2005~2010年　　　　　　c)2010年至今

图 3-3 不同时期混凝土材料使用比例图

混凝土是目前使用量最大的建筑材料。20 世纪以来,随着社会经济的发展对混凝土强度要求的不断提高和混凝土科学技术的不断进步,混凝土的强度从 20 世纪 20 年代、50 年代和

70 年代的平均抗压强度 20MPa、30MPa 和 40MPa，提高到现在的 50～60MPa。在（高强）高性能混凝土不断得到应用的同时，超高性能混凝土的研究与应用也在不断推进之中。超高性能混凝土（Ultra-High Performance Concrete，简称 UHPC）由水泥、硅灰、石英砂和高效减水剂等材料配制而成，是一种具有超高抗压强度、良好韧性和耐久性的新型水泥基复合材料，并已在桥梁等土木工程中得到大量的应用[125-126]。

为了保证钢管混凝土构件具有良好的力学性能，兼具较好的经济性，管内混凝土强度等级不宜过低。根据结构受力需要及上述统计情况可知，管内混凝土强度等级应不低于 C30，GB 50923—2013 也规定钢管混凝土构件的管内混凝土强度等级不宜低于 C30。同时管内混凝土强度等级也不必过高，宜为 C40～C60。太高的强度等级和其他品质的要求，会使混凝土配制的难度急剧上升，通常，管内混凝土强度等级不宜采用 C60 甚至更高。从极限承载力来说，钢管对混凝土有套箍作用，管内混凝土无须要求强度太高，钢管混凝土拱肋便具有很高的强度。从使用极限状态来说，GB 50923—2013 第 6.0.5 条规定持久状况下钢管混凝土拱肋的钢管应力不宜大于 $0.8f_y$，钢管除与混凝土共同承受恒载与活载等作用外，还要承担混凝土强度形成前的荷载（钢管初应力）、收缩徐变增加的应力（混凝土应力则相应减小）、截面日照非线性温差自应力等，钢管应力往往成为控制应力，因此管内混凝土采用太高强度等级也是没有必要的。

总之，无论钢管还是管内混凝土，材料等级的设计都应根据具体桥梁受力需要、经济性、应用条件等情况具体选定。

钢管混凝土作为一种组合材料，两种材料之间的合理匹配非常重要。图 3-4 和图 3-5 为目前钢管混凝土拱桥拱肋钢材与管内混凝土的搭配比例分布（桥例 231 座）。从图中可以看出，与 Q235 钢配合的混凝土强度等级，C40 所占比例最大，达到 54%，其次是 C50，比例为 30%；与 Q345 钢配合的混凝土强度等级，C40～C60 所占的比例高达 99%，只有 1994 年建成的广东南海佛陈大桥和 1997 年建成的广东广州解放大桥采用了 Q345 钢配 C30 强度等级混凝土。统计样本中没有使用 Q390 钢的桥例。因此钢管混凝土拱桥在常用管径范围、壁厚范围情况下，Q235 钢可配 C40～C50 强度等级混凝土，Q345 钢可配 C40～C60 强度等级混凝土。

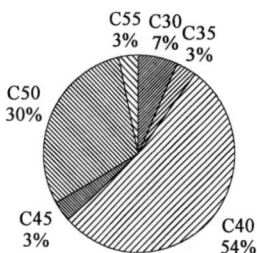

图 3-4　Q235 钢管管内混凝土材料统计图　　图 3-5　Q345 钢管管内混凝土材料统计图

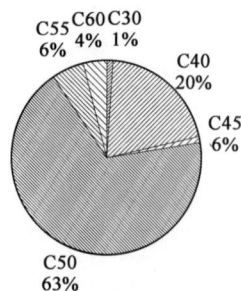

为充分发挥钢管混凝土的受力特性并且保证钢管管壁的稳定性,就要限制管径与壁厚之比。钢管的径厚比太大时,钢管容易发生局部屈曲;径厚比太小则含钢率太高,经济性下降,而且对于大管径的钢管,管壁太厚也会给卷管和焊接工作带来不利因素。图 3-6 为弦管管径 D 与壁厚 t 的比值统计图(桥例 321 座)。从图中可以看出,94% 的钢管混凝土拱桥其弦管管径 D 与壁厚 t 的比值分布在 35 ~ 100 之间,其中比值在 35 ~ 70 范围内的占 68% 。

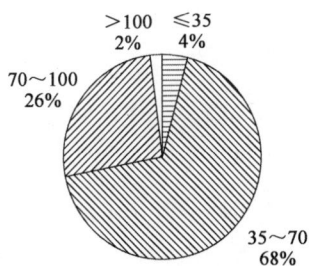

图 3-6　弦管管径 D 与壁厚 t 的
比值统计图

约束效应系数设计值和含钢率是体现钢管对混凝土的套箍作用的两个重要设计参数。相关的规范都对钢管混凝土的含钢率作了规定,下限多为 0.04,上限有所不同,最大的为 0.20。为保证钢管对混凝土有足够的套箍作用,防止钢管混凝土构件套箍能力不足而产生脆性破坏,一些规范也规定了最小套箍指标。一些规范的相关规定详见本书第二版第三章第二节的介绍。对 235 座钢管混凝土拱桥的桥例统计表明,87% 的桥例截面含钢率 ρ_c 在 0.05 ~ 0.20 之间,约束效应系数设计值在 0.60 以上。GB 50923—2013 也规定钢管混凝土构件的截面含钢率为 0.05 ~ 0.20,约束效应系数设计值不宜小于 0.60。

二、截面形式

钢管混凝土拱肋截面可分为实体式和桁式,相应的拱肋称为实体(拱)肋和桁式(拱)肋(或桁肋)。实体拱肋又分单管、哑铃形等截面。桁式拱肋又可根据钢管的根数分为三肢、四肢、六肢和八肢桁式,四肢和六肢还可根据横向之间钢管的联系方式分为横哑铃形、全桁式以及混合式。GB 50923—2013 推荐的截面形式为单圆管、哑铃形和桁式,如图 3-7 所示。

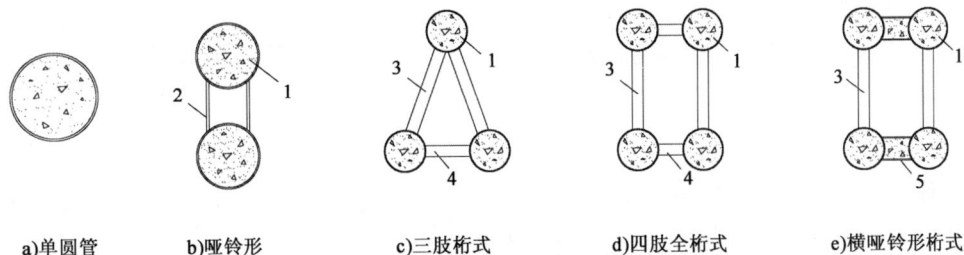

a)单圆管　　b)哑铃形　　c)三肢桁式　　d)四肢全桁式　　e)横哑铃形桁式

图 3-7　钢管混凝土拱肋常用截面形式

1-弦管;2-腹板;3-腹杆;4-平联杆;5-平联板

单管拱肋以单圆管为主。单管拱肋除圆截面外,还有圆端形截面。圆管形截面又可分为横圆端形和竖圆端形两种。横圆端形截面高度和宽度一般在 1.4 ~ 3.3m 之间,2004 年以后基本不再采用;竖圆端形截面在华东地区仍有少量应用,但跨径均较小。此外,还有极个别的桥梁采用矩形截面(有些带有倒角)。由于这些截面形式不似圆截面具有较好的套箍作用,钢材与混凝土的组合作用较弱,通常在设计强度计算时更多地视为钢结构进行计算,而管内混凝土主要起增强刚度的作用。GB 50923—2013 在名词术语中规定钢管混凝土拱桥是指以圆形钢管混凝土为基本单元所形成的拱肋为主要承重结构的桥梁。因此,上述这些截面形式的钢管混凝土拱桥不在 GB 50923—2013 规定的范围之内,本书不进行详细的介绍,读者可参见本书第一版第四章和第二版第五章的介绍。此外,附录 A 收集的桥例中,包含了这些截面形式的钢管混凝土拱桥。

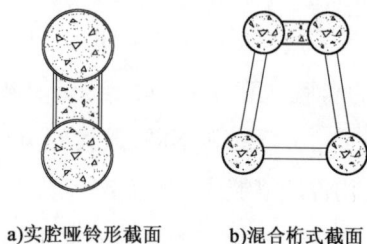

a)实腔哑铃形截面　　b)混合桁式截面

图 3-8　钢管混凝土拱肋其他截面类型

除图 3-7 所示的 3 种截面形式外,我国早期钢管混凝土拱桥实际工程中,哑铃形截面还用到腹腔填有混凝土的截面,如图 3-8a)所示,可称之为实腔哑铃形,与之相对应,图 3-7b)的截面可称为空腔哑铃形;在桁肋中,也曾出现过混合桁式,如图 3-8b)所示。

实腔哑铃形截面在浇注腹腔混凝土时易发生爆管事故[127]。研究表明,腹腔内的混凝土对截面极限承载力的贡献很小,取消后可从根本上消除爆管事故的发生。为此,作者提出腹腔内不浇注混凝土的空腔哑铃形截面,并率先在河南郑州黄河公路二桥主桥、福建福鼎桐山大桥、甘肃兰州雁滩黄河大桥等工程中应用并推广。

也有个别桥梁拱肋采用双肢桁式,即钢管混凝土上下弦杆通过钢管腹杆连接,本书第二版第五章第二节给出了两个此类实桥的例子。由于截面高度较高,面内抗弯刚度较之哑铃形截面有显著提高,然而面外抗弯刚度和抗扭刚度没有增大或增大很小,因此拱的面外稳定问题更显突出。为此需采用较密的横撑,以保证整体的面外稳定和拱肋横撑之间节段的局部稳定,增加了横撑的数量与材料耗费,也不美观。因此,除宽跨比很小的桥梁外,这种截面的采用宜慎重考虑。

对于四肢桁式,早期多采用横哑铃形桁式,近年来腹杆和平联均采用钢管构件连接的全桁式截面越来越多。截至 2010 年 6 月[80],在桁肋中全桁式截面占 73.5%,横哑铃形桁式占26.5%;而2005 年的统计资料中[81],横哑铃形桁式占桁式拱肋总数的41.7%,全桁式占58.3%。在本次的统计资料(截至 2015 年 1 月)中,采用桁式拱肋的共 142 座,全桁式占 59.2%,横哑铃形桁式占总数的 28.9%。全桁式较之横哑铃形桁式截面,由于取消了钢管间的横向缀板和缀板内的混凝土而采用缀条,节省了用钢量和混凝土用量,减轻了自重,使钢管混凝土拱桥具有更强的跨越能力;同时,克服了平联腔内混凝土的施工问题,受力也更加合理。因此,全桁式应用呈增多的趋势。在设计大跨径钢管混凝土拱桥时,宜首先考虑采用四肢全桁式的主拱结构形式。

在采用圆钢管混凝土拱肋的拱桥中,除单圆管、哑铃形和桁式外,还有一种所谓集束式拱肋,如四川武隆峡门口乌江大桥和洪雅洪州大桥、广东韶关百旺大桥和韶关五里亭大桥、贵州落脚河大桥等。这种拱肋将几根大小不一的圆钢管混凝土构件以较小的截面高度组合在一起，各管之间每间隔一段用钢箍箍紧或用直腹杆连接。设计者认为圆管最能发挥钢管混凝土受压强度高的特性，而不主张用哑铃形和桁式。然而，集束式拱肋存在以下4个问题：①拱桥中的主拱肋并不是纯压构件，往往还受弯矩作用且常常还成为控制作用，而集束式拱肋抗弯惯矩小、截面效率低；②受压结构往往以稳定为控制因素，而无论是分支点弹性失稳，还是极值点弹塑性失稳，抗弯惯矩都是关键因素；③集束式拱肋各管之间缺乏有效的（剪力）传力构造保证，受弯时难以满足平截面假定，使得这种截面材料用量多、截面效率低的问题更加突出；④各管靠太近且没有很好的传力构造，导致各管间的表面病害突出且养护维修困难。四川武隆峡门口乌江大桥为中承式提篮拱，计算跨径140m，矢跨比1/4，采用五肢集束式拱肋，中间管径为290~1400mm，外面四管管径为700mm。大桥于1996年建成，建成后不久，拱顶下挠严重，且出现横桥向的扭曲变形，静动载试验中主拱的应力与挠度均大于理论值。在讨论了多种方案后，最后决定拆除重建。集束式截面形式不为当前广大桥梁工程师所接受，应用实例也不多，由于出现了较多的病害，近年更无新的应用。

图3-9（统计桥例372座）给出了拱肋截面形式统计结果。在调查统计中，为方便计数，将拱肋截面简单地分为哑铃形（含实腔与空腔）、桁式（各种桁式）、单圆管以及其他（包括圆端形、集束式、矩形等）4种截面形式。从图中可见，哑铃形和桁式应用最多，前者在42%~51%之间，后者在33%~37%之间。

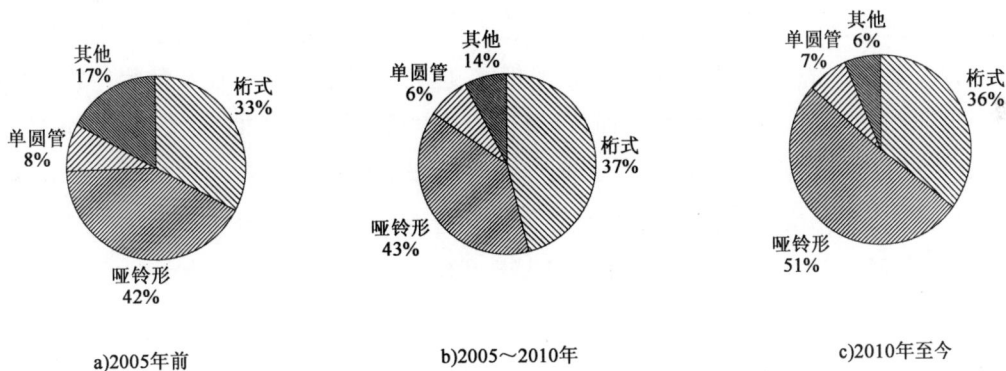

a)2005年前   b)2005~2010年   c)2010年至今

图3-9 不同时期拱肋截面形式统计对比图

图3-10为拱肋截面形式与跨径的关系图，表3-4则为各个跨径范围内各种截面形式所占的百分比。单圆管除在50~75m跨径范围内有一定应用外，在其他跨径范围应用比例均不大于3.5%，到150m及以上时，就没有应用了。哑铃形拱肋在跨径50~125m时占主导地位，在各个跨径范围内的比例分别为34.38%、65.8%、58.10%。跨径为125~150m时，哑铃形与桁式旗鼓相当，分别占48.2%和42.0%。当跨径大于150m时，越来越多地采用桁式截面，跨径为150~175m和175~200m时，分别占了53.33%和90.00%；当跨径在200m以上时，更是达到了98.00%。

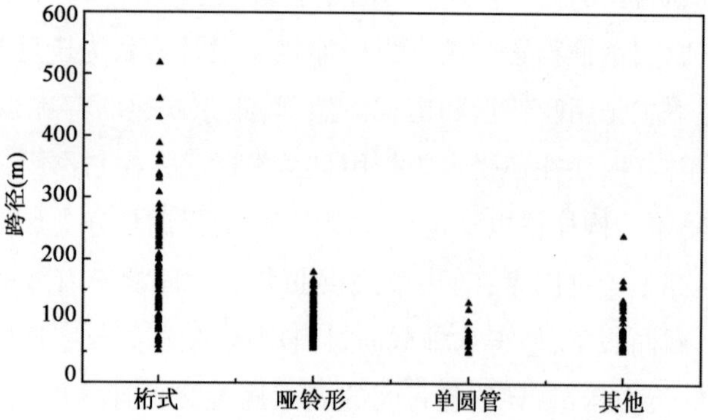

图 3-10　拱肋截面形式（按跨径）统计图

拱肋截面形式与跨径的关系表　　　　　　　　　表 3-4

跨径（m）	截 面 形 式			
	桁　式	哑铃形	单圆管	其　他
50～75	11.9%	34.30%	29.90%	23.90%
75～100	11.4%	65.80%	3.50%	19.30%
100～125	25.8%	58.10%	3.20%	12.90%
125～150	42.00%	48.00%	2.00%	8.00%
150～175	53.33%	30.00%	0.00%	16.67%
175～200	90.00%	10.00%	0.00%	0.00%
>200	98.00%	0.00%	0.00%	2.00%

　　钢管混凝土拱桥拱肋截面形式与构造的拟定，应充分考虑主拱跨径及拱肋片数的影响。当跨径小于 80m 时，可采用单圆管截面，以简化构造；当跨径小于 120m 时，可选用哑铃形截面，具有一定的抗弯能力，构造也不太复杂；当跨径大于 120m 时，建议采用四肢全桁式截面，以发挥其较大纵横向抗弯刚度的优势，且能保证钢管混凝土弦杆以受压为主；对于跨径大于 300m 的桥梁，其拱肋截面形式及钢管直径应特殊考虑。

三、截面尺寸

（一）弦杆管径与壁厚

　　表 3-5 为钢管混凝土拱肋钢管（哑铃形与桁式指弦杆钢管）直径统计表，图 3-11 为钢管混凝土拱肋管径、壁厚以及两者之间比值（径厚比）的分布图。从中可以看出，83.6% 的钢管混凝土弦管直径在 600～1 300mm 之间，壁厚分布在 10～20mm 之间的共 167 座，占 87.4%。

　　因此，GB 50923—2013 第 7.2.4 条规定，"钢管混凝土拱肋钢管外径宜为 600～1 300mm。哑铃形截面的弦杆管径可采用 $0.35H～0.46H$。等高度桁式截面的拱肋弦杆管径可采用 $0.18H～0.30H$，随拱肋高度的增大可取用低值。"

钢管混凝土拱肋钢管直径统计表　　　　　　　表 3-5

钢管直径(mm)	≤300	300 ~ 600	600 ~ 900	900 ~ 1 300	1 300 ~ 1 500	>1 500
座数	2	19	146	139	11	13
比例	0.6%	5.8%	44.2%	42.1%	3.3%	3.9%
合计	330					

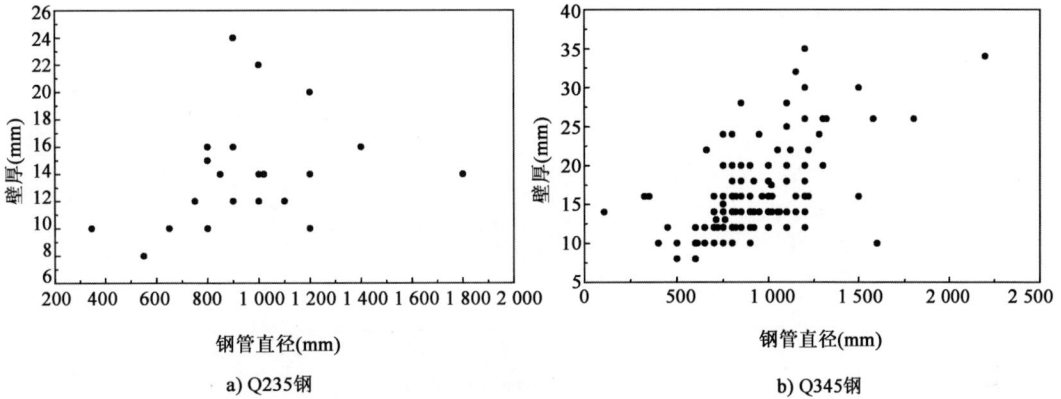

a) Q235钢　　　　　　　　　　　　　　　b) Q345钢

图 3-11　拱肋钢管直径、壁厚统计图

（二）截面高度

图 3-12 为拱肋截面高度(拱顶截面高度)与跨径的关系。从图中可以看出,3 种拱肋截面形式的桥型,拱肋截面高度均随跨径的增加而增加。

GB 50923—2013 第 7.2.2 条推荐,对跨径不大于 300m、采用哑铃形或四肢桁式(四肢全桁式和横哑铃形桁式)等高度截面的钢管混凝土拱桥,拱肋截面高度 H 可按式(3-3)估算,且四肢桁式拱肋的宽度可采用 $0.40H \sim 0.75H$。变高度截面的桁拱,拱顶和拱脚截面高度可分别按式(3-3)计算值的 0.8 倍和 $1.4 \sim 1.5$ 倍取用。

$$H = k_1 k_2 \left[0.2 \left(\frac{l_{01}}{100} \right)^2 + \frac{l_{01}}{100} + 1.2 \right] \tag{3-3}$$

式中:H——拱肋截面高度(m);

k_1——荷载系数,公路Ⅰ级或城—A 级取 1.0,公路Ⅱ级或城—B 级取 0.9;

k_2——行车道系数,当设计车道数为 2 或 3 时取 0.9;当设计车道数为 4 时取 1.0;当设计车道数为 6 时取 1.1;

l_{01}——拱肋净跨径(m)。

图 3-13 中实线为式(3-3)计算的拱肋截面高度随跨径的变化曲线,散点为统计数据。从图中可以看出,对于四车道以下的钢管混凝土拱桥,散点在曲线的附近,吻合较好,对于六车道以上的,有几座桥与估算数据差别较大,但总体数据仍是以估算曲线为中心,分布在曲线的附近,因此估算公式可以用来估算拱肋截面的高度。

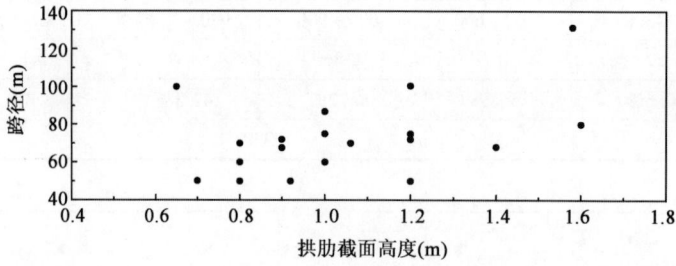

a)单圆管

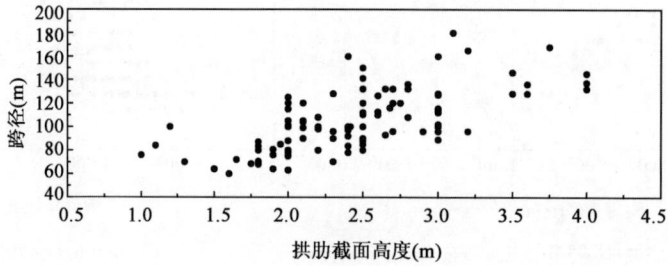

b)哑铃形

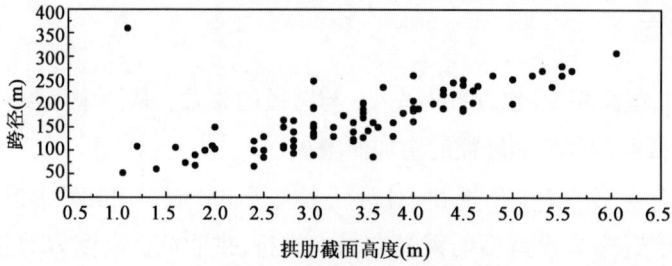

c)桁式

图 3-12　拱肋截面高度与跨径关系统计图

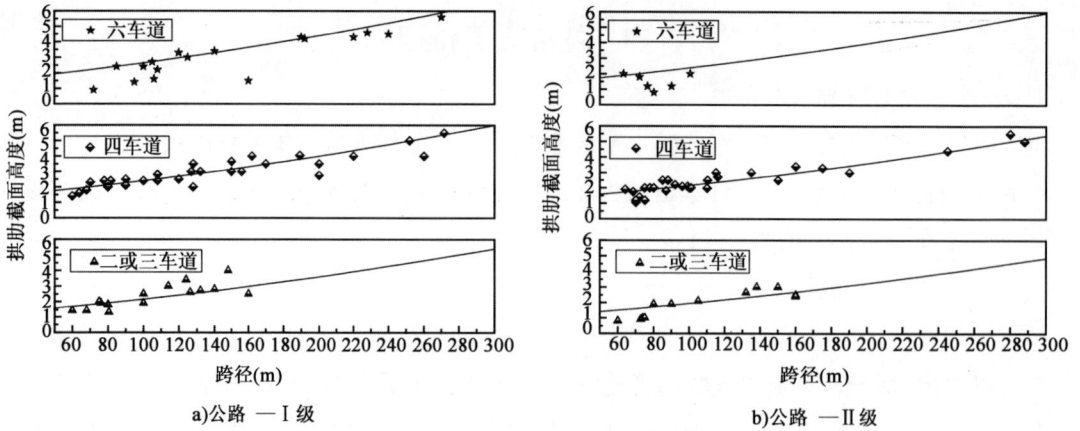

a)公路 —Ⅰ级

b)公路 —Ⅱ级

图 3-13　拱肋截面高度与跨径(按车道数与活载等级)统计图

在这 3 种拱肋截面中,单圆管的高度和宽度比显然为 1,哑铃形和桁式截面的比值范围较广,拱顶和拱脚的高宽比如图 3-14 所示(统计桥例 243 座):哑铃形截面的高宽比在 2.1 ~ 3.5 之间,2.5 左右最多,因而不能视为钢管混凝土格构式截面。而对于桁式截面,高宽比变化范围较广,大部分集中在 1 ~ 2.5 范围内。

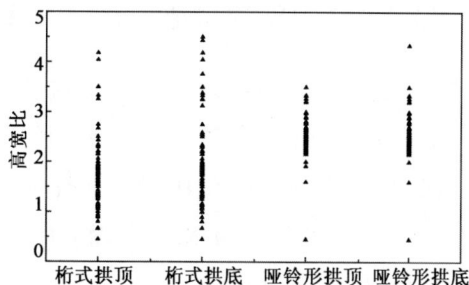

图 3-14 拱肋截面高宽比统计图

图 3-15 为拱肋宽度与桥面宽度的关系。单圆管和哑铃形截面形式的拱肋截面宽度即管径。桥面宽度大,一般来说管径也要增大,所以拱肋截面宽度也相应增大,但这种关系并不是很明显;桁式截面的宽度与管径不直接相关,宽度随桥宽变化的趋势就更不明显了。

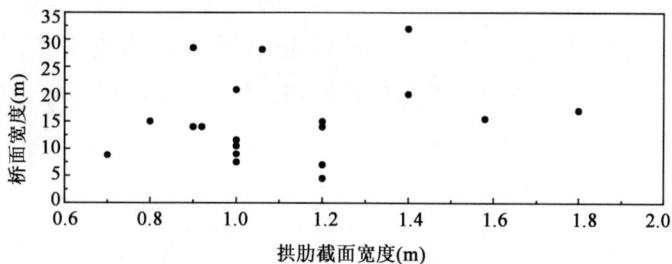

a)单圆管

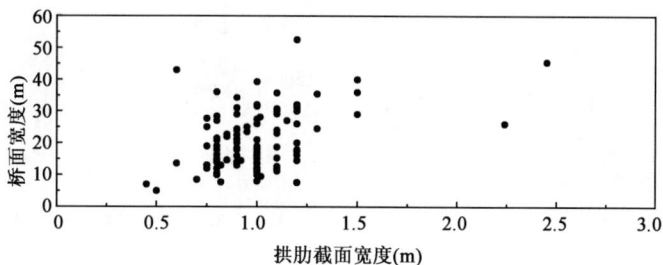

b)哑铃形

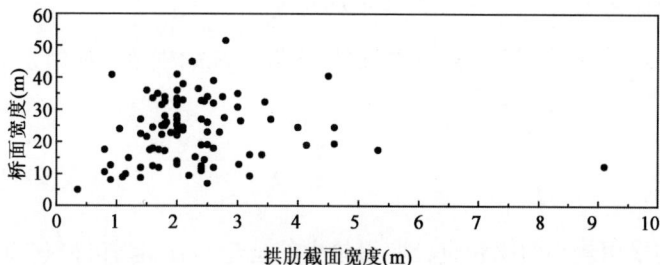

c)桁式

图 3-15 拱肋截面宽度与桥面宽度关系统计图

四、实肋(单圆管与哑铃形)截面构造

3 种主要拱肋截面形式中,单圆管拱肋主要应用于跨径不大的城市桥梁和人行桥,钢管直径一般在 1.6m 以下(钢管直径均指外径)。有关径厚比等参数,详见本章第一节。

在所有拱肋截面形式中,哑铃形截面(含实腔和空腔)所占比例最大,达 40% 以上;主要应用在 150m 以下的跨径范围内,且以 120m 以下的跨径为主。哑铃形截面的主要截面几何参数如图 3-16 所示。在桥例的统计中,哑铃形拱肋的钢管直径 D 在 50～150cm 范围内,以 75～110cm 最多,D/L 为 1/200～1/60(L 为净跨径);高度 H 在 140～375cm 范围内,以 180～250cm 居多,$H/L = 1/72～1/30$;$D/H = 1/3.26～1/2$,以 1/2.5 居多;钢板厚在 8～24mm 范围内,常用的有 10、12、14、16mm。D/L 和 H/L 一般随着跨径增大而减小。

为了保证平截面假定的成立,防止腹板的局部屈曲,空腔哑铃形截面应在腹腔内设置工字钢、H 型钢或圆钢管对腹板进行加劲(图 3-17)。在浇注管内混凝土时,腹腔内的加劲构造能改善截面受力,较之实腔哑铃形截面,钢管与腹板相交处的应力有较大幅度的降低。空腔哑铃形拱肋实质上是介于完全实体的实腔型哑铃形和桁式拱肋之间的一种,上下管之间的剪力传递是靠内部的加劲构件和腹板共同完成的。

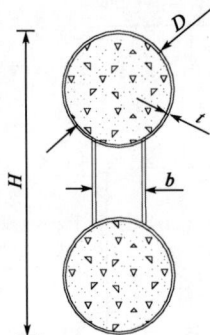

图 3-16　哑铃形截面参数符号示意图

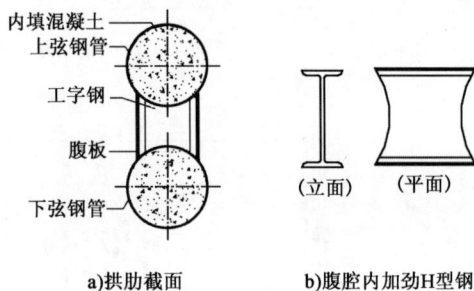

图 3-17　河南郑州黄河公路二桥拱肋构造示意图

GB 50923—2013 第 7.2.5 条规定,"哑铃形截面中两块腹板间应设置加劲构造。加劲构造间沿拱肋方向的距离 l_2 不应大于 3 倍的腹板高度 h_2",如图 3-18 所示。这是为避免腹板局部失稳而规定的构造措施。对于吊点或立柱处,腹腔的加劲构造还应特别加强,并根据受力要求进行验算。

五、桁肋构造

桁式拱肋能够采用较小的钢管直径取得较大的抗弯刚度,且杆件以受轴向力为主,能够充分发挥材料的特性,因此它是大跨径钢管混凝土拱桥合理的截面形式。桁肋的弦管、截面尺寸等设计参数见前述的介绍。

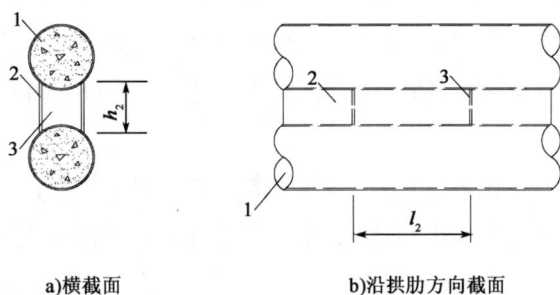

a)横截面　　　　　　　　b)沿拱肋方向截面

图 3-18　哑铃形截面拱肋腹板加劲构造示意图
1-弦管;2-腹板;3-加劲构造

(一)截面形式

组成一根桁式拱肋的钢管混凝土弦杆常见的有三肢、四肢和六肢,其中四肢应用最多,三肢次之,采用六肢截面的目前仅见广东广州丫髻沙大桥、湖南湘潭湘江四桥等。六肢的构造复杂,需要较强的构造措施以保证各管之间的均匀受力,因此无论从结构受力方面还是施工方面,六肢不如四肢简洁合理。

三肢拱肋管与管之间的联系均采用钢管杆件,为全桁式拱肋。黑龙江依兰牡丹江大桥为中承式无风撑拱,跨径100m,从其结构设计方面应理解为两肢加上一肢,以增大拱肋横向抗弯刚度,取消桥面以上的风撑。其拱肋截面构造如图3-19a)所示(后在加固时增设了横撑)。

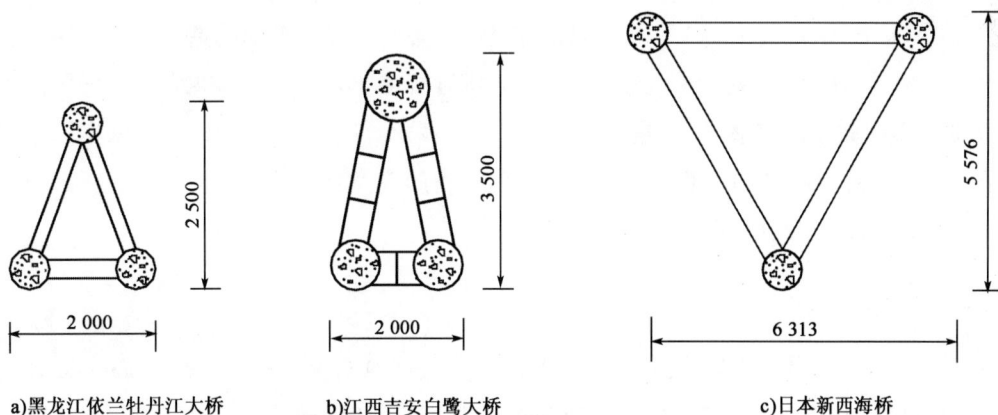

a)黑龙江依兰牡丹江大桥　　b)江西吉安白鹭大桥　　c)日本新西海桥

图 3-19　三肢桁式拱肋截面构造实例(尺寸单位:mm)

江西吉安白鹭大桥全长536m,跨径布置为36m + 138m + 188m + 138m + 36m。中跨拱肋肋高3.5m,底宽2m。上弦管外径1 000mm,壁厚16mm;下弦管外径750mm,壁厚12mm,如图3-19b)所示。

日本新西海桥的拱肋也采用三肢桁式截面,不过其截面形式是倒三角形的,由两根上弦管和一根下弦管组成,下弦管束用一根主要考虑将吊杆连接于下弦(见本章第二节),拱肋肋高5.576m,宽6.313m,钢管外径均为812.8mm,如图5-19c)所示。由于拱脚处常以负弯矩控制设计,一根下弦管的压应力偏大,是该桥设计的难点之一。实际设计时通过加厚钢管壁厚来解决。

由于拱桥中的弯矩变化频繁,特别是超静定次数较高的无铰拱,因此圬工、混凝土和钢拱桥中拱肋一般采用水平轴对称的矩形、工字形或箱形截面。在钢筋混凝土拱桥中,板拱的上下缘和箱拱的顶底板配筋也基本相同,以抵抗交变的正负弯矩。三肢式拱肋为水平轴非对称的截面,显然较难做到这一点,因此必然带来截面的不经济。

由前述可知,四肢桁式截面是大跨径钢管混凝土拱肋的主要截面形式,且以全桁式为主,横哑铃形桁式应用较少。

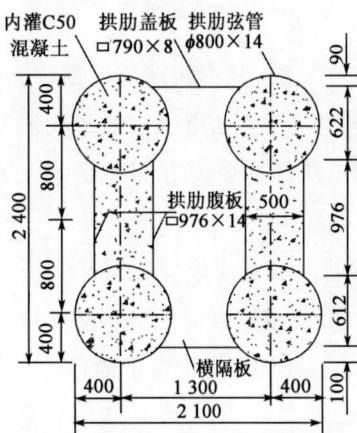

图3-20 四肢双竖哑铃形截面构造实例(尺寸单位:mm)

四肢截面中极个别的设计采用了一种由双排竖哑铃形构成的拱肋,这种截面是不合理的,如图3-20所示。从材料力学知识可知,截面从实体矩形向工字形、桁式发展,是出于提高截面抗弯惯性矩、提高截面效率考虑的原则,也是结构研究与发展的一个方向。而四肢双竖哑铃形截面显然违背了这个原则,使得截面效率低、耗费高、自重大。而在横桥向,两根竖向刚度很强的哑铃形截面仅通过横隔板和面板来连接,抗扭性能差,在横向受力时整体性难以得到保证。两根拱肋之间用了很强的横撑来联系,实际上有效的联系只是靠内侧的各一个竖哑铃形构造。

在上承式钢管混凝土拱桥中,主拱结构是采用两个四肢桁肋通过横向联系连成整体,还是采用八肢(或更多)全断面桁式结构,应根据实际情况选定。前者构造简单,施工方便,但当跨径很大,单根肋的高宽比很大时,应采用全断面桁式结构,以增强截面的抗扭刚度,改善主拱的受力。

(二)腹杆

钢管桁架根据腹杆的布置形式主要有 Warren(斜腹杆)桁架、Pratt 桁架、Vierendeel(直腹杆)桁架以及带交叉腹杆的桁架,如图1-16所示。在钢管混凝土桁拱中,腹杆与弦杆采用 N 形连接,即与 Pratt 桁梁构造相近。

桁拱的腹杆常做成拉杆,以避免压杆出现局部失稳的问题。由于受力不大,腹杆可以采用小直径的空心钢管,腹杆有两种形式布置——平行式和垂直式。

平行式指直腹杆与地面水平线垂直(图3-21),吊杆和直腹杆方向一致,上锚窝置于上弦杆的平联处,结构传力路径清晰,绝大部分桁肋的腹杆采用了这种形式。直腹杆间距除应考虑斜腹杆距离外,还得与吊杆间距综合考虑。但是这种布置,每根直腹杆和斜腹杆的尺寸都不一样,斜腹杆的角度也都在变化,拱肋加工稍显复杂。

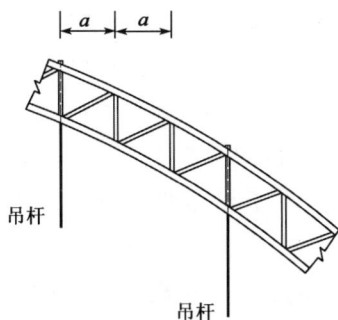

a)构造示意图　　　　　　　　b)实例照片(福建闽清石潭溪大桥)

图3-21　桁肋平行式腹杆布置

垂直式指腹杆与拱轴垂直(图3-22),直腹杆间距一般使斜腹杆成30°～60°,常在45°左右。在等高度桁拱中直腹杆和斜腹杆规格一致、易于加工,但若将吊杆锚头布置于上弦的平联上时,吊杆与腹杆之间的几何关系复杂、处理困难;应将吊杆置于下弦杆的平联上,这时要注意吊杆力能合理地传至整体拱肋截面,并要防止局部构件的受拉破坏。采用这种腹杆布置方式的拱肋,横撑的结构在拱肋高度方向与拱轴线垂直,而不是与地面线垂直,横撑节间基本为等弧长布置,而不是等平面投影长度布置。

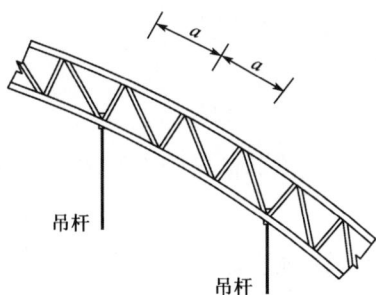

a)构造示意图　　　　　　　　b)实例照片(浙江淳安南浦大桥)

图3-22　桁肋垂直式腹杆布置

从第一章第一节可知,对于钢管桁梁,无论是结构承载力、刚度还是疲劳性能,节点均是结构受力的关键部位。研究表明,钢管混凝土桁梁弦管内填充的混凝土,改善了节点局部受力性能,但仍是结构受力的关键。一般的钢管混凝土桁肋中,腹杆采用空钢管构件,对于受较大轴压力的支管,如大跨径拱的拱脚处腹杆,可采用钢管混凝土构件。

在统计的80余座钢管混凝土桁肋拱桥中,支管与主管直径比在0.40～0.60范围内的占

81%以上,在0.55~1.00范围内的占78%。支管与主管面积比不小于25%的占87%。根据钢管混凝土节点受力性能研究及实桥调查统计结果,结合空钢管结构的节点构造要求,GB 50923—2013第7.2.10条和第7.2.11条规定,"钢管混凝土拱桥管结构中支管钢管与主管钢管直径比宜为0.40~0.60,壁厚比宜为0.55~1.00,支管与主管的面积比不宜小于0.25。"钢管混凝土拱桥管结构的节点构造(图3-23)应符合下列规定:

(1)支管与主管宜采用相贯线直接焊接连接,支管不得穿入主管。

(2)钢管节点宜采用间隙节点,支管间隙 Δ 不应小于相邻两支管壁厚之和且不应小于50mm。

(3)支管轴线宜交于节点中心(图3-23)。当不能满足时,支管轴线可不交于主管轴线,但其节点偏心距 e 宜控制在 $-0.55D$ ~ $+0.25D$ 之间。

(4)主管与支管之间夹角 θ 宜为30°~90°。

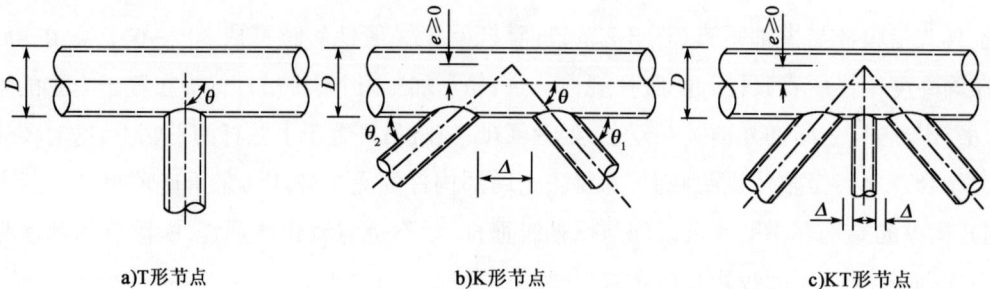

a)T形节点　　　　b)K形节点　　　　c)KT形节点

图3-23　管结构节点构造示意图

(三) 平联

对于全桁式,承受横向作用时,水平向两根弦管之间通过平联连成整体。当两弦管间距较大时,可采用图3-24所示的带斜平联的方式布置,以提高拱肋横向受力性能,它相当于带斜腹杆的格构柱[参见图1-17a)]。

对于一般桁肋来说,由于主要受力在面内,面外的横向受力不大,且一般拱肋肋宽不大,斜平联布置困难,因此多数情况下仅布置与弦杆垂直的平联(图3-25),相当于平缀条格构柱[参见图1-17b)]。此时,两相邻平联的节间不应太大,而应通过加密平联的布置来改善受力。GB 50923—2013第7.2.6条规定,"当无斜杆时,两根平联杆间的距离宜为平联长度的1.5~3.0倍。"通常情况下,平联的节间可采用比腹杆节间更密的构造。吊点的局部受力由平联及其加劲构造来承受。

对于横哑铃形桁式,拱肋的高度与宽度之比在2:1附近较为合理,拱肋的面外稳定性主要通过横向联系来保证。GB 50923—2013第7.2.6条规定,"横哑铃形桁式截面中两块平联板间应采用加劲板等构造措施。"这主要是为了加强平联的抗局部屈曲能力,同时防止填充平联中混凝土时发生爆管事故。

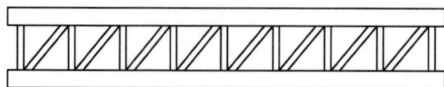

图 3-24 全桁肋带斜杆平联布置示意图

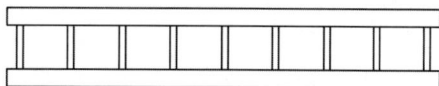

图 3-25 全桁肋无斜杆平联布置示意图

(四)内栓钉

钢管混凝土桁拱中,弦管(主管)采用钢管混凝土,支管采用空钢管,主、支管通过钢管直接相贯焊接形成节点。桁式拱肋在承受弯矩时,剪力通过支管传递给主管的钢管,再由主管的钢管传给管内的混凝土,如图 3-26 所示。因此,主管在节点处的钢管与管内混凝土的相互作用就显得非常重要。大量的实桥调查发现,钢管与管内混凝土普遍存在着脱粘现象,在拱顶处尤其明显。这个问题可通过克服脱粘来解决,也可以通过在与支管相接的弦管内壁处设置剪力栓钉(内栓钉)来解决。本书作者提出了"钢管混凝土桁式结构内栓钉节点及其施工方法",获得国家发明专利(专利号 ZL 2011 1 0212104.5),并已在贵州总溪河大桥中得到应用,且开展了系列的研究[128]。GB 50923—2013 第 7.2.10 条规定,"桁式拱肋的主管(钢管混凝土弦杆)可在节点处设置内栓钉。"

贵州总溪河大桥为毕节至都格(黔滇界)段高速公路跨越总溪河深切峡谷的一座特大桥,如图 3-27 所示。主桥采用跨径 320m 的上承式钢管混凝土拱桥,拱轴线为悬链线。矢高 71.11m,矢跨比 $f/L=1/4.5$。主拱为桁肋,截面高度从拱顶 6m(弦管中到中)变化到拱脚 11m(弦管中到中)。单片拱肋宽度 4m,横桥向两拱肋间的中心距 13m。拱肋弦均采用 $\phi1\,200$mm 钢管,上弦管管壁为 22mm 等厚度,下弦管壁厚由拱脚的 32mm 变至拱顶的 22mm。钢管内浇注 C50 高强低膨胀混凝土。在弦杆与腹杆相交处设置了内栓钉。

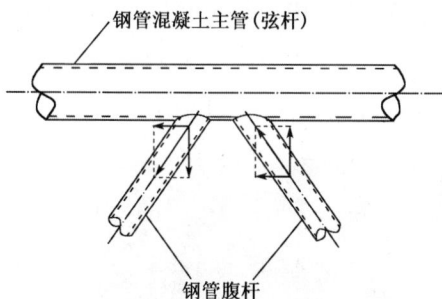

图 3-26 钢管混凝土桁肋腹杆传力示意图

图 3-27 贵州总溪河大桥(施工中)

内栓钉沿轴向布置的主要参数如图 3-28 和图 3-29 所示。考虑到节点区的剪力是往上下两个方向传递的,剪力区的总长度取为 $l_D=2D$(D 为管径),即 $l_D=2D=1.2\times2=2.4$m。此外,由于该桥的腹杆是通过节点板与主管相连,力主要是通过节点板在长度范围内传递,所以内栓钉的布置长度应大于节点板的长度。在环向,与腹杆相交的半圆范围内,内栓钉布置较另半圆加密一倍;对于上弦管立柱处节点,由于其受力较为复杂,故内栓钉等间距均匀布置12 个[129]。

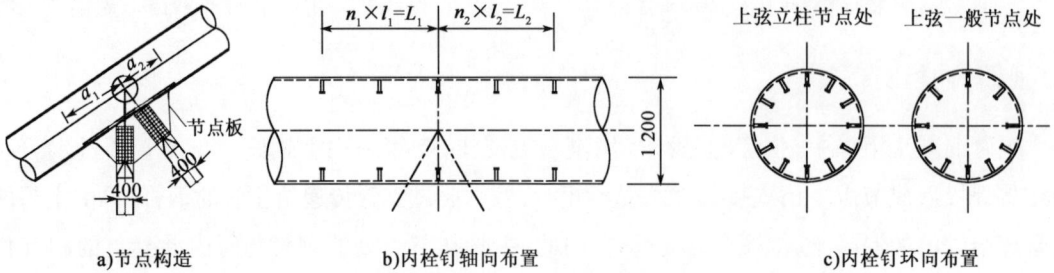

a)节点构造   b)内栓钉轴向布置   c)内栓钉环向布置

图 3-28   贵州总溪河大桥(上弦杆)内栓钉布置图(尺寸单位:mm)

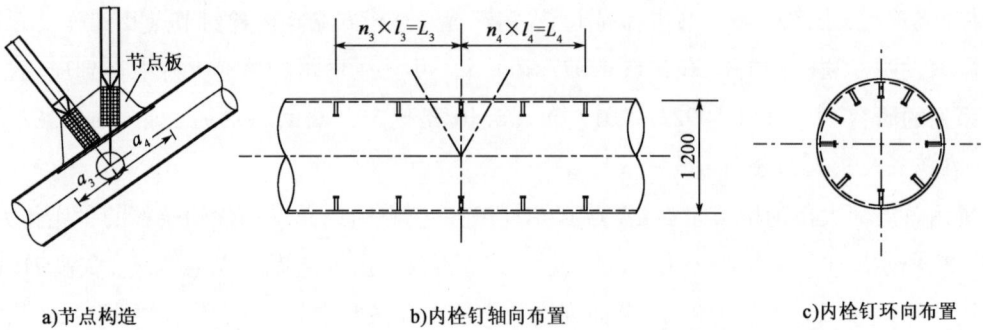

a)节点构造   b)内栓钉轴向布置   c)内栓钉环向布置

图 3-29   贵州总溪河大桥(下弦杆)内栓钉布置图(尺寸单位:mm)

此外,对于早期的钢管混凝土拱桥,还曾将钢筋以螺旋状焊接于管内,以增大空钢管的刚度,防止失圆并加强后期与管内混凝土的黏结,但它属于概念设计,仅作为一种构造措施,因缺乏深入的分析,后期较少采用。另有一些钢管混凝土拱桥,在管内应用 PBL 键以加强钢管与管内混凝土的联合作用,如陕西西安王坡沟南桥。该桥主桥跨径 132m,矢跨比为 1/6,主拱肋为哑铃形截面,在拱肋节点附近靠近立柱侧设置 7 道 PBL 纵肋,如图 3-30 所示[130]。

a)大桥总体图   b)立柱与拱肋节点处管内PBL纵肋

图 3-30   陕西西安王坡沟南桥与管内 PBL 构造

第二节　拱肋横向结构

钢管混凝土拱桥拱肋材料强度高,刚度相对于圬工和混凝土拱桥小,保证结构的横向稳定性是结构设计的关键问题之一,尤其是对于大跨径和小宽跨比的桥梁。钢管混凝土拱肋一般采用两根或两根以上的拱肋,通过横向联系,将拱肋连接成空间结构,以保证其横向稳定性。拱肋的横向联系称为横撑,由于风荷载是桥梁主要的横向作用,所以有时也将横撑称为风撑。一般将拱肋、横撑构成的结构体系称为组拼拱。

对于上承式拱桥,拱肋全部位于桥面下方,可采用多肋结构(多于两肋),横撑布置相对容易处理,通常可布置成等间距的径向横撑(或横系梁),其横向稳定主要取决于整桥的宽跨比,横向稳定性易于保证。本节对上承式拱的横向结构不作详细介绍。

对于中下承式拱桥,横向联系受行车空间的限制,同时从桥梁美观要求来说,倾向于采用数量较少、结构简洁的横撑结构,因此拱结构的横向稳定性除受整体宽跨比影响外,还受横撑数量、布置形式和结构形式的影响。本节主要介绍中下承式的横向结构。

对于宽跨比较小的桥梁,有时为加强其横向稳定性,将其两肋内倾而成提篮拱。与之相对应,一般肋拱则称为平行肋拱。当然,对于跨径不是很大的城市桥梁,或出于景观考虑,也有做成无风撑拱的。以下分别针对平行肋拱、提篮拱和无风撑拱的横向结构与构造进行介绍。

一、平行肋拱

拱的空间(横向)稳定性与拱的宽跨比直接相关。对于相同宽跨比的桁肋拱,其横向稳定性还与横撑结构有关。图 3-31 为横撑数量与宽跨比关系统计结果(统计桥例 204 座)。从图中可以看出,随着宽跨比的增大,横撑的数量逐渐减少。

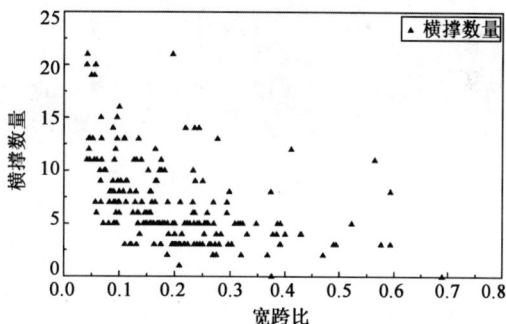

图 3-31　横撑数量与宽跨比关系统计表

(一)横撑布置

横撑一般由直杆和(或)斜杆组成。钢拱桥中常用的横撑形式有 K 形、菱形(X 形)或一字形(空腹形),如图 3-32 所示[97]。

若将拱肋沿拱轴展开,拱肋与横撑组成的结构类似于格构柱。格构柱中由于缀件刚度有限,剪切变形较大,在稳定计算时要考虑剪切变形的不利影响。缀板式格构柱剪切变形的影响通常要大于缀条式的[34]。显然,在数量相同或相近时,采用 K 形或 X 形的横撑的拱肋,由于

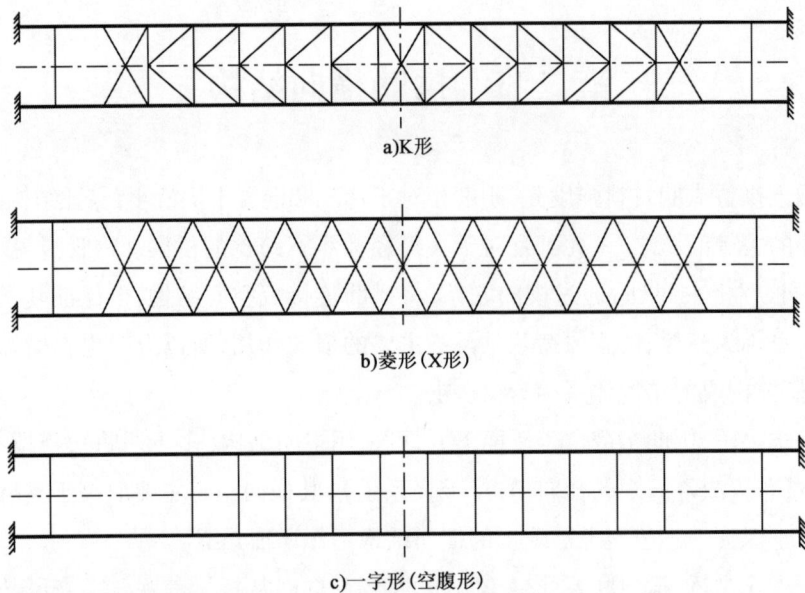

a) K形

b) 菱形（X形）

c) 一字形（空腹形）

图 3-32　钢拱桥常用横撑形式

图 3-33　四川成都青龙场立交桥横撑照片

斜撑的存在,其剪切变形小于只有一字形横撑的拱肋,因而具有较好的稳定性。钢管混凝土拱桥当两拱肋间距较小时,也有时采用如钢拱桥的满布横撑形式,如图 3-33 所示的四川成都青龙场立交桥。但钢管混凝土拱桥因其拱肋内填混凝土而具有更大的刚度,从美观的角度出发,绝大多数桥梁采用通透的布置形式。在通透的布置形式下,当桥宽较大时,有时在 X 形撑的基础上增加直杆,形成米字形撑,以保证横向稳定性。

对于平行肋拱,分析表明,横撑系统的合理布置对于稳定的影响有时要大于横撑数量和横撑自身刚度产生的影响。拱顶附近横撑布置成与拱轴线铅直正交、在其他地方与拱轴线相切,对提高横向稳定效果较好。如图 3-34a) 所示,拱肋侧倾失稳时,拱顶处的横撑主要承受拱肋的扭转变形,采用竖向布置的横撑增强了对拱肋在拱顶处扭转变形的约束,能提高拱肋的面外稳定性。而在其他地方,尤其是 $L/4$ 附近拱肋侧倾时横撑要承受拱肋的相对错动,对横撑是横向弯矩,因此采用切向布置(如 K 形撑),对约束拱肋的相对错动有较大的作用[图 3-34b)]。

对于中小跨径的平行肋拱,可以采用 3 根横向联系的构造,拱顶采用竖向刚度大的一字形撑,在 $L/4$ 处采用切向刚度大的 K 形撑。图 3-35 所示的福建安溪兰溪大桥是一座主跨 80m 的下承式刚架系杆拱,拱顶采用由 $\phi600mm \times 8mm$ 钢管弦杆和 $\phi500mm \times 8mm$ 钢管竖腹杆组成的一字形横撑,以约束拱肋侧倾时拱顶的扭转变形。在 $L/4$ 处对称设置由单根 $\phi800mm \times$

8mm 钢管组成的沿拱肋切向的 K 形撑,以约束拱肋侧倾时的平面剪切变形。

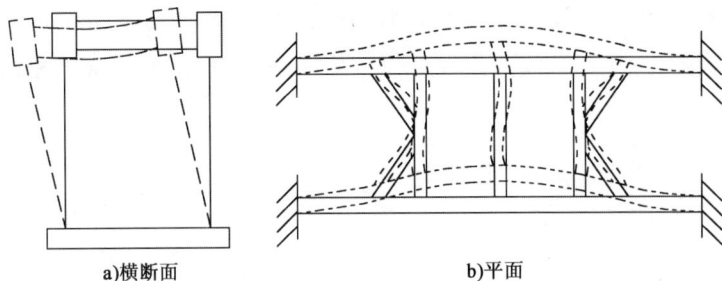

a)横断面　　　b)平面

图 3-34　组拼拱横向变形示意图

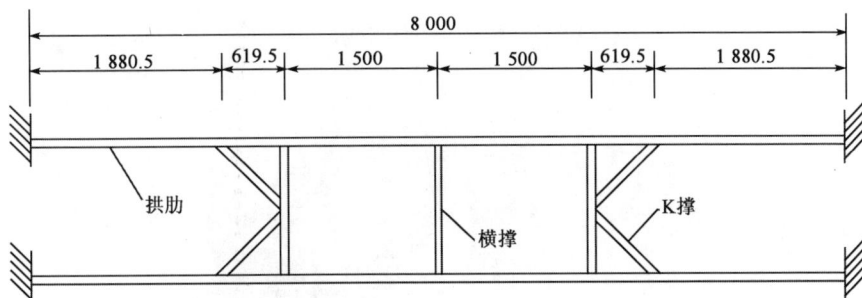

a)横撑平面布置图(尺寸单位:cm)

b)横撑照片

图 3-35　福建安溪兰溪大桥拱肋横撑布置

拱桥除了整体稳定外,还有拱肋局部稳定问题。局部稳定与拱肋在两相邻横向联系构造间的自由长度有关。一般来说,拱脚段为了保证通行净空和视觉上的开阔,从拱脚到第一个横撑之间的拱肋长度在全肋中最长,因此,这一根横撑采用 K 撑不仅有利于整体稳定,还有利于拱肋节段的局部稳定,同时视觉效果也较好。

大跨桥梁需要更合理的横撑系统。很明显,带斜杆的横撑,例如 K 形横撑、X 形横撑或者菱形横撑比横向一字形横撑更为有效。一字撑构造简洁,更符合现代的审美情趣。因此,在安全性和美观性之间需要作斟酌以期达到二者在设计上的平衡。

跨径较大的湖北武汉晴川三桥(汉江大桥,主跨 280m)为下承式刚架系杆拱,横撑共 11

道，除拱顶采用空间一字形撑外，其余均为 K 形撑。横撑布置如图 3-36 所示[131]。横撑上下弦钢管的直径为 680mm、壁厚为 12mm，腹杆钢管直径为 350mm、壁厚为 10mm。横撑除了按稳定计算考虑外，还应结合施工吊装需要来设置，原则上每吊一个节段，安装一根横撑。

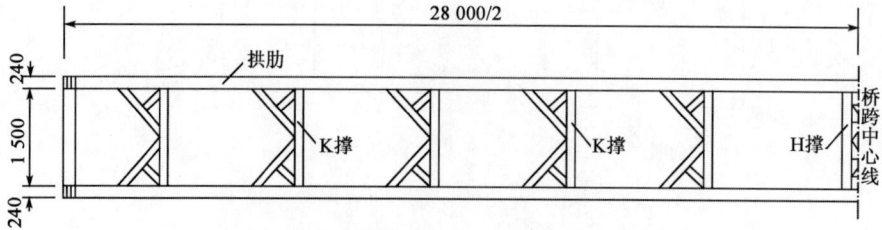

a)横撑平面布置图(尺寸单位：cm)

b)横撑照片

图 3-36　湖北武汉汉江三桥拱肋横撑布置

此外，也有一些大跨径的下承式钢管混凝土拱桥，为了简洁起见，横撑全部采用一字撑，如河南安阳文峰路立交桥[132]。该桥净跨径 135m，两主拱肋间共设 6 道一字形空间桁式横撑。横撑弦杆为 4 根 $\phi500mm \times 10mm$ 的 16Mn 钢管。横撑布置如图 3-37 所示。

对于中承式拱，桥面以下拱脚段可采用较强的横向联系（如 K 形撑、X 形撑），而在桥面以上采用较少、较弱的横撑。这样既能满足横向稳定要求，又有助于结构重心降低，减小横向地震力作用，同时建筑造型也较佳。许多中承式有推力拱采用了桥面以下拱脚附近用 K 形撑或 X 形撑加强拱肋的横向联系，在桥面以上的拱肋之间用简单的一字形撑的横向联系，如福建闽清石潭溪大桥（图 3-38，桥梁介绍见《实例集一》[77]第五章）、广东南海三山西大桥（图 3-39，桥梁介绍见第二章第六节）等。

当中承式拱的上承部分很少时，桥面以下的拱肋可能无法采用 K 形撑、X 形撑或米字形撑进行加强，或跨径较大桥面以上拱肋很长时，桥面以上拱肋也常用 K 形撑或 X 形撑加强横向刚度，如浙江淳安南浦大桥、广东广州丫髻沙大桥等，如图 3-40 和图 3-41 所示。其中，浙江淳安南浦大桥共设置了 7 道 K 形撑，拱顶设置 1 道，其余 6 道按对称拱顶布置，间距 20m；广东广州丫髻沙大桥拱顶处的横撑为双 K 形撑，以适应转体施工拱顶合龙段的设置。

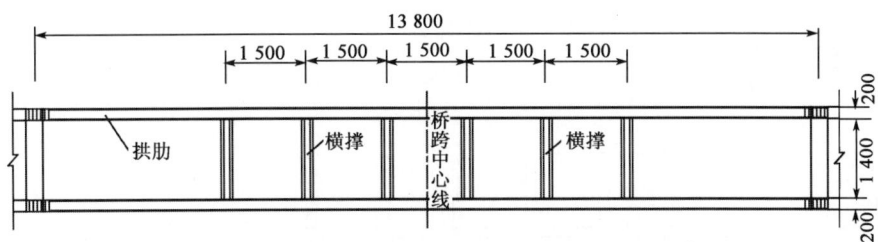

a)横撑平面布置图(尺寸单位:cm)

b)横撑照片

图 3-37 河南安阳文峰路立交桥拱肋横撑布置

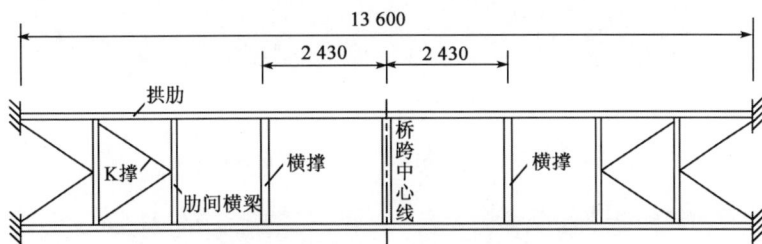

a)横撑平面布置图(尺寸单位:cm)

b)横撑照片

图 3-38 福建闽清石潭溪大桥横撑布置

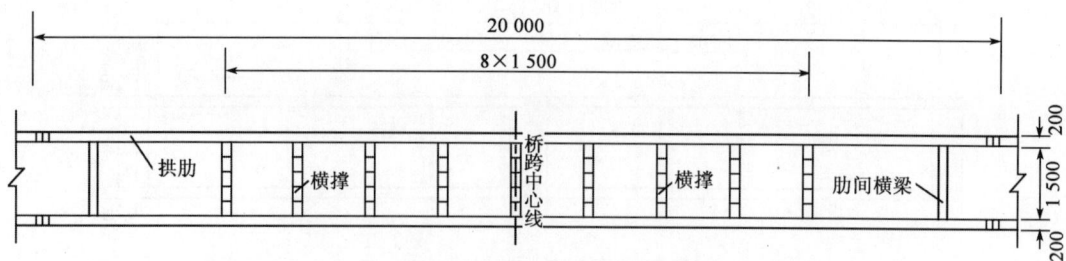

a)横撑平面布置图(尺寸单位:cm)

b)横撑照片

图3-39　广东南海三山西大桥横撑布置

图3-40　浙江淳安南浦大桥横撑

图3-41　广东广州丫髻沙大桥横撑

(二)横撑构造

钢管混凝土拱桥的横撑基本上采用空钢管结构。如果拱肋为单圆管,则横撑也为单圆管。当拱肋为腹腔内填有混凝土的传统哑铃形截面时,横撑通常也可采用单圆管,管的直径与壁厚可与拱肋钢管相同,如图3-42所示。由于腹板的高度小于钢管的直径,所以单圆管横撑除了与腹板相接外,还与哑铃形拱肋的上下管相接。福建仙游兰溪大桥的横撑就采用这种形式,如图 3-42 所示。

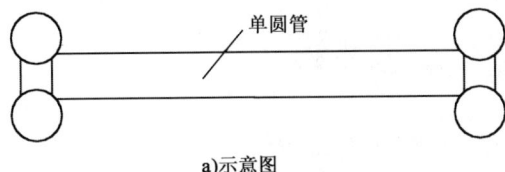

a)示意图　　　　　　　　　　b)实桥照片(福建仙游兰溪大桥)

图 3-42　哑铃形肋拱单管横撑构造

对腹腔不填混凝土的新型哑铃形截面,如果仍采用单圆管横撑,则横向传力时腹板容易产生较大的变形,因此应采用双管结构,采用比拱肋稍小的钢管直接与上下管相接,按结构形式可分为哑铃形[图 3-43a)]与竖平面桁式[图 3-43b)]两种。河南郑州黄河公路二桥的横撑采用了哑铃形结构,如图 3-44 所示。福建安溪兰溪大桥的拱顶横撑采用了竖平面桁式,如图 3-35 所示。

a)哑铃形

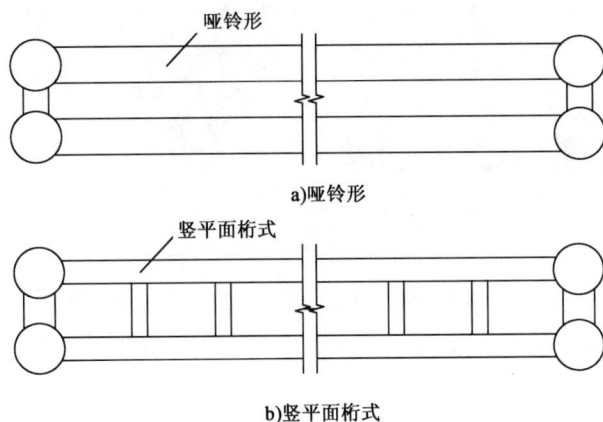

b)竖平面桁式

图 3-43　哑铃形肋拱双管横撑构造示意图

当拱肋为桁式时,横撑也应为桁式。对于一字形撑有单片桁(如福建闽清石潭溪大桥,图 3-38)或空间桁(如广东南海三山西大桥,图 3-39)两种。对于 K 形撑或米字形撑,一般采用单片撑(如广东广州丫髻沙大桥,图 3-41)。对于空间桁,腹杆的处理会对美观产生较大的影响。图 3-45 所示的浙江绍兴曹娥江大桥空间桁式横撑中没有采用竖杆联系,取得了较好的造型效果。

研究表明,中下承式拱桥的横撑布置中,开口区的大小是结构面外稳定性的关键因素;对于下承式刚架系杆拱桥,拱脚段拱肋做成实体提高面外抗弯刚度和抗扭刚度,可明显提高结构的面外稳定性;结构的稳定系数随矢跨比的增大,呈现先增大后减小的变化规律,拱桥结构存在合理矢跨比[133]。

对于中承式拱,拱肋与桥面相交处的肋间横梁,既是桥面系的组成部分,也是拱肋间重要的横向联系,对于肋拱的横向稳定发挥着重要的作用。有关构造见第二章第三节和第四节。

图 3-44　河南郑州黄河公路二桥横撑构造

a)全景　　　　　　　　　　　　　　　b)局部

图 3-45　浙江绍兴曹娥江大桥横撑构造

对于下承式拱,端横梁对于约束拱肋的扭转变形起着至关重要的作用,强大的端横梁不仅是竖向受力和构造空间的需要,也是拱肋横向稳定的需要。详细构造见下一节介绍。

二、提篮拱

(一)基本特性

提篮拱是指两根拱肋内倾一定角度的组拼拱,据其平面投影形状也称为 X 形肋拱。提篮拱的横向稳定性优于平行肋拱,一般造型也更好。所以在长大拱桥,特别是宽跨比较小的长大拱桥中,提篮拱具有明显的优势。

拱桥的宽跨比是其横向稳定的重要影响因素。计算宽跨比采用的宽度是结构的宽度,而非桥面的宽度。对于平行肋拱,宽跨比指肋拱的外侧之间距离 B_0 除以净跨径 L_0。对于提篮拱,拱体的宽度是变化的,最小宽度为拱顶宽度 B_d,最大宽度为拱脚宽度 B_j。上、中、下承式提篮拱的拱宽与平行拱拱宽的关系,如图 3-46 所示。提篮拱若以 B_j 为拱宽,则其宽跨比较之平行拱大;反之,若以 B_d 为拱宽,则其宽跨比较之平行拱小。通常提篮拱采用 B_d/L_0 为宽跨比,所以认为提篮拱可以采用很小的宽跨比。

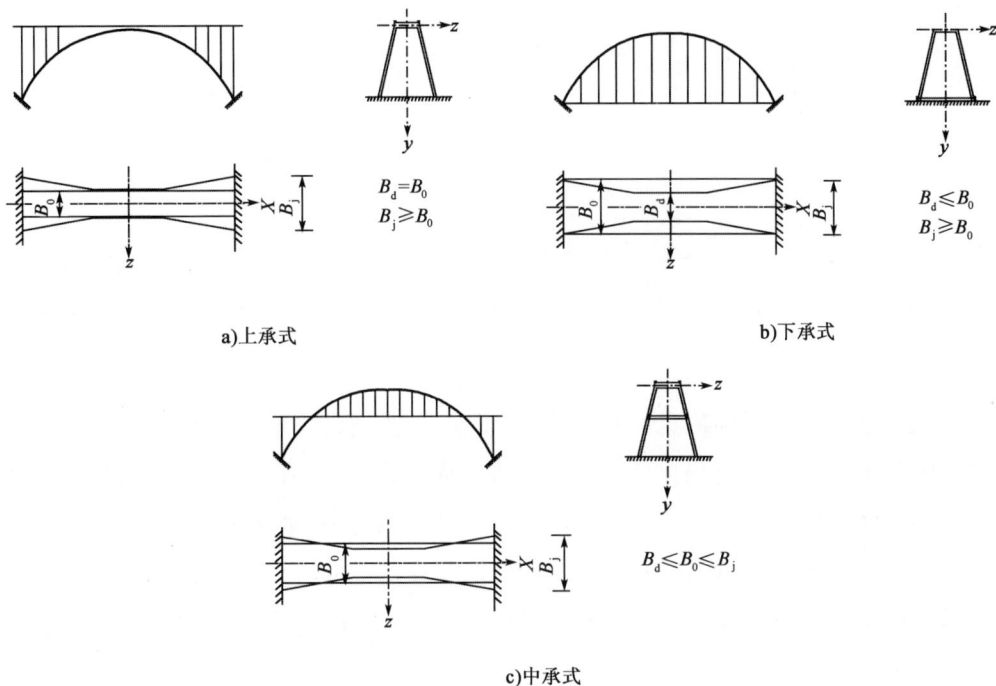

图 3-46 提篮拱的类型

显然,宽跨比虽然不是指桥面宽度(通行能力)与跨径的关系,但与其有非常密切的联系,也很大程度上反映了这一问题。提篮拱采用拱顶宽度作为宽跨比中的宽度参数显然模糊了这一关系,也使之与平行拱的宽跨比的比较失去了意义。本书第一版将拱肋与桥面相交处的立柱或吊杆的外侧间距作为拱桥宽跨比的宽度指标。这样便于提篮拱与平行拱的比较分析,也解决了上、中、下承式提篮拱拱宽变化规律不同的问题,也能够比较准确地反映拱桥横向刚度的概念。

提篮拱拱肋为空间曲线,如图 3-47 所示。其拱轴线是由平行拱内倾而来的,设内倾角为 φ,若原有的拱轴线 $y = y(x)$,则内倾后的 y^* 与 y 的关系为:

$$y^* = y(1 - \cos\varphi) \tag{3-4}$$

任一点的两肋间的宽度 B 值:

$$B = B_d + 2y^* \cos\varphi \tag{3-5}$$

提篮拱中拱肋的内倾对其横向稳定的影响主要有两个方面。一是拱肋内倾后,水平力作用时,有一部分力分解为拱的面内受力,面外弯矩与扭矩减小,水平力对横向稳定的不利作用减小;二是内倾拱肋肋间距变化后,或者拱脚肋间距加大,或者拱顶处肋间距缩小,对中、下承式拱一般情况下两者均有变化。前者显然使平均的宽跨比加大，后者使横向联系长度缩短，刚度加大，拱的横向稳定性提高。

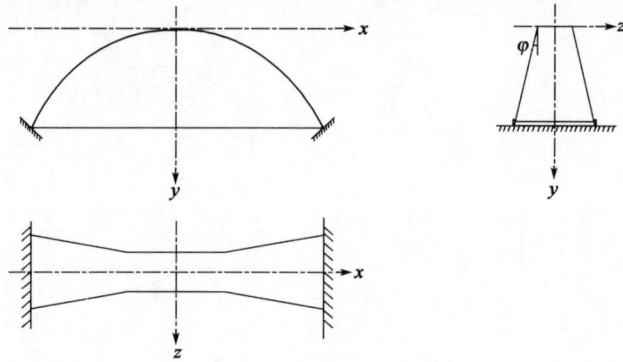

图 3-47　提篮拱的拱轴线

当然，提篮拱在提高横向稳定性的同时，会降低面内的承载力；对于上、中承式拱，还会增加下部结构和基础的工程量（当拱座可直接坐落于基岩时，可采用分离式拱座，以避免工程量急增）。另外，拱肋的倾斜会使结构的构造复杂、施工难度也显著增加。所以，单纯从美观的角度而采用提篮拱应慎重考虑，特别是大跨径或大型桥梁。实际上，一些宽跨比较小、跨径较大的桥，如浙江淳安南浦大桥、湖南益阳茅草街大桥，基于提篮拱不利因素方面的考虑，采用的都是平行肋拱。

（二）调查分析

表 3-6 为收集到的 36 座钢管混凝土提篮式拱桥的基本资料。各桥的详细资料可参见附录 B 所列文献。

在结构形式方面，5 种主要结构形式和其他形式都有提篮拱的应用。其中，中承式拱有 12 座，是应用最多的一种桥型，占 1/3，跨径最大的 330m，最小的 80m；其次是下承式拱梁组合（跨径在 100m 附近）和飞鸟式拱（跨径从 100m 到 235m），分别有 8 座和 7 座，占 22.2% 和 19.4%；再次是下承式刚架系杆拱 4 座（跨径从 110m 到 145m），上承式 3 座（跨径从 192m 到 356.8m），以及"其他"形式的 2 座（跨径为 160m 和 202m）。

内倾角是提篮拱的重要结构参数。有关研究认为随着内倾角的增大，拱肋的横向刚度和横向稳定系数增大，内倾角太小，对提高横向稳定作用不大，所以一般要求内倾角不小于 5°；内倾角过大，则面内承载力有所降低[134]。因此，从结构静力的角度，希望尽量降低拱肋倾斜对面内承载力的影响，这就要求不要采用太大的内倾角；从降低施工难度考虑，也不希望内倾角过大，因此，一般内倾角不大于 15°。所以，提篮拱的内倾角不是越大越好，受拱肋肋间距、行车道系位置、拱肋矢高及建筑限界的限制，一般在 5°～15° 之间。在表 3-6 的 36 座桥中，已

钢管混凝土提篮式拱桥基本资料 表3-6

序 号	桥 名	结 构 形 式	跨径(m)	桥面宽度(m)	倾角(°)
1	陕西兰渝铁路角拱沟大桥	上承式	192	9.36	6
2	贵州水柏铁路北盘江大桥	上承式	236	7	7.5
3	内蒙古准朔铁路黄河大桥	上承式	356.8	—	8
4	四川白马石梁河大桥	中承式	80	12.5	14
5	陕西西安长安大学人行桥	中承式	100	5	8.168
6	福建泉州仰恩大学人行桥(和昌大桥)	中承式	100	5.5	10
7	浙江淳安千岛湖四马巷秀水大桥	中承式	108	24	15
8	四川德昌安宁河大桥	中承式	110	—	—
9	重庆成渝高速公路跨内宜铁路大桥	中承式	120		12
10	广西隆安南百高速公路花周大桥	中承式	131.4	15.5	10
11	浙江象山铜瓦门大桥	中承式	238	10	17
12	浙江舟山松岙大桥	中承式	260	12	8
13	浙江象山三门口北门大桥	中承式	270	12.5	8
14	浙江象山三门口中门大桥	中承式	270	12.5	9
15	安徽黄山太平湖大桥	中承式	330	24.5	10
16	浙江湖州奚家庄大桥	飞鸟式	100	—	10
17	江苏昆山太仓塘大桥	飞鸟式	110	35	14
18	江苏常州东方大桥(跨京杭运河)	飞鸟式	120	35.8	14
19	浙江舟山新城大桥	飞鸟式	148	24.5	—
20	四川资阳沱江三桥	飞鸟式	180	36.5	11.5
21	河北石家庄滹沱河大桥	飞鸟式	200	51.6	11.5
22	江苏邳州京杭运河大桥	飞鸟式	235	33.5	10
23	辽宁大连海昌华城大桥	下承式刚架系杆拱	110	7.5	9.0919
24	江苏无锡华清大桥	下承式刚架系杆拱	132	40	14
25	河北邢台钢铁路七里河桥	下承式刚架系杆拱	137.25	36	10
26	山东潍坊潍河大桥	下承式刚架系杆拱	145	28	—
27	河南郑州黄河公铁两用桥(跨北岸大堤)	下承式拱梁组合	92	—	14.036
28	河南郑州黄河公铁两用桥(跨南岸大堤)	下承式拱梁组合	92		14.036
29	浙江宣杭铁路东苕溪大桥	下承式拱梁组合	112	15	13
30	河南郑州郑西客运专线跨310国道桥	下承式拱梁组合	112	17.4	9
31	湖北赤壁武广客运专线胡家湾大桥	下承式拱梁组合	112	17.8	9
32	湖北武汉武广客运专线东湖大桥	下承式拱梁组合	112	—	9
33	湖北武汉城际铁路路口大桥	下承式拱梁组合	112	17.8	—
34	山西大西客运专线临汾大桥	下承式拱梁组合	113.3	18	8
35	广东广深港客运专线沙湾水道大桥	连续梁+拱	160	—	9
36	辽宁丹东月亮岛大桥	拉索拱	202	9	11.57

知内倾角的有 31 座。从范围来说,内倾角在 8°～12°之间的有 21 座,占 67.7%,应用最多;大于 12°的有 8 座,占 25.8%,最大的为 17°;小于 8°的仅有 2 座,占 6.5%,最小的为 6°。从内倾角本身来说,内倾角为 9°、10°和 14°左右的各有 6 座,各占 19.3%,8°的有 5 座,占 16.1%,均属较多采用的内倾角值。

(三)桥例

提篮拱可在跨径较大的钢管混凝土人行桥中应用。人行桥的桥宽一般不太大,跨径大则宽跨比小,采用提篮拱有利于提高横向稳定性和美观,如福建泉州仰恩大学人行桥(和昌大桥)和陕西西安长安大学人行桥。和昌大桥为泉州仰恩大学校区内跨越人工湖的一座人行桥,大桥共 1 孔,全长 153.7m,净跨径 100m,桥面净宽 5m(总宽 5.5m),宽跨比约为 1/20;荷载标准为人群荷载 $4.5kN/m^2$。该桥采用钢管混凝土哑铃形提篮拱,内倾角 10°。总体布置图和建成后的大桥照片如图 3-48 所示。

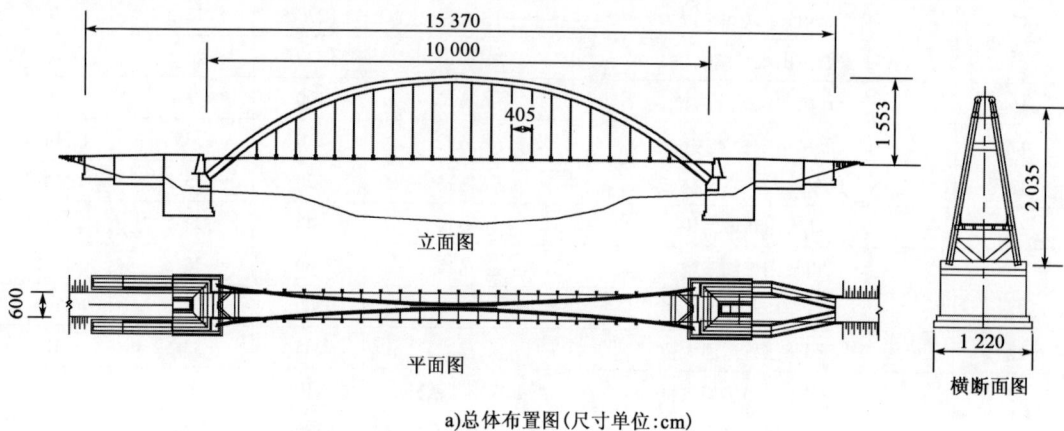

a)总体布置图(尺寸单位:cm)

b)全桥照片

图 3-48　福建泉州仰恩大学人行桥

对于公路桥梁,除因受力需要外,也有为了取得较好造型而采用提篮拱的,如江苏邳州京杭运河大桥。该桥主桥跨径组合为 57.5m + 235m + 57.5m。主拱肋和边拱肋均向桥轴中心线倾斜(提篮拱),倾角分别为 9.934° 和 10.122°。主、边跨拱圈的矢跨比分别为 1/4 和 1/8,拱轴系数分别为 1.33 和 1.3。大桥建成后的照片如图 3-49 所示。该桥的详细资料参见《实例集二》[79]第四章。

图 3-49 江苏邳州京杭运河大桥

铁路桥一般桥面不宽,当跨径较大时,采用提篮拱不仅是提高横向稳定性的需要,也是提高横向刚度的需要,第二章第四节对此进行了介绍。表 3-6 中有 13 座铁路桥,占比达 36.1%,比铁路桥在全部钢管混凝土拱桥中所占的比例 9% 大很多。其中 3 座上承式拱均为铁路桥,贵州水柏铁路北盘江大桥是其代表,见第二章第二节的介绍(图 2-31 和图 2-32)。

三、无风撑拱

(一)基本特性

中、下承式肋拱,出于美观考虑,或当桥面较宽而跨径又不大时出于经济和美观考虑,将两肋之间的横撑(或称风撑)完全取消,称为无风撑拱,有时也称之为敞口拱(Open arch)。

无风撑拱突出的问题是主拱肋的横向稳定性。解决这一问题的途径主要有两个:一是提高结构体系的横向稳定性;二是提高拱肋自身的横向抗弯、抗扭刚度。

在结构体系方面,斜靠拱是一种常见的做法。垂直的主拱和斜靠的副拱组成横向稳定性能好的结构,这样两主拱之间可以不用横撑,成为无风撑拱,见第二章第七节介绍。另一种常见的体系是下承式拱梁组合桥。这种结构系梁与桥面系具有较大的刚度,吊杆能为拱肋提供非保向力,从而提高主拱的横向稳定性。

在提高拱肋自身横向抗弯、抗扭刚度方面,最常见的做法是采用较宽的拱肋,甚至肋宽超过肋高。

(二)调查分析

表 3-7 列出收集到的 39 座钢管混凝土单肋和无风撑拱桥的基本资料(其中 1 座改造后加了风撑)。

钢管混凝土单肋和无风撑拱桥基本资料　　　　　　　　　　　表 3-7

序号	桥　名	结构形式	跨径（m）	拱肋截面形式	拱肋高×宽（m）	桥面宽度（m）
1	黑龙江依兰牡丹江大桥（改造后加了风撑）	中承式	2×100	三肢桁式	1.9×1.4	12
2	四川洪雅洪州大桥	中承式	100	三肢集束式	1.9×2.4	16
3	广东韶关百旺大桥	中承式	111.44	三肢集束式	2.7×2	30
4	辽宁大连滨海路4号桥	中承式	160	横圆端形	1.5×3.2	18.5
5	江苏常州怀德桥	飞鸟式	60	哑铃形		40
6	浙江海宁碧云大桥	飞鸟式	60	带圆倒角方形	中孔1.2×1.5 边孔1.2×1.0	36
7	广东中山中山二桥	飞鸟式	125	单箱三室（边室填混凝土）	2.5×2.5～3.5×2.5	40
8	广东广州解放大桥	下承式刚架系杆拱	83.6	哑铃形	2.4×1.9	25
9	河北迁安北二环滦河大桥	下承式刚架系杆拱	88	横哑铃形	1.1×2.45	36.5
10	山西阳泉桃江新泉大桥	下承式拱梁组合	76	横哑铃形	1.0×2.24	26
11	浙江温州南塘河大桥	下承式拱梁组合	76.5	横圆端形	1.2×2.0	32.5
12	浙江义乌宾王大桥	下承式拱梁组合	78	横向双肢圆端形	1.4×2.8	32.7
13	浙江杭州新塘路运河桥	下承式拱梁组合	79.42	横圆端形	1.2×2.0	38.5
14	内蒙古呼和浩特金川大桥	下承式拱梁组合	84	横哑铃形	1.1×2.45	45.5
15	浙江宁波院士桥	下承式拱梁组合	84	矩形，异形拱	0.8×1.6	50
16	浙江新104国道桥	下承式拱梁组合	90	带倒角矩形	1.7×2.5	29
17	河北青兰高速公路邯涉段南水北调大桥	下承式拱梁组合	100	横圆端形	2.0×3.2	30.3
18	四川成都高翔东路人行桥	下承式拱梁组合	100.5	单圆管	直径1.2	7
19	北京通顺路大桥	下承式拱梁组合	120	单片桁式		
20	浙江宁波琴桥（单肋）	下承式拱梁组合	120	横圆端形	2.0×3.3	33
21	广东广梧高速公路上寨高架二桥（单肋）	上承式异形	90	单圆管	直径1.2	4.5
22	江苏南京孙家凹分离立交桥（单肋）	上承式异形	60	单圆管	直径1.0	9
23	广东南海官山涌民乐新桥	连续梁+拱	60	三肢桁式	1.4×1.4	22.5
24	福建福州湾边大桥（单肋）	刚构+拱	106	四肢桁式	1.6×1.8	34
25	广东潮州韩江北桥	刚构+拱、斜靠拱	160	竖拱哑铃形，斜拱单圆管		30
26	浙江杭州昙花庵路桥	斜靠式系杆拱	68	单圆管	直径1.4	20
27	江苏扬州江都龙川二桥	斜靠式系杆拱	70			
28	江苏南通新开北路通启运河大桥	斜靠式系杆拱	70	圆端形	1.05×1.05	41.5
29	江苏江阴杏春桥	斜靠式系杆拱	73.5	三肢桁式		36
30	江苏镇江新河桥	斜靠式系杆拱	74	三肢桁式		50
31	江苏苏州云梨桥	斜靠式系杆拱	75	矩形	2.0×2.0	
32	广东江门胜利大桥	斜靠式系杆拱	75			

序号	桥　　名	结 构 形 式	跨径 (m)	拱肋截面 形式	拱肋高×宽 (m)	桥面宽度 (m)
33	浙江义乌丹溪大桥	斜靠式系杆拱	88	三肢桁式		37.25~51.3
34	福建寿宁杨梅大桥	斜靠式系杆拱	100			56.4
35	江苏昆山樾河大桥(玉峰大桥)	斜靠式系杆拱	110	三肢桁式		30.45
36	贵州贵阳十二南明河桥	斜靠式系杆拱	110	三肢桁式		42~60
37	湖南益阳康富南路桥	斜靠式系杆拱	120	双肢竖圆端形	2.5×1.2	28
38	西藏拉萨柳梧大桥	斜靠式系杆拱	120			29
39	江苏淮安天津路运河大桥	斜靠式系杆拱	143			

无风撑拱主要用于跨径不大于120m的中小跨径拱桥之中,最大跨径为160m。跨径大则横向稳定问题较难解决。提高横向稳定性最有效的方法是采用横撑将两根或两根以上的拱肋联在一起,也就是有风撑拱。所以,大跨径无风撑拱,即使能解决横向稳定问题,也常因过多地增加结构造价而被放弃。表3-7中,有26座跨径不大于100m,占比66.7%;9座跨径在100~120m之间,占比23.1%;二者相加(即跨径不大于120m)有35座,占比89.7%;只有4座跨径大于120m,占10.3%。

无风撑拱中,斜靠拱应用最多,有14座,占35.9%;其次是下承式拱梁组合桥,有11座,占28.2%;其余几种形式每种都只有2~4座,占比均不超过10%。斜靠拱和拱梁组合均属于提高结构体系横向稳定性的方式。

无风撑拱中,采用较大的拱肋横向抗弯、抗扭刚度,是另一种保证横向稳定性的重要措施。在已知截面尺寸的26座桥例中,有14座桥的拱肋横向宽度大于高度,占53.8%;另有7座拱肋宽度与高度相同,占比26.9%。二者相加,有21座,即横向抗弯刚度不小于竖向抗弯刚度的桥例占80.7%。无风撑拱的拱肋截面形式非常丰富,采用横哑铃形和横圆端形的最多,共9座,占已知截面形式(34座)中的26.5%;桁式8座,占23.5%,且以三肢桁式为主;其余的还有矩形、圆形、单片桁肋等,数量均不多。

(三)桥例

黑龙江依兰牡丹江大桥是我国建成较早的一座无风撑钢管混凝土拱桥[135],1997年通车。该桥主桥为净跨径2×100m的中承式拱,桥面净宽为净—9m+2×1.25m人行道,主孔部分加2×0.25m防撞护栏,桥面宽12.5m。这里所指的无风撑为桥面系以上,其桥面系以下部分每边拱脚的拱肋之间采用了两道一字横撑和一道X撑以加强横向稳定性,主拱肋采用3根钢管混凝土组成的三角形断面桁式结构,以加强拱肋的横向刚度。图3-50a)为大桥建成时无风撑的照片。2011年该桥进行了加固改造,包含加设横撑的措施。图3-50b)为大桥改造后的照片(有风撑)。

a)建成时(无风撑)　　　　　　　　　　　　　　b)改造后(有风撑)

图 3-50　黑龙江依兰牡丹江大桥

湖南常德姻缘河大桥,是一座无风撑拱桥,每根拱肋由两片哑铃形拱肋连接而成,且横向变宽度,自身形成一个小提篮拱,具有较好的横向稳定性,如图 3-51 所示。浙江义乌篁园桥,主跨 80m,也是一座无风撑拱桥,它采用了具有较大横向抗弯刚度和抗扭刚度的横圆端形拱肋,如图 3-52 所示。

图 3-51　湖南常德姻缘河大桥　　　　　　　　图 3-52　浙江义乌篁园桥

第一章介绍的美国哥伦布高架桥每根拱肋由两根并排的钢管混凝土拱肋组成,以此来提高其横向稳定性,如图 1-71 所示。日本新西海桥是一座中承式钢管混凝土无风撑拱桥,其主跨为 235m。拱肋采用倒三角形三肢桁肋。该桥的详细介绍见第一章第四节和文献[69]。图 3-53 为该桥桥面以上结构的照片。

图 3-53　日本新西海桥桥面以上结构

河南郑州黄河公路二桥主桥建成时为有风撑拱,见第二章第四节的介绍。该桥在初步设计时,曾考虑采用无风撑方案。该桥设计方案为下承式拱梁组合体系,由于桥面较宽(双向八车道),初步设计时考虑横桥向采用 3 片无横向联系的拱肋,中间肋位于防撞隔离护栏内,使得桥面以上的结构视野开阔不压抑[136]。

为增大拱肋本身的横向抗弯、抗扭刚度,两边肋采用横哑铃形截面,由两根 $\phi1\,100\text{mm}\times18\text{mm}$ 的钢管和横向腹板组成宽 2.5m 钢管拱肋,管内填充 C50 混凝土,腹腔内不填充混凝土。但中肋位于上下行的分隔带内,而分隔带宽仅 2.5m,无法采用横向双圆管的哑铃形截面形式。同时,由于中肋所受的恒载和活载均比边跨大许多(约 2 倍),因此,中肋的面内抗弯刚度与强度也不能太小,中肋只能采用大直径的单圆钢管混凝土截面。根据该桥中央分隔带的宽度,最大管径(外径)可用到 2m。

然而,钢管外径 2m 时要求有较厚的管壁才能满足钢管局部稳定的要求。为此提出中肋采用中空夹层(管套管)钢管混凝土的设计构思。所谓中空夹层钢管混凝土是指由内外两个同心圆钢管相套,并在钢管夹层间填充混凝土的组合构件。在本方案中,中拱肋外管采用 $\phi2\,000\text{mm}\times20\text{mm}$ 钢管,内管采用 $\phi1\,000\times20\text{mm}$ 钢管,内外管间用 3 块径向等分分布的钢板相连,内外管之间填充 C50 混凝土。该方案的横桥向布置如图 3-54a)所示,拱肋截面如图 3-54b)所示。

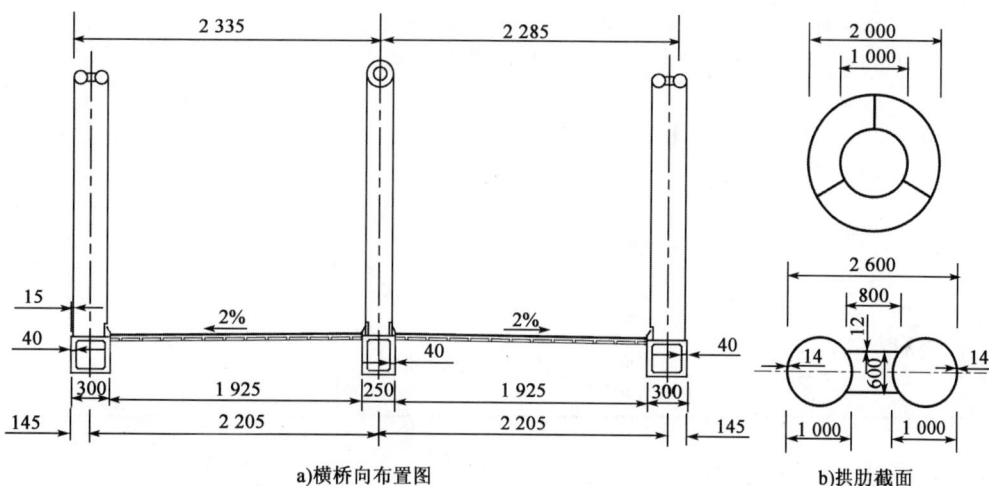

图 3-54　郑州黄河公路二桥主桥初步设计方案(尺寸单位:cm)

该方案应用钢管混凝土的组合材料作为拱肋,充分发挥了材料抗压性能好的特点;采用三肋构造、取消风撑,桥面开阔,行车视觉效果好;边肋采用横向双圆管哑铃形拱肋,中肋采用中空夹层大管径钢管混凝土拱肋,构造新颖独特,且边肋与中肋截面各异,桥梁造型较佳。尽管本方案构思合理,构造新颖,具有较大的创新性,得到有关桥梁专家的好评,但由于受工期限制,无法开展相关科研工作,该方案没有成为施工图设计方案。

图 3-55 为主跨 80m 的广东广州解放大桥。应该指出的是,该桥既然采用了无风撑拱,拱肋却采用了竖向刚度大于横向刚度的竖哑铃形拱

图 3-55　广东广州解放大桥

肋,是不合理的构造选择;虽然在哑铃形截面的两侧加焊了槽钢,但拱肋本身的横向刚度还是偏弱。此外,广东潮州韩江北桥设计为无风撑拱,但主拱肋也采用了竖哑铃形,不得不通过斜靠拱来提高主拱的横向稳定性。

第三节 桥 面 系

我国钢管混凝土拱桥中常用的桥面系,根据结构形式可分为 5 类,各类形式的构造、受力特点见表3-8。本节将对各类桥面系的结构与构造进行介绍。有关强健性的概念及各种桥面系强健性设计的介绍详见第四章第八节。

桥 面 系 分 类   表3-8

分类	应 用	构 造 特 点	强健性	受 力 特 点	
一类	拱梁组合 [图 2-5e)全部]	吊杆吊住纵梁,横梁固结于纵梁,纵梁、横梁和桥面板组成整体	好	纵梁受力较大	总体受力
二类	上承式 [图 2-5a)全部,图 2-5b)、图 2-5c)的上承部分]	桥面板(梁)支承于立柱之上	好或较好	盖梁受力较大	
三类	悬吊式 [图2-5b)、图2-5c)、图2-5d)中的下承部分]	吊杆吊住纵梁或横梁,纵、横梁和桥面板组成整体	好	整体受力	局部受力
四类		吊杆吊柱横梁,桥面板支承于横梁上,有加劲纵梁	较好或差	横梁受力较大	
五类		吊杆吊柱横梁,桥面板支承于横梁上,无加劲纵梁	差		

一、拱梁组合桥桥面系(第一类桥面系)

拱梁组合桥中系梁与主拱组成上部主结构,同时它又是桥面系的主要组成部分。通常将横梁与纵梁固结,组成平面梁格体系,用以支承桥面板,形成行车平面。桥面板一般只与横梁相连而不与纵梁相连,以避免承担拱的水平推力。桥面系的结构材料与系梁结构有极大的关系,当系梁为预应力混凝土结构时,横梁与桥面板也多为预应力或钢筋混凝土结构;当系梁采用钢结构时,横梁与桥面板多为钢结构或钢—混凝土组合结构。

(一)预应力混凝土系梁桥面系

常用的预应力混凝土结构系梁,具有经济合理、耐久性好等优点。以第二章第四节介绍的河南郑州黄河公路二桥为例,其预应力混凝土箱形系梁,高 2.75m,梁宽 2.0m,配置 16 根 $\phi15.24mm-16$ 预应力钢绞线,采用 OVM15-16 夹片锚,如图 3-56 所示。

该桥的桥面系横梁分为中横梁(吊杆横梁)和端横梁两种。中横梁为预应力工字形,高

2.2m,配5束ϕ15.24mm-9预应力钢绞线,采用OVM15-9夹片锚,后期与钢筋混凝土 II 形桥面板形成组合梁,如图3-57a)所示。

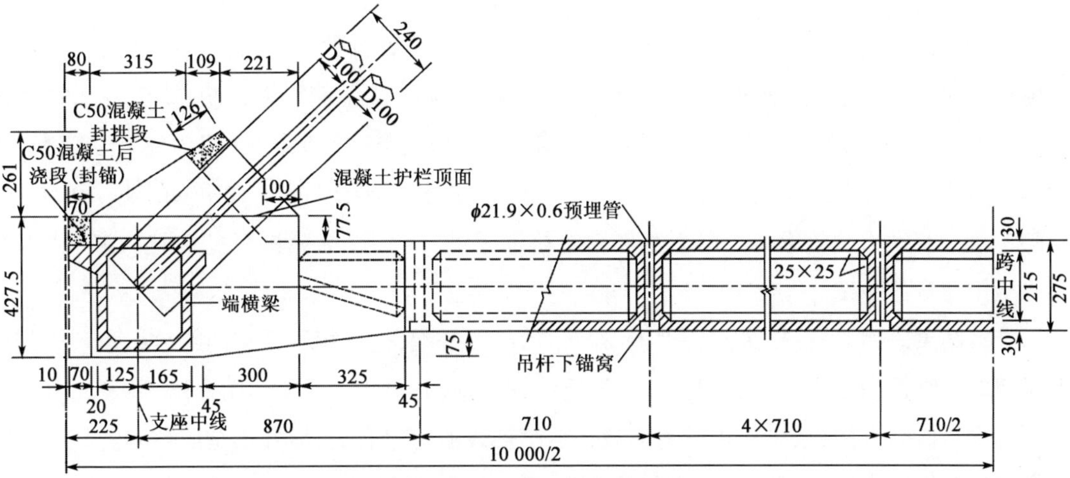

图3-56 郑州黄河公路二桥主桥1/2系梁立面图(尺寸单位:cm)

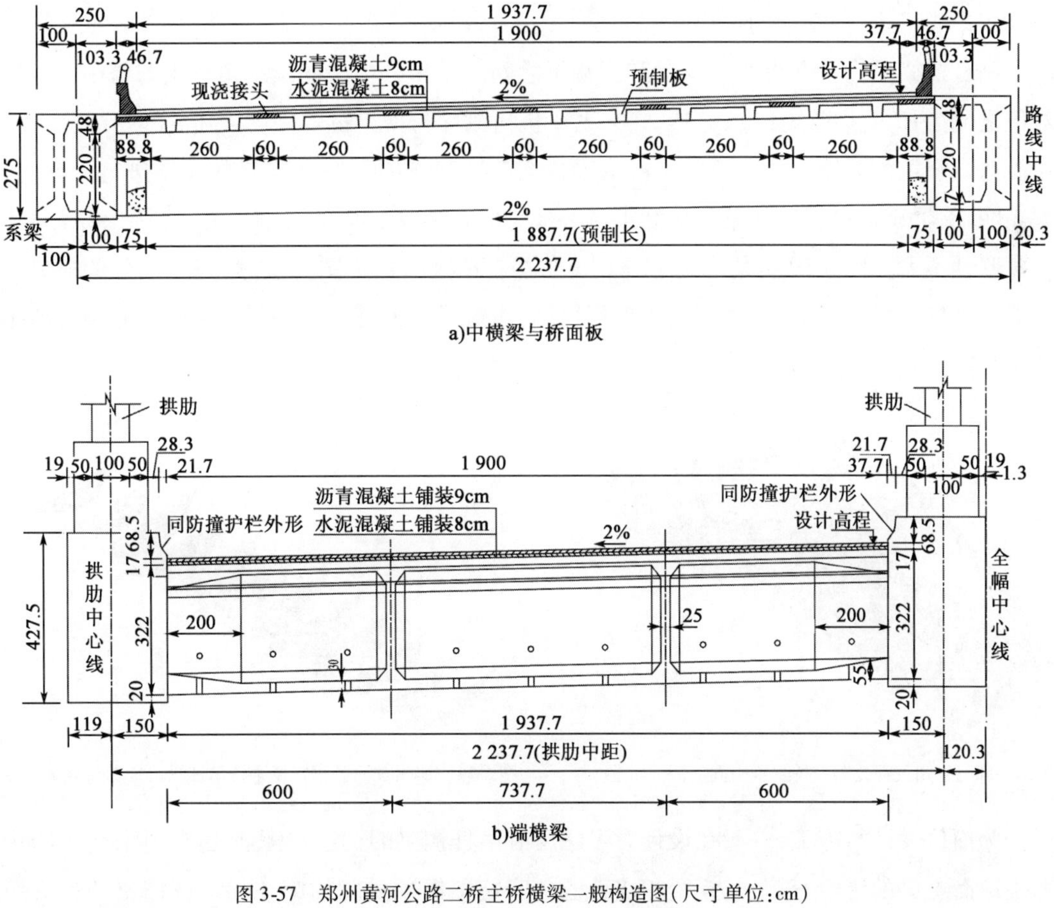

a)中横梁与桥面板

b)端横梁

图3-57 郑州黄河公路二桥主桥横梁一般构造图(尺寸单位:cm)

端横梁采用预应力箱梁,高 3.22m,宽 2.9m,配 8 束 ϕ15.24mm-9 钢绞线,采用 OVM15-9 夹片锚,如图 3-57b)所示。高大的端横梁对于锚固拱肋、约束拱肋的扭转变形具有极其重要的意义。

文献[137]应用 Ansys 程序,建立空间有限元模型,对该桥的受力特点进行了分析。有限元模型中,拱肋、系梁、横梁和横撑采用空间梁单元(beam4),桥面板采用板单元(shell63),吊杆采用索单元(link10),共计 261 个梁单元、24 个索单元、268 个板单元(图 3-58)。系梁和横梁预应力通过结点荷载作用在模型,忽略曲线配筋的初预矩沿构件长度变化的影响,模型没有反映预拱度及索力调整影响。以下简要介绍桥面系的受力,详细分析可见文献[137]或本书第二版第四章的介绍。

计算结果表明,吊杆横梁与桥面板参与了活载的分配,也承担了系梁的部分扭矩。拱脚处系梁扭矩沿纵桥向的影响线近似为三次抛物线,荷载作用在跨中时产生的扭矩最大。由于桥面结构参与荷载分配,系梁扭矩虽与活载到系梁轴线的距离有关,但并不是简单的力与距离相乘。对于拱脚节点来说,端横梁的面内抗弯刚度是拱肋抗扭刚度的 8.72 倍,是系梁抗扭刚度的 3.90 倍,因此大部分的系梁扭矩将转化为端横梁面内弯矩。桥面活载所产生的拱肋面外弯矩和扭矩均很小,但系梁的扭矩和端横梁面内的弯矩均较大。

吊杆横梁受力状况界于简支梁和固端梁之间。设吊杆横梁的梁端负弯矩与跨中正弯矩绝对值之比为 β(简称弯矩比),显然,它与系梁抗扭刚度与横梁抗弯刚度之比 α(简称刚度比)有关。对郑州黄河公路二桥主桥的吊杆横梁在均布恒载作用下的 α 与 β 的关系进行了计算,结果表明,除了靠近拱脚处的第一根和第二根横梁的 β 值受 α 值的影响较大外,其余横梁 α 与 β 的关联性不大。图 3-59 为均布荷载作用下各吊杆横梁的弯矩图。显然,跨中部分的横梁与简支梁受力性能相近,基本上受正弯矩作用,只有靠近拱脚处第一根和第二根横梁有绝对值不大的负弯矩。

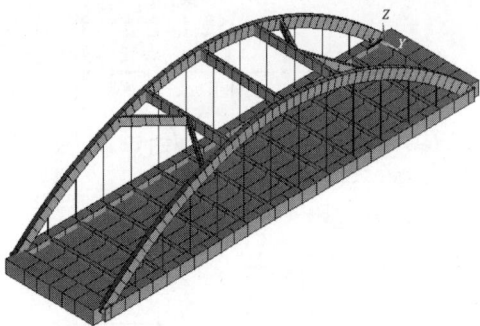

图 3-58　郑州黄河公路二桥主桥空间有限元模型

图 3-59　郑州黄河公路二桥主桥吊杆横梁均布荷载弯矩图

为简化设计与施工,一般在设计时考虑所有吊杆横梁的构造与配筋相同。因此,其跨中正弯矩取简支梁的跨中弯矩,与系梁相接处的负弯矩按靠近拱脚的第一根吊杆横梁的负弯矩来设计或按跨中正弯矩的 50% 考虑[137]。

一般情况下,与系梁连接处的数值不大的负弯矩可以靠配置普通钢筋或正弯矩配的预应力筋在梁端时弯起来解决,不必配直索来承担负弯矩。反过来说,初步设计进行平面模型计算时,考虑负弯矩按固端梁负弯矩(跨中正弯矩的 200%)来配预应力筋是不合理的。它不仅没有必要,而且配直索时还会削弱正弯矩筋的作用,造成材料浪费与施工复杂。

端横梁由于要承受系梁传来的扭矩,因此它具有远大于简支梁的正弯矩。图 3-60 为成桥后端横梁在恒载作用下其面内弯矩分布情况。在设计时应对端横梁进行空间分析,重点考虑系梁传递来的扭矩。

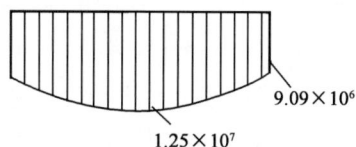

图 3-60　郑州黄河公路二桥主桥端横梁恒载面内弯矩(弯矩单位:kN·m)

(二)钢系梁桥面系结构

拱梁组合桥的系梁是施工的难点。浙江杭州钱江四桥(复兴大桥)190m 主拱,根据实际情况无法采用先梁后拱的施工方法而采用了先拱后梁的施工方法。最初的设计采用劲性骨架预应力混凝土系梁,当拱架设好后,用吊杆吊住钢劲性骨架,现浇混凝土,形成预应力混凝土系梁。预应力混凝土系梁在结构与施工方面主要存在两个问题:①系梁自重太大,占了桥面系自重的 1/3,拱的水平推力和系杆的拉力、支座的吨位都相应加大;②现浇系梁混凝土过程中,湿混凝土自重加在劲性骨架上产生的变形很难控制,设计时曾设想在劲性骨架上施加预应力,然而,190m 的劲性骨架以稳定控制,能施加的预应力极为有限,仍然无法解决这个问题。实际施工时,设计变更为钢箱系梁,并施工了预应力束,如图 3-61 所示。这种系梁既可视为预应力钢梁系梁,也可以认为是将无推力拱与部分推力拱中平衡拱的水平推力的两种方法相结合的一种系梁,即将被动平衡(抗拉刚度大的系梁——钢梁)与主动的预拉力(预应力索)相组合的一种系梁。

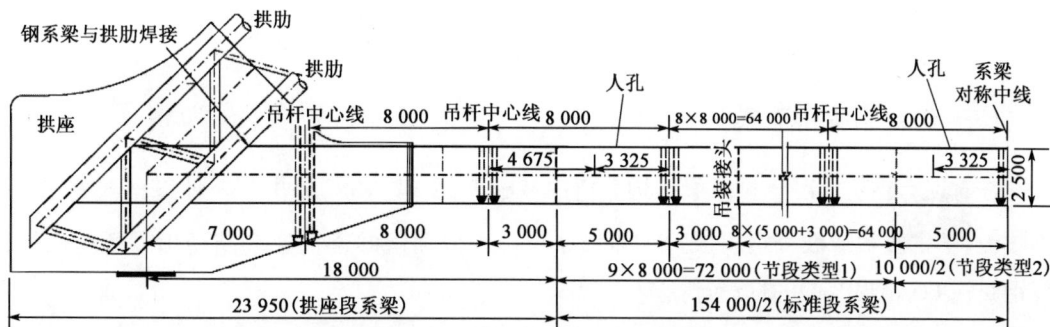

图 3-61　杭州钱江四桥 190m 主拱 1/2 钢系梁立面图(尺寸单位:mm)

190m 跨的钢箱系梁与钢横梁连成整体,使活载能更均匀地分布到各吊杆,降低拱肋应力,减少桥面振动。钢箱系梁采用 Q345C 钢,断面为 2 500mm×2 500mm,钢板厚为 20~30mm,且为保证系梁的局部稳定,设置了横隔板及纵向水平加劲肋。横隔板基本间距2m,标准段系梁隔板厚度分别为16mm及20mm两种类型,钢系梁与拱座混凝土分界隔板厚30mm,拱座段其他隔板厚为20mm。系梁(除拱座混凝土段)隔板上均设有人孔,以方便进人检修。

钢系梁中另设置了拉索,采用外包PE护套的环氧喷涂钢绞线成品索,为ASTMA416-90a(270K)的高强低松弛钢绞线,标准强度为$R_y=1\,860$MPa,弹性模量为1.95×10^5MPa。预应力束共有$16\times37\phi^j15.24$mm,并留两根备用束。拉索张拉控制应力采用$0.45R_y^b=837$MPa,每根钢绞线张拉力为4335kN,采用OVMXG.T15-37可换索式系杆锚,锚固于拱座尾端。预应力束在钢箱内采用圆钢滚轴定位,进入拱脚混凝土范围内采用预埋弯钢管作为预应力管道。系梁预应力束随施工过程进行分批张拉,张拉时必须对称,即每次张拉两束。

由于系梁采用了钢箱梁,所以横梁也采用钢梁,它与钢箱系梁形成梁格,上架混凝土桥面板形成钢—混凝土组合结构,以保证桥面系的整体性和刚度。

端横梁采用劲性骨架预应力混凝土结构,箱形断面宽为5800mm,高约5380mm,以提供强大的刚度,约束拱肋的横向变形,如图3-62所示。该桥的详细设计见《实例集二》[79]第六章介绍。

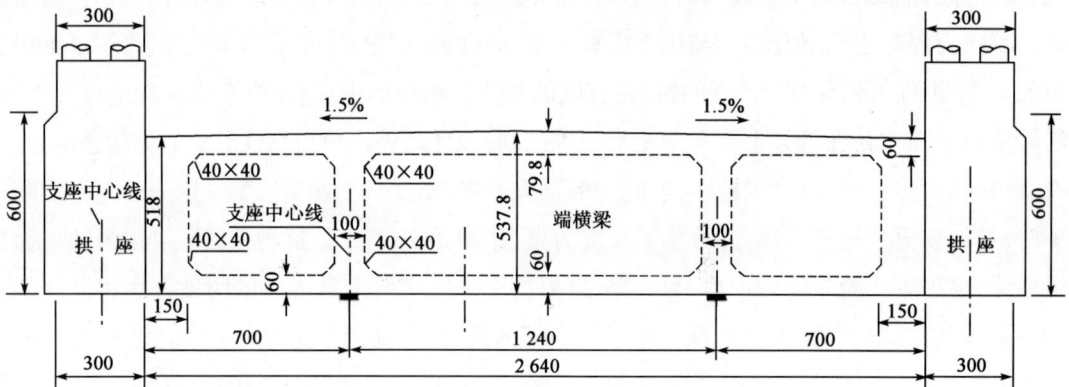

图3-62 杭州钱江四桥90m跨端横梁构造图(尺寸单位:cm)

(三)组合系梁桥面系

在对现有钢管混凝土拱系梁结构分析的基础上,文献[138]提出了一种组合系梁,即采用钢腹板(平钢腹板或波纹钢腹板)PC箱形系梁。现以河南岭南高速公路蒲山大桥为原型,进行钢腹板PC箱形系梁的试设计研究。

蒲山大桥为跨径225m的钢管混凝土拱梁组合桥,计算跨径219m,桥面宽度38.8m。全桥共3片钢管混凝土拱肋,总体布置如图3-63所示。系梁为预应力混凝土箱形梁,截面如图3-64所示。

a)立面

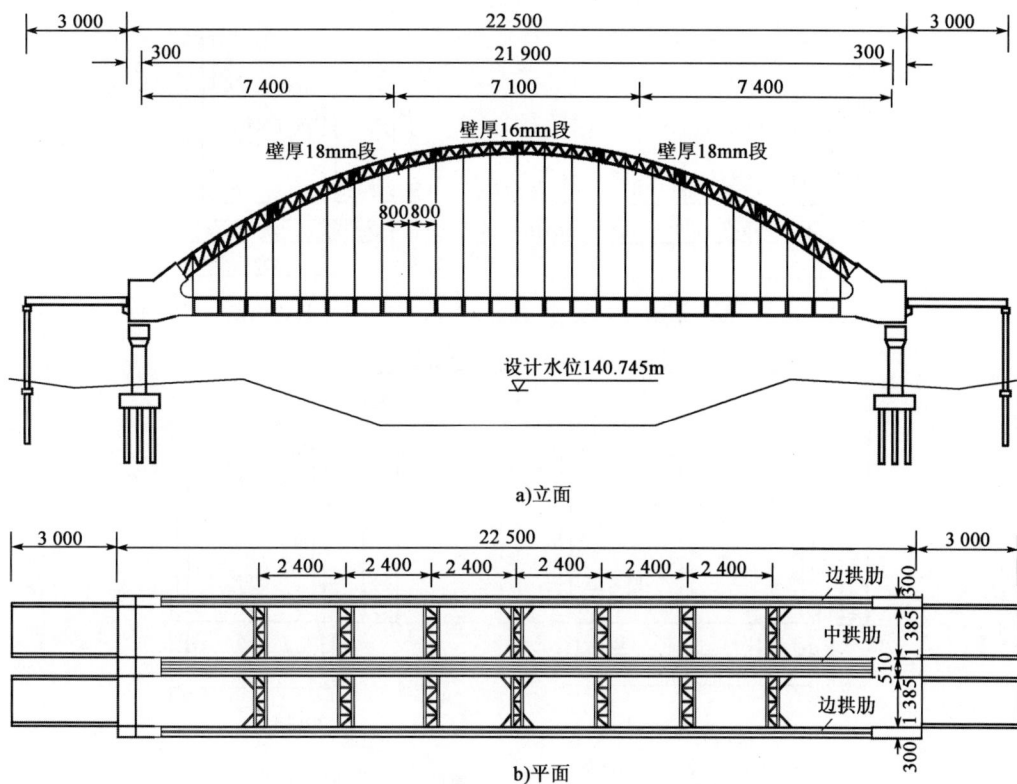

b)平面

图 3-63 蒲山大桥布置图(尺寸单位:cm)

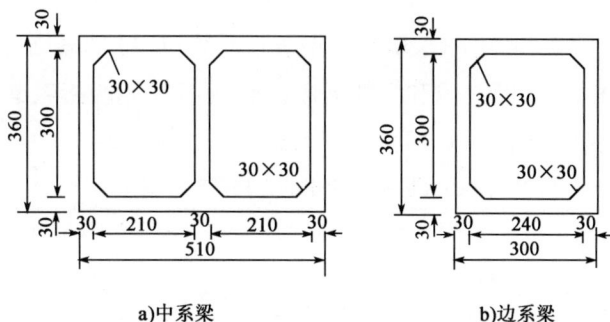

a)中系梁　　　　b)边系梁

图 3-64 蒲山大桥系梁截面图(尺寸单位:cm)

　　试设计中,采用波形钢腹板 PC 系梁和平钢腹板 PC 系梁代替传统的 PC 系梁,其他设计参数均不变。两种系梁均采用预制拼装法施工,预制段长度 6.5m。钢腹板采用 Q345C 钢。平钢腹板采用 12mm 厚的钢板并配有纵向和横向加劲肋,其截面如图 3-65 所示。波形钢腹板 PC 系梁截面如图 3-66 所示,由于波形钢腹板不承担轴向力,因此预应力可根据需要施加到顶板或底板,也可以采用部分体外索,将体内索所构成的预应力结构视为被动系梁,而体外索可视为主动系杆,类似于浙江杭州钱江四桥。

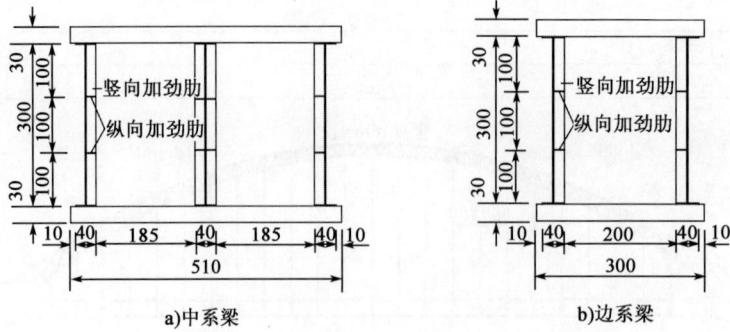

图 3-65　蒲山大桥试设计平钢腹板系梁截面图(尺寸单位:cm)

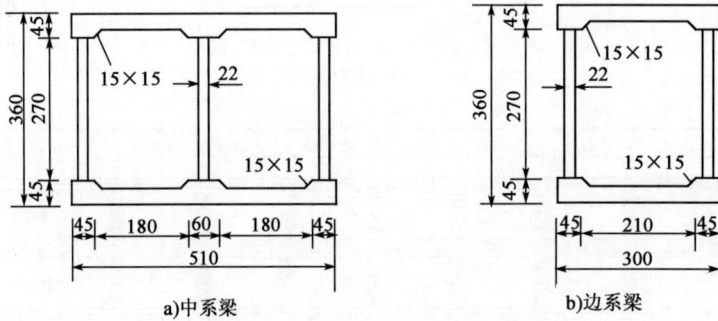

图 3-66　蒲山大桥波形钢腹板系梁截面图(尺寸单位:cm)

　　按现行规范进行计算,两座试设计桥均满足要求。对系梁变化引起上部结构材料用量进行比较,见表3-9。与原桥(A 桥)相比,采用平钢腹板系梁(B 桥)时,混凝土、钢材和预应力钢筋数量分别减少28%、27%和20%;采用波形钢腹板系梁(C 桥)时,则分别减少32%、9%和20%。与原桥(A 桥)相比,系梁总重和上部结构总重,采用平钢腹板系梁(B 桥)时,分别减少27%和6%;采用波形钢腹板系梁(C 桥)时,分别减少29%和7%。

蒲山大桥系梁变化的工程量对比表　　　　　　　　　　　　表 3-9

项　　　目		原桥(A)	平钢腹板系梁桥(B)	波形钢腹板系梁桥(C)	B/A	C/A
系梁	钢材(t)	1176	861	1075	0.73	0.91
	预应力钢筋(t)	466	374	374	0.80	0.80
	混凝土(m³)	3 039	2 177	2 057	0.72	0.68
上部结构	钢材(t)	5 596	5 281	5 495	0.94	0.98
	预应力钢筋(t)	524	432	432	0.82	0.82
	混凝土(m³)	13 380	12 518	12 398	0.94	0.93
上部结构总质量(t)		39 570	37 057	36 967	0.94	0.93

　　蒲山大桥采用了先梁后拱的支架法施工,试设计桥梁采用相同的施工方法。然而,由于系梁自重相对于原桥减轻将近27%和29%,则系梁支架的费用可大大降低,同时系梁的起吊设备也可以降低要求。此外,采用平钢腹板或波形钢腹板,免除了系梁现浇混凝土腹板的工作

量,将可加快施工速度。

因此,在钢管混凝土拱梁组合桥中,采用钢腹板预应力混凝土系梁替代预应力混凝土系梁,不仅可减少材料用量,而且有利于施工,具有相当的可行性。

二、上承式桥面系(第二类桥面系)

钢管混凝土上承式拱或中承式拱的上承部分的拱上建筑,一般由固定于拱肋之上的立柱、立柱横梁(盖梁)和桥面板(梁)组成。

立柱是桥面系与主拱肋之间的传力结构。GB 50923—2013 第 7.3.2 条规定,"立柱与钢管混凝土拱肋间宜设置柱脚。"设置柱脚是为了便于立柱的安装、立柱与拱肋之间力的传递。从材料来说,立柱有钢筋混凝土柱、组合柱(钢管混凝土或钢箱混凝土)和钢柱(钢管或钢箱);从结构形式来说,有单柱、双柱和四肢柱。立柱横梁(盖梁)多为钢筋混凝土结构,一般与立柱固结。

桥面板(梁)从材料上来说,以混凝土结构为主,也有采用钢—混凝土组合结构的;从结构形式来说,分为简支和连续结构(连续梁甚至连续刚构)。表 3-9 中对其桥面系强健性的评价为好和较好,"好"是指采用连续结构的桥面系,"较好"是指采用简支结构的桥面系。有关强健性的具体分析,见第四章第八节。

(一)单圆管、哑铃形拱

立柱的构造与拱肋的截面形式有关。单圆管、哑铃形拱的跨径一般均较小,立柱高度也较低,一般为单柱,多采用钢筋混凝土结构,也有采用钢管混凝土结构的,有时为了施工方便也采用钢箱柱。其立柱柱脚直接设置于拱肋之上,如图 3-67a)和图 3-67b)所示。

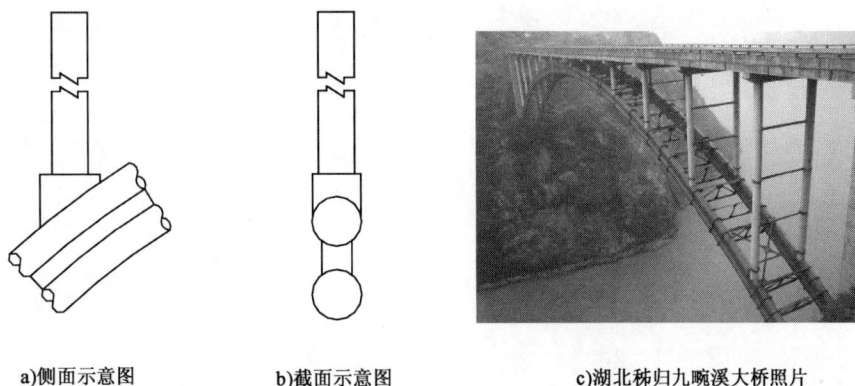

a)侧面示意图　　　　b)截面示意图　　　　c)湖北秭归九畹溪大桥照片

图 3-67　哑铃形拱立柱构造

钢筋混凝土立柱,仅用于少量立柱高度较低的情况,如跨径较小的上承式拱或跨径不大的中承式拱的上承部分。柱脚通常为焊接于拱肋之上的钢板箱,以适应拱的曲率变化和拱肋钢管的弧线。钢板箱内可灌入混凝土,立柱下端的钢筋焊于钢板箱上,使立柱与拱肋形成固结。

钢管混凝土立柱在哑铃形上承式拱中应用相对较多。图 3-67c)所示的湖北秭归九畹溪大桥,主跨 160m,矢跨比 1/6,立柱最高达 27m。立柱钢管直径为 800 ~ 900mm,支承于直径为 1 000mm 的哑铃形拱肋之上。此外,湖北三峡黄柏河大桥和下牢溪大桥也都采用了钢管混凝土立柱,详见《实例集一》[77] 第四章。

钢筋混凝土立柱主要应用于跨径较小的单圆管或哑铃形拱中,其上端与盖梁的连接构造应满足钢筋混凝土结构的要求。对于现浇的立柱横梁(盖梁),可将钢管伸入,同时在立柱上端预埋一些胡子筋以加强立柱与横梁的联系。钢筋伸入长度应满足锚固长度要求,钢筋截面积应不小于立柱混凝土计算截面积的 0.4%,以避免含筋率太低时轴压构件可能发生的脆性破坏。对于预制的立柱横梁,可在横梁底部与立柱相接处预埋钢板,通过焊接连在一起。钢管混凝土立柱截面刚度较小,要注意其轴压稳定问题。

桥面系过去多沿用我国钢筋混凝土拱桥的做法,采用简支结构或简支桥面连续结构。这种结构构造简单、施工方便、经济性较好,但整体性、抗震防落梁等强健性较差,应采取防落梁措施。目前,桥面系更多地采用了简支拼装、桥面连续的结构,整体性与强健性有相应的提高。

(二)桁肋拱

对于拱跨径不是特别大的上承式桁肋拱或中承式拱肋拱,立柱高度有限,也可以采用单柱式立柱,材料可为钢箱、钢管或钢管混凝土等。

桁式拱肋横向一般有两根钢管,单柱式立柱为避免拱肋受扭,只能支承于拱肋之间的平联之上,如图 3-68 所示。对于这种结构,应加强平联的刚度和支承处腹杆的刚度,以保证立柱荷载能有效地传递到 4 根拱肋,并防止腹杆局部失稳。

a)重庆巫山长江大桥　　　　　　　　　b)浙江杭州钱江四桥

图 3-68　支承于桁肋拱平联上的立柱

单柱式立柱刚度较低,当立柱不高时,通常仅在横桥向通过横向联系来加强其横向刚度;当高度特别低时,甚至无横向联系,仅通过盖梁将两肋的立柱连在一起;但当立柱较高时,不仅横向要采用较强的联系,纵桥向也要将几根立柱连在一起,以增强其稳定性。图 3-69 所示的浙江千岛湖金竹牌大桥(千岛湖1号桥),净跨径252m,矢跨比1/6.5,主拱为横哑铃形桁肋截面,拱上立柱采用$\phi 1\,000mm \times 12mm$和$\phi 800mm \times 12mm$钢管混凝土单圆管结构,靠近拱脚处的两肋间立柱和纵桥向的几根立柱通过斜撑连接起来,以增强其刚度,连接斜撑采用$\phi 610mm \times 12mm$钢管。

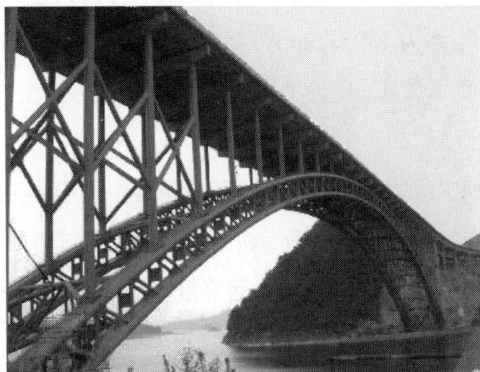

图3-69 浙江千岛湖金竹牌大桥拱上立柱

跨径较大的钢管混凝土桁肋拱,采用钢管混凝土立柱时,多采用支承于拱肋弦管上的多肢格构柱,以保证立柱的稳定性,且与拱肋截面形式相适应,如图3-70所示。图3-70a)所示的湖北恩施南泥渡大桥,为净跨径220m的上承式钢管混凝土桁肋拱桥,净矢跨比1/5,净矢高44m。拱上立柱为钢管混凝土排架,主管为$\phi 355.6mm \times 8mm$钢管,内灌C50混凝土,主管间纵横向连接构件为$\phi 175mm \times 6mm$空钢管。图3-70b)所示的湖南海螺猛洞河大桥,计算跨径为255m,计算矢跨比1/5.5。拱上立柱为四肢钢管混凝土格构柱,主管间设纵系梁、横系梁及纵横斜撑,立柱顶设钢箱盖梁。桥面系为一联14孔、每跨19.43m、先简支后连续的预应力混凝土小箱梁。

a)湖北恩施南泥渡大桥   b)湖南海螺猛洞河大桥

图3-70 支承于桁肋拱弦管上的立柱

对于很高的立柱,为减轻自重也有采用钢箱柱的。有时为防止钢板的局部失稳,往往在柱脚部分灌注混凝土,成为部分充填混凝土的钢柱,或称为钢箱—钢箱混凝土复合柱。对于这种复合柱,充填部分与未充填部分交界断面的刚度过渡构造处理,可参考第二章第七节介绍的福建福鼎山前大桥的相关构造(图2-99)。

贵州总溪河大桥(图3-27),计算跨径360m,矢高69m,拱上立柱高度为1.5~52.8m,采用矩形钢箱排架结构,根据立柱高度,柱截面尺寸分别采用$1\,500mm \times 800mm$、$1\,300mm \times 800mm$和$1\,100mm \times 800mm$三种,壁厚均为16mm。立柱盖梁采用矩形变截面钢盖梁,截面尺寸由跨中的$1\,400mm \times 1\,400mm$变至边缘的$1\,400mm \times 1\,168.5mm$,壁厚16mm。

湖北沪蓉西高速公路支井河大桥,主跨为430m,拱上立柱采用了钢箱—混凝土结构,截面尺寸为1 400mm×1 000mm,高度2～74m,施工时先安装钢箱,然后灌箱内的混凝土,既方便了施工,也使立柱具有较高的稳定性,如图2-30所示。有关该桥的介绍详见第二章第二节。

当立柱为钢结构或钢—混凝土组合结构时,立柱盖梁除采用混凝土结构外,也有采用钢结构的,如图3-70b)所示的湖南海螺猛洞河大桥,立柱盖梁就是钢箱结构。

近年来,在大跨径钢管混凝土上承式拱桥中,纵桥向桥面系结构多采用先简支后连续或连续结构,以预应力混凝土为主。如湖北沪蓉西高速公路支井河大桥,采用21～21.4m预应力混凝土箱梁,先简支后连续桥面系结构;湖南海螺猛洞河大桥,桥面系为一联14孔、每跨19.43m、先简支后连续的预应力混凝土小箱梁。

当主拱跨径很大时,拱脚附近的立柱很高,这种情况下适当加大立柱的纵向间距、减少立柱的根数与桥面纵梁的跨数是合理的,桥面系则可采用钢—混凝土组合梁。贵州总溪河大桥桥面系主梁采用工字型钢—混凝土连续梁,跨径布置为15×25.2m,每隔6.3m设置工字型钢横梁,钢梁与预制混凝土桥面板通过剪力钉连接形成钢—混凝土组合结构,立柱和桥面板之间设置球形单向滑动支座形成连续梁体系。对于跨径较大的拱桥,拱脚处立柱较高、柔度较大,还可将纵梁与立柱刚结,形成连续刚构。

三、悬吊整体桥面系(第三类桥面系)

中承式拱桥和刚架系杆拱桥的下承悬吊桥面,应采用整体性桥面系。整体性桥面结构有整体板梁桥面系、格子梁桥面系、U肋加劲的钢箱梁等。

日本新西海桥(见第一章第四节)桥面系由两个纵向加劲梁、横梁和桥面板组成,加劲纵梁为钢箱梁,高2.0m,宽1.75m,横梁为工字形钢梁,与钢纵梁同高,如图3-71所示。由于加劲纵梁刚度很大,使桥面系成为纵桥向连续的结构体系,使活载作用时吊杆力集中度下降,并为结构的整体性、强健性提供重要的保证。

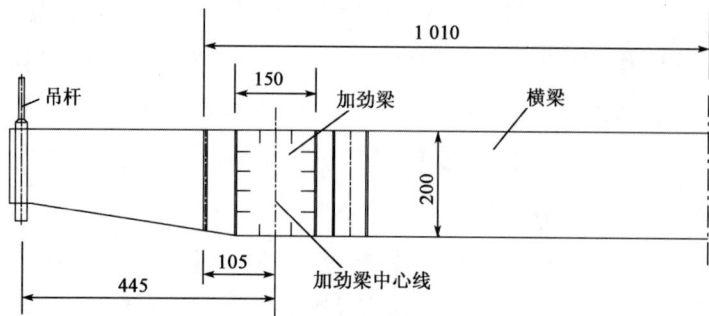

a)桥面系横截面构造图(桥面板未示)(尺寸单位:cm)

图 3-71

b)大桥侧视照片

图3-71 日本新西海桥桥面系构造

广东东莞鸿福路大桥为两跨下承式刚架系杆拱桥(图3-72),桥面系为混凝土结构,横梁间共设置5根钢筋混凝土纵梁,形成梁格式桥面系受力结构,其上设置混凝土桥面板。纵梁高1.2m,宽0.4m。边纵梁在桥墩处与拱脚搭接,中纵梁搭接在桥墩盖梁上,由端横梁连接,纵梁不承担拱肋施工的水平拉力[139]。

a)大桥总体

b)桥面底部

图3-72 广东东莞鸿福路大桥

四川合江长江一桥(见第二章第三节)桥面系采用钢—混凝土组合梁、组合板整体结构。由两道主纵梁、3道次纵梁、主横梁、4道次横梁组成格子桥面梁,这些梁均为钢梁,如图3-73所示;格子梁上满铺8mm厚钢板,通过焊接在钢板上的PBL剪力键与混凝土锚固连接,形成总厚度为150mm的桥面板,上置防水卷材和防水涂料,再铺装5cm厚的沥青混凝土[140]。

四、以横梁受力为主的悬吊桥面系(第四类、第五类桥面系)

如前所述,第四类、第五类桥面系在我国中承式、下承式钢管混凝土拱桥的悬吊桥面系中应用最多,这两类桥面系受力与构造相似,均以横梁受力为主,本小节一起介绍。

这类桥面系以吊杆为支撑,以高强钢索为主(吊索),有关吊索的构造见下一节(第四节)介绍。对这两类桥面系的强健性评价的具体分析见第四章第八节。在表3-8中无加劲纵梁的第五类桥面系评为"差";有加劲纵梁的第四类评为"较好"和"差"。"较好"是指桥面系"具有一根横梁两端相对应的吊索失效后不落梁的能力"；"差"是指不具备这样的能力，虽然有加劲纵梁，但其强度、刚度或与横梁的连接等太弱，断索后仍然会出现落梁的现象。

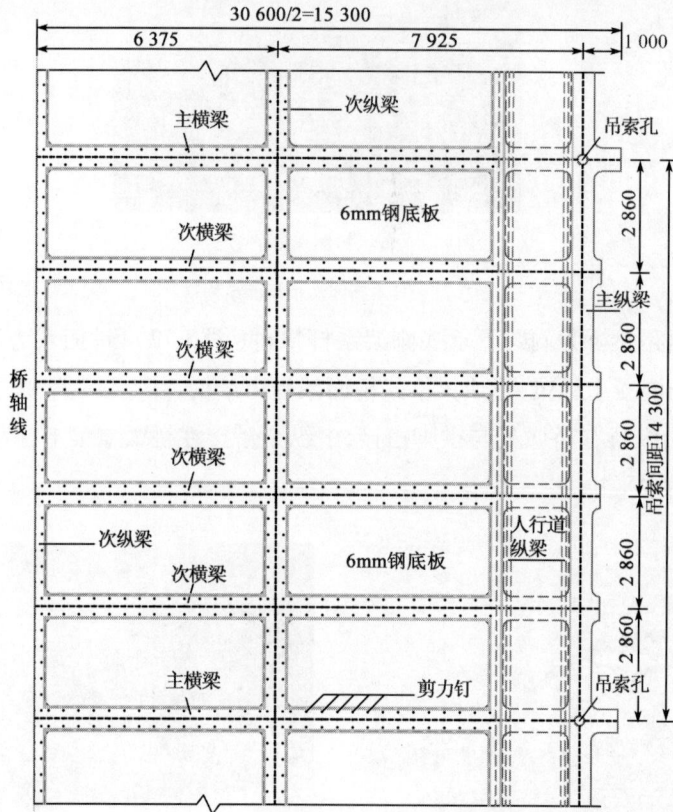

图 3-73　四川合江长江一桥桥面钢格子梁一般构造图(尺寸单位:mm)

（一）平面布置

对于混合交通的城市或公路桥梁，为缩短横梁跨径，降低跨中弯矩，横梁一般做成伸臂式，将非机动车道以及人行道悬挑。

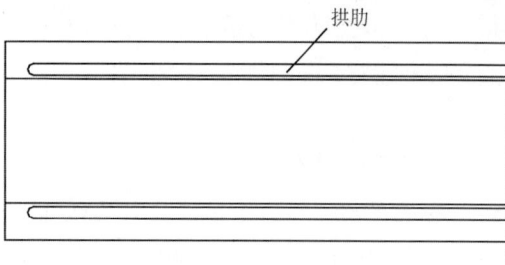

图 3-74　下承式拱桥桥面横向布置

而对于下承式拱，虽然与桥面相交的拱肋要占据一定的桥面宽度，但系杆箱或系梁一般会高出桥面以降低建筑高度，它所占据的宽度与拱肋相当，整个桥梁也可采用同宽，以简化设计与施工，如图 3-74 所示。

对于中承式拱，当跨径较小时，若全桥采用同宽，则会出现桥面与拱肋相交处通行净宽(人行道)宽度不够，或者在其他地方宽度利用不充分。当跨径较大时，通常在拱肋与桥面相交处加宽桥面，以保证人行道通行净宽，如图 3-75a)

所示,这样横梁的规格就相应增多。如果上承部分长度较短,也可将拱肋与桥面相交处的横向加宽延伸至墩台处,以简化构造,如图 3-75b)所示。下承部分通常采用柔性吊杆。柔性吊杆体积一般较小,拱肋与桥面系相交的一定范围以外的人行道可利用拱肋的一部分甚至全部的宽度,因此人行道宽度又可减小。

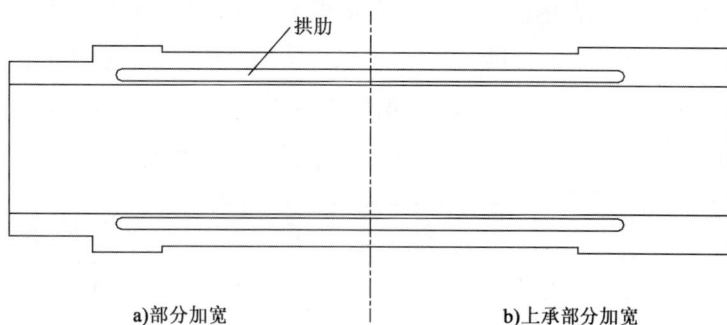

a)部分加宽   b)上承部分加宽

图 3-75 中承式拱桥桥面横向布置

横梁也有不做成伸臂而做成简支的,如浙江新安江望江大桥、广东高明大桥、湖北三峡莲沱大桥、广东广州丫髻沙大桥等。这种结构两肋之间的距离加大,有利于横向稳定。但采用整体式墩台时,墩台与基础的工程量加大,同时横梁跨径增大,造成跨中正弯矩增大,对横梁受力不利。

为缩短横梁跨径,也有采用 3 根拱肋的桥梁,如福建福清玉融大桥、四川成都青龙场立交桥、美国哥伦布高架桥等,或者做成上、下行分离的两座并列的桥,如江苏泰州引江河大桥、河南郑州黄河公路二桥等。

(二)横梁间距

第四类、第五类桥面系的结构均为局部受力构件,不参与总体受力,其单位自重不随着桥梁跨径的增加而明显增加,这也是较大跨径桥梁采用此结构的原因之一。横梁的受力与横梁的间距、横梁本身的跨径有很大的关系。横梁的间距也是桥面板的跨径,显然横梁间距越大,全桥的横梁根数越少,但桥面板由于跨径增大,结构自重必然增加,一根横梁所承担的桥面系恒载与活载的范围也越大,换言之,横梁的结构尺寸也越大,其自重自然越大。

在纵桥向,横梁所承受的恒载在两根吊杆或立柱的间距范围内。在这类以局部受力为主的桥面系中,桥面板和横梁中活载占总荷载的比例较大,而在吊杆及其锚具的受力中活载所占的比重更大,在 4~12m 的吊杆间距范围内,吊杆、横梁、桥面板的受力与吊杆间距之间的关系比较接近于一次方的关系,这与一般梁式桥不同。一般梁式桥中,主梁所受恒载较大,主梁的弯矩与跨径的关系比较接近于二次方的关系。因此,随着桥梁跨径的增大,吊杆的间距宜适当地增大。一般情况下,横梁和桥面板的材料用量略有增加,吊杆的数量和桥面系的预制安装工作量会明显减少,总体经济效益较好。另一方面,随着跨径的增大,吊杆间距的适当加大也符合审美的需要。因此,不论主拱跨径大小,吊杆间距一成不变地采用4m、5m是不经济、不合理也不美观的。

对于中、下承式拱,主拱跨径在50~60m时,横梁间距一般在4m左右;主拱跨径在60~80m时,横梁间距在5m左右;而跨径在80~250m时,横梁间距在5~8m之间;超过250m以后,横梁间距宜在8~12m的范围内。当横梁间距再大以后,桥面板的自重会增加较多,建筑高度也会随之增大,这对中、下承式拱,特别是下承式拱的总体经济性是不利的。

以飞鸟式拱为例,图3-76给出了吊杆间距与主拱跨径关系的统计结果。由统计可知,飞鸟式拱的吊杆间距在4~8m之间,且吊杆的间距随着主拱跨径的增大而呈增大的趋势。

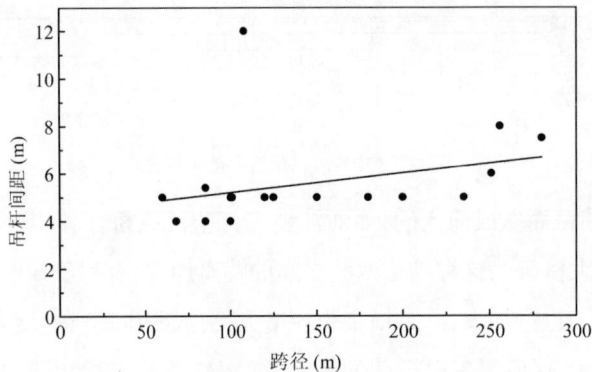

图3-76 飞鸟式拱吊杆间距与主拱跨径关系统计图

悬吊桥面系在车辆、地震力等作用下,由于索的刚度较小,可能出现纵桥向和横桥向的整体摆动。因此,这部分的桥面结构应参照悬索桥桥面结构的处理方式进行构造处理。GB 50923—2013第7.5.2条规定,"中承式和下承式拱的悬吊桥面系宜在拱梁相交处设置横向限位装置",以对桥面系进行横向约束。

(三)横梁结构

横梁的跨度一般等于两拱肋的中距,它与桥面宽(主要是行车道宽)直接相关。横梁材料、结构形式的选用与其跨径有很大的关系。当横梁跨径在10m左右时,通常采用钢筋混凝土构造,截面可以是矩形、工字形或土字形;横梁跨径在20m左右时,多采用预应力混凝土梁,且以箱形截面为主。为发挥箱梁截面的抗扭能力,可采用纵桥向双吊杆构造。横梁可为钢筋混凝土梁、预应力混凝土梁、钢—混凝土组合梁等,前两者的结构与构造与一般结构相似,可参见本书第二版的有关介绍。

钢管混凝土拱桥在拱肋截面轻型化后,无论是从结构还是从施工方面来说,桥面系的轻型化问题都显得十分重要,因此,采用钢—混凝土或钢—预应力混凝土组合结构的横梁在悬吊桥面系中呈增长趋势。

广东深圳彩虹(北站)大桥(见第二章第五节)桥面总宽23.5m,横梁长23.8m,横梁计算跨径 18.5m,吊杆间距 8.0m,由高 300mm 的部分预应力空心板和 140mm 现浇层组成桥面板,吊杆处桥梁横断面布置如图 3-77 所示。钢箱梁宽 980mm,跨中高 1 200mm,并以 1.5% 双向坡从跨中向两边降低箱梁高度以形成桥面横坡,上、下板厚 20mm,侧板厚 14mm,钢梁顶面采用 $\phi 22mm \times 200mm$ 焊钉作为抗剪锚栓。采用沿纵桥向的双吊杆,每根吊杆为 61ϕ7mm 镀锌高强低松弛预应力钢丝束。

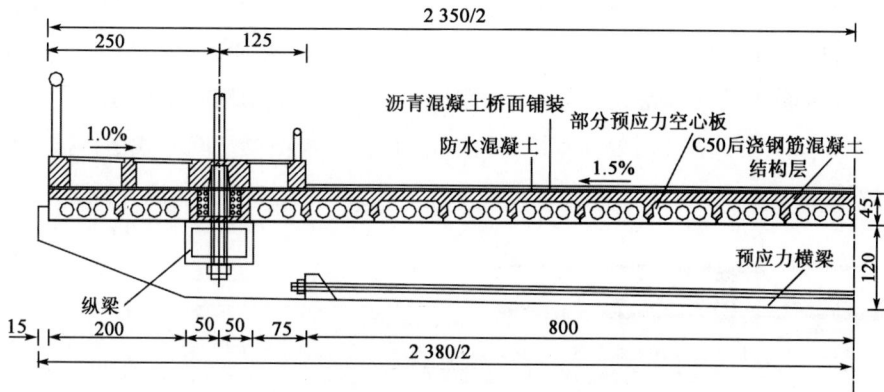

图 3-77 广东深圳彩虹(北站)大桥吊杆处桥梁横断面布置图(尺寸单位:cm)

广东广州丫髻沙大桥的吊杆横梁采用了钢—混凝土组合梁,横梁计算跨径有 31.62m 和 35.5m 两种。钢横梁为工字形,桥面横坡通过横梁腹板的变化形成。一根钢横梁的质量在 30t 左右,吊装后在其顶板上浇筑混凝土桥面板(约 18t),总质量仅约 46t。若采用预应力混凝土横梁则质量达 100t 左右,结构自重和吊装重量均大大增加。

该桥横梁间距为 8.0m,上设 π 形钢筋混凝土桥面板。预制板高 34cm,肋宽 25cm,翼板厚 8cm,边梁宽 300cm,中梁宽 260cm。纵梁间纵向接缝一般为 50cm。横向接缝宽 50cm(也是组合横梁上翼缘的混凝土叠合部分)。桥面铺装层厚 12cm,为现浇 C50 铣削钢纤维混凝土,纤维掺量为 60kg/m^3。在钢横梁的下翼缘处设置了 4 根钢小纵梁,以支承钢梁检查车的轨道。吊杆横梁处桥梁横断面布置如图 3-78 所示(桥面板与钢小纵梁的布置见本节后续介绍)。

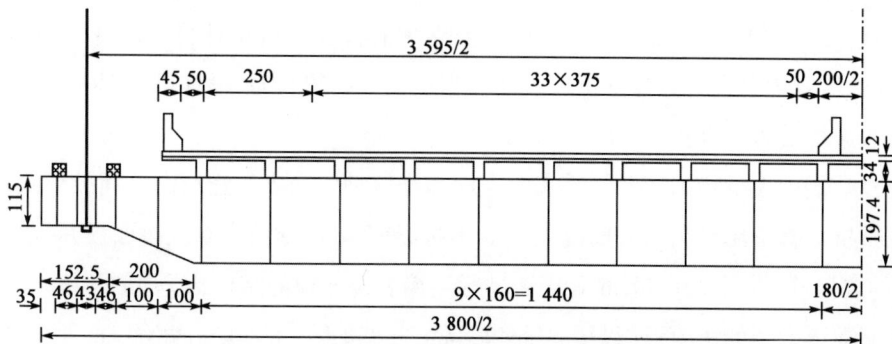

图 3-78 广东广州丫髻沙大桥吊杆处桥梁横断面布置图(尺寸单位:cm)

（四）桥面板结构

桥面板视其跨径（吊杆间距）的大小可选用实心板、空心板、π形板、槽形板和T形板。跨径小于或等于5m时多采用钢筋混凝土实心板；跨径在5～10m时多采用钢筋混凝土空心板、π形板或小T梁，其中π形板由于结构自重较小，采用的更多；当跨径大于10m后，桥面板多采用预应力混凝土T形板或梁。当横梁为钢—混凝土组合时，桥面板也是组合梁的组成部分，如前面介绍的广东深圳彩虹（北站）大桥、广州丫髻沙大桥，这里不再介绍。

当横梁为钢筋或预应力混凝土梁时，桥面板（梁）通常做成结构简支桥面连续，或先简支后连续结构（图3-79），设计施工时要注意桥面板之间、桥面板与横梁之间的联结构造，以提高整体性和抗震防落梁的能力。相对来说，桥面板先简支后连续的做法，比结构简支桥面连续的要好。

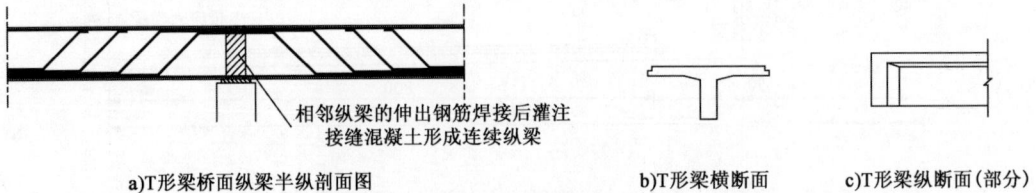

相邻纵梁的伸出钢筋焊接后灌注
接缝混凝土形成连续纵梁

a)T形梁桥面纵梁半纵剖面图   b)T形梁横断面   c)T形梁纵断面（部分）

图3-79   先简支、后连续桥面结构示意图

GB 50923—2013第7.5.4条规定，"悬吊桥面系的桥面板与横梁之间，在桥面伸缩装置附近可设置支座，其余不宜设置支座。伸缩缝附近的小支座应具有可更换条件，且宜采取限位或固定等防止脱落的措施。"

悬吊桥面板以受活载为主，如果设置了小支座，因桥面板自重压不住支座，在汽车荷载作用下，小支座极易移位或滑落，引起桥面不平整。桥面病害反过来又加剧了桥面的震动与车辆的冲击，且不易维修。将桥面板与横梁直接接触，不设支座，施工时不存在体系转换问题，桥面板还能参与横梁的受力。当然，伸缩缝附近的桥面板下还需设置小支座，但要采取限位或固定等措施来防止小支座的脱落，同时，应具有可更换条件，以便后期维修更换。

先简支后连续桥面板的连续长度，一般来说下承式可全桥通长，中承式可以肋间横梁为分界。在活载作用下的设计计算中，立柱横梁上支承的桥面板可不计拱肋的变形，按连续梁计算，在吊杆处横梁则可视为弹性支承连续梁。当连续长度很长时，设计可根据实际影响长度选取有效跨数进行受力计算。

福建福鼎桐山大桥和闽清石潭溪大桥采用的是这种先简支后连续的桥面板形式。福鼎桐山大桥主桥桥面板采用预制的钢筋混凝土π形板，高30cm，横桥向6块桥面板并列，各板间设有35cm的湿接缝，纵桥向用30cm湿接缝进行连接。桥面板的结构构造如图3-80所示[141]。

闽清石潭溪大桥的桥面板（纵梁）为钢筋混凝土小T梁，高50cm，宽约1m，长约8m（有多种型号）。小T梁之间采用铰接，与横梁相交处采用混凝土湿接缝，并将部分主筋纵向相连，使纵横梁连成整体。纵横梁连接处构造如图 3-81 所示。详见文献[77]第五章介绍。

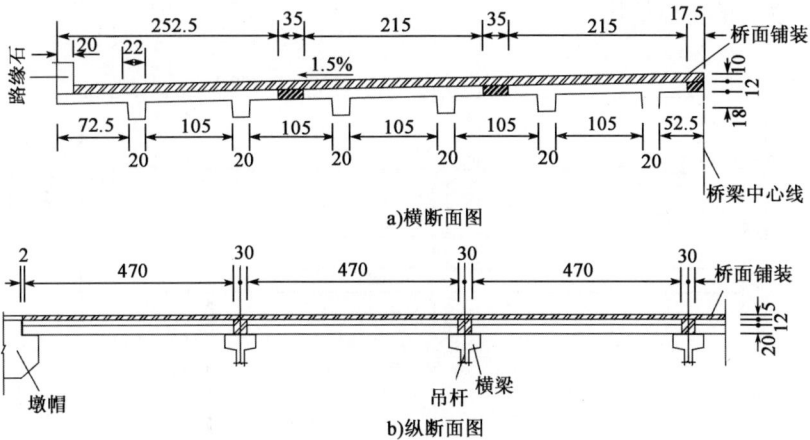

a)横断面图

b)纵断面图

图 3-80　福建福鼎桐山大桥桥面板构造图(尺寸单位:cm)

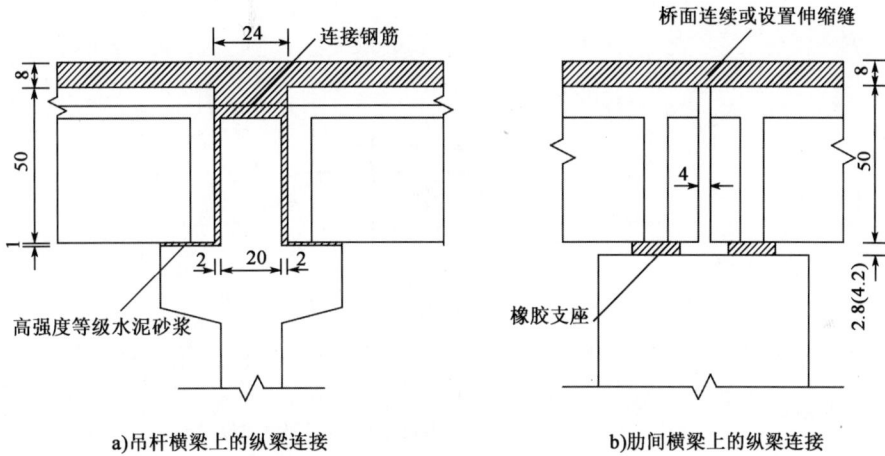

a)吊杆横梁上的纵梁连接

b)肋间横梁上的纵梁连接

图 3-81　福建闽清石潭溪大桥纵横梁连接处构造图(尺寸单位:cm)

　　为加强桥面整体性,当横梁间距不大时,还可采用现浇连续的桥面板。这种结构形式还能降低桥面系的建筑高度,因为现浇的桥面板在横向又可作为横梁的一部分参与受力。

　　河南安阳文峰路立交桥的桥面采用了预制矩形横梁,与桥面板构成钢筋混凝土 T 形截面,建筑高度为 150cm,桥面板厚 25cm,铺装层厚 3cm。这种将桥面板与横梁浇筑为一体,按 T 形截面计算的设计,改变了传统的吊杆吊横梁、横梁上架桥面纵梁(板)的方法,降低了桥梁的建筑高度,也增加了桥面系的整体性和刚度。桥面系构造如图 3-82 所示[132]。

　　福建福安群益大桥由于水量较小,河床离桥面也不高,采用了现浇桥面系(含横梁和桥面板)的结构。这种现浇的桥面连续板,施工较为麻烦,桥面板的负弯矩区也应采取构造措施防止开裂。从受力上来说,这种结构虽然桥面板连续,有时也设有小纵梁,但它们在纵向的抗弯刚度均不大,一般认为其不参与整体受力,即主拱肋仍是整体受力结构。而在局部受力上,传力途径同预制桥面板一样,即活载通过桥面板传至横梁,横梁传至吊杆(立柱)再传至主拱肋,横梁仍是局部受力的主要结构。

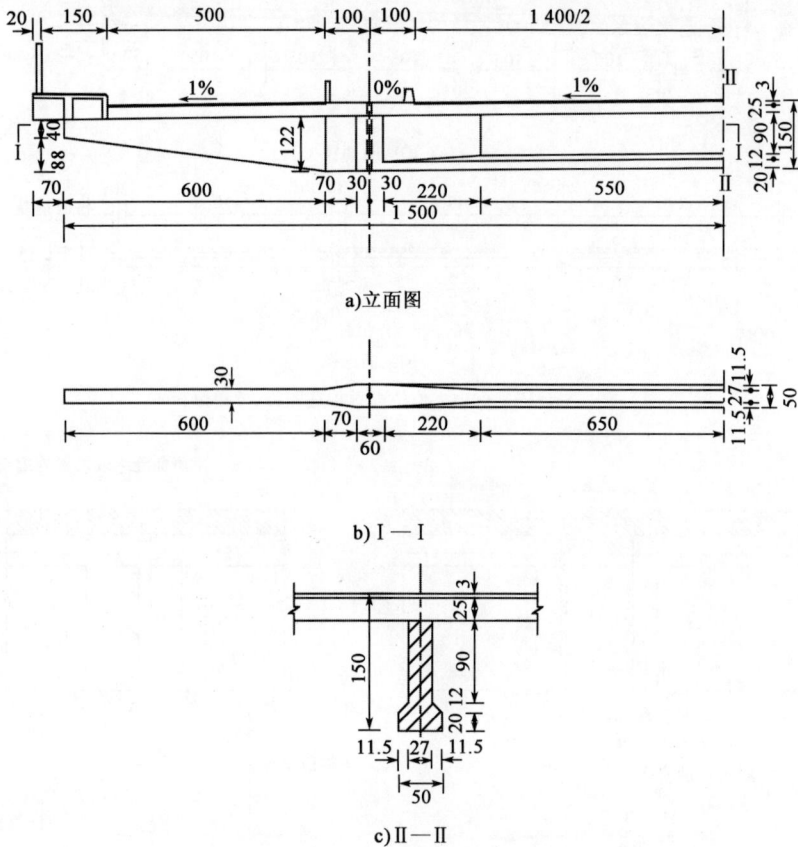

图 3-82　河南安阳文峰路立交桥桥面系构造图(尺寸单位:cm)

(五) 加劲纵梁

由表 3-8 可知,第四类和第五类桥面系均以横梁受力为主,但第四类桥面系在吊杆横梁间设置了加劲纵梁,这是它与第五类桥面系的主要差别。加劲纵梁因不承受水平拉力,按 GB 50923—2013 第 7.5.2 条规定,它不应与其端部结构或主拱固接,否则易因承受拱的水平推力而被拉坏。

加劲纵梁的材料一般与横梁相同。当横梁为钢筋混凝土或预应力混凝土时,纵梁与横梁的连接构造较难处理。较常见的做法是横梁预制时留有接头,加劲纵梁也采用预制,通过干接或湿接与横梁连接起来,端部与拱肋纵桥向不连接(不承担水平推力)、只支承于伸出的牛腿上,如图 3-83 所示。

当横梁为钢—混凝土组合梁、加劲纵梁为钢纵梁时,构造处理较为简单。

广东广州丫髻沙大桥(见第二章第六节)桥面系检查车的 4 根轨道小纵梁为热轧 H 型钢(图 3-84),设计时仅考虑承载检查车,没有考虑参与桥面系的受力。钢小纵梁与横梁和桥面板组成了长约512m、宽32.4m的连续板结构。该桥建设时认识到此类桥面系纵梁的重要性，想通过小纵梁加强桥面系的整体性。然而，运营多年后发现，小纵梁实际上参与了桥面系的受力，刚度与强度明显偏弱，与钢横梁的连接处出现了开裂等病害。后在维修改造时，加设了钢大纵梁，详见第六章第四节。

a)端部与拱脚的接头　　　　　　　　　　b)中部与横梁的接头

图3-83　钢筋混凝土加劲纵梁（福建泉州百崎湖大桥）

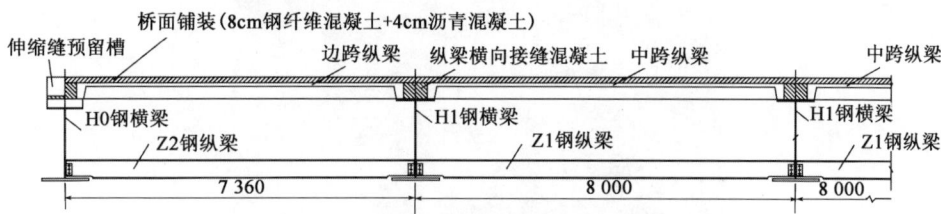

a)桥面系纵桥向布置图(尺寸单位:mm)

b)桥面系底部照片

图3-84　钢小纵梁（广东广州丫髻沙大桥）

　　甘肃兰州雁滩黄河大桥（见第二章第五节）桥面系横梁为预应力混凝土箱梁，长28m，宽0.8m，跨中梁高1.75m，吊装重量530kN。加劲纵梁采用空间钢管桁架，如图3-85所示。这种纵梁与混凝土纵梁相比，具有轻巧美观、重量轻、施工安装方便等特点。横向共设两道纵梁，梁高 1.0m，宽 0.5m。桁架上下弦管采用 $\phi160mm \times 10mm$ 钢管，上、下平联杆及腹杆采用 $\phi140mm \times 10mm$ 钢管。1 个吊装阶段内的所有杆件均采用直接电焊连接，两端与横梁上预埋的钢板焊接。整个纵梁的两端不与端横梁连接，在端横梁伸出的牛腿上设置了伸缩装置及支座。

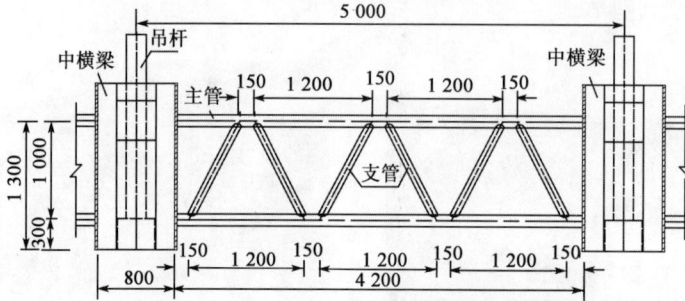

a)加劲纵梁构造图(尺寸单位:mm)

b)桥面系底部

图 3-85　钢管桁架梁加劲纵梁（甘肃兰州雁滩黄河大桥）

五、桥面系伸缩缝设计

伸缩缝与伸缩装置是桥梁结构的薄弱部分,伸缩缝和伸缩装置病害已成为影响行车性能、结构耐久性和维修养护工作量的主要因素,减少伸缩缝和伸缩装置数量已成为桥梁可持续发展的主要方向。在梁式桥中,无伸缩缝的整体式桥台桥梁(整体桥)、半整体式桥台桥梁(半整体桥)和延伸桥面板桥已在国际上得到了大量的应用,近年来也在我国得到了一定的发展[142]。

在现代空腹式拱桥中,同样存在着桥面伸缩缝的问题,减少甚至取消拱桥桥面伸缩缝的构造方式,也得到了桥梁工程师的重视。20 世纪 30 年代美国修建的 Ashtabula 桥,就采用了利用柔细的拱上立柱来支承连续的桥面板,取消所有墩上伸缩缝(但桥台处仍有伸缩缝)的工程实践,经模型试验和实桥观测,证实了设计的可行性[143]。近年来,还出现了一种整体拱桥(Intergral Arch Bridge),采用钢—混凝土组合桥面或预应力混凝土组合桥面来平衡拱的水平推力,桥面的末端设置端梁,端梁由桩基础支承,以此代替传统的桥台,取消了全桥(包括桥台处)的伸缩缝[144]。

在我国,无伸缩缝桥梁的发展较慢,在梁桥中的应用不多,拱桥中还没有。所以,我国钢管混凝土拱桥均为有伸缩缝的桥梁。伸缩缝的设置与桥面系纵桥向布置有关。由于中承式拱桥中既有上承式桥面系,也有下承式桥面系,因此桥梁的伸缩缝布置有其特殊性,这里将重点予以讨论。

中承式拱桥根据在上、下承桥面系交界处(肋间横梁)是否设置伸缩缝,可分为两种。大部分桥例在此处设置了伸缩缝和伸缩装置,它能够适应上承式桥面与下承式桥面不同的变形要求,也能使边跨的端伸缩缝的伸缩量减小。但此处的伸缩装置也给行车和养护带来不利因素,且伸缩装置损坏后对主拱肋的冲击较大。因此,有些桥在肋间横梁处不设置伸缩缝,桥面结构全桥连续成飘浮体系。采用这种布置形式时,其桥面系上承部分的结构要有适应变形、传递变形的能力。这部分的构造可分为梁板固结式和梁柱固结式两种。

梁板固结式是将桥面系的纵向桥面板(梁)与立柱盖(横)梁连成整体,立柱上设置活动支座,如图3-86所示。采用这种结构形式的某桥,运营多年后发现桥面温度等因素引起的沿纵桥向的平面变形量大于拱上立柱之上的活动支座所预留的位移量,导致纵梁的位移受到约束并使支座遭到破坏,如图3-86c)所示。

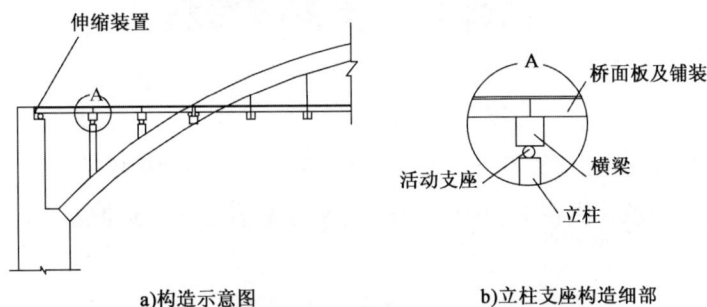

a)构造示意图　　　　　　　　　b)立柱支座构造细部

c)某桥立柱上支座病害

图3-86　梁板固结式桥面系构造

梁柱固结式是将立柱与盖梁固结形成框架,桥面板(梁)支承于设置在横梁之上的支座上,如图3-87a)和图3-87b)所示。某桥主跨为五跨中承式飞鸟式拱,桥面上承部分的结构采用了梁柱固结式。但该桥刚建成不久,便发现钢横梁在温变荷载作用下,墩上立柱横梁上翼缘出现了较大的水平弯曲，下翼缘基本未动。为此，对横梁进行了变形矫正。但由于伸缩装置是在已变形的横梁上安装的，因此，横梁变形矫正后，伸缩装置出现了病害，如图 3-87c) 所示。

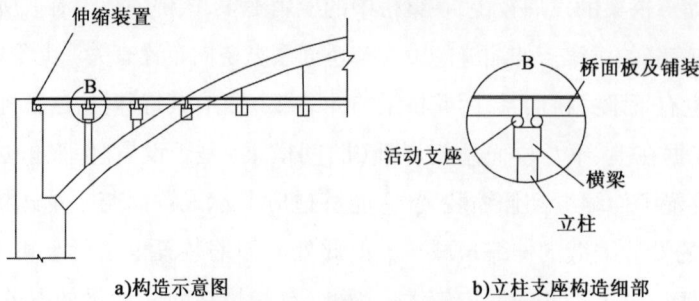

a)构造示意图　　　b)立柱支座构造细部

c)某桥墩上伸缩装置变形

图 3-87　梁柱固结式桥面系构造

从上面介绍的这两个工程实例可以看出，减少伸缩缝有利于桥梁的耐久与运营，但在没有可靠的构造措施时，中承式拱在上、下承桥面交界处还是宜设置一道伸缩缝。

第四节　吊索与系杆索

钢管混凝土拱桥中的吊杆与系杆，以采用高强、柔性的钢索为主，故称之为吊索和系杆索，只有少量的吊杆采用具有一定刚度的钢吊杆。为此，GB 50923—2013 中的相关规定主要针对吊索和系杆索，本节介绍时也以吊索和系杆索为主。

吊索与系杆索均属关键、易损的构件，使用寿命短于主结构，因此，必须为可检查、可更换的构造与措施。为此，GB 50923—2013 第 7.4.1 条以强制性条文的形式规定，"钢管混凝土拱桥的吊索与系杆索必须具有可检查、可更换的构造与措施。"GB 50923—2013 共有两条强制性条文，一条针对吊索、系杆索，另一条针对桥面系，均从结构的安全性要求出发，也是从近年我国中、下式拱桥悬吊桥面系的事故中吸取的教训而来。

对于吊索与系杆索，GB 50923—2013 第 7.4.2 条、第 7.4.3 条和第 7.4.8 条规定，"应具有防水、排水措施,设计应满足施工时的安装与张拉空间的要求,并应对使用时检查、养护和换索进行设计。锚固处应有可扩散局部集中应力,且将吊索与系杆索索力传给受力结构的构造措施。吊索与系杆索不宜穿过主拱等主要受力结构。当无法避免时,应采取保证主拱受力性能的补强措施。"

对于吊索、系杆索的设计使用年限,GB 50923—2013 未作明确规定,《公路钢管混凝土拱桥设计规范》(JTG/T D65-06—2015)[86] 第 1.0.7 条规定其应为 20 年,《公路桥涵设计通用规范》(JTG D60—2015)[145] 第 1.0.4 条也规定为 20 年。

一、吊索

(一)吊索布置

吊索为局部受力构件,图 3-88 为吊索间距与桥梁跨径的关系统计结果(统计桥例 231 座)。从图中可以看出,跨径在 100m 以下时,间距多为 4 ~ 8m;跨径在 100 ~ 200m 之间时,间距多为 5 ~ 10m;跨径超过 200m 后,间距增大,大部分在 6m 以上,仅有两座在 6m 以下,分布范围变化也较大。吊索间距即上一节的横梁间距,图 3-88 与图 3-76 的规律相近。

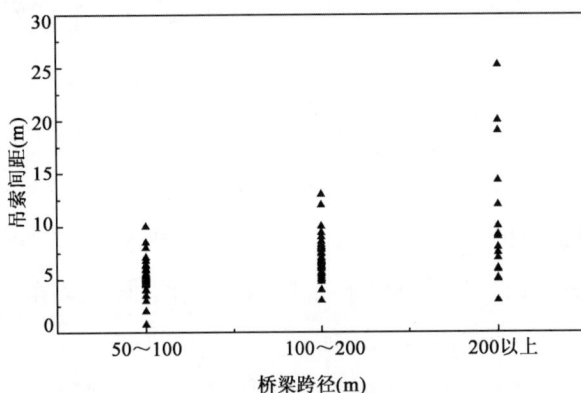

图 3-88　吊索间距与桥梁跨径的关系

从吊索本身来说,吊索间距在一定范围内加大可以节省吊索的材料用量。吊索受力中活载占有较大的比例,设计荷载直接关系到吊索的受力和布置间距。

吊索的布置有平行式和斜交叉式。平行式构造简单,施工方便,大多数桥梁采用了这种形式,但平行式吊索桥面系刚度较小。为加强桥面系刚度,减少锚具尺寸和应力集中现象,利于今后换索,近年来在一些钢管混凝土拱桥中采用了双吊索构造。双吊索构造有纵桥向双吊索和横桥向双吊索两种,如图 3-89 所示。

纵桥向双吊索主要用于箱形横梁中,有利于加强桥面系的纵向刚度和发挥箱形横梁的抗扭刚度,如图 3-89a)所示。横向双吊索则有利于加强桥面系的横向刚度、改善横梁的受力,若横梁为箱形时,则要通过与之固结的纵梁来提供箱梁的抗扭刚度。浙江义乌宾王桥为单肋钢管混凝土拱梁组合体系,拱肋为横向两根钢管和上、下平板组成的圆端形截面,横向双吊索穿过两圆管吊住带横向伸臂的箱形纵梁,其构造如图3-89b)所示。广东广州丫髻沙大桥的主拱肋为六肢桁式,设计过程中曾提出过采用横桥向双吊索的方案。另外,双层桥面的浙江杭州钱江四桥,在主跨处设置的上、下层吊索分别采用了纵、横式的双吊索形式。

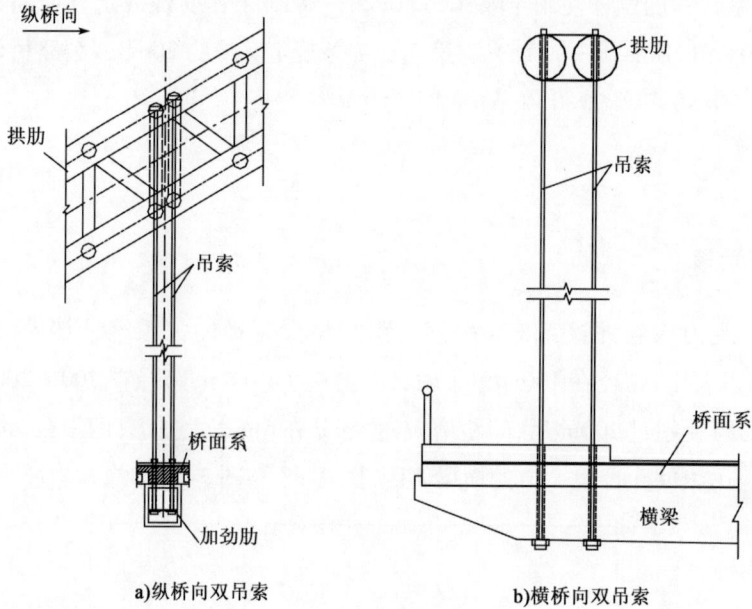

a)纵桥向双吊索　　　　　　b)横桥向双吊索

图3-89　双吊索构造

斜交叉式吊索在国外的拱梁组合体系的钢桥中有较多的采用,它能增强拱肋与系梁组成的桥梁结构的整体刚度,降低拱肋和系梁的弯矩,也便于换索。这种斜交叉式吊索在国内采用较少[146]。

在钢管混凝土拱桥中,浙江宣杭铁路东苕溪大桥采用了尼尔森吊索体系。该桥为提篮式拱梁组合拱,跨径115m,矢跨比1/5,其拱轴线采用 $m = 1.347$ 的悬链线[147]。吊索与系梁的顺桥向夹角在49.631°～69.183°之间,横桥向夹角为77°。吊索间距为8m,边吊索采用139根 $\phi7mm$ 平行钢丝束,其余吊索均采用127根 $\phi7mm$ 平行钢丝束,其吊索布置如图3-90所示。

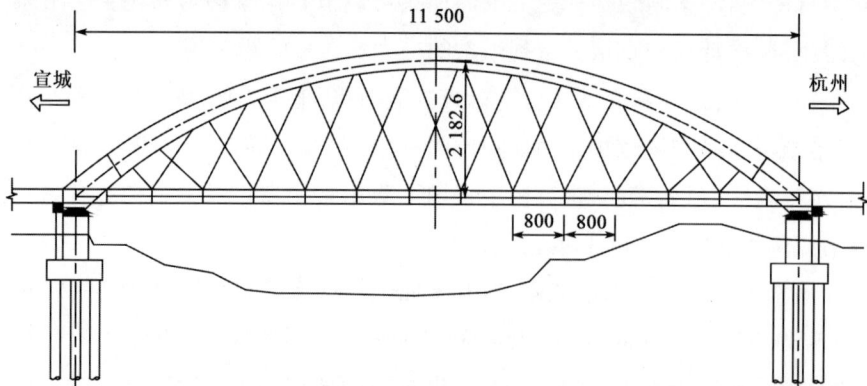

图3-90　浙江宣杭铁路东苕溪大桥尼尔森吊索体系(尺寸单位:cm)

吊索上锚点应能有效地将吊索力传给拱肋。对于单圆管截面和哑铃形截面,以往多从美观角度考虑,将其锚于拱肋内部。然而,它不利于吊索锚头的检查、养护与吊索的更换,同时较大的锚头体积对拱肋断面也有较大的削弱,且影响管内混凝土的泵送施工。因此,应将上锚头置于拱肋之上。桥梁作为一种大型的结构物,更适合于远处观赏,细部的构造对总体审美效果的影响是有限的,而安全耐久等功能则重要得多。

近年来将吊索锚于拱肋上方的做法越来越多,如图3-91所示。GB 50923—2013第7.4.3条规定,"吊索的上下端锚具宜露出结构外。当锚具设置于结构内时,应满足锚具的安装空间和检查、养护的要求。"这种构造需在锚头下、拱肋上设置垫平块,上加罩(盖)防护。另外,哑铃形吊索力从上管通过缀板腹腔传至下管,当缀板内不填充混凝土时,应注意缀板的稳定性。

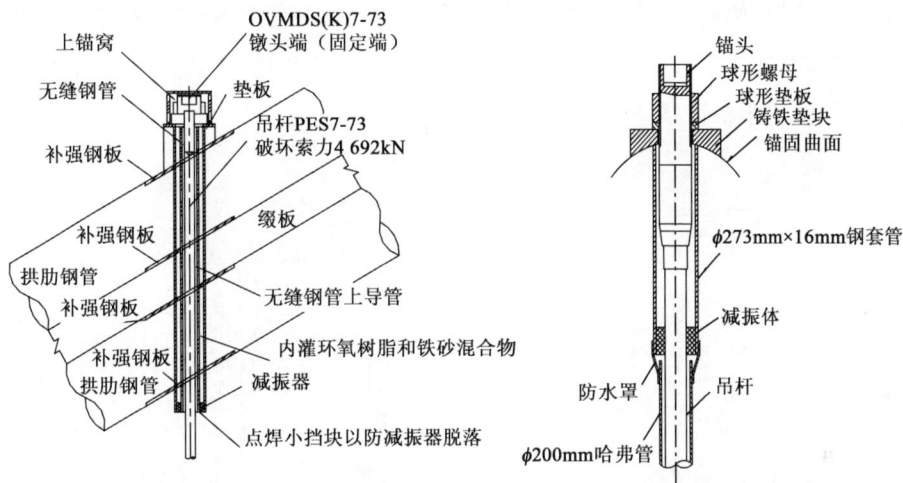

a)福建泉州百崎湖大桥

b)四川合江长江一桥

c)福建福鼎桐山大桥上锚头

d)福建福鼎桐山大桥下锚头

图3-91 吊索锚固在拱肋外部构造图

对于桁式断面,其弦杆的直径一般较小,且有平联可以利用,所以通常吊索穿过平联,以免削弱弦杆的断面,也方便施工。四肢桁式,吊点可设在两上管或两下管的横联上,如图3-92所示。为避免吊索处腹杆的局部受力过大,在吊索横截面上应加设内腹杆,内腹杆也同时加强了

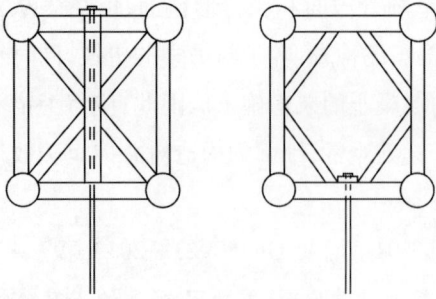

图3-92　四肢桁肋吊索布置

拱肋的抗扭能力。

浙江杭州钱江四桥则设置了一个锚箱，以锚固上、下层吊索各两根（共4根），箱内灌注C50混凝土，以保证结构的整体受力，并起防腐的作用，其构造如图3-93所示。

日本新西海桥的吊索采用类似于悬索桥销钉式吊索构造，通过铆钉将焊于下弦杆的节点板与吊索锚头连接起来，这种吊点构造不破坏拱肋结构的完整性，如图3-94所示。

江西吉安白鹭大桥则借鉴悬索桥骑挂式吊索构造，同样也避免了将吊索穿过拱肋弦杆。它将钢丝绳（50ZN-ZZT-1570型）骑挂在固定于拱肋的索鞍之上，吊索过上弦后采用专用夹具转向，而后再分开锚于桥面横梁上，如图3-95所示[148]。

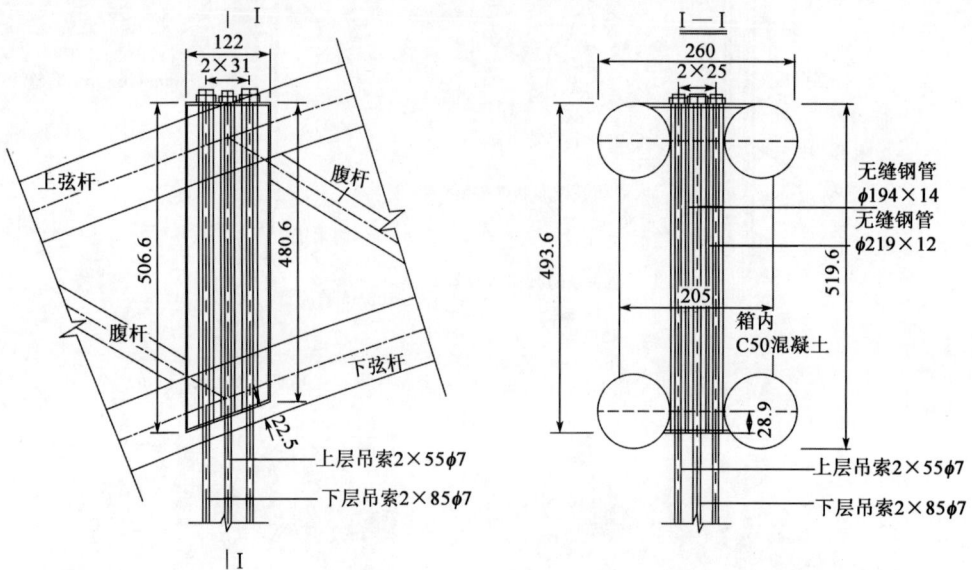

图3-93　浙江杭州钱江四桥锚箱构造图(尺寸单位:mm)

从实际应用来看，短吊索往往是薄弱环节，一些断索事故均出自短吊索处，因此应特别注意短吊索的问题。短吊索处于拱肋与桥面系交接处或附近，二者之间的相对变形较大，因此它应有适应纵向较大变形的能力。短吊索相对于其他吊索，由于刚度较大，又处于桥面系与拱肋交接处，要承受更大的静力与动力荷载，受力情况也更为复杂。在设计上，对于短吊索可设法加长其自由变形长度、在锚固处加设弧形垫块或设置纵向可转动的铰等。还有一种方法是将吊索横梁与拱圈固定，桥面板（梁）与吊索横梁间设置滑板支座，确保短吊索纵向不位移，降低其转角附加应力，如图3-96所示。

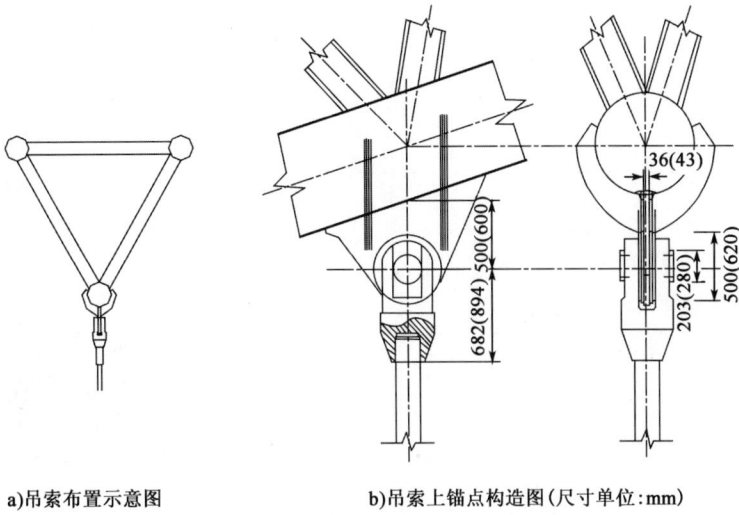

a)吊索布置示意图　　　　　　　　b)吊索上锚点构造图(尺寸单位:mm)

c)照片

图 3-94　日本新西海桥吊索构造

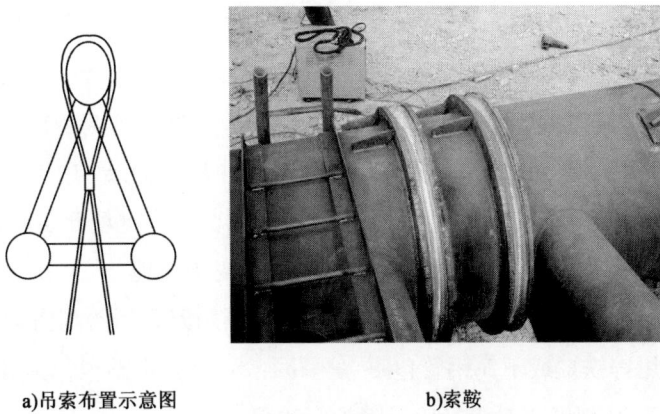

a)吊索布置示意图　　　　　　　　b)索鞍

图 3-95　江西吉安白鹭大桥吊索构造

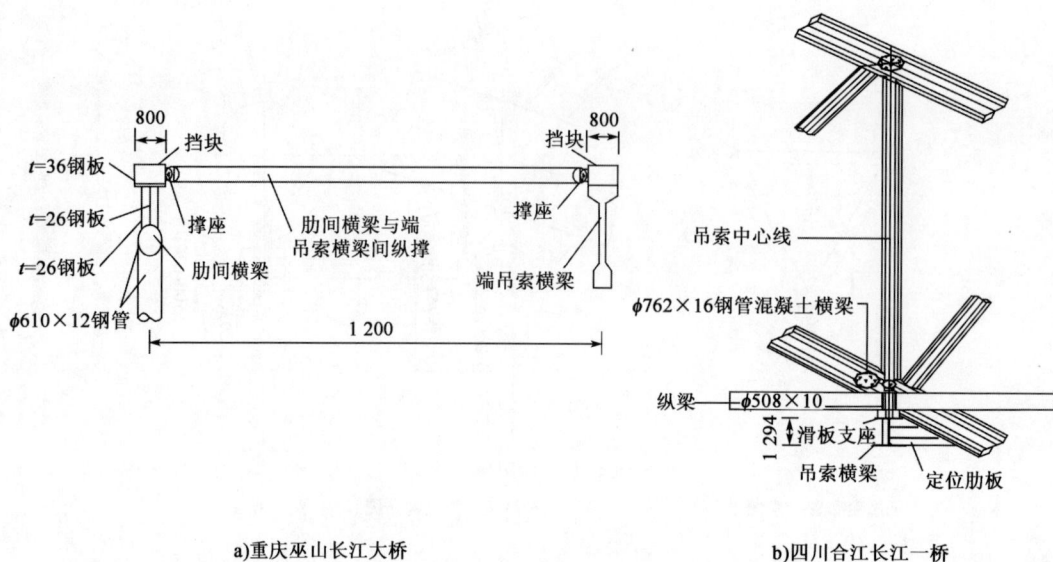

a)重庆巫山长江大桥　　　　　　　　　　b)四川合江长江一桥

图 3-96　短吊索限位措施（尺寸单位：mm）

（二）吊索体系

吊索的耐久性问题突出，应在设计中引起高度的重视。为减少吊索的振动，多采用设置减振器的方法。早期我国钢管混凝土拱桥的吊索多采用外包钢管、内灌填砂浆或黄油的防护措施，事实证明其效果很差。这类吊索在近期大部分进行了更换，详见第六章介绍。

吊索的工作环境与斜拉桥中的斜拉索类似，要求有高的承载能力、稳定的高弹性模量（低松弛）、良好的耐疲劳和抗腐蚀能力，易于施工，而且价格适中。目前吊索主要采用 PE 成品索。吊索除索体应具有良好的抗腐防护性能外，上、下锚头及其连接构造的排水、防水构造也极其重要，尤其是下锚头，要防止雨水积留对索体和锚头造成腐蚀。四川宜宾小南门大桥换索时，专门设计了一种钢棒伸出桥面，使索体锚固点位于桥面上的下锚点结构，以避免下锚点的积水、锈蚀。

对吊索的耐久性设计，GB 50923—2013 第 7.4.3 条和第 7.4.4 条提出了具体的要求，即吊索应具有防水、排水措施，桥面处吊索预埋管上端应伸出桥面结构 100～150mm，伸出口应封闭；吊索锚具应满足抗疲劳性能要求；吊索上下端的预留孔道宜填充防腐材料。外露的锚具应设防护罩，防护罩内宜注入油脂或其他防护材料进行封锚处理。

采用 PE 防护的吊索，外层可以涂色。为防止行人等用刀刃利器割伤 PE，通常在人行道上 2.0～2.5m 范围内用锌铁皮或不锈钢管包裹。当跨径不大时，可整根包裹，PE 就不必着色了。采用 PE 防护的吊索，其刚度相对于采用钢管护套的更小一些。

近年来为适应中、下承式拱桥中吊索的受力与使用性能的要求，我国根据应用中出现的问题,开发了冷铸式平行钢丝索和钢绞线整体挤压式成品索等拱桥专用吊索,如 OVM. GJ 型钢绞线整束挤压成型吊索和 OVMLZM 平行钢丝冷铸锚拱桥吊索。由于在耐疲劳性能、防腐性能上的提高以及施工方面的便捷优越性,这些吊索在中、下承式拱桥中得到了广泛的应用。特别是对于非拱梁组合体系的拱桥,吊索安装时所施加的力仅为横梁的自重,冷铸锚或整体挤压式拉索的可靠性更优于其他结构形式的吊索。

OVM. GJ 型钢绞线挤压吊索体系,采用 $\phi15mm$ 的 1 860MPa 级高强度钢绞线作为主受力筋,其锚头应用隔离挤压锚固技术,结构紧凑,安全可靠,疲劳性能好;其索体采用多层隔离防腐型钢绞线 PE 索体,具有良好的耐腐蚀及抗老化性,并具有很好的抗振性。尤其是采用单丝环氧喷涂预应力钢绞线制成的无黏结钢绞线成品索,单根钢丝具有相互隔离层并且每根钢绞线挤有 PE,解决了钢丝束由于一处受腐蚀而导致整束钢丝锈蚀的难题。目前钢绞线挤压吊索在大量新桥设计中采用,也适用于旧桥换索工程。其主要结构形式如图 3-97 所示。其中全密封防水型钢绞线挤压吊索体系是目前一种真正能够实现全密封的吊索结构,具有良好的密封性和防腐性,可以大大提高吊索的防腐年限及使用寿命,避免了吊索与环境的直接接触而出现过早锈蚀的现象。

OVM. GJ15 型钢绞线整束挤压吊索锚具如图 3-98 所示,基本参数见表 3-10。

OVM. GJ15 型钢绞线挤压吊索固定端锚具参数表 表 3-10

锚 具 型 号	A (mm)	B (mm)	C (mm)	D (mm)	E (mm)	F (mm)	G×t (mm)
OVM. GJ15A-3	62	50	95	60	200×200	30	89×8
OVM. GJ15A-3	72	54	105	60	200×200	30	95×6
OVM. GJ15A-3	80	65	115	60	240×240	40	108×8
OVM. GJ15A-3	80	65	115	70	240×240	40	108×8
OVM. GJ15A-3	80	65	115	70	240×240	40	108×8
OVM. GJ15A-3	115	85	180	116	320×320	50	142×7
OVM. GJ15A-3	115	85	180	116	320×320	50	142×7
OVM. GJ15A-3	140	105	200	128	350×350	50	168×8
OVM. GJ15A-3	140	105	200	128	350×350	50	168×8
OVM. GJ15A-3	160	117	240	150	420×420	50	194×10
OVM. GJ15A-3	160	126	240	150	420×420	50	194×10
OVM. GJ15A-3	160	126	240	150	420×420	50	194×10
OVM. GJ15A-3	200	130	280	200	460×460	50	232×8
OVM. GJ15A-3	200	145	280	200	500×500	50	232×8

备注:G 为预埋管外径;t 为预埋管壁厚。

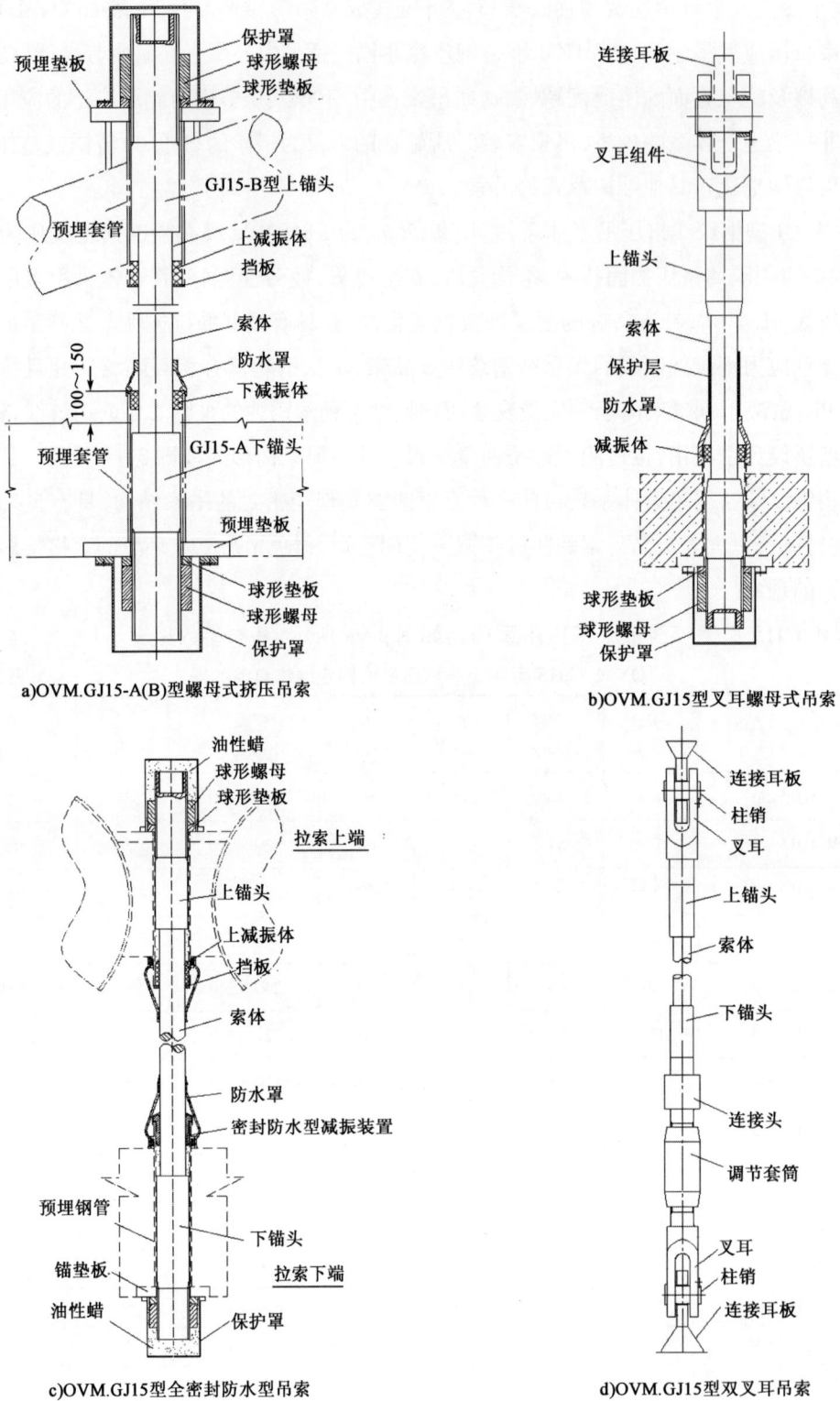

a)OVM.GJ15-A(B)型螺母式挤压吊索

b)OVM.GJ15型叉耳螺母式吊索

c)OVM.GJ15型全密封防水型吊索

d)OVM.GJ15型双叉耳吊索

图 3-97　OVM. GJ 型钢绞线挤压吊索体系

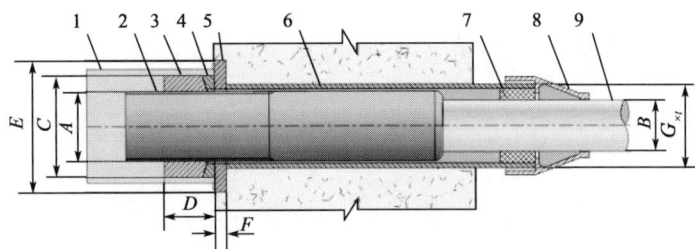

a)固定端锚具示意图　A型

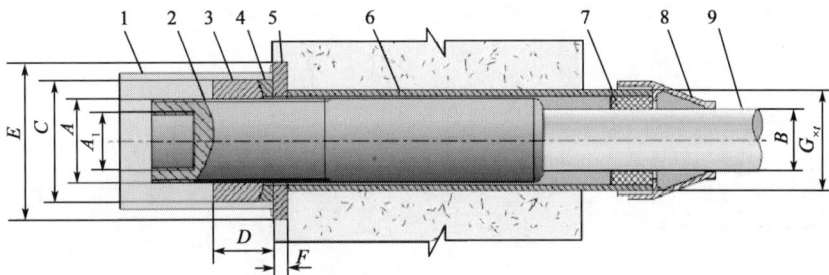

b)张拉端锚具示意图　B型

图 3-98　OVM.GJ 型钢绞线挤压吊索锚具示意图

1-保护罩;2-锚头;3-螺母;4-球垫;5-预埋垫板;6-预埋管;7-减振体;8-挡板;9-索体

OVMLZM 型平行钢丝冷铸锚吊索采用 ϕ5mm 或 ϕ7mm 钢丝作为主受力筋,钢丝强度可为1 670MPa、1 770MPa 或1 860MPa,索体通过改进设计可做成低应力全防腐型拉索 PES(FD),从整体上解决索体 HDPE 在低应力下开裂的问题,并能有效地提高吊索的安全性及耐久性,如图 3-99 所示。短吊索设计有可偏摆的球铰装置,以适应桥面系纵

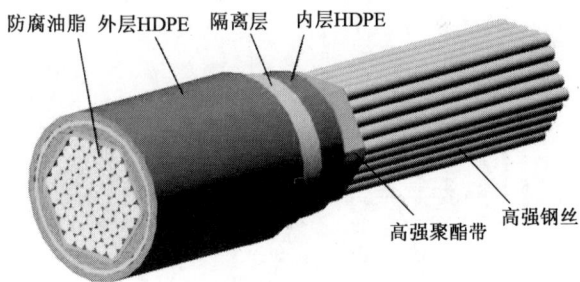

图 3-99　PES(FD)索体构造图

向位移,减小短吊索因桥面纵向位移产生的附加力,提高结构的安全性。

OVMLZM 吊索体系为可换式系统,主要有 4 种类型(图 3-100),以满足不同场合的使用要求。Ⅰ型吊索系统是基本型吊索,安装比较方便,成本较低,实际工程中应用较多。为使吊索安装顺利和正常使用,建议吊索上端采用球形支座。Ⅱ型吊索是在 Ⅰ型吊索的基本结构上,下端采用按永久性构件设计的刚性拉杆,把下锚头移至桥面结构以上,从而使下端锚头易于防腐,检查维修也十分方便。Ⅲ型吊索是一种单向铰连接系统,特别适合桥道结构为钢结构时使用。Ⅳ型吊索为双向铰连接系统。

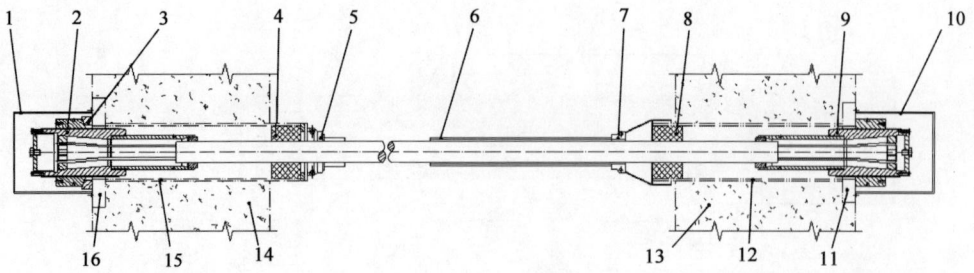

a) I 型吊索

1-保护罩；2-张拉端锚具；3-球面支座；4-减振器；5-管口密封装置；6-不锈钢护管；7-防水罩；8-减振器；
9-固定端锚具；10-保护罩；11-锚垫板；12-索导管；13-横梁；14-拱圈；15-索导管；16-锚垫板

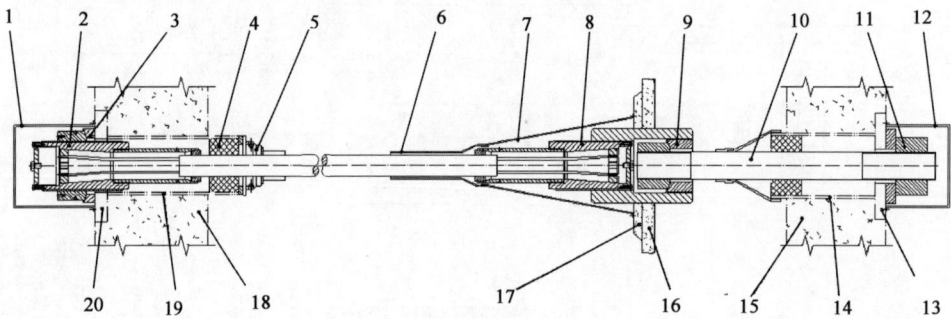

b) II 型吊索

1-保护罩；2-张拉端锚具；3-球面支座；4-减振器；5-管口密封装置；6-不锈钢护管；7-防水罩；8-固定端锚具；9-球
铰连接装置；10-钢拉杆；11-螺母；12-保护罩；13-锚垫板；14-梁端索导管；15-横梁；16-人行道板或隔离带结构；
17- 防水台；18-拱圈；19-索导管；20-锚垫板

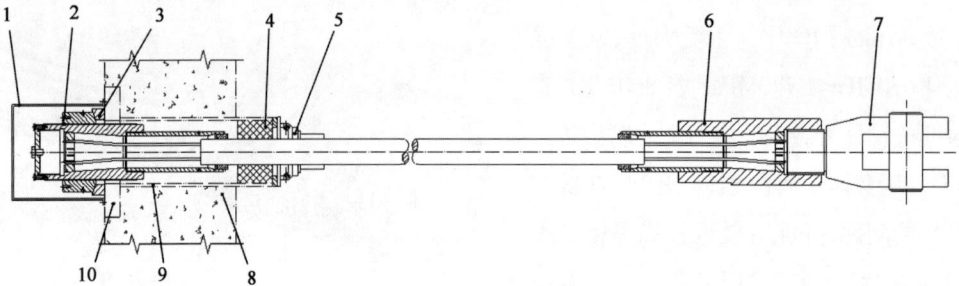

c) III 型吊索

1-保护罩；2-张拉端锚具；3-球面支座；4-减振器；5-管口密封装置；6-固定端锚具；7-叉耳组件；8-拱圈；
9-索导管；10-锚垫板

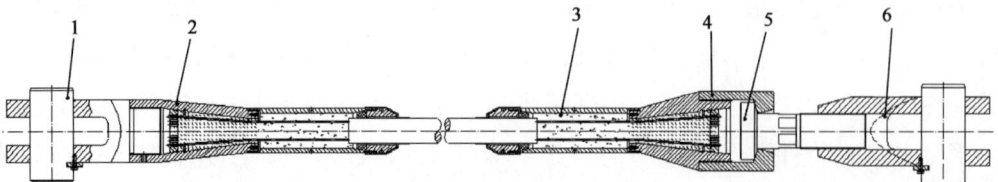

d) IV 型吊索

1-叉耳组件；2-连接锚具；3-连接锚具；4-连接套；5-调节杆；6-叉耳组件

图 3-100　OVMLZM 型平行钢丝冷铸锚吊索构造示意图

交通运输部公路科学研究院等单位承担了交通运输部科研项目,开展了"桥梁全寿命不锈钢丝索开发研究",研发出抗拉强度标准值 1 250MPa 的高强度、大延性、全寿命索用不锈钢丝。盐雾腐蚀试验表明,其耐蚀性是普通镀锌钢丝的 30 ~ 53 倍,且随着腐蚀时间增加脆变过程非常缓慢。该成果已在浙江台州三门健跳大桥 16 根短吊索更换、浙江杭州余杭运河大桥 33 根吊索更换等工程中得到应用[149]。

二、系杆索

系杆索是刚架系杆拱整体受力的重要构件,可按体外索设计。在初步设计时,系杆索的张力可取固定拱的水平推力。从图 2-60、图 2-78 下承式刚架系杆拱和飞鸟式拱的系杆索束数—主跨径关系曲线可以看出,系杆索的用量与跨径成正比。

系杆索作为总体受力构件,张拉吨位大,对锚固区局部受力要求高,但动应力、疲劳问题没有吊索的突出,所以系杆索多采用夹片式群锚的平行钢绞线索。在结构尺寸允许及系杆索不需要弯曲转向的工况下,可考虑选用钢绞线整束挤压成品拉索和平行钢丝成品拉索。平行钢丝束成品索的锚具外形结构尺寸较大,需预留较大的孔道,对锚固点局部受力不利,而且实际索长需考虑张拉伸长量的影响,因此张拉之前的索长小于两锚固点间的实际长度,使施工工艺较复杂,并且要求工厂下料长度非常精确,否则容易出现索长过短或过长,导致锚具调节范围无法满足张拉需求。因此,平行钢丝束体系在拉索中应用极少。

GB 50923—2013 第 7.4.5 条和第 7.4.6 条规定,"系杆索宜选用具有热挤 PE 保护层的预应力钢绞线或平行钢丝索。钢绞线系杆索可采用环氧喷涂钢绞线或镀锌成品索体。系杆索锚具根据系杆长度可采用冷铸锚。当系杆索锚具采用夹片锚时,应有防止失锚装置。"

作为整体受力构件,系杆索以受恒载为主,活载所占比例较小,与吊索受力不同,一般情况下疲劳应力不会控制设计,采用过大的安全系数也没有必要,有时反而会造成系杆索张力太小使夹片不易夹紧。目前,已有针对刚架系杆拱系杆索的产品设计,如 OVM.XG 夹片群锚系杆体系。该系杆索体系采用钢绞线可换可调式系杆索锚具结构,由保护罩、防松装置、锚板、螺母、支撑筒、密封筒、密封装置、锚垫板、螺旋筋、减振块、预埋管和钢绞线索体组成。锚具表面抹适量防腐油脂进行防腐。按索体结构分类,系杆索可分为成品索式系杆索[图 3-101a)]和散索式系杆索[图 3-101b)],散索式系杆索可进行单根钢绞线换索。

与吊索一样,系杆索的防腐也极其重要。早期采用石蜡、黄油、沥青麻絮等防护,效果均不理想,一些桥梁现已进行了换索。

目前出现的一种单丝涂覆环氧涂层钢绞线,具有很好的防腐效果。其每根钢绞线都单独进行防腐处理,采用涂覆油脂后外包 PE 的方式,其整体结构如图 3-102 所示。索体的防腐层由环氧涂层 + 防腐油腻 + 热挤小 HDPE 层 + 高强聚氨酯带 + HDPE 组成,既能保证系杆受力要求,也满足了防腐要求。在防腐方面,它主要通过多层的防腐结构,以避免整体的"坏蛆现象"。最靠近钢丝的环氧树脂层，是加工及施工过程中的临时保护；油脂层避免了冷凝水与钢绞线表面的接触，次外层的 PE 护套是对钢绞线采取的永久性密封，同时防止化学物质的侵蚀，为单根钢绞线之间提供隔离防腐。最外层 HDPE 则是对拉索整体提供保护作用，避免外部环境（热量、紫外线）对内层材料产生影响。因此，索体各层防腐层各司其职，可以发挥最佳功效，满足耐久性的要求。

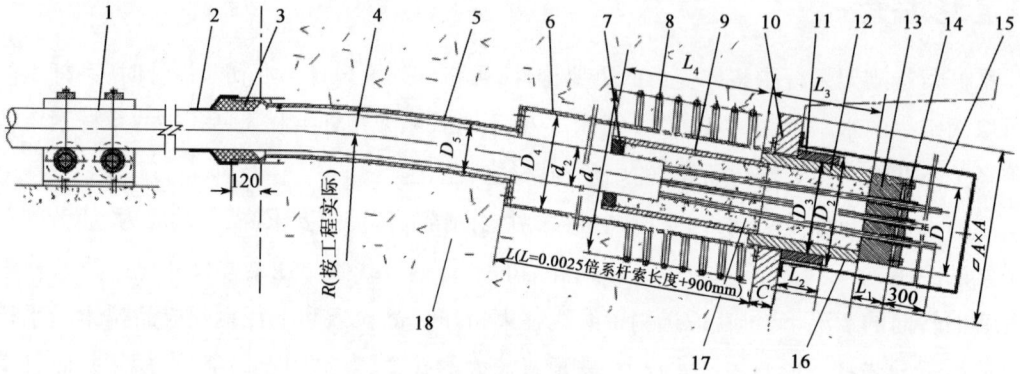

a)成品索式系杆索

1-系杆索支承架；2-热缩管；3-减振块；4-钢绞线系杆成品索；5-弯预埋管；6-直预埋管；7-密封装置；8-螺旋筋；9-连接筒；10-锚垫板；11-螺母；12-支撑筒；13-锚筋；14-防松装置；15-保护罩；16-表面涂抹防腐油脂；17-灌环氧砂浆；18-拱座

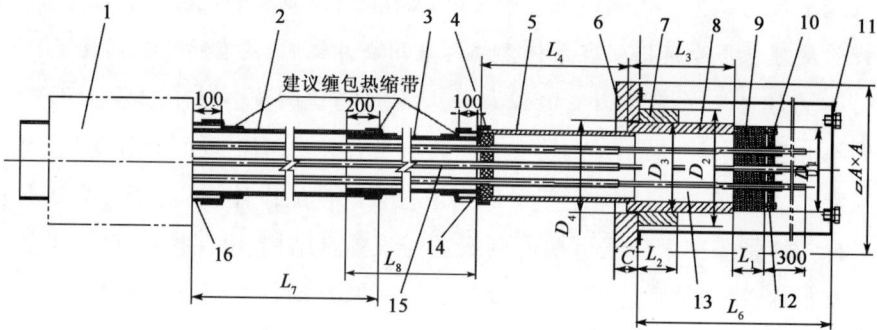

b)散索式系杆索

1-转向器；2-HDPE大套管（长度按工程实际）；3-HDPE小套管（长度按工程实际）；4-密封装置；5-连接筒；6-锚垫板；7-螺母；8-支撑筒；9-锚板；10-防松装置；11-保护罩；12-表面抹防腐油脂；13-灌防腐油脂；14-搭接钢管（工在地安装时与密封装置焊接）；15-单根无黏结筋；16-搭接钢管（在工地安装时与转向器焊接）

图 3-101　OVM. XG 系杆索体系结构示意图(尺寸单位:mm)

系杆索在纵桥向应呈自由滑动状态，相当于无黏结预应力筋或体外预应力束。早期的系杆索有的直接埋置于系杆箱内，不利于系杆索受力时的变形，也造成了养护的困难。目前，系杆索的自由段多采用支承架支承，以保护索体、克服索的垂度，并能降低张拉时的摩擦损失，对于大跨径桥梁,因其系杆很长,支承架的作用尤其突出。GB 50923—2013 第 13.2.9 条规定,"系杆索自由段采用支架变向时,应采用滚动支架"。图 3-103 给出了系杆索支承架的图示。

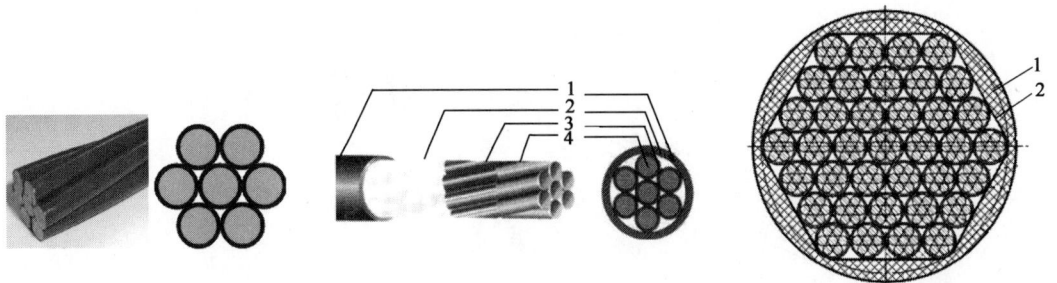

a)单丝涂覆环氧涂层　　　　　　b)涂覆油脂外包PE　　　　　　c)外挤HDPE护套成品索结构

1-聚乙烯层c;2-油脂层;3-环氧树脂层a;4-PC钢绞线　　1-外层HDPE护套;2-纤维增强聚酯带

图 3-102　OVM 单丝涂覆环氧涂层钢绞线构造示意图

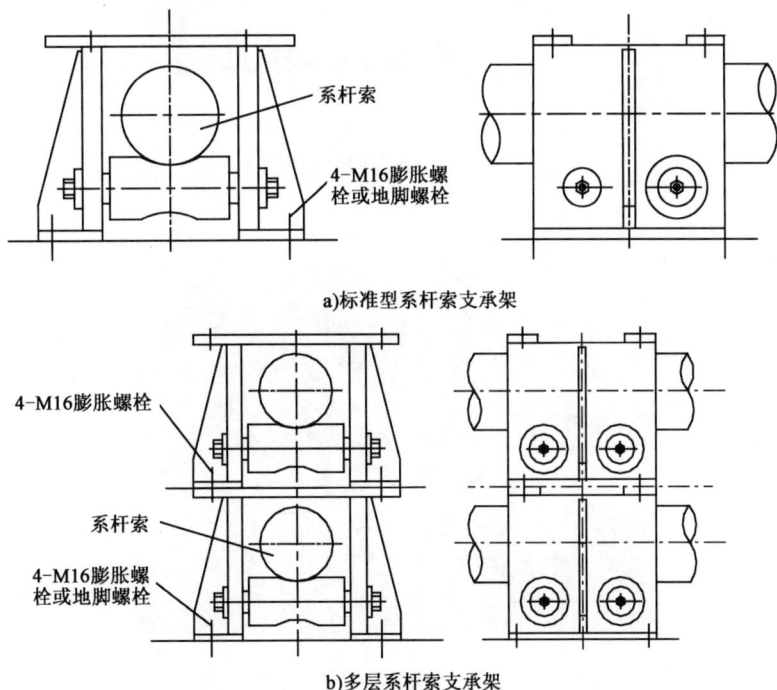

a)标准型系杆索支承架

b)多层系杆索支承架

图 3-103　系杆索支承架结构示意图

当索体需要竖直变向和水平变向时,可通过转向器实现。转向器有成品索转向器和散索式转向器两种。成品索转向器构造与安装示意及照片如图 3-104 所示。

散索式转向器如图 3-105 所示,它是一种预应力混凝土结构施工中改变缆索方向的受力构件。现有技术中的转向器是一种内穿有 N 根平行导向管,各导向管通过隔板连接,而在外围焊接有转向套或者边板,两侧安装有挡板的一种装置,内部灌注浆料。填充的环氧砂浆韧性较好且有一定的强度,能支承住钢绞线的径向分力,导向板过渡对角度误差起到很好的补偿作用;PE 导向管表面较光滑,它与无黏结筋 PE 护套的摩擦力较小。

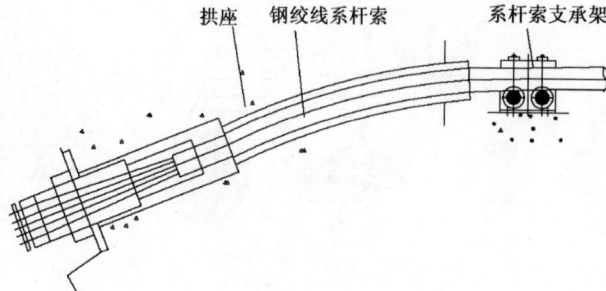

a)支承架安装示意图

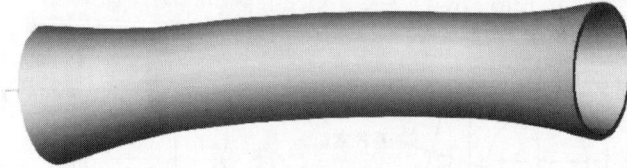

b)构造示意图

c)实例照片

图 3-104　系杆索成品索转向器

此外,系杆索还须在软硬变化处(从桥面上的自由段穿过锚孔或穿过主孔拱肋)设置减振块,以减小系杆索的振动损伤。

系杆索在施工过程中,不断地被张拉。这种不断张拉最好是每根索一次性张拉到位、不同索股分批张拉,尽量避免采用一根索张拉力逐级增加的张拉方案。因此在设计计算出施工各阶段系杆索张拉力后,一般要从施工方便和受力合理等方面,考虑每根索和分批索的张拉力,而不是直接采用计算结果。

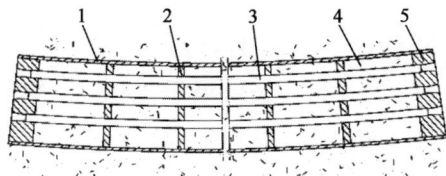

a)构造示意图

1-边板或转向套;2-隔板;3-导向管;4-浆料;5-挡板

b)实例照片

图 3-105　系杆索散索式转向器

系杆索除个别(如湖北三峡莲沱大桥)布置在桥面以下外,绝大部分布置在桥面上,对于平坡的拱桥系杆索是架空在桥面上的。对于有纵坡的桥梁,系杆索的张拉力将对吊杆产生向下的拉力,设计时应该考虑这一影响。

系杆索在已建的拱桥中多采用系杆箱防护,也有个别桥梁直接暴露于空气中,主要是考虑到若系杆箱防水、排水性能不好会加速系杆索的锈蚀。某桥修建时将系索直接暴露在空气之中,使用若干年后发现 PE 护套龟裂严重,2010 年维修时增设了系杆箱。

GB 50923—2013 第 7.4.7 条给出了可选择性的规定,即"系杆索可采用系杆箱防护"。同时,对于系杆箱本身的构造也提出了要求,即"系杆箱应具有防水、排水性能,并应设检查口。系杆索的预埋管应伸出结构 150～200mm。外露的系杆索锚具应设置防护罩。"

第五节　节点与局部构造

本节主要介绍钢管拱肋安装接头、拱肋合龙构造、桁式拱肋弦管与腹杆节点、拱肋横撑安装节点、浇注管内混凝土的有关构造等。拱脚节点与拱座密切联系,放入下一节"拱座、墩台与基础"中介绍。

一、钢管拱肋安装接头

一般情况下拱肋较长,需分段制作与安装,因此就需要安装接头。安装接头应能有效地传递设计弯矩和轴力,且方便施工,易于保证安装精度。GB 50923—2013 第 7.2.12 条规定,"对分段安装的拱肋,各拱段接头间应设置临时定位设施",以保证连接的精度,且能根据需要对接头处高程进行适当的调节。

当拱肋钢管对接或合龙采用焊接连接时，应采取措施保证焊缝的质量；对节段间的临时连接，可采用凸缘配螺栓连接或其他可靠方式连接。当采用内法兰连接时，法兰构造应具有使管内混凝土连成一体的通透性。

目前一般拱肋接头主要有外包钢板式和内法兰式两种。外包钢板式在接头处设企口，并用角钢进行加强，以防止钢管拱肋失圆，临时安装结构如图 3-106a）所示，焊接后的构造如图 3-106b）所示。这种做法混凝土泵送通畅，但外表不美观，而且传力不直接。

内法兰式是在管内焊接肋板和法兰，法兰间用高强螺栓实现拱肋的临时连接，然后将搭接套管与相邻拱肋节段焊接连成整体，如图 3-107 所示。

法兰应为带孔板，其构造尺寸所占据的管内空间一般不得超过管内面积的 1/3，以保证管内有足够空隙，使泵送混凝土所受的阻力尽可能小。必要时，还应进行必要的混凝土流动度、泵压试验，检验混凝土泵送施工状况和管内混凝土密实性。

施工时先连接已安装和待安装拱肋节头的法兰，然后焊接搭接套管，搭接套管由与主管等直径和厚度的两半圆或 3 片圆弧钢板组成。由于在两拱肋接头处预先焊有很薄的衬板，所以搭接套管与主管之间的焊接为衬垫焊，较之外包钢板式接头，其质量更有保证，也更美观。目前，拱肋安装接头多采用内法兰式。

此外，钢管拱肋安装接头还有一种高强螺栓栓接式。日本新西海桥的弦管安装接头采用了这一形式，如图 3-108 所示。

以上介绍的是单圆管和桁式拱肋钢管的安装接头构造。对于哑铃形截面（包括桁式中的哑铃形），钢管的接头与之相似，但多了腹板（或平联板）的连接。

对于桁式拱肋来说，安装接头还有腹杆的连接。为简化施工，多数桁式拱肋将安装节段分在直腹杆处，通过设置双腹杆，避免腹杆的连接。若斜腹杆需要在安装中连接，则也避免安装时在高空进行相贯节点的焊接连接，通常相贯接头在工厂焊接，在腹杆的直线段进行连接。由于腹杆内一般不需填充混凝土，因此其构造尺寸不像弦杆接头那样受到限制，可以采用构造简单、施工方便的形式进行连接。

日本新西海桥的腹杆接头内置十字形钢板，利用 8 片拼接板进行栓接后，再焊接圆弧钢板，完成腹杆安装。其接头构造如图 3-109 所示。

二、拱肋合龙构造

钢管混凝土拱肋应在空管阶段完成合龙。为方便合龙施工，宜单独设置合龙段。对于合龙段的位置，GB 50923—2013 第 7.2.13 条规定宜选在结构对称处。曾有个别桥梁合龙段选择在非对称处，造成拱肋轴线调整困难，所以规范推荐合龙段选择在结构对称处，即拱顶处。

合龙接头按构造分为内置式和外法兰式两种，如图 3-110 所示。

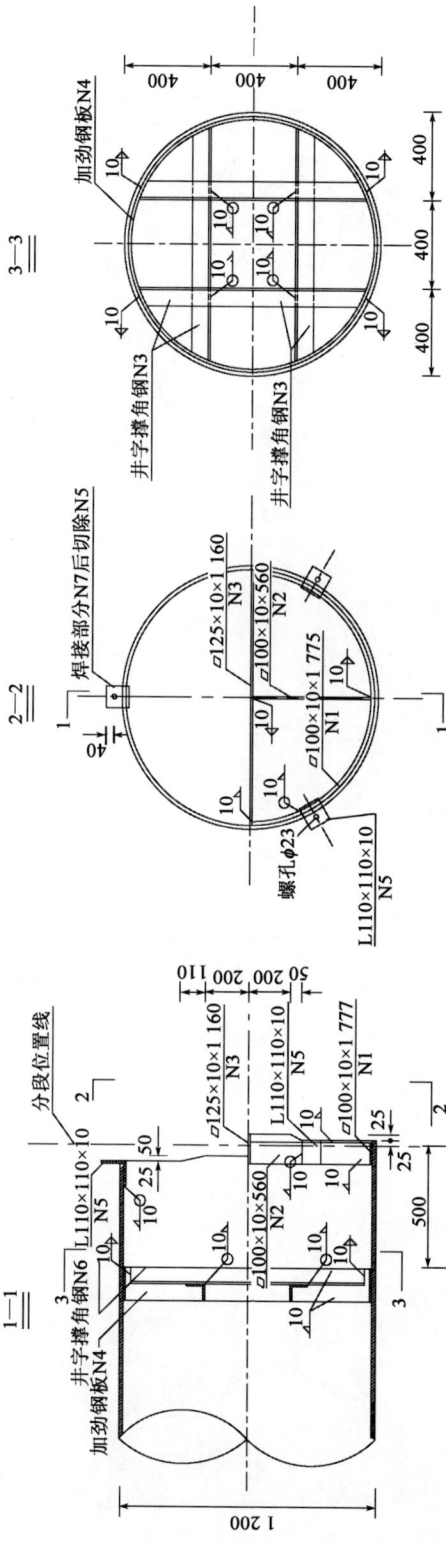

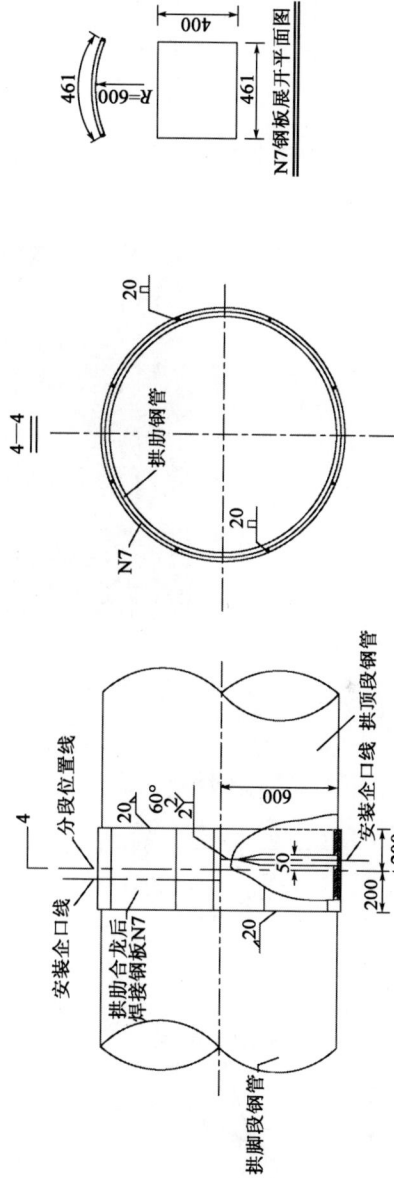

a)安装构造

b)焊接构造

图3-106 外包钢板式接头构造(尺寸单位:mm)

a)某桥内法兰构造图

b)某桥内法兰

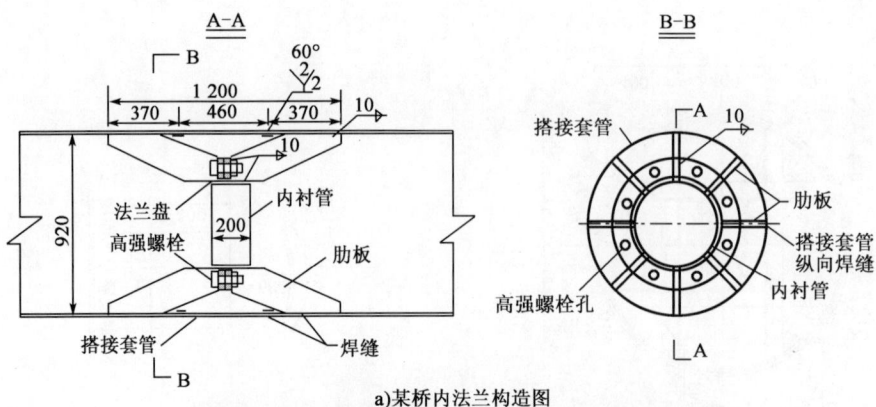

图 3-107　单圆管或桁式拱肋弦杆内法兰形式接头构造(尺寸单位:mm)

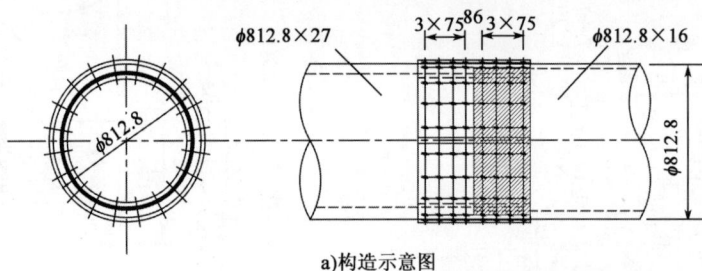

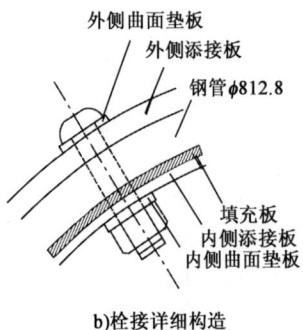

a)构造示意图

b)栓接详细构造

c)照片

图 3-108　日本新西海桥弦管现场栓接构造(尺寸单位:mm)

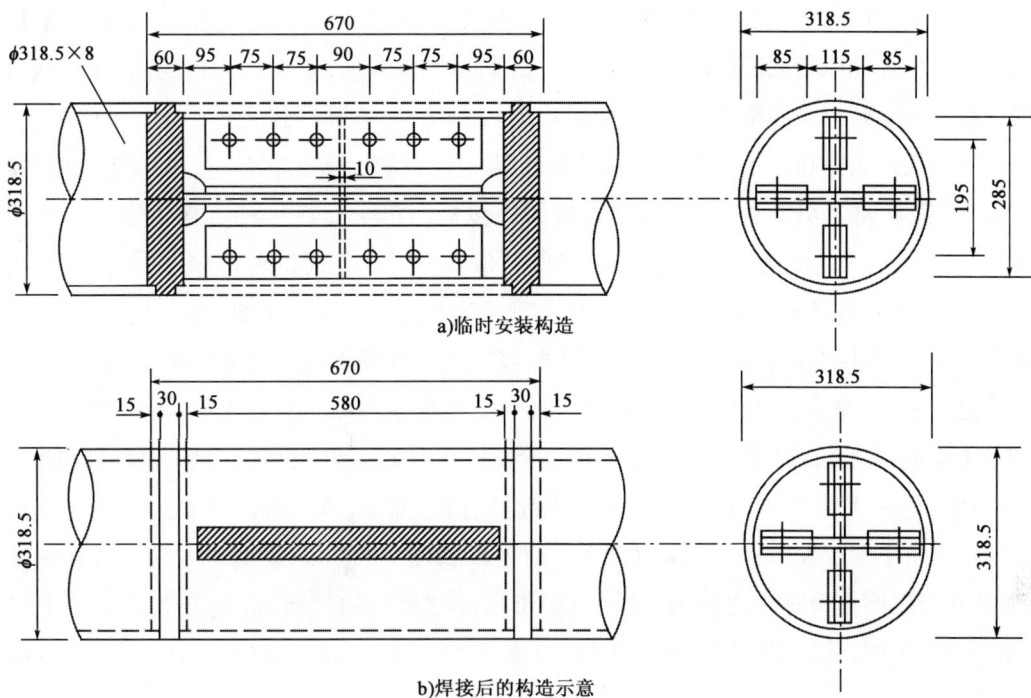

a)临时安装构造

b)焊接后的构造示意

图3-109　日本新西海桥腹杆接头构造示意图(尺寸单位:mm)

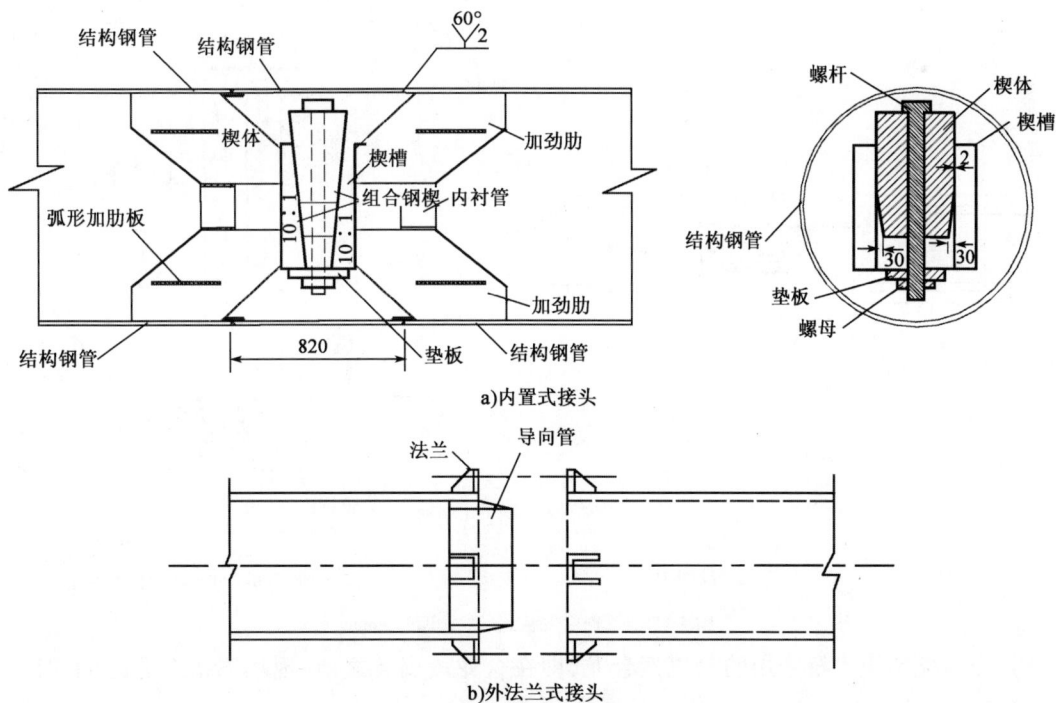

a)内置式接头

b)外法兰式接头

图3-110　合龙接头构造图(尺寸单位:mm)

内置式接头设置了钢楔[图3-110a)]。钢楔的作用有两个：一是调整拱顶合龙间隔,以消除拱肋因制作等原因造成的接段长度误差;二是调整拱轴线形,若拱肋为桁式的,还可通过千斤顶对组合钢楔施力来调整拱肋上、下弦管内力。

外法兰式接头是在钢管表面设置临时拼接用的栓接法兰,等拱肋合龙后,进行节段拼接缝的对接焊,接着逐个切割法兰,边切割边封焊外包板,直至外包板全部封焊完成,其构造如图3-110b)所示[150]。该接头设置了导向管,既可保证钢管合龙时的对位精度,又便于对接安装,并可作为主管接缝对接焊时的衬垫。导向管伸出长度一般不大于50mm。另外,相对于内置式接头而言,该接头不会阻碍混凝土的泵送,其接头处混凝土的密实度也可得到保证。

从施工时间性来看,合龙可分为瞬时合龙和直接合龙,其接头的构造也不一样。采用瞬时合龙,能在短时间内合龙成拱,降低施工风险,减小合龙段在焊接过程中的温度影响,又能适当调整拱肋内力和轴线。GB 50923—2013第7.2.13条规定,"对无支架施工的大跨径拱肋宜采用瞬时合龙"。

广东广州丫髻沙大桥采用了瞬时合龙。合龙段长度1 000mm,瞬时合龙构造放在弦管之间,采用花篮螺栓作瞬时合龙措施,螺杆及螺母用厚壁钢管加工而成,钢管上车细牙T形螺纹,便于手工操作,其详细构造图如图3-111a)所示[151]。四川合江长江一桥的瞬时合龙构造如图3-111b)所示[152]。

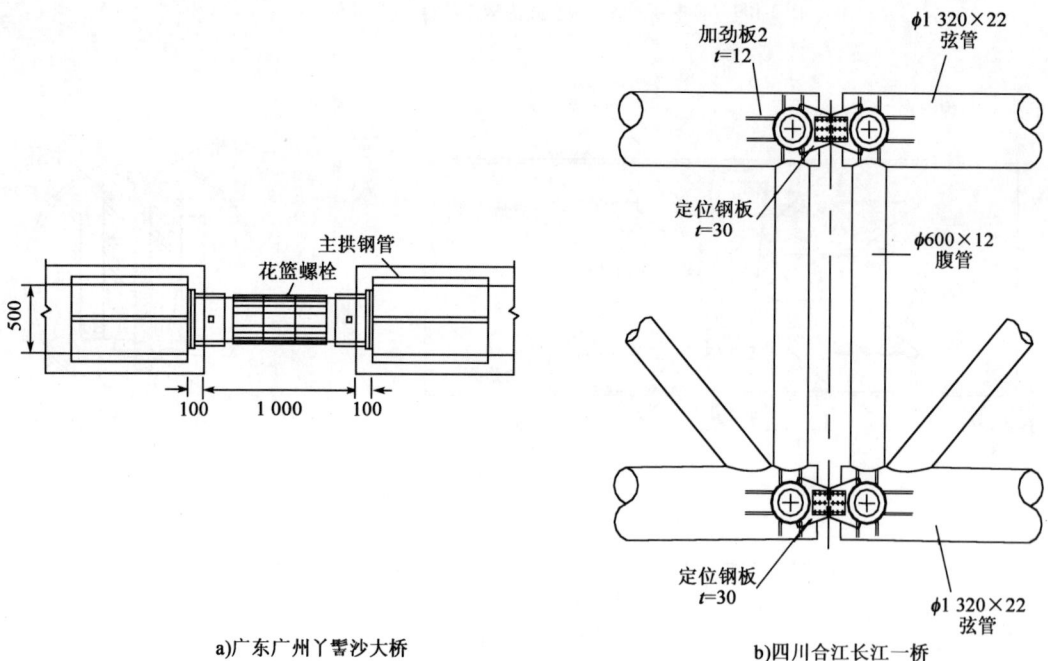

a)广东广州丫髻沙大桥　　　　b)四川合江长江一桥

图3-111　瞬时合龙构造(尺寸单位:mm)

广东东莞水道大桥采用的是直接合龙,即在合龙段安装之前,现场测量合龙段的实际长度,按量得尺寸将多余的预留段长度切去,吊装合龙后,接头处插入滑动内导管,然后在管外接头处焊上法兰(法兰板与拼接板栓合一体装焊),焊接成拱后,焰切法兰,包焊瓦片,并补焊缺漏管板件。其直接合龙构造如图 3-112 所示。

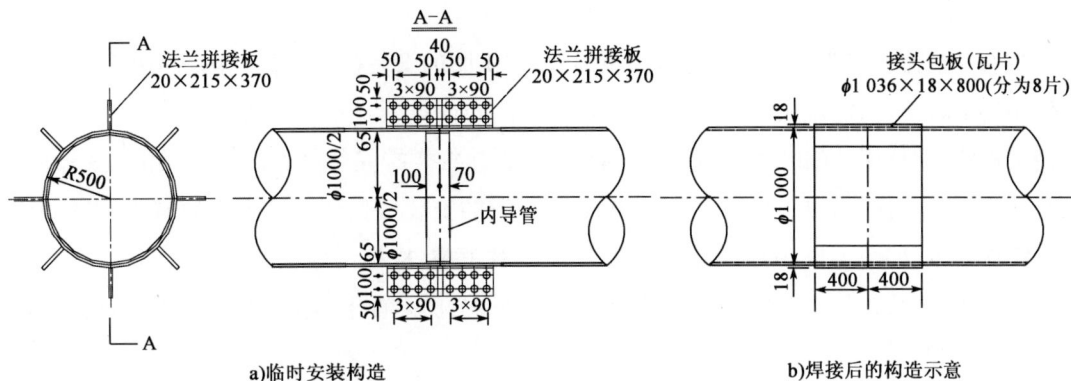

图 3-112　广东东莞水道大桥直接合龙构造(尺寸单位:mm)

三、桁式拱肋弦管与腹杆节点

　　钢管混凝土桁式拱肋的腹杆一般采用钢管,与主弦管相贯焊接,相关的构造要求详见本章第一节的介绍。

　　铁路桥中,有时腹杆承受以拉为主的变幅应力较大,因相贯线焊接满足不了疲劳验算要求而采用 H 形杆件,腹杆与主弦管之间则通过节点板进行连接,如图 3-113 所示。节点板可采用双侧坡口熔透的细丝埋弧自动焊与主管焊接,并在两端修磨匀顺后进行锤击,以消除应力集中,提高疲劳强度。在主管的内壁加焊两处环形肋板,以改善应力分布和减少弦管圆周截面在管内混凝土凝固前产生的弯曲变形。节点板和腹杆用高强螺栓进行拼接,螺栓孔可在工厂试拼装时与腹杆上的孔依安装顺序配钻,栓孔宜比高强螺栓大 2mm,以便于安装[153]。

　　为适应山区施工条件,贵州总溪河大桥的桁式拱肋,腹杆与弦管的连接也采用了栓焊连接方式。将节点板焊接于钢管弦杆,运至工地,腹杆和节点板用高强螺栓在工地现场进行拼接,形成拱肋节段,如图 3-114 所示。

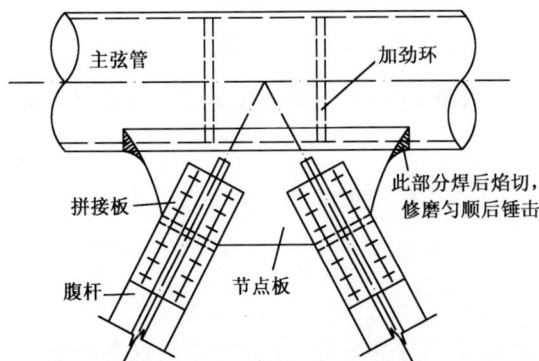

图 3-113　H 形腹杆与主弦管连接构造

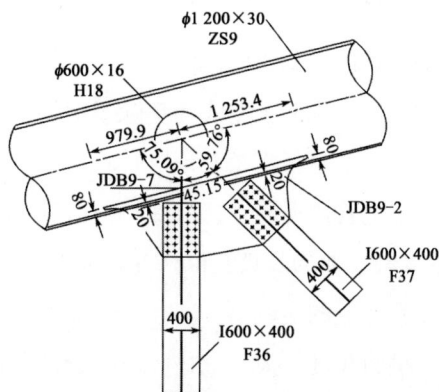

图 3-114　贵州总溪河大桥腹杆与主弦管
连接构造(尺寸单位:mm)

四、拱肋横撑安装节点

拱肋和横撑的接头一般采用外包钢板形式，与拱肋的安装接头相似。该结构由横撑基管、定位用的临时支托、定位法兰及拼接板组成。横撑基管在拱肋吊装之前应先安装在拱肋上，避免高空作业，定位用的临时支托、定位角钢待部分拼接板焊接完后割除。单圆管和桁式横撑的安装接头基本一样，如图3-115a)所示。哑铃形横撑的安装接头还包括腹板的拼接，采用轻型工字钢作衬板，如图3-115b)所示。也有桥梁从美观考虑，横撑的接头采用同拱肋接头一样的内法兰式，但构造较复杂。如前所述，从美观角度来讲，桥梁置于自然环境之中，细节的影响往往不大，因此并无必要。

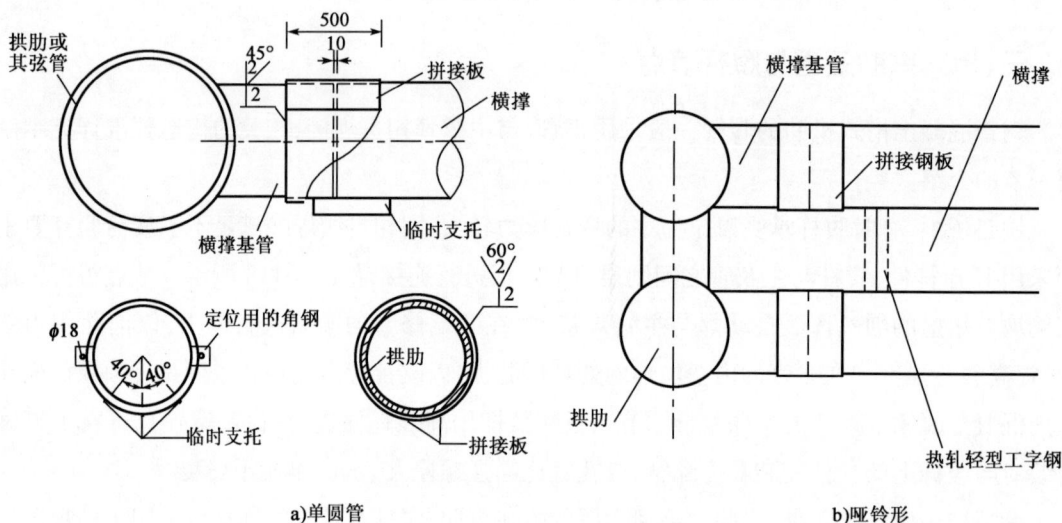

a)单圆管 　　　　　　　　　　b)哑铃形

图3-115　拱肋与横撑的接头(尺寸单位:mm)

五、浇注管内混凝土的有关构造

拱肋管内混凝土的浇注，早期曾采用过人工浇注法，现均采用泵送顶升法，既高效便捷又能通过顶升使混凝土密实而免除了振捣。GB 50923—2013第12.2.1条规定，"管内混凝土的浇注施工宜采用泵送顶升法"。

为泵送管内混凝土，设计时应在拱肋上预留浇注孔。GB 50923—2013第7.2.15条规定，"钢管混凝土拱肋应设置灌注管内混凝土的构造，并应采取相应的补强措施"。图3-116是某桥浇注孔构造的实例。

当拱肋高度较大、一次性泵送顶升困难时，早期曾采用分舱泵送，在分舱处出现混凝土不密实的现象。近年来多采用接力泵送的方式，如四川合江长江一桥采用了"三级连续接力"的泵送方法，见第五章第五节，其浇注孔的构造与一次性泵送相似。

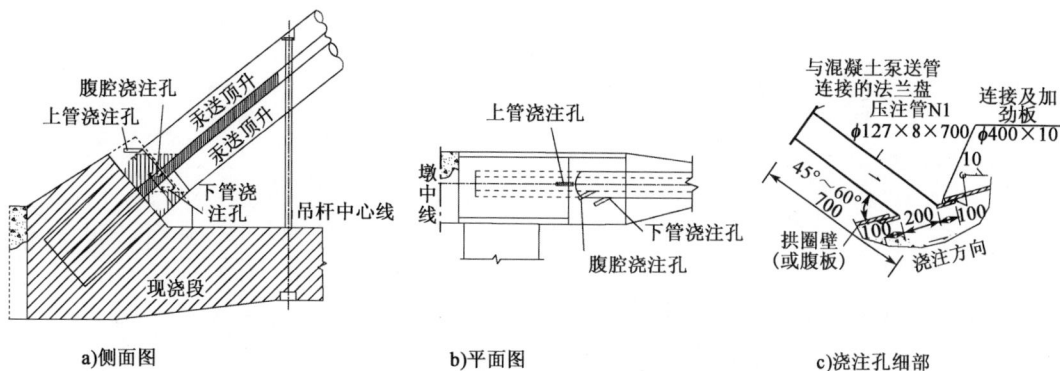

图 3-116 管内混凝土浇注孔构造(尺寸单位:mm)

混凝土在管内泵送顶升过程中,需要将浮浆排出,因此应在顶升段的顶端设置排浆管。当排浆管离隔舱板太近时,在泵送顶升过程中由于隔舱板发生变形而易堵塞排浆管,无法排出浮浆;当排浆管离隔舱板太远时,拱顶隔舱板附近的浮浆和气泡也不易排出,易造成拱顶混凝土与钢管壁脱粘。因此,排浆管与隔舱板的适宜距离为1m左右。排浆管不应插入主拱钢管内,否则会造成排浆管附近的主拱管内气泡、浮浆不易排出而导致混凝土与钢管壁脱空,同时,泵送顶升结束后,排浆管内留下的新鲜混凝土也能为管内混凝土初凝收缩提供补充,所以排气孔应高出拱肋。GB 50923—2013 第 12.2.1 条规定,"顶升段顶端宜设置长度大于 1.5m、直径大于 15cm 的出浆管,出浆管下端不应伸入主管内"。图 3-117 是某桥的排浆管构造实例。

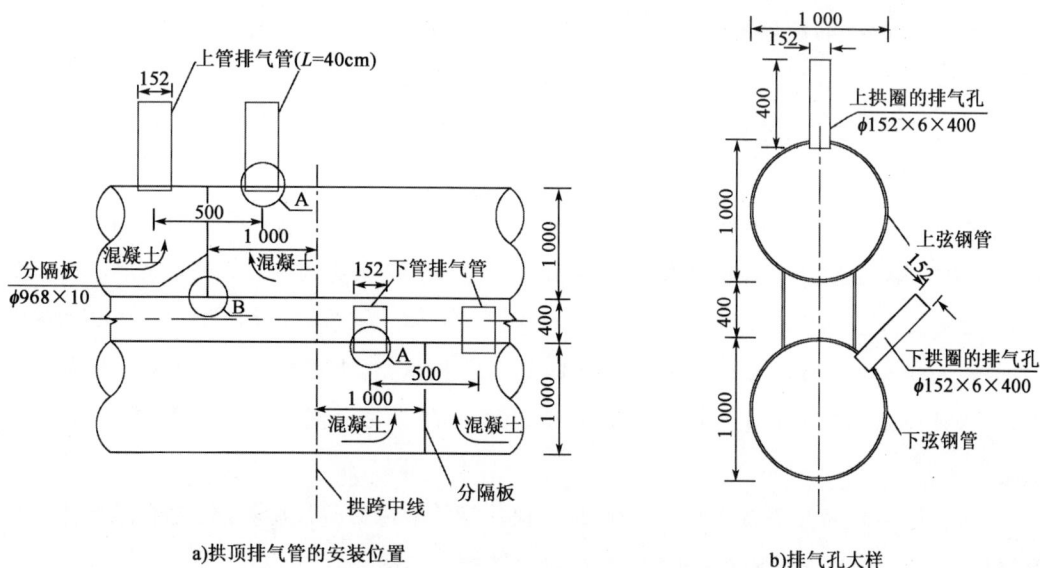

a)拱顶排气管的安装位置 b)排气孔大样

图 3-117

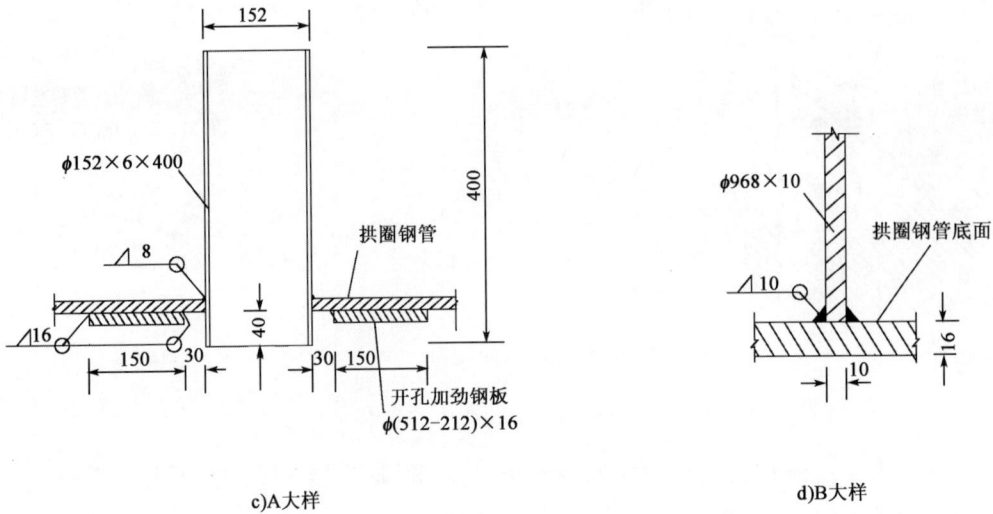

c)A大样   d)B大样

图 3-117 管内混凝土浇注排气孔构造（尺寸单位:mm）

在拱肋上开设的灌注孔、排气孔、排浆孔等,应将割下的钢板焊于孔的旁边,以免丢失。待管内混凝土浇注完毕后,再原位焊回。

第六节　拱座、墩台与基础

一、拱座与拱脚节点

从经济性考虑,我国钢管混凝土拱桥的下部结构多为钢筋混凝土结构,因此拱座也多为钢筋混凝土结构。GB 50923—2013 第 7.3.1 条规定,"拱座宜为钢筋混凝土结构。拱座构造应能满足拱肋的固结要求,并应有足够的强度与抗裂性能。可在拱脚埋入段的钢管外缘设置螺旋箍筋,在拱座内拱脚截面下宜设置 2~4 层分布钢筋网。"

钢管混凝土拱桥一般为无铰拱。对于无铰拱,其拱脚与拱座必须固结成一体。GB 50923—2013 第 7.2.14 条规定,"钢管混凝土拱肋固结于拱座的构造应采用埋入式,埋入长度应满足锚固要求。对单圆管或哑铃形拱肋,埋入长度应大于 1 倍的拱肋高度。对桁式拱肋,受压弦杆埋入拱座的长度应大于弦杆管径的 1 倍;对受拉弦杆,其埋入长度应根据计算确定。当拉力超出设计限值时,可通过在钢管表面设置剪力钉或其他刚性剪力连接件增强其锚固能力。"

为改善拱座的局部受力状况,在拱脚埋入段内钢管外缘设置螺旋箍筋,使钢管与混凝土之间的结合更稳固。图 3-118~图 3-120 为拱脚固结构造实例。

拱脚固结的构造措施应根据设计计算结果确定。如果拱肋在任何荷载作用下均处于小偏压状态(对于桁式肋则所有弦杆只受压力不受拉力),钢拱肋的锚固长度按一般的构造要求即可,无须在钢管表面设置剪力钉。如果出现较大的拉力,则应考虑加长埋置长度或采取其他措施,如在钢管表面设置剪力钉。

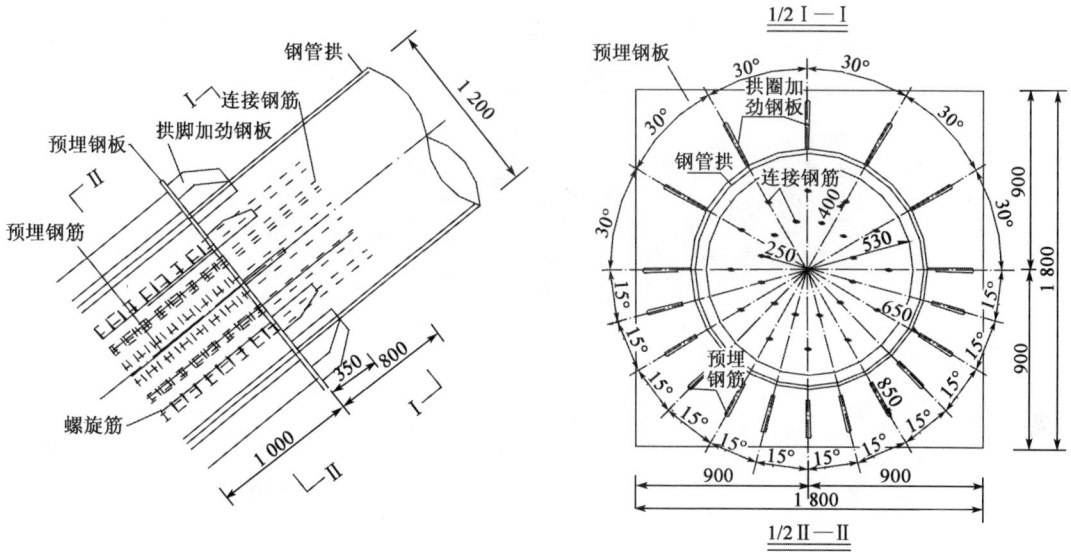

图 3-118 单圆管拱肋拱脚固结构造实例(福建福鼎山前大桥)(尺寸单位:mm)

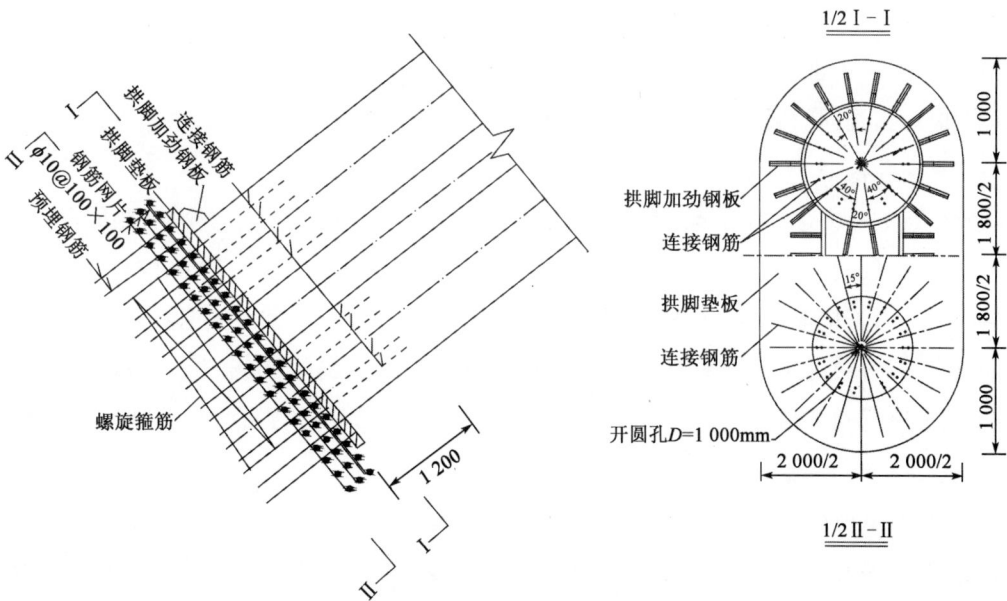

a)甘肃兰州雁滩黄河大桥(尺寸单位:mm)

图 3-119

b)福建泉州百崎湖大桥

图 3-119　哑铃形拱肋拱脚固结构造实例

　　拱肋在安装过程中，一般的做法是拱脚先铰接后固结，以利于线形的调整，保证安装精度。在设计时还需要考虑施工的临时铰构造，并与成桥后的固结构造统一考虑。拱脚临时铰，简单的可利用互相接触的两角钢作为转动轴，如图 3-121a)所示。复杂一些可采用竖向转体施工的临时铰，如图 3-121b)、图 3-121c)所示。

　　以上介绍的是无推力的上承式、中承式无铰拱的拱脚构造。对于拱梁组合桥，拱脚节点的构造异常复杂，它由拱肋、纵向的系梁和横向端横梁相交而成，设计中还要考虑支座处、系梁和端横梁预应力索锚固的局部构造。图 3-122 所示的是河南郑州黄河公路二桥主桥的拱脚节点构造三维有限元模型。

　　拱脚节点的受力也非常复杂，除了要承受拱肋与系杆传来的轴力与弯矩、支座的反力和系梁的预应力，在横向还要承受端横梁的弯矩及预应力。拱脚节点的构造主要由加劲梁、拱肋及强大端横梁三者连接形成强大的钢筋混凝土端块，钢管焊接于端块预留的钢筋上，端块一般要比拱肋略宽，以分散由拱肋传来的内力。为便于拱肋的拱脚段的定位，也为了增强拱脚节点的承载能力，河南郑州黄河公路二桥主桥在拱脚节点现浇段内设置了型钢劲性骨架，如图 3-123 所示。

　　同样，下承式刚架系杆拱的拱脚节点结构构造也很复杂。与拱梁组合桥相比，节点下少了支座，但它与桥墩直接相接，构造上会更复杂些。在受力方面，拱脚节点要承受拱肋与桥墩（台）传来的轴力与弯矩及系杆的拉力，在横向还要承受端横梁的弯矩、剪力及预应力。图 3-124 所示为广东深圳彩虹（北站）大桥的拱脚节点构造。

　　无论是拱梁组合桥还是刚架系杆拱，拱脚节点受力的复杂性、构造复杂性及几何形状不规则,使得从理论上求解节点内的应力分布显得非常困难。因此,一般采用实验和有限元分析相结合的办法,定性地分析节点内的应力分布状况,再据此偏安全地采取加强构造措施。节点的模型试验有混凝土模型和光弹模型两种。文献[154-157]介绍了四川成都青龙场立交桥、广东深圳彩虹(北站)大桥、浙江义乌宾王桥、河南郑州黄河公路二桥等拱脚节点的模型试验。

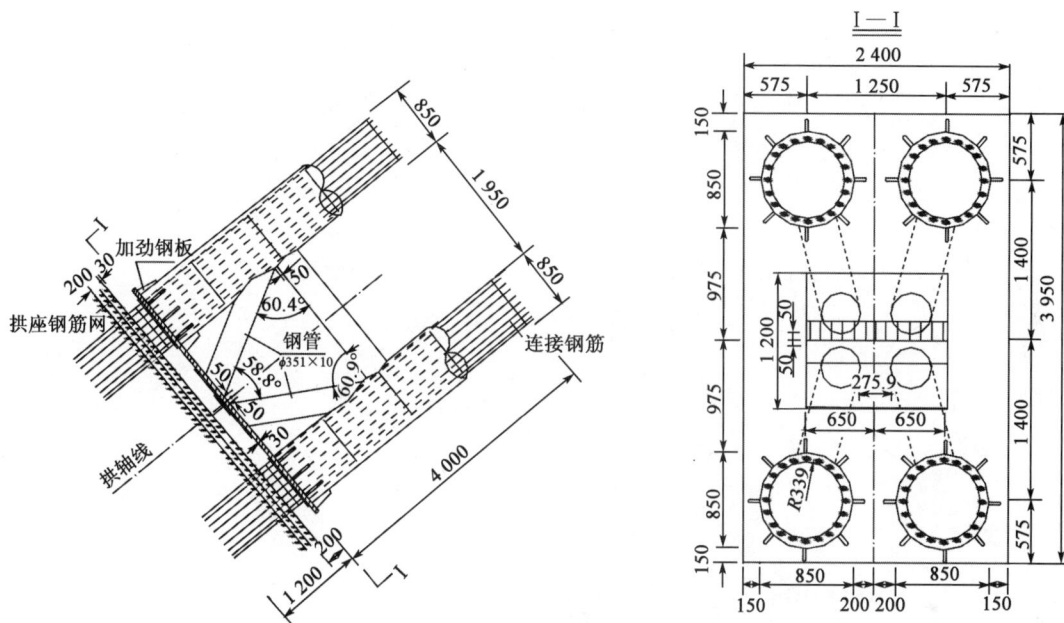

a)福建漳州西洋坪大桥

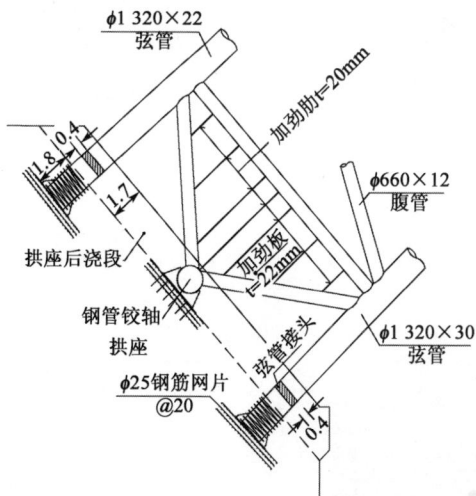

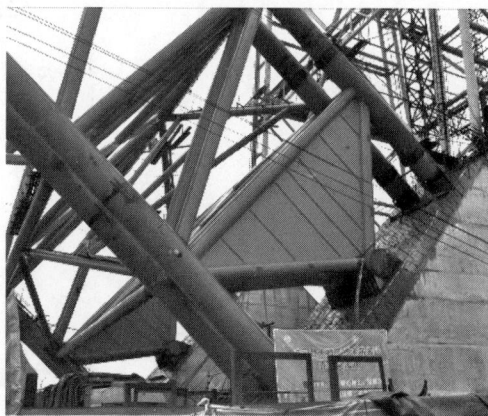

b)四川合江长江一桥

图 3-120 桁式拱肋拱脚固结构造(尺寸单位:mm)

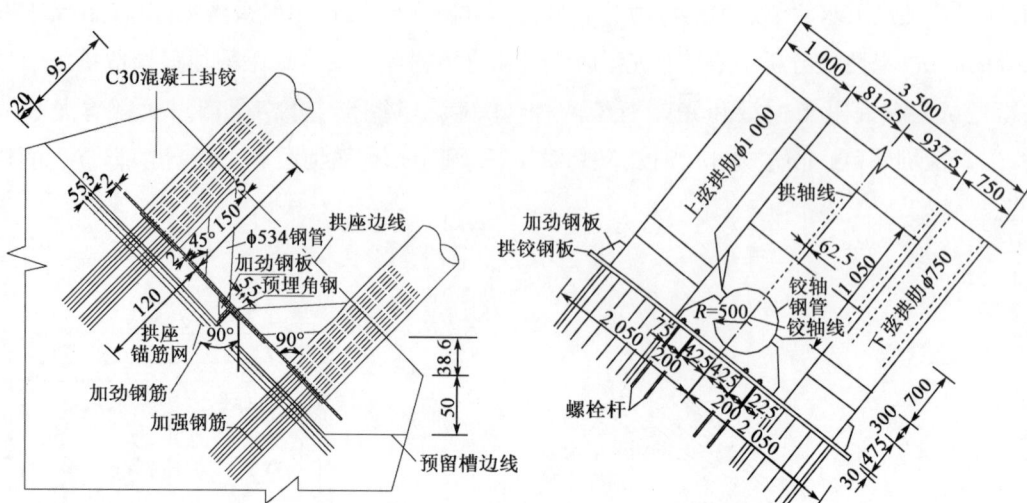

a)福建闽清石潭溪大桥

b)江西吉安白鹭大桥

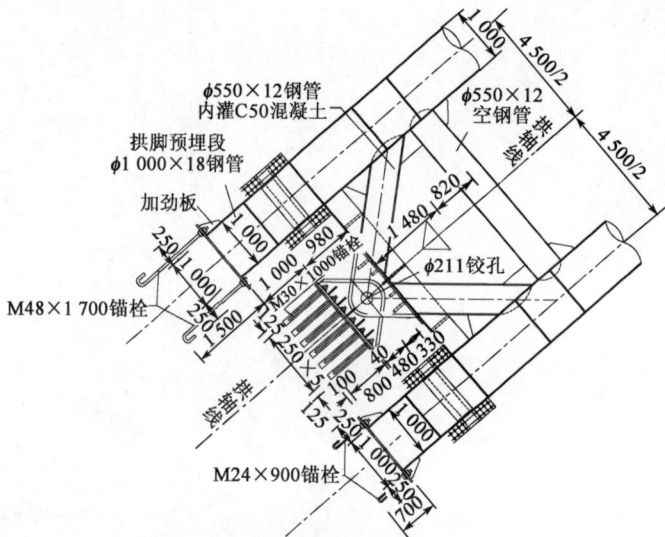

c)广东东莞水道大桥

图 3-121　临时拱铰构造(尺寸单位:mm)

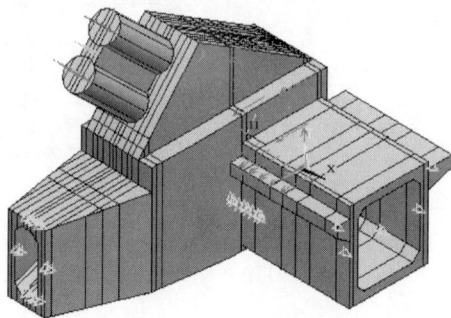

图 3-122　河南郑州黄河公路二桥主桥拱脚空间模型

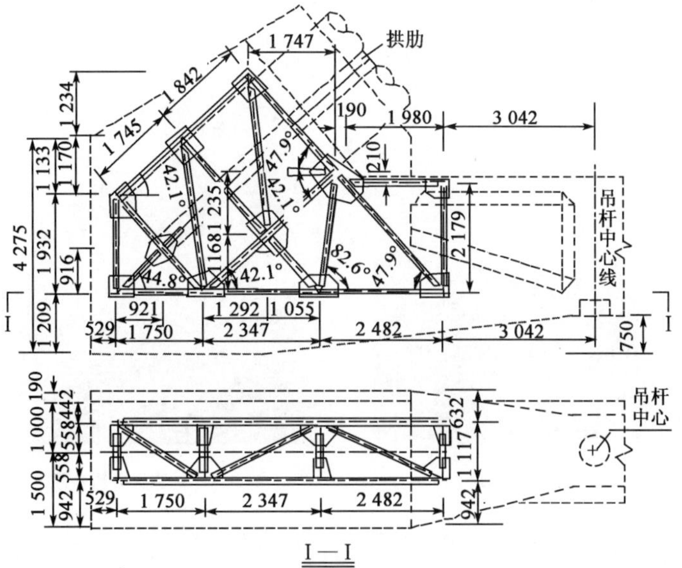

图 3-123　河南郑州黄河公路二桥拱脚节点构造(尺寸单位:mm)

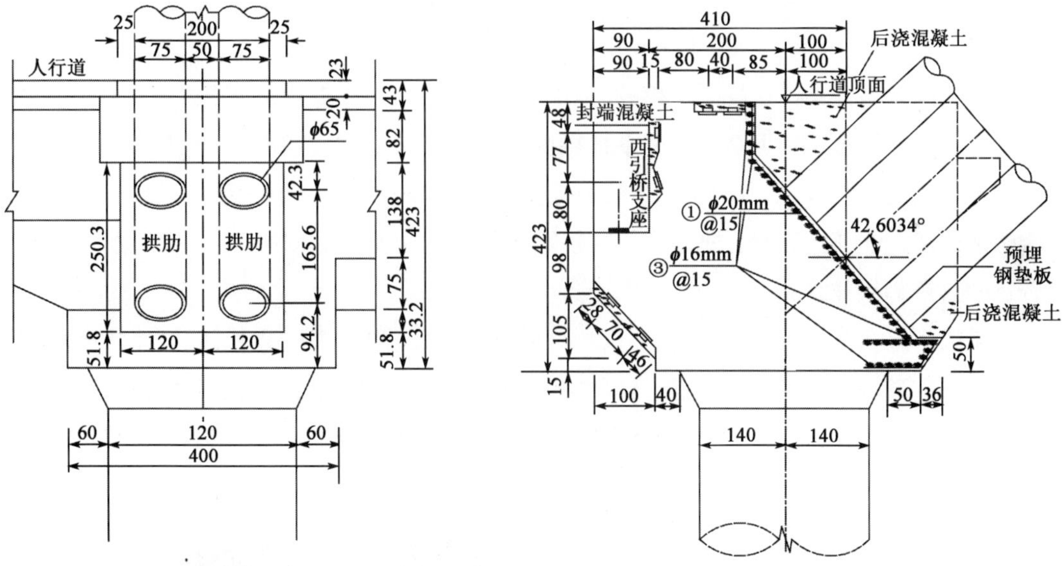

a)立面图　　　　　　　　　b)侧面图

图 3-124　广东深圳彩虹(北站)大桥拱脚节点构造(尺寸单位:cm)

二、墩台与基础

钢管混凝土拱桥的下部结构与其他拱桥差别不大,本小节仅作简要介绍。

有推力的钢管混凝土上承式拱、中承式拱和拱梁组合桥的墩台与基础的结构与构造,与其他拱桥相同,不再详述。对于多跨有推力钢管混凝土拱桥,各桥墩的强度、刚度、稳定性等均应满足设计要求。当采用如图 3-125a)所示的结构时,应特别注意桥墩纵桥向、横桥向的刚度以及在特殊情况下防止连拱破坏的能力（该桥在加宽新建一座新桥时,采用了较强的桥墩结构）;图 3-125b)所示的桥墩具有较大的刚度。

a)广西柳州文惠大桥(加宽前)　　　　　　　　b)重庆合川嘉陵江大桥

图 3-125　多跨中承式钢管混凝土拱桥

需要强调指出的是,GB 50923—2013 第 7.1.4 条规定,"多跨钢管混凝土拱桥宜设置单向推力墩或采用其他抗单向推力措施",以限制单跨破坏引起连续倒塌的范围,提高结构的强健性。"单向推力墩宜每隔三跨至五跨设置一个"。

下承式刚架系杆拱桥在混凝土拱桥、钢拱桥中应用不多,对其桥墩构造在第二章第五节介绍的基础上再作些补充。下承式刚架系杆拱桥桥墩多采用单柱式桥墩,但也有个别桥梁采用了空心薄壁式门式桥墩,如河南安阳文峰路立交桥、福建泉州百崎湖大桥(图 3-126)。单柱式桥墩构造简洁,便于施工;空心薄壁式门式桥墩比较适宜拱肋中心间距不大的桥梁,但是体积大,占地宽,拱脚易开裂。

下承式刚架系杆拱桥墩设计时,不仅要对纵桥向强度、刚度进行验算,横向刚度也要引起足够的重视。某桥桥墩在横向没有连接(图 3-127),横向刚度不足,导致拱肋横向发生难以恢复的超限位移。此外,前已述及对于此类桥梁强大的端横梁对于拱的整体稳定性,尤其是横向稳定性有着极其重要的作用,而此桥的端横梁明显偏弱。

图 3-126　福建泉州百崎湖大桥门式桥墩　　　　图 3-127　某刚架系杆拱桥桥墩

第四章　设计与计算

在第二章和第三章介绍钢管混凝土结构体系和构造的基础上,本章首先介绍钢管混凝土拱桥结构体系选择的一般原则。接着,以 GB 50923—2013 第 4 章～第 6 章为主要依据,介绍结构设计内容与方法和基本原理。设计计算的介绍,包含一般规定,极限承载能力计算规定,作用与结构反应计算,承载能力极限计算中的强度与稳定计算,使用极限状态的计算,以及吊索、系杆索和其他结构的计算等。最后,介绍耐久性设计和强健性设计。

第一节　概　　述

本节首先介绍钢管混凝土拱桥结构体系选择的一般原则,然后以 GB 50923—2013 第 4 章"基本规定"中第 4.1 节"一般规定"和第 5 章"持久状况承载能力极限状态计算"中第 5.1 节"一般规定"为主要依据,对钢管混凝土拱桥设计计算的规定进行概述,涉及的规范条文主要包括第 4.1.1 条～第 4.1.8 条和第 5.1.1 条～第 5.1.4 条。

一、结构选型

钢管混凝土拱桥的设计应符合安全可靠、耐久适用、技术先进、经济合理的要求。结构选型是设计的关键,应遵循安全、适用、经济、美观、有利环保的原则,并考虑因地制宜、就地取材、便于施工和养护等因素。第二章将钢管混凝土拱桥的结构形式分为 5 种主要形式和其他形式,共 6 种,并进行了相应的介绍。这里对这些桥型进行简要的综合评述,供设计时结构选型参考。结构体系选定后的总体布置、构造设计等,可参考第二章、第三章的相关内容。

(一)结构适应性

有推力拱是传统的拱结构,能充分发挥拱的结构受力优势,但对地基要求高。GB 50923—2013 第 7.1.1 条推荐,当地质、地形条件许可时,宜选择有推力拱。

上承式拱建筑高度大，适合于峡谷桥位，主要应用于公路与铁路桥梁中。在两岸地势较陡的 U 形河谷或 V 形河谷中应用，较之平原地区其两头接线高程更容易控制，不致因建筑高度大而导致引桥与路堤的工程量急剧上升，下部结构与基础的费用也较省。同时，上承式拱应用在山区更容易与周围的环境相协调，从桥两端接线上通过时能欣赏到拱桥优美的造型。上承式钢管混凝土拱桥一般采用一孔跨越河谷，这有利于充分利用桥位良好的地质条件，方便施工，降低工程造价。上承式拱拱肋架设以缆索吊装法为主。虽然它的应用数量并不多，但跨径均较大，最大已达 430m，平均达 253.6m，是 5 种常用桥型中平均跨径最大的一种。

（有推力）中承式拱与上承式拱一样适用于地质条件好的山区，特别是跨越峡谷时。当路线高程与起拱线高程之间的距离太小，无法采用上承式拱时，中承式拱就成为优先考虑的方案。由于桥面可以放得较低，中承式拱也常被用于地质条件好的城市桥梁。中承式拱的拱肋架设也以缆索吊装法为主。其应用数量较多，跨越能力也较强，最大跨径达 512m（计算跨径 530m），平均跨径达 192.3m，仅次于上承式拱。中承式拱桥吊杆、悬吊桥面系的耐久性和强健性在设计中应特别注意。

拱梁组合桥是一种传统的桥型，在钢拱桥中得到大量的应用。它利用桥面系的纵梁作为拉杆，拱与梁在拱脚处刚结，支承于墩台支座之上。一方面使拱梁共同承受荷载，从整体上节约材料；另一方面对墩台与基础的要求降低，可应用于地质条件较差的地方。但当跨径较大时，施工难度加大，且支座的吨位也较大，支座的养护与更换问题较为突出。拱梁组合体系根据拱肋与系梁相对抗弯刚度的大小又分为柔梁刚拱、刚梁柔拱和刚梁刚拱 3 种。公路拱梁组合桥中，以刚梁刚拱为主，少量刚梁柔拱的采用主要考虑了拱的美观作用，而柔梁刚拱采用得极少。拱梁组合桥是以系梁的被动受拉来平衡拱的水平推力，也有个别桥梁如浙江杭州钱江四桥在钢系梁的基础上，还加了拉索，即被动系杆与主动系杆相结合。拱梁组合桥在所有钢管混凝土拱桥中的应用最多。其施工方法要考虑系梁的因素，常用有支架的方法。拱梁组合桥的跨径较小，最大为 219m，平均仅 101.4m。

下承式刚架系杆拱是一种自平衡的桥梁，与连续梁、连续刚构和斜拉桥相比，它无须副跨，又有较大的跨越能力，因此在跨越铁路、公路和运河桥中，具有很强的竞争力。下承式刚架系杆拱的施工与上承式、中承式拱相似，拱肋架设方法也以斜拉悬臂法为主。由于采用系杆来平衡部分水平推力，该桥型不能应用于特别大的跨度之中，目前最大的跨径为 280m，平均跨径为 122.6m。

飞鸟式拱的施工除可采用常见的悬臂法、支架法外，还可利用边拱半跨为平衡重而采用转体法施工。飞鸟式拱的应用在公路桥梁和城市桥梁中都有，城市桥梁中更多些。其跨越能力也较强，跨径最大的是湖南益阳茅草街大桥，达到 368m，平均跨径为 146.8m。

关于其他结构形式，GB 50923—2013 第 7.1.1 条除提出"下承式拱不宜采用简支拉索拱结构"的规定外，未作其他的规定，实际应用中应根据实际情况合理选用。有关简支拉索拱的受力性能与强健性分析,详见第二章第七节和本章第八节的介绍。

从第二章第七节介绍可知,在其他结构形式中,钢管混凝土拱与连续梁或连续刚构的组合应用最多,尤其是在高速铁路桥梁中。第二章第七节对其他结构形式和相应桥例进行了分析介绍,可供应用参考。

(二)结构耐久性与强健性

现有钢管混凝土拱桥的病害,主要有拱肋脱粘、锈蚀,吊索、系杆索锈蚀,桥面系常规病害。安全事故,最主要的是吊索、系杆索的破断和由此引发的落梁等。

拱肋脱粘、锈蚀和桥面系常规病害是所有钢管混凝土拱桥都会遇到的问题,与结构选型无关。而吊索、系杆索锈蚀甚至破断以及桥面系落梁等只发生在部分桥型中,选型时应加以考虑。

上承式拱没有吊索、系杆索和悬吊桥面系,不会发生吊索、系杆索锈蚀甚至破断以及桥面系落梁等事故。因此,地质、地形条件许可时宜选择有推力拱。当桥面系为简支时,其强健性较好,但地震等偶然工况下仍可能落梁。为提高其强健性,桥面系宜采用连续结构,尤其是大跨径桥梁,桥面系可采用较大跨径的连续梁;靠拱脚处的立柱较高,还可以做成连续刚构。

中承式拱与上承式拱同属于有推力拱,无系杆索可能带来的耐久性与强健性问题,但与上承式不同的是它有吊索与悬吊桥面系,应加强吊索的耐久性与结构的强健性设计,同时应注意上承和中承部分的交接处构造细节处理。

刚架系杆拱属部分推力拱,高强的系杆索是整体结构的重要部分,也时被称为"生命线"。系杆索的耐久性与结构的强健性设计极其重要。它同时还有吊索与悬吊桥面系的耐久性与强健性问题,也要在设计选型时考虑。

拱梁组合桥虽然也有系杆,但它是刚性系杆(系梁),对缺陷敏感性不似高强钢索那么强,强健性与耐久性较好。它虽然也有吊索,但桥面系与主拱联成整体,发生连续倒塌的可能性较小,强健性好。当然,其吊索、支座为易损构件,设计时也要注意养护、维修与更换的需求。因此,一般而言,拱梁组合桥的耐久性与强健性优于刚架系杆拱。河南郑州黄河公路二桥主桥为拱梁组合桥,承载着繁重的交通任务,桥面铺装层甚至经常出现车辙现象,是河南省国检必检的桥梁之一,但运行十余年以来,桥梁技术状况良好。

拱梁组合桥的施工问题是限制这种桥型应用的主要原因之一,因此在地基条件较差时,大跨径钢管混凝土拱桥转而采用刚架系杆拱结构。当施工条件许可时,应优先采用拱梁组合桥。在实际工程中,如个别跨越南水北调干渠的钢管混凝土拱桥,桥面系采用支架现浇,主拱也完全具有少支架安装的条件,却仍采用刚架系杆拱结构,这是不合理的。

有关结构耐久性与强健性的设计,详见本章第七节、第八节。

二、设计计算一般规定

根据 GB 50923—2013，公路、城市钢管混凝土拱桥设计与其他公路、城市桥梁一样，采用以概率理论为基础的极限状态设计，按分项系数的设计表达式进行设计。

GB 50923—2013 第4.1.2条规定，"钢管混凝土拱桥应按下列两类极限状态进行设计：

（1）承载能力极限状态：对应于钢管混凝土拱桥或其构件达到最大承载能力，或出现不适于继续承载的变形或变位的状态。

（2）正常使用极限状态：对应于钢管混凝土拱桥或其构件达到正常使用，或耐久性的某项限值的状态。"

钢管混凝土拱桥抗震设计应符合现行《城市桥梁抗震设计规范》（CJJ 166）[158]或《公路桥梁抗震设计细则》（JTG/T B02-01）[159]的规定。

钢管混凝土拱桥的抗震设计与计算，与其他桥梁结构基本相同。计算的主要不同之处在于钢管混凝土拱肋进入材料非线性后的本构关系。但大量的研究与计算分析表明，钢管混凝土拱桥较之圬工和钢筋混凝土拱桥具有更好的抗震性能，钢管混凝土拱肋在地震荷载下一般未进入材料非线性阶段，结构内力甚至小于车辆荷载作用下的内力。所以，GB 50923—2013未对抗震计算中钢管混凝土材料非线性本构关系作详细的规定。

钢管混凝土拱桥中的钢结构和钢构件之间的连接，应按桥梁钢结构进行其承载力、变形和稳定的设计与计算。施工阶段管内混凝土达到设计强度前，亦即钢管混凝土组合结构形成之前，拱肋的受力结构为钢管结构，其承载力、变形和稳定，也应按桥梁钢结构进行设计与计算，分析中除其自身自重外，还应考虑管内混凝土达到设计强度前的自重和其他施工荷载；在管内混凝土达到设计强度后，才能按钢管混凝土结构进行验算。同时，在钢管混凝土中、下承式拱桥中，广泛采用柔性吊杆（吊索）和系杆（系杆索），虽也属于钢结构，但考虑其特殊性，GB 50923—2013 在第5.4节、第7.4节单独给出了设计中计算与构造的相关规定。

相对于梁桥、斜拉桥、悬索桥等其他桥型来说，拱桥的施工难易程度和费用，与施工方法有很大的关系，因此，设计时要考虑施工方案。GB 50923—2013 第4.1.6条规定，"钢管混凝土拱桥设计时应根据地形地质、交通运输条件和其他建设条件，确定指导性的施工方案、主要施工步骤、质量要求和施工中允许的不平衡荷载，并应明确结构体系转换的顺序及采取的措施。"

拱桥在施工过程中的受力与施工完成后的受力有很大的不同，设计时应对重要施工阶段进行受力计算。拱桥成桥后的受力与施工过程的受力密切相关，从结构设计的角度来说，设计时也要进行施工受力计算。因此，设计单位在进行钢管混凝土拱桥设计时，也应进行施工关键步骤的计算。施工单位在施工组织设计时，也要对施工过程进行详细计算。二者的原则相同，但详细程度不同。有关施工计算将在本章第六节进行介绍。

三、承载能力极限状态计算一般规定

钢管混凝土拱桥应按承载能力极限状态的要求,对结构与构件进行强度和稳定性验算。持久状况承载能力极限状态计算时,钢管混凝土拱桥的安全等级应根据其重要性、桥梁结构破坏可能产生后果的严重程度以及工程性质进行划分。安全等级的确定,按照现行《公路桥涵设计通用规范》(JTG D60)[145]或《城市桥梁设计规范》(CJJ 11)[160]的规定执行。

钢管混凝土结构与构件的承载能力极限状态应按式(4-1)、式(4-2)进行计算。

$$\gamma_0 S \leqslant R \tag{4-1}$$

$$R = R(f_d, a_d) \tag{4-2}$$

式中:γ_0——桥梁结构重要性系数,对安全等级为一级、二级、三级的结构或构件应分别取 1.1、1.0、0.9,桥梁抗震设计不考虑结构重要性系数;

S——荷载效应的组合设计值,应符合现行《公路桥涵设计通用规范》(JTG D60)或《城市桥梁设计规范》(CJJ 11)的规定,其中汽车荷载应计入冲击系数;

R——构件承载力设计值;

$R(\cdot)$——构件的承载力函数;

f_d——材料强度设计值;

a_d——几何参数设计值。

关于钢管混凝土拱桥承载能力极限状态的计算,GB 50923—2013 主要针对钢管混凝土拱肋、吊索和系杆索,其他结构与构件的承载力根据材料性质分别按现行《公路钢结构桥梁设计规范》(JTG D64)[2]、《公路圬工桥涵设计规范》(JTG D61)[161]、《公路钢筋混凝土及预应力混凝土桥涵设计规范》(JTG D62)[162]和《公路桥涵地基与基础设计规范》(JTG D63)[163]等进行计算。

钢管混凝土拱桥的持久状况承载能力极限状态计算分为强度和稳定两部分,分别见本章第三节、第四节。

四、作用

关于钢管混凝土拱桥的作用(荷载)计算,GB 50923—2013 仅针对个别较为特殊的情况作了规定,主要有拱肋的汽车荷载冲击系数、拱肋的温度、收缩徐变作用等。其他有关的作用(荷载)分类、效应组合与计算,属城市桥梁的应以 CJJ 11 为依据,属公路桥梁的应以 JTG D60 为依据。

(一)拱肋汽车荷载冲击系数

研究表明,钢管混凝土拱桥中,拱肋的汽车荷载冲击系数与桥面系的不尽相同。桥面系的汽车荷载冲击系数,可根据桥面结构特性按 JTG D60—2015 的规定计算。GB 50923—2013 以

文献[164]的研究为基础,在第4.2.2条规定,钢管混凝土拱肋的汽车荷载冲击系数μ_0,可按式(4-3)计算。

$$\mu_0 = 0.057\,36f_0 + 0.074\,8 \qquad (4-3)$$

式中:f_0——钢管混凝土拱桥的一阶竖向频率(Hz)。

当采用式(4-3)计算冲击系数时,需要确定钢管混凝土拱桥一阶竖向基频。钢管混凝土拱桥一阶竖向基频可以很容易地通过有限元分析获得。当初步设计中无精确计算值时,可参考GB 50923—2013第4.2.2条条文说明中给出的跨径80～300m的钢管混凝土拱桥一阶竖向频率f_0的估算公式进行计算:

$$f_0 = \frac{133}{L} \qquad (4-4)$$

式中:L——钢管混凝土拱桥计算跨径(m)。

有关式(4-3)、式(4-4)来源的分析,可参见《计算方法》[95]第二章的介绍。JTG/T D65-06—2015[86]对冲击系数也进行了规定。还有其他有关的研究以及相应的计算公式,可参见文献[165-169]等。

(二)温度变化

钢管混凝土拱桥在拱肋的材料与组成、截面尺寸和施工方法等多方面与钢拱桥、混凝土拱桥和圬工拱桥有很大的不同。因此,其温度作用也有着自身的特性。对于温度作用计算,GB 50923—2013在第4.2.3给出了规定。

钢管混凝土拱肋由钢管与混凝土组成,截面均匀温度变化引起的变形采用组合线膨胀系数α表示,按式(4-5)计算。

$$\alpha = \frac{\alpha_s A_s + \alpha_c A_c}{A_s + A_c} \qquad (4-5)$$

式中:α_s——钢材线膨胀系数(1/℃),取1.2×10^{-5};

$\quad\alpha_c$——混凝土材料线膨胀系数(1/℃),取1.0×10^{-5}。

将钢管混凝土拱视为沿拱肋长度方向温度场相同的结构,拱肋的温度变化主要是截面温度的变化。截面温度变化可分解为"等效线性温差"与"等效非线性温差"的叠加。

"等效线性温差"引起截面均匀的伸缩与转动变形,对于超静定结构,这种变形受到约束,就会产生温度次内力,在截面上就会有温度次应力。对于钢管混凝土拱来说,"等效线性温差"主要是截面均匀伸缩,在其超静定结构中产生温度次内力问题,即年均温差作用问题。

年均温差次内力计算时,以结构受到约束时的结构温度为基准温度,或者说是结构形成时温度变形为零和超静定结构温度次内力为零时的温度。对于钢拱、石拱、混凝土拱等全截面同时施工的结构,合龙温度即基准温度。然而,钢管混凝土拱肋在施工中钢管与管内混凝土受到约束的时间不同,截面刚度与强度是逐步形成的,因此不存在对应于施工某一时刻(如空钢管拱肋合龙)的基准温度。当混凝土达到强度形成钢管混凝土结构时,受水泥水化热影响和环境温度的影响,已在钢管内和混凝土内累积了应力,拱肋也有了相应的温度变形,因此空钢管的合龙温度不能视为钢管混凝土拱的基准温度。为此,文献[170]提出了计算合龙温度的概念,应以其作为钢管混凝土拱桥温度计算的基准温度。

计算合龙温度是指以管内混凝土形成强度(即拱肋形成钢管混凝土组合截面)时所对应的截面平均温度值和温度变形值,反算温度变形为零(对于超静定拱,此时温度次内力为零)时的截面平均温度值。

GB 50923—2013 第 4.2.3 条规定,"计算钢管混凝土拱因截面均匀温度变化引起外加变形或约束变形时,应以计算合龙温度 T 为基准温度,考虑最高和最低有效温度的荷载效应"。钢管混凝土拱的计算合龙温度、有效温度可根据桥位处的气象资料和桥梁结构由数值计算求得。

本书作者等在大量研究[170-177]的基础上,在 DBJ/T 13-136—2011[92]中给出了截面平均温度作用计算的规定。在编制 GB 50923—2013 时,本书作者等选取了福建省外几个地方的温度实测资料进行了分析,提出了温度作用的简化计算方法[178],并被 GB 50923—2013 采用,即:

(1)合龙温度 T,可按式(4-6)计算:

$$T = T_{28} + \frac{D - 0.85}{0.2} + T_0 \tag{4-6}$$

式中:T_{28}——钢管内混凝土浇注后 28d 内的平均气温(℃);

　　　D——钢管外径(m);

　　　T_0——考虑管内混凝土水化热荷载的附加升温值,为 3.0 ~ 5.0℃,冬季取小值,夏季取大值;混凝土强度等级低于 C40 时,在此基础上减去 1.0℃。

(2)最高与最低有效温度可取当地最高与最低气温。

此外,为满足平截面假定,在"等效非线性温差"作用下,截面各纤维之间相互约束与作用,在截面上产生应力,但不产生内力,此应力为温度自应力。它一般不影响极限承载力,因此温度自应力的计算一般在使用极限状态对应力控制的计算中考虑。对于"等效非线性温差",GB 50923—2013编制时认为其研究还不充分,因此没有给出明确的计算规定。JTG/T D65-06—2015[86]第 4.2.5 条则给出了主拱截面温差效应的计算方法。对于单圆管主拱,采用图 4-1a)的温度梯度曲线;对于哑铃形或桁式主拱上、下主管的温度效应,采用图 4-1b)的温度梯度曲线。图中的

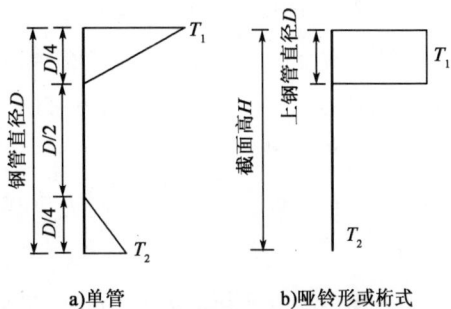

图 4-1　钢管混凝土截面温度梯度曲线图

T_1、T_2 按表 4-1 取值。

钢管混凝土截面温度 T_1、T_2（℃）　　　　表 4-1

钢管表面涂层	单圆管主拱		哑铃形或桁式主拱	
	T_1	T_2	T_1	T_2
深色(红色、灰色等)	12	6	8	0
浅色(白色、银白色等)	8	6	5	0

关于钢管混凝土拱桥温度作用及其效应的研究,本书第二版第十章第三节、《计算方法》[95]第三章均有详细的介绍。更多的研究,还可参见文献[179-194]。

(三)管内混凝土收缩

钢管混凝土拱肋中的混凝土会产生收缩,引起拱肋的收缩变形,并在超静定拱中产生附加内力,即收缩次内力。GB 50923—2013 第 4.2.4 条规定,"计算钢管混凝土拱因管内混凝土收缩而产生的变形值或由此而引起的次内力时,管内混凝土收缩可采用实测值或按现行行业标准《公路钢筋混凝土及预应力混凝土桥涵设计规范》(JTG D62)的规定计算"。

常规的混凝土结构暴露在大气环境中,除了混凝土自身的水化反应引起收缩(自收缩)外,还存在混凝土水分丢失而引起的干燥收缩(干缩)。钢管混凝土中的管内混凝土,外包钢管使其处于密闭环境中,与大气环境没有发生湿度交换,其收缩主要来自混凝土的自收缩,干缩不存在或者极小,可忽略不计。

关于管内混凝土的收缩,先前未进行过专门的试验,主要试验数据来源于配合管内混凝土徐变所做的收缩试验,每次试件量都较少,不同试验之间的结果相差较大。文献[195]收集了 8 篇文献中 23 根钢管混凝土收缩试验构件的收缩实测值,扣除个别不合理结果外,收缩应变在 $48\sim175.8\mu\varepsilon$ 之间,远小于普通混凝土的 $500\sim550\mu\varepsilon$。在此基础上,以混凝土强度等级和粉煤灰掺量、钢管直径以及含钢率为主要参数,进行了 11 根钢管混凝土构件和两根素混凝土密闭构件的收缩试验,得出了有益的结论。

在钢管混凝土拱桥相关设计规范发布之前,有的工程设计沿用 JTJ 021—89 对钢筋混凝土结构收缩影响力计算的规定,按降温 $15\sim20$℃计算[196]。文献[197]的分析表明,这种计算方法是以暴露于大气环境中的混凝土收缩量等效成温降来计算的,高估了管内混凝土收缩的影响力。针对这一现象,GB 50923—2013 第 4.2.4 条专门对管内混凝土收缩计算作了规定。

钢管混凝土拱肋中管内混凝土处于密闭状态,按 JTG D62—2004 第 6.2.7 条计算混凝土收缩应变终极值时,可按湿度环境为 $70\%\sim90\%$ 来计算(JTG D62—2004 表 6.2.7 中实际取值为 80%)。

关于钢管混凝土拱收缩变形与收缩次内力的研究,《计算方法》[95]第十章有详细的介绍。更多有关收缩与收缩应力的研究,还可参见文献[197-203]。

(四)管内混凝土徐变

钢管混凝土拱肋中的混凝土存在着徐变问题,引起拱肋的徐变变形,并在超静定拱中产生附加内力。GB 50923—2013 第 6.0.3 条规定,钢管混凝土结构或构件变形计算中,混凝土徐变系数在无可靠实测资料时可按 JTG D62—2004 附录 F 提供的方法计算。

混凝土的徐变与许多因素有关,如水泥成分、水泥用量、水灰比、养护环境、加载龄期、持荷时间等。由于管内混凝土处于密闭环境,其徐变变形行为与普通混凝土有所不同;又由于钢管与管内混凝土是共同受力的组合结构,所以管内混凝土所受的荷载、边界约束也有其特殊性。从 20 世纪 70 年代开始[204],国内外开始对钢管混凝土构件徐变效应展开研究,取得了一些成果。大量的构件试验研究表明,ACI 209R-92 模型可以较好地模拟组成钢管混凝土的核心混凝土的徐变收缩特性。所以,DBJ/T 13-136—2011 推荐采用 ACI 209R-92 徐变模型计算。然而,我国公路工程行业标准 JTG D62—2004 推荐采用 CEB-FIP MC90 模式进行徐变计算。在无专门的钢管混凝土拱桥规范之前,我国的桥梁工程师多采用 JTG D62—2004 推荐的 CEB-FIP MC90 模型进行钢管混凝土徐变的计算。

为此,GB 50923—2013 在编制过程中,选取了 11 座钢管混凝土拱桥,应用 ACI 209R-92 和 CEB-FIP MC90 模型进行徐变计算,对计算结果进行分析。结果表明,ACI 209R-92 和 CEB-FIP MC90 对钢管混凝土拱桥徐变次内力和次应力的计算结果相差不大[205-207]。考虑到我国桥梁工程师习惯于使用 JTG D62—2004 推荐的 CEB-FIP MC90 徐变模型进行结构的徐变计算,因此,GB 50923—2013 推荐了该计算方法。

需要强调指出的是,由于管内混凝土处于密闭状态,计算时应取较大的相对湿度环境,一般可取为 90%。

关于钢管混凝土拱徐变变形与徐变次内力的研究,《计算方法》[95]第十章有详细的介绍。更多的研究,可参见文献[87,203,208-233]。

五、作用反应

与其他桥梁相似,钢管混凝土拱桥在各种作用(荷载)及其组合作用下的结构反应计算,一般可采用线弹性理论,结构计算图式、几何特性、边界条件应反映实际结构状况和受力特征。GB 50923—2013 在结构作用反应计算方面,主要针对钢管混凝土拱肋作为组合结构的截面设计刚度、结构形式特殊的刚架系杆拱的结构受力计算,作了相应的规定。

(一)拱肋截面设计刚度

钢管混凝土拱肋以钢管混凝土单圆管构件为基本单元,在设计计算中,通常按一个杆件进行计算,因此,需要考虑其截面的刚度取值问题。对于钢管混凝土结构的刚度,国内外有关规范的规定不尽相同。一般而言，压缩刚度基本不考虑对混凝土刚度的折减，而弯曲刚度考虑到混凝土开裂的可能，对混凝土部分进行了不同程度的折减，但折减系数并不一致。

拱肋截面刚度的取值对荷载效应（如内力、变形、动力特性等）的计算结果均有影响，且影响规律不一致。随着刚度取值（尤其是弯曲刚度）的增大，超静定拱内力计算结果增大，稳定系数增大，挠度则减小[234]。从结构偏安全角度来看，在内力计算时刚度宜取大值，在稳定与变形计算时宜取小值。这样的取值，必将给设计计算带来不便，也易引起混乱，尤其是采用计算机计算时。因此，还是取统一的刚度值为好。

为此，在 GB 50923—2013 编制时，本书作者等综合国内外的有关规范，根据实际桥梁的实测、室内试验和理论分析，对钢管混凝土单圆管、哑铃形和桁式拱肋刚度计算取值进行了研究。结果表明，对混凝土部分的弯曲刚度取 0.6 的折减系数与试验值吻合程度较好且偏于安全[235-238]。为此，GB 50923—2013 第 4.3.3 条规定，钢管混凝土拱肋截面整体压缩设计刚度$(EA)_{sc}$与弯曲设计刚度$(EI)_{sc}$应按式(4-7)和式(4-8)计算。

$$(EA)_{sc} = E_s A_{s1} + E_c A_{c1} \tag{4-7}$$

$$(EI)_{sc} = E_s I_{s1} + 0.6 E_c I_{c1} \tag{4-8}$$

式中：$(EA)_{sc}$——钢管混凝土拱肋截面整体压缩设计刚度(N)；

$(EI)_{sc}$——钢管混凝土拱肋截面整体弯曲设计刚度$(N \cdot mm^2)$；

A_{s1}——拱肋截面钢材面积(mm^2)；

A_{c1}——拱肋截面混凝土面积(mm^2)；

I_{s1}——钢材截面惯性矩(mm^4)；

I_{c1}——混凝土截面惯性矩(mm^4)。

关于钢管混凝土拱肋截面刚度取值的研究，还可参见《计算方法》[95]第四章和文献[239-245]的介绍。

（二）有限元计算方法

钢管混凝土拱桥设计计算一般采用有限元方法，且以通用程序为主。有限元计算属于数值分析，计算的关键是结构模型的建立与基本参数的确定。

在初步设计时，作为简化分析，可采用平面有限元模型。恒载作用下的内力可将恒载均摊到各根拱肋来计算；活载作用时，将活载通过横向分布，化成吊杆或立柱处的集中力作用于拱肋上来计算总体结构的受力。但平面分析对于拱的空间受力性能，如面外稳定、横向地震作用下的结构反应等，均无法计算。因此，对于施工图设计阶段的计算，一般要进行空间受力分析。此外，对于单肋拱、三肋拱、提篮拱等空间结构，也不能采用平面模型，而只能采用空间模型。

有限元计算模型如仅用于进行弹性受力分析，则钢管混凝土拱肋可通过刚度等效采用单一材料的单元,等效刚度按式(4-7)和式(4-8)计算。

对于实体拱肋(单圆管和哑铃形),可采用一根杆单元来模拟拱肋。对于桁式拱肋最好采用由弦管、腹杆等杆单元组成的桁肋结构。如果桁肋拱在简化计算时采用了单根杆单元来模拟整根拱肋,则在施工图计算时还是要采用反映实际组成的桁肋模型。

刚架系杆拱在结构反应与尺寸初拟的估算时,可将拱肋视为固定无铰拱。在初步设计中对恒载作用下的简化计算,下承式刚架系杆拱可参见本书第二版的第四章,飞鸟式拱可参见第二章第六节的介绍。刚架系杆拱在施工图设计时,应进行精确的结构反应计算,一般采用有限元数值分析方法。GB 50923—2013 第4.3.2条规定,"当刚架系杆拱进行有限元计算时,宜将上部结构、下部结构与基础作为整体"。刚架系杆拱的基础一般采用桩基础,地基土可用弹簧模拟或其他可靠的方法计算。地基土的水平抗力一般按 JTG D63—2007,用"m"法计算[105,246]。

为避免拱肋和桥墩及基础受力的不合理,系杆索预应力应随着上部结构的恒载不断增加,而分批张拉。系杆索分批张拉力的计算属于设计计算的重要内容。在计算系杆索张拉力时,通常是将系杆索的抗拉刚度 EA 趋于无穷大,抗弯刚度 EI 趋于无穷小,计算出在各级荷载下的系杆索力。根据实际情况设置若干个张拉批次,适当调整张拉力,以指导施工。系杆索张拉施工既要保证桥梁结构的安全与质量,特别要防止墩底的开裂和拱肋的应力太大,还要尽可能减少施工工序。系杆索力大小的设置可以这样考虑,即让施工中总的系杆索力等于张拉前已施加恒载的水平推力总量加上下一工况预计要产生水平推力的一半。

在成桥的活载计算中,可将系杆索张拉力作为外力,将系杆索抗拉刚度取实际刚度,计算拱肋的内力和系杆索的附加力。成桥后总的系杆索力通常以恒载所产生的水平推力的总和加上活载产生水平推力的一半来考虑。

对于多跨(部分推力)下承式刚架系杆拱,由于下部结构的抗推刚度不大,连拱作用较为明显,一般不能按固定拱进行计算,需要建立多跨的有限元模型进行计算。

钢管混凝土拱桥的设计计算也可以采用考虑材料与几何非线性的计算方法,对结构的反应和极限承载能力进行计算。在计算中,钢管混凝土拱肋可采用单单元模型,也可采用由钢管与管内混凝土组成的双单元模型。这两种模型中的材料特性,各有不同的计算方法,详见文献[247]和本书第二版第十一章的相关介绍。

第二节 钢管混凝土拱肋强度计算

钢管混凝土拱肋强度计算应包括拱肋各组成构件的计算,GB 50923—2013 主要规定了钢管混凝土构件的强度计算。其他组成部分(如哑铃形与桁式拱肋的钢腹板或腹杆、平联等)的钢结构和钢管混凝土节点、空钢管节点的承载力等计算,应符合现行《钢结构设计规范》

（GB 50017）[33]或《公路钢结构桥梁设计规范》（JTG D64）[4]的规定。

一、拱肋组成构件内力计算

由第三章可知,钢管混凝土拱肋主要有单圆管、哑铃形和桁式3种。单圆管拱肋的组成就是圆钢管混凝土。单圆管拱肋的内力即构件的内力。对于哑铃形与桁式拱肋,组成构件指钢管混凝土弦杆及其连接构件。在进行各组成构件强度验算前,应先得到各组成构件所受的内力。

（一）钢管混凝土弦杆内力

对于哑铃形和桁式拱肋,在有限元计算中,如果模型采用各组成构件形成的结构,则可直接从计算结果得到各构件的内力。如果拱肋整个截面用一根杆单元模拟,则计算出拱肋的整体截面内力后,还应将其分解到弦杆、连接构件等各组成构件上。

虽然桁式拱肋中弦管与腹杆的连接采用焊接而不是栓接,不是真正意义上的桁式结构,各弦管除承受轴力外,还有一定的弯矩,然而,弯矩值并不大,由此产生的偏心对极限承载力的降低有限。所以,粗略的计算中,可以近似地将弦杆看成轴心受力构件,通过截面分析得出各杆的轴力。以四肢桁式为例,假定截面上的内力为 M、N,忽略上、下弦杆的自身抗弯刚度,很容易由式(4-9)求出各肢的轴向力 N_i,如图4-2所示。

$$\left.\begin{array}{l} P_1(P_2) \\ P_3(P_4) \end{array}\right\} = \frac{N}{4} \pm \frac{M}{2h_1} \tag{4-9}$$

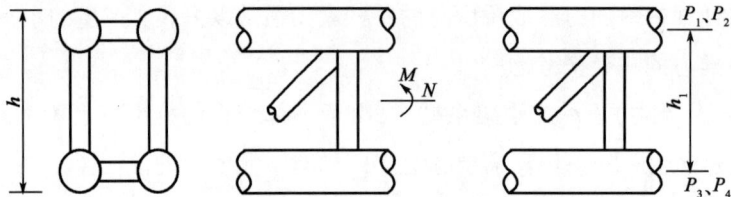

图4-2 四肢桁式截面内力分解示意图

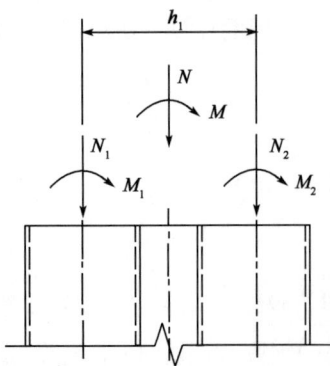

图4-3 哑铃形拱肋内力计算示意图

式(4-9)计算得到的上、下两根弦管的内力,没有考虑弦管分配到的弯矩,而假定各管只承受轴力,承载力计算时不考虑偏心的不利影响。对于桁式截面,因为截面较高,弦管分配到的弯矩很小,此不利影响很小;而对于哑铃形拱肋,由于其截面高度较低,弦管分配到的弯矩不小,此不利影响应该考虑,否则计算结果将偏于不安全[248]。因此,GB 50923—2013第5.2.1条规定,哑铃形截面各肢内力计算时,考虑了各肢所承受的弯矩,如图4-3所示。哑铃形截面一般由上、下相同截面的两肢组成,其上、下肢的内力可按式(4-10)～式(4-13)计算。

$$M_1 = M_2 = \eta_1 M \tag{4-10}$$

$$N_1 = \left(\frac{1}{2} + \frac{1 - 2\eta_1}{h_1} \frac{M}{N} \right) N, N_2 = \left(\frac{1}{2} - \frac{1 - 2\eta_1}{h_1} \frac{M}{N} \right) N \tag{4-11}$$

$$\eta_1 = \frac{1}{2 + 0.5 h_1^2 \chi} \tag{4-12}$$

$$\chi = \frac{(EA)_{sc2}}{(EI)_{sc2}} \tag{4-13}$$

式中：　　　N, M——截面轴向力设计值(N)和弯矩设计值(N·mm)；

　　　　　　M_1, M_2——分配到两个肢管上的弯矩值(N·mm)；

　　　　　　N_1, N_2——分配到两个肢管上的轴力值(N)；

　　　　　　η_1——单肢钢管混凝土和整个构件截面弯曲刚度之比；

　　　　　　h_1——哑铃形截面受弯面内两肢中心距离(mm)；

　　　　　　χ——计算系数；

$(EA)_{sc2}, (EI)_{sc2}$——哑铃形截面上、下弦钢管混凝土毛截面压缩刚度和弯曲刚度，按式(4-14)

　　　　　　和式(4-15)计算。

$$(EA)_{sc2} = E_s A_{s1} + E_c A_{c1} \tag{4-14}$$

$$(EI)_{sc2} = E_s I_{s1} + E_c I_{c1} \tag{4-15}$$

式(4-14)和式(4-15)中的符号意义与式(4-7)和式(4-8)相同。比较可知，$(EA)_{sc2}$ 与 $(EA)_{sc}$ 相同，均为钢管与管内混凝土的压缩刚度直接相加；$(EI)_{sc2}$ 与 $(EI)_{sc}$ 不同，没有对管内混凝土的弯曲刚度进行折减。

以下简要介绍沿水平轴对称的哑铃形截面的内力计算公式[式(4-11)]的推导[248]。由图4-3，根据内外力的平衡得：

$$\left. \begin{aligned} N &= N_1 + N_2 \\ M &= Ne = N_1 \times \frac{h_1}{2} + N_2 \times \frac{h_1}{2} + M_1 + M_2 \end{aligned} \right\} \tag{4-16}$$

由试验可知，哑铃形截面偏心受压时满足平截面假定，弦管的截面转角等于整体截面的转角，则可得弦管的弯矩值，见式(4-17)。

$$M_1 = M_2 = \frac{(EI)_1}{(EI)} M = \frac{(EI)_2}{(EI)} M \tag{4-17}$$

式中：(EI)——哑铃形整体截面弯曲刚度；

$(EI)_1, (EI)_2$——上、下弦管的截面弯曲刚度，$(EI)_1 = (EI)_2 = (EI)_{sc2}$。

如果不考虑哑铃形连接钢板和腹腔内混凝土对抗弯惯矩的贡献，则哑铃形整体截面弯曲刚度(EI)可用式(4-18)计算。

$$(EI) = (EA)_1 \left(\frac{h_1}{2}\right)^2 + (EA)_2 \left(\frac{h_1}{2}\right)^2 + (EI)_1 + (EI)_2 \tag{4-18}$$

式中：$(EA)_1$，$(EA)_2$——哑铃形上、下弦管的压缩刚度，$(EA)_1 = (EA)_2 = (EA)_{sc2}$。

因此，式(4-18)可写成式(4-19)。

$$(EI) = 2(EA)_{sc2} \left(\frac{h_1}{2}\right)^2 + 2(EI)_{sc2} \tag{4-19}$$

将式(4-19)代入式(4-17)，得上、下弦管弯矩的计算式(4-20)。

$$M_1 = M_2 = \frac{1}{2 + 0.5h_1^2 \dfrac{(EA)_{sc2}}{(EI)_{sc2}}} M \tag{4-20}$$

式(4-20)就是式(4-10)、式(4-12)和式(4-13)的综合表达式。

将从式(4-20)求得的上、下弦管的弯矩值，代入式(4-16)，很容易求得上、下弦管的轴力，即式(4-11)。

（二）桁肋腹杆内力

GB 50923—2013 第 5.2.10 条规定，钢管混凝土桁式拱肋腹杆所受轴力设计值 V_1，应取实际轴力、按式(4-21)计算结果两者中较大值。

$$V_1 = \frac{\sum_1^n N_{0i}}{60} \tag{4-21}$$

式中：V_1——腹杆所受轴力设计值(N)；

　　　n——桁式拱肋弦杆数；

　　N_{0i}——桁式拱肋第 i 根弦杆轴心抗压强度设计值(N)，按 GB 50923—2013 式(5.2.2-2)计算。

腹杆轴力按实际计算值取值易于理解。

按式(4-21)计算主要是基于格构柱失稳时腹杆（格构柱中的缀杆）受力的角度考虑，避免腹杆出现先于整体的局部破坏。从纯压柱失稳破坏时的挠曲线出发，根据常用钢柱的截面回转半径 $i \approx 0.44h$，GB 50017—2003[33]，对轴心受压钢柱的剪力提出了如式(4-22)的计算公式。对格构柱的轴心受力构件，该剪力由承受剪力的缀杆承担，一般是斜缀杆的轴力。

$$V = \frac{Af}{85}\sqrt{\frac{f_y}{235}} \tag{4-22}$$

式中：A——钢柱的截面积；

　　　f——钢材的强度设计值；

　　f_y——钢材的屈服强度。

文献[249]根据式(4-22)的计算原理,对钢管混凝土格构柱、钢管混凝土桁拱进行了截面回转半径的统计,其平均值为 $i = 0.402h$,与钢格构柱的 $i \approx 0.44h$ 不同,据此提出了如式(4-21)所示的轴压柱的剪力计算式。有关该公式的具体推导可参见文献[249]或《计算方法》[95]第六章。

二、钢管混凝土单圆管受压短柱承载力计算

(一)基本公式

将 GB 50923—2013 第5.2.2条~第5.2.4条规定的有关钢管混凝土单圆管受压短柱承载力的计算方法综合起来,可得基本计算公式,见式(4-23)。

单圆管 $\qquad\qquad\qquad \gamma_0 N_s \leqslant \varphi_e K_t N_0$ (4-23a)

哑铃形和格构柱 $\qquad\qquad \gamma_0 N_s \leqslant \varphi_e N_D$ (4-23b)

式中:γ_0——桥梁结构重要性系数;

$\quad N_s$——截面轴向压力组合设计值(N);

$\quad N_0$——钢管混凝土单圆管截面轴心抗压强度设计值(N);

$\quad \varphi_e$——偏心率折减系数;

$\quad K_t$——钢管混凝土承载力脱粘折减系数;

$\quad N_D$——钢管混凝土哑铃形和格构柱构件截面轴心抗压强度设计值(N)。

(二)钢管混凝土单圆管截面轴心抗压强度 N_0

GB 50923—2013 第5.2.2条规定,钢管混凝土单圆管截面轴心抗压强度应按式(4-24)计算。

$$N_0 = k_3(1.14 + 1.02\xi_0)(1 + \rho_c)f_{cd}A_c \qquad (4-24)$$

式中:k_3——轴心抗压强度设计值换算系数;当钢管壁厚 $t \leqslant 16\text{mm}$ 时,$k_3 = 1.0$;当钢管壁厚 $t > 16\text{mm}$ 时,Q235 和 Q345 钢,$k_3 = 0.96$,Q390 钢,$k_3 = 0.94$;

$\quad \xi_0$——钢管混凝土的约束效应系数设计值,按式(3-1)计算;

$\quad \rho_c$——钢管混凝土截面含钢率,按式(3-2)计算;

$\quad f_{cd}$——混凝土轴心抗压强度设计值(N/mm²),按表3-3采用。

随着钢管混凝土结构在土木工程中的应用不断发展,国内外对钢管混凝土的基本理论进行了大量的研究,除大量的论文外,还出版了许多专著,如文献[36-38]。在研究的基础上,国内外许多规范都对钢管混凝土结构承载力的计算作了规定。目前国内外有关规范中对于钢管混凝土轴心受压强度 N_0 的计算,可分为考虑套箍作用和不考虑套箍作用两大类,我国的规范均考虑套箍作用。

本书第二版第三章对国内外部分规范计算方法的分析表明,由于这些计算方法均建立在

大量的试验研究基础之上,所以计算结果相差不大。GB 50923—2013 编制组,在前述分析的基础上,扩大了计算方法的分析范围,分析结果与本书第二版的结果相同,各计算方法的计算结果相差不大。基于其具有形式简单、参数适用范围广的特点,GB 50923—2013 选用了以式(4-24)为表达形式的计算方法。具体的分析可见《计算方法》[95]第五章。

(三)钢管混凝土承载力脱粘折减系数 K_t

由 GB 50923—2013 第 5.2.3 条规定可知,考虑脱粘影响的钢管混凝土单圆管截面轴心抗压强度设计值 N_0',应按式(4-25)计算。

$$N_0' = K_t N_0 \tag{4-25}$$

钢管混凝土承载力脱粘折减系数 K_t,拱顶截面取 0.90,拱跨 $L/4$ 截面取 0.95,拱脚截面取 1.00,中间各截面的系数取值可用线性插值法确定。

众所周知,钢管混凝土组合结构在力学性能方面的主要优势有钢管对管内混凝土的套箍作用和管内混凝土对钢管向内变形的阻止作用。钢管与管内混凝土结合紧密,是使其优势充分发挥的保证。然而,大量工程实践表明,钢管与混凝土之间经常会出现界面分离的现象。界面分离现象可分为两种:一种是由于施工质量引起的较大程度的脱离,称之为脱空;另一种是由于混凝土收缩、温度变化等非质量原因引起的二者之间黏结力的丧失,称之为脱粘。

文献[250]对我国 66 座钢管混凝土拱桥的调查结果显示,60 座发现了脱粘的现象,约占总样本的 90.9%;其中 18 座脱粘严重,达到 27.3%。文献[251-256]的调查也均表明,钢管混凝土拱存在着较为普遍的脱粘现象,脱粘空隙厚度多为 1~3mm;而脱粘部位以拱顶上部最为严重,1/4 拱肋和拱脚处也存在一定程度的脱粘,但并不突出,尤其是拱脚处;其余部位具有不确定性。脱粘处的空隙厚度一般较为均匀且不大,因此脱粘的范围就成为主要影响参数,在截面上以弧长率或角度率表示,即钢管混凝土横截面上产生脱粘区域对应圆心角与整个截面角度的比值,如图 4-4 所示。

文献[257]以脱粘弧长率、套箍系数为主要参数,进行了 24 根试件的轴心和偏心承载力试验。试件的外径为 219mm,长度为 700mm,脱粘空隙厚度为 3mm,脱粘空隙长度为 700mm,即构件全长。在试验研究的基础上,应用有限元进行了大量的参数分析。结果表明,套箍系数、脱粘空隙弧长率和脱粘空隙厚度为主要的影响因素。考虑到实际的钢管混凝土工程中脱粘空隙厚度检测的难度,因此在简化计算公式中偏保守地取 3mm 作为脱粘空隙厚度来计算。这样,简化计算公式中的参数为套箍系数 ξ 和脱粘空隙弧长率 R_d。GB 50923—2013 规定钢管混凝土单圆管的套箍系数 ξ 不宜小于 0.6,所以拟合分析中取 ξ 大于或等于 0.6。根据

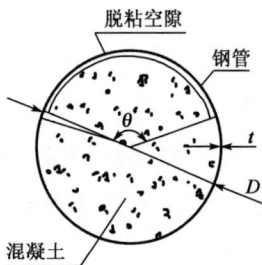

图 4-4　脱粘空隙弧长率 R_d

参数分析结果进行拟合,提出式(4-25)中 K_t 的简化计算公式,见式(4-26)。

$$K_t = \begin{cases} 1 - a_1 R_d & (0 \le R_d \le 0.3) \\ 1.015 - 0.3a_1 - 0.05R_d & (0.3 \le R_d \le 1) \end{cases} \qquad (4\text{-}26)$$

$$a_1 = \begin{cases} 0.25\xi + 0.25 & (0.6 \le \xi \le 1.5) \\ 0.625 & (1.5 \le \xi) \end{cases}$$

应用式(4-26),采用工程中常用的参数计算得到脱粘折减系数,见表4-2(中间值可采用线性插值法取得)。

钢管混凝土单圆管极限承载力脱粘折减系数值　　　　　表4-2

ξ	R_d						
	0	0.1	0.2	0.3	0.5	0.7	0.9
0.6	1	0.96	0.92	0.88	0.87	0.86	0.85
1.0	1	0.95	0.90	0.85	0.84	0.83	0.82
>1.5	1	0.94	0.88	0.81	0.80	0.79	0.78

注:混凝土 C30 ~ C60,钢材 Q235、Q345、Q390,$R_d = 0 \sim 0.9$,$\xi > 0.6$,$D > 219\text{mm}$,适用于轴压构件或小偏心受压构件。

实际上,设计文件中一般是不允许拱肋存在脱粘现象的,式(4-26)或表4-2 主要是针对使用中钢管混凝土拱桥的拱肋承载力的计算。在设计中,所考虑的脱粘对承载力的影响,主要是考虑在实际使用过程中,对于拱肋存在的较小的、难以补强的脱粘对承载力的影响。GB 50923—2013 第12.3.2 条对管内混凝土浇注后的质量检验提出"当检测发现钢管混凝土拱肋脱粘(角度)率大于20%或脱粘空隙厚度大于3mm 时,应对脱粘处进行钻孔压浆补强处理"。

基于这一规定,取最不利的情况,即脱粘(角度)率等于20%、脱粘空隙厚度等于3mm,并取常见的钢管混凝土套箍系数 $\xi = 1.0$,由式(4-26)或表4-2,可求得承载力脱粘折减系数为0.90。进一步的研究表明,对于偏心受压构件,脱粘率的影响要小于对轴压构件的影响。调查结果显示,拱顶截面上部的脱粘现象最严重,综合安全性与经济性,拱顶截面的承载力考虑较大的折减,取折减系数为0.90;而拱脚处脱粘可能性较小,取折减系数为1.0;拱跨 $L/4$ 处脱粘程度介于拱顶与拱脚之间,取承载力折减系数为0.95。这就是 GB 50923—2013 第5.2.3 条的来源。更详细的研究与分析,参见文献[257]和《计算方法》[95]第五章的介绍。

文献[19]对钢管混凝土截面上的脱粘程度采用脱粘空隙厚度 W_d 和 A_d(指截面上脱粘区域的面积与整个截面面积之比)来描述,如图4-5所示。通过试验研究和有限元分析,提出脱粘对承载力影响的折减系数为 K_t:当脱粘率 A_d 不大于1.2%时,脱粘折减系数 K_t 取 0.97;当脱粘率 A_d 大于1.2%时,由于构件应变的不均匀性更明显,出现侧弯破坏,建议对脱粘进行

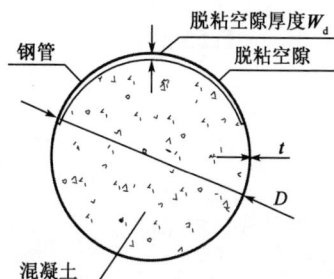

图4-5　脱粘空隙厚度 W_d

修补。JTG/T D65-06—2015[86]规定,当脱粘率小于0.6%时,可取脱粘折减系数 K_t =0.95;当脱粘率大于0.6%时,或脱粘空隙厚度大于5mm时,应对钢管内混凝土脱粘缺陷进行修补。

更多有关脱粘对钢管混凝土构件与拱的承载力影响研究,可参见文献[258-274]等。

三、钢管混凝土哑铃形和格构柱截面轴心抗压强度 N_D

对于钢管混凝土哑铃形截面和格构柱截面,GB 50923—2013 第5.2.6条规定其轴心抗压强度设计值 N_D,应按式(4-27)计算。

$$N_D = \sum (N_0^i + N_f^i) \tag{4-27}$$

式中:N_D——钢管混凝土哑铃形和格构柱构件截面轴心抗压强度设计值(N);

N_0^i——各肢钢管混凝土截面轴心抗压强度设计值(N),按式(4-24)计算;考虑脱粘影响时各肢抗压强度设计值(N),应按式(4-25)的 N_0' 计算;

N_f^i——与钢管混凝土主肢共同承担荷载的连接钢板的极限承载力设计值(N),按式(4-28)计算;

$$N_f^i = A_{fs}f_s \tag{4-28}$$

A_{fs}——连接钢板的截面面积(mm²)。

钢管混凝土哑铃形和横哑铃形桁肋截面轴心抗压强度除钢管混凝土构件外,还应考虑与钢管混凝土主肢共同承担荷载的连接钢板的作用。对于传统的哑铃形截面,两缀板内(腹腔内)填有混凝土,其对轴压承载力的贡献率约为5%。受弯时贡献率更小。加上其施工质量(混凝土浇注密实度)较难保证,因此规范中偏安全地不考虑腹腔内混凝土对构件强度的贡献。有关钢管混凝土哑铃形截面轴压强度的研究,可参见文献[275]。

四、钢管混凝土偏压强度偏心率折减系数 φ_e

(一)单圆管

根据 GB 50923—2013 第5.2.5条规定,钢管混凝土单圆管偏压截面强度的偏心率折减系数 φ_e 按式(4-29)计算。

当 $\dfrac{e_0}{r_c} \leq 1.55$ 时:

$$\varphi_e = \frac{1}{1 + 1.85\dfrac{e_0}{r_c}} \tag{4-29a}$$

当 $\dfrac{e_0}{r_c} > 1.55$ 时:

$$\varphi_e = \frac{1}{2.50\dfrac{e_0}{r_c}} \tag{4-29b}$$

式中:e_0——截面偏心距(mm);

r_c——钢管内混凝土横截面的半径(mm)。

GB 50923—2013 第 5.2.4 条、第 5.2.5 条关于钢管混凝土单圆管偏心抗压强度的计算方法,是参照《钢管混凝土结构设计与施工规程》(CECS 28:90)[276] 第 4.1.3 条以及《钢管混凝土结构设计与施工规程》(CECS 28:2012)[277] 第 5.1.3 条制定的。有关研究论文众多,这里不再列出,文献[36-38]和本书第二版的第三章中有较为集中的介绍。有关该计算方法选取的分析,参见《计算方法》[95] 第六章。

(二)哑铃形

根据 GB 50923—2013 第 5.2.8 条规定,钢管混凝土哑铃形构件偏压截面强度的偏心率折减系数 φ_e 按式(4-30)计算。

当 $\dfrac{e_0}{2i} \leqslant 0.85$ 时:

$$\varphi_e = \frac{1}{1 + \dfrac{2.82e_0}{2i}} \tag{4-30a}$$

当 $\dfrac{e_0}{2i} > 0.85$ 时:

$$\varphi_e = \frac{0.25}{\dfrac{e_0}{2i}} \tag{4-30b}$$

式中:e_0——哑铃形构件截面的偏心距(mm)。

有关钢管混凝土哑铃形构件偏压截面强度的偏心率折减系数 φ_e 的研究,可参见文献[248]。有关的研究,还可参见文献[278-282]。

(三)格构柱

根据 GB 50923—2013 第 5.2.9 条规定,钢管混凝土偏压格构柱截面强度的偏心率折减系数 φ_e 按式(4-31)计算。

当 $\dfrac{e_0}{h_1} \leqslant \varepsilon_b$ 时:

$$\varphi_e = \frac{1}{1 + \dfrac{2e_0}{h_1}} \tag{4-31a}$$

当 $\dfrac{e_0}{h_1} > \varepsilon_b$ 时:

$$\varphi_e = \frac{\xi_0}{(1 + \sqrt{\xi_0} + \xi_0)\left(\dfrac{2e_0}{h_1} - 1\right)} \tag{4-31b}$$

式中：ε_b——界限偏心率，按式(4-32)计算：

$$\varepsilon_b = 0.5 + \frac{\xi_0}{1 + \sqrt{\xi_0}} \qquad (4-32)$$

h_1——格构柱截面受弯面内两肢中心距离(mm)；

e_0——格构柱截面的偏心距(mm)。

有关钢管混凝土格构柱偏压截面强度的偏心率折减系数 φ_e 的研究，可参见文献[283]以及文献[284-285]的介绍。

顺便指出，对钢管混凝土哑铃形和格构柱的截面强度计算，如果考虑了按截面内力分配到各截面组成构件（格构柱的各柱肢、腹杆，哑铃形的上、下柱肢和腹板）的强度验算，则可以不进行截面的强度验算。但反过来，截面的验算不能代替各组成构件的强度验算。

第三节 钢管混凝土拱稳定计算

稳定计算是钢管混凝土拱设计计算的主要内容之一。本节首先简要地对柱、拱稳定的基本概念进行介绍，然后给出 GB 50923—2013 规定的钢管混凝土拱稳定计算方法，并针对目前一些模糊的认识进行讨论。有关柱、拱强度与稳定的介绍，可参见本书第二版第十一章。

一、基本概念

(一)柱的稳定问题

根据受力状态，柱分为轴压柱和梁柱。轴压柱截面所有纤维所受应力相同；梁柱截面纤维所受应力不同，包含偏压柱和弯压柱以及考虑初始缺陷（如初始变形或初始偏心）的轴压柱。

1. 轴压柱的分支点失稳

对于轴压柱，除强度破坏外，分支点失稳是其另一主要破坏形式。分支点失稳考虑了 $p\text{-}\delta$ 效应，此外根据是否考虑材料非线性和大变形问题，它又可以分出不同的问题，见表4-3。

轴压柱分支点失稳问题　　　　　　　　　　　表4-3

序　　号	$p\text{-}\delta$ 效应	大变形	材料非线性	研 究 对 象
1	√	×	×	弹性分支点失稳
2	√	×	√	弹塑性分支点失稳
3	√	√	×	考虑大变形的屈曲后弹性行为
4	√	√	√	考虑大变形的屈曲后弹塑性行为

众所周知，对于长细比很大的轴压长柱，在达到截面强度破坏之前，可能因杆件出现平衡分支而出现失稳破坏，这种失稳现象称为分支点失稳。如图 4-6 所示，当轴压力达到临界值

P_e 时,轴压杆除维持原来的受压平衡状态理论上仍可成立外,还可能出现第二种平衡状态,即受弯平衡。具体地说,当 $P < P_e$ 时,杆保持直线,处于轴压平衡;当 $P = P_e$ 时,杆处于随遇平衡状态,即杆在横向干扰时发生微小弯曲,当干扰消失后,杆保留在干扰发生后的状态,既不会回到原来的直杆状态,也不会进一步弯曲;当 $P > P_e$ 时,因横向干扰而发生的弯曲状态,在干扰消失后,也无法回到原来的直杆状态,相反地弯曲还会继续发展,杆因变形迅速增大而破坏。这个 P_e 值,小挠度时,由压杆挠曲线的近似微分方程的特征值求得,见式(4-33)。

$$P_e = \frac{n^2 \pi^2 EI}{l^2} \tag{4-33}$$

图 4-6　简支轴压杆的一类稳定问题

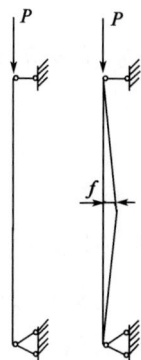

式中:n——自然数;

π——圆周率;

EI——材料弯曲方向的抗弯刚度;

l——杆长。

当 $n = 1$ 时,所对应的 P_e 最小,具有工程实际意义。由于这个值最早由欧拉(Euler)提出,所以又把 $P_e = \pi^2 EI / l^2$ 称为轴压杆的欧拉值,或欧拉临界值。

对于其他边界条件的压杆,同样可以求出其临界荷载,见式(4-34)。

$$P_e = \frac{\pi^2 EI}{(\mu l)^2} = \frac{\pi^2 EI}{l_0^2} \tag{4-34}$$

其中 μ 为计算长度系数,两端固定时 $\mu = 0.5$,一端固定、一端自由时 $\mu = 2.0$,一端固定另一端铰支时 $\mu \approx 0.7$。将其与简支轴压杆临界荷载比较,令 $l_0 = \mu l$,l_0 称为计算长度。

将式(4-34)除以杆的截面积 A,得欧拉临界应力:

$$\sigma_e = \frac{\pi^2 EI}{(\mu l)^2 A} = \frac{\pi^2 E}{\left(\frac{\mu l}{r}\right)^2} = \frac{\pi^2 E}{\left(\frac{l_0}{r}\right)^2} = \frac{\pi^2 E}{\lambda^2} \tag{4-35}$$

式中:r——截面回转半径,$r = \sqrt{\dfrac{I}{A}}$;

λ——长细比,或称柔度系数,$\lambda = \dfrac{l_0}{r}$。

从式(4-35)可以看出,临界应力与杆端的约束条件(μ)、弹性模量(E)和杆的长细比或称柔度系数 $\lambda(= l_0/r)$ 有关,而与材料的屈服强度 σ_s 无关,这是分支点失稳与强度最根本的区别。同时,因为临界荷载是通过求挠曲线方程的特征值而得的,因而无法求解具体的挠度值。

以上所讨论的都是压杆材料服从虎克定律的情况,即临界应力 σ_E 不超过材料的线弹性应力极限(即比例极限 σ_P)的情况,也即表4-3中序号1的弹性分支点失稳,有时也简称弹性失稳。

将临界应力 σ_e 等于比例极限 σ_P 时的长细比 λ 称为界限长细比，记为 λ_e，见式(4-36)。

$$\lambda_e = \pi \sqrt{\frac{E}{\sigma_P}} \tag{4-36}$$

当长细比 $\lambda \geq \lambda_e$ 时，柱为长柱，杆件的破坏以弹性失稳控制。对于 $\lambda \geq \lambda_e$ 但又可能出现分支点失稳的中长柱，外荷载达到欧拉荷载以前，其应力已超过比例极限 σ_P，此时分支点失稳的临界荷载计算应考虑材料的非线性，即表4-3中序号2的弹塑性分支点失稳。当长细比很小时，即短柱，$p\text{-}\delta$ 效应极小而不考虑，其破坏按强度破坏计算。柱的长细比与其强度和稳定破坏的关系如图4-7所示。也有文献采用细长柱、长柱和短柱来对应图4-6中的长柱、中长柱和短柱。

以上讨论的分支点失稳，均没有考虑大变形问题。分支点的大变形问题，主要是考虑杆的分支点失稳后的行为，即考虑在临界状态之后，平衡方程建立在变形之后的位置上，也就是采用精确的挠曲线方程来描述结构受力。

轴压柱分支点失稳的平衡路径，在图4-8中表现为从原来 OA 直线发展，到达 A 点后则可处于 AE 直线上的任何位置，视干扰而定，也就是处于随遇平衡状态。

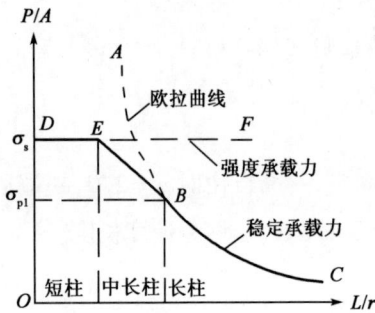

图4-7　轴向压应力与长细比的关系图

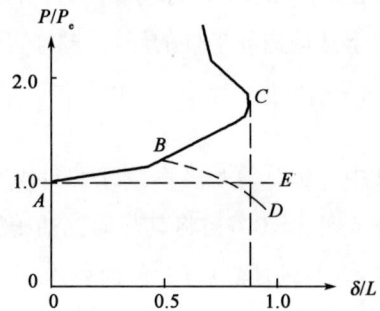

图4-8　考虑大挠度的轴压杆平衡路径

如果分支点失稳后在图4-8离 A 点非常近的某一平衡点，考虑轴压杆的实际形状来建立平衡方程，即轴压杆被看成是已知有初始弯曲缺陷的结构，此时只有增加荷载才能使结构进一步变形，平衡路径将沿着 AB 曲线向上发展。一开始是 AB 曲线与 AE 直线很接近，但随着曲线继续向上，在 δ/L 到达最大值 C 点后内弯，它是表4-3中序号3的考虑大变形的屈曲后弹性行为。

对于实际的问题，材料不可能无限弹性，平衡路径到达峰值点 B 之后，沿 BD 线向下发展，杆件因材料的屈服而丧失承载能力。它是表4-3中序号4考虑大变形的屈曲后弹塑性行为。考虑大变形的屈曲后行为，与杆件的刚度、长细比、材性等有很大的关系，但一般的轴压杆，实际结构破坏点 B 与 E 极为相近，且平衡路径从 OA 向 AB 发展，极为突然，此后 AB 段的变形发展极快。因此,轴压杆考虑大变形的屈曲后行为对实际工程应用的价值不大,考虑的问题还是屈曲临界状况为主,即弹性分支点失稳和弹塑性分支点失稳。

2. 梁柱的极值点失稳

对于梁柱,从加载开始就有侧向变形,即存在着弯曲平衡状态,它从加载开始始终保持一种平衡状态,不发生平衡分支。随着荷载的增加,结构的变形不断增加。当荷载达到一定值时,结构在应力较大的区域出现塑性变形,刚度下降,变形加快。当荷载达到峰值时,只有卸载才能维持结构的平衡,而结构的变形仍在增大,并因结构的变形迅速增大而破坏。结构在荷载挠曲线上升段是稳定的,在下降段是不稳定的,所以这类失稳又称极值点失稳。这一荷载峰值被称为稳定极限荷载,又称为压溃荷载。

显然梁柱的极值点问题,除了与轴压柱一样需要考虑 $p\text{-}\delta$ 效应外,材料非线性也是必须考虑的,因此,它只分为考虑和不考虑大变形的两个问题,见表4-4。虽然不考虑材料非线性,仅考虑几何非线性也能得到峰值点,然而,它与实际承载力相差太大而缺乏工程意义。对于实际工程结构,大量研究表明,大变形问题并不突出。因此,通常所说的极值点问题可不考虑大变形的影响。

梁柱极值点失稳问题   表4-4

序号	$p\text{-}\delta$ 效应	大变形	材料非线性	失 稳 性 质
5	√	×	√	(不考虑大变形的)极值点失稳
6	√	√	√	考虑大变形的极值点失稳

对于具有强轴与弱轴的单向受弯梁柱来说,一般强轴方向与弯矩作用方向一致。它除了强轴方向存在极值点失稳的可能外,在弱轴方向还存在着分支点失稳的可能,即由原来弱轴方向无横向变形平衡状态转向弱轴方向有横向变形的平衡状态,其计算方法同前面介绍的轴压柱的分支失稳计算。

顺便指出,梁的强度分析时的荷载—位移曲线[图4-9a)]中,荷载是产生弯矩的力,位移是力所产生的挠度。而在梁柱的极值点失稳分析时的荷载—位移曲线[图4-9b)]中,荷载是沿杆轴线方向的轴力,而位移是与之垂直方向的挠度。

3. 几点讨论

柱是以受压为主的构件或结构。强度破坏和失稳是柱的两个主要的承载能力极限状态,一般需要考虑几何非线性与材料非线性问题。

几何非线性问题可分为小变形问题和大变形问题。受压结构稳定问题的核心,是考虑了小变形的几何非线性问题,即压力与非压力作用方向位移(横向位移而不是压缩位移)的耦合效应,也就是 $p\text{-}\delta$ 效应。如果不考虑此项影响,仅考虑材料非线性,它就成为强度问题。关于梁、纯压柱和梁柱的强度问题,本书第二版第十一章第一节有较为详细的介绍。

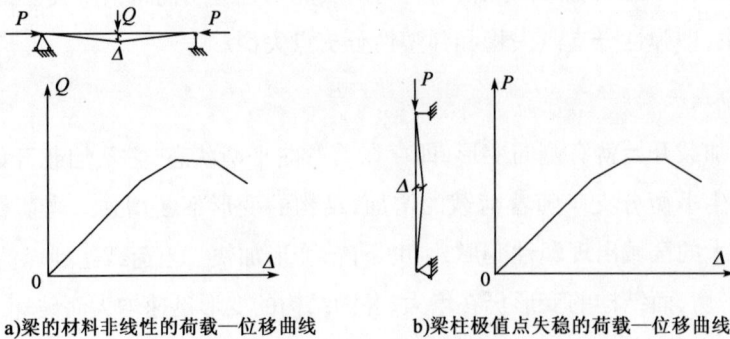

a)梁的材料非线性的荷载—位移曲线　　　　b)梁柱极值点失稳的荷载—位移曲线

图4-9　荷载—位移曲线

所谓大变形(大挠度)问题,是指刚度较小的结构,受力产生的变形很大,平衡方程建立时应考虑变形的影响,建立在变形之后的结构上,如索结构。应用强度极高的材料修建跨径很大的拱结构,极值点稳定问题中有时也需要考虑大变形问题,但一般情况下可以不考虑。分支点失稳中,考虑屈曲后行为时,需要考虑大变形问题。因此,大变形问题不是工程中稳定考虑的主要问题。

材料非线性问题,是强度破坏的原因,也是极值点失稳的主要原因,因此在强度问题与极值点失稳问题中均要考虑。

分支点失稳一般考虑材料为弹性,所以通常又称为弹性稳定问题。当长细比不大时,在失稳过程中可能有部分材料进入了塑性,称之为弹塑性分支点失稳问题。在实际应用中,常通过构造措施限制长柱(或细长柱)的应用,以避免发生弹性分支点失稳破坏。弹性分支点失稳计算方法简单,因此其使用较为普遍,但它只是解的上限,一般采用较大的稳定系数。

梁柱通常情况下要考虑峰值点失稳,它是真实的失稳状态。然而,它也可以进行分支点失稳的计算,以判断其发生分支点失稳的可能性。由于其计算相对简单,在实际工程中常被误用于极值点失稳的计算中。后面钢管混凝土拱的稳定计算中会进一步讨论这一问题。

(二) 结构稳定的有限元计算

1. 极值点失稳的双重非线性有限元计算

应用虚功原理,可得结构内外力的平衡条件,见式(4-37)。

$$\{F\} = \int_v [B_0]^T \{\sigma\} dv - \{f\} = 0 \tag{4-37}$$

式中:$\{F\}$——内外力总和;

$\{\sigma\}$——应力矩阵;

$\{f\}$——外力矩阵;

$[B_0]$——几何矩阵,定义如下:

$$\mathrm{d}\{\varepsilon\} = [B_0]\mathrm{d}\{\delta\}$$

$\{\delta\}$——变形向量。

材料本构关系方程见式(4-38)。

$$\{\sigma\} = [D]\{\varepsilon\} = [D][B_0]\{\delta\} \tag{4-38}$$

式中:$[D]$——本构关系矩阵,当材料处于线弹性范围时,矩阵中的值为常量。

将式(4-38)代入式(4-37),求得有限单元的平衡方程,见式(4-39)或式(4-40)。

$$\int_v [B_0]^\mathrm{T}[D][B_0]\{\delta\}\mathrm{d}v - \{f\} = 0 \tag{4-39}$$

或 $[K_0]\{\delta\} = \{f\}$,即:

$$[K_0] = \int_v [B_0]^\mathrm{T}[D][B_0]\mathrm{d}v \tag{4-40}$$

式中:$[K_0]$——单元的刚度矩阵。

对于变形较大的结构,其应变与变形之间的关系是非线性的。在有限元分析中,式(4-37)中的几何矩阵$[B_0]$与变形向量$\{\delta\}$有关,定义它为$[\bar{B}]$,以与几何线性的$[B_0]$相区别。通常$[\bar{B}]$可以写成:

$$[\bar{B}] = [B_0] + [B_\mathrm{L}(\{\delta\})] \tag{4-41}$$

式中:$[B_0]$——线性几何矩阵;

$[B_\mathrm{L}]$——由于几何非线性引起的几何矩阵,一般情况下它是变形的函数。

对于纯几何非线性问题,应力—应变关系可用线弹性方程表示:

$$\{\sigma\} = [D](\{\varepsilon\} - \{\varepsilon_0\}) + \{\sigma_0\} \tag{4-42}$$

式中:$[D]$——本构矩阵;

$\{\varepsilon_0\}$——初应变向量;

$\{\sigma_0\}$——初应力向量。

这样,对式(4-37)进行微分,得:

$$\mathrm{d}\{F\} = \int \mathrm{d}[\bar{B}]^\mathrm{T}\{\sigma\}\mathrm{d}v + \int [\bar{B}]^\mathrm{T}\mathrm{d}\{\sigma\}\mathrm{d}v = [K_\mathrm{T}]\mathrm{d}\{\delta\} \tag{4-43}$$

式中:$[K_\mathrm{T}]$——总的切线刚度矩阵。

从式(4-41)和式(4-42),可得:

$$\mathrm{d}[\bar{B}] = \mathrm{d}[B_\mathrm{L}] \tag{4-44}$$

$$\mathrm{d}\{\sigma\} = [D]\mathrm{d}\{\varepsilon\} = [D][\bar{B}]\mathrm{d}\{\delta\} \tag{4-45}$$

将式(4-44)和式(4-45)代入式(4-43),有:

$$\mathrm{d}\{F\} = \int \mathrm{d}[\bar{B}_\mathrm{L}]^\mathrm{T}\{\sigma\}\mathrm{d}v + [\bar{K}]\mathrm{d}\{\delta\} = [K_\sigma]\mathrm{d}\{\delta\} + [\bar{K}]\mathrm{d}\{\delta\} \tag{4-46}$$

$$[\bar{K}] = \int [\bar{B}]^\mathrm{T}[D][\bar{B}]\mathrm{d}v = [K_0] + [K_\mathrm{L}] \tag{4-47}$$

$$[K_0] = \int [B_0]^T [D][B_0] \mathrm{d}v \tag{4-48}$$

$$[K_L] = \int([B_0]^T[D][B_L] + [B_L]^T[D][B_L] + [B_L]^T[D][B_0])\mathrm{d}v \tag{4-49}$$

式中：$[K_\sigma]$——初应力矩阵或几何矩阵，是与应力水平有关的对称矩阵，对于受压构件即 $p\text{-}\delta$ 效应；

$[K_0]$——通常的小变形状态下的刚度矩阵；

$[K_L]$——初位移矩阵，或称大变形矩阵。

所以，由式(4-46)和式(4-47)可得含有 $p\text{-}\delta$ 效应和大变形影响的结构总切线刚度矩阵：

$$[K_T] = [K_0] + [K_L] + [K_\sigma] \tag{4-50}$$

在式(4-48)的切线刚度矩阵中，考虑材料的非线性时，则 $[K_0]$、$[K_L]$ 表达式中的弹性矩阵 $[D]$ 应采用弹塑性矩阵 $[D]_{ep}$。

令 $[D]_{ep} = [D] - [D]_p$，则：

$$[K_0]^P = \int [B_0]^T([D] - [D]_p) \cdot [B_0] \mathrm{d}v$$

$$= [K_0] - \int [B_0]^T[D]_p[B_0]\mathrm{d}v$$

$$[K_L]^P = [K_L] - \int([B_0]^T[D]_p[B_L] + [B_L]^T[D]_p[B_L] + [B_L]^T[D]_p[B_0])\mathrm{d}v$$

于是，考虑材料非线性、几何非线性（含 $p\text{-}\delta$ 效应和大变形）的双重非线性时，结构的切线刚度矩阵可以写成：

$$[K_T] = [K_0] + [K_\sigma] + [K_L] - [K_R] \tag{4-51}$$

$$[K_R] = \int([B_0]^T[D]_P[B_0] + [B_0]^T[D][B_L] +$$

$$[B_L]^T[D]_P[B_L] + [B_l]^T[D]_P[B_l])\mathrm{d}v \tag{4-52}$$

式中：$[K_R]$——载荷矫正矩阵。

式(4-51)的切线刚度矩阵 $[K_T]$ 所对应的是变形前的坐标系，直接采用总切线刚度矩阵 $[K_T]$ 求解的方法，称为 TL 法。

引入当前的坐标系，即在迭代计算中所对应的是最后变形状态的坐标系，则在式(4-51)中总的切线刚度矩阵 $[K_T]$ 中不再考虑初始变形矩阵 $[K_L]$，因此：

$$[K_T] = [K_0] + [K_\sigma] \tag{4-53}$$

采用式(4-53)的切线刚度矩阵 $[K_T]$ 对式(4-43)进行求解的方法称为 UL 法。

由于式(4-52)的载荷矫正矩阵 $[K_R]$ 很复杂，因此在实际求解中一般采用嵌套的方法考虑双重非线性问题，以避开载荷矫正矩阵 $[K_R]$ 的计算。结构受力全过程分析采用混合法求解，将荷载分成若干增量,给定参数,由程序控制加载步长,在各个增量荷载上进行迭代。此时,切线刚度矩阵的形式仍同式(4-48)相似,但$[K_0]$、$[K_L]$表达式中采用的是弹塑性矩阵$[D]_{ep}$。

对结构受力的双重非线性过程求解,可得出其荷载峰值,即极值点失稳的临界荷载,也就是稳定承载力。

2. 分支点失稳的有限元计算

在前面介绍的有限元分析方法中,结构在荷载增量前后的平衡状态保持不变,不会出现分支的情况。求解分支点临界荷载,可采用求特征值的方法。

由式(4-46)可知,初应力矩阵或几何矩阵$[K_\sigma]$是与应力水平有关的对称矩阵,当外荷载从$\{F\}$改变为$\lambda\{F\}$时,几何刚度矩阵$[K_\sigma]$也相应地改为$\lambda[K_\sigma]$。不考虑大变形影响时,可得结构的位移:

$$\{\delta\} = ([K_0] + \lambda[K_\sigma])^{-1}\lambda\{F\} \tag{4-54}$$

式(4-54)中,当

$$\left|[K_0] + \lambda[K_\sigma]\right| = 0 \tag{4-55}$$

时,位移$\{\delta\}$将趋向无穷大,即结构丧失了稳定性。而此式的问题就是求特征值λ的问题。该行列式为几阶,稳定方程就是关于λ的几次代数方程。求解这一过程可能得到n个特征值$\lambda_1,\lambda_2,\cdots\cdots,\lambda_n$。相应的$n$个特征向量表示了各阶临界荷载的大小和屈曲模式。对于工程实际,有意义的是最小(一阶)的特征值及其对应的临界荷载。对于这种算法,一般的通用程序均可计算。

在式(4-55)中,当$[K_0]$计算需要考虑采用弹塑性矩阵$[D]_{ep}$时,所求得的特征值就是弹塑性分支失稳的特征值。

大变形对分支点失稳临界荷载计算结果没有影响,只有分支点失稳后,考虑大变形才可以将其转化为求极值点失稳的问题,进行考虑材料非线性和几何非线性的分析,求出屈曲后的性能。

有关双重非线性、分支点失稳特征值的详细计算方法,可参见相关的专著和论文,如文献[287-290]。

(三)拱的稳定问题

拱在竖直荷载作用下,支座会产生水平反力,截面内会产生轴压力,水平反力与轴压力减小了截面的弯矩和剪力。一般拱结构的截面上既存在着轴压力也存在着弯矩,它是一种特殊的梁柱结构。拱以面内受力为主,其稳定问题按失稳方向可分为面内失稳与面外(空间)失稳,因此有四类失稳问题:

（1）面内分支点失稳；

（2）面内极值点失稳；

（3）面外分支点失稳；

（4）面外极值点失稳。

1. 拱的面内稳定

由结构力学可知，承受径向均布力的圆弧拱、承受竖向均布荷载的抛物线拱和承受沿拱轴分布竖向荷载的悬链线拱，当它们为三铰拱（静定拱）且不考虑大变形影响时为纯压拱，如图 4-10 所示。若为超静定拱，还应不计弹性压缩引起的附加内力，才是纯压拱。

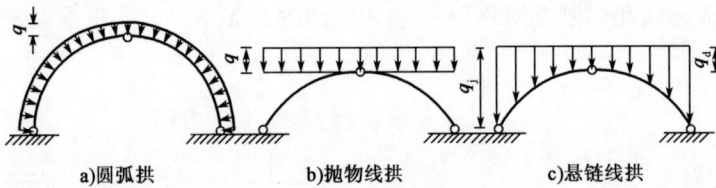

图 4-10　纯压拱受力简图

a)圆弧拱　　　b)抛物线拱　　　c)悬链线拱

对较柔细的拱，当荷载达到临界值时，拱内的应力尚未达到屈服，拱除受压平衡可能外，还存在着受弯平衡的可能，拱的变形可由对称的轴压平衡向对称或反对称的弯压平面挠曲转化，即拱出现分支屈曲，又称为一类弹性失稳。其失稳模态如图 4-11 所示。单铰拱为对称形式，拱顶点向下移动[图 4-11a)]。二铰拱和无铰拱为反对称形式，拱顶会产生水平位移并成为反弯点，[图 4-11b)、c)]。三铰拱则分两种情况，当矢跨比较小时，失稳模态是对称的（大约 $f/l \leqslant 0.3$）[图 4-11d)]；当矢跨比较大时（大约 $f/l > 0.3$），失稳模态是非对称的[图 4-11e)]；在 $f/l = 0.3$ 附近，两种情况都有可能发生[34,291]。

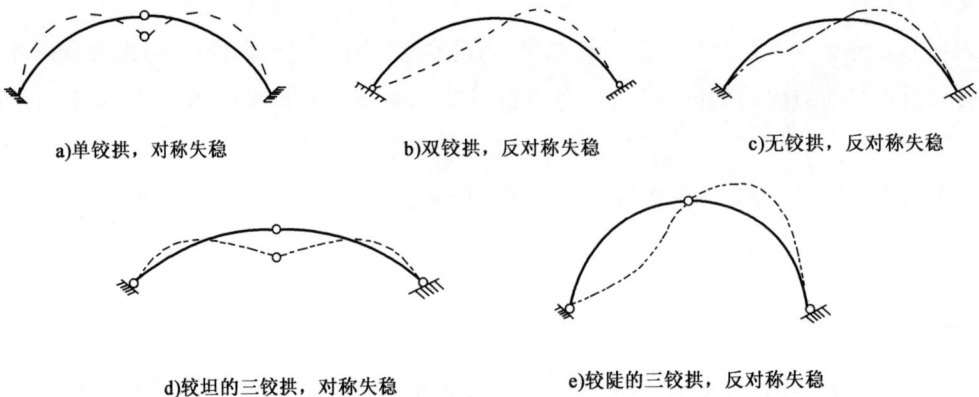

a)单铰拱，对称失稳　　　b)双铰拱，反对称失稳　　　c)无铰拱，反对称失稳

d)较坦的三铰拱，对称失稳　　　e)较陡的三铰拱，反对称失稳

图 4-11　纯压拱的面内分支屈曲

纯压拱的面内弹性屈曲问题与轴压柱的弹性屈曲问题极其相似，可以通过建立拱的平面挠曲基本方程来求特征值获得临界荷载。然而，除圆弧拱外，悬链线和抛物线拱截面的压力和

拱的曲率均随拱轴线变化而变化,因此,其理论解较难得出,一般均通过数值方法进行求解。早期较多地采用有限差分法,现在则更多地采用有限元法。

引入轴压杆的分支屈曲临界轴力的欧拉公式,等截面拱的临界轴力也可以方便地以下面方程表示。

$$N_{cr} = \alpha \frac{EI}{S^2} = \pi^2 \frac{EI}{(kS)^2} \qquad (4-56)$$

式中:N_{cr}——1/4 跨径处的临界轴压力;

　　　E——杨氏模量;

　　　I——横截面惯性矩;

　　　S——拱轴长度的一半;

　　　α——轴力系数;

　　　k——有效长度系数。

矢跨比在实用范围内为 0.1~0.5。

研究结果表明,对于同种类型(同为无铰拱、同为二铰拱或同为三铰拱)的抛物线拱、悬链线拱和圆弧拱,当矢跨比相同时,它们的有效长度系数大致相等。这表明外形在相当大范围内的改变并没有影响 1/4 加载点的临界轴压力。有效长度系数基本上完全取决于拱的类型和矢跨比。因此,设计中有效长度系数可以视为仅仅是拱的类型和矢跨比的函数。

同时,约束条件相同时,拱和轴压直杆的有效长度系数之间有很强的相关性。例如,无铰拱屈曲成在拱顶带有反弯点的两个波段,从拱脚到拱顶的半根拱可以比作成一端固定、一端铰接的柱。一端固定、一端铰接的柱的有效长度系数是 0.70,无铰拱的有效长度系数在 0.68~0.70 之间。同样,二铰拱对应于两端铰接的柱。两端铰接的柱的有效长度系数是 1.0,二铰拱的有效长度系数在 1.01~1.15 之间。从这些现象的相似性可以看出,这种相关性是合理的,如图 4-12 所示。

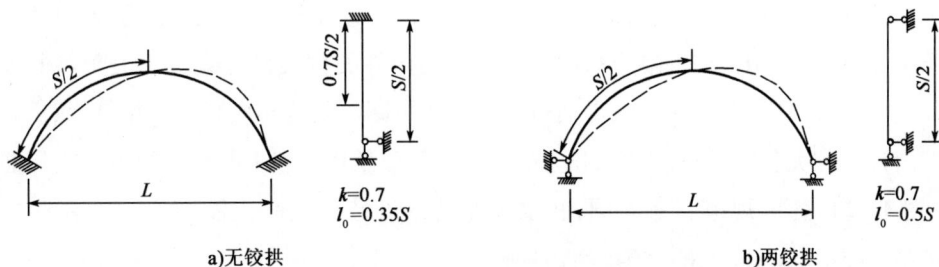

图 4-12　超静定拱拟成等效柱的计算图式

对于工程中常用的拱结构,在绝大部分情况下截面上除了有轴力作用外,还存在着弯矩,且弯矩控制设计。对于实际的拱桥,其结构一般为对称结构,非对称活载作用下弯矩值往往成为设计的控制因素。

由于拱结构所受的压力一般较大，拱轴很小的竖向变形与轴力的相互作用会产生较大的附加弯矩和附加转角（变形），形成所谓 p-δ 效应，也就是稳定问题，如图 4-13 所示。

拱在非对称荷载作用下，其受力状态从一开始考虑到破坏，均保持相同的平衡状态而不会发生分支，所以它的失稳是极值点失稳，如图 4-14 所示。

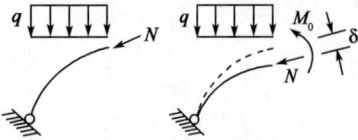

图 4-13　拱的 p-δ 效应分析简图

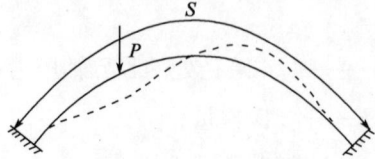

图 4-14　拱在非对称荷载作用下的极值点失稳模态

对于拱的极值点失稳问题，由于要同时考虑几何非线性和材料非线性以及二者之间的耦合作用，因此，计算起来就显得非常复杂，尤其是超静定拱和采用圬工、混凝土材料以及组合材料的拱，结构的复杂性与材料本构关系的复杂性，使得采用解析法求解几无可能，目前多采用有限元等数值算法分析。

虽然已有许多通用程序在进行结构非线性分析方面具有较强大的功能，然而对于特殊的结构，如钢筋混凝土拱、钢管混凝土拱和圬工拱等的稳定问题的分析，还存在着不少的问题，主要是材料非线性方面的问题。有许多学者进行着这方面的研究，编制了一些专用的程序，然而这类程序多用于研究之中，商用方面的性能较差。对于钢管混凝土拱桥的极限承载力的有限元分析，详见本节后面的介绍。

如同纯压拱的分支屈曲分析一样，弯压拱考虑 p-δ 效应后的简化计算通常也借鉴直杆梁柱的计算方法，如弯矩增大系数法、等效梁柱法等。

拱的极限承载力计算的等效梁柱法是从拱的弹性稳定计算的等效柱法演变而来。等效梁柱法借鉴了等效柱法的基本思路，将受弯压的拱比拟成受弯压的柱，即梁柱，采用柱的弹塑性稳定（极值点失稳）的极限承载力的公式来计算拱的极限承载力。这种方法既同时考虑了弯矩与轴力的共同作用，也考虑了受压结构的 p-δ 效应。等效梁柱法首先被应用于钢拱桥的承载力计算中，随后扩大到钢筋混凝土拱桥中。目前国内外的桥梁设计规范中关于拱的极限承载力的简化算法多采用等效梁柱法，即通过将混凝土拱圈等效为相应长度的梁柱，然后以偏压柱的承载力计算相关公式进行拱的承载力的验算。等效长度一般取与纯压拱的分支屈曲等效柱一样（图 4-12），各国规范有所不同，我国公路桥涵设计规范取无铰拱 $L_0 = 0.36S$，二铰拱 $L_0 = 0.54S$，三铰拱 $L_0 = 0.58S$（S 为拱的弧长）[292]。

应该强调指出的是，拱的面内在受有较大弯矩时，采用特征值法计算的弹性分支点失稳临界荷载值，由于无法考虑弯矩、材料非线性等影响，将远大于按极值点失稳计算的稳定承载力。所以，实际工程应用中，拱的面内极限承载力较少进行分支点失稳的特征值计算。

拱的极值点失稳可采用有限元计算,详见本节前面的介绍。

2. 拱的面外(空间)稳定

若拱在面外没有受到横向荷载的作用,对于横向刚度较小的拱,当拱所承受的面内荷载达到某临界值时,将使拱的变形由面内变形转向含有面外变形的空间变形,拱的受力由面内受压或弯压转向空间压、弯、扭的受力状态,即平衡状态出现了分支点失稳。当这种失稳以面外(横向)位移为主时称为拱的侧倾失稳,当以面外扭转为主时称为扭倾失稳。当临界状态下的应力小于屈服应力时,即为面外弹性分支点失稳。

拱的面外失稳属于空间问题,解析解求解极为困难。对于最简单的均匀径向荷载作用下的等截面圆弧拱,其面外屈曲临界荷载 q_{cr},可以采用与面内计算相似的公式进行近似计算,见式(4-57)。

$$q_{cr} = K \frac{EI_y}{l^3} \tag{4-57}$$

式中:EI_y——拱肋面外抗弯刚度;

$\quad\quad K$——单肋拱面外屈曲稳定系数;

$\quad\quad l$——拱的计算跨径。

对于矩形截面,K 值为:

$$K = \frac{l^3}{R^3} \frac{4\pi^2}{\alpha^2} \frac{\left[1 - \left(\frac{\alpha}{2\pi}\right)^2 \right]^2}{1 + \lambda \left(\frac{\alpha}{2\pi}\right)^2} \tag{4-58}$$

式中:α——拱的开角;

$\quad\quad R$——圆弧拱的半径;

$\quad\quad \lambda$——拱肋刚度比(面外抗弯刚度 EI_y 与抗扭刚度 GJ_d 之比)[291]。

为提高横向稳定性,一般肋拱桥采用横向联系联结双肋或多肋,称之为组拼拱。其面外弹性分支点失稳,多采用近似分析方法。对于圆弧拱,将拱轴展直,近似地视其为格构柱,如图4-15所示。假定横撑足够密,仅考虑横撑和拱的弯曲变形,不考虑其剪切变形,可推导出弹性分支点失稳的临界荷载。

JTG D62—2004 第4.3.8条条文说明中介绍的肋拱桥面外失稳临界力计算公式,见式(4-59)。

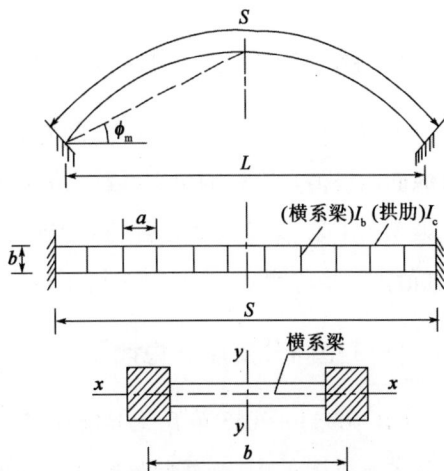

图4-15 组拼拱横向稳定计算图式

$$N_{cr} = \alpha_0 \frac{\pi^2 EI}{(\alpha S)^2} \qquad (4\text{-}59a)$$

$$\alpha_0 = \frac{1}{1 + \dfrac{\pi^2 EI}{(\alpha S)^2}\left(\dfrac{ab}{12EI_b} + \dfrac{na}{bA_b G} + \dfrac{a^2}{24EI_c} \times \dfrac{1}{1-\beta}\right)} \qquad (4\text{-}59b)$$

$$\beta = \frac{N_{cr}a^2}{2\pi^2 EI_c} \qquad (4\text{-}59c)$$

式中：α——拱肋的拱脚支承条件系数，双铰拱 $\alpha=1$，无铰拱 $\alpha=0.5$；

S——拱轴长度；

EI——拱肋抗压弹性模量 E 与惯性矩 I 的乘积；I 为两拱肋对桥纵轴线的横向惯性矩；

α_0——剪力影响系数；

a——横系梁间距（沿拱轴线量取）；

b——拱肋轴线间距；

I_b——一根横系梁横截面对自身竖轴的惯性矩；

I_c——一根拱肋横截面对自身竖轴的惯性矩；

A_b——横系梁截面面积；

n——与横系梁截面形式有关的系数，矩形截面为 1.20，圆形截面为 1.11；

G——横系梁的剪变模量。

对于其他拱轴线，即使是这样的近似解也难以给出，只能将其等效成圆弧拱。目前，采用有限元解特征值的方法来求解拱的空间分支点失稳临界荷载或特征值，已相当容易。因此，在计算机普及的今天，简化计算方法已较少采用，目前多以有限元解特征值的方法求解，详见本节前面的介绍。

二、钢管混凝土拱稳定计算方法

由以上分析可知，拱的面内、面外分支点失稳和极值点失稳四类问题，在实际工程中，主要考虑面内极值点失稳的稳定承载力和面外弹性分支点失稳的特征值。所以，GB 50923—2013 在第 5.3.1 条、第 5.3.2 条分别对钢管混凝土拱肋空间分支点失稳特征值和面内稳定承载力（极值点失稳临界值）的计算进行了规定。

（一）空间分支点失稳计算

GB 50923—2013 第 5.3.1 条规定，"钢管混凝土拱桥应进行空间稳定性计算，弹性稳定特征值不应小于4.0。计算时拱肋截面整体压缩设计刚度和弯曲设计刚度应按本规范第4.3.3 条的规定计算"[式(4-7)和式(4-8)]。

以面内受力为主的拱,面外的失稳以分支点失稳为主要特征。然而,由于拱多少要受到横向荷载的作用以及施工产生的拱轴线水平安装误差等初始缺陷,因此拱的面外稳定也存在着极值点失稳问题。与拱的面内极值点失稳计算一样,它难以采用解析解,可以采用双重非线性有限元方法,但对于具有复杂的材料非线性问题的结构,还没有极为成熟的算法。考虑到拱毕竟是以面内受力为主,横桥向荷载或横桥向初始缺陷,相比于面内荷载产生的轴压力对横向稳定的影响要小很多,因此,拱的面外失稳较之拱的面内失稳,弹性分支点失稳的特征更为明显,弹性分支点失稳的临界荷载与极值点的临界荷载的偏离值要小些。尽管如此,毕竟弹性分支点失稳计算的只是结构失稳真实解的上限,加上这类失稳具有突发性和灾难性,所以一般采用较高的稳定系数(特征值),常见的为 4 ~ 6。因此,GB 50923—2013 第 5.3.1 条规定,弹性稳定特征值不应小于 4.0。

与拱极值点相对应的荷载通常又称为稳定极限荷载,与强度计算中的极限荷载所不同的是稳定极限承载力考虑了 p-δ 效应。但要注意的是,求解式(4-55)所得的 λ 为弹性稳定特征值,也称为稳定系数,而不能称之为安全系数。它反映的是分支点失稳临界荷载与当前荷载之间的倍值关系,而不反映其真实的极值点失稳荷载与当前荷载之间的关系。

GB 50923—2013 第 5.3.1 条是对弹性分支点失稳验算的要求,理论上包含面内和面外失稳,但由于拱所受的面外荷载较小而面内荷载较大,面内刚度较大而面外刚度较小,弹性分支点失稳分析中的一阶失稳模态基本为面外失稳,且面外失稳类型更接近于分支点失稳,因此这一条主要是针对面外失稳的验算。当然只有空间有限元模型,才能反映结构的空间受力行为,因此,钢管混凝土拱弹性分支点失稳计算时应建立空间有限元模型。

(二)面内稳定承载力计算的等效梁柱法

GB 50923—2013 第 5.3.2 条规定,"钢管混凝土拱肋的面内整体稳定承载力可将其等效成梁柱进行验算。"单圆管拱肋、哑铃形拱肋和桁式拱肋可分别等效成单圆管构件、哑铃形构件和格构柱。等效梁柱的计算长度可按表 4-5 的规定计算,等效梁柱的两端作用力可取拱跨 $L/4$ 截面处的弯矩与轴力。

拱肋的等效计算长度   表 4-5

拱结构	等效计算长度 L_0	拱结构	等效计算长度 L_0
三铰拱	$0.58S_g$	无铰拱	$0.36S_g$
双铰拱	$0.54S_g$		

注:S_g 为拱轴线长度。

对于拱等效长度的取值,国内外规范不尽相同,但总体来看,差值不大。对钢管混凝土拱面内极限承载力计算的等效梁柱法,文献[293-297]等进行了研究。综合各研究结果,GB 50923—2013 等效梁柱法中拱肋的等效计算长度取值与我国 JTG D61—2005 和

JTG D62—2004 两部行业标准相同,等效梁柱两端的作用力取 $L/4$ 截面处。具体研究详见相关文献,也可见本书第二版第十一章和《计算方法》[95] 第八章。

钢管混凝土拱肋等效成梁柱后的承载力计算,由 GB 50923—2013 第5.3.2条之后的其他条文相应规定,见本章第五节的介绍。

(三)稳定承载力有限元计算方法

等效梁柱法是面内稳定承载力的简化算法,它利用了拱与梁柱失稳相似的特点,使计算方法变得简单。然而,拱的稳定问题与直杆梁柱也存在着不同之处。如果将直杆梁柱中直接由荷载产生的轴压力称为主动力的话,拱结构中的轴压内力是在竖向荷载作用下由拱的水平反力产生的,可以称为被动力;拱上作用的竖直荷载将直接产生拱的竖向挠度,这与直杆梁柱要由弯矩或横向力产生横向变形不同;拱的轴线为曲线,这与直杆的直线不同;大部分拱结构为超静定结构,考虑拱轴线在压力作用下的压缩后会产生含附加弯矩在内的附加内力,这也与直杆梁柱不同。由于等效梁柱法没有充分反映这些不同点,使得计算结果与实际承载力有一定的差距。这种差距基本上是偏于保守的,所以这种方法仍然被许多规范采用。

钢管混凝土拱面内稳定承载力(极值点失稳临界荷载)更精确的计算,可采用考虑材料非线性和几何非线性(双重非线性)影响的有限元方法,其计算原理前面已介绍。对于具体结构来说,钢管混凝土的材料非线性模型是其关键问题[298]。

钢管混凝土拱属细长结构物,有限元建模时一般按杆系结构处理。钢管混凝土属于钢—混凝土组合结构,计算组合材料截面刚度的方法,按考虑的材料种类数量可分为双材料模型或(等效)单材料模型。

单材料模型是指在有限元建模时,将钢管和混凝土考虑成同一种材料,它具体又可分为换算材料模型和统一理论模型。

双材料模型是指在截面模型的建立过程中分别考虑钢和管内混凝土两种材料的非线性特性,它具体又可分为双单元模型和纤维单元模型。

关于上述材料非线性模型的介绍,详见文献[248],也可见本书第二版第十一章。

众所周知,混凝土材料本构复杂,钢管混凝土结构需要考虑钢管与管内混凝土的相互作用,使得其材料非线性性能更加复杂,且目前仍没有共识性很高的材料非线性模型,通用程序中一般找不到相应的材料模型,而许多研究单位研发的程序,如文献[299]介绍的 NL_Beam3D 程序,没有商业化,难以在工程单位推广应用,所以 GB 50923—2013 没有对此计算进行规定。

空间极值点失稳计算与面内稳定承载力有限元计算方法相似,只不过有限元模型需要采用空间模型。空间模型仍可采用杆单元,但由于构件受空间受力压弯扭剪作用,材料非线性模型的成熟度更低,目前的模型计算结果与试验结果的吻合情况要低于面内的情况。当然,空间分析时理论上也可以采用空间单元,钢管采用壳体元,混凝土采用块体元,钢管与混凝土的接触面采用联结单元,建立起精细的空间有限元模型。然而,这种方法在实用上存在着很大的困难。首先,这样的模型占用容量很大;其次,混凝土的三维应力—应变关系并不成熟,再考虑钢管与混凝土的相互作用就更难了;此外,联结单元如何模拟钢管和混凝土之间的黏结滑移关系也缺乏研究[300]。

实际工程中,对于特大跨径的钢管混凝土拱,为确保结构的安全,一般会进行考虑双重非线性的整体稳定分析。为反映材料的非线性性能,其材料非线性模型一般不考虑材料变异系数,这样极值点失稳荷载就应比设计荷载大。JTG/T D65-06—2015[86]推荐了材料非线性计算模型,第5.9.2条规定"对于跨径大于300m的钢管混凝土拱桥,使用阶段应计入几何、材料非线性影响"。计入非线性影响的主拱非线性稳定安全系数,极值点荷载与设计荷载比值不宜小于1.75。

三、几点讨论

(一)极值点与分支点失稳的计算方法

如前所述,分支点失稳与极值点失稳共同之处在于考虑了轴力在杆件横向变形上的效应,即 p-δ 效应,在有限元分析中表现为切线刚度矩阵中考虑了初应力矩阵或几何矩阵 $[K_\sigma]$。然而,二者最大的区别在于分支点失稳是考虑结构平衡状态出现了分支,采用解特征值的方法求解,它只考虑结构出现平衡分支的临界状态,而不考虑结构受力的过程,也无法得出结构的位移。而极值点失稳,则是通过求结构的平衡方程,得出相应荷载作用下的结构反应,通过追踪结构受力的全过程,得到峰值点的荷载,作为结构的稳定承载力。

在这两种稳定计算中,均可以考虑材料非线性的影响,但对于分支点失稳计算,当荷载较小结构处于弹性状态时,材料非线性对计算结果没有影响;而对于极值点失稳,材料非线性通常是必须考虑的因素。

目前的商用程序中通常将 p-δ 效应和大变形问题捆绑在一起统称为几何非线性问题。而实际上,对于分支点失稳计算,大挠度的影响很小,它在理论上主要用于屈曲后的分析,对于实际工程应用意义不大。在实际工程中,应用有限元求特征值时,有时将考虑了材料非线性和几何大挠度的计算,称为考虑双重非线性的稳定计算,实际上其计算结果与弹性分支点失稳临界荷载相差很小,这种说法容易与极值点失稳计算的双重非线性分析相混淆。

(二)分支点失稳特征值计算

目前工程实践中钢管混凝土拱空间稳定的计算,以特征值计算为主。由于一些人对分支屈曲和极值点失稳两类稳定的实质缺乏深刻的理解,而存在着一些错误的认识,文献[301]以钢管混凝土桁拱标准拱为对象对此进行了一些分析。这里对其相关内容予以简要的介绍。所谓标准拱是指以现有应用的钢管混凝土拱桥统计资料为基础,通过统计分析与面外弹性稳定相关性较强的参数并参考实际桥梁结构,构造出的具有较强代表性的拱桥结构。

1. 加载方式

钢管混凝土拱桥实际工程的弹性稳定分析中,存在着活载非对称布载较之满布荷载更不利的认识。

桥面非对称加载(偏载)方式可分为纵向偏载和横向偏载。纵向偏载为桥面半跨均布荷载;横向偏载为靠近一侧拱肋,半幅桥面布载。对标准拱分别施加纵向偏载和横向偏载,并与仅考虑自重的工况进行了比较,稳定系数计算结果见表4-6。显然,无论考虑还是不考虑自重,全跨满布荷载的加载方式均是最不利的。

不同加载工况下标准拱的稳定系数　　　　表4-6

序号	加载方式	稳定系数 φ	序号	加载方式	稳定系数 φ
1	满跨均布	6.669	3	横向偏载	7.088
2	纵向偏载	7.084	4	无	7.667

实际上,由式(4-55)可知,特征值 λ 只与结构的压力水平、刚度(尤其是抗弯刚度)和约束条件有关,而与弯矩无关。偏载虽然可能使拱肋的弯矩加大,对于考虑双重非线性的稳定极限承载力可能不利,但无法在特征值求解中反映出来,而满布荷载所产生的压力最大,因此是最不利的。在实际工程中,许多特征值计算考虑了各种弯矩值较大的工况,其实是没有必要的。

弹性分支点失稳计算既可用于面内稳定计算,也可用于面外(空间)稳定计算。从其计算原理可知,结构所受的压力越大,其失稳临界荷载越小,所以在计算时荷载常以拱的轴力(或拱脚水平推力)最大的工况控制。而对于稳定极限承载力来说,弯矩越大,稳定极限承载力越低,所以设计计算时往往以某截面弯矩最大的工况来控制。

拱以面内受力为主,面内弹性稳定特征值有时会高出极值点失稳的安全系数许多。这只说明结构发生分支点失稳的可能性较小,并不表明它有很高的安全系数,因为在发生分支点失稳之前,结构可能已由于极值点失稳而破坏(达到稳定极限承载力)。所以,不应将面内弹性稳定特值称为安全系数,以免产生误解。

2. 初始几何缺陷

对标准拱分别设置 $L/500$、$L/1\,000$、$L/2\,000$、$L/5\,000$(L 为计算跨径)的初始几何缺陷,进行结构弹性稳定分析。初始几何缺陷按失稳模态进行设置。计算结果见表4-7。从表4-7计算可见,特征值几乎不受初始缺陷的影响。一些实际桥例通过这样的分析,得出初始缺陷对空间稳定没有影响的结论。这种分析方法与结论,存在着以下两个问题:

(1)有初始几何缺陷的拱,即非理想的拱,拱的失稳是受极值点失稳的峰值荷载控制的,初始几何缺陷对峰值点荷载有着显著的影响;而在求特征值的方法中,初始几何缺陷仅相当于结构线形的改变,这种微小的改变显然对结构压力水平影响不大。实际上,采用特征值求解弹性分支屈曲荷载时,就是假定了初始几何缺陷等扰动的影响,但并无法考虑扰动值大小的影响。也就是说,弹性稳定分析方法不适用于初始几何缺陷对结构稳定性影响的分析。换言之,求特征值方法无法考虑初始几何缺陷的影响。

不同初始几何缺陷下标准拱的特征值　　　　　　表4-7

序　号	有限元模型	初始几何缺陷	特　征　值
1		0	6.669
2		$L/5\,000$	6.652
3	标准拱	$L/2\,000$	6.652
4		$L/1\,000$	6.652
5		$L/500$	6.652

(2)分析中所设定的是面内初始几何缺陷,它对于面外受力,即使是面外的极值点失稳的峰值荷载影响也是很小的,更不用说面外分支点失稳的临界荷载了。它对拱的面内极值点失稳临界荷载影响较大。

假定拱有初始几何缺陷,面内受力就不是理想状态,可以求得拱的极值点失稳的峰值荷载。显然,缺陷越大,峰值荷载越小。当缺陷趋向于零时,所求得的峰值荷载就趋向于分支点临界荷载。在求峰值点荷载时,若材料为弹性,则所求值为弹性分支点临界荷载;如果考虑了材料的弹塑性,则所求值为弹塑性分支点临界荷载。

3. 横向力

以标准拱为研究对象,考虑横向力的影响,进行结构弹性稳定分析。横向风力的取值见文献[133]。计算结果见表4-8。

横向力作用下标准拱的弹性稳定系数　　　　　　表4-8

序　号	模　型拱桥	横　向　力	弹性稳定系数φ
1		1倍静风荷载	6.670
2	标准拱	2倍静风荷载	6.667
3		3倍静风荷载	6.662
4		无	6.669

注:1倍静风荷载为风速50m/s作用下结构产生的横向力。

横向力是造成拱的面外失稳破坏的主要因素。然而,从表4-8可以看出,横向力对结构弹性稳定系数的影响极小。这也是由于求特征值方法求解的局限造成的。因为在这个方法中弹性失稳荷载主要与压力水平有关,而横向力对结构压力的影响很小,所以弹性分支稳定荷载计算结果影响很小。文献[133]中,在1倍静风荷载作用下,考虑双重非线性结构的极限荷载下降8%~40%。

因此,求解特征值得出的弹性失稳荷载不能考虑横向力对拱面外失稳的作用。一些实桥通过特征值的分析，得出横向风力对空间稳定没有影响的结论，是错误的。考虑了横向风力后的稳定问题，是极值点失稳问题，显然不能用求特征值的方法求解。

总之，要想了解结构失稳时的真实状况，必须进行考虑双重非线性的极限荷载研究。弹性分支屈曲的特征值计算，只是拱空间失稳真实解的上限。在进行有关分析时，应充分理解这一点，以避免由概念性的错误得出不正确的结论。

（三）面内与面外（空间）受力的非线性性能

下面介绍钢管混凝土拱在仅受面内荷载和受到空间荷载（面内和面外）的极值点失稳计算中结构的非线性性能。计算中分别考虑了线性、纯材料非线性、纯几何非线性和双重非线性四种情况。"线性"表示结构计算时，既不考虑材料非线性，也不考虑几何非线性。在计算纯几何非线性时，材料的应力—应变关系假定为线性，不考虑混凝土在低拉应力下的开裂，也不考虑钢管与混凝土之间的相互作用，只是在建立平衡方程时，考虑结构变形的影响（几何非线性影响）。在纯材料非线性计算中，不考虑几何非线性的影响，钢管混凝土的应力—应变非线性关系采用纤维单元模型。

1. 面内受力的非线性性能

文献［302］对文献［292］所进行的钢管混凝土模型肋拱 A-1 和 A-2 面内受力全过程进行了分析。计算中模型拱分为 50 个梁单元，截面划分为 400 个条带。

图 4-16 给出了两个模型拱的计算结果。对于纯几何非线性，由于非线性影响较小，峰值点很大，为节约篇幅图中仅画出其中一段荷载—位移曲线，并未给出峰值点。极限荷载与对应的挠度由表 4-9 给出。

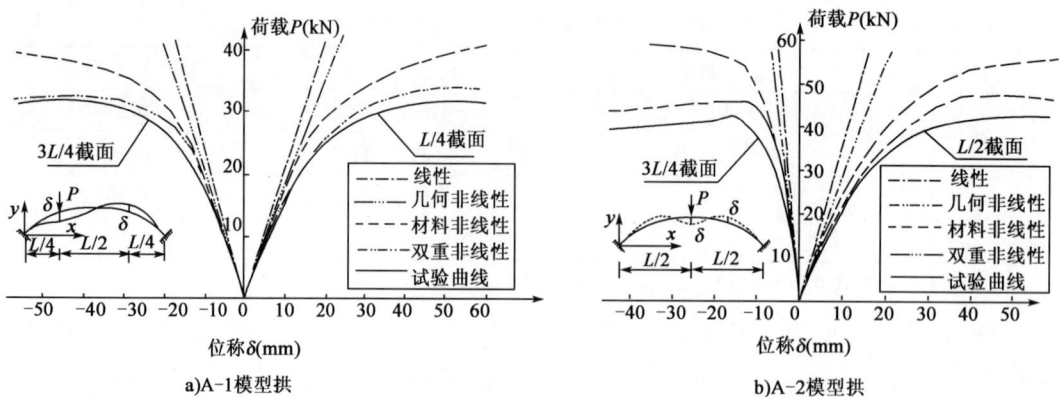

a)A-1模型拱

b)A-2模型拱

图 4-16　钢管混凝土模型拱空间受力荷载—位移曲线

仅考虑几何非线性程序计算得到的荷载—位移曲线，切线刚度较大，其曲率变化较小。A-1 模型拱和 A-2 模型拱的极值荷载分别为 293.3kN 和 179.2kN 时，所对应的挠度分别为199.7mm 和 199.8mm，与模型拱跨径相比，仅为其 4.3%。与线性计算结果相比，纯几何非线性计算的荷载—位移曲线,有一定的曲率变化;其曲率变化远远小于仅考虑材料非线性的计算结果。因此,仅几何非线性对模型拱的受力影响不明显。

单点加载模型拱的极限荷载与挠度对比　　　　　　表4-9

模型拱	项目	实验值	双重非线性	材料非线性	几何非线性
A-1	荷载(kN)	42.07	47.9	60.5	293.3
	挠度(mm)	38.96	55.44	176.7	199.7
A-2	荷载(kN)	31.9	32.8	41.2	179.2
	挠度(mm)	60.24	67.28	147.5	199.8

仅考虑材料非线性有限元程序计算得到的荷载—位移曲线,其曲率变化明显,使得结构的极限荷载大大减小,表明钢管混凝土拱的材料非线性问题突出,对结构极限承载力影响较大。在钢管混凝土拱的非线性性能与极限承载力关系的研究中,应重点考虑材料非线性问题。

由于在有限元分析中,仅考虑几何非线性的问题,有通用的算法和通用的程序可资利用,所以一些研究者进行了钢管混凝土拱仅考虑几何非线性的计算。从图4-16中可以看出,仅考虑几何非线性的影响将大大地高估钢管混凝土拱的极值荷载,是不安全的。

虽然前面的分析指出纯几何非线性对模型拱受力的影响不是很大,然而仅仅考虑材料非线性所计算出来的极限荷载也明显高于实际的极限荷载。这是因为,几何非线性与材料非线性还存在着耦合作用,换言之,双重非线性不是材料非线性与几何非线性的简单叠加。因此,在钢管混凝土拱桥的非线性性能与极限承载力的分析中,应考虑双重非线性的影响,而不是仅考虑材料非线性问题。

2. 面外(空间)受力的非线性性能

文献[303]对文献[304-305]所进行的钢管混凝土模型双肋拱和单肋拱空间受力全过程进行了分析。

从图4-17和图4-18单肋拱和双肋拱模型的非线性性能曲线可以看出,纯几何非线性计算曲线与双重非线性计算曲线较接近,而纯材料非线性的计算结果偏差较大。而在面内受力模型拱的非线性性能中,材料非线性的影响大于几何非线性。由此可见,拱肋在受横向力作用后,几何非线性的影响增大,在非线性性能中从次要影响上升为主要影响。比较而言,单肋拱中几何非线性在结构受力中的影响程度要远大于其在双肋拱中的影响程度。因为,单肋拱的面外刚度远小于双肋拱,结构空间受力的特征更为明显。

从模型拱的分析结果看,单肋拱的非线性分析和极限承载力计算中,不能不考虑几何非线性的影响,但可以忽略材料非线性的影响;对于双肋拱来说,同样不能不考虑几何非线性的影响,但材料非线性的影响也应该考虑。

(四)空间分支点与极值点失稳临界荷载比较

文献[304-305]对空间受力钢管混凝土模型双肋拱和单肋拱侧倾屈曲(分支点失稳)临界

荷载和极值点失稳承载力(稳定极限承载力)进行了计算比较。两类稳定问题计算时,有限元模型相同,也都应用 ANSYS 程序。以横向力与面内力的比值 α 为参数,弹性分支点失稳临界荷载与双重非线性计算的稳定极限承载力的比较如图 4-19 和表 4-10 所示。

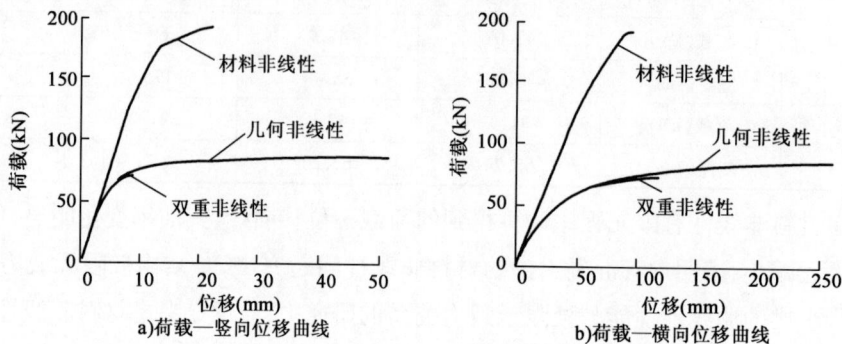

图 4-17　单肋拱拱顶荷载—位移曲线非线性性能比较

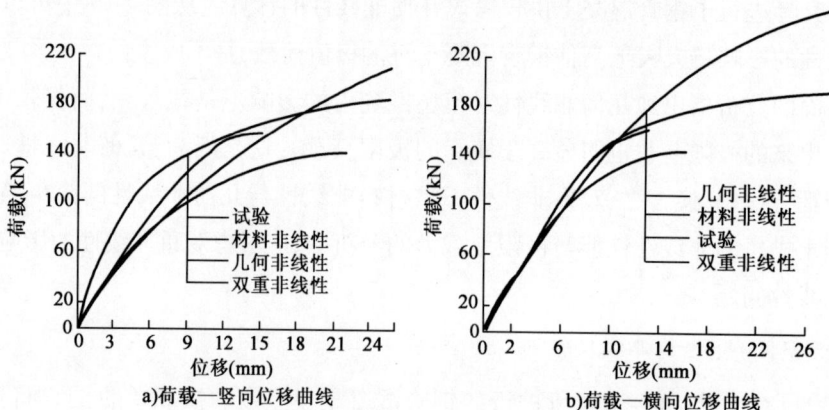

图 4-18　双肋拱拱顶荷载—位移曲线非线性性能比较

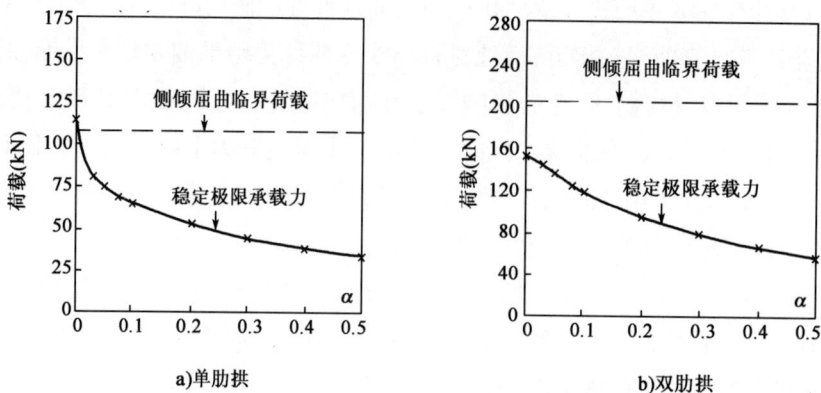

图 4-19　侧倾屈曲临界荷载与稳定极限承载力比较

由图 4-19 可见,屈曲临界荷载与 α 的关系几近水平线。从表 4-10 分析,当 α 在 3% ~ 50% 之间变化时,单肋拱屈曲临界荷载在 107.70 ~ 107.73kN 之间变化,变化幅度仅为 0.03%;

双肋拱屈曲临界荷载在 198.34～201.64kN 之间变化,变化幅度也仅为 1.7%。从分支屈曲特征值的计算方法可知,式(4-54)无法直接反映横向力的影响,极小的一点影响是由横向力对拱的压力水平的影响而间接产生的,是完全可以忽略不计的。

空间模型拱侧倾屈曲临界荷载与稳定极限承载力比较表　　　表 4-10

α 值(%)		0	3	5	8	10	20	30	40	50
单肋拱	临界(kN)荷载	107.72	107.73	107.73	107.73	107.72	107.72	107.72	107.71	107.70
	极限(kN)荷载	113.95	80.30	74.96	67.98	64.48	52.33	43.79	38.00	33.48
	临界/极限		1.34	1.44	1.58	1.67	2.06	2.46	2.83	3.22
双肋拱	临界(kN)荷载	201.70	200.50	200.50	201.64	201.56	201.18	200.50	199.55	198.34
	极限(kN)荷载	151.97	143.41	135.21	124.21	117.75	93.88	77.55	65.53	56.55
	临界/极限		1.40	1.48	1.62	1.71	2.14	2.59	3.05	3.51

　　然而,稳定极限承载力随 α 的增大而明显降低。当 α 从 3%变化至 50%时,单肋拱与双肋拱稳定极限承载力分别下降 58.3%和 60.6%。由于分支点临界荷载变化较小,所以屈曲临界荷载与稳定极限承载力的差值,随横向力(α 值)的增大而明显增大。因此,当结构承受较大横向荷载时,用屈曲临界荷载来判断拱的横向稳定性,是偏于不安全的。这进一步解释了前面所说的,由分支点失稳求特征值来得出某一拱桥空间稳定不受横向力大小影响的结论是错误的。

　　当横向力为 0 时(α=0)时,拱只受面内荷载作用。图 4-19 中给出的极限承载力是指面内极限承载力,而分支点临界荷载指的是面外的屈曲所对应的荷载。此时,单肋拱的面内极限承载力为 113.95kN,略大于面外分支点临界荷载 107.72kN;双肋拱的面内极限荷载为 151.97kN,明显小于面外分支点临界荷载 201.7kN。因为,双肋拱较之单肋拱,面外刚度与承载能力的提高明显高于面内。

　　在工程应用中,当采用弹性分支点临界荷载进行拱的空间稳定验算时,通常要求稳定系数为 4～6。如果认为稳定极限承载力的(单一)安全系数要大于或等于 2,即相当于认为弹性分支点临界荷载是稳定极限荷载的 2～3 倍。从模型拱计算结果来看,只有当 α 达 0.2 以后,二者之间的比值才会略大于 2。而实际工程中,α 值一般不会超过 0.2,所以采用 4～6 的安全系数,是有安全保证的。

第四节　钢管混凝土偏压柱稳定承载力计算

　　GB 50923—2013 第 5.3 节主要对钢管混凝土梁柱(偏压柱)的稳定承载力计算作了规定,主要用于钢管混凝土拱肋等效成梁柱后的承载力计算和钢管混凝土立柱的承载力计算。

一、基本公式

将 GB 50923—2013 第 5.3.3 条、第 5.3.11 条和第 5.3.12 条规定的有关钢管混凝土偏压柱稳定承载力的计算方法综合起来，可得基本计算公式，见式（4-60）。

单圆管柱 $\qquad\qquad\qquad\qquad \gamma_0 N_s \leqslant \varphi\varphi_e k_c K_p N_0 \qquad\qquad\qquad$ (4-60a)

哑铃形和格构柱 $\qquad\qquad \gamma_0 N_s \leqslant \varphi\varphi_e k_c K_p N_D \qquad\qquad\qquad$ (4-60b)

式中：φ——稳定系数；

$\quad\varphi_e$——偏心率折减系数；

$\quad k_c$——徐变折减系数；

$\quad K_p$——初应力折减系数；

$\quad N_0$——单圆管钢管混凝土承载力，按式（4-24）计算，并按式（4-25）考虑脱粘影响；

$\quad N_D$——哑铃形和格构柱截面承载力，按式（4-27）计算，并按式（4-25）考虑脱粘影响。

偏心率和长细比是影响钢管混凝土偏心受压构件稳定承载力的两个重要因素。式（4-60）中采用了偏心率折减系数与稳定系数相乘的计算方法，方法简单，便于工程应用。

关于钢管混凝土单圆管柱稳定承载力，国内外已开展了大量的研究。国内外规范中常用的钢管混凝土稳定承载力的计算方法，大致分为两类：一类是通过双系数相乘来计算考虑长细比和偏心率对柱整体承载力的影响；另一类，采用相关方程的形式，来计算钢管混凝土柱在轴力和弯矩共同作用下的极限承载力。

随着钢管混凝土拱桥的大量修建，我国相继开展了钢管混凝土哑铃形柱、格构柱的稳定承载力的研究。从哑铃形与格构柱偏压长柱稳定承载力试验研究可知，长细比和偏心率对构件极限承载力的影响基本上是独立的，在一般的工程结构应用范围内，钢管混凝土柱总体承载力的折减系数可采用分离的偏心率折减系数和稳定系数相乘来计算。进一步的分析表明，对于哑铃形与格构柱（桁式拱肋），长细比与偏心率对偏压柱稳定承载力影响之间的耦合作用是可以忽略的。对于单圆管拱，由于拱肋截面刚度较小，长细比可能较大，双系数相乘对稳定承载力的折减可能偏大，使得计算承载力小于实际承载力较多。然而，对于钢管混凝土拱桥来说，单圆管拱仅应用于小跨径拱桥，而这种结构的拱肋截面尺寸往往是刚度起控制作用，偏保守的相乘算法对经济性的影响并不大。

所以，综合考虑各种因素后，在钢管混凝土拱桥的拱肋验算中，主拱等效成梁柱后，钢管混凝土偏压柱的稳定承载力采用直接考虑偏心率折减系数与稳定系数相乘的偏压柱的计算方法，而不采用相关方程的计算方法。具体的研究，详见《计算方法》[95]第七章的介绍。

刚度是影响稳定承载力的重要因素。式（4-60）还考虑了管内混凝土徐变和钢管初应力的影响。

管内混凝土的徐变，会引起钢管与管内混凝土应力的重分布，但它对钢管混凝土的强度影响较小,所以在强度计算中没有考虑徐变的影响。徐变对钢管混凝土构件的影响更主要的是截面刚度的降低、长期变形的增加,对稳定极限承载力有较大的影响,所以,在计算稳定承载力中应考虑徐变的影响。

钢管混凝土拱桥因施工时先架设空钢管,后灌注管内混凝土,因此,出现了钢管初应力问题。钢管初应力会缩短钢管混凝土的弹性阶段,使其提前进入弹塑性阶段,对稳定极限承载力有较大的影响,而对截面强度影响较小,所以,在强度计算中没有考虑钢管初应力的影响,而在稳定承载力计算中考虑了其影响。

二、稳定系数

在 GB 50923—2013 中,钢管混凝土单圆管、哑铃形和格构柱的稳定系数 φ 均采用相同的计算方法,根据其第 5.3.5 条的规定,按式(4-61)计算。

当 $\lambda_n \leqslant 1.5$ 时:

$$\varphi = 0.658^{\lambda_n^2} \tag{4-61a}$$

当 $\lambda_n > 1.5$ 时:

$$\varphi = \frac{0.877}{\lambda_n^2} \tag{4-61b}$$

式中:λ_n——相对长细比。

根据各自的研究结果,文献[306-311]给出了不同的钢管混凝土单圆管、哑铃形、格构柱稳定系数计算公式。这些研究更多地考虑了不同截面的特性,而较少考虑钢管混凝土柱的共性。文献[312]从钢管混凝土柱的共性出发,将单圆管、哑铃形和格构柱作为一个整体,即钢管混凝土柱,提出了钢管混凝土柱稳定系数的统一计算方法。文献[313]进一步提出了同时考虑偏心率和长细比的钢管混凝土偏压柱的稳定承载力的统一计算方法。

三、长细比

从式(4-61)看,稳定系数只与构件的相对长细比 λ_n 有关,但实际上,λ_n 计算时考虑了影响结构稳定的各种因素,其计算并不简单。这里对其进行专门介绍。

单圆管、哑铃形柱属于实体柱,相对长细比计算方法相近,格构柱属于空腹结构,相对长细比的计算方法与实体柱不同,以下分别介绍。

1. 截面回转半径

在构件稳定计算中,要用到截面的回转半径。根据 GB 50923—2013 第 4.3.4 条规定,截面回转半径按式(4-62)计算。

$$i = \sqrt{\frac{(EI)_{sc1}}{(EA)_{sc1}}} \tag{4-62}$$

式中：$(EA)_{sc1}$——钢管混凝土毛截面压缩设计刚度（N），按(4-63a)计算；

$$(EA)_{sc1} = E_s A_{s1} + E_c A_{c1} \tag{4-63a}$$

$(EI)_{sc1}$——钢管混凝土毛截面弯曲设计刚度（N·mm²），按(4-63b)计算；

$$(EI)_{sc1} = E_s I_{s1} + E_c I_{c1} \tag{4-63b}$$

A_{s1}——拱肋截面钢材面积（mm²）；

A_{c1}——拱肋截面混凝土面积（mm²）；

I_{s1}——钢材截面惯性矩（mm⁴）；

I_{c1}——混凝土截面惯性矩（mm⁴）。

与第一节截面设计刚度计算［式(4-7)和式(4-8)］相比，毛截面压缩设计刚度$(EA)_{sc1}$和截面整体压缩设计刚度$(EA)_{sc}$相同，均不考虑对混凝土压缩刚度的折减；毛截面弯曲设计刚度$(EI)_{sc1}$则与截面整体弯曲设计刚度$(EI)_{sc}$不同，$(EI)_{sc1}$不考虑对混凝土弯曲刚度的折减，而$(EI)_{sc}$则考虑了 0.6 的折减系数。在钢管混凝土构件稳定承载力研究中，在长细比计算时均采用毛截面刚度，所以这里也应采用毛截面刚度，而不应该采用设计刚度。

2. 实体柱（单圆管、哑铃形）相对长细比

直接由构件的几何参数计算所得的长细比称为名义长细比。GB 50923—2013 第 5.3.7 条、第 5.3.8 条分别规定了单圆管和哑铃形柱的名义长细比计算方法。

钢管混凝土单圆管柱的名义长细比 λ，按式(4-64)计算。

$$\lambda = \frac{4l_0}{D} \tag{4-64}$$

式中：l_0——计算长度；

D——钢管外径。

钢管混凝土哑铃形柱的名义长细比 λ，按式(4-65)计算。

$$\lambda = \frac{l_0}{i} \tag{4-65}$$

式中：i——哑铃形截面的回转半径，见式(4-62)。

工程结构偏压柱的稳定承载力以中长柱的弹塑性极值点失稳所对应的承载力为主，由前述内容可知，它与构件的刚度和截面强度有关，在式(4-60)中，是通过对截面强度 N_D 乘以稳定系数 φ 来计算的。在构件几何尺寸相同的情况下，由于钢管混凝土中的钢材、混凝土的弹性模量的提高滞后于强度的提高，因此截面强度 N_D 越高的构件，稳定系数 φ 应越小。然而，式(4-63)和式(4-64)名义长细比的计算公式均不能反映这个因素。因此，通过对名义长细比进行材料修正，得到相对长细比，代入式(4-61)来计算稳定系数，以此来体现材料对稳定承载力的影响。

根据 GB 50923—2013 第 5.3.6 条规定,钢管混凝土单圆管和哑铃形柱的相对长细比 λ_n 应按式(4-66)计算。

$$\lambda_n = \frac{\lambda}{\pi} \sqrt{\frac{f_y A_s + f_{ck} A_c + A_c \sqrt{\rho_c f_y f_{ck}}}{E_s A_s + E_c A_c}} \qquad (4\text{-}66)$$

式中:λ——名义长细比,分别按式(4-64)和式(4-65)计算;

A_s——钢管的截面面积,哑铃形截面还包括钢腹板的截面积;

A_c——钢管内混凝土的截面面积,腹腔填有混凝土的哑铃形截面还包括腹腔内混凝土的截面积;

f_y——钢材的强度标准值;

f_{ck}——混凝土轴心抗压强度标准值;

E_s——钢材弹性模量;

E_c——混凝土弹性模量;

ρ_c——钢管混凝土截面含钢率。

3. 格构柱相对长细比

GB 50923—2013 第 5.3.9 条规定,钢管混凝土格构柱对 x 轴和 y 轴的名义长细比 λ_x 和 λ_y,应按式(4-67)计算。

$$\lambda_x = \frac{l_{0x}}{\sqrt{\dfrac{\sum (I_{sc} + b_i^2 A_{sc})}{\sum A_{sc}}}} \qquad (4\text{-}67a)$$

$$\lambda_y = \frac{l_{0y}}{\sqrt{\dfrac{\sum (I_{sc} + a_i^2 A_{sc})}{\sum A_{sc}}}} \qquad (4\text{-}67b)$$

式中:λ_x, λ_y——钢管混凝土格构柱对 x 轴和 y 轴的名义长细比;

l_{0y}, l_{0x}——钢管混凝土格构柱对 y 轴、x 轴的计算长度;

A_{sc}——单根柱肢的组合截面面积,$A_{sc} = A_s + A_c$;

A_s——钢管的截面面积;

A_c——钢管内混凝土的截面面积;

I_{sc}——单根柱肢的组合截面惯性矩,$I_{sc} = \dfrac{\pi D^4}{64}$;

D——钢管外径;

a_i, b_i——单根柱肢中心到虚轴 y-y 和 x-x 的距离($i = 1, 2$)(图 4-20)。

由材料力学可知,对于细长的弹性轴压格构柱,由于剪力对挠度的影响远比实腹柱大,因此其临界荷载总小于截面及长细比相同的实腹柱的临界荷载,可按式(4-68)计算。

$$P_{cr} = \frac{P_e}{1 + P_e \cdot \dfrac{\theta}{Q}}$$ (4-68)

式中：P_{cr}——格构柱分支点失稳临界荷载；

　　P_e——实腹柱分支点失稳临界荷载，按式(4-33)计算；

　　θ——由剪力所引起挠度曲线的附加斜率；

　　Q——剪力。

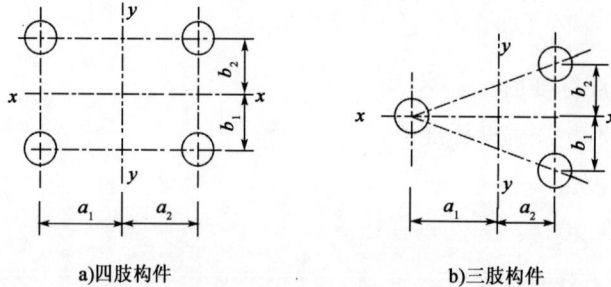

图 4-20　格构柱柱肢距离示意图

因此，根据各种布置形式的缀条柱，对格构柱引入了换算长细比，考虑缀杆剪切变形对临界荷载降低的不利影响。这一概念在柱的弹性极值点失稳计算中也得到采用。

GB 50923—2013 第 5.3.10 条规定，钢管混凝土格构柱的换算长细比 λ^* 应按式(4-69)计算。有关式(4-69)的来源，见后面的介绍。

$$\lambda^* = K'\lambda_y \quad 或 \quad \lambda^* = K'\lambda_x$$ (4-69a)

$$K' = \begin{cases} 1.1K & (K\lambda \leqslant 40) \\ K\sqrt{1 + \dfrac{300}{(K\lambda)^2}} & (K\lambda > 40) \end{cases}$$ (4-69b)

$$K = \sqrt{1 + \mu}$$ (4-69c)

$$\mu = \begin{cases} \dfrac{(E_s I_s + E_c I_c)}{l_0^2 (E_s A_d)}\left(2.83 + \dfrac{A_d}{A_b}\right) & (\mu \leqslant 0.5) \\ 0.5 & (\mu > 0.5) \end{cases}$$ (4-69d)

式中：λ^*——换算长细比；

　　K'——换算长细比修正系数；

　　K——换算长细比系数；

　　μ——柔度系数；

　　E_s——钢材弹性模量；

　　E_c——混凝土弹性模量；

　　I_s——钢材截面惯性矩；

I_c——混凝土截面惯性矩；

l_0——格构柱计算长度；

A_d——一个节间内各斜腹杆面积之和；

A_b——一个节间内各平腹杆面积之和；

λ——钢管混凝土格构柱的名义长细比(λ_x 或 λ_y)，按(4-67)计算。

将格构柱的换算长细比，代入式(4-70)进行材料换算后，便可得其稳定系数计算所需的相对长细比 λ_n。

$$\lambda_n = \frac{\lambda^*}{\pi} \sqrt{\frac{f_y A_s + f_{ck} A_c + A_c \sqrt{\rho_c f_y f_{ck}}}{E_s A_s + E_c A_c}} \tag{4-70}$$

式中：λ^*——钢管混凝土格构柱的换算长细比，按式(4-69)计算。

比较式(4-71)和式(4-65)，可知二者的形式是完全一样的，只不过在格构柱计算式式(4-70)中采用的是换算长细比 λ^*，而在单圆管和哑铃形柱计算式式(4-65)中采用的是名义长细比 λ。GB 50923—2013 第5.3.6条对其分别给出了规定。关于格构柱换算长细比考虑材料换算的相对长细比的研究，详见文献[314]。单圆管、哑铃形柱名义长细比考虑材料换算的相对长细比，是在格构柱研究基础上，在研究将单圆管、哑铃形、格构柱的稳定承载力统一起来时得到的，见文献[313]。

4. 格构柱相对长细比来源简介

我国常用的钢管混凝土结构设计规程中，钢管混凝土格构柱稳定系数计算中换算长细比的计算方法，直接套用了我国《钢结构设计规范》(GB 50017—2003)[33]的计算方法，考虑缀杆的剪切效应后的换算长细比，采用式(4-71)计算，即：

$$\lambda^* = \sqrt{\lambda^2 + \zeta} \tag{4-71}$$

式中：λ^*——换算长细比；

λ——名义长细比；

ζ——剪切影响附加值。

格构柱各肢之间不是连续结构，而只是每隔一定距离用缀条或缀板联系起来。当绕主轴弯曲时，柱的剪切变形较大，剪力造成的附加挠曲对承载力降低的不利影响不能忽略，通常是以加大长细比的办法来考虑，其计算见式(4-72)，即：

$$\zeta = \frac{\alpha A}{A_0} \tag{4-72}$$

式中：A——柱肢构件的毛截面面积；

A_0——斜缀条毛截面面积之和；

α——剪切影响系数。

文献[307]进行了4根格构柱的试验研究。每个试件截面相同,高度不同,以长细比为试件参数。试验结果表明,长细比对钢管混凝土偏压格构柱的力学性能影响较大。随着构件长细比的增大,钢管混凝土格构柱的稳定承载力逐渐降低,极限应变减小。然而,标准中按式(4-71)计算的换算长细比 λ^* 变化很小,见表4-11;计算的极限承载力也几乎不变,见表4-12。

换算长细比计算结果

表4-11

试 件 号	长细比	换算长细比 λ^*		
		CECS 28:90	JCJ 01—89	DL/T 5085—1999
A-1	1.818	27.86	27.86	18.60
A-2	3.363	28.04	28.04	18.87
A-3	5.294	28.33	28.33	19.30
A-4	7.273	28.74	28.74	19.90

极限承载力计算结果

表4-12

试 件 号	极限承载力 N_u(kN)			
	CECS 28:90	JCJ 01—89	DL/T 5085—1999	试验值
A-1	3 779.3	4 457.9	4 702.9	4 700
A-2	3 769.9	4 453.2	4 702.9	4 390
A-3	3 760.5	4 453.2	4 702.9	3 900
A-4	3 746.4	4 443.7	4 702.9	3 080

分析认为,由于试件的长细比较小,式(4-71)的计算方法过多地考虑了剪切变形的影响。其根本原因在于式中第二项考虑剪切影响的长细比附加值 ζ 是一个常数,它由式(4-72)计算所得。钢管混凝土格构柱中主肢为钢管混凝土构件,它的换算面积(A)大,与缀杆的面积(A_0)比(A/A_0)也就很大。也就是说,剪切影响附加值 ζ 很大。当名义长细比 λ 不大时,λ 对换算长细比 λ^* 计算结果的影响降为次要地位。这样,就出现了名义长细比 λ 明显不同的构件,按式(4-71)计算的换算长细比 λ^* 变化很小的情况。

因此,这种相加的换算长细比的算法具有不合理之处,尤其是当构件长细比较小时将产生不合理的计算结果。

为此,文献[307]提出采用放大系数法来计算钢管混凝土格构柱的换算长细比。借鉴文献[34]的换算长细比计算方法,将原构件长细比 λ 乘以一个大于1的等效长度放大系数 K,即 $K\lambda$,来考虑剪切变形的影响。

在此基础上,文献[308-309]扩大了试验范围,并根据实际工程应用情况,通过大量的参数分析,提出了简化算法,见式(4-73)。

$$\lambda^* = K'\lambda \tag{4-73a}$$

$$K' = \begin{cases} 1.1K & (K\lambda \leqslant 40) \\ K\sqrt{1 + \dfrac{300}{(K\lambda)^2}} & (K\lambda > 40) \end{cases} \tag{4-73b}$$

$$K = \sqrt{1 + \mu} \tag{4-73c}$$

$$\mu = \begin{cases} \dfrac{1}{2}\left(\dfrac{b}{l}\right)^2\left(2.83\dfrac{A_c}{A_d} + \dfrac{A_c}{A_b}\right) & (\mu \le 0.5) \\ 0.5 & (\mu > 0.5) \end{cases} \tag{4-73d}$$

$$A = A_s + \dfrac{E_c}{E_s}A_c \tag{4-73e}$$

式中：μ——柔度系数；

A——柱肢截面换算面积；

A_s，A_c——柱肢钢管横截面总面积和管内混凝土横截面总面积；

A_d——一个节间内各斜腹杆面积之和；

A_b——一个节间内各平腹杆面积之和；

l——格构柱计算长度。

DBJ/T 13-136—2011[92]第5.3.7条采用了式(4-73)来计算钢管混凝土格构柱的换算长细比。

关于格构柱换算长细比的研究，详见文献[307-311]和《计算方法》[95]第八章的介绍。

式(4-73d)是从文献[34]的式(3.36)[本书式(4-74)]，取斜缀条与柱肢夹角为45°，并取$\xi_b = \xi_d = 1$，简化而来的。

$$\mu = \dfrac{\xi_b}{1 + \xi_a}\left(\dfrac{b}{l}\right)^2\dfrac{A_c}{A_d}\left\{\dfrac{b}{\xi_a a}\left[1 + \left(\dfrac{\xi_a a}{b}\right)^2\right]^{3/2} + \dfrac{b}{\xi_a a}\dfrac{A_d}{A_b}\right\} \tag{4-74}$$

考虑到桁式截面除四肢桁式外，还有三肢桁式、横哑铃形桁式，将式(4-74)改写为式(4-75)。

$$\mu = \dfrac{\gamma}{\phi_a} = \dfrac{(EI)_{格构}}{(\beta l)^2}\dfrac{2\xi_b}{1 + \xi_d}\dfrac{1}{EA_d}\left\{\dfrac{b}{\xi_d d_l}\left[1 + \left(\dfrac{\xi_d d_l}{b}\right)^2\right]^{3/2} + \dfrac{b}{\xi_d d_l}\dfrac{A_d}{A_b}\right\} \tag{4-75}$$

同样，取斜缀条与柱肢夹角为45°，并取$\xi_b = \xi_d = 1$，得到简化公式，即式(4-76)。

$$\mu = \dfrac{(EI)_{格构柱}}{(\beta l)^2}\dfrac{1}{EA_d}\left(2.83 + \dfrac{A_d}{A_b}\right) \tag{4-76}$$

式(4-76)即式(4-73d)。

四、徐变折减系数 k_c

GB 50923—2013第5.3.11条规定，"对钢管混凝土轴压构件和偏心率$\rho \le 0.3$的偏压柱，其承受永久荷载引起的轴压力占全部轴压力的30%及以上时，截面轴心抗压强度设计值N_0应乘以混凝土徐变折减系数k_c。"徐变折减系数k_c应按表4-13的规定取值，偏心率ρ应按式(4-77)计算。

$$\rho = \frac{e_0}{r} \tag{4-77a}$$

式中：ρ——偏心率；

r——截面计算半径，单圆管、哑铃形柱按式(4-77b)计算，格构柱按式(4-77c)计算；

$$r = 2i - t \tag{4-77b}$$

$$r = 2i \tag{4-77c}$$

i——截面回转半径，按式(4-62)计算；

t——钢管壁厚。

表4-13中的名义长细比 λ，单圆管、哑铃形和格构柱分别按式(4-64)、式(4-65)和式(4-67)计算；表4-13内中间值可采用线性内插法求得。

徐变折减系数 k_c 表4-13

名义长细比 λ	永久荷载所占比例（%）		
	30	50	70 及以上
$40 \leqslant \lambda \leqslant 70$	0.90	0.85	0.80
$70 < \lambda \leqslant 120$	0.85	0.80	0.75

徐变对钢管混凝土受压构件稳定承载力具有一定的影响，国内外对此开展了研究[36,38,87,203]。研究以数值分析为主，试验研究不多。各国的规范中，有些考虑了此影响，有些没有考虑。考虑此影响的，计算方法也不一致。目前国内比较常见的计算方法有两种：一种是以表的形式直接给出折减系数，形式简单，并被多部规范采用；另一种是以公式的形式给出，计算较为复杂，且仅有 DBJ/T 13-51—2011[92] 采用。GB 50923—2013 编制时，在没有更成熟的计算方法且对现有两种方法精度没有明确的研究结论的情况下，选择了形式简单且被多部规范采用的表格法。徐变对钢管混凝土受压构件稳定承载力的影响还有待进一步的研究。

根据 GB 50923—2013 规范编制组的统计，按0.36拱轴线弧长折减计算长度，一般情况下单圆管、哑铃形和桁拱的名义长细比分别在 60～120、40～90 和 40～90 之间。因此，徐变影响折减系数中构件名义长细比的范围应在 40～120 之间，而 DL/T 5085—1999[315] 第6.2.6条的应用范围为 50～120 之间。进一步的分析表明，将其应用范围外推至长细比为40的情况是可行的。所以，表4-13中名义长细比的应用范围取为 40～120 之间。

有关徐变对承载力的影响研究，详见《计算方法》[95]第十章的介绍。

五、初应力折减系数 K_p

GB 50923—2013 第5.3.12条规定，钢管混凝土拱稳定承载力计算中，计入初应力影响时，按式(4-24)计算的截面轴心抗压强度设计值 N_0，应乘以初应力度影响系数 K_p。初应力度影响系数 K_p 应按式(4-78)计算。

$$K_p = 1 - 0.24am\beta \tag{4-78a}$$

式中:K_p——考虑初应力度对钢管混凝土承载力的折减系数;

a——考虑长细比影响的系数,按式(4-78b)计算;

$$a = \frac{\lambda}{80} \tag{4-78b}$$

λ——构件的长细比,单圆管、哑铃形构件为名义长细比,分别按式(4-64)和式(4-65)计算;格构柱为换算长细比,按式(4-69)计算;

m——考虑偏心率影响的系数,按式(4-78c)计算;

$$m = 0.2\rho + 0.98 \tag{4-78c}$$

ρ——构件偏心率,按式(4-77)计算;

β——钢管初应力度,按式(4-78d)计算;

$$\beta = \frac{\sigma_0}{f_y} \tag{4-78d}$$

σ_0——钢管初应力,在截面上不均匀时,取截面平均应力;

f_y——钢管强度标准值,按表3-1取值。

钢管混凝土拱肋的施工顺序是先安装空钢管拱肋,然后再向管内浇注混凝土。在管内混凝土形成强度之前,钢管拱肋要承受自重与管内混凝土的自重荷载。换言之,在钢管与混凝土作为组合结构共同承受荷载之前,空钢管中已产生了初应力和初应变,这就是钢管混凝土拱的钢管初应力问题,简称初应力问题。调查表明,在3种截面形式中,单圆管拱的初应力度较小,大致在0.15~0.35之间,平均值约为0.25,最大达到了0.39;哑铃形拱次之,大致在0.20~0.45之间,平均值约为0.30,最大达到了0.52;桁肋拱最大,大致在0.25~0.55之间,平均值约为0.35,最大达到了0.56[316]。

研究表明,钢管的初应力缩短了钢管混凝土的弹性阶段,使其提前进入弹塑性阶段,对稳定极限承载力有较大的影响,而对截面强度影响较小。所以,GB 50923—2013在拱肋结构整体稳定计算中考虑了初应力的影响,而在拱肋强度计算中没有考虑此影响。

对于钢管混凝土拱桥,除小跨径采用单圆管拱肋外,一般采用哑铃形或桁式。文献[317-319]开展了初应力对哑铃形与格构式拱稳定承载力的影响研究。结果表明,其影响规律与对单圆管柱的影响规律相似,可以借鉴单圆管柱中的相关公式进行计算。

文献[320]开展了初应力对于钢管混凝土拱承载力影响的试验研究。结果表明,随着初应力度的增加,钢管混凝土拱肋的后期承载能力逐渐降低。一般来说,初应力为对称加载,后期不利荷载为非对称荷载,因此,若考虑总荷载,则有初应力拱的承载力要大于无初应力拱的承载力。因此,在叙述初应力对钢管混凝土拱的极限承载力的影响时,一定要明确极限承载力的定义,是后期的荷载,还是总荷载。通常所指的极限承载力是指后期的荷载。

有初应力钢管混凝土拱的极限承载力可以通过引入不大于 1.0 的初应力度折减系数 K_p，乘以无初应力拱的承载力得到。其中，初应力度对拱的承载力的影响除直接与初应力度有关外，还与长细比及矢跨比有关。

根据以上研究成果，DBJ/T 13-136—2011[92] 给出了考虑长细比、偏心率等因素的钢管混凝土实肋构件初应力影响折减系数公式，见式(4-79)。

$$K_p = -0.015\,8a_1m_1\beta^2 - 0.084\,7b_1n_1\beta + 1.0 \qquad (4\text{-}79a)$$

$$\beta = \frac{\sigma_0}{f_y} \qquad (4\text{-}79b)$$

当 $\zeta \leqslant 1$ 时：

$$a_1 = 3.352\zeta^2, b_1 = 0.986\zeta$$

当 $\zeta > 1$ 时：

$$a_1 = 1.768\zeta, b_1 = 1.063\zeta \qquad (4\text{-}79c)$$

当 $\rho \leqslant 0.8$ 时：

$$m_1 = e^{\rho^{0.039\,2}}, n_1 = e^{1.209\rho^{0.098}}$$

当 $\rho > 0.8$ 时：

$$m_1 = 0.103\rho + 2.595, n_1 = 0.382\rho + 2.905 \qquad (4\text{-}79d)$$

$$\zeta = \frac{\lambda}{\lambda_\rho} \qquad (4\text{-}79e)$$

式中：β——钢管混凝土构件的初应力度；

σ_0——钢管初应力，在截面上不均匀时，取截面应力最大值；

f_y——钢管的屈服强度；

a_1, b_1——考虑长细比影响的系数；

m_1, n_1——考虑偏心率影响的系数；

ζ——构件长细比与弹性失稳界限长细比的比值；

λ——构件的长细比；

λ_ρ——弹性失稳界限长细比（其值对应 3 种钢号 Q235、Q345 及 Q390 分别为 100、80 和 75）；

ρ——构件偏心率，按式(4-77)计算。

从式(4-79)可知，除初应力度 β 外，该式还有 4 个系数，分别是 a_1、b_1、m_1、n_1。这 4 个系数又分别与构件长细比、偏心率等因素有关，计算时用分段函数表示，导致公式表达不简洁，计算较复杂。

GB 50923—2013 编制时，对式(4-79)进行了简化，抓住主要因素，a_1、b_1、m_1、n_1 采用一段

式的表达式,其中 a_1、b_1 只与长细比有关,m_1、n_1 只与偏心率有关。简化后的公式见式(4-78)。

钢管混凝土拱肋中的初应力随截面的变化而变化,拱肋等效成钢管混凝土梁柱计算时,由于其内力是取 1/4 跨截面处的内力,所以初应力应取 1/4 跨截面处的初应力。有弯矩荷载时,同一截面中不同点的初应力值也不同,取平均值计算。

有关初应力对承载力影响的研究,详见《计算方法》[95]第九章的介绍。其他研究还可见文献[321-326]。

六、格构柱柱肢的稳定承载力计算

钢管混凝土拱肋的计算,从计算对象上来说,分为组成构件和整体;从性质上来说,分为强度与稳定。对于整体来说,主要是稳定承载力问题。对于组成构件的验算,单圆管截面、哑铃形因为是实体结构,因此主要是强度问题。对于桁肋,组成构件可能只是强度问题,也可能有稳定承载力问题。GB 50923—2013 第 5.1.4 条规定,"对桁式拱肋的钢管混凝土弦管,当单肢一个节间的长细比 λ_1 小于或等于 10 时,承载力计算可仅进行强度计算,并应符合本规范第5.2.2 条~第5.2.5 条的规定;当 λ_1 大于 10 时,承载力计算应进行稳定计算,并应符合本规范第5.3.3 条的规定"[公式见式(4-60a)]。

是否进行稳定承载力计算的判断条件中的 λ_1,是格构柱柱肢(桁式拱肋的弦管)单肢名义长细比,应按式(4-80)计算。

$$\lambda_1 = \frac{l_1}{\sqrt{\dfrac{I_{sc}}{A_{sc}}}} \tag{4-80}$$

式中:λ_1——单肢名义长细比;

l_1——单肢长度;

I_{sc}——单根柱肢的组合截面惯性矩,$I_{sc} = \dfrac{\pi D^4}{64}$;

D——钢管外径;

A_{sc}——单根柱肢的组合截面面积,$A_{sc} = A_s + A_c$;

A_s——钢管的截面面积;

A_c——钢管内混凝土的截面面积。

按 GB 50923—2013 第 5.1.4 条规定,λ_1 小于或等于 10 时,仅需按式(4-23a)进行强度计算(可考虑脱粘折减);当 λ_1 大于 10 时,承载力计算应按式(4-81)进行稳定计算。

$$\gamma_0 N_s \leqslant \varphi \varphi_e N_0 \tag{4-81}$$

将式(4-81)与式(4-60a)对比,在格构柱单肢的稳定计算中,只考虑了稳定系数和偏心率折减系数,没有考虑徐变折减系数 k_c 和初应力折减系数 K_p。

格构柱的柱肢受到缀管的约束，实际上节间长度并不等同于自由长度，式(4-80)直接以节间长度来计算名义长细比 λ_1 是偏保守的，因此式(4-81)所进行的稳定承载力计算也是偏保守的。

一般来说，从构造要求出发，钢管混凝土桁肋拱的节间长度并不会很长，计算出来的单肢名义长细比 λ_1 小于40，在表4-13徐变折减系数 k_c 下限范围外，无须考虑徐变折减，所以式(4-81)中没有考虑徐变对承载力折减。此外，由于构件的长细比不大，初应力对稳定承载力的影响也不大，所以在式(4-81)中不计初应力的影响。

第五节　钢管混凝土拱正常使用极限状态计算

GB 50923—2013第6.0.1条规定，"钢管混凝土拱桥的持久状况设计应按正常使用极限状态的要求，采用荷载的短期效应组合、长期效应组合或短期效应组合并计入长期效应组合的影响，对构件的应力、挠度进行验算。各项计算值不应超过本规范规定的各相应限值。各种组合中，汽车荷载效应可不计冲击系数。"这一条文是参照JTG D62的相关规定而制定。具体的荷载效应组合，可参照JTG D60的规定执行。

如同其他拱桥一样，钢管混凝土拱肋也应设置预拱度。GB 50923—2013第6.0.2条规定，"拱肋预拱度值的计算与设置可按现行行业标准《公路圬工桥涵设计规范》(JTG D61)的规定执行"。

钢管混凝土拱桥的预拱度计算，应计入钢管混凝土拱肋在施工过程中各个阶段的挠度以及混凝土收缩徐变挠度和1/2静活载挠度，必要时可计入非线性影响。根据国内部分钢管混凝土拱桥的设计和现场测试，拱肋的预拱度一般在 $(1/400 \sim 1/600)L$ 范围内。预拱度应取恒载挠度、混凝土收缩徐变挠度和1/2静活载挠度之和。跨度大者取小值。拱肋预拱可按计算所得的挠度值反向等比例设置。预拱度的设置可在求出拱顶预拱度值后按二次抛物线、拱脚推力影响线的方法进行设置，对于悬链线拱也可以按降一级或半级拱轴系数来设置。采用有限元计算时，也可按直接按计算的挠度反向设置。

在钢管混凝土结构或构件变形计算中，GB 50923—2013第6.0.3条规定，"混凝土徐变系数在无可靠实测资料时可按现行行业标准《公路钢筋混凝土及预应力混凝土桥涵设计规范》(JTG D62)的规定计算。"对于徐变系数，采用JTG D62的规定计算。本章第二节对此有较为详细的介绍，这里不再赘述。再一次强调，由于管内混凝土处于密闭状态，计算时应取较大的相对湿度环境，一般可取90%。

挠度是正常使用极限状态中的一个重要指标，原行业标准JTJ 022—85[327]和 JTJ 023—

85[328]对圬工拱桥和钢筋混凝土拱桥的挠度限值规定分别为计算跨径的 1/1 000 和 1/800。现行标准中,JTG D62—2004 取消了拱桥挠度限值的规定,而 JTG D61—2005 沿用原规范,规定"在一个桥跨范围的正负挠度的绝对值之和的最大值不应大于计算跨径的 1/1 000。"参照JTG D61—2005[161]的规定,GB 50923—2013 第 6.0.4 条规定,"钢管混凝土拱肋的挠度计算,按短期效应组合并消除结构自重产生的长期挠度后,在一个桥跨范围的正负挠度绝对值之和的最大值不应大于计算跨径的 1/1 000。"

相关研究表明,挠度限值并不能有效地控制钢管混凝土拱桥的振动。对于有人行功能的桥梁,可通过舒适度指标来反映人体对振动的感觉[329-330]。舒适度指标与桥梁振动的速度、加速度、频率等参数有关。相关内容参见本书第二版第十章第六节的介绍。

DBJ/T 13-136—2011 第 6.0.6 条规定,"舒适度计算应考虑车辆与桥梁的相互振动。"在持久状况正常使用状态下,钢管混凝土拱桥的舒适度应满足表 4-14 的要求。舒适度等级、分类和相应的振动标准值应按表 4-15 的规定进行计算。

表 4-14

桥梁结构行人舒适度等级

安 全 等 级	舒 适 度 等 级	安 全 等 级	舒 适 度 等 级
一级	2	三级	4
二级	3	—	—

表 4-15

舒适度等级、分类与振动标准值

舒适度等级	分　类	振动标准值	舒适度等级	分　类	振动标准值
1	轻微地感觉到振动	$VG < 0.32$	3	稍微难走	$0.61 < VG < 1.12$
2	明确地感觉到振动	$0.32 < VG < 0.61$	4	极其难走	$1.12 < VG < 1.48$

在表 4-15 中,振动大小 VG 可由式(4-82)计算。

当 $VGL \leqslant 40\text{dB}$ 时:

$$\lg VG = 0.05(VGL - 40) \tag{4-82a}$$

当 $VGL > 40\text{dB}$ 时:

$$\lg VG = 0.03(VGL - 40) \tag{4-82b}$$

$$VGL = 20\lg\left(\frac{S_1}{0.014}\right) \tag{4-82c}$$

$$S_1 = \frac{v_{max}}{\sqrt{2}} \tag{4-82d}$$

式中:VGL——振动大小水平;

　　　S_1——桥梁响应速度的实效值;

　　　v_{max}——桥梁响应速度的最大值(cm/s)。

对于钢管混凝土拱肋的钢管应力,GB 50923—2013 第 6.0.5 条规定,"持久状况下钢管混凝土拱肋的钢管应力不宜大于 $0.8f_y$。"

由本章第一节可知,GB 50923—2013 的设计计算采用的是极限状态法,它无法限制钢管的应力。为了在正常使用极限状态中控制钢管的应力处于弹性阶段,考虑了一定的安全储备后,限值取 $0.8f_y$。

在计算中,钢管应力除了内力产生的应力外,还包括由于组合截面产生的非线性自应力部分,如混凝土收缩、徐变等引起的应力。大量的工程实践经验表明,限制值取钢材的容许应力 f_s 为计算指标,如 $0.8f_s$,则该限制值将控制设计并导致钢材用量的急剧上升,失去钢管混凝土作为组合结构的意义,同时这种规定也背离了极限状态法设计计算的原则。

第六节 其 他 计 算

一、吊索、系杆索承载力

斜拉索是斜拉桥的主要受力构件。我国的公路桥梁设计标准中,《公路斜拉桥设计细则》(JTG/T D65-01)[331] 对斜拉索的设计有较为详细的规定。钢管混凝土拱桥中的吊索和系杆索,与斜拉索有相似之处。所以,GB 50923—2013 第 5.4.1 条规定,"吊索和系杆索设计宜按现行行业标准《公路斜拉桥设计细则》(JTG/T D65-01)中对斜拉索的技术要求执行。"

GB 50923—2013 第 5.4.2 条规定,吊索的承载力按应力进行验算,应满足式(4-83)的要求。

$$\sigma \leqslant 0.33f_{tpk} \tag{4-83}$$

式中:σ——吊索的应力(N/mm^2);

f_{tpk}——吊索的抗拉强度标准值(N/mm^2)。

钢管混凝土中、下承式拱桥的吊杆主要采用高强、柔性的钢索(吊索)。吊索受力中活载占有较大的比例,工作环境与斜拉桥中的斜拉索类似,要求吊索有较高的抗疲劳性能;同时,吊索在整个桥梁造价中所占的比例不大。为降低吊索中的应力幅,提高其安全性,根据我国近年的工程经验,吊索计算中取用了 3.0 的材料变异系数,比斜拉桥中斜拉索的 2.5 高一些。

GB 50923—2013 第 5.4.3 条规定,系杆索的承载力按应力进行验算,应满足式(4-84)的要求。

$$\sigma \leqslant 0.5f_{tpk} \tag{4-84}$$

式中:σ——系杆索的应力(N/mm^2);

f_{tpk}——系杆索的抗拉强度标准值(N/mm^2)。

系杆用于拱梁组合体系和刚架系杆拱中。钢管混凝土拱梁组合体系中的预应力混凝土梁和钢梁系杆,可按预应力结构和钢结构计算。GB 50923—2013 第5.4.3 条规定的对象为系杆索,是预应力拉索,只受拉不受弯,主要用于刚架系杆拱中。由于系杆索为总体受力构件,恒载所占的比例较大,活载引起的应力幅值较小,其疲劳问题没有吊索突出,更接近于预应力体外索的受力,因此,其材料变异系数取2.0,比吊索的小。

二、施工计算

由于拱在成形之前的受力不是拱结构,因此拱的施工往往需要辅助措施,如支架、斜拉索,以帮助其受力。拱桥施工方法较其他桥梁复杂,成为影响拱桥建设方案、经济性、工期、受力等各方面的重要因素。GB 50923—2013 第4.1.6 条规定,"钢管混凝土拱桥设计时应根据地形地质、交通运输条件和其他建设条件,确定指导性的施工方案、主要施工步骤、质量要求和施工中允许的不平衡荷载,并应明确结构体系转换的顺序及采取的措施。"

钢管混凝土拱桥在施工过程中存在着结构构件和体系的不断变化,设计时应根据所提的指导性施工方案,对施工过程进行控制性计算。同时,在应力验算中还需将施工过程的应力累积到成桥后的应力之中。因此,设计阶段的施工控制性计算不仅是设计方案得以实施的保证,也是设计者结构计算的需要。

GB 50923—2013 第4.1.7 条、第4.1.8 条规定,"钢管混凝土拱桥设计时应对主要施工阶段进行计算。施工阶段的计算应包括下列内容:

(1)拱肋构件的运输、安装过程中的应力、变形和稳定计算;

(2)与拱肋形成有关的附属结构的计算;

(3)拱肋形成过程中自身的应力、变形和稳定计算;

(4)成桥过程中桥梁结构的应力、变形和稳定计算。

施工计算中,应计入施工中可能出现的实际荷载,包括架设机具和材料、施工人群、桥面堆载以及风力、温度变化影响力和其他施工临时荷载。"

拱桥施工过程的稳定问题突出,因而历来受到重视。钢管混凝土拱桥先期合龙的空钢管较之混凝土拱肋,强度、刚度大而自重轻,稳定性相对较高。这也是钢管混凝土拱的一大优点。然而当跨径较大时,施工稳定性问题仍然是一个重要问题。GB 50923—2013 第4.1.8 条还规定,"施工阶段结构弹性稳定特征值不应小于4.0。"

大量计算结果表明,钢管混凝土拱施工过程中的弹性分支点失稳的一阶模态以面外为主。因此在施工阶段,要特别注意拱肋的横撑(或临时横撑)和横向缆风的作用。采用通用程序的计算中,加上横撑或临时横撑后,横向稳定系数会有非常明显的提高。但通用程序一般无法考虑扣索和横向缆风的作用,扣索和缆风索仅作为安全储备。然而随着跨径的增大,不计扣索和缆风时计算所得的安全系数均不大,势必要增加施工的费用,因此在必要时应设法在计算中考虑这些索的作用。文献[332-333]介绍了考虑索作用的分支点失稳计算方法,本书第二版第六章对此也有较为详细的介绍。

钢管混凝土拱桥在实际施工时，还需根据最终确定的施工方案和细节，进行详细的施工计算，它是设计所进行的施工控制计算的延续和深化。如果施工确定的方案与设计者提出的方案不同，还需征得设计者的同意，必要时设计者还会根据新的施工方案对结构进行相应的变更。因此，设计单位所作的施工控制计算不能取代施工单位的施工计算。施工单位应在满足设计要求的前提下，根据具体的施工组织设计进行施工过程的详细计算。

设计阶段的控制性施工计算与施工阶段的详细计算，原则相同、内容相似，但后者的深度和细化程度要高于前者。施工阶段的施工计算内容，一般应包括如下内容：

（1）拱肋构件在运输、安装过程中的应力、变形和稳定计算；

（2）与拱肋形成有关的附属结构（如拱铰、扣点以及拱段接头等）的设计和计算；

（3）拱肋形成过程的施工程序设计及拱肋形成过程中自身的应力、变形和稳定计算；

（4）拱上结构或桥面系的加载程序设计与相应阶段的结构应力、变形和稳定计算；

（5）系杆拱分阶段预加力的设计和计算；

（6）拱肋按灌注每根钢管内混凝土的施工阶段受力计算，有时还根据需要对每根管不同灌注阶段的受力进行计算。

施工阶段的计算可按弹性理论进行。计算时，力学模型及加载程序应与设计相符。对于钢管混凝土拱肋应假定钢管与混凝土之间有足够的黏结力，能保证二者共同协调受力，且符合平截面假定。施工阶段的结构应力、变形计算，一般应计入混凝土的收缩、徐变的影响。施工过程的计算荷载和要求可按照 JTG D60[145]、JTG/T F50[91] 等相关规范进行。

钢管混凝土拱肋的特点之一是分阶段形成受力断面，先期浇注的管内混凝土结硬后要参与承受后续的荷载，一般要求当其强度不低于设计强度的80%时进行下一个阶段的施工加载。

当混凝土的收缩、徐变对结构受力的不利影响较大时，宜考虑采取措施降低其影响，如延长混凝土初始加载龄期、降低钢管的径厚比、改变混凝土的配合比等。

拱肋构件吊装过程的计算，除了计算构件本身的受力外，采用缆索吊机吊装时还应计算缆索系统的受力。拱肋安装过程的计算对象为被安装的拱肋和施工辅助构造组成的施工受力结构，如悬臂法安装中由拱肋、扣（锚）索系统、风缆系统等组成的施工受力结构，转体法施工中由拱肋、转动机构和支撑结构组成的施工受力系统等。

此外，如本章第一节所指出的，钢管混凝土拱桥施工阶段管内混凝土达到设计强度前的钢管拱结构以及其他钢构件，其承载力、变形和稳定性能均应按桥梁钢结构进行设计与计算，并应符合国家现行有关标准的规定。

采用泵送顶压法浇注钢管内混凝土时，应对钢管的环向应力进行验算，防止爆管事故的发生。哑铃形拱肋浇注管内混凝土时的拱肋截面环向应力的计算分析见第五章第五节。施工和加载程序设计应以使主拱拱肋受力均匀，避免剧烈的反复变形为原则，有关介绍见本书第二版

第八章第六节。

三、节点及连接疲劳计算

疲劳荷载可引起材料局部应变,导致疲劳裂纹的形成和扩展,裂纹达到一定的尺度后,将导致结构失效。对承受反复荷载作用的桥梁管结构,疲劳破坏不容忽视。由第一章可知,管节点的疲劳问题是钢管结构桥梁的关键问题之一,对此已开展了大量的研究。在空管结构中填充混凝土是缓解其疲劳问题的一个重要手段。然而,尽管如此,管节点的疲劳仍然是钢管混凝土拱桥结构安全与耐久的重要问题。

重庆巫山长江大桥和万州长江大桥、浙江绍兴曹娥江大桥等工程,已对钢管混凝土节点疲劳问题开展了研究[48,334-343]。试验研究表明,钢管混凝土节点的疲劳问题与空钢管节点的疲劳问题相似,但是主管内填充的混凝土阻止了钢管径向变形,使节点刚度增加,应力集中现象缓解,管节点疲劳寿命提高。由于与空心钢管节点相比,对钢管混凝土节点的疲劳问题研究还不充分,所以 GB 50923—2013 对此没有给出具体算法。目前国内外许多规范中已为工程设计人员提供了空心管节点的疲劳强度曲线,实际工程中可将钢管混凝土节点当作空心管节点处理。这样做低估了钢管混凝土节点的疲劳寿命,是偏于保守的。

钢管混凝土节点疲劳强度可采用固有缺陷法、修正系数法等方法进行预测。固有缺陷法的基本思想是在试验结果分析的基础上,提出一个简单的物理模型,来研究管节点的疲劳寿命问题。有关计算方法,可参见本书第二版第十章第八节的内容和相关文献介绍。

修正系数法是以空心管节点的疲劳强度为基础,通过引入一个疲劳强度修正系数 μ,来计算钢管混凝土节点的疲劳强度。钢管混凝土节点疲劳强度修正系数 μ 反映了钢管混凝土节点较空心管节点疲劳强度的提高程度。修正系数 μ 为:

$$\mu = \frac{\Delta\sigma}{\Delta\sigma_H} \tag{4-85}$$

式中:$\Delta\sigma$——钢管混凝土节点某一疲劳寿命时疲劳应力幅(全应力幅);

$\Delta\sigma_H$——相应空心管节点相同疲劳寿命时疲劳应力幅(全应力幅)。

当 $\Delta\sigma$ 和 $\Delta\sigma_H$ 是支管名义应力幅或热点应力幅时,钢管混凝土节点疲劳强度修正系数分别记作 μ_N 和 μ_G。实际工程中一般采用名义应力幅。

JTG/T D65-06—2015[86] 第 5.7 节对疲劳节点计算作了相应的规定。计算采用修正系数法。下面对其进行简要介绍:

1. 疲劳荷载

疲劳荷载采用等效的车道荷载。集中荷载为 $0.7P_k$,均布荷载为 $0.3q_k$。P_k 和 q_k 按现行《公路桥涵设计通用规范》(JTG D60)取值。疲劳荷载应加载在最不利的荷载位置,并按规定计算疲劳荷载的冲击作用。

2.节点及连接构造类型

钢管混凝土桁式拱桥的节点呈 T、Y、K、N 形。主拱的主管内灌注混凝土，支杆为空心管或 H 型钢。空心支管与主管的连接采用相贯焊接。支杆为 H 型钢时，需采用节点板，杆件与节点板间采用高强螺栓连接，节点板与主拱的主管间采用焊接。管—管对接的受拉管件仅适用于次要受力部位。

节点疲劳验算主要针对管—管相贯、管—板连接和管—管对接三类特殊焊接接头的细节构造。

顺便指出，第三类管—管对接，是指受拉结构，而在钢管混凝土拱桥中，拱肋的受力以小偏压为主，一般不出现受拉的情况。JTG/T D65-06—2015[86]第 4.3.7 条对主拱截面的偏心距进行了限制后，主拱弦杆一般不会出现受拉的工况。

3.疲劳验算

疲劳验算所采用的应力幅 $\Delta\sigma$ 为钢结构在疲劳荷载作用下的名义应力$\left(\sigma = \dfrac{N}{A} \pm \dfrac{M}{W}\right)$最大变化幅度。疲劳验算按式(4-86)计算。

$$\Delta\sigma = |\,\sigma_{max} - \sigma_{min}\,| \leqslant [\,\sigma_0\,] \tag{4-86}$$

式中：$\Delta\sigma$——疲劳应力幅（MPa）；

$[\,\sigma_0\,]$——疲劳容许应力幅（MPa），按表 4-16 取值；

σ_{max}、σ_{min}——最大应力和最小应力（MPa）。

节点及连接疲劳容许应力幅 表 4-16

类别	节点及连接构造形式	加工质量要求	疲劳容许应力幅 $[\sigma_0]$（MPa）	检算部位和内容
1	T、Y、K、N相贯管节点	采用相贯线切割机开制相贯线坡口，全熔透焊缝连接。焊趾处需焊后修磨。超声波探伤 B 级检验 I 级合格	50	非连接处支管正截面应力
2	板—管焊接节点	管—板 T 形接头采用坡口全熔透焊缝。节点板两端打磨匀顺，打磨范围及要求参见《铁路桥梁钢结构设计规范》（TB 10002.2）	80	按常规方法验算焊接接头处应力
3	受拉空心圆管对接（仅限次要杆件）	环焊缝单面全熔透对接接头，内设钢衬环	50	接头处正截面应力

注：表中的疲劳容许应力幅$[\sigma_0]$为 $N = 2\times10^6$ 次等幅加载的疲劳容许应力。

疲劳荷载应计入多车道折减的影响。对于钢管混凝土受拉构件，不计入管内混凝土的作用。

四、其他结构计算

除拱肋、吊索与系杆索等钢管混凝土拱桥中较为特殊的结构与构件外，其他钢筋混凝土、预应力混凝土、圬工、钢结构等按现行行业标准计算，如《公路钢结构桥梁设计规范》（JTG D64）、《公路钢混组合桥梁设计与施工规范》（JTG/T D64-01）、《公路圬工桥涵设计规范》（JTG D61）、《公路钢筋混凝土及预应力混凝土桥涵设计规范》（JTG D62）和《公路桥涵地基与基础设计规范》（JTG D63）等。

钢管混凝土拱桥中的钢结构和钢构件之间的连接，显然应该按桥梁钢结构进行设计与计算。此外，施工阶段管内混凝土达到设计强度前，亦即钢管混凝土组合结构形成之前，拱肋的受力为钢管结构，其承载力、变形和稳定，应按桥梁钢结构进行设计与计算，分析中除考虑其自身自重外，还应考虑管内混凝土自重和其他施工荷载。关于空钢管节点承载力，JTG/T D65-06—2015[86]第5.6节给出了计算方法。

（1）空管节点承载力的验算以控制支管轴向力的方式进行。主管灌注管内混凝土之前，节点承载力按表4-17计算。

空钢管节点承载力　　　　表4-17

序号	节点形式	节点承载力		适用范围
		支管受压时	支管受拉时	
1	X形节点	$N_c = \dfrac{5.45}{(1-0.81\beta)\sin\theta}\phi_n T^2 f_{sd}$	$N_t = 0.78\left(\dfrac{D}{T}\right)^{0.2} N_c$	$0.2\leq\beta\leq1.0$ $\dfrac{D}{T}\leq100$ $\dfrac{d}{t}\leq60$ $\theta\geq30°$
2	T形和Y形	$N_c = \dfrac{11.51}{\sin\theta}\left(\dfrac{D}{T}\right)^{0.2}\phi_n\phi_d T^2 f_{sd}$	当$\beta\leq0.6$时 $N_t = 1.4N_c$ 当$\beta>0.6$时 $N_t = (2-\beta)N_c$	
3	N形和K形节点	$N_c = \dfrac{11.51}{\sin\theta_c}\left(\dfrac{D}{T}\right)^{0.2}\phi_n\phi_d\phi_a T^2 f_{sd}$	$N_t = \dfrac{\sin\theta_c}{\sin\theta_t}N_c$	

表 4-17 中: N_c——支管受压时的节点承载力$(10^{-3}\mathrm{kN})$;

N_t——支管受拉时的节点承载力$(10^{-3}\mathrm{kN})$;

β——支管与主管外径之比,即 $\beta = \dfrac{d}{D}$;

θ_c——受压支管轴线与主管轴线的夹角$(°)$;

θ_t——受拉支管轴线与主管轴线的夹角$(°)$;

ϕ_n——参数,按式 (4-87a) 计算;

$$\phi_n = 1 - 0.3\frac{\sigma}{f_y} - 0.3\left(\frac{\sigma}{f_y}\right)^2 \qquad (4\text{-}87a)$$

当节点两侧或一侧主管受拉时,取 $\phi_n = 1.0$;

T——主管的壁厚(mm);

t——支管的壁厚(mm);

f_{sd}——钢材的强度设计值(MPa);

f_y——钢材屈服强度(MPa);

σ——节点两侧主管轴心压应力的较小绝对值(MPa);

ϕ_d——参数,按式 (4-87b) 和(4-87c)计算;

当 $\beta \leqslant 0.7$ 时: $\qquad \phi_d = 0.069 + 0.93\beta \qquad (4\text{-}87b)$

当 $\beta > 0.7$ 时: $\qquad \phi_d = 2\beta - 0.68 \qquad (4\text{-}87c)$

ϕ_a——参数,按式(4-87d)计算;

$$\phi_a = 1 + \left(\frac{2.19}{1 + 7.5\frac{g}{D}}\right)\left(1 - \frac{20.1}{6.6 + \frac{D}{T}}\right)(1 - 0.77\beta) \qquad (4\text{-}87d)$$

g——两支管间的间隙(mm);

D——主管外径(mm)。

(2)受压支管径厚比宜满足表 4-18 的要求。当受压支管径厚比不满足表 4-18 要求时,为保证节点承载力需要,受压支管设计承载力应按表 4-19 进行折减。

受压支管径厚比限制值 表 4-18

钢材牌号	径 厚 比	钢材牌号	径 厚 比
Q235	$d/t \leqslant 40$	Q390	$d/t \leqslant 25$
Q345	$d/t \leqslant 35$		

受压支管设计承载力折减表   表4-19

钢材牌号	径 厚 比						
	30	35	40	45	50	60	70
Q235	1.0	1.0	1.0	0.98	0.93	0.88	0.82
Q345	1.0	1.0	0.96	0.88	0.86	0.82	0.78
Q390	0.98	0.88	0.85	0.78	0.76	0.73	0.70

注：当径厚比位于中间值时，承载力折减系数可采用插入法求得。

第七节　耐久性设计

一、概述

(一)钢管混凝土拱桥主要耐久性问题

尽管我国的钢管混凝土拱桥修建时间不长，但已有一些桥梁暴露出使用与养护上的问题。

广东佛陈大桥的系杆出现了锈断，致使该桥在运营5年(1994~1999年)后就被迫关闭交通进行系杆的更换。由于当时设计考虑的是不可更换的系杆，因此，给系杆的更换带来极大的困难。系杆更换工程造价高，中断交通时间长，给投资者(收费桥梁)和当地的经济带来很大的影响。

新疆库尔勒孔雀河大桥吊索破断，对钢管混凝土拱桥的安全敲起了警钟。许多桥梁也调查发现了吊索生锈的现象。早期钢管混凝土拱桥的吊索在防腐方面考虑不足，且多为不可更换的吊索，给吊索的养护与更换带来了相当的困难。

对于中、下承式钢管混凝土拱桥，桥面系与拱肋相交处的伸缩缝与小支座，在使用中易于损坏和脱落，是耐久性的另一问题。

钢管混凝土拱桥钢管外表面的防腐涂装早期多为油漆，使用数年后需要补涂，有的甚至需要重新油漆。近年来，涂装多采用金属喷涂防腐，其防腐效果仍有待时间的考验。近年来一些钢管混凝土拱桥中采用了钢—混凝土组合桥面系，如江苏邳州京杭运河大桥、广东广州丫髻沙大桥和深圳彩虹(北站)大桥、湖南益阳茅草街大桥等，其钢梁也存在着防腐的问题。今后，钢管混凝土拱桥的防腐问题将会不断地提到桥梁使用与管理部门面前。

钢管混凝土拱桥在使用过程中出现的这些问题，如果不引起重视，随着时间的推移，将会越来越突出，可能出现大面积的结构损坏和服务水平下降，甚至造成安全事故。这不仅将极大地增加桥梁维修改造的资金投入，还将严重影响社会正常的生产和生活秩序，给社会的经济生活乃至稳定带来严重的后果。

（二）全寿命设计理念

就一座桥梁而言,其生命周期(Life Cycle)可分为规划建设期和使用与回收期两大阶段。规划建设期又可分为规划、设计与施工三个阶段,使用与回收期又可分为使用养护期和拆除回收期两个阶段,因此桥梁生命周期又可细分为五个阶段。这五个阶段从所占用时间上来说,在国外一般规划阶段占2%～3%,设计阶段占2%～3%,施工阶段占4%～6%,使用阶段所占时间最长,占88%～92%。但若以影响桥梁整体服务性、功能性与经济性而言,规划设计阶段的影响最大,施工阶段主要是根据规划设计的内容实施,而使用阶段主要是根据桥梁的实际状况进行管理与养护维修。我国近二三十年来的桥梁建设,规划建设期(规划、设计与施工)的时间越来越短,导致一些桥梁规划设计中存在着结构选型、构造上的先天缺陷,加上施工工期太短,因赶工期而带来质量的问题。从桥梁全寿命的观点出发,给规划建设期以合理的时间保证,是当前我国桥梁建设面临的一个重要问题[344]。

规划与设计是桥梁建设的重要环节,应引入全寿命的理念,注重结构耐久性的设计。在本阶段,要研究外业调查工作中涉及全寿命设计的自然环境条件和详细内容。对于钢管混凝土拱桥,环境条件对钢材锈蚀的影响就是外业调查的一个重要内容。如桥位处于强烈污染的工业大气、海洋大气等环境中,则对钢管混凝土拱桥的选择要慎重考虑。再如,对于地质条件较差的地区,在选择钢管混凝土刚架系杆拱桥时,还要十分注意主墩处地质条件的差异性,如差异太大,在长期荷载和活载作用下两主墩的基础变形可能不一致,这也不利于结构的受力和耐久性。

初拟桥梁方案时,应进行基于全寿命的投资估算(Life Cycle Cost,简称LCC)、全寿命经济与环境分析,在此基础上进行基于全寿命设计的工程方案比较。必要时还应就结构可能的工程方案开展结构耐久性专题研究。

桥梁全寿命成本包括从规划、设计、施工到营运和最后拆除整个生命周期中所需的一切费用,与目前桥梁建设中仅考虑新建成本相比,它还要考虑营运期的养护费用和拆除回收期的费用。营运期间的养护费用包含定期养护费用和不定期养护费用。定期养护费用包括管理人员费用、桥梁清扫、附属设施维修、委托检查检测费用、支座与伸缩装置及桥面铺装等更换费用、钢构件定期涂装费用等确定性成本和不确定性成本。不定期养护费用主要指由水灾、地震等天灾和车辆撞击、火灾等人为因素造成的损坏引起的维修与加固的费用,或由于用途改变而需重建的成本。这些费用由于无法事先预计,一般只能以总费用的一定百分率的方式予以预估。拆除回收期的费用除考虑拆除成本外,一般还要加上施工期间交通改道和交通维护的成本。进行桥梁全寿命费用分析时,还应将桥梁生命周期内不同年份的资金流量折算为同一年份的资金,即要考虑折现率。

在桥梁设计阶段(含初步设计、施工图设计和必要时的技术设计),应对可能和确定的工程方案有针对性地开展自然环境条件的不同深度的调查,提出设计各阶段应开展的耐久性研究并根据研究结果制定技术要求,明确结构的设计年限,进行全寿命工程概算和工程预算的编制,在初步设计阶段进行桥梁方案的比较。在施工图设计阶段,根据结构中各构件的重要性和可更换性,确定各构件的设计使用年限。对于可更换构件进行更换施工方案的设计。提出桥梁使用期间的管理与养护要求、实施大纲或手册。

(三)桥梁检测、养护通道设计

钢管混凝土拱桥设计应考虑桥梁的养护维修需要,设置必要的检测与检修通道,满足结构可通达性的要求。GB 50923—2013 第 4.1.9 条规定,"钢管混凝土拱肋、横撑、立柱、桥面系主梁等,应进行满足使用期间检查和养护维修要求的设计。"

对于跨径不大、拱肋矢高不高的拱桥,可用路灯车等进行拱肋的检查与维修,可以不设检修通道。跨径较大的钢管混凝土拱桥,均应考虑日后能方便地对拱肋进行检查与维修而设置检修通道(图 4-21)。

a)广东广州丫髻沙大桥　　　　　b)四川峨边大渡河大桥

图 4-21　拱肋检修通道

当桥面系为钢梁或钢—混凝土组合梁时,要考虑钢梁检查与防腐维修的方便,一般应设计专用的检修车。图 4-22 为广东广州丫髻沙大桥的检修车。

如图 4-23 所示的下承式拱梁组合桥,具有大型的支座,设计时没有考虑支座养护和检查通道,给后期的养护维修工作带来困难。对于此类桥梁,设计时还要考虑将来的支座更换问题。

(四)结构与构件的耐久性设计

GB 50923—2013 第 4.1.11 条规定,"钢管混凝土拱桥的防水、排水和其他结构的耐久性要求应符合国家现行有关标准的规定。"

在桥梁设计中引入全寿命设计理念后,需将桥梁结构中各构件分为主要构件和次要构件、可修复构件和不可修复构件、可更换和不可更换构件。

图 4-22　广东广州丫髻沙大桥检修车

图 4-23　某下承式拱梁组合桥

主要构件为桥梁结构构件。钢管混凝土拱桥的主要构件有桥梁墩台及基础、桥墩保护（防撞）设施、拱肋与横撑、立柱、吊索与系杆索、横梁、桥面板等。当其低于标准时，需进行修复或补强，否则将影响桥梁的安全性。

次要构件为桥梁非结构构件，如引道路堤及其护栏护坡、桥面排水设施、缘石及人行道、栏杆与防撞护栏、防震挡块、伸缩装置等。当次要构件低于标准时，将影响桥梁的服务水平。

对于不可修复或更换的主要构件，如桥梁桩基础、主拱肋等，构件的设计年限要大于或等于结构的设计使用年限，采用较大的安全储备，以确保设计寿命期间的安全。对于中、下承式拱中的关键易损构件，如吊索，GB 50923—2013 通过降低设计抗拉强度来提高其安全储备（见本章第六节）。吊索、系杆防水、防腐要求与措施见第三章第四节的介绍。锚头防护罩应采用螺栓固定而不应采用焊接构造，以便于检查。系杆索不应采用混凝土包裹，可置于系杆箱之中，但系杆箱每隔一段距离应能够打开检查。

从现有工程实践看，吊索与系杆索无法与结构同寿命。因此，设计时要明确将其定位为主要的、可更换的构件。设计时定出其设计使用年限，并以此计算寿命期内这部分的总费用，包括材料费用、更换费用等。设计时要考虑到便于日后更换，如旧吊索更换能方便地取出、预留有临时吊杆的安装构造等。对于系杆索，可以在设计时预留系杆索孔道，以便更换施工；同时，还要考虑更换系杆时的张拉空间。目前有些刚架系杆拱桥没有考虑后期换索的张拉空间问题，施工时先施工主桥，张拉系杆索后加设引桥，将来换索还要把引桥的上部结构移开。如果引桥是简支梁还好些，但如果是连续结构，将来系杆索更换难度就会很大甚至不可能。

桥面板、桥面铺装、伸缩装置和支座也是桥梁的易损构件，设计时要充分考虑其耐久性。桥面板要有足够的厚度。伸缩装置要采用适于变形且易于更换的类型。中、下承式钢管混凝土拱桥中的悬吊桥面部分的支座、伸缩缝的设计注意事项见本章第三节的介绍。

跨江河的上、中承式钢管混凝土拱桥，要控制拱肋水线的位置。如果拱肋可能长期浸泡在水中,拱脚段应采取相应的保护措施,如用混凝土外包,或增加钢管的厚度。钢管混凝土拱桥设计时还要注意局部位置的处理,如中承式拱拱肋与桥面交界处的处理,采用简易设施防止人员攀爬拱肋等。

上述这些结构耐久性设计在本书相关章节中均有涉及。拱肋的防腐设计是钢管混凝土拱桥耐久性设计的重要内容,详见本节后续的介绍。

二、防腐涂装设计

(一)钢结构腐蚀与防腐

钢结构在各种大气环境条件作用下而产生腐蚀,是一种自然现象。钢材的腐蚀按反应机理可分为化学腐蚀和电化学腐蚀。化学腐蚀过程不伴随电流的流动。钢材在高温工作条件下受到氧气(O_2)、二氧化硫(SO_2)、硫化氢(H_2S)和卤素等气体的腐蚀,就属于化学腐蚀。钢材伴随有电流流动的腐蚀称为电化学腐蚀。钢材在潮湿空气中或在电解质溶液中的腐蚀,就属于电化学腐蚀。钢材按自然环境引起的腐蚀又可分为大气腐蚀、土壤腐蚀、海水腐蚀、淡水腐蚀和生物腐蚀等。钢管混凝土拱桥所处的自然环境引起的腐蚀主要为大气腐蚀,对拱脚部分则还可能有其他的环境腐蚀,如海水腐蚀、淡水腐蚀、土壤腐蚀等等。

大气腐蚀的快慢、特点及主要控制因素在很大程度上取决于大气的湿度。如果大气中基本上没有水汽,钢材表面没有水膜,则这种腐蚀属于干大气腐蚀。这类腐蚀不发生电化学腐蚀,可视为化学腐蚀,且腐蚀速度慢,表面不生成"锈",只是钢材表面失去光泽,因此其危害也较小。

当大气的相对湿度在65%～100%之间时,钢材表面有一层肉眼看不见的水膜,这层水膜是由钢材表面杂质的毛细作用,使大气中的水膜凝聚到其表面而生成的。在这种大气条件下的腐蚀称为潮大气腐蚀,它有电化学腐蚀的作用,腐蚀速度较快,且生成锈,对钢材的破坏性较大。当大气的相对湿度接近100%或雨水喷淋于钢材表面时,这种腐蚀称为湿大气腐蚀,属于电化学腐蚀,腐蚀速度较快。

大气腐蚀除受湿度影响很大外,受大气组成成分的影响也很大。大气腐蚀主要是大气中的 SO_2、CO_2、HCl、NH_3 等腐蚀性气体溶解到钢材表面的水膜中引起的。腐蚀的相对强度若以强烈污染的工业大气为100%,则干燥的农村大气为1%～10%,城市大气为30%～35%,海洋大气为38%～52%,工业大气为55%～80%。

钢材防腐蚀的主要方法有选择适当的钢材、合理设计构件、改变环境、电化学防腐和涂层保护等。不同的钢材耐大气腐蚀性能也不同。含铜钢适合于在大气中使用。耐候钢可减轻腐蚀的危害和降低维护费用,近年来我国也开始了这方面的研究应用,但还未在钢管混凝土拱桥中应用。

不同金属互相接触,往往会引起电偶腐蚀。应力的作用也会加速介质对钢材的腐蚀。因此,钢结构设计时要特别注意连接部位和应力集中构件的细节处理。钢结构构件设计时,要考虑材料的均匀腐蚀程度,即结构构件的厚度等于计算的厚度加上腐蚀富余量(材料的年腐蚀深度×设计使用的年限)。利用均匀腐蚀深度值,也可估算出结构构件的使用寿命。但实际上腐蚀一般是不均匀的,所以设计结构构件时还要考虑一定的安全系数。

采用涂层防护可以避免钢材和腐蚀介质直接接触,是钢材防腐蚀的好方法。防腐涂层可分为非金属涂层和金属涂层两大类。非金属涂层又分为无机涂层和有机涂层。无机涂层包括化学转化涂层、珐琅、玻璃和水泥等。有机涂层包括塑料、涂料和防锈油等。

金属涂层防腐又可分为阳极防腐蚀涂层和阴极防腐蚀涂层。锌、铝等属于阳极防腐蚀涂层,其防腐效果较好。镀锡层等属于阴极防腐蚀涂层,这类涂层若存在孔隙,则会在涂层与钢材表面形成电池,引起腐蚀。金属涂层的制造方法有喷涂、热镀、电镀、电泳、渗镀、包覆等。

以下仅介绍钢管混凝土拱桥中常用的涂料防腐涂装体系和热喷铝、热喷锌铝涂层等热喷涂金属防腐涂装体系。

(二)涂料防腐涂装体系

涂料防腐涂装体系由底漆、中间漆和面漆构成。底漆主要起附着和防锈的作用,面漆主要起防腐蚀的作用,中间漆的作用介于两者之间。任何一种涂料均不可能单独使用,只有配套使用,才能发挥最好的作用。

涂料防腐涂装体系又可根据底漆的防腐性能分为普通涂料防腐涂装体系和重涂料防腐涂装体系。一般来说,普通涂料防腐寿命为3~5年,以后每隔3~5年需重新涂装维护,而且维护效果难以令人满意。目前在钢桥中多采用以富锌漆(无机富锌、环氧富锌漆)为底漆的重料防腐涂装体系。以下着重对这种防腐体系进行介绍,除非特别指明,后面所说的涂料防腐涂装体系均指这种体系。

在重涂料防腐涂装体系中,富锌底漆对钢材起阴极保护作用和屏蔽作用,即当中间漆和面漆完全失效后,腐蚀介质直接对富锌涂层起作用,富锌涂层以均匀腐蚀速率被腐蚀消耗;当局部锌颗粒被腐蚀后露出钢材基体时,富锌涂层靠牺牲其余锌颗粒来保护钢铁不被腐蚀。中间漆和面漆增加了涂层的厚度,对钢材起屏蔽作用和对富锌涂层起封闭作用,推迟和阻止富锌涂层及钢材的腐蚀过早发生。面漆涂层直接暴露在腐蚀介质环境中,本身还具有耐腐蚀和耐老化等性能。

腐蚀环境特性是涂装体系设计中需要考虑的一个主要因素。一个腐蚀环境总是由多个因素复合而成的,通常按起最大作用的那个因素来区分环境,我国通常将自然环境分为以下几类:

(1)田园区——农村、山区自然环境;

（2）工厂区——含有二氧化硫和硫化氢的酸性大气环境；

（3）海洋区——含氯离子大气环境；

（4）城市区——介于工厂区和田园区之间的大气环境。

涂料涂装体系设计时，应根据不同涂料及其底漆、中间漆和面漆的组合对环境的适应性进行合理的设计，形成一个配套的整体。如果选择不合适，则会导致整个涂装体系失效。表 4-20、表 4-21 给出了不同涂料对环境的适应性和不同车间底漆对桥梁加工工艺的适应性[345]。

不同涂料对环境的适应性　　　　表 4-20

环　境		底漆					中间漆、面漆					
		富锌漆	红丹底漆	铅底漆	氯化橡胶底漆	环氧底漆	酚醛漆	醇酸漆	氯化橡胶	环氧漆	丙烯酸漆	聚氨酯漆
田园区		优	优	优	优	优	良	良	良	优	优	优
海洋区	海洋飞溅区	优	稍差	良	良	优	良	稍差	良	优	优	优
	海洋大气区	优	良	良	良	优	良	良	良	良	良	良
工厂区		稍差	稍差	稍差	良	优	良	稍差	良	优	良	优
城市区		良	良	良	良	优	良	稍差	优	优	优	优

各种车间底漆性能比较　　　　表 4-21

项　目	磷化底漆	环氧富锌底漆	无机锌底漆
涂料施工性	优	稍差	稍差
干燥性	稍差	良	优
附着性	优	稍差	良
与下一道漆结合	良	稍差	良
焊接性	良	稍差	良
热加工及烟气	良	稍差	稍差
二次除锈	稍差	良	优
对自动划线机适应性	良	良	优

进行涂装体系设计需要考虑的另一个因素是各涂层间的相容性。若溶剂不相容，则会导致两层漆膜之间附着不牢；若溶剂相容性顺序颠倒，则外层强溶剂漆会"咬底"使底层弱溶剂漆被软化和剥落，破坏层间结合，引起涂装系统失效。表 4-22 为溶剂溶解能力顺序表。一般来说，油漆涂装体系中每层漆的溶剂应相溶，并且溶剂的溶解能力从里向外逐渐减小。一种涂料可以有不同种溶剂，因此，溶剂溶解能力顺序会有所变化。表 4-18 仅供涂层设计时参考，实际使用时还应仔细阅读油漆的产品说明书。

溶剂溶解能力顺序表　　　　表 4-22

溶剂名称	脂肪烃类	芳香烃类	醇类	酯类	酮类
涂料名称	醇酸树脂漆	氯化橡胶漆	乙烯树脂漆	环氧树脂漆	聚氨酯漆
溶解能力	弱————————————————————→强				

一般来说,当溶剂加入到不相容的涂料中时,涂料不能分散在溶剂里与其充分混溶,在漆桶里将发生脱凝作用,导致涂料结块,流动性变差,施工困难。含有强溶剂的涂料涂在含有较弱溶剂的涂层上面时,往往不用几分钟就可以看到因不相容造成的问题,除了引起下面涂层过分软化外,在这道涂层上还常常出现渗色;对极强的溶剂来说,漆膜在短时间内就会起泡。此外,不同工厂、不同品种的防腐涂料,当需掺合使用时,应经试验确定[345]。

进行涂装体系设计时,还须注意考虑各层涂料硬度的配套性。面漆的硬度应与底漆基本一致或略低些。如果硬度较高的合成树脂面漆涂在硬度较低的油性底漆上,则容易引起面漆的早期开裂。

钢结构涂装体系设计的另一个重要内容是确定涂层的厚度。涂层厚度的确定一般应考虑以下几个因素:①钢材表面的原始状况;②钢材除锈后的表面粗糙度;③选用的涂料品种;④钢结构使用环境对涂料的腐蚀程度;⑤预想的维护周期和涂料维护的条件。

一般来说,涂层的厚度由基本涂层厚度、防护涂层厚度和附加涂层厚度组成。基本涂层厚度是指涂料在钢材表面上形成均匀、致密、连续漆膜所需的最薄厚度(包括填平粗糙度波峰所需的厚度);防护层厚度是指涂层在使用环境中,在维护周期内受到腐蚀、粉化、磨损等所需的厚度;而附加涂层厚度则是指因以后涂装维修困难和留有安全系数所需的厚度。涂层厚度应根据实际需要来确定,过厚虽然可以增强防腐力,但附着力和机械性能都要降低;过薄则容易产生肉眼看不见的针孔和其他缺陷,起不到隔离环境的作用。

涂料、涂层数、涂层厚度均应符合设计要求。当设计对涂层厚度无具体要求时,涂层数以4~5层为宜。表4-23为文献[346]介绍的钢结构涂装涂层厚度,可供参考使用。我国典型的铁路、公路钢桥油漆的涂装体系见表4-24[345]。

钢结构涂装涂层厚度(μm) 表4-23

涂料名称	基本涂层和防护层					附加涂层
	城镇大气	工业大气	化工大气	海洋大气	高温大气	
醇酸漆	100~150	125~175				25~50
沥青漆			150~210	180~240		30~60
环氧漆			150~200	175~225	150~200	25~50
过氯乙烯漆			160~200			20~40
丙烯酸漆		100~140	120~160	140~180		20~40
聚氨酯漆		100~140	120~160	140~180		20~40
氯化橡胶漆		120~160	140~180	160~200		20~40
氯磺化聚乙烯漆		120~160	140~180	160~200	120~160	20~40
有机硅漆					100~140	20~40

我国典型的铁路、公路钢桥油漆涂装体系　　　　表 4-24

涂料名称	体系 1		体系 2		体系 3		体系 4		体系 5		体系 6	
	道数	厚度（μm）	道数	厚度（μm）	道数	厚度（μm）	道数	厚度（μm）	道数	厚度（μm）	道数	厚度（μm）
红丹酚醛底漆	2	2×35	2	2×35								
环氧富锌底漆					2	2×30	2	2×30				
无机富锌底漆									2	2×35	2	2×35
铝锌醇酸磷漆	3~4	(3~4)×30										
云铁醇酸磷漆			2~3	(2~3)×40								
云铁氧化橡胶面漆					3~4	(3~4)×35						
环氧云铁							2	2×40	2	2×40	2	2×40
丙烯酸面漆									2	2×50		
脂肪族聚酯漆							2	2×50			2	2×50
使用寿命（年）	2~3		2~5		3~6		8~15		8~15		8~15	

（三）热喷涂金属防腐涂装体系

钢桥防腐蚀的传统方法是进行油漆涂装,其有效期较短,维修频繁,造成人力物力的大量消耗,且不能从根本上解决防腐问题。目前解决钢桥防腐问题的一个行之有效的方法是采用热喷涂金属防腐涂装体系,它的设计使用年限可达 20~40 年,有资料称可以达到 50 年以上,且在前 20~30 年无须任何维护。英国的许多大桥都有 25 年以上的热喷涂防腐蚀经验。1953年美国进行了长达 19 年的热喷涂锌、铝涂层试验,并在此基础上制定了 AWS C2.18—93 热喷涂操作指南。随着电弧喷涂技术的发展,热喷涂防腐体系在钢结构防腐上得到了广泛的应用。热喷涂锌、铝涂层用于桥梁钢结构长效防腐,已经是一项成熟可靠的技术,国外和国内都有相关的标准。鉴于热喷涂锌、铝涂层优良的长效防腐性能,英国标准 BS 5493 中规定,无论何种环境,防腐年限在 15~20 年以上都主张采用热喷涂锌、铝防腐。

所谓热喷涂是指依靠专用设备产生的热源(火焰、电弧、等离子等),把金属或非金属固体材料加热熔融或软化,并利用热源自身的动力或外加高速气流雾化,使雾化的喷涂材料快速喷射到经过预处理干净的基体表面形成涂层的过程。

国外早在 20 世纪 20 年代就开始采用热喷涂技术在大型钢铁构件上制作锌、铝防腐涂层,经数十年不同环境的考验,证明其防腐效果卓著;我国在 20 世纪 50 年代早期也已开展喷锌防护工作,涂层至今完好。

热喷涂防腐涂层主要有锌涂层、铝涂层、锌铝合金涂层、铝镁合金涂层和稀土铝涂层等,其中锌涂层和铝涂层最常用,应用技术也最成熟。

研究表明,锌和铝具有比铁更低的电极电位,当锌、铝喷涂在电极电位更高的钢材表面时,在有电解质溶液存在的条件下,锌铝涂层成为牺牲阳极材料首先被腐蚀,对钢铁基体形成阴极保护而有效地防止了腐蚀。这种阴极保护是其他常规防腐措施所没有的。在隔离保护方面,作为活性强的金属涂层,锌、铝涂层尤其是铝的表面容易生成一层致密坚韧的氧化物保护膜。热喷涂时雾化的锌铝溶滴被高速喷射到经粗化和洁净处理的基体表面,热能和动能转化为结合能,使之获得比油漆等常规有机涂层更高的结合强度,而且耐磨不老化。锌铝涂层强化了隔离作用。此外,为防止腐蚀介质穿透锌铝涂层孔隙而接触钢材基体表面,热喷涂后用低黏度涂料对锌铝涂层进行封孔处理。经封孔处理的复合锌铝涂层的耐蚀性较单一锌铝涂层高得多[346]。表4-25、表4-26为我国公路和铁路行业标准推荐的桥梁钢结构外表面热喷涂涂层体系。

公路桥梁钢结构外表面热喷涂涂层体系　　　　　　　　　　　　　表4-25

序号	腐蚀环境	涂层	涂料品种	道数/最低干膜厚度(μm)
1	高盐度的沿海和近岸区域	底涂层	热喷铝或锌	1/150
		封闭涂层	环氧封闭漆	(1~2)/50
		中间涂层	环氧(云铁)漆	(1~2)/120
		面涂层	聚硅氧烷面漆	(1~2)/100
2		底涂层	热喷铝或锌	1/150
		封闭涂层	环氧封闭漆	(1~2)/50
		中间涂层	环氧(云铁)漆	(1~2)/120
		面涂层(第一道)	丙烯酸脂肪族聚氨酯面漆/氟碳树脂漆	1/40
		面涂层(第二道)	氟碳面漆	1/40

注:引自《公路桥梁钢结构防腐涂装技术条件》(JT/T 722—2008)。

铁路桥梁钢结构外表面热喷涂涂层体系　　　　　　　　　　　　　表4-26

适用部位	涂层	涂料品种	道数/最低干膜厚度(μm)
钢桥明桥面的纵梁、上承板梁、箱形梁上盖板	底涂层	电弧喷铝	—/200
	封闭涂层	环氧封闭漆	1/—
	中间涂层	棕黄聚氨酯盖板底漆	2/100
	面涂层	灰聚氨酯盖板面漆	4/160

注:引自《铁路钢桥保护涂装及涂料供货技术条件》(TB/T 1527—2011)。

目前常见的热喷涂工艺主要有以下几种:喷锌、喷铝、热浸镀锌、喷锌铝合金涂层(120μm以上)等。金属热喷涂体系应包括金属喷涂层和涂料封闭层。金属热喷涂和涂料的复合保护系统还应在涂料封闭后涂覆面层。

(四)钢管拱肋防腐设计

钢管混凝土拱桥建成后,拱肋的表面是钢结构,还有许多构件如腹杆、横撑等还是空钢管结构,因此它同其他钢桥一样存在着防腐问题。

　　钢管混凝土拱肋的防腐设计要以全寿命的观点来考虑,既要考虑到一次性的投资成本,又要考虑到日后的养护、维修与重新涂装的成本,以全寿命造价进行防腐涂装体系的选择。防腐涂装体系宜根据桥梁所处环境及不同部位进行设计,不同防腐涂装体系的钢材表面除锈等级、表面清洁度、表面粗糙度等指标要求应符合《公路桥梁钢结构防腐涂装技术条件》(JT/T 722—2008)的规定。本节着重介绍钢管防腐的设计与施工,对于钢管混凝土拱桥中其他钢结构(如钢—混凝土组合梁中钢梁)的防腐问题,与一般桥梁相同,这里不作重点介绍。

　　钢管混凝土拱肋暴露于大气之中,主动改变大气环境较为困难,只能被动地接受。当然在选择桥型时,应考虑到大气环境条件。电化学防腐蚀方法在钢管混凝土拱中尚未得到应用。目前钢管混凝土拱桥中所采用的防腐方法均为涂层保护方法。和其他桥梁一样,钢管混凝土拱桥的设计基准期一般也是 100 年,但目前国内外的钢材防腐涂层的使用寿命都还不能达到和桥梁一样长。GB 50923—2013 规定,应采用免维修周期不小于 15 年的防腐体系,综合考虑前期的费用与后期的养护费用,在技术上可行,经济上合理。所谓的使用年限是指在正常养护维修的情况下,从施工完成到重新涂装的时间间隔。JTG/T D65-06—2015[86] 则规定,钢结构防腐涂层体系保护年限为 15 ~ 25 年。

　　钢管拱肋外表面的常用防腐涂装体系有防腐料涂体系和热喷涂金属防腐体系。金属涂层在钢管混凝土拱桥中的应用近年来有增多的趋势。

　　对涂料涂层的设计除前述的适应环境、各涂层之间的相溶性等要求外,由于钢管混凝土拱桥暴露于大气之中,因此还要求涂层具有较好的耐老化能力。在钢管混凝土拱桥中应用较多的是富锌涂料,它兼有隔离性和阳极防腐涂层的特征,防腐效果较好。底漆可采用环氧富锌底漆等;封闭漆主要用来封闭底漆的微孔,可使用稀释50%的环氧云铁漆或环氧封闭漆等;中间漆主要起阻隔作用,可使用环氧云铁漆等;面漆主要起保护中间漆和底漆的作用,可采用 HDI 丙烯酸聚氨酯漆或氟碳面漆、聚合硅氧烷面漆等。重防腐涂装体系的富锌底漆厚度宜为 70 ~ 80μm,中间层的厚度宜为 80 ~ 150μm,面层的厚度宜为 80 ~ 100μm。

　　非金属涂层往往加有防锈颜料,一方面改善涂层的防腐蚀性能,另一方面还使涂层具有丰富美观的色彩。采用金属涂层防护基本上都还覆盖有非金属涂料作为封闭层,一方面对金属涂层起保护作用,另一方面使拱肋的色彩有较大的选择范围,特别是对于中下承式拱桥,可以根据桥梁结构与环境的协调关系,将拱肋涂成红色、橘红色、蓝色等。

　　热喷涂金属体系多采用电弧喷涂锌、铝及其合金。热喷涂金属防腐体系的一次性投资比富锌重防腐体系大,但可以省去以后频繁维修造成的大量费用。因此,热喷涂金属防腐体系整个寿命周期的年平均费用可能更低。近年来,我国修建的许多钢管混凝土拱桥,以采用热喷涂金属防腐体系为主,也是今后新建桥梁的应用趋势,对于养护条件较差的山区桥梁等更应如此。

　　热喷涂金属防腐涂装体系的喷涂金属为锌时,喷涂金属层的厚度宜为 150 ~ 250μm;喷涂金属为铝和合金时,喷涂金属层的厚度宜为 150 ~ 200μm。中间层的厚度宜为 60 ~ 80μm。面

层的厚度宜为 $30 \sim 80 \mu m$。

以上所介绍的是对钢管外表面的防腐设计要求。对于灌注混凝土的钢管内表面，由于在使用阶段被混凝土覆盖，不和空气接触，故可不进行涂装。不灌注混凝土的空钢管（如腹杆和横撑）的内表面虽然有空气，但一般都是封闭的，与外面的空气不交换，因此，钢材的腐蚀问题也不会太严重，只需要简易的涂装即可。

在钢管混凝土拱桥的防腐设计中，对于特殊部位且维修困难的，如拱脚段或拱肋与桥面相交段，应采取特殊措施。在钢结构设计时，应特别注意结构细节，避免结构表面积水、形成涂装的死角等。对于采用热喷涂金属涂层防腐的，可在金属层上再刷较厚的防腐涂料复合面层或玻璃鳞片涂料等；对于采用涂料涂装体系的，可以外包钢丝网水泥或再焊一层钢板以避免涂料受大气、水或土壤的破坏。

无论采用金属涂层还是非金属涂层，在实施表面覆盖层保护以前，都要求对钢材表面进行防锈、清洁、平整，以利于涂层与钢基之间的牢固结合，达到防护的效果。钢材表面清理与底漆非常重要。研究表明，在影响涂膜寿命的各种因素（除锈质量、膜厚、涂料种类、其他因素）中，钢材表面除锈质量约占 50%。可见，表面处理的好坏对涂层寿命是至关重要的。一般要求在工厂喷涂车间进行喷涂，以使钢材表面处理在控制的湿度下进行，并在表面处理后迅速进行底漆的喷涂，以防止在表面处理后，覆盖层上去之前形成肉眼看不见的锈膜，影响涂层与钢基的结合。钢材表面清理与底漆处理不当，即使面漆质量很好，也会在一段时间后返锈。

钢材表面清理常见的方法有机械清除法、酸洗清除法和火焰清理法。在钢管混凝土拱桥中，钢管表面清理常用的方法是机械清除法中的喷砂除锈、抛丸除锈辅以化学清洗。除锈方法与除锈等级应与设计采用的涂料相适应，表面粗糙度应达到 $R_z 30 \sim 75 \mu m$。钢管外表面除锈具体要求参见表 4-27，其中不易维修的重要构件的除锈等级不应低于 Sa2.5。

钢材表面除锈等级要求   表 4-27

涂料品种	最低除锈等级（GB 8932—88）
沥青涂料	St2 或 sa2
醇酸耐酸涂料、氧化橡胶涂料、环氧沥青涂料	St3 或 sa2
其他树脂类涂料、乙烯磷化底漆	Sa2
各类富锌底漆、喷镀金属基层	Sa2.5

钢材表面除锈等级的确定，是涂装设计的重要内容。钢材表面处理是影响涂层质量的主要因素，合理确定除锈等级对保证涂层质量具有非常重要的作用。若确定的除锈等级过高，会造成人力和费用的浪费，过低则会降低涂层质量，起不到应有的防护作用，反而是更大的浪费。单纯从除锈等级标准来看，Sa3 级标准质量最高，但它需要的施工条件和费用也最高。不宜盲目要求过高的标准，而要根据实际需要来确定除锈等级。确定除锈等级的因素有：钢材表面原始状态、可能适用的底漆、可能采用的除锈方法、涂装维护周期以及经济因素等[346]。

防腐设计除应该指明涂料体系、各涂层厚度、材料要求、除锈等级要求及方法等技术指标外,还应给出不同涂装体系(钢管外表面、内表面和其他钢构件)的表面积,以便于工程量与造价计算。

第八节　强健性设计

一、结构强健性简介

结构强健性主要指结构在承受像火灾、爆炸、冲击或人为错误后果等极端事件时,不使破坏达到与原始动因不成比例程度的能力。结构强健性也称为结构鲁棒性、结构坚固性、整体牢固性或结构稳固性。鲁棒性音译自英语 robustness,是健壮和强壮的意思,原为统计学术语,也应用于控制理论等,用以表征控制系统对特性或参数摄动的不敏感性。它是在异常和危险情况下系统生存的关键。

结构强健性的研究源于 1968 年英国伦敦的 Ronan Point 公寓塔楼的一个事故。当时因发生煤气爆炸,导致 22 层的塔楼局部倒塌,造成重大人员伤亡。2001 年美国纽约世贸中心双子塔在"911 恐怖袭击事件"中的连续倒塌,加速了人们对结构抗连续倒塌性能或结构强健性能的研究,多个国家和研究机构都相继发布了各自的研究成果。结构强健性设计,要求整体结构对局部破坏不敏感,且具有抵抗连续破坏的能力。从传统的"结构在设计荷载作用下不破坏"的安全性原则,向"结构在局部构件失效时,仍具有足够的整体牢固性"的强健性原则转变,是结构设计理念的发展趋势,这种理念越来越受到重视[347-350]。

结构强健性设计包括概念设计和结构设计及计算。概念设计主要是通过概念性的构造措施来提高结构的抗连续倒塌的能力。概念设计是从大局出发,主要依赖于设计者的经验水平。对于概念设计措施,国内外有关规范均作出了一些规定,主要基于提高结构强健性,从结构体系的完整性与一致性、第二道防线、备用路径或多荷载路径与冗余、延性、应变硬化、后屈曲能力、拉链刹、连接构造、防护装置和关键构件的判别和构造措施等方面进行结构方案和结构布置设计,避免存在易导致结构连续倒塌的薄弱环节;或者对于某类构件破坏后剩余结构无法找到替代传力路径或实现替代传力路径代价较大,可能引起较大范围的倒塌,将该类构件视为关键构件进行加强设计,提高其抵抗意外荷载的能力,降低局部破坏的风险。

强健性的结构设计包括关键构件的设计和关键构件失效后剩余结构的设计两个部分。

关键构件设计可靠度指标应高于其他构件,所考虑的荷载、荷载组合和变异系数、材料强度变异系数等均有所不同。

剩余结构强健性设计所对应的是"破坏安全极限状态",也称"条件极限状态"。考虑到极端事件偶然作用下结构出现局部破坏事件的小概率性、在时间和空间上的随机性，"破坏安全极限状态"计算所考虑的结构可靠度指标应与承载能力极限状态和正常使用性极限状态的可靠度指标有所不同，因此在剩余结构效应分析与承载力计算时，所考虑的荷载、荷载组合和变异系数、材料强度变异系数等均有所不同。目前，这方面的研究还不够深入。

剩余结构强健性设计主要是通过必要的理论计算分析，保证结构在构件失效后剩余结构强度刚度满足相应的要求而不发生连续倒塌。在计算分析时，常采用拆除构件法，即变换荷载路径法。该方法通过移除结构中一根或多根竖向承重构件，来模拟结构的初始破坏作用，分析剩余结构的承载能力，判断结构是否会发生连续倒塌，进而评估结构抗连续倒塌的能力。该方法不需要考虑引起初始破坏的原因，但应考虑初始破坏可能产生的动力作用，可直接采用动力响应或采用动力放大系数的等效静力计算方法。

我国目前的公路桥梁设计规范采用基于承载能力极限状态和使用极限状态的极限状态设计理论，已有较为成熟的计算理论与方法，然而缺乏有关强健性的概念设计要求，更缺乏与此相联的"破坏安全极限状态"的规定。因此，结构的强健性设计更有赖于设计工程师对强健性重要性的认识、对结构体系受力概念的理解与掌握和对构造措施的把握，也更有赖于设计人员的社会责任感。

在满足现行规范要求的同时，对桥梁强健性设计提出以下几点建议：①分析桥梁的易损构件与部位，对易损构件与部位采取可靠的构造措施、加大安全系数，提出检查、维修、更换的措施；②确认易损构件或部位发生局部破坏，不会导致结构产生连续倒塌破坏，造成恶性的事故；③分析结构内部是否具有冗余，是否能构成完全封闭的传力体系，并尽力改善之；④分析结构约束条件的基本假定是否满足要求，保证结构在意外作用下不会产生刚体位移[351]。此外，设计还应考虑极端事件之后结构的可修复性。

二、主结构的强健性

对于钢管混凝土拱的主拱结构强健性，以第二章介绍的 5 种主要结构体系和其他体系进行分析。

上承式拱和中承式有推力拱[图 2-5a)和 b)]，主拱均采用无铰拱，为三次超静定结构，无系杆拉索等易损性关键构件，结构强健性较好。中承式拱，虽然悬吊桥面系常采用高强拉索为吊杆(吊索)，而吊索为易损的关键构件，但它属于局部受力结构，其强健性在后面分析。对于多跨有推力拱，需要每隔 3~5 跨设置一个单向推力墩，以防止一孔破坏引起的解扣式连孔倒塌。

飞鸟式拱和下承式刚架系杆拱[图 2-5c)和 d)]，均为刚架系杆拱，拱脚也与下部结构固结而成超静定结构，但主结构通过高强拉索作为系杆索来平衡主拱的大部分水平推力，而系杆索为具有较高易损性、对缺陷敏感性高的构件，与主拱不等寿命，生命周期内存在破断的风险较大。系杆索一旦破断,主拱的水平推力全部要转至下部结构与基础,同时主拱拱脚将可能产生较大的水平变位进而使主拱承受很大的附加弯矩,从而引发结构的整体垮塌。因此,其结构强健性较差。

刚架系杆拱在结构设计时,除了应加强系杆索这个关键构件的强健性设计外,下部结构还应具有相当的强度与刚度,留有足够的抗水平推力的安全储备,并设计有换索预留孔道和换索预案。对于系杆索断索强健性分析,在没有充分研究之前,建议参照《公路斜拉桥设计细则》(JTG/T D65-01—2007)[331]第6.2.1条第8款的规定计算,即一根系杆索断索后,结构不利增量不应超过相应设计应力的10%。此外,刚架系杆拱下承部分的悬吊桥面系多采用吊索为传力构件,设计时应充分考虑桥面系的强健性问题,有关内容将在本节后面叙述。

下承式拱梁组合结构[图2-5e)],虽然外部为静定结构,但内部为超静定结构,由主拱与系梁及吊杆组成,内部超静定次数较高。系梁多采用预应力混凝土梁或钢梁,易损性和对缺陷敏感性均小于高强拉索。这种结构的桥面系以纵梁受力为主,整体性强,抗吊索破断引起连续垮塌的能力也强。因此,下承式拱梁组合结构强健性好。

第一章第七节介绍的其他结构中,多跨拱梁组合结构(图2-87)的强健性与下承式拱梁结构(简支单跨)相似,且由于主梁结构为多跨连续,强健性还更好些;斜拉飞燕式拱、悬带拱与刚架系杆拱的强健性相似。

其他结构中的桁架拱与桁式组合拱,为高次超静定结构,传力途径多,其强健性与上承式拱相近,但对于桁架拱要分析桁架的构成,是否存在因某些构件或节点的破坏存在引起连续垮塌的问题;对于桁式组合拱,数量众多的斜拉索,易损性高,可能成为强健性的薄弱环节。

(简支)系杆索拱,如图2-96所示,虽然外形与下承式拱梁组合桥相似,但系(拉)索无抗弯刚度而内部为静定结构。系索为易损、对缺陷高度敏感的关键构件,发生破断的风险较大。系杆索一旦破断,外加的预应力消失,主拱将因成为机构而破坏。换言之,拉索破断将引发结构垮塌,可见其强健性极差。根据第一章第七节的介绍,在日常活载作用下,其存在伸缩装置易破坏、系杆索疲劳问题突出等缺点,悬吊桥面系强健性也存在不足,因此设计中应避免采用此类结构。为此,GB 50923—2013第7.1.1条提出"下承式拱不宜采用简支拉索拱结构"的规定。

至于拱肋本身的结构,单圆管和哑铃形为实腹式结构,管内填充了混凝土,结构的整体性与强健性均较空钢管结构好许多。第一章第一节介绍的瑞典阿斯克劳水道桥(图1-35),因船撞而垮塌。文献[42]分析认为,这种薄壁钢管截面对缺陷异常敏感,若该桥采用的拱肋截面具有较好强健性,船撞作用下也许只会受损伤而不垮塌。事实上,有很多具有较好强健性的桥梁遭受撞击而不垮桥的例子。本书作者曾建议一座下承式钢管拱的管内填充混凝土,以增强其遭受撞击时的强健性。

桁梁桥因结构无多余约束,强健性不足,当某一杆件(常常是腹杆)破坏时,引起连续垮塌的事故时有发生。桁式拱肋由弦杆与腹杆组成,虽然较之梁式结构来说,腹杆的受力要小许多,但仍要特别注意拱肋的整体性与强健性。腹杆与弦杆连接处要有足够的强度(含疲劳强度),结构设计时尽量避免采用受拉的腹杆,以减小节点疲劳破坏的风险。对于受压的杆件,要有足够的刚度防止失稳。对于靠近拱脚处的受压腹杆,所受的轴压力较大,必要时可采用钢管混凝土,以增大其刚度和增强其强健性。湖北恩施南泥渡大桥、重庆巫山长江大桥等均在拱脚处的腹杆或拱上立柱下的腹杆钢管中灌注了混凝土,即采用了钢管混凝土腹杆。

腹杆的受力除按整体结构计算外,还应按式(4-21)进行计算,并取二者的较大值。对结构受力不大的腹杆,也要按构造要求进行设计,以保证有足够的刚度与强度。当然,对于关键受力的腹杆,如能在设计时增加约束与传力途径,强化其强健性,则更好。

钢管混凝土拱桥涉及大量的钢结构,钢结构的连接可靠性是结构强健性的关键。钢管混凝土拱桥中的钢结构连接多采用焊接连接,有关焊接施工将在第五章介绍。有关焊接连接的设计要求,在许多钢结构专著和规范中均有详细的介绍,这里主要基于强健性的要求,简单提一下设计中应注意的地方。

焊接质量受工艺、焊工技术和环境等影响很大,设计时应避免在结构关键受力处使用焊接连接,特别是采用现场焊接时,更应如此。

焊接设计应注意可焊性。如图 3-7e)所示的横哑铃形平联钢板与钢管连接,曾有双面角焊缝的设计。显然在窄小的空间内,后盖上去的平联板是无法实施内部角焊缝的。

焊接设计应尽可能实现自动焊,无法自动焊而需要人工焊时,应方便焊工接近、能够以较好的角度施焊,避免仰焊。

在焊接困难、检测与质量控制困难的地方,如高空中的钢结构连接,尽可能使用螺栓连接。如日本新西海桥,钢管拱肋现场连接均采用高强螺栓连接(第三章第五节,图 3-108)。

在现场还应避免相贯节点等需要精确定位、对接的焊接。如钢管或钢管混凝土立柱,需要通过柱脚连续焊接,柱脚应在工厂内焊接,以避免在现场进行精确定位和对接。

拉应力大的构件处,应避免采用对接焊接。焊缝厚度宜尽可能减小,焊缝越大,越容易出现缺陷和残余应力。

三、桥面系强健性

第三章第三节将钢管混凝土拱桥的桥面系按结构受力性能和强健性分为五类,并在表 3-8 中对强健性等进行了定性的评价。文献[352-353]对中、下承式拱桥悬吊桥面系的强健性进行了研究。在其研究基础上,下面对悬吊桥面系的强健性设计进行介绍。

(一)断索事故

20 世纪 90 年代以前,我国的拱桥以圬工拱和钢筋混凝土拱为主。这两种拱桥多为上承式。当采用梁式拱上建筑时,桥面系以简支梁为主,支承于拱上立柱盖梁之上。在随后我国发展的中、下承式拱桥(含钢筋混凝土拱桥和钢管混凝土拱桥)的悬吊桥面系中,沿用了这种结构形式,即表3-8中的第五类桥面系。它采用高强的钢索吊杆(吊索)吊住横梁,桥面板支承于横梁上,无加劲纵梁。这种结构受力明确,施工方便,造价经济,因此得到较多的应用。然而这种桥面系,内部与外部均无多余的约束,传力途径单一,结构强健性很差。

早期的吊索耐久性较差,出现了较多的病害,有些桥梁甚至出现了吊索破断进而引发桥面系落入河中的事故,造成车毁人亡的严重后果。以下按时间顺序对部分桥例进行简要的介绍。

1990年建成的四川宜宾小南门大桥,主桥为中承式钢筋混凝土肋拱桥,净跨240m,净矢高48m,矢跨比1/5,吊索采用21—7ϕ5mm钢绞线,外套无缝钢管,钢套管内灌注水泥砂浆。桥面系由空心板和预应力混凝土横梁组成。2001年11月7日凌晨4点,因钢绞线应力腐蚀导致个别吊索破断,引起桥梁两侧拱脚附近多根横梁及桥面板坠入江中。断索时两辆客车正好通过断索截面,客车坠入江中,造成4人死亡。事故发生后的照片如图4-24所示[354]。

图4-24　四川宜宾小南门大桥桥面系垮塌照片

福建南平玉屏山大桥于1995年建成通车,主孔为净跨径100m的钢筋混凝土中承式箱拱,矢跨比1/3.73,如图4-25a)所示。吊杆采用61ϕ5mm高强钢丝,钢管套筒内灌砂浆防护。桥面板采用钢筋混凝土空心板简支于横梁上。2010年1月11日,跨中附近的一根较长吊杆突然破断,所吊横梁坠落至从横梁下方通过的ϕ500mm的自来水管上,横梁及桥面板未落入河中。同时,事故发生于上午6时许,无重车通行,也未造成人员和车辆损失。现场照片如图4-25b)所示。

a)桥梁全景

b)断索处桥面局部

图4-25　福建南平玉屏山大桥

1998年建成通车的新疆库尔勒孔雀河大桥为钢管混凝土拱桥,跨径150m,矢跨比1/4.5,吊索采用137ϕ5mm高强钢丝,钢丝置于钢管套筒内,管内灌砂浆防护。桥面系采用标准跨径

图4-26 新疆库尔勒孔雀河大桥桥面系垮塌

5.0m 和 7.0m 的钢筋混凝土 T 梁简支于横梁上。2011 年 4 月 12 日,大桥主跨第二根吊索锈蚀破断,拱脚附近 1 根横梁掉入河中,简支于其上的桥面板约 10m 长发生垮塌。垮塌时桥面无人员和车辆通行,未造成人员伤亡和车辆损失。桥面系发生垮塌事故后的照片如图 4-26 所示[355]。

1999 年建成通车的福建武夷山公馆大桥为三跨钢筋混凝土拱桥,跨径组合为 80m + 100m + 80m,矢跨比分别为 1/3.67、1/3.45 和 1/3.67,如图 4-27a) 所示。吊索采用 61ϕ5mm 高强钢丝,钢管套筒内灌砂浆防护。桥面采用厚度 25cm 的钢筋混凝土连续板搁在横梁上。2011 年 7 月 14 日,因一跨拱脚处一对最边吊杆发生破断引起解扣式倒塌,其中边吊杆和与其相邻的另外 7 对吊杆相继发生破断,相应的横梁脱落、桥面系连续倒塌。当时,一辆重型自卸货车和一辆大型旅游客车相向行驶,在拱脚附近截面相会时边吊杆先发生破断,相应横梁与桥面板垮塌,同时货车加速向跨中方向逃离,在桥面板自重和货车自重作用下,桥面板沿车辆行驶方向出现解扣式整体垮塌。经证实,该货车核载 15.65t,当日实载 33m³ 中粗砂,货物质量超过 60t,严重超载。最终货车驶出桥梁,客车坠入桥下约 8.8m 河滩,造成 1 死 22 伤。桥面系发生垮塌后照片如图 4-27b)、c) 所示[356]。

a)桥梁全景

b)桥面系垮塌照片(远景)

c)桥面系垮塌照片(近景)

图 4-27 福建武夷山公馆大桥

　　1995年建成通车的四川攀枝花金沙江傈果大桥，为钢筋混凝土拱桥，跨径160m，矢跨比1/4，如图4-28a)所示。吊索采用22—7φ5mm钢绞线。桥面板采用预应力空心板，先简支后连续构造。2012年12月10日下午6点15分，该桥发生垮塌事故，从桥北至桥南的第七根吊杆由于下锚头失效发生脱锚，对应的第七根吊杆横梁脱落。事故发生正值傍晚下班和放学时间，桥上主要通行有较多行人和私家车辆，未发现重车通行，横梁脱落后由于桥面连续作用未发生进一步的垮塌事故，桥面由于局部失去支承出现了V形塌陷。桥面连续作用使事故发生后桥上行人与车辆得以安全逃离，未造成人员伤亡和车辆损失。断索后的照片如图4-28b)所示[357]。

a)桥梁全景　　　　　　　b)断索处桥面局部

图4-28　四川攀枝花金沙江傈果大桥

　　就这5起断索事故而言，事故的严重程度大致可分为三级，见表4-28。

断索事故分级及桥面破坏形态　　　　　　表4-28

事故分级	桥梁名称	破坏形态
Ⅲ级	四川攀枝花金沙江傈果大桥	横梁脱落，桥面板未垮塌，无车辆掉落，无人员伤亡
	福建南平玉屏山大桥	横梁脱落，桥面板未垮塌，无车辆掉落，无人员伤亡
Ⅱ级	新疆库尔勒孔雀河大桥	横梁脱落，断索处桥面板垮塌，无车辆掉落，无人员伤亡
Ⅰ级	四川宜宾小南门大桥	横梁脱落，断索处桥面板垮塌，纵桥向另一边也出现断索落梁，一辆客车掉落，造成4人死亡
	福建武夷山公馆大桥	横梁脱落，引起桥面板解扣式连续倒塌，一辆客车掉落，造成1死22伤

　　下面对这三级破坏形态和事故原因进行分析：

　　Ⅲ级：四川攀枝花金沙江傈果大桥和福建南平玉屏山大桥，断索原因为吊杆锈蚀、下锚头失效脱锚。两桥桥面系均无加劲纵梁，但傈果大桥桥面系连续较好，玉屏山大桥横梁外挂水管充当了加劲纵梁作用，由于断索时桥面无重车，没有发生桥面系垮塌。

　　Ⅱ级：新疆库尔勒孔雀河大桥断索原因也为吊杆锈蚀。桥面系无加劲纵梁，断索时桥面虽无重车，但由于桥面板连续刚度小，无法承受自重作用从而引起断索处桥面系的局部垮塌。

　　Ⅰ级：四川宜宾小南门大桥和福建武夷山公馆大桥，断索原因为吊杆锈蚀和桥面重车作用。桥面系无加劲纵梁，断索处桥面板在自重和车辆荷载的作用下迅速掉落。宜宾小南门大桥因断索的动力反应，还使纵桥向另一侧也相继断索落梁。武夷山公馆大桥，除断索处桥面板在自重和客车作用下迅速掉落外，另一辆超载货车沿着另一方向的行驶，诱使吊索不断破断，从而造成桥面系的解扣式垮塌。事故不仅造成了桥梁的破坏，甚至造成人员伤亡的严重后果。

从以上分析可以看出，吊索锈蚀从而使索的承载力下降是导致断索的主要原因之一。桥面上有重车时，重车使索力增大会强化断索现象的发生。以横梁受力为主，桥面系无加劲纵梁，是这种强健性不足的结构发生断索落（横）梁的结构内因。断索落梁后，桥面板的结构连续性好时，能为无横梁支承的桥面板提供较大的拉结强度，使其暂时不坠落，否则桥面板则随着横梁的坠落而坠落，从而桥面系出现垮塌。桥面系垮塌，也必然会使剩余结构的动力响应加大；若桥面上有重车，则索力较大，断索时间缩短，断索产生的动力效应大，这样悬吊桥面系除断索处发生垮塌外，其他地方也可能发生垮塌甚至解扣式连续垮塌。

根据上述分析，提出强健性设计要求：①对于吊杆，不出现破断；②对于桥面系，吊杆破断后，只出现Ⅲ级的事故，不应出现Ⅱ级事故，严禁出现Ⅰ级事故。

（二）桥面系强健性分析

上述列举的发生事故的 5 座桥梁，均属于第三章表 3-8 中的第五类桥面系，主要应用于中承式有推力拱、中承式无推力拱和下承式刚架系杆拱[图 2-5b)、c)、d)]的下承桥面部分，桥面系不参与总体受力，为局部受力、传力结构。这类桥面系的强健性在五类桥面系中最差，结构没有多余约束，传力途径只有一条，即桥面板→横梁→吊杆→拱肋，途径单一。一旦某根或某对吊杆破断，传力途径中断，又因桥面系结构无多余约束，丧失支承约束而成为刚体，造成桥面系掉落，从而引发严重事故。

第四类桥面系，是在第五类的基础上改进而来的，它主要用于刚架系杆拱、中承式拱的下承桥面部分。这类桥面系的强健性要高于第五类。传力途径除了一条与第五类桥面系相同外，增加了一条，即经过加劲纵梁传到相邻吊杆。吊杆横梁的约束，也从原来单一的吊杆支承约束，增加了加劲纵梁的支承约束。这样，一旦某根或某对吊杆破断，桥面荷载可通过桥面板→横梁→加劲纵梁→（相邻）吊杆→拱肋传递。当然，加劲纵梁应具有足够的强度、刚度与稳定性，满足"破坏极限状态"的设计要求。否则，加劲纵梁的随之破坏，仍然会造成桥面系垮塌，引发严重事故。

在表 3-8 中，第四类桥面系的强健性为"较好或差"。当桥面系"具有一根横梁两端相对应的吊索失效后不落梁的能力"，其强健性与整体桥面系等相近，但毕竟它的整体性要稍差些，所以其强健性定为"较好"；然而，它与第五类桥面系一样，仍然可能因断索而落梁，故强健性为"差"。

随着对桥面系强健性认识的提高，第五类桥面系近十年的应用已越来越少。当采用以横梁受力为主的桥面系时，多采用第四类桥面系。图 4-29 统计分析了 190 座中、下承式桥梁悬吊桥面系使用加劲纵梁的情况。2005年前,采用加劲纵梁的仅占43.1%,无加劲纵梁的占56.9%;2005～2010年,采用加劲纵梁的比例上升到68.9%,无加劲纵梁的下降到31.1%;2010年至今,与前一个阶段相比,采用加劲纵梁的比例不仅没有提高,还略有下降,第五类桥面系还仍有使用,表明桥面系强健性设计的重要性还未被广大设计人员重视。

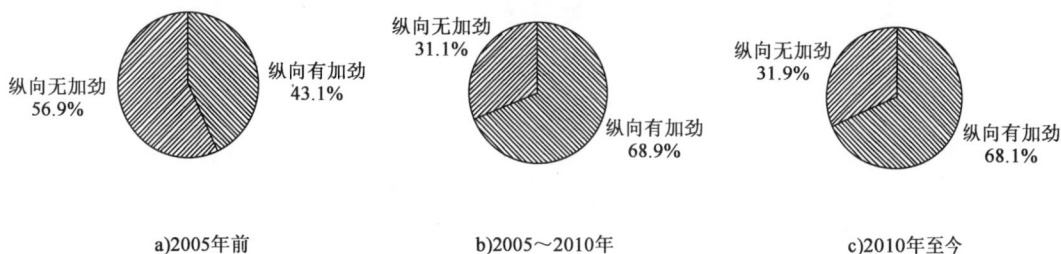

a)2005年前　　　　　　b)2005～2010年　　　　　　c)2010年至今

图4-29　桥面系有无纵向加劲梁统计图

GB 50923—2013第7.5.1条为强制性条文,规定"中承式和下承式拱桥的悬吊桥面系应采用整体性结构,以横梁受力为主的悬吊桥面系必须设置加劲纵梁,并应具有一根横梁两端相对应的吊索失效后不落梁的能力。"因此,今后新设计的公路、城市钢管混凝土拱桥,不允许使用第五类桥面系。

第三类桥面系的应用对象与第四、五类相同,但桥面系本身是整体结构,如整体板梁、格子梁板、U肋加劲钢箱梁等。第一类桥面系是指下承式拱梁组合桥中采用的桥面系,由于总体受力要求系梁承担拱的水平推力,所以桥面系中一定要有系梁,系梁还要承担弯矩,既是桥面系也是总体受力的主要构件。这样其桥面系就成为整体结构,与第三类不同的是,桥面系同时还参与总体受力。

第三类和第一类桥面系,是悬吊桥面系中整体性、强健性最好的结构。单根吊杆破断后,相邻吊杆和系梁的受力将发生变化,但由于它属于内部高次超静定结构,有多余约束,传力途径也不单一,因此不会发生整体或局部构件的刚体位移。

第二类桥面系,通过立柱支撑于主拱上,主要用于上承式拱和中承式拱的上承桥面部分[图2-5a)全部,图2-5b)、c)的上承部分]。在表3-8中,第二类桥面系的强健性为"好或较好"。当桥面系采用连续结构(连续梁或连续刚构)时,其强健性就与拱梁组合、整体悬吊桥面系等一样,属于"好";当桥面系为简支时,其传力途径、约束与第五类桥面系一样单一,立柱破坏也会导致落梁发生,但它不至于发生像武夷山公馆大桥那样的解扣式倒塌,而且相比于吊索,立柱的耐久性较好、对缺陷的敏感性也较小,在一般荷载作用下,发生落梁的可能性较小,所以将其强健性定为"较好"而不是"差"。但是,简支桥面系在地震等偶然作用下,存在着较大的落梁可能性,在地震区应尽量避免采用。简支梁桥面系过去主要从经济的角度考虑采用,目前随着对结构耐久性、强健性的重视和经济实力的提高,越来越多地被连续结构所取代。

（三）吊杆强健性设计

1. 吊杆布置

由第三章第四节介绍可知，吊杆的布置有平行式和斜交叉式。平行式构造简单，施工方便，我国绝大多数中、下承式拱桥采用了这种形式。平行式吊杆又可分为单吊杆与双吊杆。单吊杆是主要的形式，少量的桥梁采用了双吊杆构造。双吊杆较之单吊杆，传力途径多了一倍，两根吊杆同时破断的概率也小许多。从强健性原理可知，它的强健性要强于单吊杆。此外，双吊杆的换索也较之单吊杆方便。从强健性的观点出发，"一根钉子等于没有钉子"在这里可以说成"一根吊杆等于没有吊杆"，所以，在可能的情况下，建议采用双吊杆。

斜交叉式吊杆的尼尔森拱和网拱，它主要应用于拱梁组合桥中，在国外应用很多，我国相对较少。斜交叉式吊杆能增强拱肋与系梁（加劲梁，国外又常称为下弦）组成的桥梁结构的整体刚度，降低拱肋和系梁的弯矩，也便于换索。Theodore P. Zoli[358-359] 对网拱的连续倒塌研究表明，网状吊杆能降低结构对连续倒塌的敏感性。由第一章分析可知，拱梁组合桥的强健性好，斜交叉式吊杆能进一步提高其强健性。然而，以横梁受力为主的悬吊桥面系，采用斜交叉吊杆的构造处理较为困难，需要认真研究。

2. 吊杆设计

吊杆材料有高强索、型钢和预应力混凝土等。相对于型钢和预应力混凝土吊杆，高强吊杆（吊索）对缺陷的敏感性较高，锈蚀对承载力的影响较大，抗撞击能力较低。从强健性的观点来看，吊索的强健性要低于型钢吊杆和预应力混凝土吊杆。

当只能采用一根高强钢索作为吊索时，提供额外的强度就显得非常必要。建议吊索采用较高的安全储备。对此，GB 50923—2013 对吊索的材料强度折减系数取 0.33。吊索的安全储备大，锈蚀等因素减小同样断面时对索极限承载力的影响相应减小，可以降低断索的风险。吊索安全储备大时，索的初始力与索的抗力比值降低，可使断索时间增长，从而减小断索对剩余结构的动力响应。

3. 耐久性设计

从调查的吊索病害和发生的断索事故来看，索的腐蚀和应力腐蚀是断索的重要原因。因此，采用抗腐蚀、抗疲劳的结构设计与构造措施，采用可检修、可更换设计，是减少断索破坏所必须采取的强健性设计措施。DBJ/T 13-135—2011 和 GB 50923—2013 对钢管混凝土拱桥的吊索耐久性设计提出了相关规定，详见第三章第四节的介绍，这里不再赘述。

4. 破坏安全极限状态设计计算

吊杆除按现行标准进行承载能力极限状态和使用极限状态计算外，还应进行强健性设计对应的破坏安全极限状态设计计算。文献[352]的研究表明，断索作用下剩余吊杆的吊杆力可采用有限元动力计算或采用等效静力法计算。等效静力计算时,动力放大系数建议取2.0。

对于吊索极端事件之后的结构的可修复性,可以在设计中预留换索孔等,并设计换索预案,以便断索之后的快速修复。

(四)桥面系结构强健性设计

悬吊桥面系的强健性设计应从结构体系的备用路径、整体性、延性、连接构造和关键构件等方面,选择强健性能好的桥面系结构。

1.桥面系结构类型选择

上承式拱的桥面系和中承式拱的上承部分桥面系,宜采用连续结构。中承式有推力拱和中、下承式刚架系杆拱的悬吊桥面系,根据前面的分析并按GB 50923—2013第7.5.1条规定,第五类桥面系不允许使用;在第三类与第四类桥面系中,宜选用第三类桥面系。

2.桥面系设计

对于第一类和第三类整体桥面系,其受力性能与斜拉桥主梁相似,建议参照《公路斜拉桥设计细则》(JTG/T D65-01—2007)[331]第6.2.1条第8款的规定计算,即一根(对)吊索断索后,加劲纵梁最大应力增加不应超过相应设计应力的10%。

对于第四类桥面系,其加劲纵梁需要具备足够的刚度与承载力,以保证断索后桥面系剩余结构不发生连续垮塌。文献[352]提出了基于拆除构件法的空间有限元动力计算方法、等效静力计算方法和简化计算方法,并按破坏极限状态提出了计算时的荷载及其组合和抗力取值,可供设计人员进一步研究参考。

3.桥面板结构

桥面板作为桥面系的重要组成部分,其连续性能也能在一定程度上补强加劲纵梁。从断索事故分析可知,某些无加劲纵梁的桥面系断索后桥面板不落梁,就是由于桥面板具有较好的连续性。因此,悬吊桥面系的桥面板宜采用具有较强整体性的连续结构,这与建筑结构强健性设计中要求有足够的拉结强度有相似之处。

对既有悬吊桥面系的加固改造,详见第六章第四节的介绍。

第五章　施工

本章着重介绍钢管混凝土拱桥上部结构的施工内容,主要包括钢管拱肋制作、焊接、防腐涂装、架设,管内混凝土的浇注,吊索、系杆索等其他构造的施工,以及施工控制等。施工计算见第四章第六节。钢管混凝土拱桥的下部结构,其施工与其他桥梁无本质上的不同,本书不介绍。

与其他桥梁相同,钢管混凝土拱桥施工前,应编制详细的施工组织设计。针对钢管拱肋、系杆(索)和吊杆(索)等主要构件的制作、安装、防腐,钢管拱肋管内混凝土浇注施工等关键工序,应制订专项施工技术方案和安全技术方案。

第一节　钢管拱肋制作

钢管拱肋的制作应满足设计文件要求,施工组织设计应明确提出技术路线、技术要求、制作工艺、检验标准、验收方法及施工安全措施。有关钢管拱肋制造中的焊接施工,详见本章第二节介绍。

一、钢管加工制作

钢管的种类有多种,钢管混凝土拱桥中常用的钢管有无缝管、直缝焊管和螺旋焊管。各种钢管的制作方法详见第二章介绍。钢管混凝土拱桥中的钢管宜采用成品管,钢管到达钢结构加工厂后应根据设计和规范要求进行验收。

钢管的焊接质量是钢管质量的控制因素。GB 50923—2013 第8.1.1条和8.1.2条规定,"焊接钢管宜采用自动焊接。钢管焊接成型后应进行校圆。钢管相贯坡口应采用相贯线切割机加工成型,坡口尺寸应由焊接工艺试验评定确认,并应符合现行国家标准《钢结构焊接规范》(GB 50661)的要求。"

对于钢管外形,GB 50923—2013 第8.3.1条规定其尺寸允许偏差应符合表5-1的要求。

钢管构件外形尺寸允许偏差(mm)　　　　　　　　　表 5-1

序　号	检查项目	示　意　图	允　许　偏　差
1	长度 δ_1		$-3.0 \leqslant \delta_1 \leqslant +3.0$
2	纵向弯曲 δ_2		$\delta_2/L \leqslant 1/1\,000$ 且 $\delta_2 \leqslant 5.0$
3	椭圆度 δ_3		$\delta_3/D \leqslant 1/500$ 且 $\delta_3 \leqslant 5.0$
4	直径 δ_4		$\delta_4 = (D-D')/2$ $\delta_4/D \leqslant \pm 1/500$ 且 $-5.0 \leqslant \delta_4 \leqslant 5.0$
5	管端不平度 δ_5		$\delta_5/D \leqslant 1/500$ 且 $\delta_5 \leqslant 3.0$

注:管端不平度中的 δ_5 是指加工之后的钢管端部平面与施工详图的端部平面之差。

　　钢管进入拱肋加工前,应进行验收。DBJ/T 13-136—2011[92]第11.2.9条规定,验收时应具备下述资料:

　　(1)钢材的质量证明书及抽样检验报告。

　　(2)焊接材料质量证明书和烘焙记录。

　　(3)涂料材料质量证明书。

　　(4)焊接工艺评定报告。

（5）焊缝质量外观检测报告。

（6）内部探伤报告。

（7）钢管构件加工施工图（含原设计图、设计变更文件以及制作中对技术问题处理的协议文件）。

（8）钢管构件几何尺寸检验报告。

（9）按工艺检验所发现的缺陷及处理方法记录。

（10）钢管构件出厂产品合格证和质量证明书。

二、钢管拱肋组装

（一）基本要求

钢管拱肋制作单位应具有相应的资质。制作前，应对设计图进行工艺性审查，编制制作工艺，绘制加工图；当需要修改设计时，应取得原设计单位的同意并办理设计变更文件。钢管拱肋制作应有健全的质量管理体系和制作质量检验制度。

钢管拱肋制作放样、组装等所用量具、仪器与吊装、验收及土建所用量具、仪器应具有相同的精度等级，并按同一标准进行标定。

钢管拱肋制作应按技术标准进行质量控制，每道工序完成后应进行检查，形成记录；工序间应进行交接检验，未经检查或检查不合格的不得进行下道工序生产。钢管拱肋制作焊工和无损检验人员均应持证上岗，且仅能从事资格证书中认定范围内的工作。

钢管进入拱肋加工前，应作除锈防护处理。对于管内填充混凝土的钢管（弦管、受压腹杆等），管内可进行简单的除锈，管外应除锈与防护；对于管内不填充混凝土的钢管（横撑、受拉腹杆等），管内应除锈与防护，管外与弦杆拼装完成后一起除锈与防护。

制作钢拱肋所用材料的品种、规格、性能等应符合设计文件的要求和现行国家产品标准的规定。材料除应有生产厂家的质量证明书外，制作方还应按相关标准进行抽样复验，复验合格后方可使用。钢材应按同一厂家、同一材质、同一板厚、同一出厂状态，每10个炉（批）号抽检1组试件。若订货为探伤钢板，尚应抽取每种板厚的10%（至少1块）进行超声波探伤。进口钢材产品的质量应符合设计和合同规定标准的要求，并进行商检及按规定标准检验其化学成分和力学性能。对于直径不大于350mm的钢管，可采用无缝钢管，除要求有出厂合格证外，还应进行复验。

当钢材表面有锈蚀、麻点或划痕等缺陷时，其深度不得大于该钢材厚度允许偏差值的1/2。钢材表面的锈蚀等级应符合现行国家标准《涂覆涂料前钢材表面处理》（GB 8923）规定的 C 级及 C 级以上。钢材端边或断口处不应有分层、夹渣等缺陷。

材料的管理应符合下列规定：

（1）钢材和加工用的其他钢材进入制作单位后，应按材质、规格、炉（批）号等分类架空存放，并做好标记。堆放场地应平整干燥，注意材料的防潮、防腐、防变形。

（2）焊接材料的管理应按现行《焊接材料质量管理规程》（JB/T 3223）的规定执行。

（3）涂料必须按照国家规定储存。储存环境应干燥、阴凉、通风良好，并避开热源和火源。

（4）高强度螺栓连接副应存放在室内，按批号、规格分类保管，不得混淆；存放时应架空，不得直接置于地面上，并应采取措施防止受潮生锈。高强度螺栓连接副在安装使用前不得随意开箱。

（二）放样

钢管拱肋拼装台座（或胎架）应至少满足 3 个节段匹配制造的要求，胎架自身应牢靠稳定、不变形。拼接平台应先进行测平，测点间距不宜大于 1m，高程容许偏差为 ±2mm，胎架表面应定期监测调整。拼装前应清理组拼胎架表面，胎架上应画出拱肋外包线、轴线、水平线、检查线等必要的标记。

为保证各步施工方案和施工工艺都能满足设计要求，达到规定的制造精度，在拱肋钢管吊装接头处可以考虑加放一定的余量。

哑铃形拱肋节段组装时，拱肋节段上下管的距离应考虑焊接补偿量，以保证设计几何尺寸。对于桁式拱肋的钢管骨架，弦杆与腹杆及平联的连接尺寸和角度必须准确。

螺旋焊管或管节较长的直缝焊管，可采用弧形钢管拼接成钢管拱肋。对于管节较短的直缝管，也可将其焊接成长管再弯成曲线形，然后进行弧形管拼接。采用弧形钢管拼接拱肋时，每节弧形钢管的轴线都不应出现 S 形。

实际上，对于较短管节的钢管构件，可以以折线代替曲线（以折代曲）。这在受力以及外观方面，一般均无大的影响。

以折代曲时，折点应在计入预拱度后的拱轴线上，由于制作误差引起的钢管弯曲的方向应与拱轴的弯曲方向一致。每节直管的长度可根据卷管长度、拱肋长及计算简化图式而具体确定。为避免分段直线代替曲线产生较大的受力误差，可参照《日本道路桥梁设计示方书》[361]中钢桥篇钢管构造一章第 12.6.7 条的规定，以分段直线代替曲线时的分段长度应符合式（5-1）的要求，且相邻管节长度不应过于悬殊，如图 5-1 所示。

$$\theta \leqslant 0.04 \frac{d}{L} \qquad (5-1)$$

式中：θ——折角，圆弧拱时 $\theta = \frac{L}{R_0}$，R_0 为拱的曲率半径；

d——钢管直径（m）；

L——直线段长（m）。

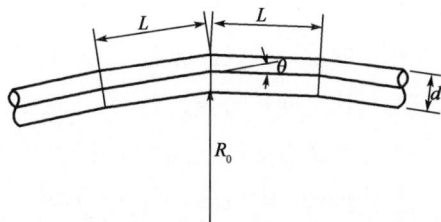

图 5-1　钢管拱肋制作"以折代曲"示意图

（三）煨弯、矫形

钢管拱肋拼装前应对各组装节段的几何尺寸进行检查,圆度超标的管口须矫正。

弯管宜采用加热顶压方法。钢管煨弯技术,按加热方法可分为 3 种:火焰加热、中频加热和红外线陶瓷电加热。这 3 种加热方法均在基于构造相似的弯管胎座上进行,在钢管受热呈塑性后,通过反力装置使钢管弯曲至设计线形。钢管煨弯设备有加热设备、保温设备、顶压设备、辅助工件以及根据现场需要配备的必要的辅助设施,如千斤顶操作平台、加热箱吊运架、防雨篷等。

为方便钢管在煨弯完成后吊运至拱肋拼装平台进行拼装,宜将弯管胎座与拼装平台布置于同一制作场内。弯管胎座主要由胎座基础、定型托架和反力架构成。

（1）胎座基础:一般采用钢筋混凝土地梁形式,其长度根据所煨弯钢管的长度综合确定。

（2）定型托架:定型托架的合理布置是保证钢管煨弯后成型质量的第一个关键点。定型托架由托架基座、托板和高度调节板组成,均用钢板制作。

（3）反力架:在弯管胎座的中间和两端均应设置反力架。中间为限位反力架,防止弯管过程中钢管上翘离开托板造成钢管线形偏差;两端为顶弯反力架,用来安放千斤顶对钢管施加顶压力使其弯曲。

钢管煨弯实施前应做钢管弯曲工艺评定试验,应进行钢管弯曲工艺评定试验及首节段弯管验收,在确定弯曲度时应计入回弯的影响。钢管煨弯前应做好以下准备工作:

（1）首先在钢管拱肋的拼装平台（或计算机）上放出拱肋大样。根据拱肋吊装分段情况,合理确定各根主弦管煨弯节段长度。分节时要综合考虑各设计节段的长度情况,使各节段的长度接近。

（2）对于小段直管接成长管的,直管对接后除需要满足以上节段长度的要求外,还要考虑在两端留有适当的长度余量,以便安放顶弯用的反力千斤顶,并在煨弯完成进行拼装时将余量按分节截面线切除,保证正确的拼接间隙。

（3）对每一分节弦管建立独立的坐标系,量取其拱度。

（4）钢管超弯量的确定:钢管加热时受外力的作用弯曲,弯后回冷、外力释放后,会产生一定的反弹量,致使钢管的弧线线形偏离由弯管胎座上定型托架构成的预设线形。因此,必须预先在钢管的设计弧线上加上一定的超弯量并对托架进行设计布置,以确保煨弯完成后的钢管线形与设计大样相吻合。

钢管煨弯完成后,对钢管进行裂纹、壁厚、圆度和鼓包等质量检验,并对钢管的线形进行检查,每节弧形钢管的轴线不允许出现 S 形。同一钢管不宜进行二次弯管。线形偏差在允许范围内的钢管可转入拼装平台进行拼装,通过专门的工装将钢管调整至完全与大样吻合。

（四）组拼与预拼

组拼前,应熟悉图纸和工艺文件,并按图纸核对零件编号、外形尺寸和坡口方向,确认无误后进行组装。对填充混凝土的钢管内表面,设计未要求进行防腐涂装时,应采取防锈措施;对不填充混凝土的钢管的内表面,应按设计要求进行除锈与防护。将待焊区域的铁锈、氧化皮、污垢、水分等有害物清除干净,使其表面露出金属光泽,清除范围如图5-2所示。

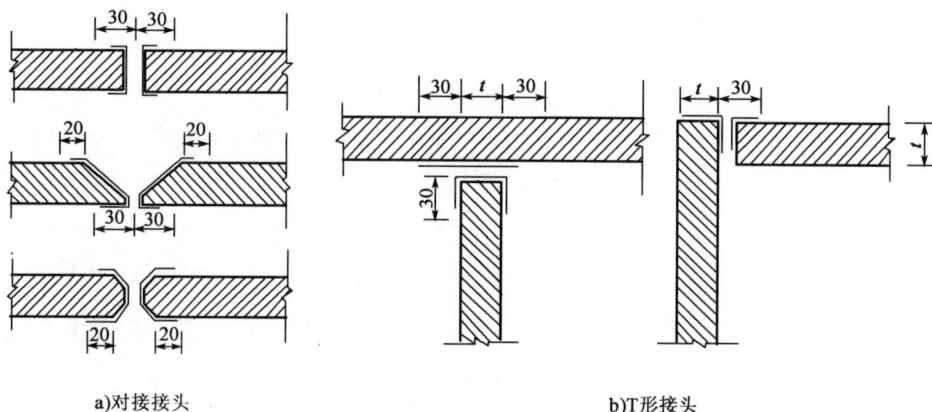

a)对接接头　　　　　　　　　　　　　　b)T形接头

图5-2　待焊区域清除范围(尺寸单位:mm)

钢管拱肋节段组拼应在胎架(又称拼装台座或放样台)上进行。胎架应满足下列要求:

(1)宜采用长线放样。若条件限制,应满足按3个相邻吊装节段1:1放样的要求。

(2)肋架表面应设拱肋轮廓线、轴线、角尺线、水平线、吊杆或立柱定位线、横撑定位线以及节段端口检查线等标记。

节段宜采用连续匹配组装的工艺,每次组装节段的数量不应少于3段。节段组装时,应考虑结构温度的影响。

单圆管、哑铃形钢管拱肋的单节段制作和多节段预拼可采用单层侧卧法,桁式钢管拱肋单节段制作和多节段预拼可采用双层侧卧法,如图5-3所示。钢管拱肋的上下弦管、缀板、加劲钢板等必须按1:1的比例进行放样。放样坐标必须准确,误差不得超过2mm。

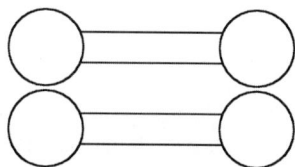

图5-3　侧卧法加工示意图

双层侧卧法施工简单,但无法反映自重荷载下的变形因素。对跨径较大的钢管混凝土桁拱(如主拱跨径不小于200m),自重荷载下的结构变形较大,采用立拼法能够反映自重作用下的变形因素,效果较好。图5-4所示为四川合江长江一桥钢管拱肋节段在工厂制造立拼时的照片。

拱肋节段在所有部件装配好并经几何尺寸检查合格后,方可进行组装焊接,焊后应复检尺寸。吊杆锚箱、横撑短接头及节段间连接法兰等构件的安装应在拱肋装焊结束后定位安装。

a)总体   b)细部

图5-4　四川合江长江一桥钢管拱肋节段立拼照片

钢管构件在承受较大横向荷载的部位应采取适当的加强措施,防止产生过大的局部变形。

无论是在加工阶段,还是在拱肋安装后,当施工中需在钢管拱肋开孔和焊接临时结构时,均应经过施工设计,具有相应的结构补强措施。当割除钢管拱肋上的施工临时钢结构时,不应伤及钢管拱肋。

两段钢拱肋的接头部位安装要同时进行,并上紧螺栓试拼,以保证大段吊装顺利连接合龙。拱肋上的吊杆孔应准确铅垂,锚垫板与吊杆孔应垂直且平整,表面应铣平。

为了减少空中精确对位的工作量和施工难度,需在地面进行预拼。预拼可在加工厂进行,也可在运输至工地后进行。

在工厂进行预拼,可在组拼胎架上进行,也可分别进行。预拼胎架应有足够的承载力,以保证在整个预拼装过程中不发生沉降。节段预拼应与吊装顺序相同,按照设计预拼装线性连续匹配实施。每轮预拼装不少于连续的 3 个节段。预拼合格后,留下最后一个节段作为下轮次预拼装的匹配节段。节段预拼装检查的主要内容见本节后续介绍。

预拼装时,节段应处于自由状态,满足设计要求的预拼装拱度误差要求后,安装节段端口间的临时匹配连接件。

节段预拼装过程中的控制测量应在温度较为稳定时进行,如预拼装温度与设计温度不同,应适当修正。

预拼装完成后应将各检测点刻划或焊接在节段相应位置,并测量记录所有节段检测点的相互关系。检测点的标识必须做好保护。

三、钢管拱肋的检查与验收

拱肋节段组装定位中心线(拱轴线)与组装场地中心线重合的允许偏差宜为 ±3.0mm;端口和节段长度检查线重合的允许偏差宜为 ±3.0mm。

GB 50923—2013 第 8.3.3 条规定,钢管拱肋节段组装允许偏差应符合表 5-2 的规定。

GB 50923—2013 第 8.3.4 条规定,桁式拱肋的节段组装除应符合表 5-2 的规定外,还应符合下列规定：

（1）弦杆、竖腹杆、斜腹杆的轴线应处于同一平面上，竖腹杆、斜腹杆的轴线交汇与设计的偏差值不应超过±3mm。

（2）竖腹杆之间、平联之间的间距偏差不应超过±5.0mm。

（3）管肢组合和缀件组合允许偏差应符合表5-3的规定。

钢管拱肋节段组装允许偏差（mm）　　　　　　表5-2

序号	检查项目	允许偏差	序号	检查项目	允许偏差
1	钢管中距	±5.0	4	节段对接错边	1/10壁厚且不大于2.0
2	内弧偏离设计弧线	8.0	5	节段平面度	3.0
3	每段拱肋内弧长	+0.0，−10.0	6	竖杆节间长度	±2.0

管肢组合和缀件组合允许偏差（mm）　　　　　　表5-3

序号	检查项目	示意图	允许偏差
1	管肢组合：h为长方向尺寸；δ_6为长方向偏差；b为宽方向尺寸；δ_7为宽方向偏差		$\delta_6/h \leqslant 1/1\,000$ $\delta_7/b \leqslant 1/1\,000$
2	缀件组合：l_1为两管肢间距；δ_8为管肢间缀件偏差；l_2为两缀件间距离；δ_9为两缀件间偏差		$\delta_8/l_1 \leqslant 1/1\,000$ $\delta_9/l_2 \leqslant 1/1\,000$

GB 50923—2013第8.3.5条规定，钢管拱肋吊装节段预拼装的允许偏差应符合表5-4的规定。

钢管拱肋节段预拼装允许偏差　　　　　　表5-4

序号	检查项目	允许偏差	序号	检查项目	允许偏差
1	节段水平长度（mm）	±5.0	4	节段端口环缝对接错边量（mm）	1/10壁厚且不大于2.0
2	预拼总长（mm）	±5.0	5	缝口间隙（mm）	2.0
3	拱肋内弧线偏离（mm）	±8.0	6	坡口角度	±5°

钢管拱肋节段出厂应具备完整的验收资料。经检验合格后的拱肋节段方可吊运出厂。验收时应提交产品质量证明及下列技术文件：

（1）加工图纸（施工图、设计变更文件、修改部分、拼装图等）。

（2）制作中对问题处理的协议文件。

（3）所用钢材、焊接材料的质量证明书及必要的试验报告。

（4）焊接的无损检验记录：产品的质量证明书（构件合格证）（产品质量证明书应附简图，并标注关键部位的检查公差），焊工、探伤人员等资质证明复印件。

（5）产品质量证明书（构件合格证）（产品质量证明书应附简图，并标注各关键部位的检查公差）。

第二节　焊　　接

一、准备工作与基本要求

（一）准备工作

钢管、钢管拱肋和辅助构件制作中的焊接作业，应满足钢结构焊接工艺的具体要求，并应制定焊接施工相应的焊接方法、技术要求、焊缝检验方法和检验手段。

对首次采用的钢材、焊接材料、焊接方法、焊前预热、焊后热处理等，应在焊接性能试验和焊接工艺试验的基础上根据现行《钢结构焊接规范》（GB 50661）[360] 的要求，进行焊接工艺评定。

钢管拱肋加工制作前，应根据材料、工艺、运输、吊装等因素确定其加工分段长度；同时，应根据设计图的要求和拟订的施工方案确定钢管拱肋考虑了预拱度的放样时的轴线坐标；还应针对钢管焊接结构的特点，在焊接工艺评定试验的基础上，编制《焊接工艺及焊接质量管理细则》。该细则应包括以下内容：

（1）焊接方法的确定。

（2）焊接材料的选用。

（3）根据不同焊接接头的特点确定坡口形式、坡口角度等有关参数。

（4）确定焊接工艺参数和焊接顺序。

（5）必要时还要制定预热，以及防止焊接变形和焊后修磨措施等。

考核合格并取得相应合格证书的焊工方可上岗施焊。合格证书应注明施焊条件、有效期限。焊工停焊时间超过 6 个月，应重新考核。应按中华人民共和国船舶检验局焊工考试规则（海上设施焊工）、现行《冶金工程建设焊工考试规程》（YB/T 9259）或《焊工技术考核规程》（DL/T 679）进行焊工的资格确认。

(二)基本要求

钢管拱肋加工制作的焊接工作宜在室内进行。钢管拱肋的工地吊装节段拼装接头、横撑接头等不可避免的室外焊接工作,宜选择合适的天气进行,并特别注意施焊人员的技术水平和焊接工作环境条件的保证。当湿度大于80%,或风力大于四级,或雨雪天气,或环境温度低于0℃又无有效保护措施时,不得进行焊接施工。构件待焊区表面潮湿或有冰雪时,必须清除干净和烘干,方可施焊。露天焊接时,必须采取防风和防雨措施;主要杆件应在组装后12h内焊接;当杆件的待焊部位结露或被雨淋后,要采取相应的措施除潮和除锈。

焊接管的成型焊接宜采用埋弧自动焊。其他焊缝可采用埋弧自动焊或直流焊机手工焊接,但应尽量采用埋弧自动焊。连接角面及沿焊缝边缘30~50mm范围内的铁锈、毛刺等须清除干净。

当钢管拱肋吊装节段包含若干制作节段时,宜先在胎架上对接成整体,并应采取措施满足规定的精度要求。为满足规定的精度要求所采取的措施主要有匹配、工装设计和预拼装等。制作节段间应有临时连接,并应用定位板控制焊缝间隙;钢管对接环缝施焊应对称进行,且不得采用堆焊。

焊接前应考虑焊接收缩余量或采取预防变形措施,选择减少焊接应力(残余应力)及变形的工艺措施。

(1)合理的焊接顺序应为:先焊接错开短焊缝,后焊直通长焊缝,再焊接角焊缝,以便有较大的横向收缩余地;对于组合构件,应先焊受力较大的焊缝,后焊接受力较小的焊缝。

(2)尽可能采用对称焊接顺序,长焊缝可采用分段退焊法(即分段焊接,每段施焊方向与焊接推进总方向相反)和跳焊法;较厚焊缝采用多层多道焊等。

(3)可采用反变形法(即焊接前预留适当的收缩量或预先造成相反方向的适当大小的反变形来抵消焊后变形)、局部预加热法(减小焊件温度不均匀或造成反变形)等。

(4)对承受直接动力荷载结构的焊缝,可用头部带小圆弧的小锤轻击焊缝,使焊缝得到延展,降低内应力。必要时可对构件进行整体或局部退火。

交叉焊缝对结构的抗疲劳性能不利,这一不利因素除设计中应考虑外,钢管拱肋制造中也应尽量避免焊缝多次相交。实际工程中难以完全避免交叉焊缝。GB 50923—2013第9.0.7条给出主管采用直焊缝钢管时,环焊缝、纵焊缝及节点处的相贯焊缝交叉点的避让方式,要求焊缝交叉点避让措施应符合表5-5的规定。

对于钢管节点与受拉管对接的加工质量要求,JTG/T D65-06—2015提出了要求,见第四章表4-16。

焊缝交叉点避让措施   表 5-5

序号	检查项目	示意图	规定值
1	焊缝间距 L(mm)		$L \geqslant D$ 或 $L \geqslant 1\,000$（D 为钢管直径）
2	错缝间距 l(mm)（沿弧长方向）		$l \geqslant 5t$ 且 $l \geqslant 200$（t 为钢管壁厚）
3	焊缝间隙 b、c(mm)		$b \geqslant 80$ $c \geqslant 80$
4	腹杆间隙 Δ、腹杆轴距 e、焊缝间隙 b(mm)		$\Delta \geqslant 50$ $b \geqslant 80$ $e \leqslant D/4$（D 为钢管直径）

二、焊接材料

焊接材料和工艺的选择应保证焊接接头的强度和韧性指标与母材匹配，并满足设计要求。焊缝金属强度与母材金属强度之比大于 1 时，称为"超强组配"；两者之比等于 1 时，称为"等强组配"；两者之比小于 1 时，称为"低强组配"。适当的"低强组配"可使焊缝金属有足够的塑性储备，也有利于焊接接头的抗脆断和抗疲劳性能。选用焊接材料时，不能过分强调强度。在保证焊接接头强度的原则下，应尽量提高焊接接头的韧性指标。

焊接材料应通过焊接工艺评定试验来进行选用，选定了焊材生产厂家及焊材牌号之后，应将焊材订货的技术条件提交业主认可。用同一种强度级别的碱性和酸性焊条焊接同一母材金属，虽然所得焊缝金属的强度相当，但用碱性焊条所焊焊缝金属的韧性却明显高于用酸性焊条所焊焊缝金属的韧性。

焊条类型应按构件的重要性选用，对于弦管、腹管等重要构件以及次要构件与重要构件的焊接连接处，均应采用低氢型焊条。根据《钢结构设计规范》（GB 50017—2003）[33] 的规定，Q235 钢与 Q345 钢钢材焊接时，宜采用与低强度钢材相适应的焊接材料。

焊条、焊丝、焊剂应符合现行国家标准的规定，并应有出厂质量证明书。钢结构制造单位应根据相关标准，对焊接材料进行抽样复验，合格后方可使用。抽样复验应符合如下规定：

（1）制造厂首次使用的焊接材料应进行化学成分和熔敷金属力学性能检验。

（2）连续使用同一厂家、同一型号的焊接材料，实芯焊丝逐年、逐批进行化学成分检验，焊剂逐年、逐批进行熔敷金属力学性能检验，药芯焊丝和焊条逐年、逐批进行熔敷金属力学性能检验。

（3）同一型号焊接材料在更换厂家后，首个批号应按照相关标准进行化学成分和熔敷金属力学性能检验。

焊接材料应在干燥、通风良好的室内仓库中存放，并应按种类、牌号、规格、入库时间等分类堆放，做好标记，使用时按产品说明书烘干使用。焊接材料不得沾染尘土、油污，实芯焊丝宜采用镀铜焊丝。药芯焊丝不得露天过夜存放。不得使用药皮脱落或焊芯生锈的焊条和受潮结块或熔烧过的焊剂。焊剂和焊条应按照产品说明书的要求进行烘干，当天剩余的焊条、焊剂应分别放入保温箱内储存，不得露天过夜存放。二氧化碳保护气体的纯度应大于99.5%，其含水率应小于0.005%。

三、焊接工艺

（一）焊接工艺评定

焊接工艺评定是保证钢结构焊缝质量的前提条件，所以应通过焊接工艺评定选择合适的焊接材料、焊接方法、焊接工艺参数、焊后热处理方法等，以保证焊接接头的力学性能达到设计要求。对于所有参与钢管混凝土拱桥施工的单位，凡该单位首次使用的钢材、焊材及改变焊接方法、焊后热处理等，均必须进行焊接工艺评定，其主要力学性能均应达到设计要求。

钢管对接焊接工艺评定试验可采用相同板厚、对应工位的试板完成。腹管管径小于600mm的相贯线焊接工艺评定试验采用相贯线管筒完成，腹管管径不小于600mm的相贯线焊接工艺评定试验可采用相同板厚、对应工位的试板完成。焊接工艺评定试验应针对全桥的主要和重要接头，参与焊接工艺评定试验的焊接人员应具备相应的焊工资质。

工厂应采取工艺措施以控制焊接接头出现宽间隙，对于有衬垫的宽间隙，可采取25mm的宽间隙工艺评定，覆盖35mm以内的宽间隙接头。

板厚小于或等于30mm（不等厚对接时，按薄板计）对接工艺评定试板焊后进行100%超声波探伤，B级检验，Ⅰ级合格；板厚大于30mm（不等厚对接时，按薄板计）对接工艺评定焊后进行100%超声波探伤，C级检验，Ⅰ级合格。

焊接预热温度应根据焊接工艺评定试验确定，预热范围一般为焊缝每侧100mm以上，距焊缝30～50mm范围内测温。多层多道焊接，焊道间温度应根据焊接工艺评定试验确定。

焊接工艺评定方法应按《建筑钢结构焊接技术规程》（JGJ 81—2011）或《承压设备焊接工艺评定》（NB/T 47014—2011）的规定进行。焊接工艺评定的试验内容按设计文件要求或《铁路钢桥制造规范》(TB 10212—2009)执行。工艺评定合格后写出正式的焊接工艺评定报告和焊接工艺指导书,根据工艺指导书及图样的规定,编写焊接工艺。焊接施工应根据焊接工艺进行。经焊接工艺评定确定的焊接工艺及其参数在施工中不得随意改动,以保证焊接接头的质量。

(二)焊接施工方法

钢管的对接环焊缝质量是保证钢管拱肋质量的关键,宜在滚轮胎架上进行平位置焊接,并尽可能采用自动埋弧焊。卷制钢管纵向对接焊接,两端应设置焊缝的引板,其板厚、材质、坡口尺寸应与构件相同。焊接完后,将引板用气割切割,并对焊件边缘进行修磨,严禁用锤击落、损伤母材。焊接可采用无衬垫的双面熔透焊和有衬垫的单面坡口焊。焊接钢管的卷管焊缝,管径大于或等于 800mm 时,可采用自动双面埋焊;500mm < 管径 < 800mm 时,可采用自动双面埋弧焊或内侧陶质衬垫、外侧 CO_2 气体保护焊打底、自动埋弧焊填充、盖面;350mm < 管径 ≤ 500mm 时,可采用 CO_2 气体保护焊打底、自动单面埋弧焊填充、盖面;管径小于或等于 350mm 时,可选用无缝钢管。采用 CO_2 气体保护焊时,气流量宜不小于 15L/min,以焊枪出口为准。

直缝钢管纵向对接时,纵向焊缝交叉点避让要满足表 5-5 的规定。对于哑铃形拱肋,可将钢管卷管对接的纵向焊缝置于缀板空腔内,且每个节段内缀板与钢管之间的纵向焊缝、缀板之间的横向焊缝宜采用埋弧焊或气体保护焊。横哑铃形拱肋每个节段内缀板与钢管之间的纵向焊缝、缀板之间的横向焊缝宜采用埋弧焊或气体保护焊。

钢材在进行单面对接焊时,其未熔透深度占母材厚度的比例较大,且施焊时对电压、电流选择的要求都比较高,不易保证焊缝与母材等强。若增加垫板,则可改善施工条件,有效保证焊接质量,达到焊缝与母材等强。因此,对于管径较大、焊工可直接进入管内施焊的钢管,其对接焊缝应尽量采用无衬管的双面熔透焊,由焊工进入管内进行清根补焊,保证对接焊缝的质量。对全熔透焊缝的焊接工艺和坡口形式应事先进行评定,对接接头的位置应按规定合理布置。

若干拱肋节段对接成吊装节段的焊接次序,由焊接工艺试验确定,要求焊接变形及焊接残余应力最小。拱肋节段间的环焊缝施焊应对称进行,施焊前需保证节段间有可靠的临时连接,并用定位板控制焊缝间隙,不得采用堆焊。

焊接前,对小直径钢管可采用点焊定位,对大直径钢管可另用附加钢筋焊于钢管外壁作临时固定联焊。固定点的间距可取 300mm 左右,且不得少于 3 点。钢管对接焊接过程中,如发现点焊定位处的焊缝出现微裂缝,则该微裂缝部位必须全部铲除重焊。组装时要考虑到焊接的可能性,以确定采取一次组装或多次组装。凡需进行多次组装时,应对前一次的焊接变形进行修整,合格后再进行下一次组装。

焊接宜采用平焊,尽量避免仰焊或立焊。平焊焊不到的位置可将骨架翻身施焊。翻身过程中,须正确设置吊点和严格按设计方案要求进行翻身。拱肋不得就地掀起竖立,必须将全片拱肋水平吊起后,再悬空翻身竖立。

焊缝清根要彻底,施焊时接头和焊条要干燥。焊缝在施焊时,由于冷却引起了收缩应力,施焊的焊脚尺寸越大,则收缩应力越大,故在设计中不要任意加大焊缝。打磨、施焊每一道工序必须经过严格检查后才能实施。

钢管拱肋制作过程中,应按设计要求设置吊点、扣点、防混凝土倒流的截止阀、混凝土压注孔、排气孔、排渣孔等设施;对钢管上预留的混凝土压注孔、排气孔等,可在工厂开孔,也可在拱肋安装好后在工地开孔。开孔留下的盖片,均应编号并妥善保管或点焊在原位上。开孔盖板应在混凝土强度达到设计值的50%后,按设计要求原位对接。焊接应平整光滑,不得突出和漏焊,不得烧伤混凝土。

施焊时母材的非焊接部位严禁焊接引弧,焊接后应及时清除熔渣及飞溅物。埋弧自动焊应在距设计焊缝端部80mm以外的引板上起、熄弧。焊接中不应断弧,如有断弧应将停弧处刨成1:5的斜坡,并搭接50mm再引弧施焊,焊后搭接处应修磨匀顺。多层多道焊时,各层各道间的焊渣必须彻底清除干净且各层各道的焊接接头须错开30mm以上。角焊缝的转角处包角应良好,焊缝的起落弧处应回焊10mm以上。

钢管对接坡口尺寸可参照图5-5进行加工,可在钢管内设置厚4~6mm、宽25~40mm的环向钢衬垫或陶瓷衬垫,坡口尺寸与衬垫尺寸宜经焊接工艺试验确认。板厚差不大于4mm的不同板厚钢板对接,过渡坡口不应大于1:4;板厚差不大于8mm的不同板厚钢板对接,过渡坡口不应大于1:6;板厚差大于8mm的不同板厚钢板对接,过渡坡口不应大于1:8。

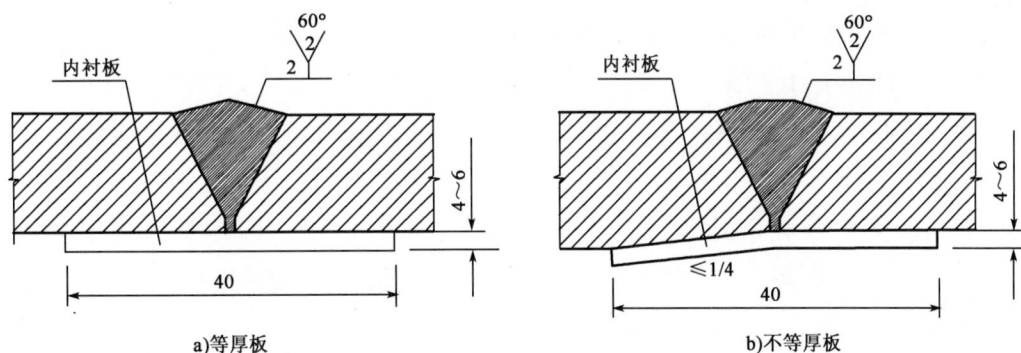

图5-5 钢管对接端头坡口示意图(尺寸单位:mm)

钢管的对接焊接,除应控制几何尺寸外,还应注意焊接变形的影响。焊接宜采用分段反向顺序,但分段施焊应尽量保持对称。钢管加工过程及合龙后接头的焊接应采用对称焊接,否则可能引起平面偏差。节段间环焊缝的施焊应对称进行,施焊前需保证节段间有可靠的临时连接并用定位板控制焊缝间隙,不得采用堆焊。合龙口的焊接作业应选择在结构温度相对稳定的时间内尽快完成。

GB 50923—2013 第 9.0.4 条规定，钢管对接焊缝的允许偏差应符合表 5-6 的规定。

对接焊缝允许偏差表（mm）

表 5-6

序号	检查项目	示　意　图	允许偏差
1	对口错边 Δ		$1/10t$ 且不大于 2.0
2	间隙 a		$a \leqslant 1.0$

（三）相贯节点的焊接

桁式拱肋管节点的相贯焊缝的切割应使用自动切割机。拱肋中主管与支管的连接尺寸和角度必须准确，各杆之间的间隙应严格控制。相贯线焊接间隙宜为 4～6mm，尽可能采用 CO_2 气体保护焊。相贯线焊缝可采用不翻身全位置焊接，也可采用节段整体翻身俯位置焊接。

管结构相贯连接焊缝的形式与连接的疲劳强度密切相关，对常见的管状 T、Y、K 连接，美国钢结构焊接规程（AWS）专门提供了完全熔透、部分熔透和角焊缝的形式（图 5-6），同时对有疲劳要求的焊缝下凹形剖面作了说明[362]。

当支管的壁厚不大时，宜采用全周角焊缝与主管连接；当支管壁厚较大时，由于全部对接焊缝在某些部位施焊困难，所以可以沿焊缝长度方向部分采用角焊缝、部分采用对接焊缝。主管管壁与肢管管壁之间的夹角大于或等于 120° 的区域内宜采用对接焊缝或带坡口的角焊缝。角焊缝的焊脚尺寸 h_f 不宜大于肢管管壁的 2 倍。

节点是焊接管结构的关键部位，也是整个结构的薄弱环节。在主、支管连接的相贯线上，由于残余应力和应力集中现象的存在，在交变荷载作用时，很容易引起疲劳裂纹的发生和发展，最后导致整个结构承载力的丧失。因此，必须采取一定的措施，提高管结构节点的耐疲劳寿命。目前，国内外所采用的提高焊缝疲劳强度的工艺措施主要有 TIG 熔修、砂轮打磨及锤击法等 3 种，详见第一章第一节。为了减小焊接残余应力，缓解节点疲劳问题，GB 50923—2013 第 9.0.6 条规定，"钢管相贯线焊缝应进行焊缝修磨和锤击，并应符合现行国家标准《钢结构焊接规范》（GB 50661）[360] 的规定。"

焊缝锤击：焊后用小锤轻敲焊缝及其邻近区域，使金属展开。锤击焊缝时，构件温度应维持在 100～150℃ 之间或在 400℃ 以上，避免在 200～300℃ 之间。多层焊时，除第一层和最后一层焊缝外，每层都要锤击。

焊缝修磨：修磨方法推荐采用砂轮打磨，砂轮采用高驱动、转速为 4 000～15 000r/min 且由碳—钨材料制作的砂轮。为了得到最佳打磨效果，打磨深度为 0.5～0.8mm，否则影响打磨效果。其打磨方位图如图5-7所示。

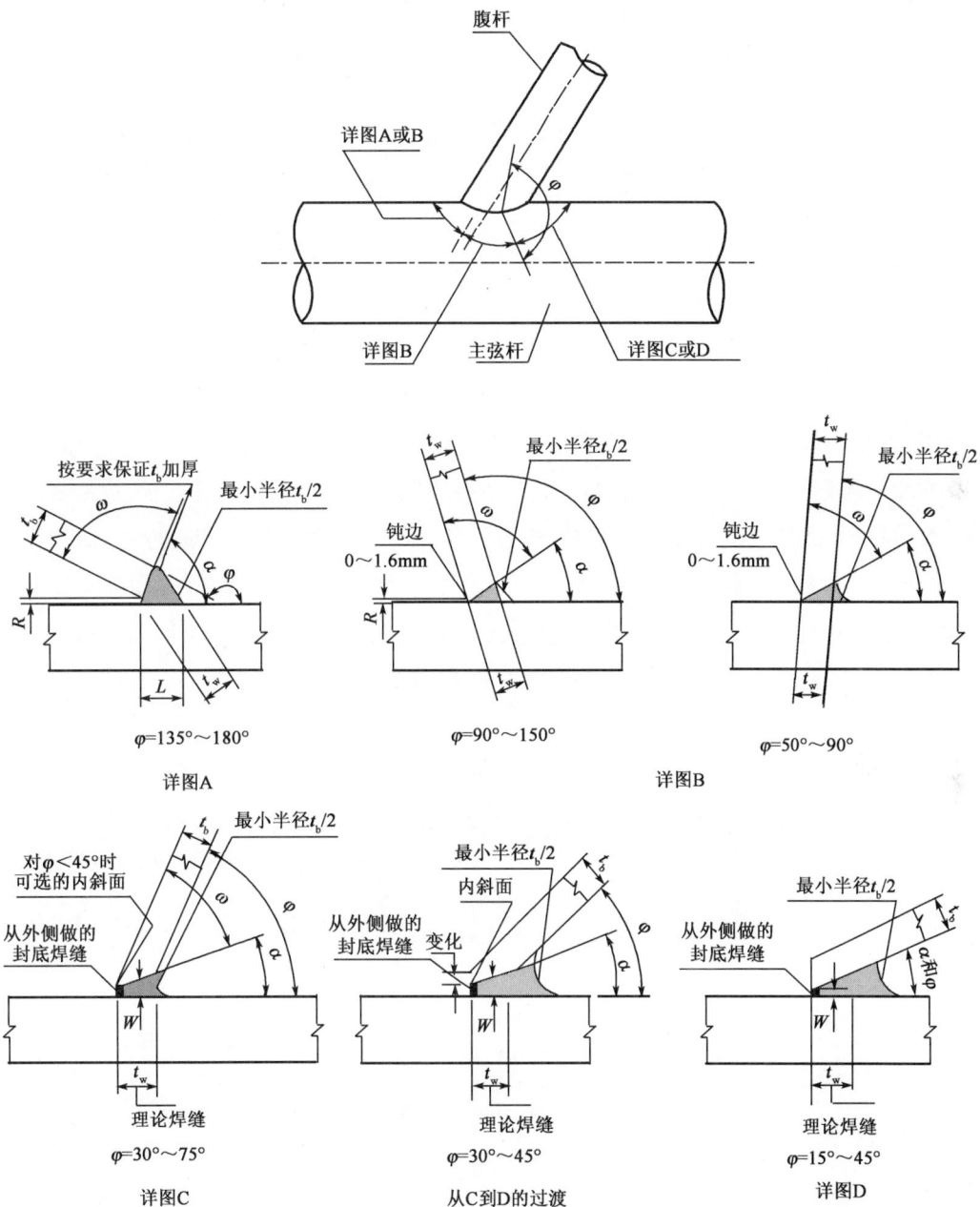

图5-6 腹管与弦管端头坡口焊缝图

四、焊缝质量检验

焊缝质量检验应符合设计要求,对设计没有明确要求的焊缝质量检验应符合 GB 50923—

2013 第 9 章的相关规定。

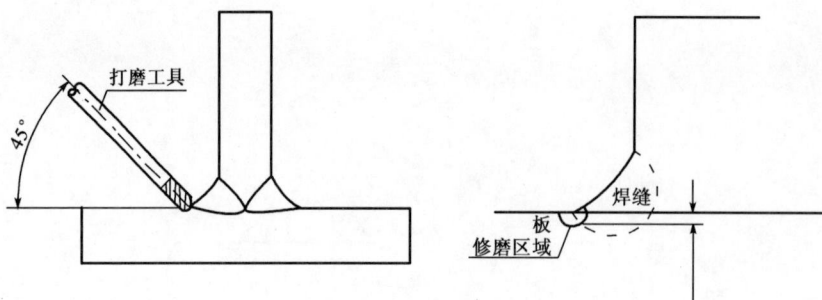

图 5-7　打磨方位图

（一）外观检测

钢管混凝土拱肋所有焊缝均应进行外观检测，碳素结构钢宜在焊缝冷却到环境温度时进行，低合金结构钢宜在完成焊接后进行。检查焊缝实际尺寸是否符合设计要求，焊缝表面有无气孔、裂纹以及未焊满（或弧坑）等缺陷。检查方法是将焊缝表面的熔渣或污物清理干净后，用肉眼或低倍放大镜观察，用焊缝卡板（量规）测量。焊缝的外观检测应符合现行《公路桥涵施工技术规范》（JTG/T F50）[91]的规定，对接焊缝的允许偏差见表 5-6，其他项目见表 5-7。

焊缝外观检查质量标准（mm）　　　　　　　　　　　表 5-7

项目	项　　目	质　量　要　求	
气孔	—	横向对接焊缝	不容许
		纵向对接焊缝、主要角焊缝　直径小于 1.0	每米不多于 3 个，间距不小于 20
		其他焊缝　直径小于 1.5	
咬边		受拉杆件横向对接焊缝及竖加劲肋角焊缝（腹板侧受拉区）	不容许
		受压杆件横向对接焊缝及竖加劲肋角焊缝（腹板侧受压区）	≤0.3
		纵向对接及主要角焊缝	≤0.5
		其他焊缝	≤1.0
焊脚尺寸		主要角焊缝	$K_0^{+2.0}$
		其他焊缝	$K_{-1.0}^{+2.0}$（注）

项目	项　目	质　量　要　求
焊波	角焊缝	任意 25mm 范围内高低差≤2.0
余高	对接焊缝	焊缝宽 $b<12$ 时，≤3.0
		$12<b≤25$ 时，≤4.0
		$b>25$ 时，≤$4b/25$
余高铲磨后表面	横向对接焊缝	不高于母材 0.5
		不低于母材 0.3
		粗糙度 R_a50

注：手工角焊缝全长 10% 区段内允许 $K_{-1.0}^{+3.0}$。

(二)无损检测

无损检验应在外观检测合格且焊接 24h 后进行。《公路桥涵施工技术规范》(JTG/T F50—2011)[91]对采用不同探伤方法(超声波探伤、射线探伤和磁粉探伤)检验的焊缝质量等级、检验方法、检验部位等都有比较详细和明确的规定,但在缺陷等级评定方面,只给出了超声波探伤的缺陷等级评定,对其他两种探伤方法没有给出具体的规定。GB 50923—2013 第9.0.10 条和第 9.0.11 条综合 JTG/T F50—2011[91]和其他规范的相关规定,对焊缝检验和评定提出了要求。

拱肋钢管的卷管纵向对接焊缝、环向对接焊缝,应按 JTG/T F50—2011[91]规定的焊缝质量等级Ⅰ、B 级进行检验,并应全部进行超声波检验。对纵环向焊缝 T 形接头,还应抽取其数量的 10%,并应按《金属熔化焊焊接接头射线照相》(GB/T 3323—2005)进行射线 B 级检验,焊缝内部质量应达到Ⅱ级,检验范围为纵向、环向各 250～300mm。

卷制焊接管的卷管对接焊缝、钢管的纵向对接焊缝对结构受力性能影响很大,一般又都采用自动焊,所以按 JTG/T F50—2011[91]中焊缝质量等级Ⅰ进行超声波探伤和射线探伤检验。对板厚大于 30mm 的对接焊缝(不等厚以薄板计)采用超声波 C 级探伤时,余高需磨至与母材齐平,且磨平焊缝与原焊缝形成不大于 1∶5 的斜坡。

哑铃形截面中钢管与腹板的角焊缝、腹板之间的对接焊缝,钢管桁式拱肋中主管与支管间的相贯线焊缝等,应按 JTG/T F50—2011[91]规定的焊缝质量等级Ⅱ、B 级检验方法进行检验,并应进行100%的超声波检验。

对于高空吊装节段拼装、合龙接头等高空焊接的焊缝，由于受条件的限制，射线探伤检验较为困难，但应全部进行超声波探伤和磁粉探伤检验。比检验更为重要的是，应通过创造较好的焊接条件、选择优秀的焊工等措施，保证焊缝的质量。

对进行局部探伤的焊缝，GB 50923—2013第9.0.12条和第9.0.13条还规定，当发现裂缝较多或有其他缺陷时，应延长探伤范围，直至焊缝全长；经射线和超声波两种探伤方法检查的焊缝，均达到各自标准的焊缝方可认为合格。

超声波探伤（UT）的执行标准有：《焊缝无损检测 超声检测 技术、检测等级和评定》（GB/T 11345—2013）、《钢熔化焊T形接头超声波检测方法和质量评定》（DL/T 542—2014）。检测范围和检验等级应符合表5-8的规定，缺陷评定应符合表5-9的规定。

焊缝超声波探伤范围和检验等级 表5-8

焊缝质量级别	探伤比例(%)	探伤部位	板厚 t(mm)	检验等级
一、二级横向对接焊缝	100	全长	$10 \leq t \leq 46$	B
	—	—	$46 < t \leq 80$	B(双面双侧)
二级纵向对接焊缝	100	焊缝两端各1 000mm	$10 \leq t \leq 46$	B
	—	—	$46 < t \leq 80$	B(双面双侧)
二级角焊缝	100	两端螺栓孔部位并延长500mm，板梁主梁及纵、横梁跨中加探1 000mm	$10 \leq t \leq 46$	B(双面单侧)
	—	—	$46 < t \leq 80$	B(双面单侧)

超声波探伤缺陷等级评定 表5-9

焊缝质量等级	板厚 t(mm)	单个缺陷指示长度	多个缺陷的累计指示长度
对接焊缝一级	$10 \leq t \leq 80$	$t/4$，最小可为8mm	在任意 $9t$ 焊缝长度范围内不超过 t
对接焊缝二级	$10 \leq t \leq 80$	$t/2$，最小可为10mm	在任意 $4.5t$ 焊缝长度范围内不超过 t
全焊透对接与角接组合焊缝一级	$10 \leq t \leq 80$	$t/3$，最小可为10mm	—
角焊缝Ⅱ级	$10 \leq t \leq 80$	$t/2$，最小可为10mm	—

注：1. 母材板厚不同时，按较薄板评定。
2. 缺陷指示长度小于8mm时，按5mm计。

射线检验（RT）的执行标准有：《金属熔化焊焊接接头射线照相》（GB/T 3323—2005）、《无损检测 金属管道熔化焊环向对接接头射线照相检测方法》（GB/T 12605—2008）及《钢熔化焊T形接头和角接接头焊缝射线照相和质量分级》（DL/T 541—2014）。

（三）焊缝缺陷处理

GB 50923—2013第9.0.14规定，"当外观检测和探伤结果有不允许的缺陷时，应进行焊缝修磨及返修焊。焊缝修磨及返修焊应符合现行行业标准《公路桥涵施工技术规范》（JTG/T F50）[91]的规定。"以下对该规定内容进行简要介绍。

焊件上的引板、产品试板或临时连接件应采用气割切除,切割时不得损伤母材,要留 1 ~ 3mm 的余量并磨平切口。

焊脚尺寸、焊波或余高超过要求的焊缝应修磨匀顺。所有表面的修磨均应沿主要受力方向进行,使磨痕平行于主要受力方向。

焊缝咬边超过 1mm 或焊脚尺寸不足时,可采用手工电弧焊或 CO_2 气体保护焊进行返修焊。采用自动焊返修焊缝时,应将清除焊缝部位的两端刨成 1:5 的斜坡后再进行焊接。返修焊缝应按原焊缝质量要求检验,同一部位的返修焊不宜超过两次。焊缝咬边小于 1mm 超差的咬边应修磨匀顺。

焊接缺陷宜采用碳弧气刨清除,在清除缺陷时应刨出利于返修焊的坡口,并采用砂轮磨掉坡口表面的氧化皮,露出金属光泽。焊接裂纹的清除范围除应包括裂纹全长外,尚应由裂纹端外延 50mm。

缺焊焊缝长度超过周长 1/4 或因其他项点不合格的圆柱头焊钉应予以更换,重新焊接。缺焊长度未超过周长的 1/4 时可采用小直径低氢焊条补焊,补焊时应预热到 50 ~ 80℃,并应从缺焊焊缝端部 10mm 外引、熄弧,焊脚尺寸应不小于 6mm。

第三节　防腐涂装

一、基本要求

钢管混凝土拱的防腐极其重要。第四章第七节对防腐设计进行了介绍,科学的防腐设计要由质量可靠的施工来实现。防腐涂装施工应满足设计要求,且符合现行 JTG/T F50 的规定。防腐涂装的施工应由具有防腐保温二级及以上资质的专业施工单位进行,专业技术人员必须具有防腐涂装知识与经验,施工人员应通过涂装专业培训,且必须由具有防腐知识与经验的专业技术人员负责。工程所需的生产工序设备,应进行首次试运行鉴定,涂装计量检查设备需经标定合格后使用。防腐涂装施工的安全、劳动保护及环境保护等工作应符合国家现行的有关标准和规定。

防腐涂装施工前应制定出详细的涂装工艺设计并进行试涂。GB 50923—2013 第 10.0.2 条规定,"对重要的桥梁和处于易腐蚀环境的桥梁,应进行涂层工艺试验。涂层工艺试验宜包括中性盐雾试验、人工加速老化试验和涂层附着力试验等,其中底漆耐盐雾试验、面漆人工加速老化试验可作为型式检测项目,并应提供检测报告。"

涂装材料应符合国家与行业标准规定。涂料供应商应获得 GB/T 19001 认可证书,并具备提供技术服务和履约能力。涂装材料宜选用经过工程实践证明其综合性能良好的产品;对于新产品,经确认其技术性能和经济指标均能满足设计要求,方可使用。防护涂装材料的品种、规格、技术性能指标必须符合设计和技术规范的要求,具有完整的出厂质量合格证明书。构成防护体系的涂料宜由同一生产厂家制造,并保证涂层相容性。任何一种涂料,在进行涂装之前,都应具备下列资料:

(1)产品说明书、产品批号、合格证或检验资料。

(2)涂料工艺参数,包括闪点,相对密度,固体含量,表干、实干时间。

(3)最长和最短的涂覆间隔时间,一道涂层的干、湿膜厚度及理论涂布率等。

(4)涂料制造厂对基体金属涂装前的表面处理等级、涂装施工环境的要求等。

(5)多组分涂料的混合比及混合后使用时间的指导性说明。

涂装材料到货后应随机取样送检,经国家认可检测机构检测合格并出具检测报告。当天使用的涂料应在当天配置,不得超过涂料适用期,不得随意添加稀释剂。如按规定层数达不到最小干膜总厚度时,应增加涂装层数使其达到规定厚度,同时必须等下一层漆干透后,方可涂次一层漆。

涂装前的表面处理和基层涂装宜在室内进行,最后一道面漆可在成桥后进行。涂装作业宜在室内、清洁环境、无强烈日照的环境中进行,避免未干的涂层被灰尘等污染。

经喷砂除锈后的钢管拱肋,必须尽快进行防腐涂装施工,其时间间隔越短越好,以防止在表面处理后,最底层防腐材料覆盖层涂装之前形成肉眼看不见的锈膜,影响涂层与钢基的结合。在晴天或不太潮湿的天气等相对湿度不大于60%的条件下,间隔时间不得超过12h;在雨天、潮湿或盐雾天气下,间隔时间不得超过2h。在雨天、潮湿或盐雾的天气中,喷涂操作必须在室内或工棚中进行,并确保相对湿度小于80%。

施工图中注明不涂装的部位不得涂装,安装焊缝处应留出30~50mm暂不涂装。涂层系统各层间的涂覆间隔应按涂料制造厂的规定执行,如超过其最长间隔,则应将前一涂层用粗砂布打毛后再进行涂装,以保证涂层间的结合力。

拱肋外表面涂装完成后需对支撑部位的表面进行补涂,其表面处理及涂装的质量要求同拱肋外表面,并不得影响和破坏周围的涂层。

工地临时吊点及定位点部件(如码板、临时吊耳及临时点焊件等)的清理涂装,必须在节段吊装合龙环缝焊接报检合格后4d内完成,按其所处部位原配套体系逐层修补。

涂装后的涂膜应认真维护,在固化前要避免雨淋、曝晒、践踏。搬运中应采取措施避免对涂层造成损伤。杆件码放必须在涂层干燥后进行。在进行封闭层涂装前,应对安装焊缝处等未涂装的局部区域进行补涂,对施工过程中已涂装涂膜的损伤进行修补。补涂和修补的质量应达到设计涂装质量的要求。

桥位现场最后一道面漆涂装施工前应进行表面净化处理,及涂层相容性、附着力及重涂性试验。涂层破损处及桥位现场焊接部位涂装:表面处理等级St3.0级,底漆采用80μm环氧富锌底漆,中涂和面涂配套同相邻部位,中间漆干膜厚度增加 1.2 倍,面漆干膜厚度不变。

二、钢材表面预处理

结构装焊后、涂装前应进行完整性检查,防止漏装、漏焊对后续涂装施工的影响。进行钢构件表面涂装之前,必须进行钢材表面的防锈、清洁、平整等净化处理,以利于涂层与钢基之间的牢固结合,达到防护的效果。钢材表面预处理非常重要,一般要求在工厂喷涂车间进行,钢材表面处理在控制的湿度下进行。

GB 50923—2013 第 10.0.3 条规定,"防腐涂装施工前应按设计要求进行表面净化与粗化处理。表面处理等级检验应符合现行国家标准《涂覆涂料前钢材表面处理—表面清洁度的目视评定　第 1 部分:未涂覆过的钢材表面和全面清除原有涂层的钢材表面的锈蚀等级和处理等级》(GB/T 8923.1—2011)中照片目视比较评定的规定。表面粗糙度的检验应符合现行国家标准《涂覆涂料前钢材表面处理　喷射清理后的钢材表面粗糙度特性　第 2 部分:磨料喷射清理后钢材表面粗糙度等级的测定方法》(GB/T 13288.2)的规定。"

(一)处理方法

钢材表面处理的常见方法有机械清除法、酸洗清除法和火焰清理法。

1. 机械法

机械法又可分为手工清除、喷砂清除、喷丸清除和抛丸清除。

(1)手工清除是用钢丝刷、刮刀将污物、锈皮、涂料除去。由于劳动强度大、效率较低,目前该方法只用于钢桥养护以及更换个别螺栓。

(2)喷砂清除是用压缩空气将砂粒喷向钢板表面,将锈皮、油污等清除后,立即喷涂保护层。使用本法时,砂粒应选用硬度高、带锐角的金属或非金属磨料,粒径为 1～3mm。根据设计对表面粗糙度的要求,选用合适粒度的磨料并保持干燥。风压宜为 0.4～0.5MPa。喷嘴孔直径 5～10mm,以耐高压并耐磨损的陶瓷制成。使用后,喷嘴孔径增大 3mm 时应更换新的。喷嘴距板面 5～20mm,喷嘴与板面的角度为 50°～60°。喷射时间经过试验确定,喷射时间过长会降低粗糙度。若喷砂清除在工地进行,砂的回收率差,消耗量较大,必须有足够的储备。若喷砂清除在工厂进行,因构件、杆件清除打毛后须运到施工现场安装,为了防止待运期间钢板锈蚀,必须在喷砂清除后,在钢板上喷涂保护层。

(3)喷丸清除的基本原理与喷砂清除相同,只是以钢丸代替砂粒。钢丸直径为 1～2mm。若太小(0.3～0.5mm)则只能起到除锈效果而起不了打毛作用。钢丸为生铁制成,风压较喷砂清除法高,一般为 0.7～0.8MPa。喷射角为 75°～90°,喷射口至板面距离为 100～130mm。喷丸所用设备及工具应具有一定的强度、刚度和硬度,并防止铁屑、飞刺等堵塞管路。其他喷射工艺与喷砂清除法相同。

（4）抛丸清除的除锈打毛原理与喷丸相同。不同之处在于使用的工具抛丸机固定，而工件钢板则以约 1.5m/min 的速度行走前进，其速度可以根据锈蚀程度予以调整。抛出的钢丸直径为 1~2mm，钢板距抛头约 60cm。抛丸未清除的铁锈，仍须以喷丸补充清除。

2. 酸洗清除法

酸洗清除法是将钢板放在酸溶液槽中进行酸洗，清除铁锈，然后置于冷水槽中冲洗，再放置碱水槽中中和。因其不能产生粗糙度且成本较高，故很少使用。

3. 火焰清除法

火焰清除法利用高热还原焰烧掉钢板表面的松软氧化层、铁锈、油污、泥垢、涂料和硬的轧皮，并形成表面粗糙度。由于这种方法成本较高，故国内很少采用。

上述各种方法中以机械法中的喷砂、喷丸和抛丸处理效果较好。钢管混凝土拱桥中钢管表面清理常用的是机械法中的喷砂清除、抛丸清除辅以化学清洗。但无论是在现场还是在工厂，喷砂、喷丸和抛丸都会严重污染空气，应配合除尘设备使用，以保护环境卫生。此外，为了节约钢丸的消耗，应对喷、抛过的铁丸进行回收，但回收的铁丸重新使用前应除去铁锈、锈粉等杂质，以免堵住喷嘴及影响环境卫生。

（二）处理要求

使用上述方法进行钢板表面处理后，须用干净的压缩空气或铁刷将灰尘清理干净。表面处理的方法与等级应符合设计的要求；当设计没有明确规定时，可参照表 5-10 选用。

钢材表面除锈方法及等级要求

表 5-10

除锈方法	喷射或抛射除锈			手工和动力工具除锈	
除锈等级	Sa2	Sa2.5	Sa3	St2	St3
适用范围	除右边两类条件以外的其他地区	年平均相对湿度在 50% 以上及有一般大气污染的工业地区	（1）大气含盐雾的沿海地区；（2）大气中 SO_2 含量大于 $250mg/m^3$ 的工业地区；（3）杆件浸水部分；（4）防腐要求高的钢梁及构件	与 Sa2 条件相同	与 Sa3 条件相同
质量标准	一般喷射、抛射除锈，钢材表面的油脂和污垢，氧化皮、锈和油漆涂层等附着物已基本清除，其残留物应是牢固附着的	较彻底的喷射、抛射除锈，钢材表面应无可见的油脂和污垢，氧化皮、锈和油漆涂层等附着物，任何残留的痕迹仅是点状或条纹状的轻微色斑	彻底的喷射、抛射除锈，钢材表面应无可见的油脂和污垢，氧化皮、锈和油漆涂层等附着物，表面应呈现均匀的金属光泽	一般的手工和动力工具除锈。钢材表面应无可见的油脂和污垢，没有附着不牢的氧化皮、锈和油漆涂层等附着物	彻底的手工和动力工具除锈。钢材表面应无可见的油脂和污垢，没有附着不牢的氧化皮、锈和油漆涂层等附着物。除锈比 St2 彻底，底材显露部分底表面应具有金属光泽

钢管内表面的除锈与防腐视结构连接的方法而要求不同。对于焊接结构,如果焊缝处的气密性和水密性较好,空气难以进入钢管内部,钢管内部的防腐可以采用较低的等级,防锈可以按二级或三级要求进行,并只涂抹一层非金属底漆,以防止施工过程中的腐蚀。对于管内填充有混凝土的甚至可以不进行涂装,但在加工前,在钢管内表面也要将其表面透迹、油迹等清除干净,使混凝土与钢管内表面结合良好。

对于焊接管,钢管的表面清洗和底漆涂装可以在卷管以前进行,按照钢管内外侧防锈等级的不同要求对两面分别进行处理,称为钢板除锈,也称为一次表面处理:钢板经过预处理设备抛丸后统一喷涂一道车间底漆。钢管节段制造工序全部完成之后,在进行"永久"防腐涂装之前必须对钢管外表面进行二次表面处理,通常用抛丸或喷砂的方法将钢板上原涂有的车间底漆及焊渣、油污等彻底清除干净,再进行涂装作业。也有仅在加工后进行一次性表面处理的,但要控制加工期间的锈蚀并保证清理质量。面漆一般分为两道,其中第二道面漆施工一般在整体化焊接成桥后,在露天进行。喷涂之前应将底漆打磨粗糙并清洗干净,对接头部分和破损部分应补涂底漆。

三、涂料涂装施工技术

涂装方法应根据涂料的物理性能、施工条件和被涂结构进行选择,或根据涂料供应商的要求进行。应采用各涂层间结合良好的涂层配套。不同涂层不能任意配套使用,如需掺合使用,应经试验确定。混合好的涂料按照说明书的规定进行熟化,在产品说明书规定的适用期内使用。

涂料涂装的施工方法有刷涂法、浸涂法、喷涂法、电泳涂覆法等。常见的涂料施工方法比较见表5-11[346]。

常见的涂料施工方法比较

表5-11

施工方法	适用的涂料			被涂物	使用设备	特　点
	干燥速度	黏度	品种			
刷涂法	干性较慢	塑性小	油性漆、酚醛漆、醇酸漆等	一般大型平面的构件和管道等	毛刷	投资少,施工方法简单,适用于各种形状及大、小面积的涂装;缺点是装饰性较差,施工效率低
手工滚涂法	干性较慢	塑性小	油性漆、酚醛漆、醇酸漆等	一般大型平面的构件和管道等	滚子	投资少,施工方法简单,适用大面积的涂装;缺点同刷涂法
浸涂法	干性适当、流平性好、干燥速度适中	触变性小	各种合成树脂涂料	小型零件、设备和机械部件	浸漆槽、离心及真空设备	设备投资少,施工方法简单,涂料损失少,适用于构造复杂的构件;缺点是流平性不太好,有流坠现象,溶剂易挥发

施工方法	适用的涂料			被涂物	使用设备	特　点
	干燥速度	黏度	品种			
空气喷涂法	挥发快、干燥适宜	黏度小	各种硝基漆、橡胶漆、过氯乙烯漆、聚氨酯漆等	各种大型构件、设备和管道	喷枪、空气压缩机、油水分离器等	设备投资较多，施工方法较复杂，施工效率较刷涂法高；缺点是损耗涂料和溶剂量大，污染现场，容易引起火灾
无气喷涂法	具有高沸点溶剂的涂料	高不挥发性、有触变性	厚浆型涂料和高不挥发性涂料	各种大型钢结构、桥梁、管道、车辆和船舶等	高压无气喷枪、空气压缩机等	设备投资较多，施工方法较复杂，施工效率比空气喷涂法高，能获得厚涂层；缺点是损失部分涂料，装饰性较差

刷涂法工艺简单，但劳动强度大、涂层均匀性差，应避免采用。浸涂法则无法应用于大型的钢管结构。喷涂法应用较多，它又分为空气喷涂法和无气喷涂法，两种方法经常结合使用。如第一道面漆在厂内喷涂，第二道面漆在工地用高压无气喷涂法。实际上，非金属涂装体系，特别是富锌环氧涂料已被证明具有良好的防腐蚀效果，但它需要有良好的工艺和施工质量作保证，有时候工艺保证甚至比涂料本身的性能更重要。

按照设计要求和材料工艺进行底涂、中涂和面涂施工。每道涂层的间隔时间应符合材料供应商的有关技术要求。超过最大重涂时间时，应进行拉毛处理后涂装。

钢构件基层表面均应选用附着力为Ⅰ级的底漆。当防腐涂层总厚度大于$150\mu m$时，宜选用厚浆型涂料，采用喷涂方法施工。涂装施工应遵循《防腐蚀工程施工操作规程》（YSJ 411—1998）、《钢结构、管道涂装技术规程》（YB/T 9256—1996）的有关规定进行。

需要指出的是，涂装施工应在规定的施工环境条件下进行。施工环境温度过高，溶剂挥发快，漆膜流平性不好；温度过低，漆膜干燥慢而影响其质量；施工环境湿度过大，漆膜易起鼓，附着不好，严重的会大面积剥落。

《建筑防腐蚀工程施工规范》（GB 50212—2014）、《建筑防腐蚀工程施工质量验收规范》（GB 50224—2010）以及《化工设备、管道防腐蚀工程施工及验收规范》（HG 229—1991）关于施工环境的规定为15～30℃。考虑到实际情况，GB 50923—2013没有对钢管混凝土拱桥的涂装施工环境温度进行严格的规定。一是从涂料的性能来说，目前有很多种类的涂料，都可在上述规定范围外的条件下施工；二是我国南方气温较高，在夏季温度超过30℃的时候较多，实际施工有很多情况下是在温度超过30℃的条件下进行的。所以对涂装施工环境的要求，应按产品说明书的规定执行。一般情况下，环氧富锌、环氧沥青和聚氨酯漆不允许在10℃以下施工，其他涂料不允许在环境温度5℃以下或35℃以上施工；施工温度为－5～5℃时，应采用低温固化产品或采取升温保温措施。

涂装施工环境的湿度，一般应以相对湿度不大于80%为宜，同时钢材表面的温度应高于空气露点温度3℃以上，方能进行施工。露点温度可根据空气温度和相对湿度从表5-12中查得[346]。

露点值查对　　　　　　　　　　表5-12

温度(℃)	相对湿度(%)								
	55	60	65	70	75	80	85	90	95
0	−7.9	−6.8	−5.8	−4.8	−4.0	−3.0	−2.2	−1.4	−0.7
5	−3.3	−2.1	−1.0	0.0	0.9	1.8	2.7	3.4	4.3
10	1.4	2.6	3.7	4.8	5.8	6.7	7.6	8.4	9.3
15	6.1	7.4	8.6	9.7	10.7	11.5	12.5	13.4	14.2
20	10.7	12.0	13.2	14.4	15.4	16.4	17.4	18.3	19.2
25	15.6	16.9	18.2	19.3	20.4	21.3	22.3	23.3	24.1
30	19.9	21.4	22.7	23.9	25.1	26.2	27.2	28.2	29.1
35	24.8	26.3	27.5	28.7	29.9	31.1	32.1	33.1	34.1
40	29.1	30.7	32.2	33.5	34.7	35.9	37.0	38.0	38.9

一次喷涂严禁过厚，并防止漏涂和流挂或局部过厚、针孔等不良现象产生。若涂层较厚，可视具体情况采用分层喷涂。分层喷涂时，要求层间纵横交错，往复进行，前一道干燥后再进行下一道施工。随后的中间漆或面漆施工一般要求采用高压无气喷涂方式进行，先上后下，先难后易。

在涂装作业过程中，涂漆的间隔时间对涂层质量有很大的影响。间隔时间控制适当，可以增强涂层间的附着力和涂层的综合防护性能，否则可能造成"咬底"或大面积脱落和返锈等现象。由于各种涂料的性能各异，所以涂漆的间隔时间不尽相同。常用涂料的涂漆间隔时间见表5-13。

常用涂料的涂漆间隔时间　　　　　　　　表5-13

涂料型号及名称	涂漆间隔时间		涂料型号及名称	涂漆间隔时间	
	最短时间(h)	最长时间(周)		最短时间(h)	最长时间(周)
环氧富锌底漆	24	1	氟碳面漆	24	—
环氧云铁中间漆	24	1	聚合硅氧烷面漆	24	—
环氧厚浆漆	24	1	环氧沥青底漆	48	1
聚氨酯面漆	24	—			

四、热喷涂金属涂装施工技术

热喷涂金属涂装在我国钢管混凝土拱桥中的应用较为普遍。它在1/10 000～1/1 000s的时间内，将耐蚀的金属材料铝及铝合金充分熔融，雾化喷涂到预先喷砂除锈的钢拱肋表面，形成纯度高、结合力强的机械—冶金结合喷涂层，从而延长防腐蚀层的使用寿命。通常可以根据热源的不同，将热喷涂分成电弧喷涂、火焰喷涂、激光喷涂等。

（1）火焰喷涂是以氧气、乙炔气等燃烧火焰为热源,将锌丝、铝丝等加热到熔融或高塑状态,在压缩空气等高速气体的泄引下,将熔融化的锌、铝雾化喷射到预先准备的喷砂表面形成涂层。

（2）电焊喷涂则是利用电弧喷涂设备的电源发生装置使喷枪的两根金属丝分别带正、负电荷,并在喷枪端头交汇点起弧熔化,同时喷枪内压缩空气穿过电弧和熔化的熔滴使之雾化,并以一定的速度喷射到预先准备的喷砂表面形成涂层。

（3）火焰喷涂效率较低,喷涂过程质量控制不稳定,喷涂层结合力差,目前逐步被电弧喷涂技术所取代[345]。

钢管混凝土拱肋金属涂层涂装可采用电弧或火焰喷涂,但应优先采用电弧喷涂。下面主要介绍电弧喷涂技术的施工工艺。

（一）喷涂材料

热喷涂金属防腐体系中所用的金属丝应光洁、无锈、无油、无折痕,一般直径为 2 ~ 3mm。锌丝的含锌量应大于 99.99% ;铝丝的含铝量应大于 99.5% ;锌铝合金的含铝量应为 13% ~ 35% ,其余为锌;铝镁合金的含镁量为 4.8% ~ 5.5% ,其余为铝。

喷涂前钢板表面的洁净度应达到一级标准。铝涂层的厚度必须大于钢板表面最大不平度 R_y 值的 3 倍,才能获得良好的防锈能力。热喷锌或铝,钢板表面处理应达到 $R_z 60 ~ 100 \mu m$ 。

（二）工艺参数

1. 电压、电流

电弧喷涂电压的选择主要取决于喷涂材料的性质。低熔点金属的喷涂电压低,高熔点金属的喷涂电压高。喷涂电压低易造成喷涂雾化不充分,喷涂过程不流畅,并出现断续送丝现象,喷涂层有较大颗粒;喷涂电压高则易造成喷涂送丝故障率高,易出现粘丝现象,喷涂层颗粒粗大。

喷涂电流低易出现断弧打爆等现象;而喷涂电流大则会出现熔化和雾化不充分,也容易出现断丝现象。

2. 雾化气体

压缩空气一般都经过除油、除水、雾化等过程,雾化气体的压力、流量直接影响喷涂雾化效果和电弧喷涂层质量。压力和流量不够,会使雾化的喷涂颗粒粗大、涂层粗糙、孔隙率大、涂层结合力下降。因此,一般要求喷涂用的压缩空气应清洁、干燥,压力不得小于 0.4MPa;氧气压力为 0.5 ~ 0.6MPa;氧气纯度要求达到二级以上(>98.5%);乙炔压力为 0.08 ~ 0.12MPa;要求无油、无水、无粉尘;雾化气体流量为 $1.6 ~ 2.0 m^3/min$ 。

3. 喷涂距离

电弧喷涂距离指被雾化的颗粒离开喷枪嘴至工件之间的距离,即喷涂粒子至形成涂层的飞行距离。若喷涂距离远,有部分颗粒在到达工件表面前已经冷却凝固变成金属粉尘而不能形成涂层,使金属沉积率降低;若喷涂距离很近,则喷涂颗粒较粗大,涂层热应力增加。正常的喷涂距离应为 100 ~ 200mm。

4.喷涂角度

喷涂角度指喷涂射流轴线与基材表面切线间的夹角,喷枪与基体表面的夹角一般为 60° ~ 80°,不得小于 45°;当喷涂角度小于 45°时,会产生遮盖效应,使涂层结合力下降。

5.喷枪移动速度

喷枪移动速度指在喷涂过程中喷枪沿基材表面移动的速度。在喷涂效率和沉积率确定的情况下,喷枪和工件之间的相对移动速度决定了一次喷涂过程的涂层厚度。一般情况下,喷枪移动速度为 0.2 ~ 0.4m/s,以一次喷涂厚度达到 25 ~ 80μm 为宜;送丝速度为 1 ~ 1.5m/min。

(三)喷涂施工

喷涂施工前应对所有焊缝、棱角边及不易涂装的隐蔽区域进行预涂,以保证这些部位有足够的膜厚。

构件对接安装焊缝处应留出 30 ~ 50mm 暂不涂装,并采取有效措施对该区域进行保护,防止涂料污染。

设计制作专用涂装工装使施工人员能方便对拱肋各部位进行涂装施工,保证各处涂装质量。

金属涂层应分层喷涂,两次喷涂间隙约为 10min,最长时间间隙不得超过 2h。前一层与后一层间采用 45° ~ 90°交叉喷涂,各喷涂带之间应有 1/3 的宽度重叠,厚度要尽可能均匀;各喷涂层之间的喷枪走向应相互垂直,交叉覆盖;涂层的表面温度降到 50℃ 以下时,再进行下一层喷涂。喷涂时要注意涂层表面温度不超过 50℃,以减少冷却后涂层中的残余应力。要采用高效能的氧化焰,火焰中要有较多的过剩氧气。

热喷涂层检查合格后,应立刻进行封闭漆施工,间隔时间越短越好,最好在尚有余热的情况下进行。由于喷涂金属表面层粗糙,因此,封闭漆一般要求采用喷涂方式进行,避免产生气泡。

涂层的厚度可用磁性测厚仪检测,喷层厚度应符合设计要求;封闭漆在金属喷涂完后立即喷涂或在限定时间内喷涂,封闭漆渗入金属涂层内,检测时不计厚度。

五、涂装工程检查与验收

涂装前的表面处理等级检验按《涂覆涂料前钢材表面处理　表面清洁度的目视评定　第1部分:未涂覆过的钢材表面和全面清除原有涂层后的钢材表面的锈蚀等级和处理等级》

（GB/T 8923.1—2011）中相应的照片目视比较评定,注意磨料不同造成的外观上的差别。表面粗糙度比较的检验按照《涂覆涂料前钢材表面处理　喷射清理后的钢材表面粗糙度特性》（GB/T 13288）,用比较样块进行目视比较评定或用仪器直接测量进行评定。

目视比较样块法应根据不同的磨料选择相应的样块,每 $2m^2$ 表面至少要有一个评定点,且每一评定点的面积不小于 $50mm^2$。用表面粗糙度仪检测粗糙度时,每 $2m^2$ 表面至少要有一个评定点,取评定长度为 40mm,在此长度范围内测 5 点,取其算术平均值作为此评定点的表面粗糙度值。

涂装质量必须符合紧密不透水、不粉化龟裂,耐磨及防锈性能、附着力、黏结力良好和不含侵蚀钢料的化学成分的要求。

GB 50923—2013 第 10.0.4 条规定,"涂料涂层干膜厚度和湿膜厚度的检测应符合现行国家标准《色漆和清漆　漆膜厚度的测定》（GB/T 13452.2）的规定。涂料涂膜固化干燥后的干膜厚度测定,85% 测点的厚度应达到设计厚度,其余 15% 测点的厚度不应低于设计值的 85%。"

涂料、涂装遍数、涂装厚度均应符合设计的要求。当设计对涂层厚度无要求时,宜涂装 $4\sim5$ 遍;涂层干漆膜总厚度宜为 $150\mu m$,允许偏差 $-25\mu m$。当设计对涂层厚度有要求时,设计最低涂层干漆膜厚度加允许偏差的绝对值即为涂层的要求厚度,其允许偏差应符合设计要求,无偏差规定时取允许偏差 $-25\mu m$。

涂层表面质量检查方法采用目视法。每层涂装前均应对前一涂层进行外观检查。涂料涂层的外观宜均匀,无明显起皱、流挂,附着应良好。底漆、中间漆要求平整、均匀,漆膜无气泡、裂纹,无严重流挂、脱落、漏涂等缺陷,面漆除达到要求外,其颜色应与比色卡相一致。厚浆型涂料应用针孔仪进行全面检查,如发现针孔,打磨后补涂。

对于热喷涂金属涂层,GB 50923—2013 第 10.0.5 条规定,"热喷涂金属涂层应采用磁性测厚仪测量涂层厚度。测量方法应符合现行国家标准《热喷涂涂层厚度的无损测量方法》（GB/T 11374）的规定,测点位置应符合现行国家标准《热喷涂　金属和其他无机覆盖层锌、铝及其合金》（GB/T 9793）的规定。85% 测点的厚度应达到设计厚度,其余 15% 测点的厚度不应低于设计值的 85%"（双 85% 原则）。磁性测厚要求对表面积大于 $2m^2$ 的工件,每件测 10 处;表面积小于 $2m^2$ 的工件,每件测 5 处,每处测 3 点,取平均值记录。

GB 50923—2013 第 10.0.6 条规定,"涂料涂层附着力检验应符合现行国家标准《色漆和清漆　漆膜的划格试验》（GB/T 9286）划格试验的规定或《色漆和清漆　拉开法附着力试验》（GB/T 5210）拉开试验的规定。"

试验时涂层厚度小于或等于 $80\mu m$ 时,画线间隔为 1mm;涂层厚度为 $80\sim120\mu m$ 时,画线间隔为 2mm;涂层厚度大于 $120\mu m$ 时,画线间隔为 3mm。试验宜做带样试验,如在工件上进行,应选择非重要部位,测试后立即补涂。

GB 50923—2013 第 10.0.7 条规定,"热喷涂金属涂层的附着力检验应符合现行国家标准《热喷涂 金属和其他无机覆盖层 锌、铝及其合金》(GB/T 9793)栅格试验或拉伸试验的规定。试验结果在方格形切样内不应出现金属涂层与基底剥离的现象。"采用拉开法时,附着力要求大于或等于 5.9MPa。

GB 50923—2013 第 10.0.8 条规定,防腐涂装质量检验应符合设计要求。对设计没有明确要求的,检验项目应符合表 5-14 的规定。

钢材表面防腐涂装检验项目 表 5-14

序　号	检查项目		规定值或允许偏差
1	除锈清洁度		不低于 Sa2.5(St3)
2	粗糙度 (μm)	外表面	70～100
		内表面	40～80
3	总干膜厚度(μm)		不小于150(室外涂装)或125(室内涂装),允许偏差为 -25～0
4	每层干膜厚度(μm)		允许偏差为 -5～0

第四节　钢管拱肋架设

一、概述

相对于其他桥型来说,拱桥的施工难易程度及费用,与施工方法有很大的关系,设计时要考虑施工方案。GB 50923—2013 第 4.1.6 条规定,"钢管混凝土拱桥设计时应根据地形地质、交通运输条件和其他建设条件,确定指导性的施工方案、主要施工步骤、质量要求和施工中允许的不平衡荷载,并应明确结构体系转换的顺序及采取的措施。"

尽管钢管拱肋的重量较之混凝土拱要轻,但随着跨径的增大,其架设仍然是施工的难点与关键。因此,钢管拱肋架设是上述的指导性施工方案中最重要的内容。钢管拱肋的架设方法很多,主要有悬臂法、转体法、支架法以及其他方法。本书第二章第一节对不同结构体系常用的施工方法、常用施工方法应用的跨径范围等进行了统计,如图 2-15、图 2-16 所示。

拱肋架设施工前,应在设计架设方案的基础上进行施工方案设计。钢管拱肋的安装应严格按照经审查批准的施工组织设计进行,并满足拱肋安装准确和安全的要求。拱肋安装施工组织程序应包含拱肋节段及肋间永久横撑、临时横撑、横向风缆安装顺序,节段间临时连接,每个工况各种临时索的拉力,拱肋高程和拱轴线位置等内容。

施工加载程序设计应根据设计提出的方案,并满足主拱肋受力均匀、避免剧烈的反复变形的原则;对于多孔连续桥梁,还应将施工过程中桥墩及基础所受的不平衡力控制在设计文件允许的范围内。

钢管混凝土拱肋施工时应在空管阶段完成合龙。施工过程中，特别是无支架缆索吊装钢管拱肋合龙前后，应掌握桥址处历史气象资料和近期的天气预报资料，避开可能突发的灾害性天气，并采取必要的结构安全预防措施。

GB 50923—2013 第 11.1.3 条规定，"钢管拱肋架设前应进行下列准备工作：

(1)检查构件的几何尺寸、焊接质量、表面腐蚀及预拼情况。

(2)检查施工设计确定的起吊设施和扣挂点结构。

(3)检查墩台的断面尺寸、预埋件位置，复测拱座起拱线处高程、跨距。

(4)清除拱肋表面及管内的杂物，设置有关测量和监控的标志与元件。

(5)完成现场拱肋安装焊接工艺评定。"

GB 50923—2013 第 11.2 节对钢管拱肋架设与质量检验进行了规定，以下对其进行简要介绍。

钢管拱肋正式架设前，应对吊装设备系统进行不小于施工设计荷载的负荷运行试验。

钢管拱肋吊点的位置应经结构本身的承载力和稳定性计算确定。

钢管拱肋节段吊装就位后，应立即进行校正，并应采取保证稳定性的措施。

当钢管拱肋无支架施工时，由拱肋与临时结构组成的受力体系应满足强度、刚度与稳定性的要求，并应符合下列规定：

(1)当采用夹片锚时，张拉端应有防止低应力状态下锚具退锚的措施。当采用钢丝绳作扣(锚)索时，扣(锚)索强度安全系数不应小于 3；当采用钢绞线、高强钢丝作扣(锚)索时，扣(锚)索强度安全系数不应小于 2。

(2)扣塔塔顶宜设风缆。塔高应能满足扣(锚)索倾角的要求。扣塔宜采用标准钢杆件或型钢拼装。

(3)锚碇应能满足安全传递和锚固扣(锚)索拉力的要求，并应方便扣(锚)索收紧、放松、锚固。

(4)当双肋或多肋悬拼时，纵桥向两相临拱肋节段内宜有横撑联系；当无永久横撑时，宜设置临时横撑。拱肋与临时结构可通过设置横向风缆等措施满足结构横向稳定要求。

由第四章介绍的相关研究可知，钢管混凝土拱的基准温度主要与管内混凝土成型时间段内的大气温度与管径大小有关，空钢管拱肋的合龙温度对其影响较小。GB 50923—2013 第 11.2.5 条规定，"当钢管拱肋具备合龙条件时，应选择温度相对稳定的时段尽快合龙。"这样能使得钢管拱肋合龙后的连接受温度的变化尽可能小。

钢管拱肋合龙后解除施工辅助措施的体系转换过程，应按施工计算所规定的程序，有序、对称、均匀地进行。在整个过程中应跟踪观测拱肋轴线和高程的变化，采取措施及时调整，使成拱后的轴线满足设计要求。

拱肋安装完成并解除所有临时支承后的精度，应符合表 5-15 的规定。

钢管拱肋架设实测项目（mm）　　　　　　　　　　　　　　　表 5-15

序　号	检查项目	允许偏差	序　号	检查项目	允许偏差
1	轴线偏位	$L/6\ 000$	3	对称点高差	$L/3\ 000$
2	拱圈高程	$\pm L/3\ 000$	4	拱肋接缝错边	1/10 壁厚且≤2.0

注：L-跨径。

二、悬臂法

斜拉扣挂悬臂法、斜拉扣挂悬拼架设法等简称悬壁法，是钢管拱肋架设最常用的方法，其吊装常采用缆索吊装系统，因此有时也称之为缆索吊装法。架设时，将分段制作的钢管拱肋，由缆索吊机吊起，从拱脚段向跨中逐段安装就位，与已安装段对接，用扣索斜拉固定，直至跨中合龙段，如图5-8所示。

缆索吊装设备适用于跨越深峡谷或深水地区的大跨径拱桥的安装施工，拱肋及材料运输较为方便，但不足之处是拱肋在空中对接精度和拱轴线形控制有一定的难度，分段越多，其工期和质量控制的难度就越大，施工费用也越高。

将钢管混凝土应用于拱桥中，需要架设的钢

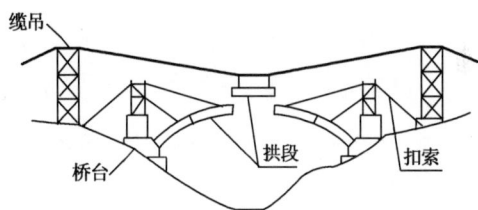

图 5-8　斜拉悬臂、缆索吊装施工

管骨架相比肋拱的重量轻很多，从而使得拱桥的跨径可以增大，但对于跨径较大的钢管混凝土拱桥，由于钢管拱肋节段多、重量大，因此对传统的缆索吊装方法需要进行改造与创新，并采用一些新技术、新工艺。

有关施工设备详见本书第二版第八章第三节的介绍。

（一）施工方案

钢管混凝土拱桥最常见的是双肋平行拱。钢管拱肋斜拉悬臂施工时，有双肋吊装双肋合龙、双肋吊装单肋合龙和单肋吊装单肋合龙等方案。

双肋吊装双肋合龙方案，施工过程中结构横向稳定性最好，但吊装重量成倍增加，对设备要求也高，因此较少采用。

单肋吊装单肋合龙，是指每根肋独立地吊装与合龙。吊装重量轻，作业也灵活方便。福建闽清石潭溪大桥拱肋吊装采用这一方法[333]。但采用该方法施工过程中结构的横向稳定问题突出，在两根肋横向联系安装之前的拱肋，无论是已合龙还是悬臂状的，都需要靠横向风缆来保证拱的横向稳定，因此，该方法施工风险性较大。虽然计算表明合适的风缆布置完全能够保证单肋的横向稳定，但这种方案实际应用还是不多。

实际应用最多的是双肋吊装单肋合龙，即吊装时两根肋先后分段吊装，及时用永久或临时风撑将已吊装的两拱肋节段联成整体,以保证结构的横向稳定性。合龙时一根肋一根肋先后进行,这样吊装重量是单肋节段的重量,但吊装完的拱肋以单肋状态存在的时间较短且长度也不大,施工稳妥安全。

拱肋纵桥向的节段划分主要根据吊装能力和合龙方法来确定。一般来说,节段划分在吊装能力允许范围内越少越好,以简化施工。划分的段数有奇数段和偶数段两种。当采用奇数段划分时,拱肋吊装从两拱脚对称向上进行,最后一段为合龙段,不采用瞬时合龙构造,一般应用于中小跨径,如三段、五段、七段等。当跨径较大、吊装节段较多时,采用一整段的合龙段不利于施工。

合龙段的长度要根据合龙时的温度和实际施工情况确定。对于一整段来说,长度调整起来比较困难,同时两个节头的对接精度要求也使得空中作业困难,结构合龙所需的时间也长,长时间内温度会产生较大的变化,温度的变化使得构件的长度和合龙段所需的长度都会相应变化,可能影响到合龙的成功。所以,对于大跨径钢管混凝土拱桥,目前多采用瞬时合龙技术,吊装节段的划分则为偶数段。

为便于拱肋吊装过程和合龙时的线形调整,拱脚处一般设临时铰,待吊装合龙后灌注管内混凝土之前进行封铰使之成无铰拱。从结构理论可知,结构的稳定与结构的约束条件有关,拱脚采用固结会提高拱肋架设过程的稳定性,因此对于跨径特大的桥梁,也有在悬臂拼装到一定长度后将拱脚固结的做法。由于跨径特大,在后续的悬臂拼装过程中,拱肋线形的调整通过斜拉扣索的收放也是能够实现的,因为其悬臂很长,结构的柔性较大。当然,这种通过结构变形来调整线形的方式,会使拱肋在合龙时产生初应力,但当结构刚度不大时,这种初应力也不会太大。

拱肋的横撑布置在满足成桥后拱的横向稳定需要的同时,也要考虑到施工过程结构的稳定和施工的方便,尽可能使永久横撑充分发挥作用,减少和取消施工临时横撑。因此,横撑的设置宜结合吊装节段来考虑,如一个吊装节段或两个吊装节段一道横撑。

拱肋的悬臂拼装施工方案一般在设计时由设计方提出。施工方应以设计提出的施工方案为基本方案,根据自身的条件和实际的施工条件进行修改完善。有时施工方可能提出与设计方案有较大不同的施工方案,此时应及时与设计方、业主和监理方协调,取得同意并进行必要的设计变更,然后进行施工组织设计。

(二)施工过程

1.准备工作

预制场的设置应考虑吊装方便及洪水的影响。预制构件起吊安装前必须进行质量检查,不符合质量标准和设计要求的不准使用。钢管拱肋的管壁较薄,尺寸较小,拱肋对接精度要求高,吊装起来在高空中进行校正几乎是不可能的,所以在吊装之前应进行认真的检查,有缺陷的应予以修补和校正。拱肋接头和端头应用样板校验并标出中线,以便于空中顺利安装。同时,在地面应仔细检测拱肋上下弦长,如与设计不符,应将长度大的弧长凿短。拱肋在安装后如发生接合面张开现象,可在拱座和接头处垫塞钢板。

墩台拱座混凝土面要修平,水平顶面高程应略低于设计值,拱肋插入预留孔的长度应不小于计算值。在拱座面上应标出拱肋安装位置的台口线及中线。用红外线测距仪或钢尺(装拉力计)复核跨径,每个拱座在拱肋范围内左右均应至少丈量两次。用装有拉力计的钢尺丈量时,结果要进行温度和张力的修正。

通过丈量和计算所得的拱肋长度和墩台之间净跨的施工误差,可以通过在拱座处垫铸铁板来调整。垫板的厚度一般比计算值增加 1~2cm,以弥补拱肋压缩变形引起的跨径缩短。

正式吊装前,应对吊装系统各设施进行全面的检查,然后进行试吊。试吊分空载反复运转、静载试吊和吊重运行三个步骤。每一步骤检查、观测工作完成并无异常现象后,方可进行下一步骤。试吊重物可以利用钢筋混凝土预制构件、钢轨和钢梁等,一般按设计吊重的60%、100%、130%,分几次由轻到重循序渐进进行。

在各阶段试吊中,应连续观测塔架位移、主索垂度和主索受力的均匀程度,动力工作状态,牵引索、起重索在各转向轮的运转情况,主索地锚稳固情况;检查通信、指挥系统的通畅性和各作业组之间的协调情况。有条件时应实测主索、牵引索和起重索的受力。

试吊后应综合各种观测数据和检查情况,对各设备的技术状况进行分析和鉴定,然后提出改进措施,确定能否进行正式吊装。

2.起吊方法与拱肋接头

拱肋预拼场地若设在桥台后的引道上,则拱肋由轨道平车运至桥台口顶并从索塔下专设的门洞穿过,主索采用前吊点将拱肋起吊,拱肋沿轨道前行(用卷扬机牵引)。此时拱肋节段前端吊于主索前吊点,拱肋节段后端还放在平车上。当拱肋节段后端吊环前进至后吊点下时,后吊点及时与吊环连接,收紧后吊点拱肋节段吊于主索吊点上,再运到安装位置。

若预拼场设在栈桥下河滩,则拱肋节段可运到主索下起吊;若拱肋节段无法运送至主索下面,则主索起吊时会采用"歪吊",此时需在滑车部位敷设横向风缆。多孔拱肋吊装时,应先吊装合龙远处的孔跨,最后吊装合龙跨。

钢管拱肋节段连接一般采用焊接、高强螺栓连接或混合连接的方式。

节段连接时,新安装拱肋节段处于悬臂状态。为保证其不发生整体变形,便于对接焊,应设置固定架,将新安装拱肋节段临时固定在已安装的拱肋上。固定架在接头连接后拆除。另外,应在前一已安装节段(多管截面时为下层管)外侧底部和内侧上部焊上临时支承板,以便于施工。

3. 拱肋节段悬臂拼装

斜拉悬臂施工从两拱脚向拱顶对称安装钢管拱肋节段，原则上每一吊装段拼接后斜拉一组扣索，然后进行下一吊装段的吊装。以下简要介绍拱肋三段吊装和五段吊装的施工工艺。多于五段的吊装，其基本原理与五段吊装相同，只是段数增加。

当跨径不大(在100m以下)时，拱肋常采用三段吊装和悬臂拼装方案(简称三段吊)。首先吊装两边边段拱肋。就位时，下端头先对准拱座上标画的中线落位，上端用上、下游风缆使其中线位置大致符合；然后调整上端头高程，使其比设计高程值高出15～30cm(设计高程值应包括预加拱度值)，然后收紧扣索并卡紧，徐徐松弛起重索，将吊索力逐渐转移到扣索。调整扣索，使拱肋端头高程比设计值高出5～10cm，然后用铸铁板嵌塞拱座背面，两侧用硬木楔夹紧，并卡紧扣索。调整拱肋中线，使偏差不大于2cm。最后固定风缆，完成边段拱肋的安装。

拱肋吊装节段之间的接头一般采用对接接头。三段吊装的拱肋一般属于小跨径拱桥，拱顶合龙段不设瞬时合龙构造，直接由拱顶段拱肋与边段拱肋对接合龙。因此拱顶段拱肋的悬吊应准确，待拱顶段拱肋与边段拱肋的下缘对上后，通过缓慢降低边段拱肋使其与拱顶段合龙，具体步骤如下：

首先用仪器控制拱顶段两端头高程，徐徐松开起重索，当高程比设计值高出1～2cm时，关闭起重卷扬机。松开两侧边段拱肋扣索，使两侧边段拱肋端头均匀下降，于拱顶合龙。安装接头螺栓并确保连接的可靠性，严禁烧切螺栓孔和少上螺栓。

当第一片拱肋合龙后，利用两边肋扣索、拱顶端上的吊点调整拱肋各点高程。利用两边肋上的风缆("八"字抗风索)调整拱肋中心线，反复进行，直至拱顶段吊点不受力。如敷设有两组主索，则暂不摘除吊点；如自身稳定性好，且只设有一组主索时，则要摘除吊点，以便吊装下片拱肋。当第二片拱肋合龙并调整接头点高程及中心后，应及时做好与第一片的横向联结，风缆不应拆除。

当跨径大于100m时，一般应采用五段(五段吊)或更多段的吊装与悬臂组拼方案。五段吊中边段拱肋悬挂就位的方法与三段吊基本相同，但调整扣索拱肋端头高程宜比设计值高15～20cm。

边段吊装完成后吊装次边段。由于次边段拱肋就位在边段拱肋的端头上，使边扣索受力增加，边段拱肋高程降低。为保持边段与次边段拱肋接头轴线平顺，避免拱肋在接头附近发生开裂，次边段定位后，上、下接头处的预加高度近似控制为下接头预加高度的2倍，此时应观测下接头的实际预加高度。

次边段定位后，应增设一对风缆以控制中线位置。当接头对好，安上接头螺栓后，各用一部水准仪观测上、下接头，以调整高程。注意此时不要将接头螺栓拧得太紧，应留出0.5cm的间隙。在保证上、下接头预加高度的比例关系的原则下，先收紧次边段扣索，然后松一次起重索,如此反复,直到起重索松完。在此过程中,应用水准仪配合观测,控制上接头升降幅度在 $5 \sim 10cm$ 以内。次边段定位时,应使 $\Delta_{y\text{下}}$ 约为 $5cm$,$\Delta_{y\text{上}}$ 约为 $10cm$,中线偏差不超过 $2cm$。

用同样的方法吊装定位另一侧拱肋时,应注意观测已定位好的边段与次边段上、下接头的预加高度变化高度值是否符合 $\Delta_{y\text{上}} = 2\Delta_{y\text{下}}$ 的关系,如变化值超过此项变化关系 $5 \sim 10cm$,应及时调整,以防接头附近拱肋拉裂。

拱顶段吊装就位时,需用两部水准仪观测两侧 4 个接头高程,并用经纬仪观测和控制拱肋中线:先缓慢放松起重索,当拱顶段左右两端头高程比设计值高出 $1 \sim 3cm$ 时关闭起重卷扬机。按照先边扣索、后次边扣索的松索顺序两侧均匀、对称地放松扣索,反复循环直到与拱顶段接头合龙。每次松索的幅度要小。最后调整拱肋中线,偏差在 $2cm$ 以内时,固定风缆。

4. 拱肋合龙

钢管拱的合龙是关键工艺之一。结构合龙意味着结构体系发生了转变,其前后受力特性必然发生明显的变化。合龙口应处于无应力状态下,以满足连接施焊的工艺要求;合龙装置最好具备调整应力的功能。合龙后的结构要满足设计承载力要求且具有承受温度变形的功能。

常见的拱肋合龙施工程序如下:首先放松主拱风缆,拆除索鞍顶索夹,解除主拱拱脚段临时固结杆件;然后安装拱顶合龙装置,测量拱顶高程,当实际合龙温度与设计合龙温度相差较大时,对拱顶高程进行修正;选定合龙时间,考虑实际合龙温度与设计合龙温度差值的影响,将主拱两边拱顶高程对称缓慢调整至合龙高程位置;千斤顶加力或旋转合龙口花兰螺栓等,使两半拱连接成拱;焊接拱顶合龙段,放松千斤顶或花兰螺栓,将两半拱的连接移到合龙段拱肋,完成主拱合龙;再逐级交错均匀放松扣索及平衡索,直至索力为零,使主拱成为两铰拱状态;最终拆除撑架及扣点,焊接拱脚连接段钢管,主拱成为无铰拱。合龙构造见第三章第五节。

拱肋合龙后进行松索,松索调整拱轴线时应观测拱肋接头各点高程、拱顶及 $1/8$ 跨径处截面高程。调整拱轴线时精度要求为每个接点与设计高程之差不大于 $\pm 1.5cm$,两对称接头点相对高差不大于 $2cm$,中线偏差不超过 $1cm$,且不允许出现反对称变形,以免拱肋接头开裂甚至纵向失稳。松索成拱的操作方法是否正确,直接影响合龙后拱肋的拱轴线,必须认真、仔细操作。

松索时应按边扣索、次边扣索、起重索三者的先后顺序对称均匀地进行。每次松索量以控制接头高程变化不超过 $1cm$ 为限。松索过程中,可采用厚度不同的薄钢板嵌塞拱肋接头缝隙。拱肋松索成拱是一个反复的过程,将索放松压紧接头缝后,应再调整中线偏差至 $1cm$ 以内,固定风缆将接头螺栓旋紧。

对于大跨径分五段或三段吊装的拱肋,在合龙成拱后,可保留起重索和扣索部分受力(称留索),待拱肋接头的连接工序基本完成后再完成松索。留索受力的大小取决于拱肋接头的密合程度和拱肋的稳定性。施工实践中,起重索受力一般保留在 $5\% \sim 10\%$ 范围内,扣索基本放松。当第二片拱肋吊装、合龙、松索调整后应尽快与已合龙的第一片进行横向连接，两片拱肋的风缆不要拆除。

合龙后，应再次复核接头高程，以修正计算中一些未考虑的因素和丈量失误。

5. 拱肋安装过程中的稳定措施

放置横向风缆是拱肋安装过程中和合龙成拱后保证结构稳定的重要措施。除此之外，它还可在拱肋吊装中用于调整和控制拱肋中心线，在拱肋合龙时约束各个接头的横向偏移。

风缆要对称布置，与拱肋轴线夹角要大于45°，与地平面夹角在30°~40°之间，水平长度宜小于100m。风缆地锚应牢固可靠。为防止地锚受力后位移，应采取预先试拉等措施。风缆视受力的大小可使用单线钢绳，也可敷设滑车组。

在初始收紧风缆时可用卷扬机，在进行拱肋调整时宜改用链子滑车进行。风缆在收紧、放松时应在观测下统一指挥进行，随拱肋接头高程的升降而放收。

对五段以上拱肋的吊装，应对风缆系统进行专门的设计。施工受力分析时，应将风缆作为结构的一部分。在最不利横向荷载作用时，要计入风缆的弹性变形和非线性影响，进行拱肋稳定计算和风缆设置，且要求横向稳定系数不小于4。对于七段及以上拱肋吊装，若无法采用双肋合龙时，在满足拱肋横向稳定系数不小于4、接头强度能满足施工阶段设计要求时，方可采用单肋合龙。

在吊装过程中，可通过设置拱肋临时横向联系等措施，减小拱肋自由长度，增强其横向稳定性。临时横向联系的连接常用的有螺栓、木夹板、钢筋拉杆、钢横梁、花兰螺栓、链子滑车等，但不能将其直接焊在结构上。临时或永久横向联系均应在拱肋节段安装后尽快设置好。

拱肋纵向稳定也要引起注意。拱肋向下变形主要由斜拉索控制。当拱轴线为拱轴系数较大的悬链线，或拱肋截面尺寸较小、面内刚度较小，拱肋接头可能发生上冒变形而产生纵向失稳时，可在接头下方设置拉索进行控制。

钢管拱肋合龙后、管内混凝土形成刚度与强度前，其纵、横向稳定在结构设计中均应考虑，施工中也应予以重视，要控制好接头高程，保证各接头连接可靠，保留必要的扣索、风缆，尽快完成边界的约束（如无铰拱的拱脚固结）和钢管混凝土拱的形成，增强结构自身的稳定性。

（三）工程实例

1. 广西邕宁邕江大桥[363-364]

邕宁邕江大桥为主跨312m的钢筋混凝土拱桥，采用钢管混凝土作为劲性骨架，在架设钢管骨架时开发应用了千斤顶斜拉扣挂悬拼架设法。这种施工方法在后来的钢管混凝土拱桥斜拉悬臂施工中得到广泛的应用，因此，这里对这座桥施工中钢管劲性骨架拱肋的安装进行介绍。

对于跨径大、吊装节段多、重量大的拱桥,应用斜拉悬臂、缆索吊装施工方法时,传统的卷扬机钢丝绳斜拉扣挂悬臂系统设备较多,拉力大,调整困难,施工难度大。采用千斤顶斜拉扣挂悬拼架设法,较之传统卷扬机钢丝绳斜拉扣挂悬臂法,主要有以下优点:

(1)采用强度高、承载力大、延伸量小、变形稳定的钢绞线作斜拉索,减小了架设过程中的不稳定非弹性变形。

(2)采用千斤顶张拉系统对斜拉索加卸拉力、收放索长,具有张拉能力大、行程控制精度高、索力调整和控制灵活、锚固可靠等优点。

(3)斜拉扣挂体系自成系统,不受缆索吊装系统干扰。

(4)可以准确计算悬拼架设过程中各施工阶段的索力、延伸量以及由此而产生的大段接头预抬高量,作为施工适时控制的依据。

邕宁邕江大桥每根拱肋的钢管骨架分 9 段制作安装,最大节段质量达 59t。采用 3 孔 (258m + 442m + 206m) 的缆索吊装系统,塔架用 N 形万能杆件拼装,置于引桥桥台上,塔高 78m,塔脚铰接。主索为 6φ50mm 密封式钢丝绳,单组索道,可移动式索鞍,设计吊装质量 60t (计算吊装质量 72t)。起重绳采用 6×37φ21.5mm 钢丝绳,由 4 台 8t 卷扬机起吊。牵引绳采用 6×37φ26mm 钢丝绳,两台 10t 卷扬机牵引。设置 4 组工作索道,设计吊装质量 5t。采用重力式地锚。吊索塔与扣塔分离设置,扣索采用 7φ⁵5mm 钢绞线,以千斤顶张拉系统实现钢管骨架高程调整时的扣索张拉和抬放。钢管劲性骨架安装施工布置如图 5-9 所示。

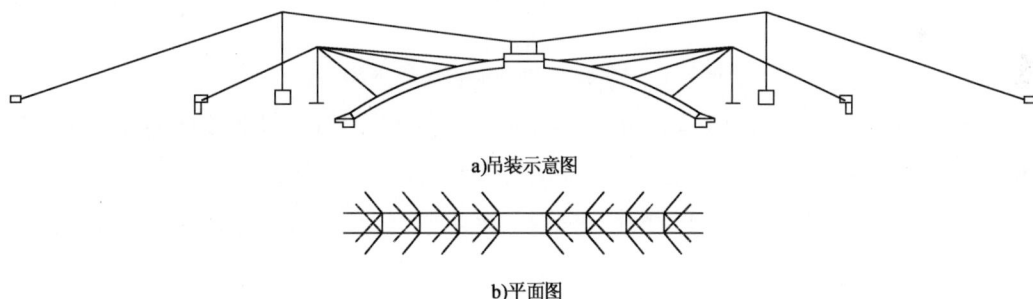

a)吊装示意图

b)平面图

图 5-9 邕宁邕江大桥劲性骨架吊装示意图(尺寸单位:m)

扣索在钢管一侧设钢挑梁,P 型挤压锚头,扣索为 1 570MPa 的 φ15.24mm 钢绞线,扣索最大索力达 2 494.4kN,采用安全系数为 2,最多需 16 根 φ15.24mm 钢丝绳。扣点布置如图 5-10 所示。

扣索索鞍由 3 根 φ402mm 钢管组成,后锚为重力式地锚。全桥共有 4 组扣索系统。第一、二、三组扣索在地锚张拉端转换了张拉方式——两根扣索钢绞线转换成一根 φ32mm 精轧螺纹钢,用 YC60 和 YCW100 千斤顶张拉调整(图 5-11)。第四组扣索用 16 根 7φ⁵5mm 钢绞线,每边 8 根编成一束,采用 OVM15-9 群锚体系,YCW250 千斤顶张拉调整。为防止夹片滑出,在锚板后设置限位板。

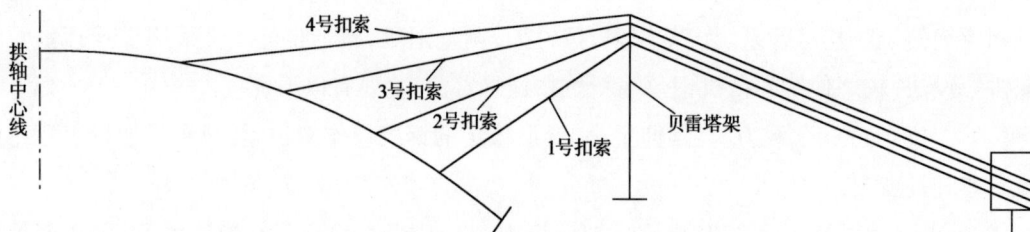

图 5-10　邕宁邕江大桥扣索布置图

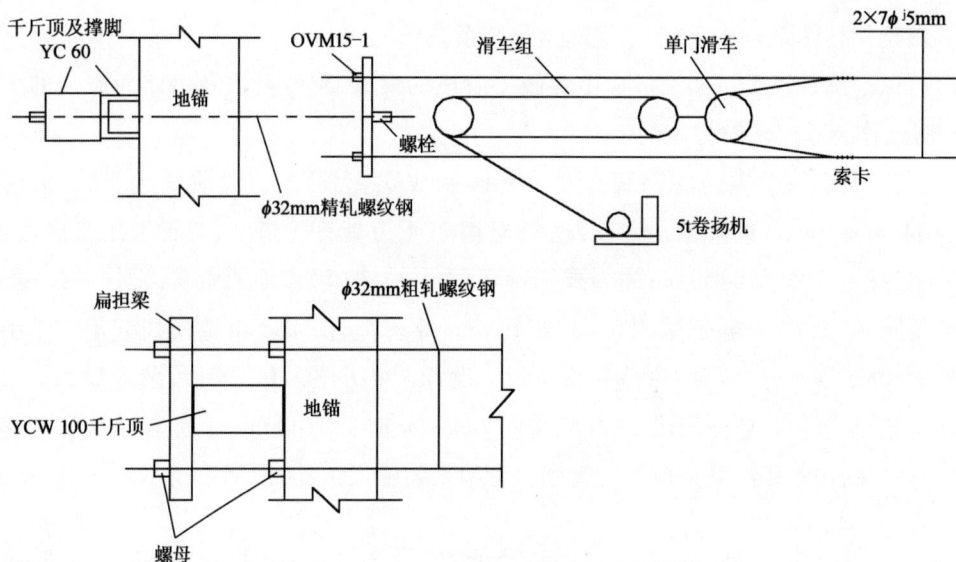

图 5-11　邕宁邕江大桥扣索调整系统示意图

按原设计悬拼顺序为：吊两岸上、下游对称 4 段，安装两组临时横联，依此类推安装。根据现场的实际情况，为使安装快速、安全和稳妥，悬拼程序进行了两点调整：一是为尽量减少起吊穿过扣索的影响，先吊装完西岸上、下游 3 段后才吊东岸钢骨架；二是为减少大悬臂扣挂时间和风险，两岸安装完第 3 段后，中间 3 段（Ⅳ-Ⅴ-Ⅵ）单肋吊装合龙。具体的悬拼工序流程如图 5-12 所示。安装过程中的高程控制采用全站仪。为使悬拼时骨架可以适当转动并消除拱脚处弯矩，在骨架安装时，拱脚设置临时铰。

2. 湖北恩施南泥渡大桥[365-366]

恩施南泥渡大桥为净跨径 220m 的上承式钢管混凝土桁肋无铰拱桥。其净矢跨比 1/5，净矢高 44m，拱轴系数 $m = 1.756$。全桥由两片拱肋组成，每片拱肋由 4 根 $\phi 920$mm、壁厚 14mm 弦管组拼成桁架式结构，每肋分为 12 节段吊装。总体施工方案如图 5-13 所示。

钢管拱安装采用悬臂法施工，吊塔和扣塔分离。将拱肋分成若干个节段，从两岸拱脚起，用缆索吊机将拱肋节段逐段组装，每吊装一节就用扣索将该节段扣挂在塔架上，并与前面相邻的节段焊接为一体，以后扣索不再进行调整，最后在跨中处合龙，拆除所有扣索，拱肋组装完毕。缆吊设计额定吊装质量60t,采用6根φ52mm承重索,可横移;扣索和锚索均为钢绞线,两岸设扣索各6组,锚索3组;扣、锚索张拉端设于塔架上,固定端设于拱肋与后锚碇上,用P型锚锚固。当左右半跨12个节段均已安装扣定,并调节到设计高程后,即可进行合龙。拱顶处左右半跨间留有96mm缝隙(即拱顶接头处左右楔槽净距),通过楔入楔块并拧紧螺栓实现合龙。

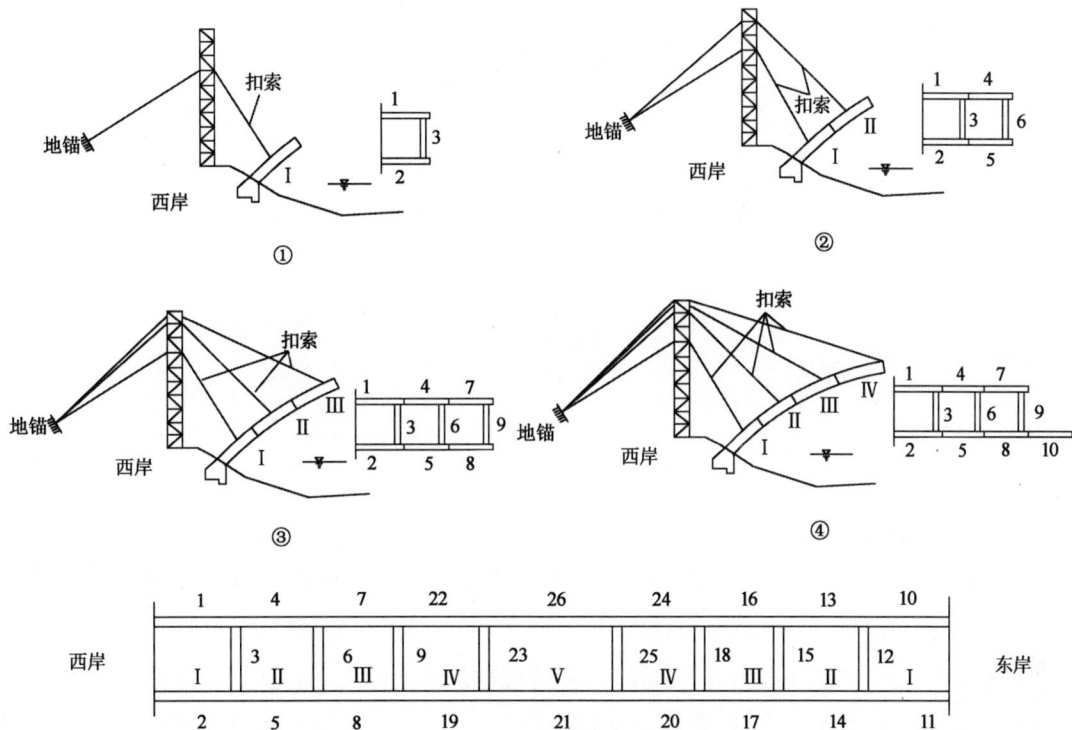

图 5-12　邕宁邕江大桥钢管拱桁架悬拼架设流程图

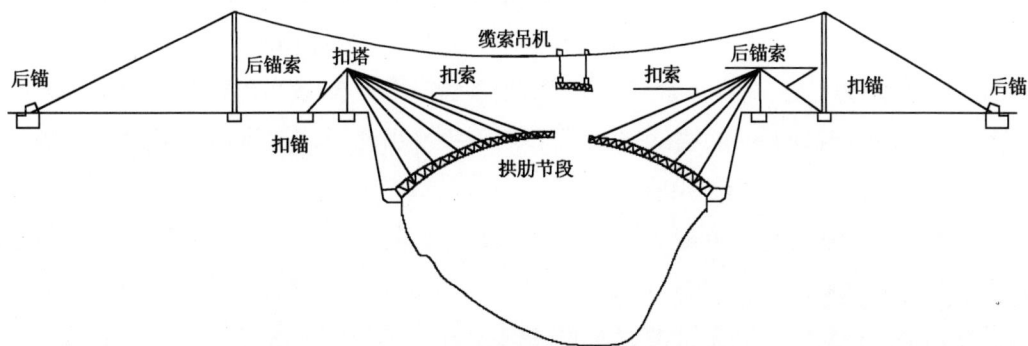

图 5-13　恩施南泥渡大桥总体施工方案图

在恩施南泥渡大桥拱肋安装过程中,对悬臂法施工中存在的两大难题进行了处理:一是拱肋弦管与拱座预埋弦管的精确对接;二是扣、锚索低应力状态下的滑丝问题。

该桥的钢管拱拱肋与拱座连接一般设计如图 5-14 所示。根据设计意图,先将拱肋铰座板和 4 根 ϕ920mm 钢管筒预埋进拱座,然后安装拱肋节段,最后将拱肋弦管与预埋钢管筒对接,要求两管对接错位不超过 0.2 倍弦管壁厚,即 2.8mm,否则弦管传力将大大削弱,不能满足设计要求。事实上,施工中很难将 4 根钢管筒空间几何位置和相对位置预埋准确,就是测量本身产生的误差都不能满足精度要求。

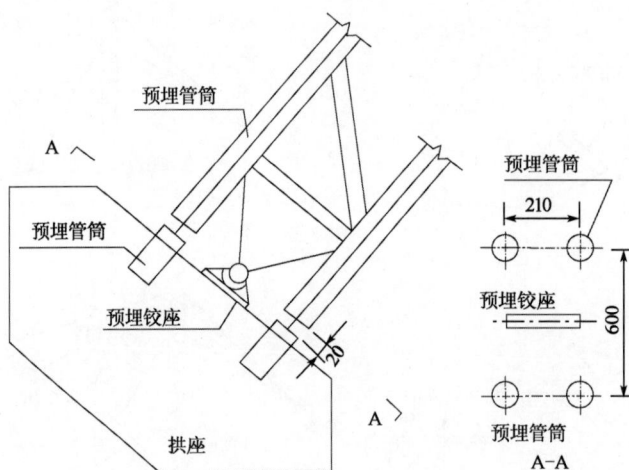

图 5-14　恩施南泥渡大桥拱肋与拱座连接示意图(尺寸单位:cm)

为了解决这个难题,拱座浇注混凝土时,钢管拱拱座预埋件除临时铰座板预埋外,其余 4 根 ϕ920mm 预埋钢管筒先不预埋,只是在每根钢管筒位置预留一个稍大于钢管筒的槽口,待拱肋节段安装合龙准备封拱脚混凝土时,将钢管筒放进预留槽口内,与已架设好的拱肋弦管精确对接后再浇注槽内混凝土,让钢管筒与拱座连成整体。拱肋先吊装合龙、拱脚钢管筒后定位的施工方法既不改变设计意图,又可确保拱肋弦管精确对位,满足设计传力要求。

钢管拱安装使用的扣、锚索一般为低松弛 7ϕ15mm 钢绞线,锚具为普通夹片锚,锚固方式为自锚。拱肋节段安装时考虑冲击荷载作用,钢绞线的应力只能用到标准强度的 30% 左右,扣锚、索处于低应力状态,靠自身索力不能满足钢绞线锚固要求,容易出现滑丝现象,特别是接近合龙时,拉住半跨拱肋的扣、锚索,在风力作用下极易出现振动,振动将加剧滑丝现象的发生。一旦出现滑丝,将严重影响拱肋的安全。

根据钢绞线自锚原理,当其锚固力达到一定数值后,将不再出现滑丝现象。对此,恩施南泥渡大桥在施工中采取了以下安全措施:锚索张拉处于低应力锚固状态后,在锚垫板上安装一个简单反力架,用 250kN 千斤顶单根顶塞扣、锚索夹片,结构形式如图 5-15 所示。顶塞力约为钢绞线标准强度的 70%,从而加大扣、锚索的锚固力。这样,尽管扣、锚索仍为低应力状态,但锚固力已足以锚住钢绞线,不会出现滑丝现象。

建成后大桥如图 5-16 所示。

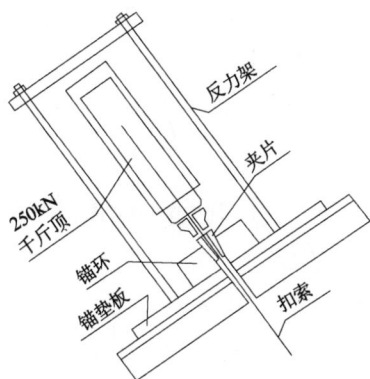

图 5-15 恩施南泥渡大桥反力架结构形式

图 5-16 恩施南泥渡大桥

3. 重庆巫山长江大桥[367-368]

巫山长江大桥为净跨径 460m 的中承式钢管混凝土拱桥,见第二章第三节介绍(图 2-41、图 2-42)。该桥钢管拱肋采用斜拉悬臂、缆索吊装法架设。桥位处于巫峡峡口,两岸地势陡峭,施工场地狭窄,阵风可达 7 级。缆索吊机系统索跨为 576m,设计吊装质量 128t,斜拉索扣塔与吊装索塔二塔合一,吊、扣塔之间的连接形式为铰接,吊装单元 64 个。吊装系统布置难度大,影响因素多,安全风险大。

缆索吊装系统由起吊安装缆索吊机、拱肋斜拉扣挂系统和拱肋平衡稳定系统三部分组成,如图 5-17 所示(图中未示拱肋抗风索、巫山岸临时扣索和扣塔平衡索)。其中,起吊安装缆索吊机由主承重索、吊塔、吊塔纵向风缆、吊锚、起吊、牵引、动力机械等部分组成。拱肋斜拉扣挂系统由拱肋上锚固点、钢绞线扣索、扣塔、扣塔前后平衡索、扣锚(含扣索张拉端)等部分组成。拱肋平衡稳定系统由拱肋上锚固点、钢丝绳风缆、地锚等部分组成。

图 5-17 巫山长江大桥塔架

拱肋节段安装采用两岸对称悬拼,每半跨拱肋分 11 个吊段,共设 6 组扣索。节段采用单肋安装,待上下游同一节段安装就位后安装横撑,即完成一个双肋节段的安装,然后进行横撑接头施焊,焊接完成后,再进行同岸下一节段的安装。每个主弦管接头(4 根主弦管)必须在同一工况下焊接完成。

为了减少缆索吊机的设备投入,降低工程成本,缩短施工工期,吊塔设计于扣塔顶上,用铰与扣塔相连,使之形成吊扣塔共体的承重塔,如图 5-17 所示。扣塔为钢管支架格构柱,竖向在 $\phi 610\text{mm} \times 10\text{mm}$ 的钢管内浇注 C60 混凝土。扣塔的主要作用是通过其顶部索鞍作为斜拉扣挂锁定于锚碇的拉索受力的转向点。经计算，扣塔除能承受斜拉扣挂于其上的拉索的力以外，还能再承受支于其上的 7 500kN 的索塔压力。因此将吊塔置于扣塔上方，用万能杆件拼装（塔顶设避雷针），缩短了布索工期，节约了成本。

索塔设置成双柱式门式索塔，柱中心距为 20m，塔顶横梁长为 30m。索塔顶离地面的高度南岸为 150.22m，北岸为 125.72m。因地形限制，无法在塔顶上设置沿桥长方向的"八"字抗风索，也无法设置横桥向的索塔风缆。对吊装系统的结构进行受力分析后，决定加设 4 根 $\phi47.5$mm 压塔索（自一端地锚起，经一岸索塔顶到另岸索塔顶后进入另岸地锚的通长约束钢丝绳），张紧力为 320kN，在塔顶处塔、索固定，而横桥向不设索塔风缆。对塔顶作上述约束后，正式吊装时，索塔最大纵向偏位为 21cm，横桥向最大偏位为 4cm，均在允许的范围内。

巫山长江大桥吊锚受力 18 000kN，分离设置的上、下游锚碇受力各为 9 000kN。吊锚布置示意如图 5-18 所示。鉴于锚碇处地面倾角大于 45°，若设重力式锚碇，锚碇前端没有足够的土抗力作用，不能确保受力安全，因此采用了桩式锚碇，同时在锚碇后方的岩体内，沿主索尾索的方向上加设平均长度为 20m 的 $9\phi15.24$mm 的无黏结预应力束岩锚作为安全储备。岩锚前端锚固于承台上，选用 $R_y^b = 1$ 860MPa 的钢绞线，张拉控制应力为 $0.6R_y^b$。

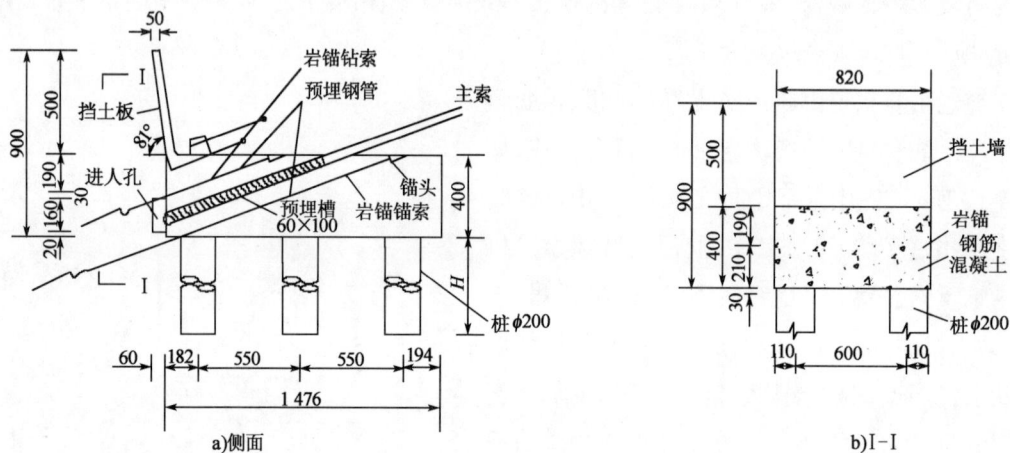

图 5-18　巫山长江大桥吊锚布置示意图（尺寸单位：cm）

该桥的钢管拱肋节段吊装质量为 128t，如用一组主索吊重，会使索鞍处产生很大的压力（$P > 3\,000$kN），此集中力作用于塔顶结构，受力不合理。为此，采用了两组主索同时吊重的吊装方法。它可减少单肋悬臂时间，避开移动主索道的风险及其对拱肋横向稳定的不利因素。两条拱肋各有两组间距为 6m 的 $4\phi56$mm 主索，两主索中距为 19.7m。为保证受力均匀，设置了横向受力均匀分配体系，确保一端梁吊点处的力均匀分布在两组主索上，且随时可以自动调整。主索纵向设置双吊点跑车（滑车组形式），间距为 18m，适用于长度为 16.997～30.011m 的拱肋节段吊装。钢管拱肋节段吊装完成后，拆去一组主索后，用剩下的一组主索吊装桥梁上部结构的其他构件。

　　缆索吊装施工中,当索跨较大、起吊质量较大时,一般需要设置承索器。过去常用的是被动式承索器,当索跨和起吊质量都很大时,吊点(吊具)所需的配重大,且易发生钢丝绳扭绞的情况。巫山长江大桥索跨达 576m,设计吊装质量有 128t,开发应用了主动式承索器,以克服被动式承索器的上述缺点。

　　主动承索器挂于主索上,托起一组主索下的两根起重索和两根牵引绳,如图 5-19 所示。承索器间相互用 ϕ19.5mm 钢索相连,进入一台 50kN 的卷扬机形成循环线,通过卷扬机的开动,主动控制承索器的最佳位置,如图 5-20 所示。该桥设置主动式承索器后,在起重索垂度为 22m 时,每个吊点配重仅为 5t;同样垂度下,如不设承索器,每个吊点配重将达 25t。在使用中,承索器轮将起吊及牵引索梳理得有条不紊,经过多次 7 级左右的大风后,没有出现起重索或牵引索相互打绞的现象。

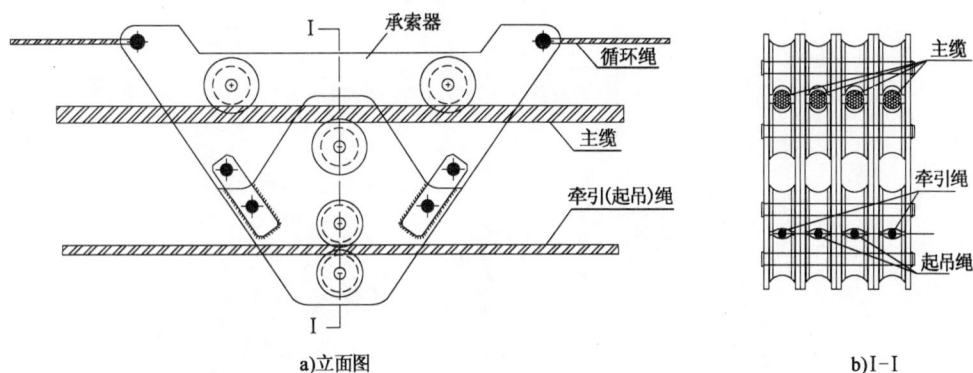

a)立面图　　　　　　　　　　　　　　　b)I-I

图 5-19　巫山长江大桥主动式承索器结构示意图

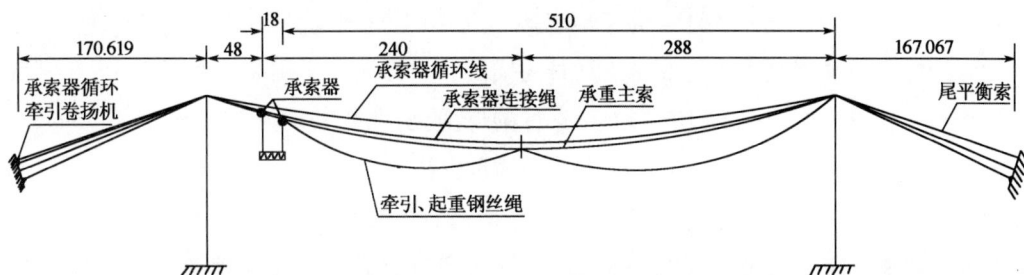

图 5-20　巫山长江大桥主动式承索器系统构成示意图(尺寸单位:m)

　　扣索采用钢绞线。在拱肋吊装的整个施工过程中,扣索钢绞线的应力为 $0.08R_y^b \sim 0.42R_y^b$,属于低应力范围。要实现拱肋高程的升降调整,扣索还要进行多次张拉。因此,扣索张拉端的锚固是保证扣索体系在施工期间安全可靠的关键之一。为了实现张拉端的张拉、顶压、锁紧防松、调索四大功能及功能转换,采用群锚方式张拉、顶压锚固,用专用压板锁紧。工作锚与工具锚均采用 YM 低应力夹片锚具,顶压器采用 YY1250 顶压器,千斤顶采用 250t 穿心式千斤顶,调索则采用松开压板与锚具隔开一定距离(夹片能同时离开)来实现。在这套张拉系统中,对 YM 夹片锚具进行了优化设计,使其能够满足扣索锚固体系在应力低、变幅大的情况下各项功能的实现和施工的安全,开发了"可调索低应力夹片锚固系统"。这套低应力锚固体系张拉端如图 5-21、图 5-22 所示。

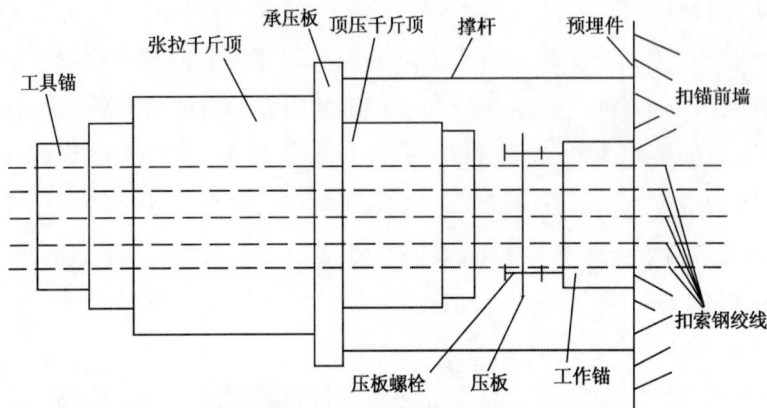

图 5-21　巫山长江大桥低应力锚固体系张拉端示意图

图 5-22　巫山长江大桥低应力锚固体系张拉端布置

扣索的锚固端采用 P 型锚与专门锚具共同锚固。锚固端位于拱肋钢管桁架上,在其锚点处设置扣点及转点。在扣点下设有 4 个孔穿过的反力梁,孔径分别为 120mm 和 140mm,反力梁孔的外端面与扣索受力方向正交。扣索专用锚具由锚头和锚环组成。锚头上根据设计钻有能穿过扣索钢绞线的孔,过孔的所有钢绞线由 P 型锚锁住端头。施工中主要注意 P 型锚位置要处于同一横断面上。扣索固定端安装时,将锚头穿过反力梁的相应孔道后,将锚环(内丝口)旋入锚头(外丝口)并使锚头外露 3 圈丝口。

主拱肋吊装流程为:运输船运吊段至缆索吊机正下方的江面上定位→捆绑→起吊、落位→安装并拧紧接头螺栓→安装扣索→逐渐张拉扣索,配合放松吊索(交扣),配合测量控制扣索索力及拱肋高程→取吊索→安装横向调控风缆并施力,配合测量轴线偏位→安装拱肋接头嵌填管,电焊拱肋接头。

两岸吊装顺序为:巫山岸 1 号节段上游桁片→巫山岸 1 号节段下游桁片→建始岸 1 号上游桁片→建始岸 1 号节段下游桁片→交替循环进行,对称悬拼。

一岸的吊装顺序为:1号节段上游桁片→1号节段下游桁片→2号节段上游桁片→2号节段下游桁片→2号节段横撑→电焊横撑接头→3号节段→……→9号节段→焊接拱脚接头形成无铰悬臂结构→10号节段→11号节段→瞬时合龙→正式合龙。

为加快吊装速度,尽快合龙主拱肋,各横撑上的斜向杆件(斜撑)在拱肋合龙后逐步安装。扣索在空钢管拱肋合龙、各节段接头焊接完成形成无铰拱后,逐级松扣,将扣索拉力转换为拱的推力,使空钢管拱肋呈自重作用下的无铰拱状态。松扣后,仅保留2号、3号扣索,待拱肋钢管内混凝土浇注时张拉力至300~1 000kN,钢管内混凝土浇注完成达到设计强度后,再彻底放松扣索,并逐步予以卸扣(拆除)。

巫山长江大桥拱肋钢管桁架节段共64个吊装单元,已于2003年1月16日~4月16日进行了安装,并于2003年4月17日成功实现了拱肋合龙。大桥于2005年1月8日建成通车。

4.四川合江长江一桥[101-102]

合江长江一桥为主跨530m(净跨518m)的钢管混凝土中承式拱桥,见第二章第三节介绍。钢管拱肋采用斜拉扣挂悬臂法架设,如图5-23所示。

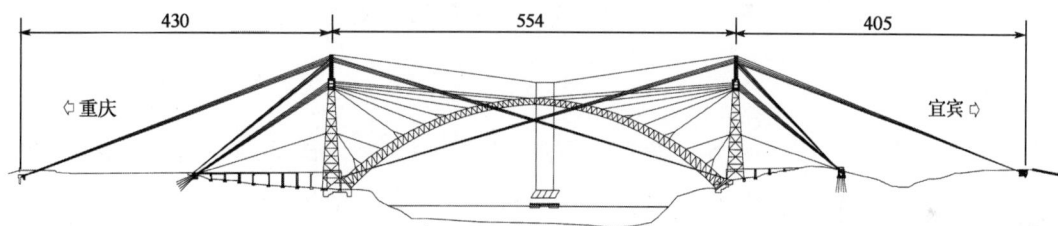

图5-23　合江长江一桥拱肋架设施工示意图(尺寸单位:m)

钢管拱安装采用缆索吊装,节段最大质量197t,缆索吊机工作索跨跨径554m,设计吊装质量2×100t。缆索系统设两组主索,由2×8根φ50mm密封钢丝绳组成,设计吊装质量为2×100t,主索承载能力2×140t。单组索有两个起重滑车组,起重绳为φ24mm钢丝绳,单个起重滑车组倍率14,起升动力为2×JM10t卷扬机,起重能力67.5t,起升速度2.1m/min。单组索有两个牵引滑车组,牵引绳为φ28mm钢丝绳,单个牵引滑车组倍率4,牵引动力为2×JM20t卷扬机,最大牵引能力45t,牵引速度4.5m/min。4组设计吊装质量5t的工作索。

吊塔与扣塔合一,置于两岸拱座上。塔高分别为148.51m(重庆岸)和134.6m(宜宾岸),塔距为554m,采用8根φ660mm×12mm(或16mm)钢管,立柱主钢管内浇注C50混凝土,组成钢管混凝土格构柱扣塔。扣塔底部桁宽24.5m,顶部桁宽8.46m,横向宽31.94m。

钢管拱肋分为36个节段安装,主拱加横梁总质量6 200t。由于桥梁跨径大,因此节段大、吊件质量大(最大长度约40m,最大高度约16m,最大质量约197t)。桥位处长江江水流速大,江面窄,船舶定位困难。为此,设计了吊点扁担梁和200t的旋转吊钩,并使用定位船配合进行拱肋安装,如图5-24所示。

前 3 段安装的拱肋节段采用"临时扣索"、"少扣索"的方式，如图 5-25 所示。拱脚设置了临时铰(图 3-120)，安装完第 6 节段进行拱铰封固。封铰前如发现拱肋线形与理论控制线形不符，可通过扣挂体系进行调整，在拱肋线形满足要求后封铰。合龙前，需再次对拱肋线形与理论控制线形进行复核和必要的(通过扣挂系统)调整。

图 5-24　合江长江一桥拱肋吊装

图 5-25　合江长江一桥拱肋扣挂

拱肋安装从 2011 年 9 月 1 日开始，2011 年 12 月 24 日完成，除去 15d 系统调试、49d 不良天气等因素，实际用时 58d，基本上达到每天 1.5 个节段的速度。

三、转体法

转体法也被广泛应用于钢管混凝土拱桥施工之中，除因钢管混凝土拱桥自身的优势使跨径有很大突破外，在转体重量、施工工艺、施工方法等方面均有新的发展，如将竖向转体与平面转体结合应用。

（一）平面转体法

1. 一般性介绍

平面转体法简称平转法，分有平衡重和无平衡重两种。无平衡重转体施工方法在文献[369]和本书第二版有较详细的介绍，由于它在钢管混凝土拱桥中没有应用，这里将不再介绍。

钢管混凝土拱桥的转体施工均采用有平衡重的，整个系统主要由平衡体系、转动体系(转轴、环道)和位控体系三部分组成[369-371]。

有平衡重的平转法，顾名思义，需要平衡体系。对于斜拉桥、T 构桥以及带悬臂的中承式拱等上部恒载在墩轴线方向基本对称的结构，一般以桥墩轴心为转动中心进行转体施工。为使重心降低，通常将转盘设于墩底。对于单跨的拱桥，有平衡重转体时，半跨拱肋将拱顶用扣索悬臂扣挂于桥台上，与桥台一起作为转体结构，上部结构悬臂长，重量轻，桥台则相反，在设置转轴中心时，尽可能远离上部结构方向，以求得平衡。如果还不平衡，则需在台后加平衡重

（如干砌片石、临时压重）。

平转法的转动体系主要由转动支承、转动牵引系统组成。转动支承是平转法施工的关键设备，由上转盘、下转盘和转轴构成。上转盘支承转动结构，下转盘与基础相连。

水平转体施工是通过上转盘相对于下转盘转动来实现的。转动支承往往必须兼顾转体、承重及平衡等多种功能。按转动支承时的平衡条件，转动支承可分为磨心支承、撑脚支承和磨心与撑脚共同支承三种。

转体中心结构会直接影响转动时拱肋的稳定和转动力的大小，要求定位准确、强度大、表面光滑。当有转轴时，转轴可采用无缝钢管，直径经过计算确定，常用的有 $\phi60cm$ 或 $\phi80cm$ 等。钢管上端与用钢板加工制作成的凸形球面焊接，其内浇注高强度混凝土（在混凝土内可布置钢筋）。钢管埋入桥台（墩）深不少于 1.0m，露出下转盘的高度不小于 5.0cm。转轴也可以做成钢筋混凝土凸形球面转轴心，如图 5-26 所示。

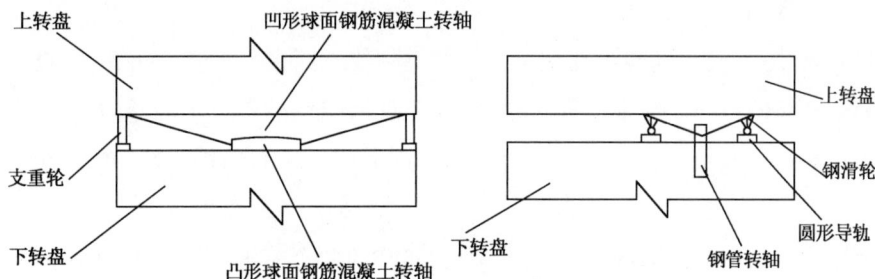

图 5-26　钢筋混凝土凸形球面转轴心

第一种转动支承为磨心支承。磨心支承即由中心撑压面承受全部转动重量，有时在磨心插有定位转轴。为了保证安全，通常在支承转盘周围设有支重轮或支撑脚。正常转动时，支重轮或承重脚不与滑道面接触，一旦有倾覆倾向则起支承作用。在已转体施工的桥梁中，一般要求此间隙为 2～20mm，间隙越小，对滑道面的高差要求也越严格。磨心支承有钢结构和钢筋混凝土结构，以钢筋混凝土结构为主。上下转盘的弧形接触面的混凝土均应打磨光滑，再涂以二硫化铜或黄油四氟粉等润滑剂，以减小摩擦系数（一般在 0.03～0.06 之间）。

采用磨心支承时，应注意上转盘与下转盘相对应的敷设。上转盘钢筋混凝土凹形球面窝可盖在下转盘的凸形球面轴上，凹、凸形球面之间应留有一定的空隙（在浇凹形球面时，是以凸形球面作内模，在凸形表面铺盖塑料薄膜），空隙不大于 0.05mm。应设置滚轮或将支重轮置于下转盘圆形导轨中心线上。

第二种转动支承为撑脚支承形式。撑脚设于上转盘下方，有 4 个或 4 个以上，以保持平转时的稳定。撑脚支承于下转盘的一环道上。转动时的支撑范围大，抗倾稳定性能好，但阻力力矩也随之增大，环道与撑脚的施工精度要求较高。撑脚形式有采用滚轮的，也有采用柱脚的。

滚轮平转时为滚动摩擦,摩阻力小,但加工困难,而且常因加工精度不够或变形使滚轮不滚。采用柱脚平转时为滑动摩擦,通常采用不锈钢板加四氟板再涂黄油等润滑剂,其加工精度比滚轮容易保证,通过精心施工,已有较多成功的例子。当转体结构悬臂较大,抗倾覆稳定要求突出时,往往采用此种结构,如广东广州丫髻沙大桥的平转施工。

采用撑脚支承时,下转盘上的环道施工精度要求很高,要求安装平整、稳固。环道表面一般采用钢板或不锈钢板,有时还铺四氟板或千岛走板以减小转动时的摩阻力。环道宽度根据撑脚尺寸来定,直径由桥台(墩)的几何尺寸及转动平衡要求来确定。

第三种支承为磨心与撑脚共同支承。山东大里营立交桥采用1个撑脚与磨心共同作用的转动体系,在撑脚与磨心连线的垂直方向设有保护撑脚。如果撑脚多于1个,则支承点多于2个,上转盘类似于超静定结构,在施工工艺上应保证各支撑点受力基本符合设计要求比较困难。广东广州丫髻沙大桥原采用多撑脚与磨心共同受力体系,后考虑到这种困难,减小了磨心受压的比例,使其退化为撑脚体系。

拱桥平转施工中,转得动转不动是一个很关键的技术问题。一般情况下,可假定起动摩擦系数为 0.06 ~ 0.08 甚至 0.10 来配置起动力,以保证有足够的起动力。重量较小的小跨径桥转动牵引可用手摇绞车作动力,中、大跨径的拱桥则需用电动卷扬机,或卷扬机与千斤顶双作用牵引。

减小摩阻力、提高转动力矩是保证平转顺利实施的两个关键。转动力通常安排在上转盘的外侧,以获得较大的力臂。转动力可以是推力,也可以是拉力。推力由千斤顶施加,但千斤顶行程短,连续平稳转动需要有较多的千斤顶,且要不断进行千斤顶的拆除与安装,设备要求高、工作量大,所以单独采用千斤顶顶推平转的较少。转动力通常为拉力,转动重量小时采用卷扬机,转体重量大时采用牵引千斤顶,有时还辅以助推千斤顶,用于克服起动时静摩阻力与转动时动摩阻力之比的增量。

2. 湖北三峡黄柏河大桥、下牢溪大桥[372-374]

三峡黄柏河大桥、下牢溪大桥均为跨径 160m 的上承式钢管混凝土拱桥,详见《实例集(一)》[77]第四章的介绍。这两座桥均位于三峡库区西陵峡口风景区内,处于折叠山丘的剥蚀带中,山体陡峭,峡长谷深,施工选择了平转方案。钢管拱肋节段在工厂制造,运至工地后分别在两岸组拼成半跨钢管拱,两桥的 4 个半拱根据靠背的山势不同平转的角度为 110° ~ 180° 整体平转就位后在跨中合龙。

这两座桥是钢管混凝土拱桥中最先使用水平转体法施工的桥梁。一个转体单元的质量达 1 600t,转体质量大且重心高。转体采用有平衡重平转法,利用设置在拱座底的球铰及四周的两层环形防倾安全支承来完成。转体系统由转体体系、防倾保险体系、位控体系和监测监控体系等四部分组成,如图 5-27 所示。

施工中进行转体的上部结构包括拱肋和立柱空钢管结构、交界墩钢筋混凝土立柱(上盘墩柱),并用预应力拉杆形成整体。上盘墩柱,既是永久结构的桥墩,也是转动体系承受拉杆张拉力的背墙,为两根独立的单箱双室临时预应力混凝土柱,转体合龙后放松拉杆撤销预应力,墩柱内根据需要注水以调整转动体系的平衡。预应力拉杆为 16 根 $\phi32mm$ 的精轧螺纹

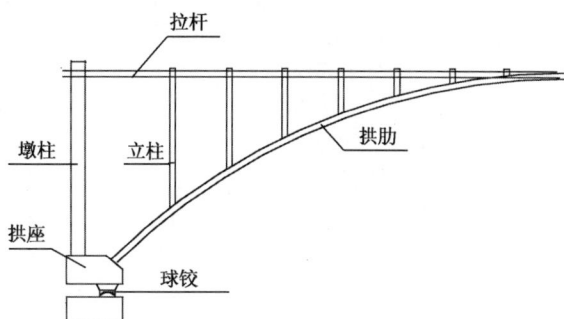

图 5-27　三峡黄柏河大桥、下牢溪大桥转体体系示意图

钢筋,是转动体系的重要组成部分,通过张拉预应力使拱肋脱架,完成体系转换,使整个转动结构的重量落在球铰上。预应力拉杆的张拉力即为钢管裸拱的拱顶轴力,经计算预应力拉杆的总张拉力为 $2 \times 3\,574kN$。拱座(上转盘)由倒锥体圆台及块体组成,上盘与球铰接触处设倒锥体以分散球铰应力。上盘受力十分复杂,设计时进行了有限元分析,设纵、横、竖三向预应力。

转动体系的核心是转动球铰,由下盘 $\phi2.2m$ 的钢球铰承重。球铰由下盘的球凸和上盘的球盖组成,球凸和球盖都为钢球壳,利用整块钢板在工厂精密压制成形并加以磨合。球铰是转体施工的关键部件,它兼顾转体、承重及平衡等多种功能,它的位置和精度将影响全桥合龙的精度和转体过程的安全,必须做到球面光滑、尺寸准确,球凸各处的曲率应相等,边缘各点的高程差不得大于1mm,圆度公差不超过1mm。两桥采用"数控旋压钢球铰",为国内首创。

水平转体时的转动力过去是由卷扬机提供。在三峡黄柏河大桥和下牢溪大桥的转体设计中,动力牵引系统采用了"全液压、全自动、同步、连续牵引系统",由两台特制的串联式千斤顶,通过张拉缠绕在上盘底部圆台上的钢绞线,形成纯力偶使整个体系连续不间断平稳转动。施工实践证明这种牵引系统具有结构合理、受力明确、工艺简便、占用场地小、施工设备少、安全可靠、平衡连续快速等优点,是转体施工法理想的牵引动力。

防倾覆体系是转体施工法的重要保险措施。两桥采用3道防倾覆保险措施。第一道设在上盘,在 $\phi5.2m$ 圆圈上设置6个内圈保险腿,转动时沿下盘滑道滑动;第二道设在下盘,在 $\phi13m$ 圆圈上设置10个向上外圈固定保险腿;第三道,转体施工中,配备4台250t液压千斤顶,以防倾斜调整之用。

位控体系的作用,一是转体到位时,限制过度转动;二是万一转体过位时,利用反向转动装置,微调就位。

三峡黄柏河大桥、下牢溪大桥主拱每半跨作为一个转动体系,转体结构的基本资料见表5-16。

三峡黄柏河大桥、下牢溪大桥转动体系基本资料 表 5-16

位　　置	黄柏河大桥		下牢溪大桥
	三斗坪侧	宜昌侧	两侧相同
半拱跨重量(kN)	3 467.3	3 338.2	3 402.4
半拱跨重心至转铰中心水平距离(m)	34.23	34.54	34.35
转动体高度(m)	39.69	34.19	36.84
转动体结构自重(kN)	35 038.0	32 476.0	33 757.0
转动时总自重(配水)(kN)	35 884.0	35 103.0	35 470.0
转动重心高度(m)	14.3	13.7	13.5

三峡黄柏河大桥于 1996 年 1 月 31 日进行转体施工[图 5-28a)]，宜昌侧转体 180°，9:55时转体开始；三斗坪侧转体 111.5°，10:30 时转体开始。两岸同时转体，12:24 时转体到位进入微调；13:00 时微调完毕，仅用了 3 个多小时就转体完毕。

a)黄柏河大桥

b)下牢溪大桥

图 5-28　三峡黄柏河大桥、下牢溪大桥转体施工照片

转体时牵引力，宜昌侧起动时牵引力 400kN，静摩擦系数 0.071 5；起动后正常转体时牵引力为 130kN，动摩擦系数 0.022。转动线速度(ϕ5.2m):5.2~8cm/min。三斗坪侧起动时牵引力 520kN，静摩擦系数 0.093 5；起动后正常转体时牵引力为 450kN，动摩擦系数 0.079 8。转动线速度(ϕ5.2m):5cm/min。

三峡下牢溪大桥于 1996 年 2 月 8 日进行转体施工[图 5-28b)]。三斗坪侧转体 180°，9:48 时转体开始；宜昌侧转体 125°，10:28 时转体开始。两岸同时转体，12:40 时转体到位进入微调；13:18 时微调完毕，下牢溪大桥同样仅用了 3 个多小时就转体完毕。

转体时牵引力，三斗坪侧起动时牵引力 280kN，静摩擦系数 0.049 5；起动后正常转体时牵引力为 220kN，动摩擦系数 0.038 5。转动线速度(ϕ5.2m):5cm/min。宜昌侧起动时牵引力 530kN，静摩擦系数 0.093 5；起动后正常转体时牵引力为 400kN，动摩擦系数 0.071 5。转动线速度(ϕ5.2m):3~4cm/min。

3. 贵州水柏铁路北盘江大桥[375-376]

水柏铁路北盘江大桥横跨北盘江 V 形峡谷，桥面距离河床 280m。主桥为跨径 236m 的上承式钢管混凝土提篮拱,其总体布置如图 5-29 所示,详细资料见《实例集二》[79] 第二章。该桥为当时世界上跨径最大的单线铁路拱桥,也是钢管混凝土结构首次在铁路桥梁上的应用。

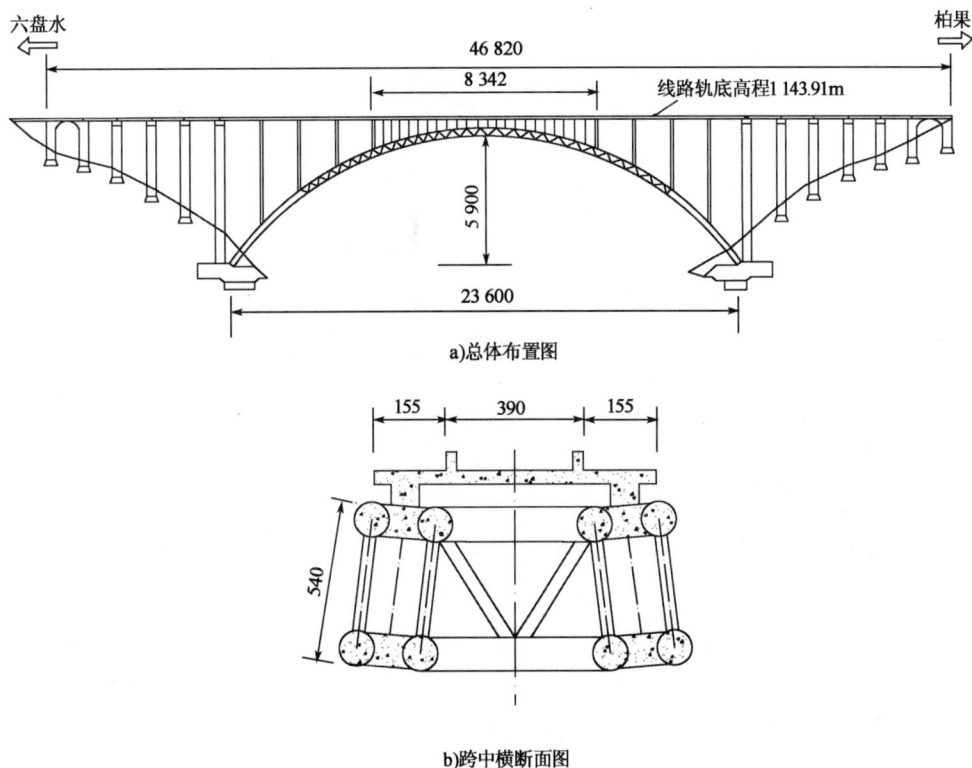

图 5-29　水柏铁路北盘江大桥总体布置图(尺寸单位:cm)

桥位地处偏僻,交通运输不便,钢管桁肋在工厂分单元制造,再运至现场组装、焊接。因能运进现场的杆件最长仅能达到8.6m,故工地组装、焊接等工作量很大。为了保证安全生产,确保拼装线形正确和焊接质量可靠,应尽量减少高空作业。为此,钢管桁架拱的架设采用转体法施工。桁架杆件运至现场后,分别在两岸依地形搭建的支架上组拼焊接成半拱(扣除合龙段),然后以半拱为一转体单位,六盘水岸平转 135°,柏果岸平转 180°,单边转体质量达10 400t。

大吨位转体施工惯用大直径环道体系,以获得转动时较好的稳定性。但环道体系需要有宽阔、平整的施工场地。水柏铁路北盘江大桥桥位施工场地狭窄,拱座已靠近悬崖,不具备采用环道体系的条件,故采用了单点支撑的球铰转动体系。转体系统由半跨拱圈、下盘、上转盘、交界墩、球铰、保险撑脚、扣锚体系等组成。转体结构示意如图 5-30 所示。

下盘作为整个系统的基础,埋置于基岩内。扣索由 96 根 ϕ15.24mm 钢绞线构成,一端固结于拱肋下弦,另一端锚固在交界墩顶。为了平衡扣索的水平张力,在交界墩顶向后斜拉背索,背索由 42 束 19φ15.24mm 钢绞线构成,并将其锚于上盘尾部。拱肋与上转盘设临时转动铰连接。结构总长 130.7m;转体结构总高 67.95m;上盘尺寸为 20.03m×26m×6m(长×宽×高);拱肋伸臂长度 117.64m;转体结构重心高度(距下盘顶面)17.8m。

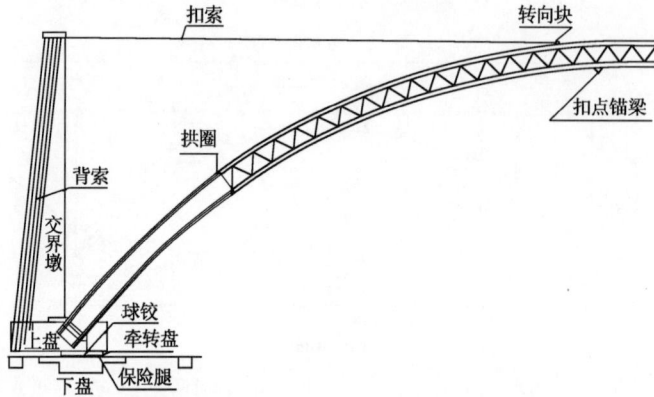

图 5-30　水柏铁路北盘江大桥转体结构示意图

　　水柏铁路北盘江大桥采用单铰转体结构,转动铰既是转动中心,又承受结构的全部重力,是受力最集中的区域。要求球铰要容易转动,且有足够的强度和制作精度。单铰转体结构施工过程防倾覆是至关重要的。

　　一般桥梁平转的下盘采用凸铰(蘑菇头),如图 5-31a)所示;水柏铁路北盘江大桥则采用的是凹铰,如图 5-31b)所示。分析可知,在相同倾覆力作用下,采用凸铰的转体结构的倾覆力臂总是大于采用凹铰的转体结构。另外,凹铰还可防止铰面间填充的润滑剂在转体结构重压下流失。

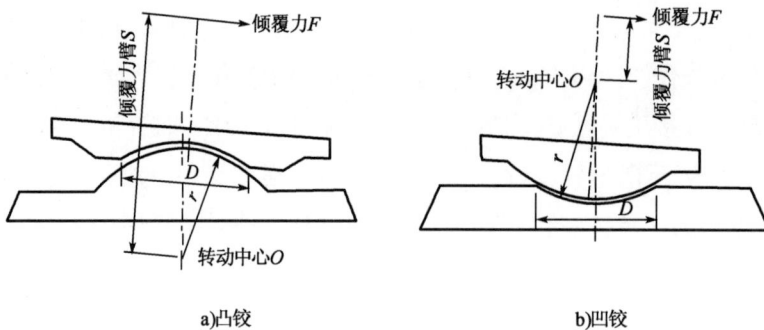

a)凸铰　　　　　　　　　　　b)凹铰

图 5-31　凸铰和凹铰的比较

　　球铰由上、下两块钢质球面板组成,上面板为凸面,通过圆锥台与上部的牵转盘连接,上盘就置于牵转盘上;下面板为凹面,嵌固于下盘顶面。上、下面板均为 40mm 厚的钢板压制而成的球面,背部设置肋条,防止在加工、运输过程中变形,也加强与周围混凝土的连接。下面板上镶嵌四氟乙烯片,上、下面板间填充黄油四氟粉,以减小上下球面之间的摩擦系数。下面板周围灌注 C40 混凝土,上面板上方的过渡锥台和牵转盘采用 C60 混凝土。该球铰按承受 120 000kN 的压力设计,球铰球半径 8m,球缺底面直径 3.5m。为保证上、下盘之间不发生偏心错位,球铰中心设 $\phi210mm$ 的定位轴,由定位轴承受因转体重心偏移和水平风力等引起的剪力。定位轴套筒穿透上盘,以便在必要时可以取出定位轴。球铰构造如图 5-32 所示。

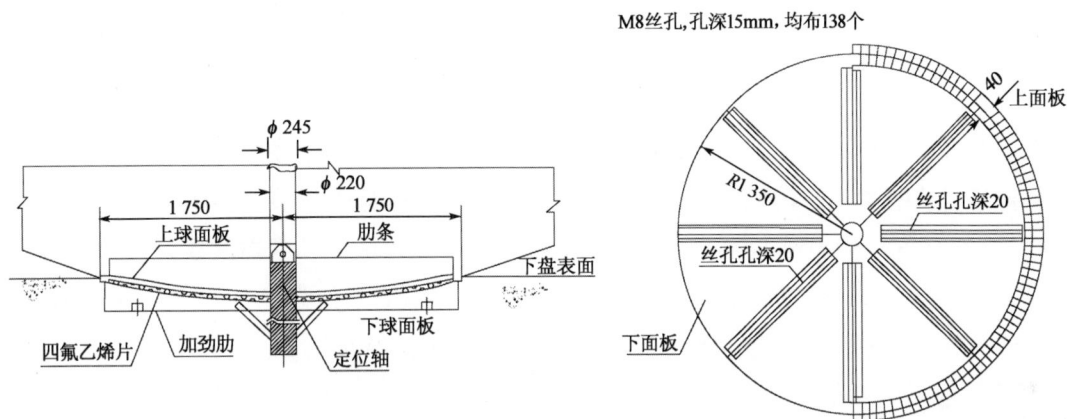

图 5-32　水柏铁路北盘江大桥转体球铰构造（尺寸单位:mm）

球铰面板的安装必须精确定位和调平,设计对球铰面板制造和安装验收技术标准作了较严格的规定。为了确保安装精度,在下盘内设计有球铰面板的定位骨架,骨架顶部设调节装置,可精确定位面板和调节面板水平;待面板安装验收后再灌注混凝土。

扣索联系着拱肋和交界墩,维系着转体结构的安全。拱圈脱架通过张拉扣索来完成,扣索起着维持拱圈线形的作用。扣索自身的锚固必须非常可靠,同时它的布置要易于张拉。鉴于本桥拱肋刚度大,而且拱脚又设置转动铰,为便于施工和控制,设计采用了单扣点方案,扣索采用钢绞线。设计扣索拉力 9 501kN,考虑到扣索张拉过程中的不均匀性及转体结构的安全,也为了降低扣索钢绞线的弹簧效应,扣索采用 96 根 $\phi15.24mm$ 钢绞线,工作应力用得较低,平均工作应力为 $0.38f_{pk}$。

背索用于平衡扣索水平力,以保证交界墩的安全。背索为 42 束 $19\phi15.24mm$ 钢绞线,设计总拉力 96 000kN。为抵抗因背索张拉引起的负弯矩,防止顶帽开裂,帽梁顶部在横桥向布置了 32 束 $12\phi15.24mm$ 钢绞线,施加预应力。

水柏铁路北盘江大桥转动体系中的上转盘是一个大体积的预应力混凝土块体,除承受巨大的自重外,还承受着拱圈结构及交界墩的重量。三向预应力分期分批按结构体系的变化及受力状态施加其上。无论在转体前的施工过程中,还是在转体过程中,其内部受力均极为复杂。经过对比和计算分析,并考虑上盘的变形要求,确定上盘厚度为 6m,球铰中心与交界墩中心水平距 7.23m。然后,按拟定的上盘厚度及球铰位置,对上盘进行详细分析,并按需要配置平衡重,在满足构造要求的前提下将非主要受力部分逐步剔除,最终形成十字形的上盘结构。

然而按照上述上盘结构,需要在交界墩后设置 7 000 多千牛的平衡配重。考虑到上盘两翼后部在转体后仍需封闭,故预先用低等级混凝土灌注一部分作为配重块,以减少上盘上面的配重。

水柏铁路北盘江大桥转动体系中的牵转系统要提供足够的牵转动力,确保转体顺利进行。设计在球铰上方直径为 8.4m 的牵转盘上缠绕牵引索进行牵转,牵引索采用两对 $12\phi15.24$mm 钢绞线。牵转的动力依靠 4 台连续张拉千斤顶,形成两对力偶,牵引能力为 4 000kN。在下盘上合适的位置设有 4 个牵引反力座来固定千斤顶。实施时,将 4 台千斤顶油泵并联,以保证千斤顶同时工作。牵转力偶矩必须克服球铰上、下球面相对滑动的摩擦力矩。根据国内外许多转体桥梁测试结果,上、下球面之间滑动摩擦系数一般为:静摩擦系数 $\mu_{静}=0.07\sim0.08$,动摩擦系数 $\mu_{动}=0.04\sim0.05$。实际施工设计时取静摩擦系数为 0.1、动摩擦系数为 0.06 计算,计算结果显示起动时必要的牵转力为 $T_1=1\,452$kN,起动后牵转力偶为 $T_2=871$kN。若考虑保险腿走板与滑道之间的摩擦,取摩擦系数为 0.15,则计算起动牵转力偶 $T_1=2\,009$kN,起动后牵转力偶为 $T_2=1\,242$kN。

为了防止因球铰绕球心转动而使转体倾覆,保险腿是必不可少的装置。保险腿的位置由转体结构的倾覆稳定计算确定。该桥在距离球铰中心 3.5m 的圆周上,等距离设置 6 个保险腿撑脚,每个撑脚由两根 $\phi1\,000$mm$\times14$mm 的钢管混凝土组成。撑脚上端埋于牵转盘内,下端悬挂走板,下盘表面设环形滑道与走板配合。走板底面与滑道表面留 5mm 间隙。实际施工中,因滑道上要铺设不锈钢板和四氟乙烯板,间隙量达 10mm。保险腿构造如图 5-33 所示。在大桥转体实施时,为了降低转体向前倾的危险,有意识地加大平衡配重量,让转体重心后移,转体时实际是球铰和后支腿共同承受。

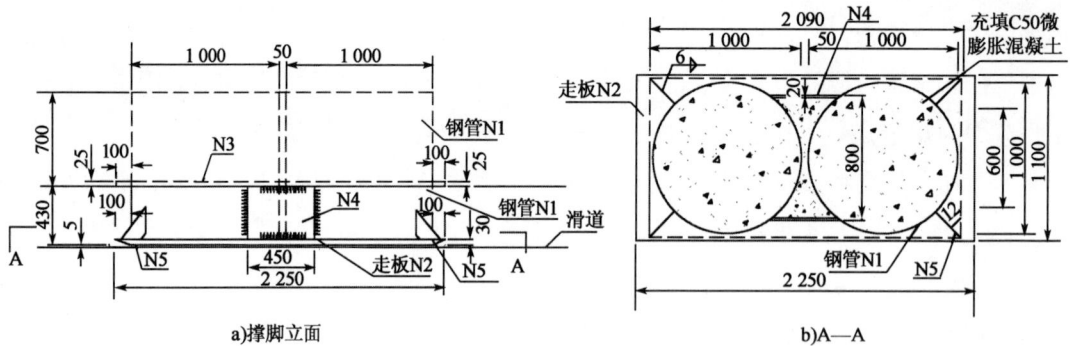

图 5-33　水柏铁路北盘江大桥转体保险腿构造图(尺寸单位:mm)

转体施工工艺复杂,施工工序多。当钢管桁架拱在支架上拼装焊接完成后,要通过张拉扣索来使桁架脱离支架呈悬臂状态才能实施转体。但是,为了交界墩和上盘的安全,扣索不能一次张拉到位,必须分批、分级与背索和上盘预应力束交替张拉;当转体到位,拱肋合龙后,扣索、背索、上盘预应力等仍需分批、分级、交替释放。这更增加了施工的复杂和难度,因此施工步骤与结构安全紧密相关。水柏铁路北盘江大桥转体施工的主要步骤如下：

首先浇注下盘混凝土，安装下球铰，制作保险腿滑道；然后安装上球铰，并做转动试验；浇筑球铰上方锥体及牵转盘，埋设牵引索；在砂箱上立模施工上盘，在上盘尾部设硬支承，但在背索锚固区不能设硬支承；张拉上盘全部横向预应力、竖向预应力束，张拉第一批纵向预应力束，此时上盘中央向上微拱，上盘自重大部分转移到尾部的硬支承和球铰上面，上盘纵向呈简支状态，此时退砂箱，拆除上盘模板，为张拉背索、安装牵引反力座提供操作空间；在上盘上修建交界墩，修建交界墩过程中上盘不再施加预应力；张拉上盘第二批纵向预应力钢束；根据平衡的需要，在上盘堆放平衡重并安装牵引反力座和连续张拉千斤顶，做好转动准备；按设计步骤，分批、分级、交替张拉扣索、背索和上盘纵向预应力束，使拱圈脱架，在此阶段须监测上盘、交界墩、球铰、扣索及背索等重要部位的应力状况，监测交界墩顶的位移以及上盘的变形情况等；再一次核实平衡重的质量和位置，拆除上盘尾部的硬支承，此时转体结构的重心已经转移到球铰上面；清理球铰，清理场地，清除转体障碍物，启动连续张拉千斤顶，实施转体；调整拱肋线形，优先满足合龙口高程，合龙拱肋；连接上下盘间的钢筋，混凝土封闭上下盘间的空隙，混凝土回填上盘周围的基坑，混凝土封闭拱脚临时转动铰；最后分批、分级、交替拆除扣索、背索和大部分上盘纵向预应力束。

分批、分级、交替张拉上盘纵向预应力束、背索、扣索使拱圈脱架是实施转体前的关键工序，也是施工中的难点之一。在实施之前必须制定严格的张拉次序，明确每次的张拉量。为了得到合理的张拉批次，设计作了如下的设想：在交界墩修建完成后，上盘张拉第二批纵向预应力束，使上盘内部有较大的压应力储备。接下来，对交界墩施加竖向预应力即张拉第一批背索，使交界墩各截面面向上盘尾端的一侧（称之为截面后缘）受较大压应力；而面向拱肋一侧（称为截面前缘）受较小的压应力（不容许出现拉应力，预先设定一个下限值，最小压应力不得低于此下限）。这样，交界墩就可以承受一定量的扣索拉力。然后张拉扣索，这时交界墩截面前缘压应力增加，截面后缘压应力减小。扣索拉力应控制在一定水平，使得交界墩墩身各截面最小压应力不得低于下限值。以上完成一次交替循环，这时上盘下缘压应力储备减小，应对上盘施加下一批纵向预应力。张拉扣索、背索时，应严格控制交界墩的最大、最小应力比，对同一个截面，限制最大与最小应力比不得大于2。

建立转体结构整体计算模型，应用上述的控制方法，通过多次的试算，将上盘预应力、背索张力、扣索张力逐渐施加到模型上，制定出了转体结构主要施工步骤和上盘预应力束、扣索、背索交替张拉次序表，同时还提供了墩顶计算位移，并给出了扣索、背索张力的容许范围和相应的墩顶最大、最小位移。

大桥主拱肋于2001年1月20日顺利转体合龙。水柏铁路北盘江大桥转体施工技术将桥梁单铰平转质量大幅度提升到一个新的高度。图5-34所示为该桥的施工。

a)转体过程 b)转体到位

图 5-34　水柏铁路北盘江大桥转体施工

(二)竖向转体法

1. 一般性介绍

竖向转体法简称竖转法,分为上提式和下放式两种。我国拱桥的竖转以上提式为主,我国的钢管混凝土拱桥竖转也是以上提式为主。它适用于桥址地势平坦、桥孔下无水或水浅的地区。施工时,在地面上低位搭设半跨拱肋的支架(或拱胎),将一孔拱肋分为两个半拱,从拱座开始向跨中组拼。组拼好后,将扣索一端系在搭设好的拱肋顶端,另一端通过桥台(或墩)顶进入卷扬机,通过收紧扣索使拱肋以拱脚处的临时铰为中心向上竖转,达至设计高程,在两半跨拱肋均竖转到位后合龙形成一个整拱。

由于两半跨拱肋在低位处拼装的水平投影长度大于拱肋的跨径,所以上提式竖转法无法两半跨拱肋同时竖转,而是在一个半跨竖转后再竖转另一半跨。为了缩短从半跨拱肋竖转到位到拱肋合龙的时间,后竖转的半跨可先拼装与先竖转半跨不相重叠部分的拱肋,待先转半跨竖转到位后迅速拼装余下的部分节段,然后竖转合龙。

竖转体系通常由被转体的拱肋和索塔、拉索(扣索)、牵引系统以及平衡体系等组成。

钢管混凝土拱桥基本上为无铰拱,为竖转需要,需设置竖转铰。竖转铰是施工临时构造,其构造与精度综合考虑施工要求和造价来决定。跨径较小时,竖转铰可采用插销式;跨径较大时,可采用滚轴式。

竖转施工中的索塔应作专门设计。索塔高,则水平交角大,所需脱架提升力也相对小,但索塔长细比大,受压稳定问题突出,材料用量也多;反之亦然。

在索塔顶上安装索鞍,在塔顶搭设工作平台、安装扣索及塔后平衡索,在竖转时应按设计要求吨位先张拉平衡索。

拉索的牵引系统,当跨径较小时,可采用卷扬机牵引;跨径较大时,要求牵引力较大,牵引索也较多,应采用千斤顶液压同步系统。竖转的拉索索力在脱架时最大,因为此时拉索的水平角最小,产生的竖向分力也最小,而且拱肋要实现从多跨支承于拱架上的连续曲梁转化为铰支承和扣点处索支承的曲梁。为使竖转脱架顺利,有时需在提升索点下安置助升千斤顶。

扣索可直接锚固于桥台顶面锚梁(锚梁可通过尾索锚固在桥轴线上锚碇内),亦可通过立于桥台顶的索塔锚固在台后的锚碇上。采用何种方法视扣索的受力和桥址地形来确定。

2. 浙江建德新安江大桥[100]

建德新安江大桥钢管拱肋采用竖向转体安装。半跨拱肋质量,中跨为70t,边跨为50t。拼装场地离桥位约100m,从拼装场地至桥位的半跨拱肋采用由钢浮箱组拼成的浮运工作平台浮运。钢浮箱的尺寸为长6m,宽3m,高1.5m。浮运工作平台上同样铺装两条移动轨道,拱肋从拼装位置采用置于横移轨道上的台车缓慢横移至浮运工作平台上,浮运工作平台顺流而下,将半跨拱肋运至桥位处。拱肋拱脚在浮运工作平台的高程略高于桥墩顶拱座的安装高程。将拱肋运至桥位后,向浮运工作平台的钢浮箱内灌水,使浮运平台下沉,这样使拱肋拱脚的高程达到墩顶拱座预留槽的高程。竖向转体安装是利用设置在安装跨两侧桥墩顶面的扒杆将平放于船上的拱肋绕拱脚转动至设计位置。建德新安江大桥钢管拱肋竖向转体安装如图5-35所示。

竖向转体安装主要设备有扒杆、卷扬机、地锚、平衡梁、钢丝绳、滑轮等。为使拱肋能绕拱脚转动,在拱肋拱脚及墩顶拱脚位置需设置转动装置,拱脚转动装置如图5-36所示。

图5-35　建德新安江大桥竖向转体安装

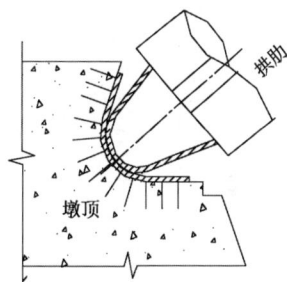

图5-36　建德新安江大桥拱脚转动装置图

拱脚转动装置钢板在工厂进行配对冲压而成,形成较密贴的弧形。在两弧形钢板之间涂上黄油,以减少摩阻力。扒杆由钢管分段用凸缘接长。起吊采用两台同步慢速卷扬机使拱肋绕拱脚转动升起。拱肋吊装完成后,进行拱肋轴线调整和跨中拱肋接头的焊接。

3. 江苏邳州京杭运河大桥[377-378]

邳州京杭运河大桥主桥为57.5m+235m+57.5m的钢管混凝土飞鸟式拱,见《实例集二》[79]第四章介绍。由于主拱为提篮拱,采用悬臂法施工时,无论是吊装还是斜拉扣挂均由于拱肋的倾斜产生的横桥向的分力,增加了施工的难度,所以采用竖向转体法施工。在两主墩之间搭设低高度支架,主拱肋在其上拼装成两个半拱,通过竖转系统提升到设计位置,空中合龙实现主拱肋安装就位。竖转角度:连云港岸为19.903 9°,徐州岸为25.594 2°。竖转体系由前后各半拱、索塔、索鞍、扣索、前后锚点、支撑架及转铰等组成,如图5-37所示。

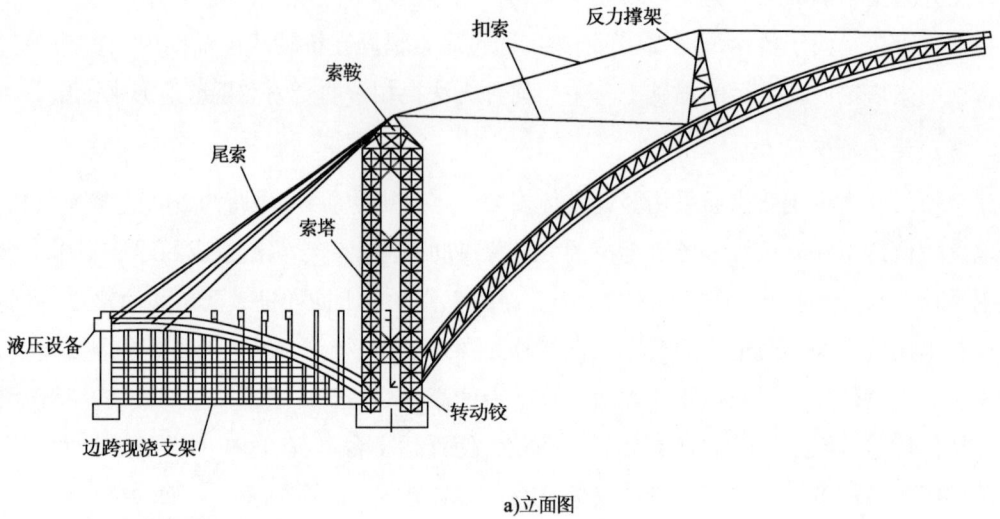

a)立面图

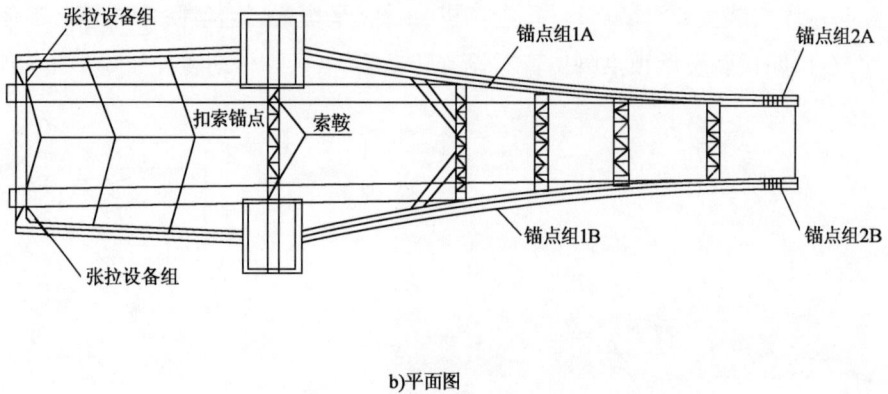

b)平面图

图 5-37　邳州京杭运河大桥竖转体系示意图

　　索塔采用标准万能杆件组拼成空间桁架,高度为46m,顺桥向两柱中心距为8m,外边缘宽为12m;横桥向塔柱为等截面,宽4m,塔柱中心距26.6m;两塔架间设置上、中、下3道横联,横联亦由标准的万能杆件组拼成空间桁架形式。索鞍由钢板焊成整体结构,与扣索接触面设置滑轮,保证扣索能自由滑动。为减小张拉扣索在竖转过程中的水平夹角,在索鞍与扣索间无竖向位移处设置侧向辊轴。为防止钢绞线横向移位,在滑轮表面刻弧形槽,刻槽深80mm,一束18根钢绞线置于1个滑轮内。每条肋设两组竖转扣索,在塔顶置于同一层面用隔板分开。索鞍与塔顶采用高强螺栓连接。

　　扣索分为两类。一类是为竖转牵引而设置的竖转束,另一类是为平衡索塔及改善边拱受力而设置的平衡束。竖转束第1组扣索前端锚于主拱肋与A撑交界处,第2组扣索前端锚于主拱肋 L/4 附近。前锚点设于经钢板加劲的上弦管和腹杆间的临时反力梁上。为适应竖转过程中角度的变化,前锚点在上弦管顶设置由钢板焊成的弧形转向块。扣索后端位于边拱肋底面,由钢板焊成张拉端。平衡束采用1组,张拉端设在边拱肋,锚固端固定在索塔上。扣索、平衡索锚固端采用P型挤压锚,张拉端采用夹片锚。为适应液压同步千斤顶的张拉,每一束扣索规格为$18\phi^{j}15.24mm$钢绞线,两组竖转扣索均采用$2×3$束。平衡束每肋两束,每束为$6\phi^{j}15.24mm$钢绞线,用普通千斤顶张拉。

为降低索塔高度,在主跨$L/4$附近设支撑架支撑第1组扣索。支撑架为空钢管桁架,高14m。为保证支撑架总体稳定性,设钢管K形撑连接两支撑架柱,同时于两肋支撑架顶端设水平单片桁架,以消除竖转过程中扣索对支撑架产生的侧向力。主拱肋竖转以拱脚处转铰为中心,转动铰结构包括拱座活动铰预埋件、活动铰底座、转动轴和桁架连接件。转动轴为$\phi400mm×2500mm$的45号钢实心轴,在拱座上设半圆形钢板作铰座。系统液压提升设备采用计算机控制,实现全自动同步升降、负载均衡、姿态校正、应力控制、操作闭索、过程显示和故障报警等多种功能。系统的动力设备为TB2000中空式提升千斤顶,额定提升力为2000kN,提升行程200mm。施工采用微机控制,1台微机控制两台主泵站12台连续提升千斤顶,1台泵站为6台连续千斤顶供油(1号、2号扣索各使用1台主泵站、6台连续千斤顶),微机控制整个系统的供油、提升、拉力及同步性。

该桥竖转首次采用了现场总线技术和激光测距技术,使得现场总线构成实时网络系统,利用激光测距传感器采集同步信号,对两组扣索进行索力比控制,对主拱两肋实现同步控制,提高了竖转提升的同步性、准确性和安全性。

考虑结构受力和施工可行,拱顶预留长1m合龙段,设置瞬时合龙构造,一方面满足瞬时合龙要求,减少合龙段在焊接过程中受温度的影响;另一方面可调整拱肋内力和拱轴线形。瞬时合龙构造放在弦管间平联板位置,采用花篮螺栓设置,螺杆直径297mm。

邳州京杭运河大桥竖转施工主要工艺包括水中支架拼装主拱肋、竖转、合龙等,以下进行简要的介绍。

(1)支架拼装:每条主拱肋沿轴线方向划分为10个节段,最大节段长40.577m,最小节段长16.169m,最大吊装重量(1号段含转铰固定桁架)约900kN。横撑共9道,最大吊装重量280kN。施工时先在两主墩之间搭设用于拱肋拼装的支架平台,支架均由4根$\phi850mm×8mm$钢管桩作承重立柱,通过型钢连接成单元格构,尺寸为$4m×5m$,桩顶设桁架梁并安装拱肋定位楔形支座。水中拱肋节段采用1000kN浮吊安装就位,徐州岸上节段(7~10号段)采用万能杆件拼装的40m单跨龙门吊运至支架平台上,在支架平台上对拱肋接头施焊连接形成半拱。

(2)竖转施工:竖转前应进行拱肋搭设的验收及准备工作,包括对主拱肋拼装几何线形、节段接头焊接质量、拱座及边拱肋、端横梁混凝土强度、过渡墩拉压支座安装等检查验收。监控组对安装布设的监测点、导线进行检查,对拱肋、索塔、拱座等监控点的内力、温度等监测项目进行初读数。安装扣索平衡束和张拉千斤顶,连接控制系统,对竖转束进行预紧(为计算起动张拉力的20%~30%),调整各扣索垂度均匀、受力均衡。

（3）脱架：脱离拱架前按设计计算起动张拉力的 50%、85%、95% 分级同步张拉，每级加载持荷 20～30min。张拉 3 号平衡束，张拉力为 420kN。扣索张拉至设计起动张拉力的 95% 时，主拱肋已全部脱架。保持脱架状态 12h，对各重要部位进行详细检查。

（4）竖转提升：竖转分级根据竖转角度分成 3～4 级，每个竖转分级过程保持 1 号、2 号索力的合理比例关系，同时保持两条主拱肋相对误差控制在允许范围内，即实行索力和高程双控。最后一级竖转将到位时即停止，预留不小于 20cm 高度（低于设计高程）以便合龙高程调整。在索鞍顶部分束安装索夹，将扣索锁定，系主拱风缆，并连续 2d 从早上 6:00 至晚上 24:00，每隔 2h 观测特征截面高程，记录当时气温，监控组自动采集各截面应力。主拱肋拱脚处临时固结，安装拱顶临时合龙螺杆（松动状态）。

（5）拱肋高程调整：拱肋调整采用两个拱顶端"葫芦"对拉以调整相对偏差，用风缆调整绝对偏差，张拉、松放 1 号、2 号扣索调整拱肋高程，必要时采用水箱压重。两岸主拱肋均竖转到位后，调整高程时当日（7 月 6 日）凌晨 2:00 测得温度为 22℃，经过反复松、拉扣索进行微调，至凌晨 4:00 测得拱顶高程比设计值（考虑温度修正）最大高 20mm，最大轴线偏位 15mm，实测温度 22.2℃，满足设计要求和验收质量标准。固定扣索后锚点，进行拱肋瞬时合龙。

（6）合龙：旋转顶紧拱顶花篮螺杆，完成瞬时合龙。在接近合龙温度时实测合龙段长度，现场进行拱顶合龙段钢管切割下料，按焊接工艺要求进行弦管、腹杆、平联板及主管包板焊接，对焊缝进行 100% 超声波探伤检测。至 7 月 20 日合龙段全部焊接完成，对接误差 3mm，横向偏位 4mm，精度较高。逐步分级放松扣索和平衡束，拆除支撑架，焊接拱脚嵌补段，主拱肋形成无铰拱，封固拱脚混凝土，至此完成主拱肋竖转施工。

图 5-38　邳州京杭运河大桥竖转施工

邳州京杭运河大桥，2001 年 6 月 28 日连云港侧主拱脱架，29 日竖转成功，2001 年 7 月 2 日徐州侧主拱脱架，3 日竖转成功，7 月 6 日主拱合龙。该桥钢管拱肋竖转照片如图 5-38 所示，成桥照片如图 3-49 所示。竖转施工过程的受力计算见文献[379]和本书第二版第八章第六节的介绍。

4. 广西梧州桂江三桥[380-381]

梧州桂江三桥位于广西梧州市区境内，跨越桂江。根据桥位自然条件，主桥采用了跨径组合为 40m＋175m＋40m 的钢管混凝土飞鸟式拱桥。大桥的总体布置如图 5-39 所示。

主肋为双肋拱，矢高 43.75m，跨径 175m，矢跨比为 1/4，拱轴线采用悬链线（$m=1.347$），沿拱轴采用等高度（$H=3.3$m）等宽度截面（$B=1.8$m）。每片拱肋主要由 4 根 $\phi750$mm×

14mm 钢管混凝土组成,在两边拱脚附近有可能遭受河水腐蚀的地方,钢管由 $\phi750mm \times 14mm$ 变化为 $\phi750mm \times 20mm$,并使用热喷锌铝技术,再涂上油漆。拱肋为横哑铃形桁式,在拱座以上 30m 长度范围内拱肋截面竖向用两钢腹板连接上下弦杆、内灌混凝土,形成箱形截面。两主肋中距为 17.8m,在桥面以下设两个桁架式 K 形横撑,在桥面以上仅设 4 条单管 K 形横撑,以使得桥面视野开阔。

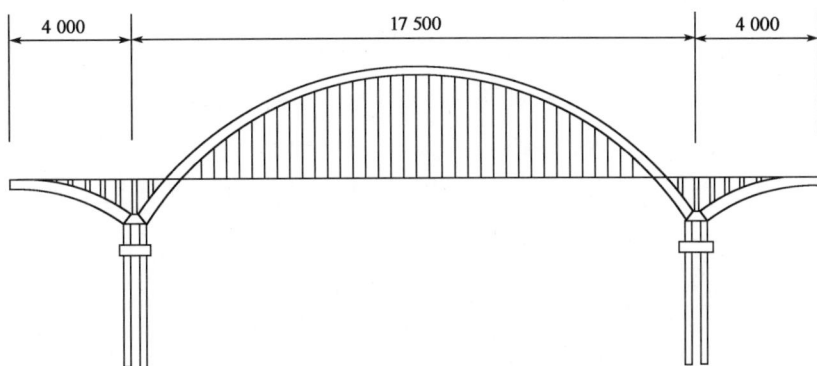

图 5-39 梧州桂江三桥总体布置图(尺寸单位:cm)

边拱肋为两片半拱,矢高东边为 11.016m,西边为 12.407m,半拱跨径为 40m,拱轴线为 $m=1$ 的悬链线(即抛物线),拱肋为钢筋混凝土构件,截面宽度为 1.8m,截面高度由 2.8m 变化到 2m。

桥梁基础为桩基础,主墩承台为大体积混凝土。边拱跨径达 40m,采用了满堂支架现浇施工。为减少沉降,对支架基础进行了加固和预压。支架在系杆张拉完后才拆除。

主孔钢管拱肋采用竖转法施工。工厂预制两个半拱拱肋,沿桂江浮运到桥位,利用临时塔架和大吨位千斤顶动力源提升到位,空中对接合龙。该方案有受力合理明确、工艺先进、精度高、安全快速、节约拆迁费用等优点。

为保证竖转的顺利进行,对主拱肋进行了一些技术处理,增设或加强了 4 个受力点:临时转铰、临时吊点加固、合龙接头处理、后锚点加强,并对临时转铰和动力系统进行检测和加固;针对江水高程不稳定、水位变化大的情况,增设了临时副塔;竖转过程中,采用多种方法进行观测和控制。图 5-40 为该桥竖转施工的照片,图 5-41 为建成后的梧州桂江三桥。

图 5-40 梧州桂江三桥竖转施工

图 5-41 建成后的梧州桂江三桥

（三）平竖转组合法

对于山区的深谷高桥、两岸陡峻及预制场地狭窄的桥位,利用两岸地形搭设简单支架,采用平转法施工具有较大的优越性。当跨越宽阔河流及桥位地形较平坦时,由于采用平转法难以有效利用地形,常采用竖转与平转相结合的施工方法。即通过竖转将组拼拱肋的高空作业变为在低矮支架上拼装拱肋的低空作业,然后通过平转完成障碍物的跨越。

竖转与平转相结合的施工方法的成功运用,不但扩大了转体施工工艺的应用范围,而且标志着转体施工技术日益成熟。它与支架法、悬臂法等其他施工方法一起成为钢管混凝土拱桥施工的常用方法。河南安阳文峰路立交桥、广东广州丫髻沙大桥等采用了竖转与平转相结合的架设方法。河南安阳文峰路立交桥的施工见文献[132]和本书第二版第八章第四节的介绍。以下简要介绍广东广州丫髻沙大桥的转体施工[382-383]。

1. 广东广州丫髻沙大桥转动体系

广州丫髻沙大桥主桥采用钢管混凝土飞鸟式拱,见第二章第六节介绍（图2-84～图2-86）。由于珠江主航道水上运输繁忙,保证大桥的顺利建成和施工时最大限度地减小对珠江通航的影响是一个大难题。副航道的存在使得采用斜拉悬臂、缆索吊装施工方案时无法解决吊塔的背索问题（落到副航道内）,因此在设计阶段提出了三大段吊装、一整段吊装、转体施工等方案,没有考虑缆索吊装方案。经过筛选后,着重对三大段吊装和转体施工进行论证,最后选定了竖转加平转的转体施工方案。

转体施工将半跨主跨和钢筋混凝土边跨作为一个转动单元。施工时,先竖转钢管拱肋就位,后平转就位、合龙。该桥的转体体系如图5-42所示。平转施工方案利用了带悬臂边拱作为平衡重,能够采用较为经济的无平衡重转体方案,是此类飞鸟式拱水平转体施工的一个有利条件,对水上通航的干扰也很小。

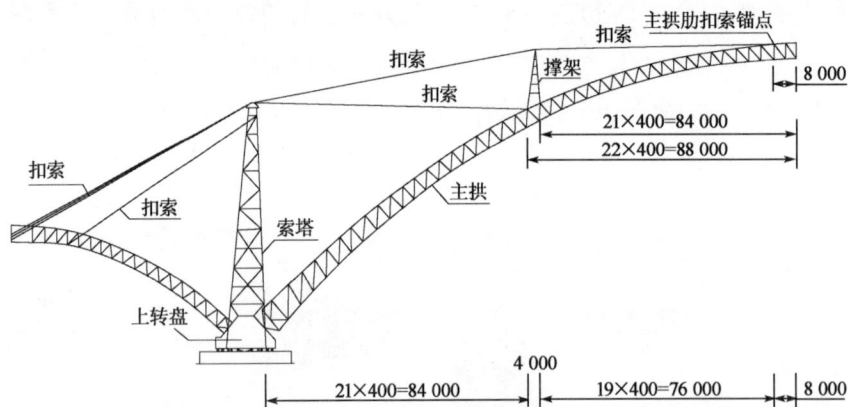

图5-42 广州丫髻沙大桥转动体系(尺寸单位:mm)

为了能让由边拱拱肋、拱座、主拱拱肋及施工用索塔组成的体系在承台上平转,将拱座与承台设计成如图 5-43 所示的结构,其下共有 φ3.0m 桩 24 根、φ2.0m 桩 10 根,承台及滑道均能承受重达 136 000kN 的施工荷载。

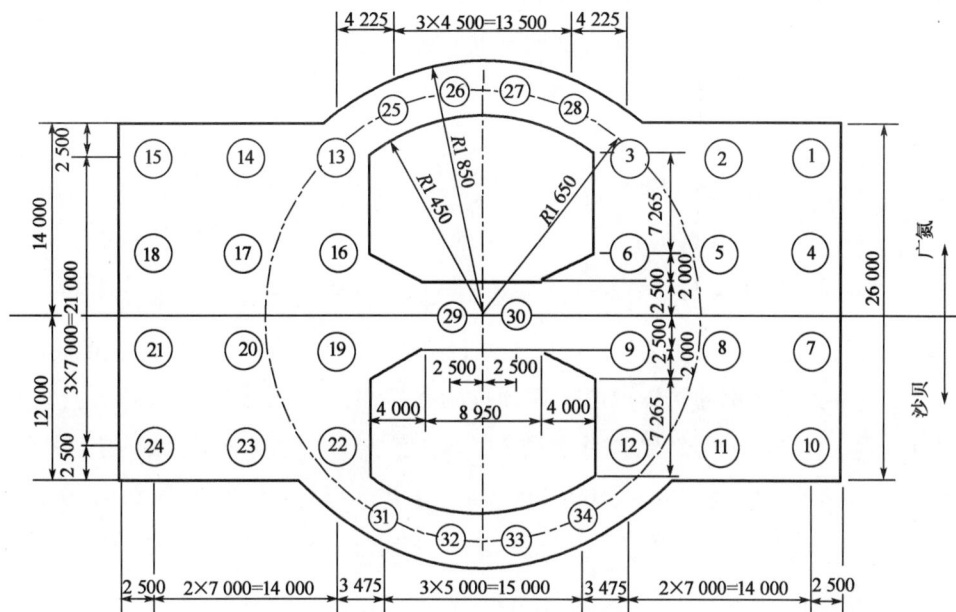

图 5-43 广州丫髻沙大桥拱座承台构造(尺寸单位:mm)

为了能让主拱拱肋竖转施工,还在主拱拱肋与拱座间设置了竖转铰,其中铰座为钢结构,铰轴为钢管混凝土结构,二者的接触面经过机械加工,粗糙度 $R_a 12.5 \mu m$。竖转铰的构造如图 5-44 所示。

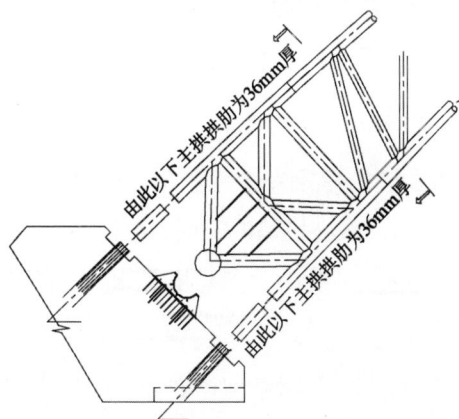

a)构造图

b)照片

图 5-44 广州丫髻沙大桥竖转铰

转体施工的主要步骤如下：

（1）安装承台上的转体环道、拱座及竖转铰,沿江岸搭设边拱劲性拱架、主拱拱肋卧拼用支架。

（2）安装转体塔架、边拱劲性骨架、主拱拱肋。

（3）安装边拱端部及其他设计规定部位压重钢筋混凝土。

（4）安装转体用扣索、千斤顶及施工监测设备。

（5）两岸主拱拱肋分别竖转。

（6）两岸转动体系分别平转到桥位。

2.广州丫髻沙大桥竖转施工

竖转施工是先在两岸岸边顺河堤卧拼半跨主拱桁架,拼装边拱劲性骨架,浇注边拱钢管混凝土和配重节段混凝土,在拱座上拼装临时索塔,然后布设扣索和平衡索,利用液压同步提升技术,通过安装在边跨尾部的同步液压千斤顶连续张拉扣索,使主拱脱架,然后连续竖转（提升）至设计高程。主拱拱肋竖转结构总质量 2 050t。竖转设备采用液压同步千斤顶系统。竖转角度为 24.701°,竖转角速度 $\omega \leqslant 0.002\ 5 \text{rad/min}$,主拱端部垂直线速度 $v \leqslant 0.42 \text{m/min}$。

广州丫髻沙大桥竖转体系由前后各半拱、索塔、扣索、撑架和竖转提升控制系统等组成。竖转体系如图 5-45 所示。

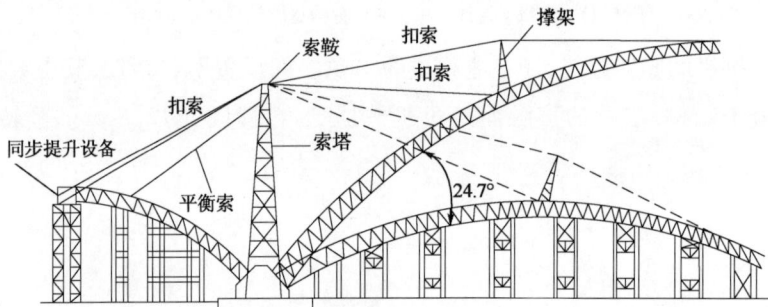

图 5-45　广州丫髻沙大桥竖转体系示意图

索塔为钢管混凝土组成的变截面桁架结构。为增加索塔的稳定安全度及横向刚度,索塔顺拱肋方向设计成变截面。索塔分段制作,焊接拼装。为保证索塔拼装的安全,充分考虑吊装设备的能力,每根塔柱分 8 段制作,节段长为 7 ~ 8m,节段最大质量小于 12t,塔脚第一节段和第二节段采用汽车式起重机吊装,以上部分采用自行设计的扒杆设备吊装。每根塔柱配置一套扒杆,每套扒杆由 4 根 ϕ299mm × 12mm 无缝钢管、2 根 ϕ600mm × 10mm 钢管、2 根 36 号工字钢、12 副滑移或定位抱箍及两个跑车等构成。

索鞍只起转向作用,由钢板焊成整体结构,为减小扣索在塔顶的摩阻力,与扣索接触面设置滑轮。滑轮与轴采用动配合,辊轴上抹四氟黄油以减少摩擦力。为防止钢绞线移位,在滑轮表面刻槽。为减小扣索各根钢绞线间的相互影响,以分束分轮设置。每条肋共 10 束竖转扣索,在塔顶布置于同一层面,每束用隔板隔开。索鞍与索塔通过高强螺栓连接。两个索塔上共设 8 个索鞍,每个索鞍质量约 23t(不含塔顶底板及轮轴滑轮等)。受吊装能力的制约,每个索鞍分两半制作,采用扒杆起吊就位组拼焊接成整体,然后安装辊轴及滑轮。

为降低索塔高度和调整主拱桁架受力,在主拱 L/4 处设撑架支撑第一组扣索,撑架为钢管组成的桁架结构,撑架高 17m,主管规格为 $\phi600mm \times 16mm$,连接管规格为 $\phi299mm \times 8mm$。为保证撑架总体稳定性,还设有钢管 K 形撑连接两肋上的撑架。在制作时,将撑架分两部分制作,第一部分为脚段,与主拱肋上弦管焊接,第二部分为撑架塔柱,为方便安装在两部分连接处设转动铰。撑架塔柱整段质量约 17t,采用 45t 汽车吊提升至主拱肋上与脚段铰接,然后转动提升就位后焊接。

主拱肋处扣索锚固端锚于经钢板加劲的上弦管和腹杆间的临时锚固反力梁上。主跨扣索角度在竖转过程中不断变化。为适应角度变化,锚固前端设置由钢板焊成的转向架。扣点结构与主拱肋一起制作。扣索张拉端均布置于边拱肋端部。扣索钢套管与系杆钢套管相互影响时进行连通焊接处理。

扣索共分两类。第一类是为竖转而设置的扣索(竖转束);第二类为平衡束,是为平衡索塔和改善边拱受力设置的扣索。一个转动体系采用两组连通竖转扣索,第一组扣索前端锚于主拱肋端部,第二组扣索前端锚于主拱肋 L/4 处,扣索后端锚于边拱肋端部(此端为张拉端)。为适应液压同步千斤顶的张拉,每一束均为 $18\phi^j15.24mm$ 钢绞线,第一组竖转扣索采用 2×6 束,第二组竖转扣索采用 2×4 束。扣索在主拱端部下料后,利用卷扬机单根或多根成束由主拱端部牵引至边拱端部,按工艺设计要求在索鞍上合理布索分束,然后将各束钢绞线两端穿入相应的锚端孔道内,在锚固端安装 P 型挤压锚。在整个过程中梳理钢束极为重要,能使各根钢绞线在张拉过程中受力比较均匀。由于扣索通过索鞍转向,塔两侧扣索角度不同,塔顶水平力无法平衡,因此通过增设平衡束来平衡索塔所受水平力。平衡束采用 3 组,设计为每组张拉端均在塔顶,一组锚于边拱肋上,另两组锚于索塔前后的拱座上。锚于边拱肋的平衡束除平衡索塔力外,还改善了边拱肋受力。为便于操作,实施时将平衡束的张拉端和锚固端对换,索塔上为锚固端。锚于边拱肋的平衡束采用 2×2 束,索塔前、后平衡束为 2×1 束,平衡束用普通千斤顶张拉。平衡索锚固端亦采用 P 型挤压锚。

主拱肋竖转是以拱脚为转动中心,在拱脚设有尺寸为 $\phi1\,500mm \times 50mm \times 3\,450mm$ 的钢管混凝土转铰,在拱座上设半圆的槽形钢板作铰座,铰与铰座接触面抹黄油以减小摩擦和防锈。为保证转铰与铰座配合良好,在制作时除严格控制制作工艺外,转铰还进行了车削加工,以减小转动的摩阻力。

同步液压提升控制系统由竖转承重系统(包括提升油缸、安全锚、钢绞线等)、液压动力系统(即液压泵站,包括提升主系统和锚具辅助系统)、电气控制系统(包括传感器测量系统、动力控制与功率驱动系统及计算机控制系统等)和传感检测系统(包括油缸位置传感器、锚具状态传感器、油压传感器和高差传感器)等组成。整个竖转提升系统共使用40台油缸(千斤顶)、8台泵站、4台阀块箱、2台控制计算机和若干套传感器,以及其他相应的配套装置。

竖转前对主、边拱结构拼装、竖转设施的质量以及竖转设备器材进行了全面检查验收,包括主拱桁架卧拼和边拱劲性骨架竖拼的几何线形(轴线、高程),主拱桁架及边拱劲性骨架节段各接头焊缝质量,主拱、边拱横撑安装接头焊缝质量,拱座结构的几何尺寸、混凝土强度、预应力束张拉情况,边拱钢管混凝土、配重块及端横梁混凝土强度、预应力束张拉情况,索塔、索鞍安装几何尺寸、焊缝质量,索塔立柱钢管混凝土强度以及撑架安装几何尺寸及焊缝质量等;检查扣索钢绞线、锚具的外观质量、产品出厂合格证,做钢绞线强度和锚具硬度抽样试验;对边跨锚固、P型挤压锚试验、索夹试验、监测点安装、扣索及平衡索安装、张拉平衡索、安装扣索张拉千斤顶、扣索初张拉、安装助升千斤顶、风缆设施、围堰排水设备等进行检查,进行通信设备的调试以及资料处理系统的试运作等等。

拱肋脱离拱架前,按设计计算起动张拉力的85%、90%、95%、100%分级同步张拉,每级加载持荷10~30min,监控组测取测点应力、应变值,测量组观测高程及轴线位置,观察组检查结构及张拉系统状况,并与监控组提供的实测值进行对比分析,确认结构及拉索内力均处于正常状态。总指挥据此发出继续指令,受令小组遵照执行,直至分级张拉完成。脱架状态静置12h以上,观察组对主拱及边拱钢管焊缝、主拱铰、扣点、索塔脚、索鞍、撑架顶部及架脚、转盘撑脚、环道等各重要部位进行详细检查,竖转操作组则对千斤顶及夹片有无滑移情况进行观察。

竖转按分级(-0.701 4°~3°、3°~12°、12°~24°)进行张拉。每个分级竖转过程均保持1号、2号索力的合理比例关系,保持两条主拱肋相对高差控制在允许范围内,即实行索力和高程双控;在实际竖转时由于双控的效果很好,未进行严格的分级张拉,基本上是连续张拉提升;最后一级竖转即将到位时即停止,预留不小于400mm高度(低于设计高程),以便合龙时进行高程调整;扣索单根钢绞线实际最大平均荷载为89.6kN,与计算荷载基本一致,单根钢绞线的最小安全系数达到2.9。每岸竖转时间大约12h。图5-46所示为该桥的竖转施工。

图5-46 广州丫髻沙大桥竖转施工

竖转到位后,根据监控组测取的边拱锚杆内力,与相应阶段边拱各锚点的计算内力进行比较;张拉3号平衡索;根据观测结果,从拱脚至拱顶顺序拆除锚固拉杆,最后保留边拱后端一组锚杆不松;分别调整索力使主、边拱结构及扣索内力基本达到设计状态;通过索力调整仍无法使结构平衡(边拱端较重),根据千斤顶称重情况,在边拱端横梁及拱肋端部配重。经监控组对调整配重后的内力状况进行实测,测量组对结构位移变化进行观测,技术组核实确认结构处于平衡状态后,放松边拱后锚(但未解除)。

温度变化和风载振动可能使结构产生位移。为限制扣索沿索鞍前后滑动,在索鞍顶部分组安装索夹将扣索锁定。在两条主拱肋 $L/2$ 和 $L/4$ 处挂临时风缆,以增强抗风能力;索力调整完成后,接着安装主拱脚上、下弦杆临时连接段,形成无铰结构,以增强平转过程的结构强度及刚度;在平转前从 6:00~24:00 进行拱顶温差变化观测,每隔 2h 观测各特征截面高程,并记录当时气温,整理数据并绘出主拱肋随气温、体温变化曲线,作为合龙参考。

3. 广州丫髻沙大桥平转施工

主桥共两个平转单元。每一平转单元的转动体系由承台上直径为 33m、宽度 1.1m 的转体环道支撑。转动体系的几何尺寸为 258.1m×39.4m×86.3m(长×宽×高)。转动体系中的3 组扣索,扣索①为每肋 7 组 18×7ϕ5mm 钢绞线束,扣索②为每肋 3 组 18×7ϕ5mm 钢绞线束,扣索③为每肋 2 组 18×7ϕ5mm 钢绞线束。每一平转单元的结构总质量 13 600t。平转结构重心位于轴线上偏向边拱侧距中心转轴 0.03m,距下转盘高 19.49m。平转设备为柳州建筑机械总厂 ZTD—200 型同步提升千斤顶。平转角度:9 号拱座侧 117.112°,10 号拱座侧92.233°。平转角速度 $\omega \leq 0.01$rad/min,主拱端部水平线速度 $v \leq 1.2$m/min。

广州丫髻沙大桥平转体系由下转盘、上转盘和牵引系统组成。下转盘主要包括转轴、环道和牵引体系等,下转盘平面布置如图 5-47 所示。

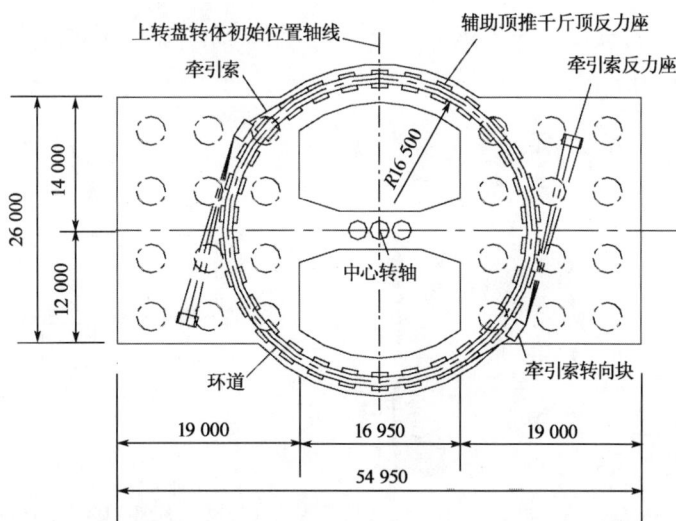

图 5-47 广州丫髻沙大桥下转盘布置示意图(尺寸单位:mm)

为增加转体稳定性,减少下部结构工程数量,设计由环道承担大部分转体重量,中心转轴起定位作用。环道直径达 33m,宽 1 100mm,由表面镀铬钢板和环形钢劲性骨架组成。钢板下面焊有加劲角钢，并在钢板接缝处前进方向的底面设置一角钢，角钢下设加劲板，以防搬运和转体过程中变形。用螺栓将钢板与预埋于承台内的劲性骨架相连。每块钢板厚 25mm，宽 1 100mm，长 1 410mm。每块钢板用 6 套螺栓连接，下端用双螺帽以便于调节。支撑钢板在钢板底部加劲角钢处增高钢筋，与预留槽内预埋钢筋焊接。钢板接缝预留 1mm 间隙，两侧倒角 1mm×1mm。

为保证钢板平整度与粗糙度，设计要求环道钢板采用刨平、镀铬及抛光。实施时因环道板平面几何尺寸太大，上磨床精加工费用太高，经刨平镀铬抛光后的钢板表面平整度不能满足设计要求，模拟滑移试验结果亦显示撑脚的四氟蘑菇头与钢板间摩擦系数过大（超过 0.12）。为保证平转施工的安全，经研究决定在镀铬钢板上增设 3mm 厚不锈钢板。不锈钢板与环道钢板用螺栓连接，同时又在环道钢板上表面涂强力黏合剂，两块不锈钢板间的接缝除留少量几条胀缝外均进行焊接。环道钢板安装精度要求较高，钢板平面高差控制在 ±0.5mm，局部平面度小于 0.5mm，钢板接缝相对高差 0.2mm，转动时前进方向只能为负误差。安装时每块钢板测 5 个点，逐块板测量调整，直至满足误差要求为止。通过施工技术处理，环道质量达到了设计要求，平转时实际起动静摩擦系数很理想，摩擦系数在 0.022～0.042 范围内，远低于预计值 0.07。滑道照片如图 5-48 所示。

中心转轴由上钢板、下钢板、钢板间四氟蘑菇头及中心定位轴构成，中心转轴构造如图 5-49 所示。上钢板厚 50mm，底面钻孔、镶入蘑菇头（蘑菇头外露 10mm），顶面焊接 ϕ1 800mm×20mm 钢管，便于与上转盘劲性骨架形成整体。下钢板厚 50mm，顶面刨平，粗糙度 R_a6.3μm。上、下钢板用角钢对加劲，防止钢板在加工、搬运过程中变形。中间定位轴直径为 300mm，长为 800mm，伸入上、下转盘分别为 200mm 和 600mm。在下转盘内对应中心转轴下钢板的位置预埋型钢骨架，保证安装精度。

图 5-48　广州丫髻沙大桥滑道

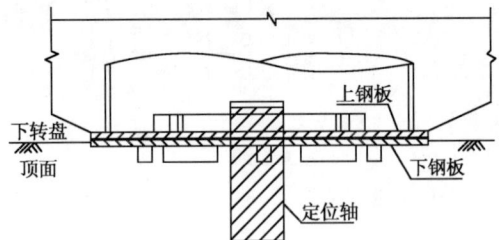

图 5-49　广州丫髻沙大桥中心转轴构造图

上转盘由上、下游拱座、拱座间连接横梁、撑脚等组成，上转盘构造如图 5-50 所示。上部结构的重量全部作用在上转盘上，转盘内设置劲性骨架，以保证预埋件的埋设精度和加强上转盘整体性。连接横梁高 6m，由顶板、底板、腹杆构成，顶、底板为厚 1m 的钢筋混凝土板，腹杆

为 $\phi 500mm \times 12mm$ 空钢管,中心转轴处为 $6m \times 8m$、壁厚 $1m$ 的钢筋混凝土封箱,并在箱的两侧开人孔。每个拱座设置 7 个撑脚,分两种形式,位于两端的为加强型撑脚,由 3 根 $\phi 800mm \times 14mm$ 钢管混凝土组成,位于中间的为普通型撑脚,由 2 根 $\phi 800mm \times 14mm$ 钢管混凝土组成。撑脚上端埋于上转盘内,下端支撑在下转盘环道上,与环道接触部分设置千岛走板,走板厚 $50mm$,内嵌四氟蘑菇头,四氟蘑菇头外露 $5mm$。由于拱座中心偏离撑脚中心,横梁承受负弯矩,并考虑因环道不平整所带来的影响,在连接横梁的顶、底板内布置横向预应力束,供转体时使用。

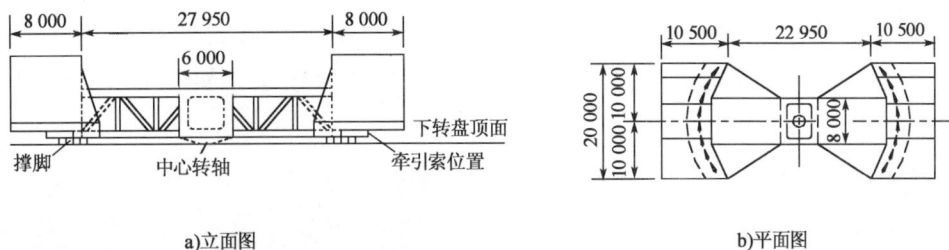

a)立面图　　　　　　　　　　b)平面图

c)上转盘立面　　　　　　　　d)平牵引索与千斤顶

图 5-50　广州丫髻沙大桥上转盘一般构造(尺寸单位:mm)

上转盘劲性骨架在现场制作,撑脚走板由机械厂加工,劲性骨架以正位(成桥位)拼装,按设计要求压注钢管内混凝土,然后转动一个平转角度。拱座、连接横梁均用支架现浇,在达到要求强度后张拉横向预应力束,拆除支架。

平转牵引体系由牵引索、牵引千斤顶、辅助顶推千斤顶等组成,对应设置牵引千斤顶反力座和辅助顶推千斤顶反力座。由于平转角度较大,上转盘尺寸无法满足一次平转到位的要求,因此在下转盘上增设转向滑轮组(图 5-51),使平转时不需更换千斤顶位置而完成平转过程。牵引千斤顶采用 ZTD 自动连续千斤顶,由千斤顶、泵

图 5-51　广州丫髻沙大桥平转施工转向滑轮组

站和控制台组成，它能够实现多台千斤顶同步不间断地匀速张拉牵引结构转体到位，两岸分别用了8台和10台。实际转体时两岸起动牵引力分别为5 600kN和4 200kN，远低于设计值，因此未使用辅助顶推千斤顶。平转时动摩擦系数均不超过0.02，转体极为顺利，两岸平转用时均不足8h。

平转施工在主拱竖转到位后进行。

首先清理滑道、转轴表面和周围的防护材料、杂物及障碍物，在走板前端抹黄油四氟粉；进行平转千斤顶标定，布置平转牵引千斤顶、钢绞线牵引索和助推千斤顶，安装牵引索锚固端锚具，安装助推反力梁；放置主拱风缆；观察组检查结构关键部位；测量组测量记录主、边拱特征断面、索塔顶部、拱座角点等观测点的初始平面位置及高程数据，监控组测取平转前初始状态各监测部位的内力值，再次确认转体是否处于平衡状态；边拱支架卸架，清除平转半径范围内可能影响转体的障碍物，如树木、房屋、电线等。

经检查确认一切准备就绪后，进行平转起动。首先同步张拉牵引千斤顶，吨位按计算动摩阻力控制，然后助推千斤顶分级加力直至撑脚走板确实产生水平位移，并记录静摩擦力。沙贝岸起动总动力为5 600kN，静摩擦系数为0.041 4；广氮岸起动总动力为4 200kN，静摩擦系数为0.022。

平转起动后，转动体系在同步张拉牵引索牵引下匀速平转（已拆除助推千斤顶及反力梁），直至牵引索接近脱离转向滑轮。平转过程中，测量组跟踪观测拱肋及索塔轴线偏位和各特征截面（主拱拱顶、边拱拱顶、索塔顶部）的高程变化情况，监控组连续监测各测点应力、应变变化情况。当牵引索接近脱离转向滑轮时，牵引千斤顶回油，将牵引索脱开转向滑轮，用人工重新排列好钢绞线束并收紧，而后张拉端初张拉并锚固，检查锚固端情况。同时，观察组检查各重点部位，测量组观测记录轴线偏位和各特征观测点高程，监控组测取各监测点应力、应变值无异常，继续匀速牵引平转，直至基本到位。根据测量组实测轴线偏差值决定微调幅度（考虑惯性位移），测量组观测微调闭合情况并适时发出停转信号，经反复微调直到轴线重合，使精度满足设计要求。实际操作时根据推算的撑脚就位线，在两侧前进方向的第一个撑脚前面，分别利用助推反力座设置反力梁和液压千斤顶，在沿滑道中心线距终点剩下最后50～100mm时，用反向千斤顶顶住撑脚，然后先张牵引千斤顶后放撑脚处的反向千斤顶进行微调，直至轴线达到设计要求为止。最后转体就位轴线偏差仅为5mm，平转时间为8h左右。图5-52为该桥平转施工时的照片，图5-53为两个平转单元转动到位后等待合龙的照片。

安装支座轴线校正后立即安装两边墩墩顶支座，锚固边跨尾端竖向拉杆，并依次恢复边拱支架；收紧两组风缆索；焊接上、下转盘固结钢管，将撑脚走板与滑道钢板及中心转轴上、下钢板焊接，焊接上、下转盘预埋钢筋，浇注上、下转盘间混凝土。

4. 广州丫髻沙大桥合龙成拱

拱肋平转到位后，拆除索塔顶索夹，放松主拱风缆索，解除主拱拱脚段临时固结杆件，将主拱拱脚从转体时的固结转换成铰接状态;测取结构内力与相应状态下理论计算值进行对比,确认主拱拱脚转换成铰接后结构处于安全状态;安装拱顶临时合龙花篮螺栓,测量拱顶高程,考虑实际合龙温度与设计合龙温度差的影响,选择凌晨 2:00 时为合龙时间,通过张拉扣索微调主拱拱顶高程至设计合龙高程;旋转并顶紧拱顶花篮螺杆,根据监测情况,反复调整主拱肋内力及线形,直至达到设计理想状态,固定花篮螺杆,完成瞬时合龙;焊接拱顶合龙段,完成主拱合龙。

图 5-52　广州丫髻沙大桥平转施工

图 5-53　广州丫髻沙大桥拱肋合龙前

在接近合龙温度时实测合龙段的长度,并现场进行合龙段钢管切割下料,遵循上、下游两肋对称的原则,按照先下弦管、后腹杆、再上弦管的顺序安装主拱合龙段钢管;然后按合龙设计焊接工艺要求,进行弦管、腹杆和平联板的焊接,并对焊缝进行 100% 超声波探伤检测。完成主拱合成。

合龙后,拆除撑架、卸除扣索及拆除扣点,焊接拱脚上、下弦管连接钢管,主拱脚从铰接状态成为固结状态。

最后,经设计、监理、监控与施工各方研究同意,按照两岸及上、下游对称和均衡同步的原则,逐步卸除扣索;并浇注拱脚封固混凝土,完成转体施工。

广州丫髻沙大桥的转体施工从方案选择到最后实施,大量吸收了国内专家的意见,不断优化。通过工程实施,证明大跨径桥梁采用转体施工方法安全可靠,合龙精度高,平转结构重量国内第一、世界第二,第一次将同步液压提升系统用于桥梁建设领域,具有创新特色。该桥采用竖转加平转的施工方法,充分结合了桥位地理环境和桥型结构特点。施工对航运繁忙的珠江通航影响很小,不中断主航道通航,将大量高空作业变为低空作业,降低了施工难度,转体合龙时间短,避免了遭遇台风侵袭,亦缩短了工期。同时,该桥的施工亦为同类型桥梁的修建积累了可靠的经验。实践表明,转体施工无论是竖转还是平转,重量均可加大,可适应更大跨径类似桥型的施工。

四、支架法

支架法是桥梁施工的传统方法。直至今日,支架法仍是中小跨径拱桥常用的施工方法。

对于跨径在100m以下的钢管混凝土拱桥，采用支架法时，钢管拱肋一般分为3段，吊装质量每段仅十几吨，可根据实际情况采用浮吊、汽车吊等进行吊装，边段用简易的扣索扣住进行合龙，也可以采用少支架支撑。

钢管混凝土拱梁组合桥，当跨径不大时，系梁以预应力结构为主。若采用先梁后拱的施工方法，其预应力系梁可采用支架现浇或少支架安装。然后，钢管拱肋采用少支架安装。其他跨径不大的钢管混凝土拱桥，旱桥或流水不深、通航要求较低的跨河桥，也常用少支架法施工。

以下通过几个桥例，介绍支架法在钢管混凝土拱桥施工中的应用。

（一）河南郑州黄河公路二桥

郑州黄河公路二桥主桥（见第二章第四节介绍，图2-50和图2-52）采用的是先梁后拱施工方法。该桥主桥为八孔双幅跨径100m的钢管混凝土拱梁组合桥。黄河是季节性较强的河流，洪水期与枯水期流量相差很大，受黄土高原的影响，河水含有大量泥沙，冲刷剧烈，主河槽经常改变。考虑到该桥规模大、工期紧，施工方案中大量的构件采用工厂制作，如钢管拱肋、系梁节段、吊杆横梁和桥面板等。针对黄河的水文特点，施工方案经比选采用"双线施工栈桥加跨墩龙门吊机"的总体施工方案，即在黄河主河槽上架设施工栈桥，在施工栈桥上拼装大型跨墩龙门吊机，利用龙门吊机进行大型构件的吊装作业。端横梁与拱脚结点采用支架现浇，预应力系梁采用预制、少支架安装，然后是钢管拱肋安装和管内混凝土浇注，最后完成中横梁、桥面板及附属设施。施工照片如图5-54所示。

a)龙门吊机　　　　　　　　　　　　b)全桥

图5-54　郑州黄河公路二桥主桥施工

施工栈桥为双侧栈桥，每侧长970m，上、下游侧栈桥中线距主桥中线均为31m。栈桥上部结构由拆装式万能杆件组拼成，栈桥基础为ϕ40cm钢管桩。600kN跨桥龙门吊机共配置一高一低两台。高龙门吊机计算跨径66m，净跨径64.8m，净高47m，提升高度43m。低龙门吊机计算跨径与高龙门吊机相同，施工净高为24m，提升高度20m。龙门吊杆在栈桥上走行，使用性能必须满足顺桥向移动轨距在±200mm以内的变化，满足不均匀沉陷在±100mm以内的变化，必须满足吊重500kN走行800mm的要求，并要求自重控制在2 000kN以内。

龙门吊机构造:主梁由 3 个高 2.9m、宽 1.8m 的倒三角形桁架组成一个高 5.8m、宽 3.9m(0.3m 为弦杆宽)的倒三角形空间桁架。桁架弦杆、腹杆和平联均用 Q235 型钢及钢板组焊而成。在下弦杆两侧设 8 根 $\phi15.24$mm、标准强度 1 860MPa 的钢绞线体外预应力;吊机支腿共 4 条,每条 51m,变截面矩形桁架。主梁每端两条支腿呈八字形扒开,上端与梁固结,下端与走行台车铰接,同一端两走行台车中心距 28m,两条支腿通过平联、地梁及剪刀撑连成一体;龙门吊机天车为吊挂式,上平台在主梁外侧弦杆上走行,下平台上设置提升卷扬机系统。

单根系梁纵桥向分 8 段,横桥向分成两个工字形。在每个纵向接头部位搭设临时支架,安装完成后,现浇纵、横向湿接缝,与拱座一起形成整体,如图 5-55 所示。

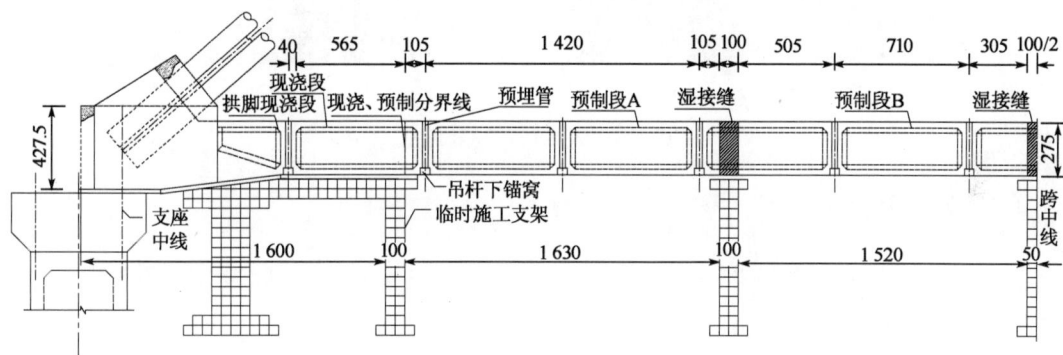

图 5-55 郑州黄河公路二桥纵梁安装示意图(尺寸单位:cm)

钢管拱肋在工厂制造,共分 5 段,其中拱脚预埋段在系杆梁现浇段时埋入,其余 3 段为吊装。在系梁安装完毕并形成强度后,开始钢管拱肋的安装。在拱肋接头处自系梁顶面安装支架,采用支架精确定位、龙门吊机吊装就位、内凸缘连接的方法分阶段将运输来的各段拱肋进行安装就位。拱肋安装完毕后,泵送管内混凝土。管内混凝土达到一定强度、拱肋成为钢管混凝土拱肋后,进行吊杆安装、调索。最后进行中横梁、桥面板及附属设施的施工。

(二)福建漳州西洋坪大桥

漳州西洋坪大桥为钢管混凝土飞鸟式拱桥,跨径布置为 40m + 150m + 40m,如图 5-56 所示。边主跨跨径之比为 0.267。主跨矢跨比为 1/5,边跨矢跨比为 1/8.097,边主跨矢跨比之比为 0.618。主拱为等截面桁肋,横桥向设平行双肋,中到中距离为 19.5m。每根肋由 4 肢钢管混凝土弦杆组成,高 3.65m,宽 2.1m。标准段拱肋上、下弦管为 $\phi850$mm × 14mm 直缝焊接管,在拱脚至桥面段钢管壁厚增大到 16mm,腹杆为 $\phi351$mm × 10mm 无缝钢管;桁架中钢管及横向连接钢板均

图 5-56 漳州西洋坪大桥

采用 Q345C 钢焊接连接。拱肋上、下弦管内填 C50 微膨胀混凝土。拱肋从拱脚至桥面以上约 2m 用混凝土外包。主拱肋之间在桥面以上设 5 道一字桁式风撑[384]。

大桥跨越九龙江，主拱肋采用龙门吊吊装，支架法安装，如图 5-57 所示。双侧施工栈桥通向河中，在主航道处断开，以保证施工期间的通航要求，支架设在拱肋分段处[385]。

a)跨中段 b)支架及孔肋接头

图 5-57 漳州西洋坪大桥施工

（三）天津彩虹桥

天津彩虹桥是钢管混凝土（简支）系索拱桥，采用少支架安装，拱肋吊装采用缆索吊[386]。在每拱孔跨间设 6 个临时墩，打入河床的 $\phi630mm$ 钢管作桩柱（每柱 4 根钢管），利用钻孔桩钢护筒作墩柱，临时墩跨距为 20m + 5 × 24m + 20m，其上架设六四式军用梁，梁上搭设碗扣脚手架并用其中的一部分作承重支架。在上、下游分别设置风缆拉至军用梁上。少支架拱肋安装示意图如图 5-58a)所示，施工照片如图 5-58b)所示。

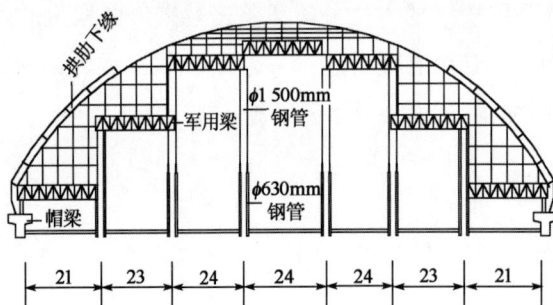

a)少支架拱肋安装图(尺寸单位:m) b)施工照片

图 5-58 天津彩虹桥少支架安装

天津彩虹桥单跨为外部静定简支结构体系，拱肋合龙安装时为防止拱肋发生移动，拱脚活动支座端临时与桥墩固结在一起，在脱架时，拱脚会对桥墩产生水平推力。因此要防止水平推力对桥墩产生不利影响，脱架开始前必须先穿好系杆，然后依据脱架顺序张拉系杆。拱肋管内混凝土达到设计要求的强度后，进行桥道系等的安装。该桥桥道系安装中，难度较大的是中横梁，它是单片质量达 75t 的预应力混凝土结构。架设时采用驳船及浮箱将中横梁浮运至拱肋下所需安装位置,定位船定位,用连接在吊杆下端的提升千斤顶把中横梁提升到设计安装高程(图 5-59)。

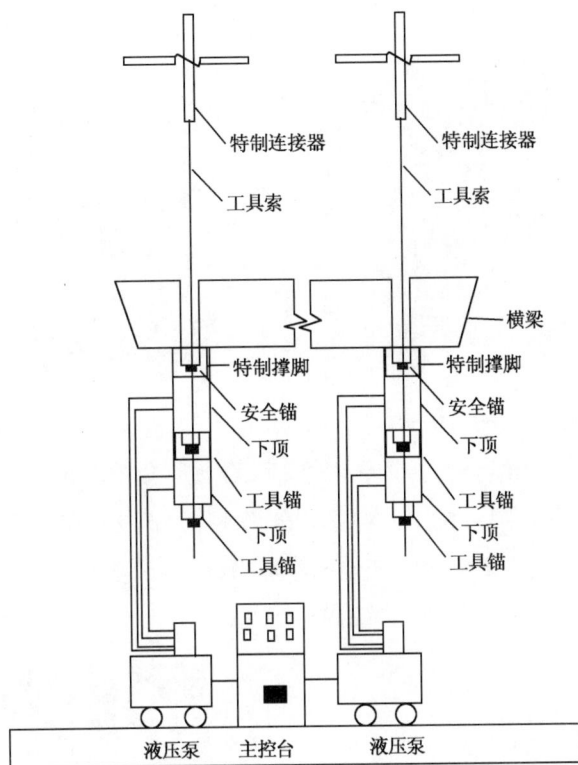

图 5-59　天津彩虹桥横梁顶升

五、其他施工方法

除上述介绍的悬臂法、转体法和支架法外,还有一些其他方法也被用于钢管拱肋的架设中,如整体架设、悬臂桁架法及缆索吊挂法等。

整体架设是中小跨径拱梁组合钢桥的一种施工方法,特别是跨河桥,水上运输条件许可时采用。对于跨线桥,尤其是混凝土桥,整体架设因自重大、运输困难,而使实施难度较大。2013年,美国得克萨斯某桥,通过采用网拱,减轻了整体结构自重,然后用大型自行式移动运输车运输结构(图 5-60),就位后,两台吊装能力均为 154t 的特大起重机相距 29m 将拱肋吊装就位[387]。

对于钢管混凝土拱梁组合桥,管内混凝土是在安装后浇注的,因此施工过程中,也如钢桥一般,自重不是特别大。当设计采用钢纵(系)梁、横梁时,将其与空钢管拱组成空间结构,当设计采用混凝土系梁时,则需采用临时系杆或钢劲性骨架将拱做成无推力的结构,整体运输到桥位处,吊装或平移就位,架设安装到墩台上。这种施工方法在我国多座码头栈桥上得到应用,如辽宁营口港仙人岛 2 号原油码头栈桥采用海上浮吊施工(图 5-61)[388]。辽宁大连长兴岛码头栈桥、山东日照港30万t原油码头栈桥和河北唐海曹妃甸海上矿石码头栈桥也都采用了浮运吊装的施工方法。此外,我国江南水乡水运条件好的桥梁,也有采用这一方法的,如江苏镇大公路谏壁京杭运河大桥。

图 5-60　预制混凝土网状系杆拱整体运输

图 5-61　码头栈桥整体浮吊

悬臂桁架法主要应用于组合桁拱中,如第二章第七节介绍的湖南天子山大桥(图2-95),其施工照片如图5-62所示[389]。施工时将主孔分为14个节段。在两岸引桥连续刚构边跨现浇后进行吊装,利用锚固墙平衡悬拼时产生的倾覆力,吊装设备为两副钢制人字桅杆吊机。下弦仅需吊装空钢管,重量轻,锚固力小,锚固墙尺寸小。

图 5-62　湖南天子山大桥施工

上弦中板采用贝雷架,既作为桁架悬拼时的拉杆,又作为桥面结构现浇混凝土的支架。到中跨合龙时,先主孔钢管合龙,后横撑焊接到位,然后贝雷支架连通形成贯通全桥的整体支架,确保了现浇板的及时浇筑,较好地满足质量和进度的要求。合龙后,采用顶升法逐段逐节由下至上对称浇注管内混凝土,形成钢管混凝土拱肋。

缆索吊挂是通过缆索支承未成拱的节段拱肋的一种施工方法,由于每新增一个拱肋节段,都会对已经悬挂在主索上的拱肋段的坐标值产生影响,且悬索的刚度小,大变形几何非线性问题突出,对线形的施工控制较为复杂。该方法仅见应用于广东南海三山西大桥主跨200m的钢管混凝土拱桥施工中(见第二章第六节,图2-79和图2-80)。本书第二版第八章第二节对此有介绍,因为未见他桥应用,这里就不再详述。

此外,对于中小跨径的钢管混凝土拱桥,钢管拱肋的安装,还有如福建莆田涵口大桥的拖拉浮动架设法、辽宁大连海昌华城大桥的顶升拼装法等。

对于跨径不大的拱梁组合桥,还可以采用顶推法施工。如三跨连续的拱梁组合桥湖南邵阳西湖大桥、河北石家庄石环公路 307 国道东互通立交桥、广东江门东华大桥等,均采用了这一施工方法。

第五节　管内混凝土浇注

一、混凝土的制备

钢管拱肋管内混凝土的浇注施工也是钢管混凝土拱桥的施工关键步骤之一。早期有采用人工浇注的方法,目前均采用泵送顶升法。实际上,管内混凝土的施工采用泵送顶升法,既高效又能够通过顶升使混凝土密实而免除了振捣,因此泵送顶升法的应用,也是促进钢管混凝土拱桥技术进步和推广应用的重要因素。

(一)性能要求

由第三章可知,钢管混凝土管内混凝土的强度等级要求在 C30 级以上。从调查可知,目前强度等级有不断提高的趋势。对于采用泵送顶升法浇注的管内混凝土,对其品质有特殊的要求。为便于泵送顶升,要求坍落度大,和易性好,且不泌水、不离析。同时,为充分发挥钢管套箍作用,要求混凝土的收缩率小,填充饱满。上述这些要求,有些指标相互之间是矛盾的,如坍落度高、和易性好,一般通过增大用水量来保证,但用水量增大后,强度下降、易离析、混凝土收缩量加大。因此,要达到这些要求,主要靠外加剂来解决。为满足混凝土强度和坍落度、和易性要求,常采用减水剂和高效减水剂,以降低用水量,减小水灰比,增大混凝土流动性,提高混凝土强度和耐久性。

同时,为保证管内混凝土的密实性,减小混凝土收缩系数和孔隙率,一个做法是加入膨胀剂。此外,为改善混凝土性能,降低干缩变形和水化热,减少水泥用量,也常常掺入粉煤灰。文献[88]对管内混凝土进行了系统深入的研究。本书第二版中也列出了部分桥梁管内混凝土的配合比,但因配合比与地材等材料、施工条件有较大的相关性,所以本书不再列出。读者如有兴趣,可参阅相关文献,如文献[390-397]。本小节仅介绍 GB 50923—2013 对管内混凝土制备的有关规定。

GB 50923—2013 第 12.1.2 条规定,"宜采用自密实补偿收缩混凝土,其配合比设计应符合现行行业标准《普通混凝土配合比设计规程》(JGJ 55)和《自密实混凝土应用技术规程》(JGJ/T 283)的规定,并应满足下列要求:

（1）混凝土含气量应小于2.5%，初凝时间应大于完成浇注一根钢管所需的时间。

（2）入泵时，坍落度范围宜为20~26cm，扩展度宜控制在50~65cm，T_{500}宜控制在5~20s，V形漏斗通过时间宜控制在10~25s，U形箱填充高度试验值宜大于30cm。

（3）如泵送顶升施工在6h内完成，宜控制3h坍落度损失小于3cm；如泵送顶升施工在10h内完成，宜控制3h坍落度无损失，5h坍落度损失宜小于3cm。

（4）密闭环境下钢管内混凝土自由膨胀率宜控制在0~6×10^{-4}，其稳定收敛期宜在60d内。"

管内混凝土强度等级一般较高，而水胶比是影响混凝土强度的主要因素之一，因此水胶比不宜过大。由于钢管是封闭的，当混凝土含气量较高时，在泵送压力作用下，混凝土中气体会部分逸出，在钢管和混凝土之间形成气膜，当这种气体不能排除或者混凝土的膨胀变形不能弥补气膜时，会降低混凝土黏结力，导致钢管与混凝土脱粘，降低钢管对混凝土的套箍作用，因此提出控制混凝土含气量在2.5%以下的要求。

泵送顶升要求混凝土具有高流动性、优良抗离析性及填充性、坍落度经时损失小和缓凝。其中前四项（高流动性、优良抗离析性及填充性、坍落度经时损失小）属于自密实性的要求。根据《自密实混凝土应用技术规程》（JGJ/T 283—2012），自密实性的要求可采用坍落扩展度试验、V形漏斗试验和U形箱试验方法进行检测。如果坍落度小于20cm、扩展度小于50cm、T_{500}大于20s、V形漏斗通过时间大于25s、U形箱填充高度试验值小于30cm，则混凝土的工作性能不易满足自密实特性；若坍落度大于26cm、扩展度大于65cm、T_{500}小于5s、V形漏斗通过时间小于10s，则泵送顶升施工过程中，因混凝土的黏聚性不良，易造成混凝土胶凝浆体与粗集料分离，导致堵管和管内混凝土不匀质，影响钢管混凝土承载能力。因此制备的管内混凝土入泵坍落度宜控制在20~26cm，扩展度宜控制在50~65cm，T_{500}宜控制在5~20s，V形漏斗通过时间宜控制在10~25s，U形箱填充高度试验值宜大于30cm。

T_{500}为扩展时间，是用坍落度筒测量混凝土坍落度扩展度时，自坍落度筒提起开始计时，至拌合物坍落扩展度面直径达到500mm的时间。

混凝土的经时坍落度损失和初凝及终凝时间由浇注泵送顶升的所需时间决定。混凝土泵送顶升浇注施工时，混凝土与钢管壁的摩擦阻力以及凸缘对混凝土的阻力，使得中心部分混凝土上升速度比边部混凝土快，并向边部不断扩散而形成"栓流"，而当混凝土接近拱顶段时则呈斜截面层叠推进，所以混凝土在钢管内向上运动过程中并非全截面整体推移模式，而是存在混合过程，初始灌入钢管内的混凝土并不一定保持在钢管内混凝土的最前端。因此，设计制备的混凝土不必强调在整个浇注施工过程中一直保持良好的流动性。

大量的试验研究和工程应用经验表明，如泵送顶升施工在6h内完成，宜控制混凝土3h坍落度损失小于3cm；如泵送顶升施工在10h内完成，宜控制混凝土3h坍落度无损失，5h坍落度损失宜小于3cm，初凝时间应大于浇注完成1根钢管所需的时间。

对管内混凝土提出早强要求,是为了让混凝土尽早形成强度和参与受力,以缩短空钢管拱受力时间,并加快施工速度。

此外,为了防止或减轻钢管壁与混凝土的脱粘,管内混凝土多采用微膨胀混凝土,以期补偿混凝土的收缩。由于其膨胀效果依具体情况而变,也有些工程没有采用微膨胀混凝土。

(二)力学性能试验

GB 50923—2013 第 12.1.3 条规定,"管内混凝土的力学性能试验应符合现行国家标准《普通混凝土力学性能试验方法标准》(GB/T 50081)的规定,混凝土的体积稳定性能试验应符合现行国家标准《普通混凝土长期性能和耐久性能试验方法标准》(GB/T 50082)的规定,并应进行在密闭环境下的混凝土收缩性能和抗压强度试验;混凝土的强度评定应符合现行国家标准《混凝土强度检验评定标准》(GB/T 50107)的规定,混凝土的质量控制应符合现行国家标准《混凝土质量控制标准》(GB 50164)的规定。"

GB 50923—2013 对于管内混凝土密闭环境下体积稳定性能(收缩率或自由膨胀率)的检测是根据《普通混凝土长期性能和耐久性能试验方法标准》(GB/T 50082—2009)提出的,并不是依据《补偿收缩混凝土应用技术规程》(JGJ/T 178—2009)的规定进行。这是因为JGJ/T 178—2009中规定混凝土试件脱模后放入水中养护14d,此后再转入空气中养护14d,测试其限制膨胀率。这种测试条件与钢管混凝土所处的实际环境大不相同,不能真实反映管内混凝土处于密闭条件下的体积变化情况。

管内混凝土在密闭环境下的膨胀率宜在60d以内稳定收敛,以利于施工控制和桥梁结构力学性能的稳定。当密闭环境下钢管内混凝土自由膨胀率在 $0 \sim 6 \times 10^{-4}$、含气量小于 2.5% 时,管内混凝土密实,不易发生脱空现象。如果设计的密闭环境下混凝土自由膨胀率过大,则一方面易造成混凝土中膨胀剂掺量高,影响混凝土的工作性能和力学性能,另一方面不利于材料稳定性的控制。

二、准备工作

(一)浇注顺序设计

GB 50923—2013 第 12.1.1 条规定,"拱肋管内混凝土的浇注顺序应按设计提出的施工程序进行。单根钢管混凝土拱肋宜一次性连续对称浇注完成。"

管内混凝土浇注时,湿混凝土的荷载由钢管拱肋承担。随着混凝土的硬化,它逐步参与受力并最终形成钢管混凝土结构。因此,拱肋管内混凝土的浇注顺序,既是结构形成的过程,也是拱肋自重的加载程序。哑铃形与桁肋是钢管混凝土拱桥常用的截面形式。各肢管内混凝土的浇注顺序存在多种可能性,不同的浇注顺序对钢管和管内混凝土的应力、钢管混凝土结构的内力、变形和稳定性的影响也不同。对于多肋拱，一般较难、也没必要多肋的某一钢管内混凝土同时浇注，而是交替进行，这也是浇注顺序问题。

钢管混凝土拱桥设计时，应提出管内混凝土浇注顺序，并据此进行施工关键步骤的计算，以使施工各个阶段都能满足强度和刚度的要求。在满足上述要求的前提下，尽量简化施工程序，方便施工、加快建桥速度。设计时的结构受力计算是按设计提出的浇注顺序进行的，因此GB 50923—2013规定施工时也应按此顺序进行。施工组织设计时，可按设计提出的浇注顺序对结构应力、稳定、变形进行复核计算。如果需要调整，应提出相应的调整方案，并经设计与监理单位同意。

因不同桥梁的受力性能不同，桥梁设计关注点也不同，所以设计时提出的加载程序也不尽相同。本书第二版第八章第六节对施工加载程序进行了讨论，并给出几座大跨径钢管混凝土拱桥施工过程中混凝土浇注顺序，《实例集一》[77]和《实例集二》[79]的桥例中也有相应的介绍，可供读者参考。

（二）泵送工艺设计与试验

钢管混凝土拱桥钢管内的混凝土应优先采用泵送顶升浇注法，早期和跨径很小的钢管混凝土拱桥也有采用浇捣法施工的，现已不采用。泵送顶升法是在钢管拱脚部接近地面适当位置处开压注孔并焊上设有闸阀的钢管进料口与泵管相连（图5-63），沿拱轴在钢管顶部设若干个排气孔，混凝土在泵压力作用下，由下而上顶升，靠自重挤压密实充填管腔，与钢管共同工作。泵送顶升高度较高时，可以采用分级泵送，但分级泵送时应注意在构造上和施工中保证分级处顶部的混凝土密实。

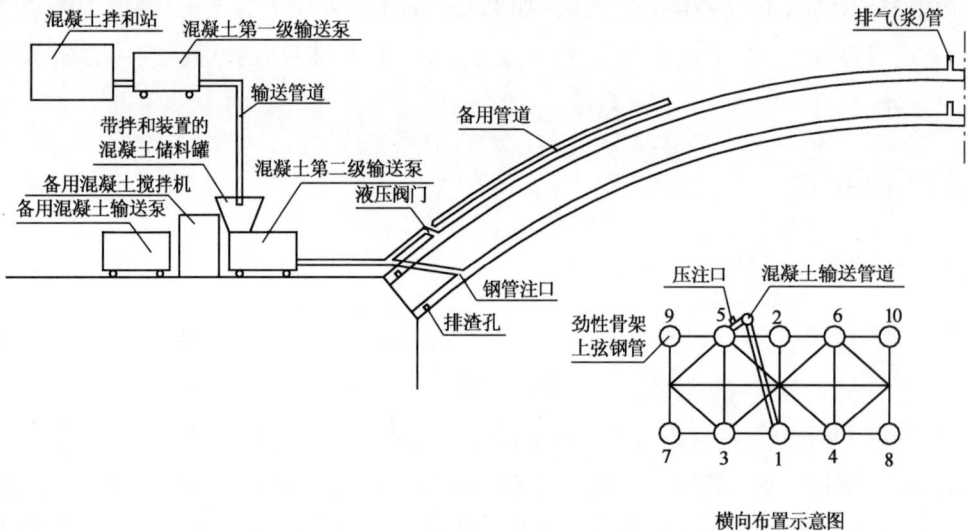

横向布置示意图

图5-63　重庆万州长江大桥劲性骨架管内混凝土泵送顶升示意图

文献[398]分析认为,混凝土在泵送压力作用下向上流动,在流动过程中粗集料逐渐向管壁运动,多余的浆液渗至管中间,形成"栓流"混凝土的运动规律,类似于泥沙的运动规律。但混凝土由于存在黏性,粗集料分层没泥沙明显,即"栓流"中也存在粗集料,粗集料的分布随着半径的增大而逐渐增多。混凝土以"栓流"为主的向前移动过程中,栓流与周围的材料成分进行交换(包括浆液、水分、空隙、集料、水泥微团及水泥石等)。由于黏性和与钢管壁的表面张力作用,周围部分受扰动小,凝结时间比"栓流"要早,基本上不向前运动。"栓流"表面的混凝土由于重力作用和压力损失,形成顶上途中的周围部分。由于"栓流"的存在,中间部分速度快,周围部分速度慢,甚至可以认为不流动。

大量的工程实践表明,管内混凝土材料与泵送工艺是保证管内混凝土浇注质量的两个关键。一般来说,泵送工艺的主要流程为:准备工作→安设压注头和闸阀→泵送压注管内混凝土→停止泵送、关闭压注口处闸阀→拆除闸阀完成泵送[362]。泵送工艺设计的内容包括输送泵的选型,输送泵储料斗、压注口、排气孔、排浆管等的布置与构造等。

泵送混凝土前,要进行混凝土输送泵的选型。应根据泵送高度、距离、输送速度计算最大泵送压力及泵送功率,确定选用输送泵的型号规格及与之相匹配的混凝土拌和设备;混凝土输送泵应当性能可靠,保证能连续浇注,一般应有备用泵(及备用搅拌机);输送泵的额定扬程应大于1.5倍浇注顶面高度;输送泵的出口泵压不宜超过规范要求,以免钢管被压裂。输送泵的额定速度应满足式(5-2)的要求:

$$v \geqslant 1.2 \frac{Q_0}{t} \tag{5-2}$$

式中:v——输送泵的额定速度(m^3/h);

Q_0——要求浇注的混凝土量(m^3);

t——混凝土终凝时间(h)。

根据调查,浇注混凝土的输送管管径较多采用125mm(大跨径采用90泵+150mm管)。

管内混凝土泵送施工过程应保持输送泵储料斗内混凝土量不少于料斗容量的一半,以减少泵送时吸入的空气数量,并保证施工连续进行,不得中断。泵送压注口一般对称设置于拱脚附近。应在钢管隔板处增加传力钢筋和采取保护混凝土浇注密实的措施。泵送过程中,可在钢管管背间隔约2m设置一个排气孔(直径20mm,带阀门),待混凝土经过后且排气孔流出正常的浆液后封堵。

输送管与拱肋的交角越小,泵送的阻力越小,对钢管的冲击力越小。管内混凝土具有自密实特性,泵送顶升能达到振动密实的效果,因此,除了在拱脚下流段和拱顶出浆处可进行局部人工振捣外,其他部位基本不需要进行振捣。

在拱顶隔舱板两侧上缘各设置一个排浆管,排浆管按设计要求制作与安装。如设计无相应内容,可参照第三章第五节的介绍,设置直径 10～20cm、高 1.5m 左右的排浆管。排浆管与隔舱板的适宜距离为1m 左右。若排浆管离隔舱板太近,在泵送顶升过程中由于隔舱板发生变形而易堵塞排浆管,无法排出浮浆;或离得太远,拱顶隔舱板附近的浮浆和气泡也不易排出,易造成拱顶混凝土与钢管壁脱粘。排浆管不应插入主拱钢管内,否则会造成排浆管附近的主拱管内气泡、浮浆不易排出而导致混凝土与钢管壁脱脱。

泵送顶升工艺设计后,宜在施工前进行泵送试验,对设计的工艺进行必要的修改。工艺试验还可起到对泵送施工人员进行技术交底和训练的作用。

（三）现场准备工作

GB 50923—2013 第 12.1.4 条规定,"管内混凝土浇注前应进行下列准备工作:
(1)复查钢管拱肋焊接质量、几何尺寸、高程和拱轴线。
(2)检查进场的设备与材料,并确认质量和数量符合要求,其中输送泵宜备有备用泵。
(3)进行浇注演练,开展拌和设备和输送泵的联动试车。
(4)施工用电提供双回路供电或备用发电机组。
(5)清洗钢管内壁。"

应对安装完成且拱脚已经固结的钢管拱肋进行焊接质量、几何尺寸检查,高程、轴线测量;对进场的设备、材料进行检查,保证质量和足够的数量,操作人员必须进行工作前的演练,同拌和设备和输送泵进行联动试车,施工用电应双回路供电或有备用发电机组。

钢管拱肋加工与安装过程中,都有可能使钢管产生一些杂物、使内壁不干净,泵送混凝土前需要将杂物清除、将内壁清洗干净,以保证管内混凝土的质量和管内混凝土与钢管之间具有足够的黏结力。

通常在靠近拱脚的钢管管腹处开一个约20cm 的清渣孔,从拱顶排浆管用水枪冲洗管壁,将杂物、垃圾和清洗下来的污水从清渣孔排出。完成清理和清洗后,用原割出的钢板,将清渣孔原位焊好。

在管内混凝土浇注之前,应加强气象观察并收集天气预报资料,根据设计要求,选择气温相对稳定的时段浇注混凝土。

GB 50923—2013 第 12.1.5 条规定,"浇注混凝土时环境气温应大于5℃。当泵送顶升环境气温高于30℃时,宜采取措施降低钢管温度。"这是因为当环境气温高于30℃时,管内混凝土坍落度损失过快,可能造成混凝土堵管,所以应采取措施降低钢管温度,如盖湿麻袋或浇水等。当然,从结构受力的角度,也应尽可能避开高温天气浇注管内混凝土,以免计算合龙温度过高,使温降产生的次内力超出设计计算值。

三、泵送浇注施工

(一)基本要求

根据我国大量的工程实践经验,泵送施工过程应保持输送泵储料斗内混凝土量不少于料斗容量的一半,且不反泵;泵送混凝土施工在排浆管排出合格混凝土后宜停止 3~5min,然后继续泵送 2~3 个行程,以增加拱顶混凝土的密实度;全部混凝土泵送完成后,关闭压注口的倒流截止阀,待混凝土终凝后拆除倒流截止阀。

拱肋管内混凝土的浇注顺序应按施工组织设计方案进行,并确保施工有条不紊地进行。同一根钢管的管内混凝土由两拱脚对称同步向拱顶泵送顶升。为保证管内混凝土的质量,宜一次性连续浇注完成。如果设计提出了分舱或分段浇注,则设计中考虑了构造措施,并已在钢管拱肋制作时实现。如果设计为一次性连续浇注,而施工单位在施工组织设计时提出来要分舱或分段浇注,则必须征得设计与监理单位的同意,进行必要的设计变更并在拱肋制作中实现。

浇注过程中如因特殊原因(如停电或泵送设备故障等)造成管内混凝土无法连续泵送顶升时,应开孔放掉管内混凝土上层浮浆,凿除松散的混凝土,露出新鲜粗糙的混凝土面,在已灌入管内混凝土初凝之前,在开孔处重新接管继续泵送顶升完成;或在混凝土强度达到设计强度的 80% 以上后,从开孔处重新开始后续的浇注,直至完成。

施工单位要掌握桥址处水文、气温资料,根据设计要求,选择气温相对稳定的时段浇注混凝土。浇注混凝土时环境气温应高于5℃。当泵送顶升环境气温高于30℃时,为避免管内混凝土坍落度损失过快,造成混凝土堵管,应采取措施降低钢管温度,如盖湿麻袋或浇水等。

泵送顶升管内混凝土时,应由拱脚至拱顶两端对称均衡地泵送顶升;浇注过程中拱肋变位不应超过设计限值。

同一拱肋中下一条钢管的管内混凝土浇注,应在前一条钢管的管内混凝土强度满足设计规定的强度要求后进行。当设计无规定时,前一条钢管的管内混凝土的强度不宜低于混凝土28d 强度的 80% 。

管内混凝土浇注过程中,应对钢管拱肋外表面进行清洗;管内混凝土浇注完成后,应将钢管的所有开孔封闭,以防止管内水分蒸发。停止泵送应在拱顶排浆管排出好的混凝土且没有空气排出后进行,然后关闭压注口的倒流截止阀。待混凝土终凝后,拆除倒流截止阀和排浆管。

(二)爆管事故的防止

管内混凝土浇注时,除了钢管拱肋要承受湿混凝土自重而可能有较大的应力与变形外,特别需要提醒注意的是,采用泵送顶升法施工,对于非圆断面的钢管混凝土(如竖哑铃形截面中的腹腔混凝土、平哑铃形截面平缀板内混凝土)可能会因泵送压力而产生爆管事故。

文献[399]对一座采用哑铃形拱肋的钢管混凝土拱桥,在浇注腹腔混凝土时发生的钢管开裂事故进行了分析。文献[279]对在不同的混凝土浇注顺序下的拱肋截面应力进行了分析,如图 5-64 所示。有限元计算结果表明,浇注腹腔混凝土时截面的最大应力远大于浇注管内混凝土时的截面最大应力。工况中最大应力均发生在钢管与腹板的相交处,而这个地方由于交角较小,焊缝质量不易保证,焊缝质量也较难检查,加上加工时通常是上下两管先弯曲成型再焊接腹板导致腹板与钢管相交处有较大的残余应力。因此,腹板与钢管相交处容易开裂,引发工程事故,尤其是在浇注腹腔混凝土时。

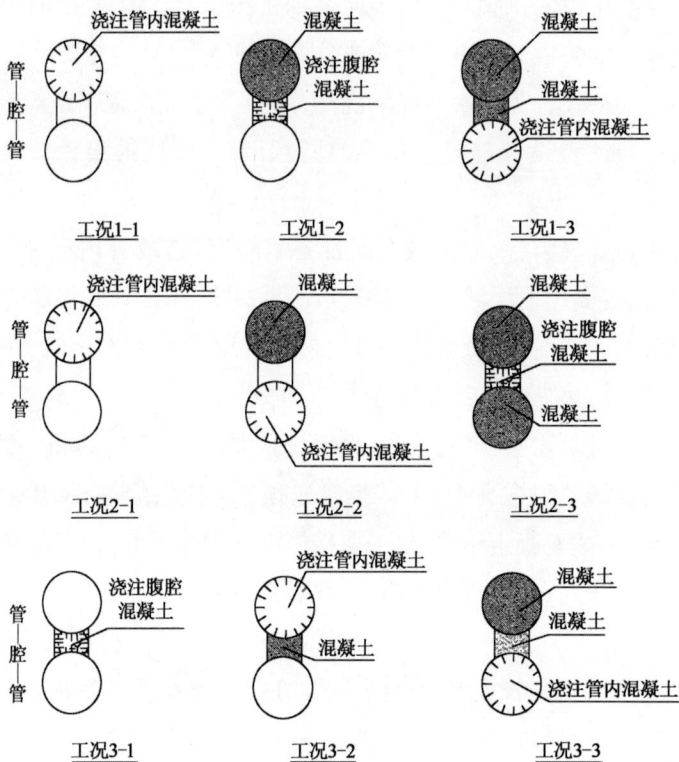

图 5-64　哑铃形截面浇注混凝土工况示意图

浇注管内混凝土时,圆管承受均布压力,钢管截面以受拉为主,较小的弯矩主要由于腹板处的约束而产生,由于工况 1-3 腹腔内浇注有混凝土,因此使这种约束刚度加大,所以工况 1-3 产生的最大应力稍大于工况 1-1 产生的最大应力。

浇注腹腔混凝土时,腹板产生较大的弯矩,使截面的应力较大。在浇注腹腔内混凝土的 3 种工况中,工况 2-3 的最大应力最小,而且钢管内已有混凝土,不会使钢管产生内凹变形,因此是浇注腹腔混凝土最好的工况。

所以,在 3 种浇注拱肋混凝土的顺序中,第二种施工顺序,即先浇注两管、后浇注腹腔混凝土,是传统哑铃形拱肋浇注拱肋混凝土最好的方案。而第三种施工顺序,即先浇注腹腔、后浇注两管混凝土,截面的受力最为不利,施工中应尽可能避免采用。

除注意浇注顺序外,为防止浇注腹腔内混凝土出现爆管事故,还可采用对拉杆和型钢加劲等构造措施,以改善腹板的受力;或腹腔内的混凝土采用分舱浇注,以减小腹腔内的混凝土流体压力。

防止爆管事故的根本解决办法是在结构设计时竖哑铃形采用空腹腔断面(腹腔内不浇注混凝土)。空腹腔哑铃形断面首先在河南郑州黄河公路二桥中得到应用,此后,被工程界广泛接受。GB 50923—2013 的截面形式中也不再给出腹腔内填有混凝土的哑铃形截面形式,见第三章第一节图 3-17、图 3-18[279]。

对于桁式截面,早期较多地采用横哑铃形截面或混合桁式,这种截面在同一高度的弦管之间用两块钢板及其组成的腔体内的混凝土连接,也存在类似竖哑铃形的爆管事故问题。采用全桁式断面[图 3-7d)],弦管之间用杆件连接,也可以彻底消除这一问题,目前也越来越多地被采用。

对于桁式拱肋,浇注管内混凝土时节点会产生局部变形,它对整体结构受力的影响,文献[400]提出整体分析与局部分析相结合的方法,并对净跨达 338m 的广西南宁永和大桥进行了分析。结果表明,节点局部变形对整体结构分析的影响很小,进行整体结构分析时可以略去局部变形的影响。

(三)真空辅助法泵送管内混凝土

管内混凝土最常见的质量缺陷主要有:由于浇注过程中排气不良或浇注间断而残留在混凝土内的空气造成的空腔;由于混凝土水灰比过大、水泥用量过多、微膨胀量不足而造成脱粘;由于管内壁锈蚀而造成的混凝土与管壁黏结不良;由于配料不好、集料堆积或抛投浇注造成的混凝土离析以及由于泵压不足、浇注速度过快造成的混凝土疏松不密实等。管内混凝土密实度问题和脱粘现象的存在,一方面需要依靠混凝土本身的配制质量来解决,另一方面则需要在泵送工艺上加以研究改进。

四川合江长江一桥施工中采用了抽真空泵送新工艺。实践表明,这一方法能抽走管内空气中的水分和混凝土中的气泡,减少了管内混凝土的脱粘现象,对拱顶段的作用尤其明显。在泵送浇注混凝土过程中,在拱顶用抽真空泵将管内气压抽至 -0.08MPa,并保持整根管浇注完成,如图 5-65 所示[102]。这一方法已推广应用于云桂铁路南盘江大桥(主跨 416m 劲性骨架钢管混凝土拱桥)、广西贵港郁江大桥(主跨 270m 钢管混凝土拱桥)和广西六钦高速公路钦江大桥(主跨 252m 钢管混凝土拱桥)。

四川合江长江一桥主拱矢高 119.11m,每根钢管内混凝土为 800m³。由于拱肋长、泵送高度大,采用了"三级连续接力"进行泵送浇注,如图 5-66 所示。在拱脚、1/3 和 2/3 高度处设置混凝土浇注点和排浆点。从拱脚用第一级泵管向上浇注至混凝土面超过 1/3 高度时,立即将浇注点从拱脚更换到第二个浇注点(即 1/3 点)。在交替时,打开该处的排浆管将上一级浇注产生的浮浆排出,第三级与第二级交替也是如此,直至拱顶出浆管冒出新鲜的混凝土为止。

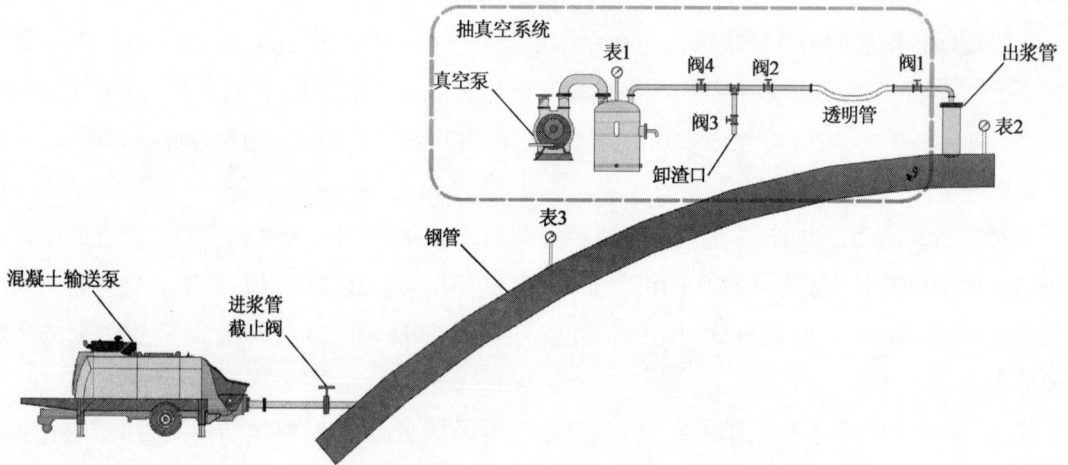

图 5-65　空辅助法泵送管内混凝土施工示意图

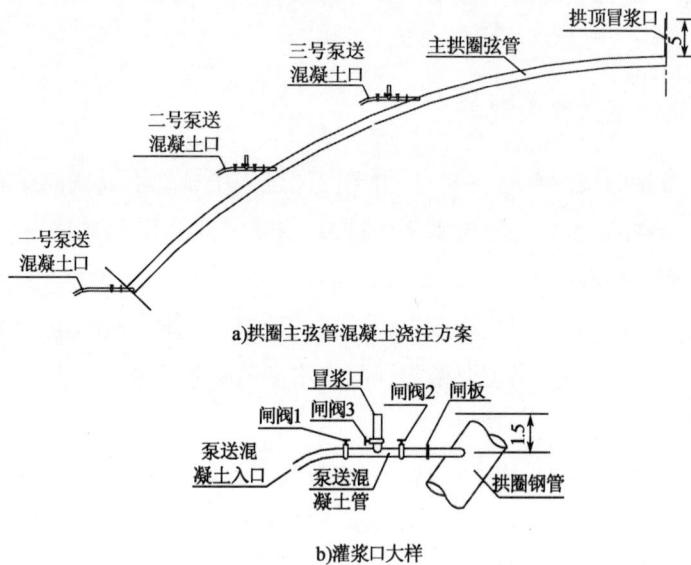

a)拱圈主弦管混凝土浇注方案

b)灌浆口大样

图 5-66　四川合江长江一桥三级泵送施工示意图(尺寸单位:m)

四、混凝土浇注质量检查

(一)管内混凝土填充密实度检测

根据《公路桥涵施工技术规范》(JTG/T F50—2011)[91]第 15.8.3 条的要求,钢管内混凝土应饱满,混凝土与管壁紧密结合。GB 50923—2013 第 12.3.1 条规定,"管内混凝土填充密实度检测可采用人工敲击与超声波检测相结合的办法,并应符合下列要求:

(1)检测次数应不少于 3 次,检测时间宜为浇注 7d 后、28d 后和验收前。

(2)人工敲击检查可沿钢管周边选取等距离的若干点,从拱脚往拱顶进行。人工敲击检查结果异常时,应加大检测密度,确定超声波检测范围。

(3)超声波检测发现异常时,应进行钻孔复检。"

实践表明,人工敲击是检测管内混凝土填充密实度的有效方法,所以 GB 50923—2013 规定管内混凝土填充密实度可用人工敲击与超声波检测相结合的办法。人工敲击检查时可用质检专用的 3 号钢锤。需要指出的是拱脚处受固端的影响,敲击时发出的声音与其他部分会有所不同。

采用超声波对钢管混凝土作内部质量检测,目前已纳入《超声波检测混凝土缺陷技术规程》(CECS 21:2000),对钢管混凝土的密实性和内部缺陷有了定量的检测依据。

钢管混凝土是由钢管和内填混凝土组成的复合材料,密实完好的构件对应着一个固有的密度,也对应着一个固有的传播声速、振幅和波形。密实度变化或混凝土内出现缺陷,其密度、传播声速、振幅、波形都会发生变化,因此,可以预先制备一段合格的足尺钢管混凝土试件,称之为标定试件,用超声波仪测得其固有的传播声速、振幅、频率及波形数据,称为标定数据;然后再用同一台仪器测定检测结构的这些参数,称为测定参数,两者比较即可判断是否存在缺陷[401-405]。超声波缺陷检测通常有以下几种方法:首波声时法(波速)、波形识别法和首波频率法。

超声波在钢管混凝土中传播的 4 种主要方式如图 5-67 所示。通过检测超声波首波声时(声速)大小,可判断声波途径以及接收探头接收首波是否是最短途径声时。对于无缺陷钢管混凝土[图 5-67a)],超声波传递途径有沿钢管的绕射和穿过混凝土的透射,当透射声时比绕射声时短时,可以应用首波声时法。

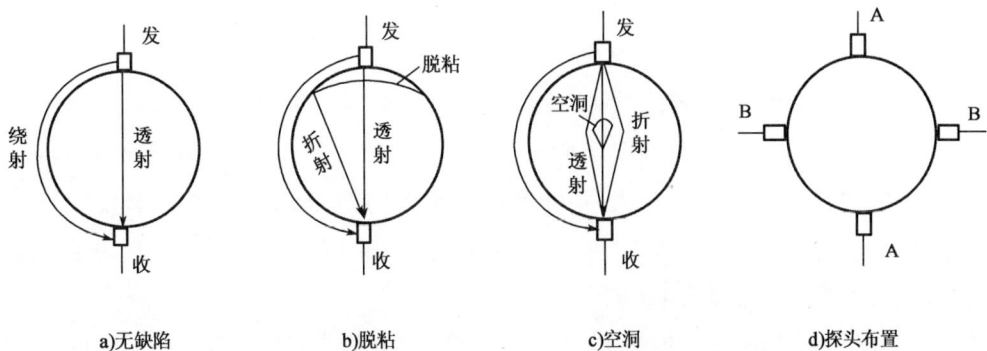

a)无缺陷　　b)脱粘　　c)空洞　　d)探头布置

图 5-67　首波声时法检测示意图

显然,无缺陷钢管混凝土[图 5-67a)]透射的首波声时最短。当混凝土在管壁有脱粘

[图 5-67b)]时,声波在混凝土中的传播路径有两种:一是沿着钢管外缘传播至无脱粘处再通过混凝土到达接收探头处,二是直接穿过脱粘层传播。这两种形式显然其首波声时均比图 5-67a)中的长。当内部有空洞[图 5-67c)]时,声波在混凝土中的传播,也有两种传播路径,一是绕过空洞传播;二是穿过空洞传播。显然首波也将变长。

采用首波声时法时,可根据需要通过不同方位的对称布置[图 5-67d)]来检测管内混凝土的密实情况。当然,拱肋上、下缘的布置是首选,因为钢管的上缘是容易发生脱粘的部位。

需要指出的是,当钢管混凝土平均声速低于钢管声速 $\pi/2$ 倍时,首波法不能判断混凝土缺陷,因为在此条件下,不管混凝土是否有缺陷,首波均通过钢管壁到达接收探头;若混凝土声速足够大,管内混凝土存在缺陷,则声波走向可能绕过缺陷传播。

超声仪发射的脉冲正弦或余弦波在传播过程中若遇到界面,特别是固—气界面,会发生发射、绕射现象,反射或绕射后的波与原脉冲波叠加后即产生波干扰,使波形发生畸变,通过判断脉冲波波形畸变程度,可判断钢管混凝土内部是否存在缺陷。这就是波形识别法。

虽然在超声检测中采用了固定发射频率的脉冲波,但在超声波传播过程中,由于介质的不均匀性以及缺陷的存在,声波在传播过程中,频率越高,衰减越大。均匀性越差的混凝土或存在缺陷的混凝土将使高频率波衰减,到达接收探头的波大多为较低频率的波,而密实的无缺陷的混凝土则首波频率相对较高,故可根据首波频率判断混凝土密实性及缺陷大小。这就是首波频率法,如图 5-68 所示。

图 5-68a)是空钢管超声波典型波形,其特征是首波频率较高(其大小与探头频率、管径及壁厚有关),可在检测前进行标定,以便在实际检测中判读。

图 5-68b)是钢管中填入密实无缺陷混凝土典型超声波形,波形无畸变,脉冲包络线是圆弧状。首波频率沿钢管壁传过来的超声脉冲低。

图 5-68c)是钢管中混凝土与钢管壁脱粘或有空洞时典型超声脉冲波形,由混凝土传过来的脉冲波很难测读首波,或虽能测读,但波形畸变大,首波衰减大,首波频率极小。

混凝土与钢管是否脱粘,可采用正交对测识别。实践表明,拱顶上缘容易出现脱粘现象,对此可采用垂直上下及横向水平对测,如图 5-67d)所示。由于顶部钢管与混凝土脱粘,则A-A声时偏大,B-B声时正常,若二者声时都偏大,有两种可能。其一是混凝土全周与钢管脱粘,其二是混凝土中心有空洞。此两种情况识别方法是在测点断面前后各增加若干检测断面,若正交两方向仍然是声时偏大以及衰减大,则可判断为混凝土周边与钢管脱粘。若仅仅一两个断面出现上述情况,而其他断面正常,则可判断为钢管混凝土中心存在空洞缺陷。脱粘缝隙大小可根据声时、首波波幅及首波频率判断。

在发射电压相同、探头触及钢管压力一致的情况下,从超声脉冲对钢管产生的振动回声中也可初步判断钢管壁是否与混凝土脱粘。当发生的脉冲撞击回声较大,并为一种空响时,说明内部脱粘。而脉冲撞击回声较小,并为一种表面点击声,则说明无脱粘。

a)空钢管

b)无缺陷钢管混凝土

c)有缺陷钢管混凝土

通过混凝土直线传播波形　　通过钢管绕射波

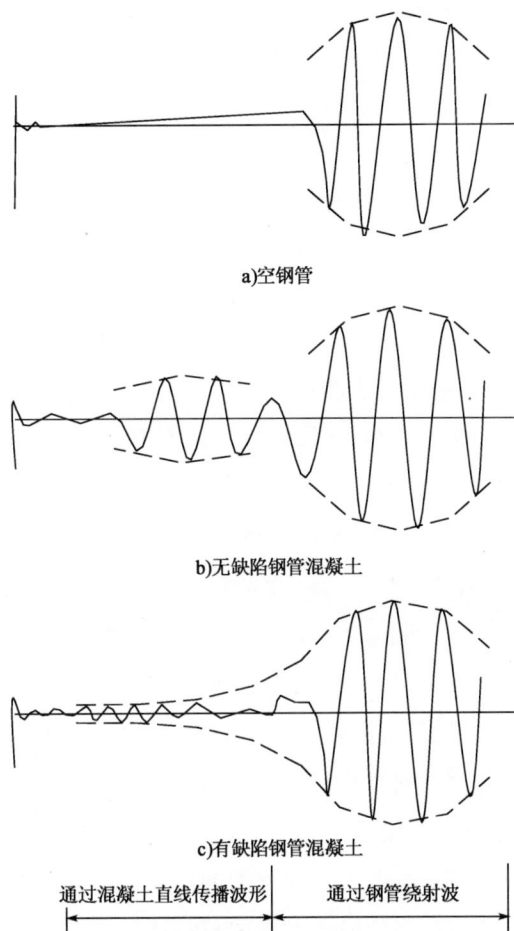

图5-68　首波频率法

　　超声波检查的主要目的是检查管内混凝土是否均匀、混凝土与钢管是否密贴、管内混凝土是否存在空洞和冷接缝、混凝土强度是否达到要求。为了能对钢管混凝土质量作出正确的评价,超声检测布点应采用随机抽样方式选取,要求做到:具有代表性;具有一定数量可进行统计分析;对通常产生缺陷的部位,如拱顶和拱脚应适当增加测点;对在泵送混凝土浇注中出现堵管的管道进行重点检测。钢管混凝土超声波检测布点应采取径向对测的方法,如图5-69所示。设置测点时,可先测量钢管实际周长,再将圆周等分,在钢管测试部位画出若干根母线和等间距的环向线,线间距离宜为150～300mm。

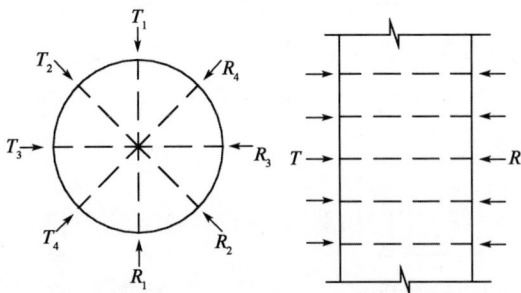

　　重庆万州长江大桥采用首波声时、波形和首波频率进行综合判断。对部分超声探

图5-69　径向对测示意图

测点进行的钻孔检查表明,超声检测的准确性较高[22]。除超声波外,近年来还有采用光纤传感型器等方法来检测钢管和混凝土界面脱粘情况的研究[406-407],但未见大面积推广应用。

应该指出的是,管内混凝土外表有钢管包裹,给检验、评定混凝土质量带来一定难度。为确保混凝土质量,施工中应对事前通过试验确定的配合比进行严格控制,并按规定预留混凝土检验试块以便事后检查,严格控制施工过程的质量,这些是比检查更为重要的工作。

(二)压浆处理

对检测结果表明混凝土不密实或有脱粘的部位,应采用钻孔压浆法进行补强,当缺陷较小时,压环氧树脂;当缺陷较大时可压高强度等级砂浆,压浆后将钻孔补焊牢固。GB 50923—2013 第 12.3.2 条规定,"当检测发现钢管混凝土拱肋脱粘(角度)率大于20%或脱粘空隙厚度大于3mm 时,应对脱粘处进行钻孔压浆补强处理。"

对钢管混凝土拱肋的脱粘,当程度较轻(脱粘率不大于20%且脱粘空隙厚度不大于3mm)时,对结构性能影响较小且压浆补强施工难度较大,因此可暂不进行压浆补强,但应密切注意其发展情况,发展到一定程度应进行压浆补强;而当钢管混凝土拱肋脱粘(角度)率大于20%或脱粘空隙厚度大于3mm 时,脱粘对拱肋刚度和承载能力削弱影响较大且压浆补强施工难度也降低了,此时应进行压浆处理。研究结果表明,对发生脱粘的钢管混凝土采用压浆处理后,钢管混凝土原有的力学性能基本恢复[408-409]。

针对钢管混凝土的不同脱粘程度,可采取不同的压浆材料。当脱粘空隙厚度较大时,压浆材料可采用由水泥、硅灰、膨胀剂、高效减水剂等原材料制备的与混凝土具有相同强度等级的无收缩水泥浆;当脱粘空隙厚度较小时,压浆材料可采用由环氧树脂、增塑剂、稀释剂、固化剂等原材料制备的与混凝土具有相同强度等级的、渗透性优良的化学灌浆材料。

施工压浆前,可用超声波进行进一步检测,测定缝隙的位置及大小,确定钻孔的位置、数量,然后清孔、压气,检验灌浆孔的可使用效果及拱肋内的缝隙大小、贯穿程度。在有效的孔位安装灌浆管,进行压浆。对较大的缝隙位置应灌注稠浆,对缝隙较小位置或要求渗透路径较远的部位,可灌注稀浆。补强浆液的强度应不低于管内混凝土的设计强度。压注进浆口应位于不密实部位的最低处,出浆口应位于最高处。压浆处理后应将钻孔补焊封固。压浆时间宜选在高温天气的中午进行,此时在温度的作用下脱粘的宽度最大,容易压浆密实。

(三)钢管拱肋混凝土浇注实测项目

GB 50923—2013 第 12.3.3 条规定,钢管拱肋混凝土浇注实测项目,应符合表 5-17 的规定。

钢管拱肋混凝土浇注实测项目 表5-17

序 号	检 查 项 目	规定值或允许偏差	
1	混凝土强度（MPa）	满足设计要求	
2	轴线偏位（mm）	$L \leqslant 60m$	10
		$L = 200m$	30
		$L > 200m$	40
3	拱圈高程（mm）	$\pm L/3\,000$ 且 $\leqslant \pm 50$	
4	对称点高差（mm）	$Ll/3\,000$ 且 $\leqslant 40$	

注:L为跨径;当L在$60 \sim 200m$时,轴线偏位允许偏差可用线性内插法确定。

第六节 其他构造施工

其他构造施工包括吊索、立柱、系杆索、桥面系、支座、伸缩装置、桥面防水、桥面铺装、护栏与栏杆等的施工。GB 50923—2013 第13.1.1 条规定,其他构造施工"宜在拱肋钢管内混凝土达到设计强度后进行"。

本节着重介绍在钢管混凝土拱桥中采用较多、重要性突出的高强钢材的柔性、拉索类的吊索与系杆索的施工。其余的其他构造施工,与一般桥梁类似,应符合《公路桥涵施工技术规范》(JTG/T F50—2011)的有关规定,本书不再介绍。

一、一般要求与质量检验

吊索、系杆索造价在全桥造价中仅占很小的比例,然而却是影响结构安全的关键构件。为确保正常安装、使用和安全,吊索、系杆索的采购应强调质量的保证,不能为了降低造价而给桥梁的安全留下隐患。为了保证吊杆的防腐性能,吊杆应尽可能采用成品索,避免在现场制索及锚具的组装。吊索、系杆索的采购应实行包括上、下锚垫板等所有零配件的成套采购。GB 50923—2013 第13.2.1 规定,"吊索和系杆索及其锚具应由专业生产厂家制造,并应有产品合格证书。"

吊索、系杆索产品的包装、运输和堆放储存均应确保拉索无损、无蚀、无变形,其技术条件及要求宜符合现行《斜拉桥热挤聚乙烯高强钢丝拉索技术条件》(GB/T 18365)及其他相关标准的规定。

每根成品索均应有标志,标志设置应符合下列规定:

(1)索端锚具连接筒处,应标明该索编号和规格。

(2)两索端均应挂有产品标牌,并应注明制造厂家、产品名称、工程名称、生产日期、索编号、规格、长度、重量及合格证。

吊索与系杆索的安装方法应根据桥高、索长、索径、索的刚柔程度及施工现场的起重设备状况综合选用。

吊索与系杆索安装时，不得磕碰、敲击损坏锚具，不得损伤拉索的保护层，不得压、弯、折索体。保护层如有损伤应及时修补。安装过程中，应保持索体与锚具的整洁，不得附着腐蚀物质，不得扭转，并应采取防火措施。

吊索与系杆索的调索应按设计或监控要求进行。在桥面铺装前，吊索高程应按设计要求再进行一次检测。

对吊索与系杆索安装质量的检验，GB 50923—2013 第 13.2.11 条参照《公路工程质量检验评定标准 第一册 土建工程》（JTG F80/1—2004）[89] 和《公路桥涵施工技术规范》（JTG/T F50—2011）[91] 作了规定，见表 5-18、表 5-19 的规定。

吊索的制作与安装实测项目 表 5-18

序　号	检 查 项 目	规定值或允许偏差
1	吊索长度（mm）	$\pm L_d/1\,000$ 且不大于 ± 10
2	吊索拉力（kN）	符合设计要求

注：L_d 为吊索长度。

系杆索安装实测项目 表 5-19

序　号	检 查 项 目	规定值或允许偏差
1	张拉应力（MPa）	符合设计要求
2	张拉伸长率（%）	符合设计要求，设计无要求时 ±6

二、吊索施工

吊索安装时为了便于对施工误差进行调整，建议螺母的位置放在锚杯的中部。上下端锚具最好能露出结构之外，以便于日常维护与检测检修。

为切实保证下端的防水，务必把下预埋管伸出桥面以上 100～150mm；而上预埋管在吊索安装前，务必做好防锈处理。

吊索安装时需配置合适的千斤顶并为其留有一定的空间。OVM. GJ15 型和 OVMLZM 吊索的张拉配套千斤顶及其施工操作所需预留空间见表 5-20，表中千斤顶行程以 200mm 计算。撑脚、张拉杆和吊索张拉连接如图 5-70 所示[410]。

OVM 系列吊索张拉配套千斤顶及其施工操作所需预留空间 表 5-20

千斤顶型号	张拉吨位（t）	A_{min}（mm）	B_{min}（mm）
YC60B	60	400	1 500
YC100B	100	450	1 900
YCL150B	150	550	1 900
YC200B	200	600	2 000
YC250B	250	600	2 000

千斤顶型号	张拉吨位(t)	A_{min}(mm)	B_{min}(mm)
YC300B	300	670	2 000
YCW350B	350	670	2 050
YCW400B	400	680	2 050
YCW500A	500	750	2 100
YCW650A	650	800	2 100
YCW900A	900	1 000	2 200
YCW1200A	1 200	1 100	2 300

　　吊索安装时,首先设置牵引机构;拧出吊索上端螺母,装到拱上待穿吊索的预留孔道槽内;启动卷扬机,将牵引钢丝绳由待穿吊索的拱上预留孔道放下;将牵引绳的连接头与吊索上端的锚杯连接起来;再启动卷扬机,缓慢将吊索牵引向上,穿出拱肋预留孔道,拧上上端螺母;最后卸下牵引连接头,这样就将一根吊索挂在拱肋之上,完成了初步安装。依此将所有吊索装上。

　　然后吊装横梁,待横梁吊装到位后,拧下吊索的下端螺母,将下端锚杯穿进横梁的预留孔道内,再拧上下端螺母。最后按设计要求调节螺母,使桥面高程达到设计要求。

　　如果横梁就位用连续顶推或千斤顶提升,则可在就位过程中调节螺母位置使横梁至设计高程。如果横梁为现浇或有其他方法吊装就位,则可用千斤顶在拱上或横梁底部调节高程。

　　调节高程时,一片横梁的两个吊点要同步进行。如果一端螺母顶面调节至锚杯尽头而桥面还没达到设计高程时,需改在另一端锚头处调节螺母至设计要求,或用垫垫片的方法进行调节。拧紧螺母时若空间不够,需在螺母表面安装可拆卸的特制手柄,伸出预埋管外把螺母拧紧。

　　高程调好后,安装吊索的减振块并进行吊索及锚头的防护。如设计采用防腐油脂保护,则施工时首先用注油泵对下预埋管内灌注防腐油脂,然后安装上下锚头的保护罩,往保护罩内注入防腐油脂进行锚头防腐;接着检查吊索外防护PE是否有损坏,如有损坏则用PE热焊枪进行补焊;最后安装吊索外套管及防水罩。

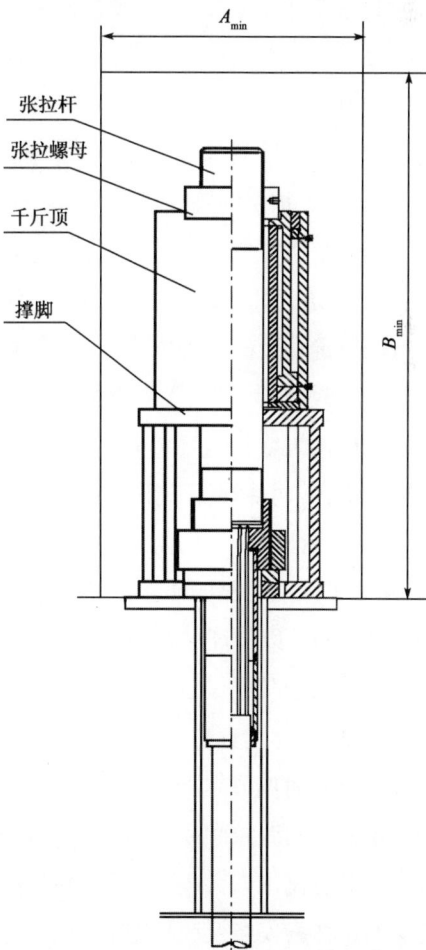

图 5-70　OVM 吊索安装示意图

三、系杆索施工

系杆索安装之前,首先应根据系杆索锚固体系的结构及桥梁设计要求,备齐施工中所需的零部件、辅助材料及施工机械设备;然后开始根据桥梁系杆索设计长度、锚具安装尺寸、张拉设备工作长度计算下料长度,采用砂轮切割机下料。下料长度应准确计算,对可换索的系杆索应严格控制带 PE 的索体进入延长筒的长度,以保证在延长筒内的索体有足够的握裹长度。

计算系杆索的切割长度时,应计入下列因素的影响:

(1)系杆索在拱肋两端锚固处的位置偏差、桥面高程偏差带来的影响,系杆索两端应预留足够的张拉工作长度。

(2)系杆索安装因垂度引起的增量,采用应力下料时的延长量,应计入应力下料时的温度与设计温度之差引起的拉索伸缩量和拉索设计张拉延伸量。

切割系杆索时,丈量的钢尺应经过标定,并应按 50N 的张拉力拉尺丈量。为了消除系杆索的非弹性延伸量,对下料索应进行 10~15min 施力持续预拉,预拉力可取为设计张拉力的 1.1~1.5 倍,量值可使用频率计、压力传感器或带压力表的千斤顶进行测定和控制。

下料后,剥除一定长度范围内的 PE 护层。PE 护层剥除的长度,根据系杆索设计长度及锚具安装尺寸计算确定。应控制剥除 PE 长度,以免钢绞线散开,转角不当造成夹片锚固失效。剥除 PE 护层的钢绞线表面油脂要清洗干净,尤其灌浆式系杆索,以增加握裹力和便于施工。

准备工作完成后,开始进行系杆索及锚具的安装。锚具应保持清洁,不得附着影响其锚固性能的物质。用卷扬机将系杆索牵引出两端拱脚预埋管道孔口;随后安装锚具及夹片,要注意将锚板锥孔及夹片外锥面擦拭干净,并在锚板锥孔及夹片外锥面均匀涂上少许退锚灵。可更换系杆索锚具安装时,将锚板上用于灌浆的两螺纹孔的相对位置保持在最上和最下。安装时应保证钢绞线与锚具单元孔位一一对应,夹片与锥孔配合精确,夹片与钢绞线咬合均匀,夹片端面平齐,两片端部不平度要求小于 0.5mm,锚具最低使用应力要求大于 $0.11\sigma_b$。

为了保证系杆索的防水性能,在吊索穿过系杆箱处,吊索的预埋管应伸到系杆箱的顶部以上,吊索也采取可靠的防水措施,防止水沿吊索进行系杆箱内。同时,预埋管应伸出拱座结构 100~150mm,以保证结构的整体防水防腐效果。系杆索在施工中应保持清洁,避免泥土或腐蚀物质黏附于其上。自由段索体表面不得有损伤,如有损伤必须及时修补,不得附有任何腐蚀索体的物质,并注意防火。

系杆索的调节螺母安装位置,建议设在支撑筒的中后部,以便于施工调整。

系杆索的张拉顺序、张拉控制与索力调整应符合设计规定。相比较而言,系杆索施加的预张力一般要比吊索大很多,所需的张拉空间也需更大,结构设计时应充分考虑施工需要预留有足够的系杆索安装及张拉空间,施工时也需要特别注意。张拉空间的保证有时要通过施工顺序的调整来实现,如边跨梁在靠近系杆索处要等系杆索张拉结束后再吊装。OVMXG 系列系杆索的张拉配套千斤顶及其施工操作所需预留空间如图5-71和表5-21所示[410]。

OVMXG 系列系杆索施工操作所需预留空间　　　　　表 5-21

A 型系杆索张拉配套千斤顶及施工操作所需预留空间				B 型系杆索张拉配套千斤顶及施工操作所需预留空间				
系杆索规格	配套千斤顶	A(mm)	B(mm)	C(mm)	系杆索规格	配套千斤顶	A(mm)	B(mm)	C(mm)
φ15-7A	YCW150E	304	1 250	190	φ15-7B	YDCL150Q	300	2 000	190
φ15-12A	YCW250B	360	1 270	220	φ15-12B	YDCL250Q	360	2 050	220
φ15-19A	YCW400B	500	1 320	265	φ15-19B	YDCL400Q	500	2 200	265
φ15-27A	YCW500A	550	1 600	310	φ15-27B	YDCL500Q	550	2 300	310
φ15-31A	YCW650A	630	2 000	350	φ15-31B	YDCL600Q	600	2 600	330
φ15-37A	YCW650A	630	2 000	350	φ15-37B	YDCL600Q	600	2 600	330

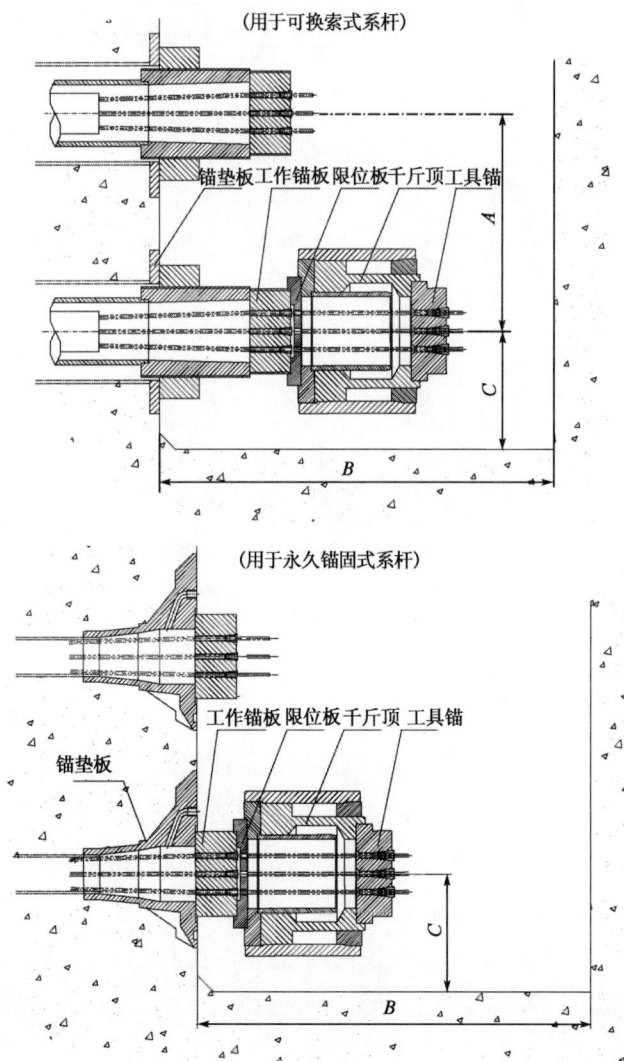

a)A型索体

图　5-71

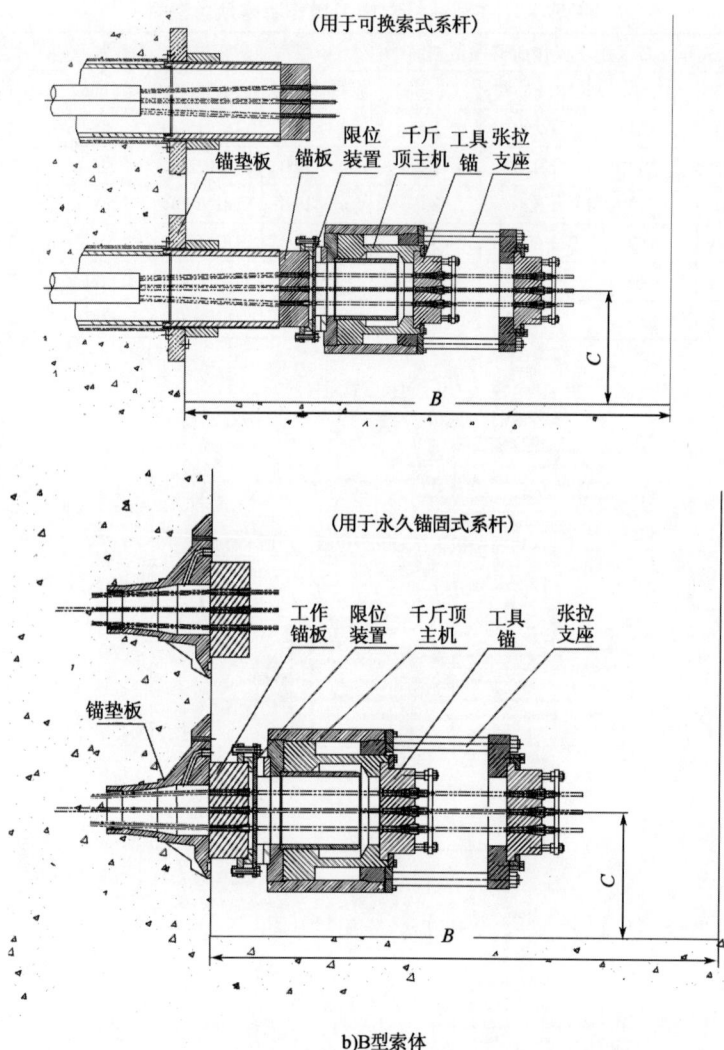

（用于可换索式系杆）

锚垫板　锚板　限位装置　千斤顶主机　工具锚　张拉支座

（用于永久锚固式系杆）

工作锚板　限位装置　千斤顶主机　工具锚　张拉支座

锚垫板

b)B型索体

图5-71　OVMXG系杆索体张拉配套设备以及张拉空间

系杆索安装后根据施工加载程序和监测监控的结果,分批安装所需的张拉设备,并进行张拉。张拉用的千斤顶、油泵、油表等应配套标定,在张拉时应按标定情况配套使用。张拉设备配套及张拉空间,采用 A 型光面钢绞线成品索体的,如图 5-72a)所示;采用 B 型环氧喷涂钢绞线成品索体的,如图 5-72b)所示。具体尺寸见表 5-23。

张拉时,力求两端对称、同步进行。张拉锚固后,拆除张拉设备,切除多余的钢绞线。注意对于可更换系杆索应预留一定的钢绞线长度,以方便换索。然后安装防松装置,在拱脚预埋管靠近跨中一端安装减振块。

系杆索力随恒载增加而增加通常是通过分批张拉系杆索来实现的,施工中应避免采用整批张拉力不断增加的方法(即"分级"张拉)来实现。采用分批张拉时,应注意后张拉的系杆索力会对已张拉系杆索力产生影响,因此在所有系杆索张拉完成后,可对所有系杆索进行一次总的系杆索力调整。OVMXG 可更换系杆索力的调索,如图 5-72 所示。

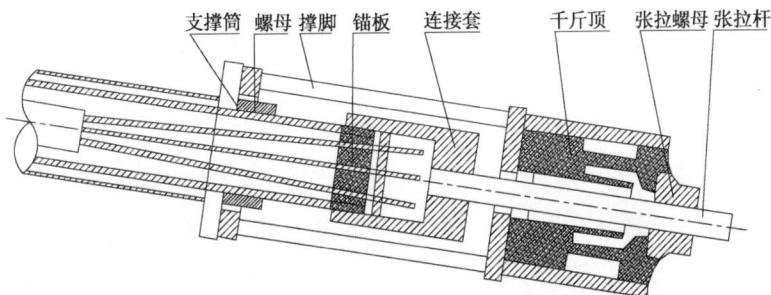

支撑筒 螺母 撑脚 锚板 连接套 千斤顶 张拉螺母 张拉杆

图 5-72 OVMXG 可更换系杆索力的调索示意图

系杆索张拉工序完成后、封锚前,根据结构与系杆索特性按设计要求用砂轮切割机整齐切除相应的多余钢绞线,不能采用火焰切割。

张拉结束后,要求灌注防护油脂进行防护。系杆索孔道和保护箱(或防护罩内)应采取防腐措施。另外,可更换系杆索锚具密封筒内灌浆是系杆索锚固体系的一项重要防护措施,浆体凝固后对钢绞线起到防腐作用,同时对系杆拉索产生的握裹力可承受拉索的部分动载,灌浆后封好灌浆孔和排气孔,将锚具表面的砂浆清除干净,安装保护罩,并可在保护罩内注满防腐油脂。

系杆索的安装,要求严格进行施工工序管理和监控,施工队伍需具备系杆拉索施工技术能力,掌握其施工工艺。必须保证足够的安装及张拉空间,安装时不得磕碰敲击损坏锚具,不得损坏拉索的材质,不得使其产生变形或缠搅。某大跨径下承式刚架系杆拱桥在系杆索施工锚固过程中发生扭绞,导致锚口集中应力过大而破断,只得进行系杆索的更换。如图 5-73 所示是其系杆索断索后搅缠在一起的照片。

图 5-73 某桥系杆索断索后搅缠在一起

第七节 施 工 监 控

一、概述

大跨径钢管混凝土拱桥以无支架法施工为主。桥梁结构在施工过程中逐步形成,结构受力状态是十分复杂,常涉及多次体系转换,造成各施工阶段内力的改变。尽管在设计时进行了施工控制性计算,但由于施工过程中存在着诸多事先无法预计的因素,同时各种施工误差也会造成实际桥梁结构的内力和线形与设计不符,理论计算模拟不可能完全真实地反映工程的受力状态。以斜拉吊挂为例,拱肋安装过程是一个动态的过程且是整个桥梁施工过程的关键,每安装一节拱肋,都会影响前面已经安装好的部分,使其原有的状态发生改变,如果不及时进行调整,可能导致合龙时拱肋的线形偏离设计值,而此时的调整将极为困难,这样可能使得施工完成的拱肋线形和结构内力不满足设计要求。同时,设计计算的假定与条件,与实际施工时的情况存在许多的差异,这种差异若不及时加以控制和调整,随着拱肋的不断吊装,就会产生不断的误差累积,最终可能导致拱肋合龙困难。而如果在拱肋吊装中采取一定的监测监控手段指导施工,就能有效地避免出现上述不利的后果。

施工监控已成为施工过程中严格管理、科学决策、保证施工质量的重要环节,在大跨径、大型钢管混凝土拱桥施工中的应用越来越多。GB 50923—2013 第4.1.13 条规定,"大跨径钢管混凝土拱桥应进行施工监测与控制,拱的轴线、内力、吊索与系杆索拉力、钢管应力等应满足设计要求。"

施工监控由施工监测与施工控制组成。施工监控过程是一个"施工—量测—分析—修正—预告—施工"的循环过程。它对结构线形与应力等进行监测与预测,对施工时的结构系统进行安全跟踪与预警,为保证施工安全、使结构恒载内力与线形符合设计要求提供指导。施工控制过程中还可以结合测试分析和模拟计算,优化施工工序,提高施工工艺水平。施工控制所掌握的第一手资料和科学数据,还可给同类桥梁的研究、设计与施工提供参考,为改进同类桥梁的设计理论和施工工艺积累经验,其结果还可以作为桥梁运营前初始状态的永久技术档案,是今后评估桥梁状态的重要依据。

施工监测的主要任务是为施工控制提供客观而真实的结构行为数据。仍以缆索吊装为例,即在整个拱肋吊装过程中都要进行严密的跟踪监测,决策机构只有根据监测得到的拱肋行为状态与相应的数据,才能对后一步施工进行决策,从而保证整个施工过程的顺利进行。

施工控制则需要对监测数据进行分析与评估,探求出结构的真实状态,从而修正结构计算,并对下一阶段的状态进行预测(前期预报);结合施工现场具体情况,对施工方案提出必要的调整建议(后期调整)。施工控制计算的内容主要包括以下几方面:在施工过程中,比较结构测量的变形和应力状态与模型理论计算结果,依据两者的误差进行参数调整(识别),使模型的输出结果与实际测量的结果相一致;利用修正的计算模型参数,重新计算各施工阶段的理想状态,按反馈控制方法对结构进行控制,这样,经过几个工况的反复识别后,计算模型就基本上与实际结构相一致了;在这一基础上,将产生误差的原因尽量予以消除,给出下一个工况的施工控制指令,使现场施工形成良性循环。目前桥梁施工控制中采用的计算方法主要有正装分析法、倒装分析法和无应力状态计算法。钢管混凝土拱桥的施工控制计算与其他桥梁相似,这里不再赘述。

施工监控实施程序框图如图 5-74 所示[411]。

大跨径钢管混凝土拱桥施工监控,首先应确保钢管拱肋架设过程中的拱肋应力和变形符合设计要求,严格做到双控;然后做好管内混凝土浇注过程的施工控制,确保浇注完混凝土后的拱肋应力及变形符合设计要求。此外,由于拱桥是以受压为主的结构,因此对于施工过程中的结构稳定性也要给予关注。

有关实桥施工监控的论文较多,监控技术也已相对成熟。本书第二版第八章第七节给出了浙江淳安南浦大桥、

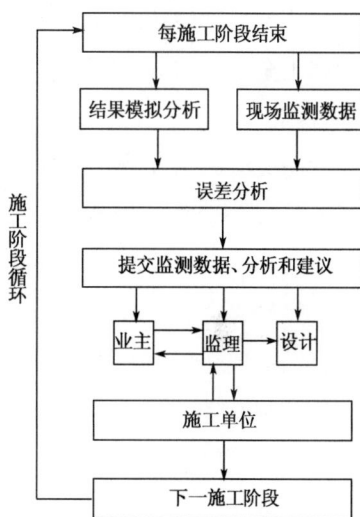

图 5-74　施工监控实施程序

湖北秭归青干河大桥、广西南宁永和大桥等钢管混凝土拱桥的施工监控实例,有兴趣的读者可参阅。

二、监测方法

在施工监控过程中,现场监测采集的数据是结构受力、变形等真实的反映。这些数据与控制目标值(即设计值)的偏离,是设计和施工中最为关注的问题。各个施工阶段的质量检测目标,可作为施工监控目标值的参考。施工监控应根据实际桥梁确定具体的目标值和监控内容、方法。

施工监测所得数据的真实性和可靠性,是施工监控的重要保证。因此,施工监测工作必须得到施工单位的重视与支持,将其作为施工的一个工序来完成,只有当测量所得的数据经有关人员分析认可后,方可进行下一工序的施工。

1. 结构应力

应力观测是施工监测主要内容之一,必须认真执行,并保证数据的可靠性。应力监测是一个长时间的连续的量测过程,应尽量采用钢弦式应力传感器。这种传感器具有较好的稳定性

和应变累积功能,且抗干扰能力强,数据采集方便。钢管混凝土拱桥的结构应力监测对象主要为拱肋钢管弦杆的应力,对于大跨径桥梁有时还包括主拱管内混凝土的应力。

2. 结构几何形态与变形

钢管混凝土拱桥几何形态和变形是施工监测的另一重要内容。常用的监测仪器有测距仪、水准仪、经纬仪、全站仪等。通常采用测距精度和测角精度不低于规定值的全站仪和精密水准仪测量,测量精度在 0.5mm 以内。

施工全过程均需要进行此项监测,拱肋安装时的监测内容最多,一般要进行拱肋轴线和高程的观测。

拱肋中线观测:用经纬仪在桥台、墩顶直接观测拱肋的中线,主要方法是在各台、墩顶面标出拱肋的中心位置,经纬仪架在需观测拱肋的中心上,后视对准墩顶的中心点。若有障碍物,可将中线移到拱肋的两侧,并在拱肋的端头设置横向标尺,以便直接读数。在安装过程中应随时检查拱轴线位置,一旦偏位应立即调整。调整一般可利用横向风缆进行。

拱肋高程观测:在拱顶、1/4 跨径等各观测处设置垂直标尺,在两岸相应高程,设置水平仪观测台,若两岸没有合适的地势,则可搭设塔架观测;水平仪测距离不应大于 150m。拱肋高程一般采用水准仪进行观测,在地形等受到限制时,可利用全站仪完成。利用千斤顶调整扣索来调整拱肋高程。

3. 施工临时设施

由于拱肋架设多借助于临时设施和临时结构,所以除桥梁结构本身外,还要对临时设施和临时结构进行监测。

以斜拉扣挂施工为例,监测的内容包括缆索吊装系统的几何形态与变形、吊索与扣索的索力等。

缆索吊装系统的监测主要内容有的主索垂度和索塔及锚碇位移的观测。对于主索垂度,可以在索塔塔身上用水准仪或用经纬仪测仰角通过计算进行观测。对于塔顶及锚碇位移观测,当索塔不高时,可在塔顶上、下游端头,各挂一质量大于 5kg 的垂球(用 20 号铅丝垂吊);当索塔较高时,则在塔顶上、下游端头设固定测量标尺,用经纬仪在固定观测点进行观测。对于锚碇,可在上、下游侧布置固定观测点,用经纬仪进行观测。

拉索张力的测定方法主要有直接法(如采用千斤顶压力表、索力计等)和间接法(如频率测定法、磁通量法、压电陶瓷法等)。吊索及扣索的索力常采用下列 3 种方法进行监测:

(1)千斤顶压力读数法:目前索结构通常使用液压千斤顶张拉,由于千斤顶张拉油缸中的液压和张力有直接的关系,因此只要测定张拉油缸的压力就可求得索力;千斤顶的液压也可用液压传感器来测定。液压换算索力的方法简便易行,是施工监测中索力量测最实用的方法之一。

（2）索力计法：在每束扣索中选取一根扣索，安装索力计监测索的拉力。要求测量精度在5%以内。在监测过程中应根据实际情况选用最为合适的测量方法。

（3）频率测定法：利用索力与索的振动频率之间存在对应关系的特点，在已知索的长度、两端约束情况、分布质量等参数时，通过测量索在环境脉动作用下的振动频率，计算出索的拉力。

为确保监测的准确性，最好是上述两种或 3 种方法同时并用，互为校验。

4. 温度

现场温度场的监测应考虑到以下几个方面：

（1）温度监测断面的选择。由于日照温度荷载沿各构件轴线方向均布，且拱肋断面是由一根或几根钢管弦杆构成的，各弦杆的横截面沿其轴线方向是不变的或变化缓慢的，根据热传导理论，各弦杆沿轴线方向的热传导可不考虑，热传导的主要方向是弦杆的径向方向。综合考虑热传导机理和结构的具体形式、方位，拱肋的测温截面可主要选在半个拱肋的拱脚、$L/4$ 截面及 $L/2$ 截面。

（2）观测次数与时间。温度的观测与应力观测是同步的，但在钢管拱肋合龙前 3d 必须进行连续 24h 温度观测，以确定具体合龙的时间。在混凝土浇注完成后也必须增加温度的观测次数，以便测出水化热对全桥温度的影响。

（3）测量方法与测量仪器。钢管表面的温度采用铜—康铜热电偶作为传感器进行监控，同时用数据采集系统采集数据，而用温度计测环境温度。

（4）测量精度。温度监测测量精度应控制在 0.5℃ 以内。

三、控制内容

施工控制是施工监控的出发点与目的地。钢管混凝土拱桥施工控制的内容主要包括桥梁基础与下部结构、施工临时结构、拱肋和温度等。对于桥面高程、受力等控制与其他桥梁相似，不再介绍。

（一）基础与下部结构

对于有推力的上承式拱、中承式拱、无推力的拱梁组合结构等，其基础与下部结构的施工与其他桥梁基本相同，如无特殊要求可以不进行专门的施工监控。

对于钢管混凝土系杆拱桥，拱的（恒载）水平推力由施工过程中多次张拉系杆索的索力来平衡，而桥墩与拱肋固结，连同地基构成多次超静定的结构，因此，施工中对下部结构进行控制非常必要。刚架系杆拱下部结构的施工控制，一般从地面或施工时水位处的下部结构开始，对（高桩承台）桩基础、承台、墩柱的应力和水平位移进行监控，防止在系杆索张拉时墩柱及基础的外侧混凝土开裂，防止加载时内侧混凝土的开裂，防止墩顶（拱座）过大的位移对拱肋内力、拱轴线的不利影响，及时调整张拉顺序、张拉力和加载程序。

（二）主拱

拱肋的施工控制无疑是整个钢管混凝土拱桥施工控制的关键，主要包括以下几个方面：

1. 拱轴线形

拱轴线形包括平面外的线形和平面内的线形，通常是通过控制拱肋在 $L/8$、$L/4$、$L/2$ 等特征点的水平位置与高程来实现。拱肋实际轴线若偏离设计值，将引起拱肋内力变化，影响拱的强度安全与稳定安全。施工过程中，拱肋局部偏离拱轴线过大将会造成施工安全隐患，且处理起来相当困难。

拱肋在安装、浇注管内混凝土、桥面系加载等施工过程中，拱肋均会发生变形，必须严格控制拱轴线的偏移量。根据计算结果，严密观测施工过程中拱肋的轴线，提出下一阶段的施工控制目标，若出现异常立即提出相应的措施，尤其要防止浇注混凝土阶段时"冒顶"现象的发生，以保证成拱和成桥后拱轴线与设计吻合，受力合理。

拱肋合龙前悬臂长度最大，两端相对高差和纵桥向水平相对错位的大小是影响拱肋线形是否与设计相符的关键，要特别注意。合龙时，要考虑温度变化对拱肋变位的影响。

2. 拱肋应力

通过对拱肋主要控制截面的应力测试，可掌握拱肋在施工过程中的内力变化。钢管混凝土拱桥应力监控过程中，测试数据量大，影响因素多，必须根据结构的受力特点和施工阶段的受力变化，选择控制参数，对结构进行高效的监控，力争做到以较少的测点保证施工质量与安全，且对施工干扰与影响小。如果有些截面的测点应力超过设计值，但小于允许值，则可通过基于实测参数的计算分析并考虑环境的影响，综合分析原因，判断结构后续的施工工序是否安全，提出相应的对策。

需要指出的是，由于钢管混凝土拱桥施工监控周期较长且经常跨季施工，四季温差及日温差较大，应注意消除温度对应力传感器测试结果的影响。

3. 拱脚位移

从结构力学可知，两拱脚向外的相对水平位移会使拱的轴压力减小、弯矩增大，对于拱的受力是非常不利的。所以，成拱后主拱的拱脚水平位移控制是拱肋施工控制的一个主要内容，尤其是对于地质条件不好的桥梁。对于刚架系杆拱，拱脚的水平位移控制与前述的墩顶水平位移控制可以合二为一。控制的主要目的是控制拱肋内力的变化、指导系杆索张拉或超张拉的吨位、减小或消除施工荷载引起的拱脚水平位移，保证施工安全。

4. 管内混凝土密实度

钢管内混凝土的浇注质量和密实度会影响组合结构的受力特性，许多钢管混凝土拱桥施工和成桥后均发现管内混凝土与钢管脱粘。施工中,可采用人工敲击和超声波检测仪,检测桥跨 $L/4$ 和 $L/2$ 截面管内混凝土的密实程度,评价浇注质量,并决定采取何种手段进行二次压浆处理。检测日期应为混凝土灌注后 7d、42d 和 90d。此项内容主要是监理工作的范围,如业主无特别要求,可仅由监理承担。

(三) 系杆索与吊索

刚架系杆拱中的系杆索力,在施工各阶段均应以设计提出的索力要求为目标,以使施工阶段和成桥后的受力满足要求。系杆索力的控制可与桥墩顶、拱脚水平位移和墩柱应力控制相结合。

拱梁组合桥中的吊索,将拱肋与系梁联成整体结构,是整体结构的一个重要组成部分,施工中张拉吊索,不仅影响系梁的高程,也影响拱肋与系梁的受力,因此,吊索力的监控非常重要。吊索力可通过应变计进行测试,也可以通过振动频率法等方法求得。

对于有推力的中、下承式拱,吊索力基本上是其所承受的荷载重力,无法施加预拉力,故它对主拱与桥面系受力的影响较小,一般不需进行控制。

(四) 施工临时结构

分段制作的钢管拱肋在合龙成拱之前的架设过程中,与协助受力的其他临时设施或构造形成施工临时结构体系。为保证施工的安全和结构的质量,应对临时结构体系进行监测监控。悬臂法和转体法中,临时设施或构造主要有施工塔架与斜拉索等;支架法中,主要是支架。塔架、支架的应力与稳定、斜拉索的索力等均是施工控制的内容。

(五) 温度场监测

温度是影响钢管混凝土拱桥变形和应力的主要因素之一。在拱桥的施工中,温度变化主要由以下两个原因引起:大气和水泥水化热。为了便于进行实测值与计算值的对比以及为设计复核提供参数,宜进行全桥温度场的测试。温度场测试包括结构中不同构件、不同位置的温度值及钢管混凝土拱肋内外温差的测试。温度可采用钢弦应变计进行测量。

从第四章可知,钢管混凝土拱桥的基准温度与浇注管内混凝土后的 28d 的平均温度有密切关系。如果施工时这一段时间与设计预计的温度有较大的出入,则应知会设计单位,对拱的温度次内力进行重新计算,如不能满足设计要求则应采取必要的补救措施。

第六章　养护

钢管混凝土拱桥与其他桥梁一样,在建成后要进行使用管理与养护。使用管理方面主要内容有桥梁技术档案的建立、桥梁的适时检查、桥梁超限运输的管理等。GB 50923—2013 根据钢管混凝土拱桥结构的主要特点和使用过程中暴露出来的主要病害,针对钢管混凝土主拱、吊索与系杆索等结构与构件制定了相应的规定,本章将对此进行重点介绍。桥梁下部结构、附属构造物的养护与其他桥梁相似,可依据钢管混凝土拱桥的使用性质,按照现行《城市桥梁养护技术规范》(CJJ 99)[412] 或《公路桥涵养护规范》(JTG H11)[413] 的相关规定进行养护,本章不重点介绍。

第一节　概　　述

钢管混凝土拱桥在我国是一种发展迅速的新型结构桥梁,同其他桥梁一样,如何让它们在我国道路交通中持续有效地发挥服务功能,是摆在桥梁工作者面前的重要任务。由于设计、施工等方面可能存在的先天不足,加上材料结构自然老化,台风、水毁、洪涝灾害的自然作用,以及交通量增加、车辆载重增大以及违规超限运输等人为因素,桥梁质量会不断劣化,安全性与使用性能下降,因此养护工作极其重要。本节简要介绍桥梁技术档案、超限运输管理和桥梁安全管理。日常养护在第四月节介绍。

一、桥梁技术档案

桥梁技术档案的建立是养护工作的基础。钢管混凝土拱桥应以每座桥为单位建立技术档案。档案内容应包括桥梁主要技术资料,设计资料,施工竣工资料,养护技术文件,历次检查、测试、维修加固资料等。档案资料应纳入相应的桥梁管理系统,并宜电子化和数字化。

桥梁技术档案具体包括桥梁位置、桥位处自然条件、桥梁的几何要素、结构组成、材料用量等设计文件与设计变更资料,施工过程的记录、施工监理、监督以及监测监控资料,成桥静动载测试资料和有限元基准模型,桥梁使用过程中出现的病害、维修建议、维修基价、特殊检查、特殊重车过桥等资料。资料的形式包括文字资料、图纸、照片、录像、电子文档等。对于已采用桥梁管理系统的单位,桥梁技术档案的建立应与桥梁管理系统中的桥梁基础资料建立相一致。对于尚未采用桥梁管理系统的单位,应考虑桥梁技术档案的建立有利于今后桥梁管理系统建库的需要。

对于已建桥梁,桥梁技术档案中需要的资料采集可分为内业和外业两个途径。内业指对已有资料的整理和向相关部门和单位收集,外业指对桥梁的实地调查、检查和检测。

对于新建桥梁,管理与养护单位在建设前期就应该介入,提出桥梁耐久性(见第四章第七节)等技术指标,要求在桥梁设计时考虑今后使用管理与养护的需要;在施工阶段,积极收集施工资料,尤其有关的桥梁施工质量监控的数据,全面了解桥梁的全部施工过程,更好地为以后的管理和养护工作服务。对于重要或大型、大跨桥梁,应考虑今后定期检测的需要,督促建设时设置日后健康检测所需的测点。这些测点的设置可结合施工监测监控和成桥静动载试验综合考虑。

钢管混凝土拱桥建成后通车前,一般要进行成桥静动载试验,对桥梁的控制截面的应力、控制点的挠度、拱肋各方向变位、动力特性与动力响应、吊杆与系杆力等进行检测,全面分析与评定桥梁结构的承载能力与使用条件,既为成桥的验收提供数据,也为桥梁使用管理养护提供基础数据。成桥静动载试验所收集到的成桥初始阶段的受力性能和结构基本信息,可以用于建立桥梁档案资料,如果是属于桥梁管理系统中的桥梁,还可将这些信息输入到桥梁管理系统之中。同时,测试资料有助于建立基准有限元模型,为日后的桥梁状况有限元分析、损伤识别提供对比的原始状态资料。

当前,对于大跨径和重要的钢管混凝土拱桥,应尽可能应用现代桥梁三维信息建模技术(Bridge Information Modeling,简称 BrIM)建立桥梁技术档案。BrIM 是从 BIM 发展而来。BIM 指建筑信息模型或建模技术(Building Information Model,或者 Building Information Modeling,简称 BIM)。它是基于三维(3D)技术的集成智能化的模型,可衔接建筑生命期不同阶段的数据、资源和过程,能改变传统二维(2D)模型条件下建筑设计、施工、管理等各阶段与各参与方各自为战形成的"信息孤岛"带来的各种问题。BIM 已成为当前建设行业应用和研究的热点,也正逐步在桥梁工程中得到应用。采用这一技术建立的桥梁三维信息模型,能包含桥梁生命周期里需要的全部信息,将带来桥梁养护技术革命性的变化[414]。

二、超限运输管理

车辆通过桥梁应有限载、限速和限高的要求。对于应用超过限制要求的车辆进行的运输均称为超限运输,其中以超载最多[415]。超载车辆主要有以下两类:

第一类是装载特殊设备的车辆,如发电厂的发电机静子、变电站的变压器、化工厂的反应器等。近年来,随着我国现代化工业建设的发展,由公路运输特大、特重型工业设备已日趋频繁。随着这种超重车辆的出现,原有公路桥梁因设计荷载等级所限,可能不适应超重车辆过桥的需要。对于这一类的超载问题,应根据桥梁使用管理规定进行审核。一旦批准通过,要根据实际需要采取相应的防护措施和观测措施,配合超重车辆过桥。

第二类超载运输是指运输企业或个人为了获取经济利益,采取不正当的手段,运输超过核定车辆载重吨位的行为。这种超载行为使得车辆轴重极大地超过设计荷载,给桥梁结构带来极大的损伤,尤其是对直接承受轮压的桥面铺装和桥面板。严重的车辆超载现象是我国目前大量桥梁提早损坏的主要原因之一。当然,桥梁超载是一个社会问题,它不仅给桥梁结构带来破坏,对道路尤其是路面的破坏也是致命的,它还时常引发安全事故,给我国的社会经济带来极大的危害。我国目前正在开展超载运输的治理工作,已取得初步的成效。但由于它与经济利益相关,因此不可能一蹴而就,要持之以恒进行根治,警惕反弹。

三、安全管理

桥梁的安全防护是桥梁管理中另一项非常重要的内容。首先管理部门要掌握交通状况,取缔桥梁不正当使用及非法占用;对于由检验提出需限载、限速或停止交通的桥梁,办理审批手续并进行交通管制。

钢管混凝土拱桥,应根据桥梁的具体技术特点、结构安全条件等情况,确定其他工程施工的控制范围。桥梁管理单位根据授权,对在施工控制范围内从事河道疏浚、挖掘、打桩、地下管道顶进、爆破等作业,进行审批和报批,对施工提出桥梁保护措施并实施监控,以确保桥梁安全和免于损伤。

在城市桥梁上架设各种市政管线、电力线、电信线以及设置大型广告、悬挂物等辅助物的,应与原设计单位沟通,由其提出技术安全意见,报主管部门批准后,方可实施。

钢管混凝土拱桥,特别是特大型和其他重要的桥梁,对台风、暴雨、暴雪、地震、流冰、山洪、坍方、泥石流等危及桥梁安全的突发性自然灾害和火灾、撞击等人为灾害,应做好各应急处理措施及防范措施,并制订和不断完善安全抢险预备方案,明确固定的抢险队伍,签订安全责任书,确定安全责任人。

钢管混凝土拱桥在台风、汛前等应加强检查,发现事故隐患,要立即采取有效措施予以处置。

钢管混凝土拱桥若因行驶在桥上的油车或其他运载易燃物品的车辆发生意外等原因引起火灾,过后一定要做仔细检查。查清火灾原因,确定受火灾影响的范围和部位。检查后,须对损伤部位尽快处理。吊杆及其有关连接件防腐烧脱者应做防腐处理,如有断丝和损坏的零部件应予更换。同时,需对火灾影响范围内的各吊杆索力进行测定,将此次测定值与前次定期观测的结果相比较,看是否有较大变化,如索力变化较大,应首先分析变化的原因,再进一步考虑是否更换或调整索力。

当桥梁受到车辆或船只及漂流物撞击后,应尽快开展现场调查,并向上级有关部门报告。

桥梁受自然或人为灾害损害后,应根据 GB 50923—2013 开展相应的应急检查(详见下一节介绍)。需要封闭交通时,桥梁管理人员应协同有关部门立刻组织人力、物力对交通进行疏导,并且通过各种媒体告知公众,防止过往车辆使用该桥梁。交通封闭后,养护部门应立即组织养护队伍进行修复,在制订详细修复方案的同时,组织养护人员、机械设备和材料抵达现场。当发现桥梁存在倒塌危险时,现场调查人员应停止检查工作,协同有关部门紧急关闭交通,疏散人群,并采取其他紧急措施。

第二节　检　　查

一、基本要求

GB 50923—2013 将钢管混凝土拱桥的检查按时间频率分为三类,即经常检查、定期检查和特殊检查,与《公路桥涵养护规范》(JTG H11—2004)[413]中的名称一致,与《城市桥梁养护技术规范》(CJJ 99—2003)[412]中的经常性检查、定期检测和特殊检测,大同小异。

GB 50923—2013 将钢管混凝土拱桥的检查按内容分为整体检查、结构与构件检查和附属结构物检查等。

大跨径和特大跨径钢管混凝土拱桥应建立固定可靠的桥梁检测基准点和结构观测点(图6-1),并定期进行复核,以确保各检测项目所获得的信息准确可靠、基准一致。桥梁检测基准主要有高程基准和平面基准,它们由一系列的基准点组成基准系统。钢管混凝土拱桥结构的固定测点,根据桥梁规模、桥型、结构特点设定,常见的观测点有拱肋的拱顶、1/4 点和拱脚截面处、拱座、墩(台)处、吊索或立柱、桥面等。

a)拱肋　　　　　　　b)吊杆　　　　　　　c)桥面

图6-1　高程测点照片

二、经常检查

经常检查指对桥面设施和桥台附属构造的技术状况进行日常巡视检查,确定桥梁结构基本功能是否正常,并及时发现缺损,进行小修保养工作。

GB 50923—2013 第14.2.5条~第14.2.7条,对经常检查的频次、方法和检测结果处理进行了规定。经常检查每月不宜少于1次,汛期和台风期应加强检查。经常检查可采用目测方法,配以简单工具进行测量与记录,当场填写经常检查记录表,记录所检查项目的缺损类型,估计缺损范围及养护工作量,提出相应的小修保养措施。经常检查中如发现桥梁重要部(构)件出现明显病害缺陷时,应及时向上级部门报告。

对桥梁状况的整体检查和宏观判断,是桥梁检查中首要的任务。为避免检查工作中只注意具体结构与构造,而忽视整体状况的评判,GB 50923—2013 第14.2.8条规定,"钢管混凝土拱桥整体状况的经常检查可采用目测法,检查应符合下列规定:

(1)拱肋、桥面系整体结构线形应平顺、无异常变形。

(2)结构应无异常的竖向振动或横向摆动。"

GB 50923—2013 第14.2.9条规定,"对于钢管混凝土主拱结构的经常检查可采用目测法,检查应符合下列规定:

(1)应检查主拱钢结构防腐体系损坏范围与程度。

(2)主拱钢结构主要焊缝和螺栓连接应正常。

(3)中承式拱拱肋与桥面系相交处的防护与结构应正常。

(4)系杆索锚固区混凝土不得有裂缝、积水。

(5)拱座混凝土结构不得有开裂情况。"

钢管混凝土主拱结构包括拱肋与横撑。主拱钢结构焊缝检查时要特别注意桁式拱肋管节点的相贯焊缝。因为其焊接质量较难控制且抗疲劳性能较弱,因此是检查的重点。

GB 50923—2013 第14.2.10条规定,"吊索、系杆索的经常检查可采用目测法,检查应符合下列规定:

(1)吊索(尤其是短吊索)的偏位应正常。

(2)吊索、系杆索两端的锚固部位与结构相交部位的防水性能、紧固状况和锈蚀情况应正常。

(3)吊索、系杆索索体的防护体不得出现开裂、破损等情况。

(4)系杆索不得出现松弛,吊索的振动应正常,减振措施(两端阻尼减振器)不得损坏失效。"

经常检查可通过目测和人体感受,检查桥面系、人行道、系杆箱等结构的支承情况、结构的外观情况和振动情况等。

中、下承式钢管混凝土拱桥中的悬吊桥面系,如果桥面板为实心(空心)板或小T梁,其小支座由于所受的恒载(自重)较轻而压不住,在车辆动力荷载作用下易于脱落,因而应是检查的一个重点。

三、定期检查

定期检查指按照规定周期,对桥梁主体结构及其附属构造物的技术状况进行定期跟踪的全面检查,评定桥梁技术状况等级。

《城市桥梁养护技术规范》(CJJ 99—2003)[412]中将定期检测分为常规定期检测与结构定期检测,而《公路桥涵养护规范》(JTG H11—2004)[413]无此细分。GB 50923—2013参照《城市桥梁养护技术规范》(CJJ 99—2003),将定期检查分为常规定期检查与结构定期检测,并对它们的频率按桥梁的跨径大小作了规定,既考虑了必要性,也考虑了实际操作的可行性。

(一)一般规定

常规定期检查依靠富有经验的专职桥梁检查工程师,以目视观察为主,辅以必要的工具、常规测量仪器、照相机和其他现场用器材等,实地判断桥梁病害原因,做出质量状况评估,并估计需要维修的范围和方法,提出可能需要的交通限制建议。常规定期检查可由养护单位自检,也可委托具有一定资质的专业单位进行,检查的频率大于结构定期检查。

结构定期检测,需要一些专门的仪器设备和高水平的检测队伍,因此规定由有资质的单位完成,检查的频率低于常规定期检查。一般来说,结构定期检测是在常规定期检查的基础上进行的,因此当常规定期检查与结构定期检测在同一年内进行时,可将二者合并进行。

对于定期检查的频次,GB 50923—2013第14.2.12条规定:

"(1)常规定期检查应每年一次,可根据桥梁实际运行状况和结构类型、周边环境等情况增加检测次数。

(2)结构定期检测的时间间隔,跨径等于或大于200m的宜为1~2年,关键部位可设仪器监控测试,跨径小于200m的宜为2~3年。

(3)常规定期检查与结构定期检测可合并进行。"

定期检查的手段,宜采用无损检测。有损检测应选择对结构受力影响小的部位进行,并应在检测后采取有效措施予以恢复。定期检查应安排在有利于检查的气候条件下进行。

(二)常规定期检查

GB 50923—2013第14.2.15条规定,"常规定期检查除目视观察外,还应采用专用的测量仪器和设备,在经常检查内容的基础上,接近或进入各被查部件,检查其功能及其缺损状况,常规定期检查应包括下列内容:

（1）现场校核桥梁基本状况资料。

（2）当场记录各部件缺损状况，做出技术状况评价。

（3）实地判断缺损原因，确定维修范围及方式。

（4）对难于判断损坏原因和程度的部件，提出结构定期检测或特殊检查（专门检查）的要求。

（5）对损坏严重、危及安全运行的状况，提出暂时限载限速等交通管理建议。

（6）根据检查结果，进行桥梁技术状况的评定，并确定下次检查的时间。

（7）形成常规定期检查报告。"

GB 50923—2013 第 14.2.16 条规定，"钢管混凝土主拱结构的常规定期检查应包括下列内容：

（1）用敲击法检查拱肋钢管与混凝土有无脱粘或脱空及其范围与程度。

（2）用量测工具检测主拱钢结构防腐保护的损坏范围与程度。

（3）用目测法检查主拱钢结构的焊缝和螺栓的锈蚀程度，用敲击法检查螺栓的松紧情况。"

敲击法检测拱肋钢管与混凝土脱粘的方法，与施工时的检查方法相同，可用质检专用的 3 号钢锤敲击。

GB 50923—2013 第 14.2.17 条规定，"吊索与系杆索常规定期检查宜通过打开吊索与系杆索两端锚固的防护罩等方式，抽检锚头、垫板的工作性能、防腐措施与锈蚀情况；也可通过打开吊索与系杆索的防护体，抽检索体的锈蚀与损伤情况。"

（三）结构定期检查

GB 50923—2013 第 14.2.18 条规定，"结构定期检测应在常规定期检查内容的基础上进行，结构定期检测应包括下列内容：

（1）测试拱肋与桥面系的结构动力特性。

（2）对常规定期检查中发现管内混凝土与钢管有脱粘现象的，用超声波全面检查拱肋脱粘情况。

（3）用超声波抽检主拱钢结构主要焊缝的质量。

（4）抽检吊索与系杆索的索力。

（5）检测钢结构、混凝土结构等腐蚀程度。

（6）进行常规定期检查中提出的结构构件检测、材料取样试验。

（7）采用专用仪器测量桥面线形、拱肋线形等。"

GB 50923—2013 第 14.2.19 条规定，"结构定期检测应根据桥梁跨径、规模、结构特点、桥龄、交通量、桥梁技术状况评定、自然环境以及桥梁临时封闭对交通与社会的影响，制订详细计划。计划应包括采用的测试技术与组织方案。"

结构动力检测方法见本章第五节介绍。超声波检测拱肋混凝土与钢管黏结、检测焊缝质量方法与要求见第五章介绍。

对于吊索、系杆索的索力,常通过在拉索锚头前安设荷载测力传感器来测定锚后索力,或采用索力振动—频率测定法,或二者联合使用。第一、二次的测定应选在冬季和夏季各进行1次;索力测量应与主梁线形测量同步进行。

桥面线形、拱肋线形的测量,除需要专用仪器外,还应有结构固定测点和测量基准点。这些点的设置要牢固可靠,应按永久性测量标志设定。

高程基准网联测、桥墩沉陷与倾斜观测、桥面线形测量等均应按国家水准测量规范的二等精度要求实施。考虑到桥面行车的活荷载对观测精度的影响和不中断交通的条件,每次观测的时间应选择在夜间至凌晨桥面车辆少的时间段。

桥墩沉陷、倾斜、桥面线形等观测点的高程测定均应闭合在已知高程的基准点上。

钢管混凝土拱桥多为超静定结构,两拱脚的相对变位对其受力十分不利。两拱脚相对变位有上下相对变位、水平相对变位和转动变位,其中以拱脚相对外移的水平相对变位最经常发生,也最不利,是观测的重点。

拱肋在温度及桥面行车动荷载的作用下,时刻处于变化状态,并且随着荷载重量的不同其摆动幅度亦有差别。因此,拱肋变位观测时,应进行连续跟踪观测,观测的时间间隔视车流量的大小而定,白天的时间间隔不宜超过2h,夜间车流量小,观测的时间间隔可适当长一点,每间隔3~4h观测1次。连续观测24h。为了比较,每次观测的具体时间最好以年为周期(即每年观测的季节或月份应基本相同)。对于中、下承式拱桥,桥面的线形观测应与吊杆索力测量同步进行。当观测值出现异常时,应尽快向上级部门汇报,情况严重时应及时限制交通,并尽快查明原因,必要时可委托设计或研究部门进行计算、检测,然后采取措施进行处理。

GB 50923—2013第14.2.20条规定,"当结构定期检测中抽检的结构或构件出现不符合设计要求时,应扩大检测范围直至全面检测。"

GB 50923—2013第14.2.21条规定,"结构定期检测外业工作完成后,应在综合分析的基础上,形成检测报告。结构定期检测报告应包括下列主要内容:

(1)桥梁进行结构定期检测的原因。

(2)结构定期检测的方法和评价结论。

(3)结构使用限制,其中包括荷载、速度、机动车通行或车道数限制。

(4)进一步检测、桥梁静动载试验、承载能力评定的建议。

(5)养护、维修、加固措施的建议。"

四、特殊检查

特殊检查指在特定情况下对桥梁技术状况进行的检查,为采取加固、改善措施提供依据。《公路桥涵养护规范》(JTG H11—2004)[413]中将特殊检查分为专门检查和应急检查,而《城市桥梁养护技术规范》(CJJ 99—2003)[412]无此细分。GB 50923—2013 参照《公路桥涵养护规范》(JTG H11—2004)第3.1.1 条的规定,将钢管混凝土拱桥的特殊检查分为专门检查和应急检查。

(一)一般规定

特殊检查应采用仪器设备,通过现场勘查、试验等手段和科学分析方法,查明桥梁病害及其原因、破损程度和现有承载力等,进行桥梁技术状况评定,并应提出相应的维修、加固、改造和交通管理措施。

特殊检查的手段与方法应根据桥梁破损状况和性质选定,应查明桥梁病害原因、破坏程度等,并对桥梁的技术状态、承载能力和使用性能进行评定,以便采取相应的加固、改善措施。

特殊检查由具有相应资质和能力的单位承担。检测的项目主要有以下两方面:一是结构材料缺损状况诊断,包括材料损坏程度检测、材料物理化学性能测试及缺损原因的分析判断;二是结构整体性能、功能状况鉴定,包括结构承载能力(强度、刚度和稳定性)鉴定,桥梁抗洪能力的鉴定。

对特殊检查后不满足使用要求的钢管混凝土拱桥,在维修加固之前,应采取限载、限速或封闭交通的措施,并继续监测桥梁结构的变化。

(二)专门检查

GB 50923—2013 第 14.2.25 条规定,"钢管混凝土拱桥在下列情况下应进行专门检查:

(1)需进行吊索、系杆索等构件更换的桥梁。

(2)需对桥面系进行维修加固的桥梁。

(3)当定期检查难以判明损坏的原因及程度,或结构定期检测提出需专门检查的桥梁。

(4)为提高或达到设计荷载等级而需进行维修、加固、改造和扩建的桥梁。

(5)达到或超过设计年限,需延长使用时间的桥梁。

(6)根据现行行业标准《城市桥梁养护技术规范》(CJJ 99)的规定,被评定为不合格的 I 类城市桥梁,被评定为 D 级或 E 级的 II 类 ~ V 类城市桥梁;根据现行行业标准《公路桥梁技术状况评定标准》(JTG/T H21)的规定,技术状况评定为四类、五类的公路桥梁。"

GB 50923—2013 第 14.2.26 条规定,"专门检查内容应根据检查的目的与要求进行,检查报告应包括下列主要内容:

（1）概述检查的一般情况，包括桥梁的基本情况，检查的组织、时间、背景和工作过程等。

（2）桥梁技术状况的描述，包括现场调查、试验与检测项目及方法，检测数据以及与大桥建成时或最近的定期检查的数据分析比较结果，桥梁技术状况评定等。

（3）详细阐述检查部位的损坏原因及程度，并提出结构部件和总体的维修、加固或改造的建议。"

（三）应急检查

GB 50923—2013 第 14.2.27 条规定，"钢管混凝土拱桥在下列情况下，应进行应急检查：

（1）钢管混凝土拱肋遭受车辆、漂流物或船舶等撞击，应以拱肋为重点进行应急检查。

（2）吊索或系杆索遭受车辆撞击或桥上发生 8 级以上大风后，应以吊索或系杆索为重点进行应急检查。

（3）桥上发生火灾后，应以伸缩缝、吊索与系杆索的防护、过桥管线和过火范围及其附近的结构与构件为重点进行应急检查。

（4）吊索或系杆索出现破断、桥面系落梁等事故后，应对桥梁整体进行应急检查。

（5）钢管混凝土拱桥整体或局部结构在遭受洪水、流冰、滑坡、地震、漂流物或船舶撞击后，因超重车辆通过或其他异常情况影响而造成损害时，应以受损结构和构件为重点对桥梁整体进行应急检查。"

应急检查中第（1）～（4）款是针对钢管混凝土拱桥的特点规定的。对于第（2）款中的大风，其等级采用蒲福风力等级标准划分。风灾灾害等级一般可划分为以下 3 级：

（1）一般大风：相当 6～8 级大风，主要破坏农作物，对工程设施一般不会造成破坏。

（2）较强大风：相当 9～11 级大风，除破坏农作物、林木外，对工程设施可造成不同程度的破坏。

（3）特强大风：相当于 12 级和以上大风，除破坏农作物、林木外，对工程设施和船舶、车辆等可造成严重破坏，并严重威胁人员生命安全。

桥上发生火灾后的检查内容主要有：火灾影响范围内的桥面、伸缩装置及纵横梁是否受损；火灾影响范围内的各根吊杆及其有关连接件是否受损，吊杆拉力有无变化；如果火灾发生处距吊杆较近（如 10m 以内），则须检查吊杆防腐体系有无损坏，若吊杆的防腐体系损坏严重，还要进一步查看吊杆的钢丝是否也受到损伤。

钢管混凝土拱桥若发生失控车辆、船只或大漂浮物撞击事故后，除按前述安全管理措施进行应急处理外，还应立即做详细的应急检查。调查肇事车辆、船只或大漂浮物的吨位、撞击速度、方向和高度，估算撞击力的大小。根据估算的撞击力对整体结构进行空间分析，判断结构有无功能降低的迹象。检查方法如下：

（1）用肉眼观察受撞部位的损伤状况。观察混凝土表层有无破碎和开裂，是否有构造钢筋或受力钢筋暴露出来。如有破碎,应对破碎范围大小、程度及所在位置做出描述。如有开裂,应对裂纹的数量、分布情况及所在位置做出描述。

（2）用无损探伤仪器对被撞区域进行无损检测,判断混凝土内部是否产生损伤。

（3）用脉动方法测定主墩动力特性的变化,所测基频的阶次尽可能高,并应结合相应振型来判断主墩受撞后的损伤程度。此项检查技术复杂,需要有较多经验,应由专门机构承担并给出报告。

在地震、超重车辆过桥、船只等漂浮物撞击桥墩以及桥上行驶的车辆撞击拱肋或吊杆后,除进行有关应急检查外,还应对结构进行检算,确定结构的使用功能是否仍能满足要求。同时亦应对相应状态下结构的动力特性及响应进行计算,以评判这些意外事故是否会引起故障发生。若有,应对可能发生故障的部位进行仔细测量,用动力特性的变化来进行故障诊断。

GB 50923—2013 第 14.2.28 条规定,"应急检查内容应根据检查的目的与要求进行,检查报告除了应包括本规范第 14.2.26 条规定的内容外,还应包括下列内容:

（1）灾害或突发事件的描述。

（2）受损部位或构件材料的物理、化学性能测试结果与原因分析。

（3）结构强度、刚度和稳定性、整体性能、功能状况等鉴定结果。

（4）维修、加固与改造的建议。

（5）桥梁抗灾能力的评估与防灾减灾的建议。"

对桥梁所受灾害的原因、影响范围等描述,如风灾对于吊索的影响,应记录桥上风力、风速、风向和温度、湿度等资料,以分析吊索振动情况。根据应急检查结果,进行桥梁抗灾能力的鉴定,提出今后防灾减灾的建议,以提高桥梁的抗灾能力。

第三节　技术状况评定

GB 50923—2013 第 14.2.4 条规定,"钢管混凝土拱桥的技术状况应按使用性质,根据现行行业标准《城市桥梁养护技术规范》(CJJ 99)[412]或《公路桥梁技术状况评定标准》(JTG/T H21)[213]的规定进行评定。"

《公路桥涵养护规范》(JTG H11—2004)和《城市桥梁养护技术规范》(CJJ 99—2003)是我国道路桥梁养护方面主要的两本规范。文献[417]进行了两本规范评估方法一般性内容的比较和两座实桥的评估结果对比分析。两座实桥中有一座是钢管混凝土拱桥,桥梁养护等级Ⅰ类。根据检测结果,应用 JTG H11—2004 进行技术状况评估,该桥为二类桥,处于较好状态,养护对策为小修;根据 CJJ 99—2003 规定,吊杆拱桥属于特殊结构桥梁,即为Ⅰ类养护的城市桥梁。该桥吊杆及锚头均存在锈蚀,由 CJJ 99—2003 第 4.5.3 条"吊杆拱桥钢丝、吊杆和锚具损伤"可直接评为不合格级桥梁,桥梁完好状态等级评定为"不合格级",养护对策为立即修复。两本规范的技术状况评估结果存在着矛盾现象,具体比较见表6-1。

某钢管混凝土拱桥两本规范评估结果比较

表6-1

评估要素	JTG H11—2004			CJJ 99—2003		
	权重	状况指数	状况等级	权重	状况指数	状况等级
桥面系	0.25	56.00	三类	0.40		
上部结构	0.15	28.00	四类、五类	0.15		
下部结构	0.60	78.33	二类	0.45		
全桥		61.40	二类			不合格
养护对策		小修			立即修复	

JTG H11—2004 中上部结构的权重较小,对钢管混凝土拱桥上部结构的特殊性和重要性反映不够,导致桥梁完好状态等级评定较高,这是不合理的。而 CJJ 99—2003 则视其为特殊结构的桥梁,直接对桥梁完好状态等级进行评定,无法直观表现桥梁结构组成部分的技术状况等级,同时该规范缺乏钢管混凝土拱桥的评估内容,评估结果受主观因素影响大。

文献[417]分析的主要结论有:

(1)两本规范均采用构件加权法,但具体方法不尽相同,各有优缺点,在今后的研究与修订中应互相借鉴,取长补短。

(2)应用两本规范对两个桥例进行评定的结果,上部结构、桥面系及下部结构评估结果一致性较好,然而桥梁不同部位的权重差异,导致桥梁全桥技术状况等级评估结果存在较大差异。因此,必须对两本规范不同部位的权重值开展综合研究。

(3)两本规范均存在着对于常规桥梁构件划分较粗糙的问题,对缺损、劣化的描述均以文字的形式表现,不直观,不易为检测评估人员所掌握。今后应在现有的规范基础上,不断积累经验与资料,根据不同地区、不同桥型编写图文并茂、详细的实施细则。

(4)两本规范均没有反映钢管混凝土拱桥的具体内容。今后,应以现有规范为基础,开展针对性的研究。

(5)在根据局部构件严重缺损采用直接评估法方面,CJJ 99—2003 作了规定,但该规定不尽合理,使得有些可能进入 E 级的桥梁止于被评为 D 级,无法被评为 E 级,因此要进行相关的修订,使之合理。

JTG H11—2004 未制定将桥梁直接评估为四类或五类桥梁的条件。可能出现当某些重要部件出现严重影响结构安全的破损时,桥梁整体状态评估结果还较好的情况,造成危险程度被掩盖。因此,建议 JTG H11—2004 在修订时增设相关的内容。

2011 年,交通运输部颁布了行业标准《公路桥梁技术状况评定标准》(JTG/T H21—2011)。它是在 JTG H11—2004 基础上制定的,相对于 JTG H11—2004 有了较大的改进:按不同桥型进行桥梁评定分类，并细化不同桥型的部件分类；根据不同桥型的部件类型制定评定细则，将评定指标进行细分并提出了量化标准；提出了 5 类桥梁技术状况单项控制指标；改进了桥梁技术状况的评定模型。钢管混凝土拱桥可归入"钢—混凝土组合拱桥"进行技术状况评定，因此，GB 50923—2013 对公路钢管混凝土拱桥的技术状况规定采用 JTG/T H21 的规定进行评定。

文献[418]对一主跨 57.50m 的钢管混凝土中承式拱进行了检测，应用 JTG/T H21—2011 对桥梁状况进行评定，并对评定方法进行了讨论。结果表明，它仍存在一些不足之处，主要有：

（1）构件划分还不够细。JTG/T H21—2011 中钢—混凝土组合拱桥上部结构部件包括：拱肋、横向连接系、立柱、吊杆、系杆、桥面板（梁）、支座。然而，对于中承式吊杆拱桥，可能同时设有桥面板、吊杆横梁及纵梁，其中吊杆横梁与纵梁在此处归类不明确，划分方式可能因不同的检测人员而异，如部分检测人员将吊杆横梁划分为桥面板（梁），而另一部分人员可能将其划分为横向连接系，导致评定结果不一致。

（2）病害描述，定性指标多，定量指标少。如管内混凝土填充不密实或脱空定性描述"数量极少"、"少部分"及"较多"；焊缝开裂定性描述"少量"、"较多"及"大量"；断丝定性描述"极个别"、"个别"及"部分"等。这样，评定结果受检测人员的主观因素影响较大。

（3）构件病害描述，以部件形式出现。在评定标准中病害描述应是针对单个构件的描述，而 JTG/T H21—2011 中部分构件的病害描述出现以部件形式描述。如锚头损坏评定标准定性描述中出现"个别锚头"及"多数锚头"；防护套损坏评定标准定性描述中出现"个别防护套"、"较多防护套"及"大量防护套"；吊杆的防护层破坏评定标准定性描述中出现"个别吊杆防护层"、"较多吊杆防护层"或"大量吊杆防护层"等。

（4）缺乏脱粘病害对承载力影响的量化指标。钢管混凝土拱肋是钢管混凝土拱桥的主要承重结构，拱肋截面的钢管与混凝土分离，根据成因不同将其分为脱空与脱粘两种类型。脱空是由于施工质量引起的较大程度的脱离；脱粘是在正常工程质量下由于混凝土收缩、温度变化、钢管混凝土受压初期的负套箍力等原因引起的二者之间黏结力的丧失。研究表明，脱空和脱粘均会降低钢管混凝土柱极限承载力。然而，JTG/T H21—2011 中没有此项规定，无法根据整个部件拱肋的脱空或脱粘量定义该病害指标标度。

（5）部分评定指标较多的构件评分方法不合理。如某桥桥面板出现了如下病害：局部混凝土剥落掉角；桥面板混凝土均有轻微碳化，碳化深度小于混凝土保护层厚度；梁底出现极少量轻微裂缝，缝宽未超限。然而，根据 JTG/T H21—2011 的评定方法，三类轻微病害扣分得到该桥面板构件技术状况评分 52.38，且桥面板属于上部结构中的主要部件，因此该桥桥面板技术状况评分为 52.38，技术状况等级为 4 类。这种评分方法容易导致部分评定指标较多的构件出现 3 项以上的少量轻微病害，就将导致该构件评定为 4 类或 5 类构件，对于主要部件则使该部件评为 4 类或 5 类部件，结果甚至可能导致全桥技术状况为 4 类或 5 类。这种评定结果可能使桥梁管理部门做出错误的管养决策,造成不必要的经济损失。

对于跨径较大的钢管混凝土拱桥,若在施工时预埋有长效应变片,则可定期对主拱肋控制断面的应力进行测量,并与完工时的静载试验结果进行比较。必要时还可以进行结构动力特性测试,并与完工时的动载测试结果进行比较,从结构动力特性的变化来间接评判结构损伤程度。

钢管混凝土拱桥属于钢—混凝土组合桥梁,现行的行业标准《公路桥梁承载能力检测评定规程》(JTG/T J21—2011)[419]第1.0.2条规定其只适用于除钢—混凝土组(混)合结构桥梁外的在用公路桥梁的承载能力评定。关于钢管混凝土拱桥的桥梁承载能力评定,目前还没有适用的规范。

第四节　结　构　养　护

一、主拱肋养护

(一)拱肋表面养护

钢管混凝土拱肋直接暴露于大气环境中,钢管表面锈蚀是钢管混凝土拱桥的主要病害之一,如图6-2所示。涂装面层清洁无污垢、无破损是防腐涂装体系达到设计寿命的重要保证,因此钢管混凝土主拱结构应保持钢结构表面清洁,节点、吊点、焊缝等易污部位的污垢应及时清除干净,主拱结构的涂装体系应保持完好。

拱肋表面检查时,要特别注意钢结构焊接点处、桁式结构的节点处和中承式拱拱肋与桥面系的相交处等容易出现锈蚀的部位,如图6-3所示。

在经常检查中,若发现防腐涂层有《铁路钢梁涂膜劣化评定》(TB/T 2486—1994)所列的涂膜劣化等级2级及以上的漆膜破损时,应按下列要求及时进行处理:

(1)当劣化类型为3级粉化时,应清除涂层表面污渍,采用细砂纸除去粉化物,然后覆盖两道相应面漆。

(2)当旧涂层未锈蚀,劣化类型为2~3级,有起泡、裂纹或脱落时,应采用手动工具或电动工具清理损坏的区域周围疏松的涂层,并延伸至

图6-2　某哑铃形拱肋钢管锈蚀照片(全桥)

未损坏的涂层区域 50~80mm 坡口，局部补涂相应底漆和面漆。

（3）当旧涂层锈蚀，劣化类型为 2~3 级时，应清除松散的涂层，然后局部涂装相应防锈底漆和相应中间漆、面漆。

（4）当原喷锌或铝层发生锈蚀，劣化类型为 2~3 级时，应除去松动的涂料涂层和锌或铝涂层，钢表面锈蚀清理应达到 Sa2.5 级。对电弧喷锌或铝涂层清理部位，可改涂特制环氧富锌防锈底漆两道，然后涂装相应中间漆和面漆。

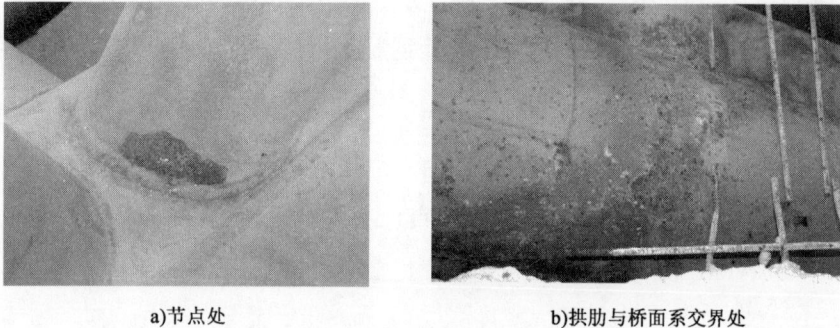

a)节点处   b)拱肋与桥面系交界处

图 6-3   某桁肋拱钢管锈蚀照片（局部）

涂装面层的定期重涂对保证涂装体系整体作用与寿命具有极其重要的作用，除日常的小修小补外，宜每 3~5 年重新涂装一次，对处于非腐蚀环境且涂装质量较好的桥梁，可根据实际情况选择稍长的重新涂装时间间隔。

防腐涂装体系进行整体重新涂装设计时，可采用原设计，但不必限定于原设计，可根据实际需要和防腐体系的技术进步，选择更合适的防腐涂装体系，如将原一般防腐涂料体系改为重防腐涂料体系或将原重防腐涂料体系改为热喷涂防腐体系等。同时，对于城市或污染严重地区的桥梁，可根据实际情况提高对防腐涂装体系的要求，如提高设计寿命、防腐等级等。当防腐涂装体系达到设计寿命期或破损严重时，应重新进行防腐涂装的设计与施工。

对拱座处于常水位以下的钢管混凝土拱桥，每年丰水期来临之前，宜对主拱采取专门的防锈措施。

（二）钢结构联结养护

钢管混凝土拱桥的钢结构焊接应保持在正常状态。当焊缝承受与其方向垂直的交变荷载时，在焊接缺陷及局部应力集中处易诱发疲劳裂纹。应经常检查拱肋及联结系的所有构件有无局部损伤、焊缝有无裂缝。主拱结构的联结处是结构的易损部位，应保持其正常状态。联结处出现异常情况，可能是施工质量问题，也可能是设计缺陷或使用过程中的因素引起的。对于后者，如果只是简单地进行修复，不能从根本上解决问题。

在钢管混凝土桁肋拱中，相贯节点焊缝应成为检查与养护的重点。如 2000 年 6 月建成通车的某桥,在 2009 年定期检查时,发现下游侧 10 号吊杆处斜腹杆与下弦杆交接处焊缝出现裂缝[图 6-4a)];又如 1998 年建成通车的某桥,在 2013 年定期检查时,发现有 9 个斜腹杆与弦管的交接焊缝处出现裂缝[图 6-4b)],其中 8 条分布于上游侧主拱圈,1 条分布于下游侧主拱圈。

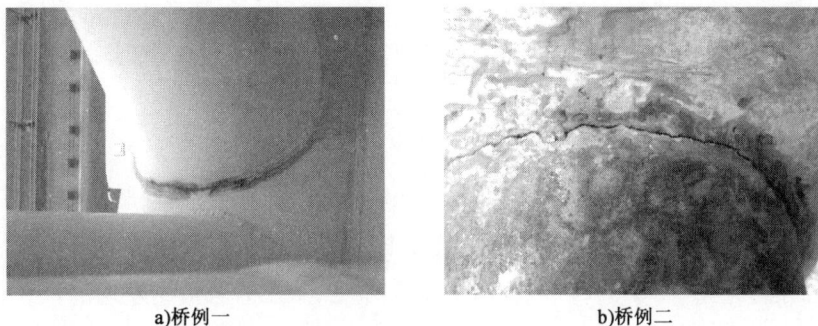

a)桥例一　　　　　　　　　　　　　　　b)桥例二

图 6-4　钢管混凝土桁肋拱节点焊缝开裂照片

对这两座桥出现的节点焊缝开裂现象进行分析,发现有两个共同点:一是两桥均处于非常严重的超载状态,且桥例二处于码头附近,上游侧重车多,下游侧空车多,与其焊缝开裂现象上游侧多、下游侧少相对应;二是两桥相贯节点处均存在先天的缺陷,桥例一节点焊缝开裂处处于竖向转体施工时斜拉索扣点处,可能在竖转过程中受局部力过大而存在损伤,桥例二加工时相贯线采用人工放样,可能存在加工的几何缺陷与焊缝质量问题。两座桥出现的节点焊缝均属于疲劳开裂。

相贯节点支管的轴向刚度远大于主管的径向刚度,因此相贯线成为整个结构的薄弱环节,容易发生疲劳破坏;在焊缝局部范围内由于几何形状的变化,使得应力分布较复杂,应力集中现象非常明显;并且由于钢材焊接时容易在焊件局部产生不均匀的温度场,在焊接接头周围形成自相平衡的纵横向残余应力,其值在焊缝附近通常达到材料的屈服点,加剧了疲劳问题。同时,焊缝常在焊缝金属或邻近热影响区产生缺陷,疲劳裂缝往往会由焊缝附近的咬边、未焊透等焊接缺陷萌生并扩展,直至断裂。在汽车等循环荷载作用下,如果应力变化的幅度过大,即使管件的平均应力远小于屈服强度也能发生疲劳破坏。

我国钢管混凝土拱桥的建设历史才二十余年,上述两座桥一座在建成通车后 9 年、另一座 15 年就出现了节点疲劳开裂的问题。随着时间的推移,交通量增大和超载现象不断发生,钢管混凝土拱肋节点疲劳破坏问题可能逐渐突出,应引起钢管混凝土拱桥养护工作的重视。

检查发现桥梁在使用过程中焊接处有异常情况时,应在实桥相应部位予以标注,并开展跟踪观察,分析裂缝发生原因。裂缝一旦形成,在应力与腐蚀介质的共同作用下,裂纹迅速扩展,如不及时修复,会引起严重后果。止裂是发现裂缝后的要务之一。

钢结构焊接修复工作进行前,应确定修复工艺。修复工作应由专业技术人员承担。可用手电钻在裂缝端钻一直径 $2 \sim 3mm$ 的圆孔，制止裂缝的扩展，然后用碳弧气刨清除裂缝部位。裂缝清除后，用砂轮打磨干净。焊缝修复一般在预热后用 CO_2 保护焊。修复完毕应进行无损检查，确认焊缝缺陷不复存在，否则应重新修补。焊缝修补次数不应超过两次。

钢结构在使用期间的联结处修复，是在受荷载作用下进行的，与制作时无应力或小应力状况不同，且受施工条件限制，往往难以达到原设计的要求。因此，除修复外，一般还要采取一定的结构加固措施。加固方案应开展专题研究，征得有关部门认可后方可实施。

(三)管内混凝土与钢管黏结状态

钢管混凝土拱肋是主要受力构件，由于施工、管内混凝土收缩和日照等因素，管内混凝土与钢管之间的脱粘现象较为普遍，且以拱顶段为主，见第四章第二节的介绍。

第五章曾介绍，GB 50923—2013 第 12.3.2 条规定，施工时若检测发现钢管混凝土拱肋脱粘（角度）率大于 20% 或脱粘空隙厚度大于 3mm 时，应对脱粘处进行钻孔压浆补强处理。对于使用过程中出现脱粘的处理，GB 50923—2013 没有规定。DBJ/T 13-136—2011 第 19.1.6 条规定，钢管混凝土拱肋在检查中发现管内混凝土与钢管出现脱粘（弧度）率大于 20% 或脱粘空隙厚度大于 1mm 的脱粘现象时，应对脱粘处进行钻孔压浆补强。当脱粘率不大于 20% 且脱粘空隙厚度不大于 1mm 时可暂不进行钻孔压浆补强，但应跟踪其发展情况，并适时采取补强措施。压浆补强施工方法见第五章第五节介绍。

二、吊索、系杆索养护

吊索和系杆索是中、下承式拱桥的易损构件和重要构件，是钢管混凝土拱桥检查与养护工作的重点。检查应具针对性，主要内容有索力的测定和腐蚀状况调查等，见上一节介绍。

吊索、系杆索通常由锚具、索体和防护三部分组成。一般来说，锚具的体积较大，锚具本身对锈蚀不是非常敏感，即使出现严重锈蚀层，对承载力影响也不是很大。因此，吊索的安全问题主要是索体及其锚固端的锈蚀、疲劳等引起的断丝而导致的破断，而索体保护层的破损、水汽等有害物质进入索体是导致锈蚀的主要原因。常见的病害与原因有：

(1)设计不合理，使套管参与索的受力，PE 套管或其他防护材料因受力形成环状贯通裂缝(图 6-5)或开裂等病害，索的保护层在连接处开裂，为水分进入索体提供了条件。

吊索上锚头处具有雨水或水汽进入索体的通道；靠近桥面处吊索构造不合理具有进水通道，或无减振措施或减振措施失效，导致局部破损形成进水通道。

(2)镀锌钢丝的镀锌层质量不高，施工中划伤、破损等；施工时对拉索的保护措施不当，造成 PE 等套管划伤、开裂等病害；或采用其他措施防护时的施工质量未达到要求，如套管内水泥砂浆填充不密实、有浮浆或不凝固，或套管内油脂灌注不饱满；水泥砂浆采用减水剂，形成气泡上浮，凝结后生成松软多孔、不致密的水泥石，影响了防护效果等。

（3）PE 套管老化开裂、破损;吊索锚头（窝）或索体内防护油脂渗漏（图 6-6）;密封不严密,导致积水;预埋管及索体内的潮湿度增大,锚头及索体受到腐蚀;寒冷天气时积水结冰冻裂套管等。

| a)吊索 | b)系杆索 |

图 6-5　吊索、系杆索 PE 开裂照片

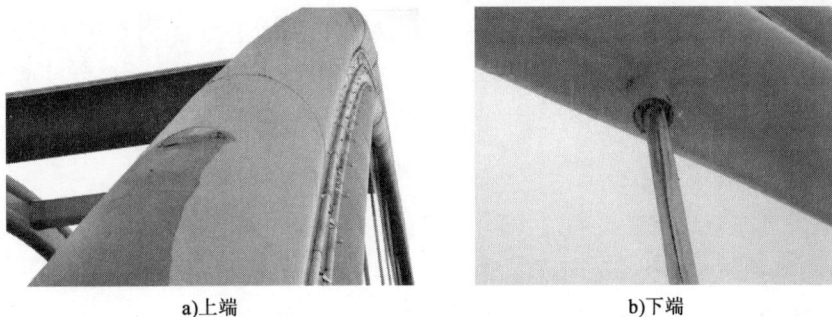

| a)上端 | b)下端 |

图 6-6　吊索锚头油脂渗漏照片

吊索与系杆索的防护是养护工作的重点,针对常见的病害,GB 50923—2013 第 14.3.8 条 ~ 第 14.3.11 条对其做出了详细的规定。

GB 50923—2013 第 14.3.8 条规定,"吊索与系杆索的锚头、护筒、索体应保持清洁和干燥。吊索上锚头若漏水、渗水应及时用防水材料封堵,下锚头若漏水、积水应及时将水排出并封堵水源。"索体护套出现开裂、漏水、渗水未造成严重锈蚀时,可剥开已损坏的护套,将已潮湿的钢索吹干,对已生锈的钢索进行防锈,再涂刷防护漆及防护油,并用玻璃丝布或其他防护材料包扎严密。该条还规定,"系杆箱应保持清洁和干燥,发现积水应及时排出,并采取措施防止积水。"

GB 50923—2013 第 14.3.9 条规定,"应定期更换锚具锚杯内的防护油。当发现防护油渗漏时,应对渗漏部位实施封堵,并补注防护油。"

GB 50923—2013 第 14.3.10 条规定,"应定期更换钢护筒与套管连接处的防水垫圈与阻尼垫圈,连接处应进行防水处理。"

GB 50923—2013 第 14.3.11 条规定,"吊索与系杆索的防护应经常养护。当索体护套出现开裂、漏水、渗水时，应及时处理。当油脂渗漏时，应对渗漏部位进行堵塞。"

此外，吊索与系杆索还要注意是否受到横向力的作用、系杆的变形是否自由（如系杆索支架滚珠轴承是否保持在完好状态）等，并采取适当措施，将其恢复到正常状态。

GB 50923—2013 第 14.3.12 条规定，"当吊索或系杆索出现松弛情况时，应及时查明原因，并采取调索或更换的措施。"

某钢管混凝土中承式拱桥，吊杆由 84 根 ϕ5mm 高强镀锌钢丝组成，镦头锚。全桥五跨共

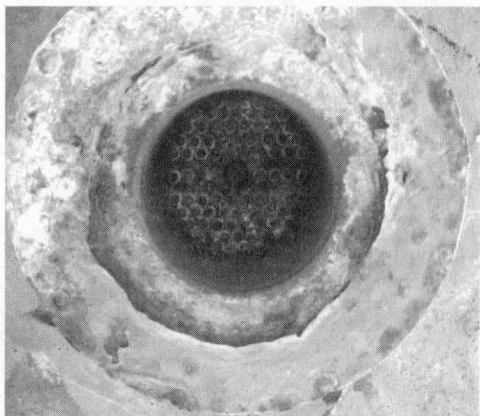

图 6-7　某桥吊杆下锚窝锈蚀

有吊杆 104 根。2003 年，养护单位在巡视过程中发现下端镦头锚生锈渗水（图 6-7），且形成石钟乳，推断锚内存在腐蚀条件，结构已发生锈蚀。打开锚具封口后发现钢丝镦头生锈腐蚀。由于内部钢丝的腐蚀无法观测到，通过擦拭试验判断钢丝的锈蚀刚发生不久，仅在表面形成一层浮锈。对镦头表面进行喷砂除锈后，发现镦头表面积损失不大，吊杆断面仍满足设计要求，因此决定暂不更换吊杆，而是将主要的精力放在防止钢丝的进一步腐蚀上。

检查中未发现压浆口有溢浆痕迹，部分锚具内的积水渗出量达 50L 以上，推断施工时压浆不饱满。因此，补充压浆成为养护维修必不可少的措施之一。由于是在成桥的状态下，补充压浆的饱满度难以完全保证，所以，在压浆施工的基础上还采取了多方面的手段，对可能存在的渗水处进行封闭，并采用特殊阻锈材料对钢护筒内钢丝的腐蚀进行减缓防护，取得了较好的防腐效果[420]。然而，由于原吊索体系防腐能力不足，后期的补救措施效果有限，该桥的吊索还是于 2009 年进行了更换。

系杆索作为拱桥的重要构件，维系着整个桥梁的安全。因此要对系杆索进行必要的检查，做到及时发现问题，消除安全隐患，确保桥梁的结构和使用安全。系杆索的经常检查及维护的工作主要有：

（1）检查系杆索 PE 层是否完好，如有划伤、开裂，应及时补焊或采用外缠包热缩带对损伤处进行修复。特别是在支承架或转向器及转弯的预埋管口处受压的 PE 层。

（2）检查系杆索两端锚具保护罩有无松动，其内灌注的防腐油脂是否漏出。

（3）检查系杆索锚板、夹片有无锈蚀，对发生锈蚀的部位应及时进行除锈，并作防腐处理。检查钢绞线是否受到腐蚀。

（4）检查系杆索的减振器是否安装良好，有无松动、脱落。

（5）检查系杆索防水装置有无松动、破裂，内部防水介质性能是否保持良好，预埋管内有无进水。

桥梁运营期间,可根据实际需要对系杆索索力进行长期的监测。系杆索无论是预应力筋受到腐蚀,还是锚固单元失效,都会导致系杆索的索力产生变化。索力量测时应针对每根系杆索进行。索力如需调整,应制订调整方案,经专题研究、专家论证后实施。

桥梁建成 3 年内,每季度选择季平均最高和最低气温时对系杆索内力进行一次测量。以第 4 年起,每年选择年平均最高和最低气温时对系杆索内力进行一次测量,并做好记录。当实测内力与成桥初始内力相差超过 +5% 时,应及时向原设计单位和主管部门报告,以决定是否进行内力调整。当内力出现较大异动时,应对系杆索进行全面的健康检测。

桥梁投入运营 5 年左右,应对系杆索系统进行全面的检查,以了解其健康状况,并进行相应的养护维修。检查的主要内容,除索力外,还有以下几方面:

(1)防水系统。全面检查系杆索的防水系统;检查外包 PE 是否良好;锚具保护罩及锚具内是否有积水,锚头处的预应力筋是否产生锈蚀,是否有水从锚板处沿预应力筋渗出;防水罩的防水性能是否良好,所用的防水材料有否发生老化或失效。

(2)锚固单元。检查锚具螺纹牙是否良好,有无发生螺纹滑牙、松动现象;检查夹片是否良好;检查防松装置的工作状况。

(3)支承架或转向器。检查支承架的紧固件是否松动;支承架的辊轮转动是否灵活,辊轮的橡胶是否破损;支承架或转向器是否锈蚀;支承架或转向器处系杆索的 PE 层是否开裂或磨损。

我国许多下承式刚架系杆拱桥,均将系杆索置于人行道之下、吊杆横梁之上,大部分有系杆钢箱或混凝土箱,吊杆穿过系杆,系杆箱上方设有吊杆防撞构造,在排水处理不当等情况下,极易形成积水区,如图 6-8 所示。

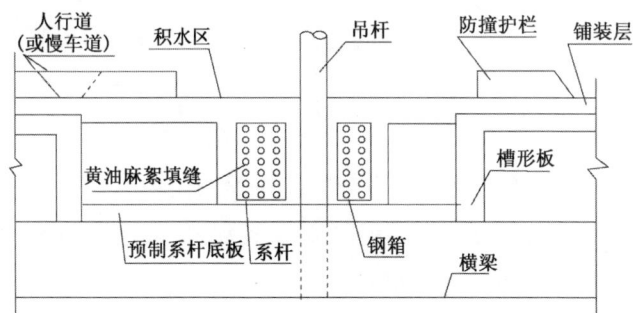

a)系杆布置图　　　　　　　　b)系杆上方积水照片

图6-8 系杆布置图与积水照片

早期有些系杆索采用玻璃纤维布包裹钢丝、内灌黄油的防护。将包裹后的系杆索置于木箱内,周围用混凝土浇注包住的防护措施。工程实践表明,素混凝土在受力和收缩等作用下易于开裂。开裂后周围黄油流失,雨水、积水可渗到系杆索钢丝上,极易引起系杆索锈蚀,加上不易或疏于检查,就会造成系杆索锈断,如广东南海佛陈大桥。

对于此类系杆索,应尽快对系杆索的使用情况进行全面检查和相应的处理,并在养护维修中改善凹形槽排水、防水能力,防止雨水渗入系杆索周围,提高系杆索本身的防护等级,以确保系杆索的耐久性与使用安全。

三、吊索、系杆索更换

(一)概述

高强吊索与系杆索属易损构件,由第三章可知其寿命低于桥梁主体结构的寿命,因此其更换就成为养护工作的重要内容之一。

除达到产品使用寿命需要更换外,GB 50923—2013 第14.3.13条规定,"吊索与系杆索出现下列情况之一时应进行更换:

(1)锚头出现裂缝或破损。

(2)索体护套出现老化与破损且难以修复。

(3)索体出现腐蚀、断丝,遭受撞击或意外损坏,且无法修复。

(4)定期检查或特殊检查认为需更换。"

顺便指出,早期我国钢管混凝土中、下承式拱桥多采用外包钢管或铝管或PE管、内灌填水泥砂浆或黄油的吊索。这类吊索除上述病害外,还有以下病害:

(1)套管内灌水泥砂浆与金属套管发生化学反应(如济南某桥,铝套管与水泥砂浆发生化学反应,铝皮迅速腐蚀破裂),体积膨胀,造成套管胀裂、孔洞、破损。

(2)使用过程中,套管水泥砂浆震动脱落,或固体油脂液化滴漏,索体失去防护,直接与水汽接触。

(3)环境温度变化作用下,由于索体与PE护套的热膨胀系数不同,无法同步胀缩引起PE管开裂。

(4)索体采用黑钢丝,无防护能力。

所以,近年来新设计的桥梁中,此类吊索已不再使用。对于早期桥梁中使用的这类吊杆,宜根据实际情况,进行适时更换。DBJ/T 13-136—2011[92]第19.2.6条规定,采用黑钢丝、灌水泥砂浆保护的吊杆与系杆索使用时间达10年的应进行更换。

短吊索的受力复杂,较之其他吊索更易损坏,所以GB 50923—2013第14.3.14条规定,其更换周期可以短于其他吊索。同时,通过更换下来的短吊索来检查吊索的内部情况和材性,以对全桥的吊索状况进行推断,为是否进行吊索全面更换提供依据。

吊索与系杆索的技术在不断发展之中,更换时不必局限于原设计的产品。近年来,针对钢管混凝土中、下承式拱桥的吊索与系杆索的新产品不断研发出来并投入市场,早期设计的黑钢丝、灌水泥砂浆保护的吊索与系杆索应采用新产品替换,如第三章介绍的一些新产品。此外,还有不锈钢丝索,也是一种新型的吊索,抗拉强度标准值达 1 250MPa,耐蚀性是普通镀锌钢丝的 30～53 倍,研发单位将其视为全寿命的吊索体系,桥梁全寿命期内无须更换。该产品已在浙江三门健跳大桥、杭州余杭运河大桥等钢管混凝土拱桥中得到应用。当然,采用新产品时既要考虑技术先进性,同时也要注重考察其实际应用的质量可靠性。

吊索与系杆索更换工程宜由原设计单位进行方案与施工图设计。更换设计标准不应低于原设计标准。如果换索设计由非原设计单位进行,则也应请原设计单位作为设计复核单位或请原主要设计人员作为咨询专家,听取原设计意图、了解具体计算和对构造设计的意见与建议等。吊索调整或更换前需经专题研究、专家论证,然后制订方案,编写施工工艺,按有关规范和工艺施工。

(二)吊索更换

吊索与系杆索更换工程,工程量不是很大,但技术性很强,应由专业施工队伍实施。

吊索更换时,原吊索的拆除应在无应力状态下进行,所以,换索的施工方法基本采用临时替代支承的方法,临时支承可以是支架、临时吊杆等。吊索更换时以索力和桥面高程为控制参数,将被更换索的索力先转移到临时支承上,拆掉旧索,安装新索,再把临时支承上的力转移到新索上,更换的过程经历两次体系转换。图 6-9 所示是某桥吊索更换施工时的照片。

对于早期设计的不具备或不能满足可检查、可更换性能要求的吊索,第一次更换时应考虑后续检查与更换的可能性。同时,还要考虑提高其阻水和排水的功能。

施工过程应进行严格的防、排水。如有条件,施工后期可采用干风干燥下端预埋管。吊索及有关连接件或附件更换完毕后,应重新对它们作防腐处理,并应对吊索拉力进行 1 次测量。吊索更换的一些工程实践与相关的研究,参见文献[421-426]。

图 6-9 某桥吊索更换施工照片

需要指出的是,由第四章第八节分析可知,悬吊桥面系的结构强健性是防止断索发生后结构发生连续垮塌的关键,它与吊索布置、桥面系结构与构造密切相关。在已建成的桥梁使用过程中频繁地更换吊索,并不是保证桥梁安全唯一的方法。当前对索体内部检测技术手段有限,有些桥梁在不明索体具体情况下,盲目地换索是不合理、不科学也是不负责任的。如图 6-10所示,某桥在检测单位建议下、业主盲目换下的完好的吊索,造成了不必要的直接和间接经济损失和不良的社会影响。

（三）系杆索更换

GB 50923—2013 第 14.3.18 条规定，"系杆索更换过程中，宜保持总索力不小于原设计索力。系杆换索不得采用突然释放应力的办法进行。"

系杆索更换施工中，新、旧系杆索要共同承受拱肋水平推力，因此，新系杆索的张拉吨位、旧系杆索的剪断顺序以及新旧系杆索总张拉力等要一起统筹考虑，开展专题研究，定出详尽的方案，编写施工工艺，并经专家论证后，按有关规范和工艺施工。对于技术复杂的换索工程，还需要进行施工监测和控制，以保证安全。张拉过程中控制的主要内容有系杆索张拉力、墩顶位移与拱顶位移以及拱肋与桥墩的应力。系杆索更换后应重新作防腐处理，并重新测量拉力。

图 6-10　某桥换下的吊索照片

系杆索更换方案，根据实际桥梁可分为三种情况：设计预留了更换孔道的，可通过更换孔道安装新系杆索，逐步更换旧系杆索；设计未预留更换孔道，但系杆索锚头没有封固死，系杆索可用前卡式千斤顶逐股松索后抽换；设计未预留更换孔道且系杆索锚头封固死，则要考虑新系杆索的设置问题。

对于最后一种情况，新系杆索设置位置的确定，既要从受力方面考虑对桥梁结构的影响和锚固方便，也要从几何空间方面考虑对桥梁使用性能的影响，以及考虑其美观和系杆索更换施工的难易程度。广东南海佛陈大桥的系杆索更换就属于这一种情况。

广东南海佛陈大桥于 1994 年建成。它的系杆用玻璃纤维布包裹、内灌黄油后，置于木箱内，周围浇注混凝土。系杆索处于机动车与非机动车分隔带的两个防护墙之间，实际上是位于一凹形槽底部，如图 6-11a）所示。因凹形槽未作特殊排水设计，导致严重积水，积水渗入系杆索，引起锈蚀。1999 年开封检查时发现个别系杆索松软，推断已破断，如图 6-11b）所示。2000年加固时，发现由 240 根钢绞线组成的系杆索中，锈断的达 31 根，另有 7 根锈蚀断面积已达9.8%，系杆索断束和锈蚀的问题已严重危及桥梁的安全。

该桥原设计没有考虑系杆索更换问题，系杆索锚头全部用钢筋混凝土锚固块封死[图 6-12a）]。为此，只得将新系杆索锚固在拱肋内侧的钢锚箱内[图 6-12b）]，通过两侧钢板将钢锚箱与原锚固块连接起来。每片拱肋下采用 4 根 SNS/S-121×7mm 镀锌钢丝挤包高密度聚乙烯护层扭绞型成品拉索，两端配 LZM121L-7 型冷铸锚头，锚于拱脚内的钢锚箱中，以此代替原来水平系杆。由于新系杆索的锚固构造与传力途径复杂，因此进行了模型试验研究，并对更换系杆索的施工过程进行了监测监控。2000 年 4 月开始加固施工，2000 年年底完工。维修后的大桥如图 6-13 所示[427-428]。

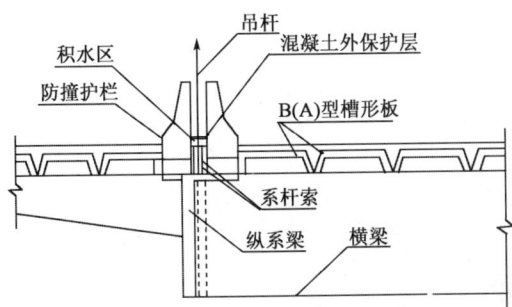

a)布置图　　　　　　　　　　　　　　　　b)锈断照片

图 6-11　广东南海佛陈大桥原系杆

a)原系杆索锚固端　　　　　　　　　　　　b)新系杆索锚固箱

图 6-12　广东南海佛陈大桥系杆更换

我国早期修建的刚架系杆拱桥的系杆索,多采用类似于广东南海佛陈大桥的防护措施,防腐效果差,均应适时进行更换。目前,如广东南海三山西大桥、四川峨边大渡河大桥等已进行了更换。四川峨边大渡河大桥主桥为一孔 138m 的钢管混凝土桁肋下承式刚架系杆拱桥,矢跨比 1/5,拱轴线系数 1.352,桥面宽度为 9m(车行道) + 2 × 2m

图 6-13　广东南海佛陈大桥

(人行道)。系杆索防护采用涂裹 10mm 橡胶沥青,然后用 2 ~ 3 层塑料薄膜、3 ~ 5mm 石棉布、2 ~ 3 层塑料薄膜、3 层钢丝包裹,最后抹 10mm 厚 C40 水泥浆保护层。大桥于 1995 年建成通车,2002 年检测发现了包括系杆索严重锈蚀(图 6-14)的病害,2005 年进行了系杆索更换等维修加固施工(图 6-15)。

系杆索放张换索不能采用突然释放应力的办法进行,必须采用合适的方法进行应力松弛与放张。一种方法是通过连接器,接长锚头外露钢绞线进行。连接器的两端有扣接锚板,扣接锚板通过螺纹和连接器的外套筒连接,连接器外径小于锚具支撑筒外径。图 6-16 所示为系杆索连接器与放张示意图。

图 6-14　四川峨边大渡河大桥原系杆索锈蚀照片

a)全景　　　　　　　　　　　　　　b)新系杆索锚固端

图 6-15　四川峨边大渡河大桥系杆索更换施工照片

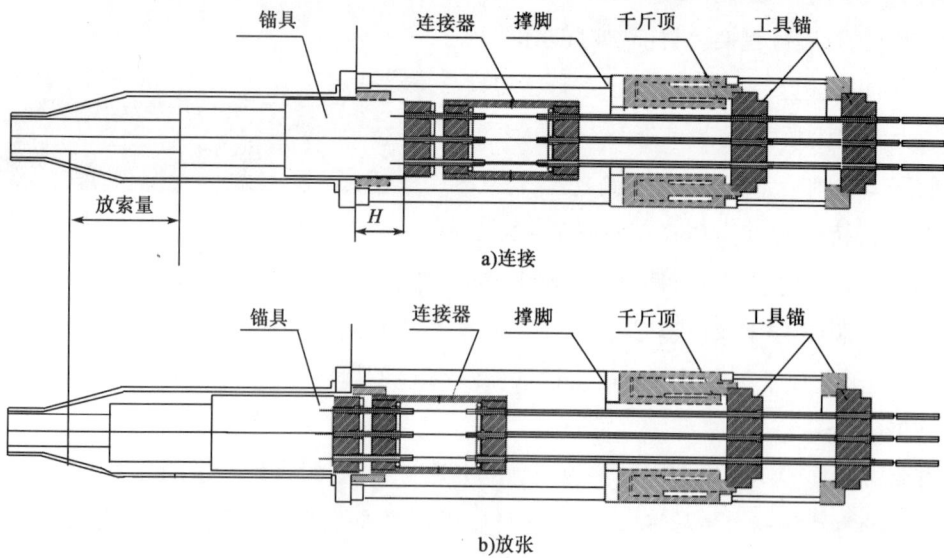

a)连接

b)放张

图 6-16　系杆索连接与放张示意图

四、桥面系养护

钢管混凝土拱桥桥面系、桥面板、桥面铺装的养护与其他桥梁相同,应根据结构、材料类型,依据桥梁使用性质,满足现行《公路桥涵养护规范》(JTG H11)或《城市桥梁养护技术规范》(CJJ 99)的相关规定。GB 50923—2013 对此未提出专门的规定。

桥面铺装是车辆直接作用的部分,它的好坏直接影响着行车的舒适、安全和畅通。桥面铺装在轮胎和自然因素的不断作用下,是桥梁结构中是最容易损坏的部分,特别是使用时间较长的旧桥,桥面不平整对行车产生影响,轻则行车有轻微的颠簸,重则产生跳车,引起相邻梁段的严重振动,增加构件的疲劳,不及时改善将缩短桥梁的使用寿命。

桥面铺装是所有桥梁日常养护的工作重点,其主要内容有:经常清扫桥面,保持桥面清洁;及时排除积水,清除冰凌和积雪;经常维修保养,以保持桥面坚实、平整、清洁。

DBJ/T 13-136—2011[92]第 19.3.1 条规定,钢管混凝土拱桥的桥面应经常清扫。桥面平整度应保持在 C(良)和 C(良)以上。桥面平整度低于 C 级时,应采取有效措施进行调整或重新铺装。该条还规定,桥面平整度可采用平整度指标法或平整度功率谱法来评定。平整度指标法评价标准值 IRI、平整度功率谱法评价标准值 $S_q(n_0)$ 应符合表 6-2 的规定。

桥面平整度评价标准值

表 6-2

桥面等级	IRI (m/km)		$S_q(n_0)$ (mm² · m)	
	下限	上限	下限	上限
A(极优)	—	2.00	—	11.1
B(优)	2.00	4.00	11.1	44.4
C(良)	4.00	6.00	44.4	100.0
D(中)	6.00	8.00	100.0	177.8
E(次)	8.00	10.00	177.8	277.8
F(差)	10.00	—	277.8	—

此外,文献[429]根据调查资料,得出了钢管混凝土拱桥的桥面平整度与使用年数直接相关的结论。DBJ/T 13-136—2011[92]第 19.3.3 条给出了经验预测公式,见式(6-1)、式(6-2)。

$$IRI = 4.958 + 0.075\,77\exp\left(\frac{Y}{2.845}\right) \tag{6-1}$$

$$S_q(n_0) = \left[8.263 + 0.012\,63\exp\left(\frac{Y}{2.845}\right)\right]^2 \tag{6-2}$$

式中:IRI——桥面平整度指标法评价标准值;

$S_q(n_0)$——桥面平整度功率谱法评价标准值;

Y——桥梁的使用年数。

桥面铺装的维修保养,视水泥混凝土铺装和沥青铺装而不同。对于沥青混凝土铺装的桥面,如出现泛油、拥包、裂缝、波浪、坑槽等病害,可采取挖补形式修复;损坏面积较大时,可进行局部翻修或将整孔铺装凿除,重铺新的铺装层;一般不宜在原路面上加铺桥面,以免增加桥梁恒载。如确实需要采取全桥翻铺,则应考虑铺装重量增加对结构受力的影响,以确定桥梁是否允许加铺沥青层。如果允许加铺,桥面防水层应重新施工,并且要求桥面凿毛及清理干净。

对于水泥混凝土铺装的桥面,如出现断裂、破损、裂缝、麻面等病害,应及时处理。对于出现的少量裂缝,可采用压浆处理;对于其他病害可局部凿除修补。如果损坏面积较大,应将原铺装整孔凿除,重铺新的铺装层。在此之前,应进行临时的修补,保证平稳和安全行车的需要。水泥混凝土桥面重新铺装应采用不低于原设计等级的材料和结构,采用高性能或超高性能混凝土。超高性能混凝土(UHPC)已在新建桥梁和桥梁加固改造中得到应用[430]。文献[431]介绍了其在桥面铺装改造中的应用,可供钢管混凝土拱桥水泥混凝土桥面铺装改造借鉴。

五、桥面系加固改造

我国早期的中、下承式钢管混凝土拱桥(非拱梁组合)的悬吊桥面系多采用无加劲纵梁的、以横梁受力为主的结构,即第三章介绍的第五类桥面系,其强健性较差。对这类桥梁进行强健性加固改造势在必行。GB 50923—2013 第 14.3.21 条规定,"对中承式、下承式钢管混凝土拱桥仅有横梁无加劲纵梁的悬吊桥面系,宜根据桥梁使用状况进行加固改造。加固改造后的结构应具有一根横梁两端相对应的吊索失效后不落梁的能力。"这一能力与 GB 50923—2013 第 7.5.1 条强制性条文对于新建桥梁悬吊桥面系的强健性要求是相同的,参见本书第四章第八节的介绍和文献[352]的研究。

加固改造的方法主要是加设加劲纵梁,如加设钢管桁架纵梁、钢加劲纵梁等。以下介绍两个实例。

福建闽清石潭溪大桥为净跨 136m 的钢管混凝土中承式桁拱桥(详见《实例集一》第五章[77])。桥面系为纵铺桥面板式,钢筋混凝土工字形吊杆横梁,其上架设钢筋混凝土小 T 梁桥面板结构。小 T 梁之间采用铰接,与横梁相交处采用混凝土湿接缝,并将部分主筋纵向相连,使纵横梁连成整体。通过在横梁之间加设钢管桁架加劲纵梁(图 6-17),对桥面系进行了改造,提高了桥面系的结构强健性[432-433]。

广东广州丫髻沙大桥主桥为 76m+360m+76m 三跨飞鸟式钢管混凝土拱桥(见第二章第六节介绍)。悬吊桥面系为钢横梁+混凝土桥面板的组合结构,设计时考虑利用支承检查车轨道的小纵梁来增强桥面的整体性,如图 3-84 所示。然而,由于小纵梁参与桥面的受力,在车辆荷载等因素作用下,横梁与小纵梁连接处出现了较为严重的病害且数量较多,如高强螺栓松动、断裂、脱落,小纵梁与横梁的连接角钢开裂、断裂,横梁腹板与下翼板间的水平焊缝开裂且部分裂缝已往腹板延伸,部分连接腹板角钢下排螺栓孔处腹板斜向开裂等;个别钢横梁加劲肋下缘处腹板存在开裂,部分钢横梁的个别加劲肋下缘处油漆亦存在细微开裂;检查车轨道梁与小纵梁的连接螺栓多处存在松动、断裂及脱落现象;钢横梁及小纵梁个别部位存在油漆起泡、干裂及剥落现象;个别小纵梁存在异常变形状况。对比 2006 年检查,2009 年的检查发现焊缝开裂数目及长度均有大幅增长,连接角钢、螺栓脱落的数目、范围同样存在大幅增长。部分病害照片如图 6-18 所示。

a)仰视

b)加劲纵梁细部(人行道未盖上)

c)模型试验

图 6-17 福建闽清石潭溪大桥加劲纵梁加固

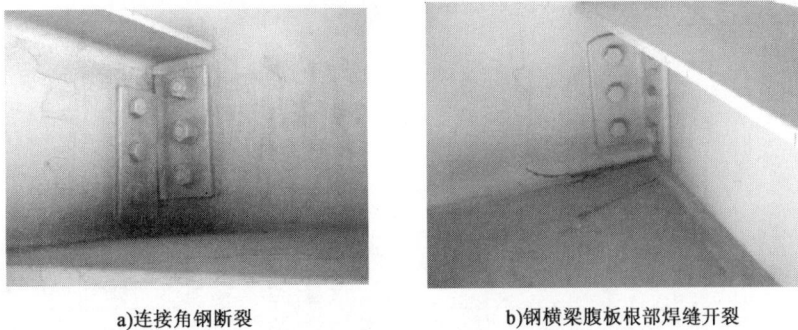

a)连接角钢断裂

b)钢横梁腹板根部焊缝开裂

图 6-18 广东广州丫髻沙大桥小纵梁病害照片

为提高桥梁的横向刚度,2011 年的维修加固方案提出在原有桥面系基础上增设大纵梁,提高了桥面系的结构强健性。吊杆范围内大纵梁紧邻吊杆设置,纵梁腹板通过拼接板与横梁竖肋连接,纵梁翼缘通过鱼形板连接;吊杆区域以外大纵梁腹板通过角钢与横梁腹板连接,纵梁下翼缘通过鱼形板与横梁下翼缘连接。大纵梁加固构造如图 6-19 所示。为便于安装,每根大纵梁分成两段,长度根据现场实际测量结果进行放样加工,现场采用拼接板连接[434]。

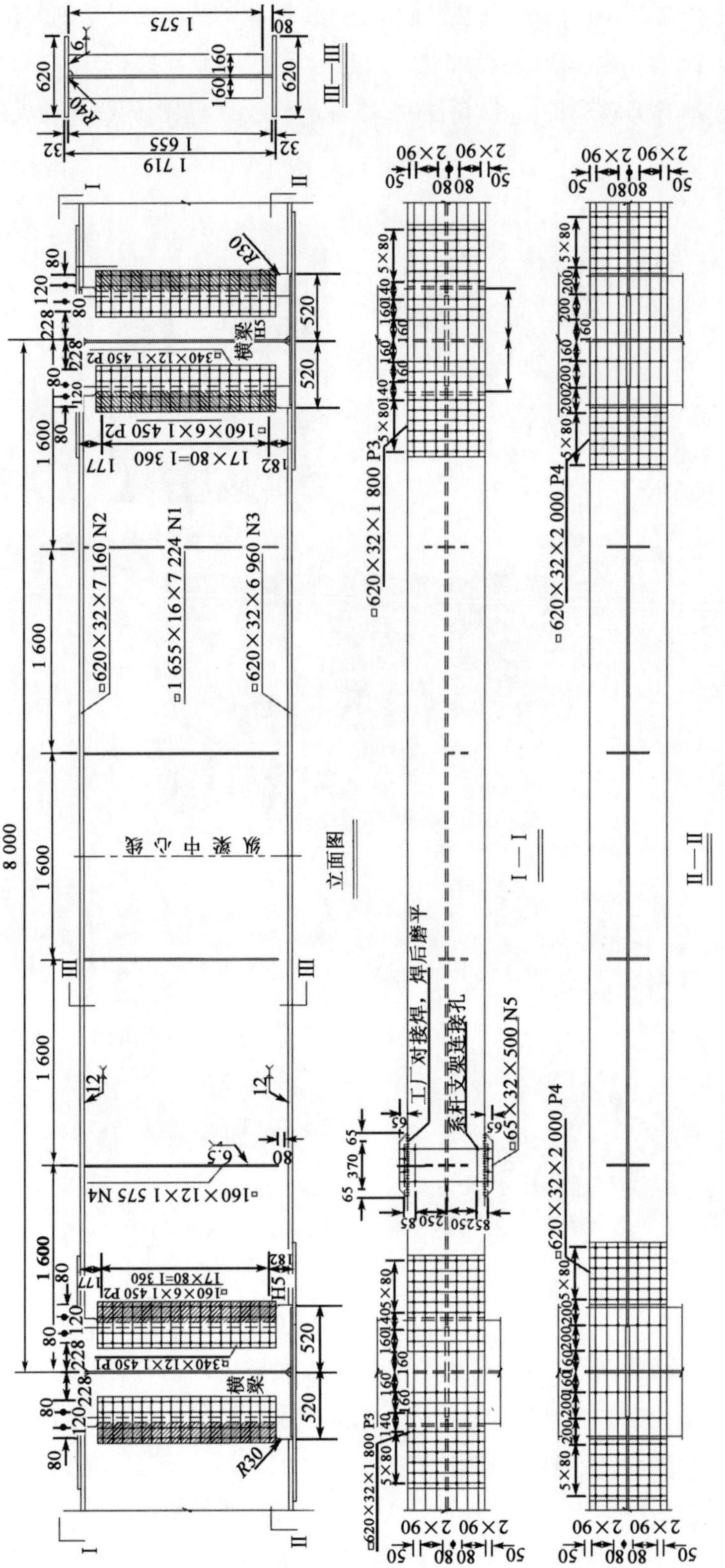

图6-19 广东广州丫髻沙大桥大纵梁加固构造（尺寸单位：mm）

施工时,每端前 4 个节间的大纵梁,通过桥面下设置的电动葫芦直接提升、安装就位;其余节间大纵梁由桥面上的吊车放至横梁端部,在横梁下翼缘板上铺设四氟板,将纵梁由横梁端部吊入落在横梁下翼缘,通过四氟板将纵梁移动到位,并采用千斤顶进行微调,然后安装连接件。加固改造后的大纵梁如图 6-20 所示。

文献[352]对福建闽清石潭溪大桥、广东广州丫髻沙大桥将原有五类桥面系改造为四类桥面系后的结构进行了破坏极限状态分析。结果表明,两桥均具有 1 对吊索破断后不发生连续垮塌的能力,即强健性满足要求。

图 6-20　广东广州丫髻沙大桥加劲大纵梁

文献[352]还对 1 座采用了加劲纵梁的第四类桥面系的强健性进行了分析。结果表明,该桥面系尽管设置了加劲纵梁,但抗连续倒塌的能力不足。换言之,近年来虽然采用有加劲纵梁的桥面结构越来越多,然而,有些加劲纵梁以概念性构造设计为主,没有进行专门的设计与计算,并不一定会具有足够的强健性。此类结构可能也需要进行加固与改造。

从第四章第八节的分析可知,桥面板连续构造对结构强健性也有重要的作用。许多桥梁的桥面板由众多的预制梁(板)和现浇湿接缝组成,连续性、整体性较差,拉结强度也不足。因此,在进行桥面系结构加固改造时,应根据实际需要和可能对其进行加强改造。

由前面分析可知,悬吊桥面系的强健性除与吊索这一关键构件有关外,还与吊索布置、桥面系结构与构造有密切关系。近年来,中、下承式拱桥桥面系强健性不足的问题不断暴露出来,也不断得到重视。然而,应该认识到这些问题并不是钢管混凝土拱桥固有的问题,也不是无法解决的问题。因为这些问题盲目地反对修建钢管混凝土拱桥也是不合理与不科学的。需要提醒注意的是,第四章第八节中所列举的 5 座中承式拱断索事故,只有 1 座是钢管混凝土拱桥,另 4 座则是钢筋混凝土拱桥。有 4 座钢筋混凝土中承式拱出现断索事故,也不意味着我们要盲目地反对修建这类桥梁,如同个别石拱桥垮塌,我们并不能因此就反对修建石拱桥一样。事实上,从文献[42,435]可知,各种桥型、各种材料修建的桥梁在世界各地均出现过垮塌。关键在于吸取教训,找到避免出现垮塌的办法,而强健性设计是在各种经验教训基础上发展起来的目前较为有效的方法之一。

六、其他结构养护

钢管混凝土拱桥除了对主要受力构件要进行检查与养护外,与其他桥梁一样要十分注意其他附属设施的养护。GB 50923—2013 第 14.3.20 条规定,"桥面系结构的支座应经常养护;"第 14.3.23 条规定,"伸缩缝应经常清扫;排水系统应保持畅通;人行道、栏杆、防护栏、照明设施、交通标志等功能应正常。"

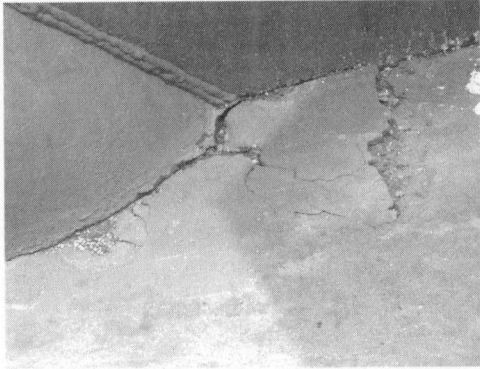
图6-21　拱座混凝土开裂照片

（一）拱座等钢筋混凝土结构

钢管混凝土拱桥拱座和其他钢筋混凝土结构（如钢筋混凝土的纵、横梁,桥面板等）,与一般桥梁的钢筋混凝土结构一样,会出现混凝土开裂（图6-21）、渗水、表面风化、剥落、露筋和钢筋锈蚀等病害。养护检查时要特别注意检查混凝土结构物的渗水、渗漏,并判断损坏情况。

拱座应清洁干燥,及时排除积水。在拱座与裸露的钢管混凝土交界段以上露出的钢管表面,若涂层出现褶皱、龟裂,在排除涂层质量、气温、老化等原因外,宜再将包裹混凝土向上延长。若拱座的外包混凝土出现褶皱、龟裂、裂纹,当无明显变形时,可暂用水泥砂浆涂抹,加强观察,分析原因,待稳定后再根据情况进行修复（如压浆、封闭或凿除裂损部分进行修复）。大气污染区则应采用改性乳胶漆等材料进行大面积喷涂防护。对拱座处的积水要及时排除,保持清洁干燥。每年冬夏来临之前,对裸管段与有外包混凝土的管段交界处要涂厚油脂。

在检查中若发现混凝土有开裂现象,应注意观察其发展情况,待稳定后再根据开裂情况进行修复。如裂缝发展严重,则应查明原因,咨询专家、委托设计或科研单位,提出加固处理措施并实施。若发现混凝土有露筋、剥落等现象,则应及时修补。

（二）支座

桥梁支座的主要作用是将桥跨结构上的恒载与活载反力传递到桥梁的墩台上去,同时它又能保证桥跨结构所要求的位移和转动,使结构的实际受力情况能与设计时所采用的计算图式相吻合,因此保证支座的正常使用和完好是桥梁养护中一项很重要的工作。

GB 50923—2013第14.3.20条提出,"桥面系结构的支座应经常养护。支座垫层上的积水应及时清除。钢构件应保持清洁,防止锈蚀。当出现下列情况时,应及时维修:

（1）支座与梁底、支座与砂浆垫层之间的接触面不平整时,应予以调平。

（2）梁体位移及转角受阻碍时,应解除约束,恢复其自由变形。

（3）支座组件有损坏时,应予以维修、更换。

（4）支座脱落时,应及时补上,并设置限位或固定措施。"

支座的清扫保洁是其养护的最基本最有效的内容之一。相比较而言,由于支座在桥面之下,其清扫的难度要比伸缩缝大许多。但其受污染的程度也较伸缩缝低些,清扫的时间间隔可长一些。一般每3~6个月应清扫一次,雨季和冬季可根据具体情况加强清扫。及时清扫,是使支座正常发挥作用、防止生锈和腐蚀的重要途径。

支座的清扫应认真,支座处的污水、垃圾应彻底清除,冬季还包括积雪和冰块,以保证梁跨自由伸缩。对盆式橡胶支座,应设置支座防尘罩,防止灰尘落入或雨、雪渗入支座内。

支座清扫前应做好防护,避免清扫过程中扬起的杂物、尘土等对桥下通航和环境造成不利影响。支座各部位应保持完整、清洁,支承垫板要平整紧密,对那些松动的螺栓应予拧紧,并加油保护。对橡胶支座或组合支座,要防止其中的橡胶体接触油脂。对梁底及墩、台帽上的残存机油等应进行清洗,防止橡胶受其作用加速老化、变质而失去作用。

支座应定期检查。检查的内容包括支座的锚固螺栓是否牢固、有无剪断损坏,螺母有无松动;滑动支座的滑动面是否干涩、锈蚀;滑动范围是否在设计范围内;滑动轨迹是否正常;橡胶支座是否老化、变形或断裂,位置是否正确;检查支座垫层混凝土是否存在裂缝、散落等情况。

钢管混凝土中、下承式拱桥中的悬吊桥面系部分小支座易于脱落(图6-22),故 GB 50923—2013第14.3.20条第4款提出了针对性的养护要求。

a)桥例一　　　　　　　　　　　　　　b)桥例二

图6-22　小支座脱落

当桥梁结构遭受异常情况后,如有严重超载车辆通过、地震后或受到船只或漂浮物的撞击,对支座情况应仔细检查,发现异常迅速采取措施并报告有关部门。

(三)伸缩缝(装置)

桥梁伸缩装置在各种自然(雨、雪、臭氧、温度变化、潮湿、二氧化碳、紫外线等)和人为(除冰剂、工业污染物、汽车活载等)因素作用下,不可避免地要老化和损坏,这也是钢管混凝土拱桥中常见的病害(图6-23)。

对桥梁伸缩缝(装置)进行适时的养护,保证其处于良好的工作状态与服务水平,延长其使用寿命,降低维修成本,是桥梁养护的重要内容之一。

伸缩缝的清扫是其养护中最重要也是最基本最有效的内容之一。伸缩缝的清扫也比桥梁其他部位的保洁更为重要。所有的伸缩缝都要按时认真地清扫,清除夹在缝内的碎石、泥土等杂物,保持伸缩缝的清洁以及伸缩性。清扫除采用扫帚外,还应使用带有坚硬延伸管的高压喷枪用水或空气清除其中的杂物。清扫前应做好防护,避免清扫过程中扬起的杂物、尘土及水汽对桥上及桥下交通造成不利影响。在清扫过程中,对那些松动的螺栓应予拧紧,并加油保护。

a)伸缩装置破损　　　　　b)渗水

图6-23　伸缩装置病害照片

　　伸缩缝轻微损坏时应立即修复,使其发挥正常作用,如任其发展将引起伸缩缝的严重损坏或功能丧失,甚至引起桥体结构的损坏,大大增加维修与改造的费用。伸缩缝修复时,一般的工作顺序是先清除伸缩缝缝隙中的杂物,清理外露的桥面板和钢筋表面,并在钢筋表面涂上环氧涂层,然后维修伸缩缝垫层,保证伸缩缝的支撑和锚固结实可靠。最后拆除和更换伸缩缝装置中损坏的部分。

　　伸缩装置出现以下这些情况时应考虑更换,如钢板伸缩装置中钢板变形、螺栓脱落、伸缩不能正常进行,橡胶伸缩装置中橡胶老化、脱落,固定角钢变形、松动、缺失等。

　　在伸缩缝维修与改造中必须十分注意伸缩缝垫层的施工,尤其是当桥面板存在许多裂缝和含有大量的氯化物时。如果对垫层没有进行改进,现有桥面板状况的继续恶化,会在短期内使新修的伸缩缝的支撑遭到破坏,甚至导致一次更大的维修。另一方面,更换伸缩缝往往涉及清除伸缩缝周围的部分或全部桥面板顶缘并重新浇注。这样,更换后的伸缩缝装置能更好地锚固在桥面板垫层上,比修复伸缩缝更持久耐用,其性能也更好。伸缩装置两侧后浇混凝土破损是伸缩装置的主要病害之一,维修时采用超高性能混凝土(UHPC)可能取得较好的效果,是一项值得研发的技术。

　　在实际工作中,伸缩装置修复前工作人员应认真学习设计和施工文件,判断伸缩缝的支撑结构,以保证在清除混凝土时不会对其产生破坏。对密封橡胶应检查防水性能,对受损部位的修复应按照相应规范的规定进行,保证伸缩缝的正常功能。维修或更换伸缩缝时,应采取相应措施维持交通。如分两半幅施工,应在伸缩缝上架设跨缝设施等。

（四）其他附属设施

1. 桥面排水设施

桥面排水设施主要有泄水管和引水槽两种,应保持其处于正常状态,避免出现如泄水孔堵塞等问题,影响桥面结构的寿命,桥梁的通行能力和行车、行人的安全。

泄水管常见的病害有:在外界作用影响下而产生局部破裂、损伤,出现洞穴而产生漏水;管体由于接头连接不牢而产生掉落,失去排水作用;管内有泥石杂物堵塞,从而导致排水不畅,水流不通;管口有泥石杂物堆积,金属排水管道由于锈蚀出现漏水或堵塞等。

引水槽常见的病害有:堆泥、堵塞,水流不畅,槽口破裂损坏而出现漏水、积水等。

排水设施的养护维修包括以下几个方面:

(1)要定期检查桥面尘土和异物累积情况,泄水管、引水槽要及时清扫、疏通。桥面缘石的横向泄水孔道,不够长的要接长,避免桥面水流沿梁侧流泻。

(2)泄水管损坏要及时修补,接头不牢或已掉落的要重新安装接上,损坏严重的要予以更换。

(3)引水槽破裂的要重新修理,长度不足时予以接长。当槽口太小,不能满足排水沟需要时,要扩大槽口重新修筑。

在进行桥面排水的维修设计时,不要盲目地认为现有排水系统是合理的。我国幅员辽阔,各地气候相差甚大,桥面系的排水要求相差甚远。然而在现有桥梁设计中,桥面排水系统往往不受重视,设计人员有时照搬照套,使一些桥梁的排水系统设计不合理。桥梁养护部门应根据当地的降雨情况,总结出适合于本地区的桥面排水系统、排水设施的布置与构造要求,根据实际桥梁的排水系统工作情况,重新审视现有桥梁的排水系统,以确定是否更新、加大或重新设计。然后根据实际养护经费,有重点地分批解决现有桥梁的排水系统问题。同时,应把相应的排水要求与较适合本地区的排水系统向上级部门反映,推荐给新桥的设计单位。

对于中承式桥梁还要注意拱肋与桥面相交处的排水情况,要避免雨水通过相交处的空隙顺着钢管流到桥下。

2. 人行道、栏杆和护栏

桥梁栏杆、防撞墙应经常保持完好状态,栏杆柱应竖立正直,伸缩缝处的水平杆件应能自由伸缩,如有缺损,应及时补齐。栏杆破损或不完整的主要原因有:车辆碰撞损坏、人为盗窃破坏、自然损坏和设计不当引起损坏等。栏杆破损或不完整,不仅影响美观,破坏城市的形象,还会危及行人和车辆的安全,应及时采取防护措施并尽快修复。

应注意观察栏杆的线形,栏杆的异常变形有时是由于主体结构的异常变形引起的。当发现栏杆有错位,扭曲和线形不匀顺时,就要注意检查主体结构的情况,必要时测量桥面和主拱的线形,以判断桥梁主体结构是否有异常变位。钢栏杆应经常除锈,刷漆要每年一次,腐蚀严重的应进行更换。

人行道块件应牢固、完整,若出现松动、缺损应及时进行修补或更换。修补施工时,应采用警示灯或栅栏等进行提示。路缘石、护轮带、护栏、防撞墙等应牢固、可靠,若有损坏应及时修复。护栏上的外露钢构件应定期涂防锈漆,一般每年一次。

钢筋混凝土人行道与栏杆如发现钢筋裸露,应使用适合的材料进行修补;栏杆如发现裂缝或剥落,轻者可灌注环氧树脂封闭裂缝,严重的凿除损坏的部分,重新修补,并检查损坏是否和梁及下部构造有关。

桥梁两端的栏杆柱或防撞墙应醒目,可以涂刷 20cm 宽、红白相间的油漆(顶部 20cm 为红色),油漆应鲜明。

3. 照明与标志

城市桥梁一般具有路灯等照明设备,能够为车辆驾驶人员以及行人创造良好的夜间视看环境,从而达到减少交通事故、保障交通安全、提高运输效益的目的,同时它也能方便汽车和行人的相互避让,并有利于降低犯罪率。照明设备发生故障不一定会给交通带来灾难性的后果,但它会带来安全隐患,导致通行能力下降,所以其养护工作也应该受到重视。

桥梁的路灯等照明设备的日常养护内容有灯具的清洁,灯泡的更换,灯具、灯柱的检查与维修和照明电力系统的检查与维护。

对照明系统的养护应遵循安全工作条例,确保工作人员的安全,做好交通管制,特别要注意检查照明系统特别是高压钠等时,电源开关应置于关闭状态并上锁;同时,对废弃汞灯的处理应符合环境法规。

应注意经常损坏的灯具是否属于人为破坏。如果人为破坏严重,应考虑灯杆的高度是否太低,是否可以增高或增加灯具的防护罩等。此外,在桥头处的灯具要注意下垂的树枝和树叶对灯具的遮挡,加强路灯周围树木的修剪工作。

交通标志和交通标线养护的主要内容是保持其清洁、清晰、通视良好和设施完好。从养护类型分,交通标志可以分为路侧和高架两种。

如果标志牌或标线处表面较脏或受到人为污染,会使其所反映的信息的可读性和反射性减弱,影响其引导交通、管理交通、保证安全、协助车辆顺利通行等作用的发挥。因此,应对其进行日常清洁工作,以保证可视性。当交通标志及支撑结构受轻微损害时,可以在野外进行修复。当修复费用较高、反射性严重退化以及不需要标志上的图例内容时,应尽快对标志进行替换。当桥头装有信号灯时,要注意保持信号灯系统完好的工作性能。如果桥上安装有海上导航灯或桥塔上装有航空导航灯,还要定期检查这些灯泡,对烧毁的灯泡及时予以更换。

第五节　桥梁荷载试验

一、概述

桥梁荷载试验涵盖的内容较为丰富,其核心内容是:通过测试在荷载直接作用下的桥梁各结构部位以及整体的响应参数,从而反映和揭示桥梁的实际承载能力和使用状况。从时间上分,桥梁荷载试验主要有通车前的成桥荷载试验和投入使用后的荷载试验。

通车前的荷载试验,不仅有助于对桥梁的整体性能、施工质量和实际承载能力做一次全面的评价,为桥梁竣工验收和质量评定提供科学的依据,还可为即将投入使用的桥梁的使用条件和管理养护提供科学依据,并为今后的检查提供一个对照基准。对于新型桥梁和复杂桥梁,荷载试验还是科学研究的重要组成部分,是对桥梁结构理论与结果进行验证和修正的重要手段。

使用过程中根据实际情况,按照定期检查或特殊检查的要求,所进行的桥梁荷载试验,是评估其使用性能和承载能力的重要依据。对于受损桥梁,是了解其实际损害程度、找出病害原因的主要措施。使用过程中的荷载试验,可为既有桥梁的继续安全使用、养护、加固、改建或限载提供可靠的技术资料。

根据采用荷载性质的不同,桥梁荷载试验可分为静载试验和动载试验。静载试验和动载试验在试验目的、测试内容等方面有所不同,是两种性质的试验,但对于全面分析掌握桥梁结构的工作性能,具有同等重要性。静、动载试验的内容与方法等将在下面分别进行介绍。

桥梁荷载试验要花费大量的人力、物力与财力,对于既有桥梁还会影响正常的交通。因此,试验之前应进行认真的准备,包括对试验的预分析。预分析有助于试验方案的确定和试验过程中异常情况的发现与处理。

试验之后,应对试验结果进行整理与分析,包括桥梁结构的受力计算。计算中所采用的有限元模型,可以是具体桥梁在建设过程中已建立的既有计算模型,也可以是专门为荷载试验而新建立的计算模型。经试验验证和修正的有限元模型,可用于进行桥梁结构试验工况以外的扩展计算。

对于成桥荷载试验,经试验验证和修正的有限元模型,可作为该桥的基准有限元模型,作为新建桥梁的基本档案资料,交付管理养护单位,为今后的健康检测计算分析服务[436]。

钢管混凝土拱桥的静、动载试验在许多文献中都有介绍,《实例集一》[77]、《实例集二》[79]中有许多实例,本书第二版中也介绍了一个实例,因此,这里对实例不再进行介绍。

二、静载试验

桥梁静载试验,是将静止的荷载作用在桥梁上的指定位置,然后对桥梁结构的静力位移、静力应变、裂缝等参量进行测试,从而对桥梁结构在荷载作用下的工作与使用性能做出评价的一种荷载试验。静载试验是桥梁荷载试验中的基本试验,因为桥梁结构工作时所受的荷载主要是静力荷载,如自重;即使车辆荷载,在设计计算时一般也是作为静载来考虑的。静载试验是了解结构特性的重要手段,不仅用它来直接解决结构的静力问题,即使在进行结构动力试验时,一般也要先进行静载试验,以测定结构有关的特性参数。

桥梁结构静载试验,一般通过重力或其他类型的加载设备来实现,加载需从零开始逐步递增,直到预定的荷载为止。一般情况下,桥梁静载试验可分为三个阶段,即准备阶段、现场测试阶段和分析总结阶段。

(一)准备阶段

在试验准备阶段应明确试验目的,抓住主要问题。桥梁静载试验涉及理论计算、测点布置、加载、测试、数据分析整理等多个方面,因此,在试验前一定要明确试验目的,预测试验桥梁的结构行为,有的放矢地选择测试仪器,准确地确定加载设备及加载程序,科学地布置测点及测试元件,充分利用有限的人力、物力及其他有利条件,采取各种必要的手段,以达到预期的试验效果。

准备阶段的工作内容包括对桥梁技术资料的收集、现场考察、试验方案制订、现场测试准备等。大量的实践表明,准备工作对试验工作的顺利进行至关重要。

试验前所需收集的桥梁技术资料包括桥梁设计文件、施工记录、监理记录、原有试验资料、桥梁养护与维修记录、环境因素的影响、现有交通量及重载车辆的情况等。掌握了这些资料,能使我们对于试验桥梁的技术状况有一个基本的了解。

现场考察内容包括桥面的平整度、排水、纵横坡的检查,承重结构开裂与否及裂缝分布情况、有无露筋及钢筋锈蚀程度、混凝土剥落碳化程度等情况的检查,支座是否老化、河流冲刷情况、基础有无冻融灾害等方面的检查。通过桥梁现状检查,使我们对试验桥梁的现状做出宏观的判断。

在上述工作的基础上,可以根据试验的目的,初步拟定静载试验方案。试验方案包括测试内容、加载方式、观测方法、仪器仪表选用等。

试验初步方案拟定后,需进行理论分析计算,主要内容有设计内力和试验荷载效应。设计内力计算是按照试验桥梁的设计图纸与设计荷载,按照设计规范,采用专用桥梁计算软件或通用分析软件,计算出结构的设计内力,它也可采用设计文件的结果或由设计单位提供;试验荷载效应计算是根据实际加载等级、加载位置及加载重量,计算出各级试验荷载作用下桥梁结构各测点的反应,如位移、应变等。试验荷载效应计算结果,可与结构设计内力值进行比较,以对试验方案的合理性、安全性进行判断和必要的修正。试验荷载效应计算结果还可供试验中和试验后,与实测值进行比较分析。

在试验方案制订时,要根据试验目的要求和实际情况进行测试仪器的选择。测试所用的仪器、仪表数据采集设备应是经过计量检定的,且满足测试精度、量程范围的要求,但也要避免采用过高的精度,给实际操作带来困难。在同一次试验中,量测仪器仪表的型号、规格,种类越少越好,尽可能选用同一类型或规格的仪器仪表。

试验方案确定后,可以进行试验现场的准备工作,包括搭设工作脚手架、设置测量仪表支架、测点放样及表面处理、测试元件布置、测量仪器仪表安装调试、通信照明安排等。现场准备工作量大,工作条件复杂,是整个试验工作重要的一环。

(二)现场测试阶段

现场测试,包括加载与观测,是在各项准备工作就绪的基础上,按照预定的试验方案与试验程序,利用适宜的加载设备进行加载,运用各种测试仪器,观测试验结构受力后的各项性能指标如挠度、应变、裂缝宽度、加速度等,并采用人工记录或仪器自动记录手段记录各种观测数据和资料。有时,为了使某一加载、观测方案更为完善,可先进行试探性试验。需要强调的是,桥梁静载试验,尤其是存在病害的既有桥梁的静载试验,应根据当前所测得的各种指标与理论计算结果进行现场分析比较,以判断受力后结构行为是否正常,是否可以进行下一级加载,以确保试验结构、仪器设备及试验人员的安全。

钢管混凝土拱桥结构形式多样,各种结构受力特点也不尽相同,静载试验内容与重点也会有差异,但一般试验的主要内容有:

(1)钢管混凝土拱肋控制截面的应变。控制截面一般为拱顶、拱脚和 $L/4$ 截面,大跨径桥梁还可以加上 $L/8$ 截面。所测的应力以钢管表面应力为主,如果在施工过程中为施工监控或为成桥健康监测埋设了管内混凝土的应变计,则也包括管内混凝土的应变。

(2)其他主要构件的应力,如横梁控制断面的应变、拱梁组合桥系梁控制断面的应变、刚架系杆拱桥桥墩控制断面的应变。横梁与系梁一般以正负弯矩值最大断面为控制断面,如跨中、支点处。桥墩的控制断面一般在承台处。对于混凝土结构,除量测变形与应变外,还要进行裂缝的观测,即裂缝的出现和扩展,包括初始裂缝所处的位置,裂缝的长度、宽度、间距与方向的变化,以及卸载后裂缝的闭合情况。

(3)中、下承式钢管混凝土拱桥吊杆力,刚架系杆拱桥的系杆索索力。

(4)主拱肋的竖向挠度及顺桥与横桥向的变位。竖向挠度一般测跨中、$L/4$ 和 $L/8$ 断面处。顺桥向变位主要是针对刚架系杆拱的拱脚,横桥向变位则一般较小,只需测跨中断面处。

(5)桥面系的挠度,其断面与拱肋挠度测试断面相一致。

(6)桥梁墩、台顶的最大水平位移,墩台与基础的变位(主要是水平位移)。

静载试验时,还要对气温和结构表面温度进行观测记录,以消除温度影响。为保证测试结果的稳定性,通常选择在温度相对稳定的阴天或晴天的早晚进行(由于经常是白天进行准备,所以试验多在傍晚或晚上进行，而较少在早上进行）。为配合整体结构的静载试验，必要时还要进行构件材料的试验。

钢管混凝土拱肋是由钢管和混凝土组成的组合结构，钢管和混凝土的共同作用是大家关心的问题。钢管混凝土拱桥的测试除了上述内容外，在现场检测中，往往要进行混凝土与钢管是否脱粘的检查，它可以在无活载状态下进行。可以用锤子敲击，也可以用超声波探测，具体方法详见本章第四节。

现场测试阶段是整个检测工作的中心环节，应精心准备、严密组织。桥梁静载试验由于观测项目比较多、测点多、不同仪器仪表多，要求试验工作有严格的组织、统一的指挥和全体人员的紧密配合、协同作战。在正式试验之前，要做好充分的准备工作，对一些关键性的测试项目和测点要考虑备用的测试方法，注意防止和消除意外事故。

测试前应加强测试人员培训，提高测试水平。参加试验检测的工作人员，必须在试验之前熟练地掌握仪器的性能、操作要领以及故障排除技术和技巧。同时，测试项目的技术负责人应向参加测试的全体工作人员介绍所测钢管混凝土拱桥的结构特点和测试的目的、内容、方法与要求，使大家心中有数，各负其责，互相配合。

试验过程中要注意测试结果的记录，记录的手段包括文字记录和照相、录像记录，记录的内容包括与加载工况相对应的各种测试数据，也包括试验过程中出现的各种异常情况。在结束试验前，要对测试中所获取的资料进行检查，并与试验前的分析结果进行初步的比较，如发现记录遗漏或试验结果与预分析有重大的偏差，应根据实际情况决定是否对某些工况进行补测或重测。

（三）分析总结阶段

在测试工作完成后要及时对原始测试资料进行综合分析与总结。原始测试资料包括大量的观测数据、文字记载和图片等材料。受各种因素的影响，原始测试数据一般显得缺乏条理性与规律性，未必能深刻揭示试验结构的内在行为。因此，应对它们进行科学的分析处理，去伪存真、去粗存精，综合分析比较，从中提取有价值的资料。对于一些数据或信号，有时还需按照数理统计的方法进行分析，或依靠专门的分析仪器和分析软件进行数据处理，或按照有关规程的方法进行计算。这一阶段的工作，直接反映整个检测工作的质量。测试数据经分析处理后，按照相关规范或规程以及检测的目的要求，对检测对象做出科学的判断与评价。

在对试验原始数据进行整理时，应在测试前理论分析的基础上，根据测试结果进行有限元计算模型的修正和补充工况的分析。通过理论分析结果与测试结果的比较，对结构性能做出评价。

如果试验的目的是探索结构内在的某种规律，或者是某一计算理论的准确度或适用程度，就需要对试验结果进行综合分析，找出互有联系的诸变量之间的相互关系，总结出相应的数学表达式或关系表。

如果试验属于生产鉴定试验,则应从试验资料的整理分析中,提取充分而必要的数据,对结构的承载能力、使用性能做出判断,进而说明结构安全可靠和满足使用要求的程度。

目前,关于钢管混凝土拱桥静载试验还没有专门的规范,在进行试验方案制订和结果分析时可参考我国现行《公路桥梁承载能力检测评定规程》(JTG/T J21)[419]、《公路桥涵设计通用规范》(JTG D60)[145]或《城市桥梁设计规范》(CJJ 11)[160]进行。最后,综合上述三个阶段的内容,形成桥梁静载试验报告。

三、动载试验

桥梁动载试验主要包括两方面的内容:一是测量移动车辆荷载作用下桥梁指定断面上的动应变或指定点的动挠度;二是测量桥梁结构的自振特性和动力响应。动载试验所测得的结构固有频率、阻尼比、振型、动力冲击系数、行车响应等参量,可用于判断桥梁结构的整体刚度、行车性能、行人和驾乘人员舒适性及感觉等。桥梁动载试验可以与桥梁静载试验同时进行,也可以单独进行。与桥梁静载试验相似,桥梁动载试验也可分为三个阶段,即准备阶段、现场测试阶段和分析总结阶段。

(一)准备阶段

准备阶段包括对桥梁技术资料的收集、现场考察,其内容与静载试验基本相同。许多桥梁的静动载试验是同时进行的,所以这两项准备工作可一起进行。制订动载试验方案时,同样也要进行预分析。

动载试验一个基本的测试内容是桥跨结构的自振特性,如自振频率、振型和阻尼特性等。测量自振特性时,可以对实桥进行激振,测得输入和结构的响应后可以求出自振特性;也可以测试实际桥梁在自然因素(如风、水流、地脉动等)作用下的响应,求出其自振特性。随着现代测试技术的发展,后者的应用越来越多。为求出结构的自振特性,需在结构的特征部位和相互连接的部分布置测点,钢管混凝土拱桥的主要测点有跨中、$L/4$ 点、拱脚处、拱肋与横撑连接处、桥墩顶部和承台处等。结构的动力特性是结构振动系统的基本特征,是进行结构动力分析所必需的参数。

动载试验另一主要测试内容是桥梁结构的动力反应,即结构在动荷载作用下强迫振动的特性,包括动位移、动应力、动力系数等,通常通过汽车以不同的速度通过桥跨而引起的振动来测定上述各种数据。在试验方案制订时,要选择车辆,通常可选桥梁使用中最常见的车辆。如动载测试与静载测试同时进行,则可从静载加载车辆中选取一辆。汽车过桥速度,最低的为 10~20km/h,最高速度可选取比桥梁设计车速低一档的速度。测试工况除按一定速度过桥外,还有跳车和制动工况。

钢管混凝土拱桥动力特性有其自身的特点。大量的实桥测试与理论分析表明，钢管混凝土拱桥的自振频率一般低于钢筋混凝土拱桥和石拱桥，而高于斜拉桥和悬索桥，属于柔性拱桥范围。钢管混凝土拱桥结构形式丰富，各种结构的动力特性也不尽相同，文献[164,168,437]等对此进行了一般性的总结，可供参考。对于具体桥梁，还是要通过预分析，为制订试验方案提供依据。如对于跨径较大、宽跨比较小的桥梁，要注意面外振动的测试；对于采用悬吊桥面系的中、下承式桥梁（非拱梁组合），桥面系振型与拱肋不一定同步，要注意桥面系振型的测试等。

试验方案制订后，动载试验的现场准备工作与静载试验相似。

（二）现场测试阶段

新建桥梁的成桥动载试验，是在无交通荷载情况下进行的。对于既有桥梁，可以与静载试验一样完全中断交通来进行，也可以在交通控制的情况下进行。

桥梁结构的动力特性，如固有频率、阻尼系数和振型等，只与结构本身的固有性质有关，如结构的组成形式、刚度、质量分布、支承情况和材料性质等，而与荷载等其他条件无关。

桥梁结构自振特性采用自然脉动作为振源测试时，可以在交通不中断但进行适当控制的情况下进行。它仅适用于交通量不大的桥梁，否则将会由于交通压力影响测试的质量，同时交通控制易造成交通堵塞。因此应制订一个较之封闭交通测试更详细的安全计划，其内容包括交通控制方案、检测设备周围的安全防护设施、出现紧急情况的处理和紧急电话号码。交通控制必须采用适当的措施，比如用哨子、警告信号、闪烁的提示牌、旗子来指挥。采用有闪烁警灯的警车，对于提高驾驶员的警惕性和保证安全是最有效的。安全计划应让参加检查的所有人员知道，在开始检查前还要进行一次讨论。

桥梁动力反应测试是在桥梁处于振动状态下，对其各种振动量进行测定、记录并加以分析的过程。因此，首先应通过激振方法使桥梁处于一种特定的振动状态中，以便进行相应项目的测试；其次，要合理选取测试仪器仪表组成振动测试系统。振动测试系统一般由拾振部分、放大部分和分析部分组成。这三部分可以是专用的仪器，也可以是由几种相应的仪器配套而成。

桥梁在车辆荷载作用下的动力反应测试，需要中断交通。测试要在非测试的交通荷载通过且由其所引起的振动基本消除、结构恢复正常后进行。

动力测试系统可采用电磁式测试系统、压电式测试系统、电阻应变式测试系统或光电式测试系统。在选择测试系统时，传感器、放大器、记录装置组成的测试系统的灵敏度、动态范围、幅频特性和幅值范围等技术指标应能满足被测结构动力特性测试的要求。试验前，应对测试系统的灵敏度、幅频特性、相频特性线性度等进行标定。要根据试验的环境条件和试验的要求，选择组配合理的振动测试系统。仪器组配时除应考虑频带范围外，还要注意仪器间的阻抗匹配问题。动载试验设备技术要求高，一般应由专人负责。

（三）分析总结阶段

桥梁结构的动载试验中，常有大量的物理量如位移、应变、振幅、加速度等，需要进行量测、记录和分析。在静载试验中，这些物理量可通过仪器仪表观测而直接获得；而在动载试验中，这些物理量随时间而变化，一般称为信号，而将测试的结果称为数据。

桥梁结构在实际的动荷载作用下，结构各部位的动力响应，如振幅、应力、位移、加速度以及反映结构整体动力作用的冲击系数等，不仅反映了桥梁结构在动荷载作用下的受力状态，也反映了动力作用对行人、驾乘人员舒适性的影响。桥梁结构的动载试验，就是要从大量的实测数据信号中，揭示桥梁结构振动的内在规律，综合评价桥梁结构的动力性能。然而，由于实际桥梁结构的振动往往复杂且随机，直接根据信号或数据来分析判断结构振动的性质和规律是困难的，一般需对实测振动波形进行分析与处理，以便对结构的动态性能作进一步分析。

常用的分析处理方法可以分为时域分析和频域分析两种。时域分析是直接对时程曲线进行分析，可以得出诸如振幅、阻尼比、振型、冲击系数等参数；频域分析是把时域信号通过傅立叶变换的数学处理变换为频域信号，揭示信号的频率成分和振动系统的传递特性，以得到振动能量按频率的分布情况，从而确定结构的频率和频率分布特性。得出这些振动参量后，就可以根据有关指标综合评价桥梁结构的动力性能。

钢管混凝土拱桥的动力性能在第二版第十二章中有较为详细的分析，可供分析总结时参考。

第六节　健　康　监　测

一、概述

桥梁健康监测是对运营阶段的桥梁结构及其工作环境进行的实时监测，并根据监测得到的信息分析桥梁结构的健康状况，评价桥梁承受静、动载的能力以及结构的安全可靠性，为运营维护管理提供决策依据。

近年来，随着大跨径桥梁结构与构造的轻柔化、形式与功能的复杂化以及人们对结构安全标准内涵认识的提高，桥梁健康监测技术已渐渐成为国内学术界、工程界关注和研究的热点，并在桥梁监测系统的传感与通信、数据与信号处理以及结构损伤检测和参数识别等方面取得了一定的进展。与此同时，测量、传感、通信和计算机技术的进步也促进了桥梁健康监测技术的发展。

健康监测系统是一个复杂的系统，由软件与硬件两部分组成。软件部分主要有数据采集、信息管理以及智能健康诊断和安全预警与决策等。其中数据采集、信息管理模块应在桥梁结构投入使用后就开始工作，以获取桥梁结构最为原始的信息资料；而智能健康诊断和安全预警与决策模块则应在相应的规定期限内完成，使其尽快充分发挥作用。硬件部分主要是指系统中安装的所有检测仪器和相应的信号传输设备以及监控装置。这些硬件设备的开发、安装与调试应与桥梁的施工以及系统软件的开发协调一致[438-439]。

基于振动信息的无损检测方法在航天、机械等领域已有较深入的研究与较广泛的应用。由于该方法的无损性，且桥梁运营过程中结构的振动信息可以利用环境振动法获得，因此它也成为桥梁健康检测研究与应用的热点。

钢管混凝土拱桥作为近二三十年大量修建的一种新型桥梁结构形式，其健康诊断与长期监测也引起桥梁使用与管理部门的高度重视，部分钢管混凝土拱桥建立了实时健康监测系统。实时健康监测系统能够及时掌握和了解大桥的工作状态，特别是桥梁关键部位的力学性能，如吊杆拉力、钢管混凝土拱肋关键截面的受力、桥墩变位、拱肋与桥面的动力特性等，通过适时采集数据和信号分析，并对有关参数设定安全等级，为维护管理部门提供预警和报警信息，以便维护管理人员对大桥采取及时处理措施，并获取储存必要的数据。实时健康监测还能为设计科研人员提供宝贵的第一手资料，提高对钢管混凝土拱桥结构性能的认识，有助于了解真正的环境荷载和桥梁动力响应，为以后此类桥梁的设计和建造提供参考。为此，GB 50923—2013第14.2.22条规定，"对大跨径、特大跨径和重要的钢管混凝土拱桥，可建立长期在线监测监控系统进行桥梁管养。"

应该提出的是，桥梁实时健康监测的理论与技术还处于发展阶段，技术还未成熟，如埋设在结构中的传感器等测试器件的测试范围很有限，其寿命是否大于或等于结构的寿命；大量测试数据如何高效地处理和有效的利用；健康监测所需的经费与它的效果的性价比是否高等等。一座钢管混凝土拱桥是否需要进行实时健康监测，需要从多方面综合考虑。在当前的情况下，钢管混凝土拱桥除非跨径特大或具有特殊性或为开展实时健康监测的试验研究而进行实时健康监测外，一般的桥梁还是进行定期和不定期的检查更为合适。

如何针对我国的环境、经济条件和钢管混凝土拱桥的特点，研发出经济、实用、方便、有效的钢管混凝土拱桥健康诊断与长期监测技术，需要今后不断的努力。

二、钢管混凝土拱桥健康监测的内容与方法

为了进行大桥的实时健康监测，需在大桥竣工后进行结构安全验证测试，评定初始结构状态，建立桥梁健康档案的原始数据库。然后，通过建立的桥梁实时监测系统，及时掌握和了解大桥在各种条件下的工作状态，以便维护管理人员对大桥及时采取处理措施。如在恶劣天气桥梁振动过大时关闭大桥；实现实时或准实时地损伤监测，对大桥出现的损伤进行定性定位定量分析，并提出维修建议；对于监测的构件，当出现异常情况时，及时发布警报，以便对同类构

件进行检查,为桥梁的运营决策与管理提供长期的健康档案,防患于未然;在突发事件之后,可发挥其对桥梁安全性、承载能力和剩余寿命评估的作用。

钢管混凝土拱桥健康监测的主要内容一般包括以下几个方面:

1. 几何监测

几何监测内容包括拱肋与桥面系空间静态位置与形变、桥墩的沉降与变位、基础变位等。所采用的传感器有位移计、倾角仪、GPS 全球卫星定位系统、全站仪、电子测距仪、数字相机,连通管与超声波相位仪相结合可以测结构高程变化。

2. 荷载监测

荷载监测内容包括风、地震、温度和交通荷载,所用的传感器有风速仪、强震仪、温度计和动态地秤等。

对于风荷载,为了能够了解桥址处的环境风向、风力变化情况,为分析桥梁的工作环境、评定行车安全状况、验证桥梁风振理论提供依据,要进行风速、风向的监测。监测位置一般选在主拱拱顶截面。采用风速仪对测点位置的风力、风向进行连续监测。监测过程中实时计算 3s 阵风风速,1min、10min、1h 平均风速。一定时间间隔对数据进行存盘处理,并定期按风场分析理论作全面分析。报告平均风速、风的结构和特定风速持续周期的信息,绘出风玫瑰图、风谱图。

3. 结构振动监测

对桥梁进行振动监测的目的在于实时掌握结构的振型频率和阻尼特性,掌握结构在各种荷载作用下的动力响应情况,为评价桥梁结构整体健康状态、验证大桥设计理论和运营管理提供依据。

传感器可选用超低频、压电式加速度传感器,放大器为与之匹配的测振滤波放大器。此项数据采集系统由荷载监测结果自动触发,如果某测点的幅值超过限值,将及时发出预警信息。一定时间间隔作一次数据分析,绘出各测点振动的时程曲线,找出并记录各条曲线的最大值、最小值和发生时间,判断是否保留此次采样结果。对要保存的采样数据及分析结果,应同时给出相应的激励荷载的变化情况。另外,一定时间间隔至少选择一次采样的样本分析并保存桥上无车时振型频率阻尼特性,并将此结果与前一天的结果相比较。如果发现相差较大且超过设计规范,应发出预警信息。

4. 拱肋断面应力监测

一般来说,拱脚截面受力最不利。为了了解在车辆、风、温度和地震作用下主拱拱脚位置的受力情况,为评价主拱强度性能和钢管混凝土结构工作状况提供依据,应对拱脚钢管表面及内部混凝土进行应力监测。必要时,还可对其他截面的钢管和管内混凝土应力进行监测。

应力监测多通过应变测试来实现。钢管表面应变测试可采用表面钢弦式应变计,内部混凝土应变测试可采用埋入式应变仪。一定时间间隔对数据进行一次分析,给出各个测点的应力变化时程曲线。找出并记录各条曲线的最大值、最小值和发生时间,判断数据并进行存储。

5.吊杆拉力监测

吊杆为中、下承式钢管混凝土拱桥主要的受力构件,必须实时掌握其在各种荷载作用下拉力的变化情况,分析吊杆乃至整个桥梁结构的健康状态和疲劳程度,并为验证桥梁设计理论、吊杆更换和养护维修提供科学依据。

吊杆的拉力监测常用磁弹性测力仪和剪力销等进行。由于位于拱脚处的吊杆短,而跨中处的吊杆长,具典型性,故拱脚与跨中处的吊杆拉力是监测的重点,可使用磁式弹性应变仪进行实时监测。此项数据采集系统由荷载监测结果自动触发,在某吊杆拉力超过设置的警戒限值时发出预警信息。一定时间间隔对数据进行一次分析,给出各个测点的应力变化时程曲线。找出并记录各条曲线的最大值、最小值和发生时间。每月对各测点统计出应力—循环次数直方图,每半年做出各测点应力谱。

其余吊杆可只用手提式磁弹仪进行人工定期检测。

6.温度场监测

为分析桥梁结构的受力和变形提供依据,需要对环境温度及结构温度梯度进行实时监测。

结构的温度监测可采用弦式应变仪附属的温度传感器,其测点布置与应变测点一致。每当环境温度达到前一天的最大或最小值时,将触发数据采集监控与温度相关的物理量的变化情况,以掌握桥址处环境温度的变化情况,如沿拱脚截面钢管周向的温度分布,钢管内混凝土的温度分布以及日平均温度、日最大温差等,并绘出其随时间变化的曲线。

7.桥面挠度与拱脚相对位移监测

此项监测的主要目的在于实时掌握桥梁在各种荷载作用下主梁各部位的竖向挠度、横向与纵桥向位移以及拱脚相对位置情况,为分析和评价桥梁的健康状态提供依据。

一般测点位置可选在拱脚截面、跨中截面、$L/4$ 与 $3L/4$ 截面处。监测时,可在相应的测点布置发射器,并与全站仪配合使用,形成光载波通信系统,利用全站仪的激光探测功能对反射器进行连续监测,测量每个反射器与全站仪的相对角度和位移。监测时全站仪自动追踪反射器,然后锁定读取有关位置的数据。此项数据采集系统由荷载监测结果自动触发,当相关挠度或位移超过设置时发布预警信息。一定时间间隔对数据进行一次分析,给出各个测点挠度变化的时程曲线。根据测点的三向位移计算出所需的值,并给出相应的随时间变化的时程曲线。找出并记录各条曲线的最大值、最小值和发生时间。判断数据并进行存储。

8.桥墩位移监测

为了解待测桥墩墩顶水平位移和沉降情况,为评价桥梁下部结构工作状态提供依据,可以在墩顶设置位移测点。每个测点布置 1 个全站仪发射器,同时应布置永久性的参考点。

一定时间间隔对数据进行一次分析,给出各个测点位移变化的时程曲线,找出并记录各条曲线的最大值、最小值和发生时间,判别数据并进行存储。

9. 支座监控

很多桥梁病害是由于支座问题引起的,尤其是拱梁组合桥,一般具有大型的支座,故应了解支座受力情况,评价支座工作性能,如抗压弹性模量、抗转动力矩、水平位移量及摩擦系数等,并保证支座工作状态良好和结构安全,要求对支座进行实时监测。监测位置一般选在主支座处。

对于大型盆式橡胶支座,可采用表面钢弦式应变计对钢盆进行连续监测。此项数据采集系统由荷载监测结果自动触发。一定时间间隔向工作站传输一次数据记录。每个月对数据进行一次处理,结合荷载监测结果,当计算出的各支座抗压弹性模量等性能指标异常时发出安全预警。

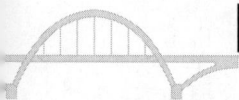

附录 A　钢管混凝土拱桥一览表

　　本附录收录了我国已建和在建的部分钢管混凝土拱桥,共计413座。其中,上承式27座,中承式99座,飞鸟式47座,下承式刚架系杆拱41座,拱梁组合140座,其他59座,分别见表 A-1 ~ 表 A-6。

表 A-1

上承式钢管混凝土拱桥

序号	桥 名	建成年份	跨径 (m)	矢跨比	拱轴线形	拱圈（肋）截面						桥宽（m）			施工方法	备注
						截面形式	混凝土	钢材	高度 (m)	管径×壁厚 (mm)		行车道（机动车）	桥面宽度			
1	新疆阿克苏过境公路老大河桥	2000	52	1/8	悬链线 m=2.514	四肢桁式	C50	A3	1.05	345×10			22.5	平面转体	
2	山东济南黄岗路桥	2011	60				桁式							51		
3	陕西西安康线庙沟大桥	2000	74	1/4.93	悬链线 m=1.347	哑铃形	C50		2.6(3)*	1 200×14					铁路桥
4	北京八达岭高速公路羊洼1号桥	1998	80	1/5	悬链线 m=2.240	哑铃形	C45	Q235	1.8	750×12			13		
5	广东广梧高速公路上寨高架二桥	2010	90	1/7	二次抛物线	哑铃形	C50			1 000×14	双车道 11		11	支架施工	分离式两座桥
6	河北京张高速公路周家沟2号桥	2000	2×100	1/5	悬链线 m=2.240	哑铃形	C50	16Mn	2.4	1 000×16	双向四车道		13.5	支架施工	
7	青海拉西瓦水电站黄河大桥	2002	132	1/6.5	悬链线 m=1.510	哑铃形	C50	Q345	2.65	1 000×12			14.5	悬臂拼装	三肋
8	陕西西安王坡沟南桥	2012	132	1/6	悬链线 m=1.32	哑铃形	C50	Q235	2.5	1 000×16			39.3	悬臂拼装	
9	山西运城南水北调引黄西杜村大桥	2010	136	1/6.8	二次抛物线	单圆管	C35	Q235	0.85	800×15			4	悬臂拼装	
10	湖北三峡黄柏河大桥	1996	160	1/5	悬链线 m=1.543	哑铃形	C50	Q345	2.5 (2.9)	1 000×10		2×8	18.5	水平转体	四肋
11	湖北三峡下牢溪大桥	1996	160	1/5	悬链线 m=1.543	哑铃形	C50	Q345	2.5 (2.9)	1 000×10		2×8	18.5	水平转体	四肋
12	湖北秭归九畹溪大桥	1998	160	1/6	悬链线 m=1.495	哑铃形	C40	A3	2.4	1 000×12		9	10	悬臂拼装	
13	甘肃祁家黄河大桥	2009	180	1/5	悬链线 m=1.543	横哑铃形桁式	C50	16Mn	3.5	700×12	双车道 11		12	悬臂拼装	

续上表

序号	桥　名	建成年份	跨径(m)	矢跨比	拱轴线形	拱圈(肋)截面					桥宽(m)		施工方法	备注
						截面形式	混凝土	钢材	高度(m)	管径×壁厚(mm)	行车道(机动车)	桥面宽度		
14	陕西兰渝铁路角拱沟大桥		192	1/3.5	悬链线 m=2.500	四肢桁式	C50	14MNbQ	4.2(6.2)	1 200×20	双线	9.36	悬臂拼装	铁路桥,提篮拱
15	湖北恩施南泥渡大桥	2002	220	1/5	悬链线 m=1.756	四肢桁式	C50	16Mn	4(6)	920×14	12	13	悬臂拼装	
16	贵州水柏铁路北盘江大桥	2001	236	1/4	悬链线 m=3.200	横哑铃形桁式	C50	Q345D	5.4	1 000×16	7	7	转体施工	铁路桥,提篮拱
17	湖南海螺猛洞河大桥	2012	251.9	1/5.5	悬链线 m=1.65	四肢桁式	C50	Q345	5	1 100	22	24.5	悬臂拼装	
18	浙江千岛湖金竹牌大桥(千岛湖1号桥)	2006	252	1/6.5	悬链线 m=1.756	横哑铃形桁式	C50	Q345qC	5	1 000×20	2×10.25	23	悬臂拼装	
19	湖北恩施景阳河大桥	2008	260	1/5	悬链线 m=1.756	四肢桁式	C50	Q235C	5(7)	1 020×14	9	11.5	悬臂拼装	
20	浙江遂昌乌溪江大桥	在建	260	1/4.7	悬链线 m=1.756	四肢桁式	C50	16Mn	5.5	1 000×18	双车道	12	悬臂拼装	
21	湖北恩施至来凤高速公路龙桥大桥	2014	268	1/5	悬链线 m=1.500	四肢桁式	C55	Q345D	5(9)	1 150×32			悬臂拼装	
22	重庆奉节梅溪河大桥	2001	288	1/5	悬链线 m=1.500	四肢桁式	C60	Q345C	5(8)	920×14	14	17.5	悬臂拼装	
23	湖北恩施小河大桥	2009	338	1/5	悬链线 m=1.543	六肢桁式	C60	Q345C	6(9)	1 100×28	11.5×2	12.5	悬臂拼装	
24	内蒙古准朔铁路黄河大桥	2011	356.8	1/6	悬链线 m=2.500	横哑铃形桁式	C50	Q345	7.5(12.5)	1 500×30			悬臂拼装	铁路桥
25	贵州总溪河大桥	2014	360	1/5.217	悬链线 m=1.300	四肢桁式	C55	Q345D	11	1 200×26		24.5	悬臂拼装	
26	湖北沪蓉西高速公路支井河大桥	2009	430	1/5.5	悬链线 m=1.756	四肢桁式	C50	Q345C	6.5(13)	1 200×30	双向六车道	24.5	悬臂拼装	
27	云南新高速公路凉水沟大桥	2009	430	1/5.5		横箱铃形桁式	C50	Q345	6.5(13)	1 200×35			悬臂拼装	钢箱腹杆

注 * :括号内数值表示示截面高度变化,表 A-2～表 A-6 同。

表 A-2

中承式钢管混凝土拱桥

序号	桥名	建成年份	跨径(m)	矢跨比	拱轴线形	拱圈(肋)截面					桥宽(m)		施工方法	备注
						截面形式	混凝土	钢材	高度(m)	管径×壁厚(mm)	行车道(机动车)	桥面宽度		
28	福建武平东门大桥		57.5	1/4	二次抛物线	哑铃形	C40							
29	新疆阿克苏过境公路胜利渠桥		58	1/4.5		哑铃形				650×10		28		
30	福建仙游兰溪大桥	1997	54+64+54	1/3.2(1/3.75)	二次抛物线	哑铃形	C40		1.9	750×10	14.5	27.7	整体吊装	三跨
31	山东青岛规划1号路分离立交桥	2001	68	1/4	二次抛物线	哑铃形	C40		1.8	750×12		25	支架施工	
32	四川紫坪铺水利枢纽紫下大桥	2002	68	1/3.78	悬链线 m=1.167	哑铃形	C40	Q345	1.8	700×12	双车道	8.5	悬臂拼装	两跨
33	广东深圳东部华侨城环湖路拱桥		70	1/14	二次抛物线	哑铃形	C50	Q345B	1.3	450×12		7		已改造成桁架桥
34	福建永安北塔大桥	2000	3×70.2	1/3	二次抛物线	哑铃形	C50	16Mn	2.3	900×16	15	24.4	悬臂拼装	
35	四川石棉彩虹大桥	1996	72	1/4	悬链线 m=1.756	哑铃形			1.65	650×10				
36	福建福清王融大桥	1995	76	1/4	二次抛物线	哑铃形	C40	A3	1.9	800×10	2×7	28.4	少支架施工	三肋
37	湖南资兴东水电站大坝鲤鱼江大桥	1994	80	1/4	二次抛物线	哑铃形	C40	A3	2	900×10	12	20.1	悬臂拼装	两跨
38	福建福州解放大桥	1996	2×61+80+2×61	1/4(1/5)	二次抛物线	哑铃形	C40	Q345	1.9(1.8)	800×10(750×10)*	9	14	支架施工	五跨
39	四川白马石粱河大桥	1996	80	1/2.5	二次抛物线	双肢集束式		A3				12.5		提篮拱(内倾12°)

续上表

序号	桥名	建成年份	跨径(m)	矢跨比	拱轴线形	拱圈(肋)截面					桥宽(m)		施工方法	备注
						截面形式	混凝土	钢材	高度(m)	管径×壁厚(mm)	行车道(机动车)	桥面宽度		
40	浙江江山山城中大桥	2002	54+80+54	1/4	二次抛物线	哑铃形	C40	Q345	2(1.8)	850×12(750×10)	双向四车道15	22	悬臂拼装	三跨
41	浙江天台金盘大桥	2013	80	1/4.21	二次抛物线	矩形	C55	Q345C		2200×1600×20			支架施工	
42	浙江庆元城东大桥		80	1/4	悬链线 m=1.267	矩形				1600×800×14	双车道9	14		
43	青海西宁海湖桥		80			单圆管	C40		1.6					
44	山东烟台西郊跨线桥	2010	81	1/3.2		哑铃形								
45	吉林延吉延河路大桥	2003	85	1/4	二次抛物线	三肢桁式	C50	16Mnq	2.5	650×12	双向四车道16	22	悬臂拼装	三角形截面
46	吉林松原江南公铁立交桥		65+85+65			四肢桁式		16Mn		400×10				
47	浙江开化华埠大桥	2002	90.5			哑铃形						12.8		三跨
48	安徽当涂振兴南路凌云大桥	2011	80.5+93+80.5	1/4(1/4.35)	二次抛物线	哑铃形	C50	Q345	2.65	1100×18(1050×16)	15.9	30	支架施工	三跨
49	陕西志丹保安彩虹桥	2008	96	1/4	悬链线 m=1.756	哑铃形	C45	Q345	2.3	900×16	12	22.5	支架施工	三跨
50	湖南衡南湘江公路大桥	2001	3×98	1/4	二次抛物线	哑铃形	C40	A3	2.2	900×12	双向四车道16	16	悬臂拼装	三跨
51	陕西西安长安大学人行桥	1995	100	1/9.6	二次抛物线	单圆管	C30	Q235	0.65	650×10	4			人行桥，提篮拱
52	黑龙江依兰牡丹江大桥	1997	2×100	1/4	悬链线 m=1.756	三肢桁式	C50	16Mn	1.9	600	9	12	悬臂拼装	两跨，三角形截面，无风撑

续上表

序号	桥　　名	建成年份	跨径(m)	矢跨比	拱轴线形	拱圈(肋)截面					桥宽(m)		施工方法	备注
						截面形式	混凝土	钢材	高度(m)	管径×壁厚(mm)	行车道(机动车)	桥面宽度		
53	四川洪雅洪州大桥	1999	100	1/4	抛物线	三肢集束式	C40	Q235		700~1200×8~10	12	16	悬臂拼装	无风撑
54	福建泉州仰恩大学人行桥(和昌大桥)	2002	100	1/5	悬链线 m=1.167	哑铃形	C40	Q345C	1.2	500×10		5.5		人行桥,提篮拱
55	福建南平闽江路1号桥	2013	100	1/4	二次抛物线	哑铃形	C50	Q345B	2.4	1000×16		21	竖转法	
56	辽宁营口鲅鱼圈跨金港路人行天桥		100	1/5	二次抛物线	单圆管	C50	Q345		700×12				
57	广东高明大桥	1991	2×100	1/4	悬链线 m=1.756	哑铃形	C30		2	750×10	9	12	悬臂拼装	两跨
58	江西宜春袁州大桥	1996	104	1/5	悬链线 m=1.167	哑铃形		Q345	2.1	850×12	15	22.7	悬臂拼装	
59	湖南桃源沅水大桥	1996	2×108	1/3	悬链线	三肢集束式							悬臂拼装	两跨
60	广西柳州文惠大桥(柳州五桥)	1995	3×108	1/4	悬链线 m=1.347	哑铃形			2.2		12	14		三跨
61	广西柳州文惠大桥姐妹桥	2013	108	1/4	悬链线 m=1.347	哑铃形			2.2		12	14		三跨
62	湖南益阳资江三桥	2001	96+108+96	1/4 (1/4.5)	二次抛物线	哑铃形	C50		2.8	1300×14	14	24.5	悬臂拼装	三跨
63	浙江淳安干岛湖秀水大桥	2006	108	1/4	二次抛物线	哑铃形	C50		2.2	850×16	15	24	悬臂拼装	提篮拱(内倾15°)
64	四川德昌安宁河大桥	2004	110	1/5	悬链线 m=1.500	哑铃形	C50	Q345	2.6	850×14	9		悬臂拼装	
65	广东韶关百旺大桥	2004	111.44	1/3.5	悬索线	三肢集束式	C40	A3		(1800+2×850)×14 [(1500+2×850)×14]	22	30	悬臂拼装	三肋,无风撑

续上表

序号	桥名	建成年份	跨径(m)	矢跨比	拱轴线形	拱圈(肋)截面					桥宽(m)		施工方法	备注
						截面形式	混凝土	钢材	高度(m)	管径×壁厚(mm)	行车道(机动车)	桥面宽度		
66	四川泸定白日坝大桥	2011	115.95	1/5	悬链线 m=1.543	哑铃形	C50		2.68	900×14	7.5	13.6		
67	浙江建德新安江大桥	1994	84+120+84	1/4	二次抛物线	哑铃形			2(1.8)	800×10 (750×10)	7	10	竖转法	三跨
68	陕西蜀河316国道汉江大桥	1997	2×120	1/5	悬链线 m=1.543	哑铃形	C40		2.1	820×12	9	13	悬臂拼装	两跨
69	浙江丽水青田太鹤大桥	1999	90+120+90	1/4		哑铃形					7	10		三跨
70	浙江义乌兴隆大桥	2015	120	1/4.5	二次抛物线	横哑铃形桁式	C50	Q345C	3.4	750×16	22	25	悬臂拼装	
71	四川成都磨子湾大桥		120	1/5.5	悬链线 m=1.543	哑铃形			2	800×12	7	10		
72	成渝高速公路内江新龙坳提篮拱桥	1994	120											提篮拱
73	湖北宜万铁路野山河大桥	2007	124		悬链线 m=1.900/1.700	横哑铃形桁式	C50	16Mn	3.4	800×20			悬臂拼装	不对称坡拱
74	广西百色水利枢纽右江平圩大桥	2000	128	1/4	悬链线 m=1.347	哑铃形	C40	16Mn	2.3	920×12	9	14.5	悬臂拼装	
75	青海公伯峡黄河大桥	2001	128	1/4	悬链线 m=1.348	哑铃形	C50	Q345	3	1200	双向四车道 10.8	16.2	悬臂拼装	
76	四川成都绕城高速公路府河大桥	2001	130	1/4	悬链线 m=1.500	双肢桁式	C50		3	920×12		40.84	悬臂拼装	三肋
77	广西隆安百色高速公路花周大桥	2008	2×131.4	1/3.95	四次抛物线	单圆管	C50	Q345	1.58	1580×24		15.5	悬臂拼装	提篮拱,二跨
78	福建闽清石潭溪大桥	1997	136	1/5	悬链线 m=1.167	四肢桁式	C40	A3	3	550×8	9	12.5	悬臂拼装	

续上表

序号	桥名	建成年份	跨径(m)	矢跨比	拱轴线形	拱圈(肋)截面					桥宽(m)		施工方法	备注
						截面形式	混凝土	钢材	高度(m)	管径×壁厚(mm)	行车道(机动车)	桥面宽度		
79	辽宁沈阳浑河长青大桥	1997	120+140+120	1/4.5	悬链线 m=1.347	四肢桁式	C50	16Mn	3.4	700×10	25.3	32.5	竖向转体	三跨
80	四川汉源瀑布沟大桥	2003	140	1/5	悬链线 m=1.543	横哑铃形桁式	C50		2.8	760×12	9	14	悬臂拼装	
81	浙江温州洞头花岗大桥	2000	141	1/5	悬链线 m=1.543	哑铃形	C40	A3	2.5	1 020×14	8.5	9.5	悬臂拼装	
82	四川泸州龙西大桥（沱江三桥）	2006	142.56	1/4	悬链线 m=1.300	横哑铃形桁式	C50		3.55	800×14	34	34	悬臂拼装	
83	江西景德镇瓷都大桥	1997	150	1/5	四次抛物线	哑铃形	C50	Q235	2.5	1 000×14	14	21	竖向转体	
84	四川彭水319国道高谷乌江大桥	1997	150	1/5	悬链线 m=1.347	横哑铃形桁式	C50	Q345	3.2	600×10	9	12	悬臂拼装	
85	陕西汉中潘家河大桥	2003	150	1/4.5		横哑铃形桁式	C40		2.7	600×10		12.9	悬臂拼装	
86	四川泸定猫子坪大渡河大桥	1999	160	1/5		四肢桁式				600×14		14.1	悬臂拼装	
87	四川达州达渝高速公路州河大桥	2001	160			桁式			变截面			27	悬臂拼装	三肋
88	浙江东阳中山大桥	2002	160	1/5	二次抛物线	横哑铃形桁式	C50		3.4	750×14	双向四车道	31.5	支架施工	
89	辽宁大连滨海路4号桥	2009	160	1/4.32	二次抛物线	圆端形	C40	Q345	1.5		2×6	18.5	支架施工	中部单肋，拱脚分岔为人字形
90	湖南长沙黑石铺湘江大桥	2004	144+162+144	1/4	二次抛物线	横哑铃形桁式	C50	Q345C	4	1 000×14	双向四车道	34	悬臂拼装	三跨

续上表

序号	桥名	建成年份	跨径(m)	矢跨比	拱轴线形	拱圈(肋)截面					桥宽(m)		施工方法	备注
						截面形式	混凝土	钢材	高度(m)	管径×壁厚(mm)	行车道(机动车)	桥面宽度		
91	河北陈家沟大桥	2005	164	1/5		四肢桁式	C50		2.8	760×12				
92	浙江临安华光潭大桥	2005	165	1/5	悬链线 m=1.300	哑铃形	C50	16MN	3.2	1 000×12		12	悬臂拼装	
93	广西桂林石家渡漓江大桥(桂磨大桥)	2003	170	1/4.5	悬链线 m=1.543	四肢桁式	C50	Q345C	3.5	711×13	25	44.5	悬臂拼装	双幅
94	河北承德南环大桥	2005	170	1/4.72	悬链线 m=1.300	横哑铃形桁式	C45	Q345qE	3.5	750×14	双向四车道15	28	支架施工	
95	四川乐山金口河大渡河大桥	1999	175	1/5	悬链线 m=2.000	四肢桁式	C40	Q345	3.3	700×12		17.6	悬臂拼装	
96	贵州贵阳环城高速公路黄花溪大桥	2009	175	1/4.375	悬链线 m=2.2	三肢桁式	C50		6(4)	1 000(700)×24	2×11.75	29.3	悬臂拼装	
97	四川汉源深溪沟大桥	2007	189.25	1/4.5	悬链线 m=1.200	四肢桁式	C50	Q345C	4.05	850×18	8	15.3	悬臂拼装	
98	陕西延安王家坪延河大桥	1998	190	1/6	悬链线 m=1.543	横哑铃形桁式	C40	16Mn	3	750×15	15	25		
99	广西南宁那黄右江大桥(法拉大桥)	2002	190	1/4.5	悬链线 m=1.167	四肢桁式	C40	Q345C	4.3	820×12	20.5	26.8	悬臂拼装	
100	四川攀枝花陶家渡大桥	2004	190	1/4.5	悬链线 m=1.756	横哑铃形桁式	C40		3.5(4.915)	750×12	15	24.1	悬臂拼装	
101	重庆渝湘高速公路细沙河大桥	2006	190	1/4.5	悬链线 m=1.347	四肢桁式	C50	Q345qD	4	850×14	21.5	24.5	悬臂拼装	
102	浙江岱山江南大桥	2011	192	1/5.016	悬链线 m=1.167	四肢桁式	C50	Q345	3	700×14(16)	11	12	悬臂拼装	

续上表

序号	桥 名	建成年份	跨径(m)	矢跨比	拱轴线形	拱圈(肋)截面					桥宽(m)		施工方法	备注
						截面形式	混凝土	钢材	高度(m)	管径×壁厚(mm)	行车道(机动车)	桥面宽度		
103	重庆合川嘉陵江大桥	2002	130+200+130	1/4	悬链线 m=1.600	四肢桁式	C50	Q345C	3.5	760×13	15	23	悬臂拼装	三跨
104	湖南湘西王村大桥	2003	200	1/5	悬链线 m=1.543	四肢桁式	C50	16Mn		750×12	12	13	悬臂拼装	
105	湖北秭归龙潭河大桥	1999	208	1/4.935	三次样条函数	四肢桁式	C50	16Mn	3.1(5.339)	900×12	9	11	悬臂拼装	
106	陕西紫阳西门汉江大桥	2014	220	1/4.5	二次抛物线	横哑铃形桁式	C50	Q345	4.4	800×12~14		12.5	悬臂拼装	
107	广西来宾来华大桥	2012	220	1/3.5	悬链线 m=1.543	四肢桁式	C50	Q345C	5(9)	750×20	双向六车道24	32	悬臂拼装	
108	广西贵港郁江大桥	1999	220	1/5	悬链线 m=1.543	横哑铃形桁式	C50	16Mnq	4.3	820×14	19	25.1	悬臂拼装	
109	贵州乌江王沱大桥	2011	230	1/5	悬链线 m=1.543	四肢桁式	C50	16Mn	4.3	800×16	7	9.5	悬臂拼装	
110	浙江象山铜瓦门大桥	2001	238	1/4.822	二次抛物线	双肢桁式	C50	16Mnq	4.65	1150×12(14/16)	7	10	悬臂拼装	提篮拱(内倾8.5°)
111	贵州洛脚河大桥	1998	240	1/4		集束式					11	13.5		
112	重庆巫山新龙门大桥	2010	240	1/5	悬链线 m=1.500	横哑铃形桁式	C50	Q345B	4.5	1016×14	9	12	悬臂拼装	拱脚实心段，实腹段
113	浙江三门健跳大桥	2001	245	1/5	二次抛物线	横哑铃形桁式	C50	16Mn	4.4	800×14	15	21	悬臂拼装	
114	广西六钦高速公路钦江大桥	2012	252	1/4.324	悬链线 m=2.2	三肢桁式			4.5(7)	1000(800)×25(42)		33	悬臂拼装	

续上表

序号	桥　　名	建成年份	跨径(m)	矢跨比	拱轴线形	拱圈(肋)截面					桥宽度(m)		施工方法	备注
						截面形式	混凝土	钢材	高度(m)	管径×壁厚(mm)	行车道(机动车)	桥面宽度		
115	湖北秭归青干河大桥	2002	256	1/4.945	三次样条函数	四肢桁式	C50	16Mnq	2.4(4.482)	1 000×12	9	11.5	悬臂拼装	
116	四川宜宾市金沙江戎州大桥	2004	260	1/4.5	悬链线 m=1.400	四肢桁式	C50	Q345C	4	1020×16	双向四车道	22.5	悬臂拼装	
117	浙江舟山松岙大桥	2007	260	1/5.443	悬链线 m=1.150	四肢桁式	C50	Q345C	4.8	800×20(14)	11	12	悬臂拼装	提篮拱(内倾8°)
118	山西北深沟大桥	2010	260	1/4.5	悬链线	横哑铃形桁式	C50	Q345D	5.2	1 000×18		23	悬臂拼装	
119	浙江象山三门口北门大桥	2006	270	1/5	悬链线 m=1.543	四肢桁式	C50	Q345C	5.3	800×10	12	12.5	悬臂拼装	提篮拱(内倾8°)
120	浙江象山三门口中门大桥	2006	270	1/5	悬链线 m=1.543	四肢桁式	C50	Q345C	5.3		12	12.5	悬臂拼装	提篮拱(内倾8°)
121	浙江淳安南浦大桥	2003	308	1/5.5	悬链线 m=1.167	四肢桁式	C50	Q345C	6.05	850×20(14/12)	9	16	悬臂拼装	
122	广西三岸邕江大桥	1998	270	1/5	悬链线 m=1.167	四肢桁式	C50	Q345C	5.6	1 020×12(14)	双向六车道	32.8	悬臂拼装	
123	安徽黄山太平湖大桥	2007	330	1/4.94	悬链线 m=1.550	横哑铃形桁式	C50	Q345D	7.28(11.28)	1 280×20(24)	2×11	30.8	悬臂拼装	提篮拱(内倾8°)
124	广西南宁永和大桥	2004	335.4	1/4.5	四次抛物线	横哑铃形桁式	C50	Q345C	8(13.293)	1 220×16	16.5	35	悬臂拼装	提篮拱(内倾10°)
125	重庆巫山长江大桥	2005	460	1/3.8	悬链线 m=1.550	四肢桁式	C60	Q345	7(14)	1 220×22	15	19	悬臂拼装	
126	四川合江长江一桥	2013	518	1/4.5	悬链线 m=1.450	四肢桁式	C60	Q345	8(16)	1 320×26	21.5	28	悬臂拼装	

注＊:括号内尺寸表示管径和(或)壁厚变化,表 A-3～表 A-6 同。

飞鸟式钢管混凝土拱桥

表 A-3

序号	桥名	建成年份	跨径(m)	矢跨比	拱轴线形	拱圈(肋)截面					桥宽(m)		施工方法	备注
						截面形式	混凝土	钢材	高度(m)	管径×壁厚(mm)	行车道(机动车)	桥面宽度		
127	江苏常州怀德桥	1998	60			哑铃形						40		无风撑，三肋
128	浙江绍兴鉴湖大桥	1999	20+40+60+40+20	1/3.7 (1/3)		四肢实肋			2	299×8		27	支架施工	单肋
129	浙江海宁碧云大桥	2001	20+60+20			方形倒圆角	C50				主车道宽12	18		三肋
130	浙江诸暨西施桥	1996	64	1/4	二次抛物线	竖圆端形		Q235	1.6	1600×720×10	18	27		
131	河北武安同安衔向阳桥	2008	16+68+16	1/4	二次抛物线	四肢桁式	C40	Q345qD	1.8	660×22		33.6	支架施工	
132	浙江安吉北新区1号桥	2008	70	1/4	悬链线 m=1.500	单圆管	C40	Q345C		1200×20		41.5	悬臂拼装	双幅桥
133	宁夏银川绕城高速公路阅海大桥	2008	30+3×80+30	1/2.5	二次抛物线	哑铃形	C50	Q345	2	900×14	11.5×2	26		
134	江苏苏州马运(寒山)大桥	2003	24+84+24	1/4		哑铃形					双向六车道	38.5		
135	浙江松阳西屏三桥	2009	85	1/4	悬链线 m=1.100	哑铃形	C50	Q345C	2.5	1000×16	双向四车道	30		
136	浙江杭州德胜路高架桥	2004	30+90+30	1/4	悬链线 m=1.400	哑铃形	C50	Q345	2.5	900×16	25	29	悬臂拼装	
137	河北邯郸北延输元河桥	2005	30+100+30	1/4.444	悬链线 m=1.500	哑铃形	C50		2.5	1000	15	48	悬臂拼装	
138	浙江宁波鄞县二桥	2005	30+100+30		其他	哑铃形			2	600×22	12.25	43	悬臂拼装	三肋
139	浙江湖州奚家庄大桥	2009	25+100+25	1/4	二次抛物线	四肢桁式	C50	Q345qC	2.4	700×14			悬臂拼装	提篮拱(内倾10°)
140	天津金刚桥	1996	25+101+25	1/5	二次抛物线	哑铃形	C40		2	900×14	15	18.4		

续上表

序号	桥名	建成年份	跨径(m)	矢跨比	拱轴线形	拱圈(肋)截面					桥宽(m)		施工方法	备注
						截面形式	混凝土	钢材	高度(m)	管径×壁厚(mm)	行车道(机动车)	桥面宽度		
141	山西临汾鼓楼西汾河大桥	2007	30+80+105+80+30	1/3	二次抛物线	横哑铃桁式	C50	Q345E	2.7	800×18	双向六车道22.5	41	支架施工	五跨
142	北京顺平公路潮白河大桥	1999	36+108+36	1/5	圆弧线	哑铃形	C50	16MN	2.2(2.5)	1150(1000)×14	24	27	支架施工	
143	江苏昆山太仓塘大桥	2005	30+110+30	1/3.93	悬链线 m=1.060	四肢桁式			2.7	650×12	双向六车道	35	支架施工	提篮拱（内倾14°）
144	浙江灵江三桥（临海大桥）	2009	36+110+36	1/4	二次抛物线	横哑铃桁式	C50		2.7	700×16	23	27	悬臂拼装	
145	湖北三峡莲沱大桥	1996	48.3+114+48.3	1/3	悬链线 m=1.500	哑铃形	C50	16Mnq	3	1200×14	2×8	20	竖向转体	
146	吉林吉林市江湾大桥	2004	25+100+120+100+25	1/5	悬链线 m=1.400	四肢桁式	C50	Q345D	2.5	700×14	28	31		五跨
147	江苏常州东方大桥（跨京杭运河）	2006	30+120+30	1/3.75	二次抛物线	哑铃形	C50	Q345	2.4	1100×20	22	35.8	支架施工	
148	辽宁朝阳东大桥	2006	30+120+30	1/4.5	悬链线 m=1.400	四肢桁式	C50	Q345D		700×14	22	26	支架施工	
149	广东中山中山二桥	1995	125	1/5	二次抛物线	箱形	C30		2.5(3.5)			40	悬臂拼装	钢拱，箱肋，部分填充混凝土
150	四川成都金马河大桥	2009	36+138+36	1/3.5	悬链线 m=1.400	双肢桁式	C50			850×16		34.9		
151	浙江舟山新城大桥	2005	36+148+36	1/4	悬链线 m=1.450	哑铃形	C55	Q345	2.7(3.2)	900×14(16)	四车道	24.5		提篮拱

续上表

序号	桥名	建成年份	跨径(m)	矢跨比	拱轴线形	拱圈(肋)截面					桥宽(m)		施工方法	备注
						截面形式	混凝土	钢材	高度(m)	管径×壁厚(mm)	行车道(机动车)	桥面宽度		
152	福建漳州西洋坪大桥	2007	40+150+40	1/5	悬链线 m=1.300	四肢桁式	C50	Q345	3.65	850×16	16.5	33	悬臂拼装	
153	云南高海高速公路海口大桥	2006	40+150+40	1/4.5	悬链线 m=1.280	四肢桁式	C50	Q345C	2	700×12	双向六车道	26	悬臂拼装	
154	江西高安筠州大桥	2003	42+156+42	1/4.5	悬链线 m=1.300	横哑铃形桁式	C50	16Mn	3	750×12	15	17.2	悬臂拼装	
155	浙江湖州港南路外庄大桥	2009	165	1/4.4	二次抛物线	四肢桁式	C50	16Mn	2.7	700×14			悬臂拼装	
156	湖南衡阳衡鄯路跨火车站桥	2007	168	1/5	悬链线 m=2.480	异形	C50				24	28.6		拱肋外倾7°,双层桥面
157	广西梧州桂江三桥(驾鹤江大桥)	2000	40+175+40	1/4	悬链线 m=1.347	横哑铃形桁式	C40	16Mn	3.3	750×14	16	25.6	竖向转体	
158	四川资阳沱江三桥	2014	60+180+60	1/4	悬链线 m=1.500	四肢桁式	C50	Q345qD	3.9	965×16	双向六车道 26	36.5	悬臂拼装	提篮拱(内倾11.5°)
159	浙江绍兴曹娥江大桥	2011	40+3×185+40	1/4	二次抛物线	四肢桁式	C50	Q345C	4	900×16	43	45	悬臂拼装	五跨
160	江西吉安白鹭大桥(阳明大桥)	2005	36+138+188+138+36	1/3.33	悬链线 m=1.300	三肢桁式	C50	Q345qC	3.5	1000(750)×16(12)	双向四车道 15	28	悬臂拼装	五跨
161	河北石家庄滹沱河大桥	2010	40+200+40	1/4.5	悬链线 m=1.347	四肢桁式	C50		5	1200×24		51.6	竖向转体	提篮拱(倾约11.5°)
162	广东南海三山西大桥	1995	45+200+45	1/4.5	悬链线 m=1.317	横哑铃形桁式	C40	16Mn	3.5	750×10	15	28	其他(悬臂吊挂)	提篮拱(内倾约11.5°)

续上表

序号	桥　名	建成年份	跨径（m）	矢跨比	拱轴线形	拱圈（肋）截面					桥宽（m）		施工方法	备注
						截面形式	混凝土	钢材	高度（m）	管径×壁厚（mm）	行车道（机动车）	桥面宽度		
163	湖北郧县汉江公路二桥	2012	65+200+65	1/4.44	悬链线 m=1.6	四肢桁式	C50		4.2	900×18		25	悬臂拼装	
164	四川绵阳涪江大桥（涪江三桥）	1997	46+202+46	1/4.5	六次抛物线	四肢桁式	C40	16Mn	3.5	750×12	15.5	26.5	悬臂拼装	
165	四川眉山岷江大桥	2007	206			四肢桁式						28		
166	四川达州318国道渠江明月大桥（渠江二桥）	2012	75+206+75	1/4	悬链线 m=1.5	四肢桁式	C50	Q345	4	800×14	15.5	27.1	悬臂拼装	
167	江西南昌生米大桥	2005	75+2×228+75	1/4.5	二次抛物线	横哑铃形桁式	C50	Q345qD	4.6	900×20	30	39	悬臂施工	双主孔，四跨
168	江苏邳州京杭运河大桥	2001	57.5+235+57.5	1/4	悬链线 m=1.330	横哑铃形桁式	C50	16Mnq	3.7	850×14	2×12	33.5	竖向转体	提篮拱（内倾10°）
169	湖北武汉长丰大桥（汉江五桥）	2000	60.5+251+60.5	1/5	悬链线 m=1.500	横哑铃形桁式	C50	16Mn	4.5	1000×14	双向六车道22	27	悬臂拼装	
170	四川广安304省道奎阁渠江大桥	2011	256	1/4.5		双肢桁式	C50	16Mn	4.5(6.5)	920×16(18)		27.5	悬臂拼装	
171	广东东莞水道大桥	2005	50+280+50	1/5	悬链线 m=1.500	横哑铃形桁式	C50	Q345C	5.5	1000×16(18)	15.5	26.1	悬臂拼装	双幅桥
172	广东广州丫髻沙大桥	2000	76+360+76	1/4.5	悬链线 m=2.000	六肢桁式	C50	Q345	4.75(8.789)	750×18(20)	22.5	32.4	平竖转	
173	湖南益阳茅草街大桥	2006	80+368+80	1/5	悬链线 m=1.543	四肢桁式	C50	Q235C	4(8)	1000×22	15	16	悬臂拼装	

表 A-4

下承式刚架系杆钢管混凝土拱桥

序号	桥 名	建成年份	跨径(m)	矢跨比	拱轴线形	拱圈(肋)截面					桥宽(m)		施工方法	备注
						截面形式	混凝土	钢材	高度(m)	管径×壁厚(mm)	行车道(机动车)	桥面宽度		
174	江苏盐城射阳河大桥	1996	68.5	1/4	二次抛物线	哑铃形			1.75	700×10	12	13		
175	福建福鼎山前大桥	2000	75	1/5	二次抛物线	单圆管	C40	16Mn	1.2	1 200×20(16)	12	16	支架施工	钢管—钢管混凝土复合拱
176	福建福鼎桐山大桥	2003	51 + 75 + 51	1/5	二次抛物线	哑铃形	C40	Q345	2	800×12	15	21	支架施工	三跨
177	广东深圳美蓉大桥	2000	55 + 80 + 55	1/5	二次抛物线	哑铃形	C50	Q345	2.4	950×14	18	23.5	悬臂拼装	三跨
178	福建安溪兰溪大桥	1999	80	1/5	二次抛物线	哑铃形	C40	A3	2	800×10	12	15	悬臂拼装	
179	山东青岛城阳立交桥	2001	80	1/5	二次抛物线	哑铃形	C40	A3	1.8	750×12			悬臂拼装	双幅
180	福建泉州百崎湖大桥	2006	51 + 80 + 51	1/5	悬链线 $m = 1.167$	哑铃形	C50	Q345	2.2	900×14	16	21.2	悬臂拼装	双幅,三跨
181	广州解放大桥	1998	83.6	1/5	二次抛物线	哑铃形	C30	Q345	2.4	950×14	四车道 16	25	悬臂拼装	无风撑,三跨
182	江苏南京123省道宁宣公路固城大桥		85	1/5	二次抛物线	哑铃形	C40	Q345D	1.95	800×12		21.5	支架施工	
183	河北迁安北二环二滦河大桥	2007	88	1/5	悬链线 $m = 1.167$	哑铃形	C50			1 100×14		36.5		无风撑
184	山东济南东站立交桥	1998	90	1/5	二次抛物线	四肢桁式	C50	16Mn		650×10		25.5	竖转 + 平转	
185	江苏无锡宜高速公路京杭运河大桥	2002	90	1/5	二次抛物线	哑铃形	C50	Q345	2.5	1 000×14	12.85	16.05		双幅

续上表

序号	桥名	建成年份	跨径(m)	矢跨比	拱轴线形	拱圈（肋）截面					桥宽(m)		施工方法	备注
						截面形式	混凝土	钢材	高度(m)	管径×壁厚(mm)	行车道（机动车）	桥面宽度		
186	上海张江北路川杨河桥	2010	90	1/5	二次抛物线	三肢桁式	C50		1.8	600×16+800×20			先拱后梁	三肢桁式横撑
187	江苏无锡宜高速公路石塘湾大桥	2002	90(75)	1/5	二次抛物线	哑铃形	C50		2.3	900×14				双幅两座,跨径不等
188	浙江绍兴柯桥轻纺大桥	1993	94	1/4	二次抛物线	哑铃形	C40	Q345		900×10	13	28.4		
189	福建莆田闸口大桥	2004	99	1/5	二次抛物线	哑铃形	C40	Q235	2.1	800×14(16)	16	32.7	拖拉浮动架设	
190	江苏无锡342省道直湖港大桥	2007	100	1/5	悬链线 m=1.120	哑铃形	C40	Q345	2.5	1100×14			悬臂拼装	
191	浙江温州楠溪江三桥	1999	105	1/5	悬链线 m=1.100	哑铃形	C40	A3	2.1	800×10			悬臂拼装	
192	辽宁大连海昌华城大桥	1998	110	1/5	二次抛物线	双肢桁式	C50	16Mn	2.5	600×8	净8+2×3.2	14.4	顶升拼装	提篮拱（内倾9.09°）
193	广东南海佛陈大桥	1994	110.3	1/5	悬链线 m=1.167	哑铃形	C30	Q345	2.5	1000×14	17	26	悬臂拼装	
194	四川213国道羊毛坪大桥	2011	112.5	1/5	悬链线 m=1.167	哑铃形	C50	Q345C	2.6	1000×14	8	7.5		
195	四川旺苍东河大桥	1990	115	1/6	悬链线 m=1.347	哑铃形	C30	A3	2	800×10	7	9	悬臂拼装	
196	江西南昌昌墨山立交桥	1999	120	1/5	悬链线 m=1.186	哑铃形	C50	Q345	2.7	1100×14	四车道12	15	平转+竖转	
197	湖北鄂州武昌鱼桥（洋澜湖桥）	2003	120	1/6	悬链线 m=1.167	哑铃形	C50	Q345	2.75	1100×14		18.7	支架施工	
198	广东东莞鸿福路大桥	2003	2×127.2	1/5	悬链线 m=1.100	哑铃形	C50	16MN	3	1200×20	行车道23	32	支架施工	三跨

续上表

序号	桥名	建成年份	跨径(m)	矢跨比	拱轴线形	拱圈(肋)截面					桥宽(m)		施工方法	备注
						截面形式	混凝土	钢材	高度(m)	管径×壁厚(mm)	行车道(机动车)	桥面宽度		
199	甘肃兰州雁滩黄河大桥	2003	87+127+87	1/5	二次抛物线	哑铃形	C50	Q345	3	1200×14	15	31	悬臂拼装	三跨
200	广东东莞大汾北水道桥	2005	128	1/5	悬链线 $m=1.167$	双肢桁式	C50	Q345C	3.5	1050×14	15.5	24	悬臂拼装	双幅
201	上海浦东北路赵家沟桥	2008	130	1/5	悬链线	横哑铃桁式	C50	Q345	3.2	700×12	双向六车道	45.8	悬臂拼装	三肋
202	北京通顺路范庄公铁立交桥	2008	131	1/5	悬链线 $m=1.167$	桁式	C50		3.8			28		
203	四川成都青龙场立交桥	1996	132	1/5	悬链线 $m=1.347$	哑铃形	C50	Q235A	2.7	1100×12	2×10.5	30.7	支架施工	
204	江苏无锡华清大桥	2005	132	1/4	悬链线 $m=1.543$	哑铃形	C50	Q345	4	1500×16	双向六车道	40	悬臂拼装	提篮拱(内倾14°)
205	河南安阳文峰路立交桥	1995	135	1/5	悬链线 $m=1.050$	四肢混合桁式	C40	16Mn	3	720×12	14	31.4	平转+竖转	
206	河北邢台钢铁路七里河桥	2006	137.25	1/3.881		哑铃形			4	1500		36	支架施工	提篮拱(内倾10°)
207	四川峨边大渡河大桥	1995	138	1/5	悬链线	横哑铃桁形式	C40	16Mn	3	500×8	9	13	悬臂拼装	提篮拱
208	山东潍坊潍河大桥	2008	145	1/3.7	悬链线 $m=1.756$	哑铃形	C50		4	1500		28	支架施工	
209	河北荆州汾高速沙河大桥	2013	146	1/4.67	二次抛物线	哑铃形	C50	Q345D	3.5	1300×20		35.5	支架	
210	四川乐山沙湾大渡河大桥(各城大桥)	1999	150	1/5		四肢桁式	C40	16Mn	3	610×10	9	18	悬臂拼装	

续上表

序号	桥名	建成年份	跨径(m)	矢跨比	拱轴线形	拱圈（肋）截面					桥宽(m)		施工方法	备注
						截面形式	混凝土	钢材	高度(m)	管径×壁厚(mm)	行车道(机动车)	桥面宽度		
211	广东深圳彩虹（北站）大桥	2000	150	1/4.5	悬链线 $m=1.167$	四肢桁式	C50	16Mn	3	750×12	15.5	23.5	悬臂拼装	
212	四川南充下中坝嘉陵江大桥	2012	2×160	1/5	悬链线 $m=1.167$	横哑铃形桁式	C60	Q345D	3.6	750×16	21	31.5	悬臂拼装	
213	湖南衡阳衡州大道站场立交桥	2013	168	1/4.5	悬链线 $m=1.050$	横哑铃形桁式	C50	Q345D		800×14	双向六车道	24		
214	湖北武汉晴川大桥（汉江三桥）	2000	280	1/5	悬链线 $m=1.543$	横哑铃形桁式	C50	16Mn	5.5	1000×12	15	19	悬臂拼装	

拱梁组合钢管混凝土拱桥

表A-5

序号	桥名	建成年份	跨径(m)	矢跨比	拱轴线形	拱圈（肋）截面					桥宽(m)		施工方法	备注
						截面形式	混凝土	钢材	高度(m)	管径×壁厚(mm)	行车道(机动车)	桥面宽度		
215	江苏通州通吕运河正场大桥	2000	50	1/5	二次抛物线	单圆管	C40		0.8	800×14	四车道16	30		
216	江苏淮安承德路路盐塘河大桥		50		二次抛物线	单圆管	C40		0.92			14	整体拖运	
217	江苏淮阴运河二桥	1997	50.22	1/6	二次抛物线	单圆管	C40		0.7	700×15	6	8.8	整体拖拉	
218	浙江长兴港大桥（月湖大桥）	2000	52	1/4.5	二次抛物线	单圆管						2(12+3.35)		

续上表

序号	桥 名	建成年份	跨径(m)	矢跨比	拱圈(肋)截面						桥宽(m)		施工方法	备注
					拱轴线形	截面形式	混凝土	钢材	高度(m)	管径×壁厚(mm)	行车道(机动车)	桥面宽度		
219	浙江嘉兴东升东路长纤塘桥	2000	52.44			圆端形	C40	Q345	1300		30	40.5	支架施工	两跨,每跨四肋
220	河北天津至秦皇岛客运专线戴河大桥	2013	2×56	1/4	二次抛物线	哑铃形	C50		2.2(2.8)	1000×14		16		两跨,铁路桥
221	广东开平潭江大桥	2011	58	1/5	二次抛物线	哑铃形	C50			800×12	双向六车道	31.5	支架施工	三肋,双幅
222	湖南郴州玉溪河大桥	2014	58	1/4	二次抛物线	三肢集束式	C50	Q345	2	1200(700)×16(14)	双向六车道24	40	支架施工	
223	江苏无锡新安北桥	1993	60	1/6	二次抛物线	单圆管			0.8	800×16	9	15		
224	浙江乍嘉苏高速公路盐平塘大桥	2000	60	1/5	二次抛物线	圆端形		Q345					支架	
225	吉林长春轻轨铁路西道口桥	2001	60	1/5	二次抛物线	哑铃形	C50		1.6			13.6		轻轨铁路桥
226	浙江乍嘉苏高速公路杭申线大桥(跨京杭运河)	2002	60	1/5	二次抛物线	圆端形	C40	Q345	1.4		单幅13.5,分隔带3	30	支架	双幅
227	安徽五河新浍河大桥	2003	60	1/5	二次抛物线	单圆管	C40	Q345	1	1000×12	14	20.8	支架施工,先拱后梁	
228	浙江余姚市杭甬高速公路姚江一最良江大桥	2003	60	1/5	二次抛物线	圆端形	C40		1.6			12.25	先拱后梁	双幅
229	浙江杭州浦阳江大桥		55+62.8+55	1/4	二次抛物线	圆端形					23.5		整体浮吊	
230	安徽合肥一环屯溪路桥	1995	63	1/3.5	二次抛物线	哑铃形	C40	Q345	2	800×12		27	悬臂拼装	

续上表

序号	桥　名	建成年份	跨径(m)	矢跨比	拱轴线形	截面形式	拱圈(肋)截面				行车道(机动车)	桥面宽度	施工方法	备注
							混凝土	钢材	高度(m)	管径×壁厚(mm)				
231	江苏盐城盐通高速公路新团河大桥	2005	63.12	1/4	二次抛物线	哑铃形	C50		2	800×14	双向六车道	38	支架施工	
232	广东汕头光华桥	2002	63.8	1/5	二次抛物线	圆端形	C50	Q345	1.6		双向六车道	30	支架施工	
233	陕西延安包西铁路周家湾延河大桥	2010	64	1/5	二次抛物线	哑铃形	C55	Q345qE	1.5	750×16	单线		支架施工	铁路桥
234	内蒙古巴彦淖尔西金铁路跨丹拉高速公路大桥	2014	64	1/5	二次抛物线	哑铃形	C55		1.5	650×16	单线		支架施工	铁路桥
235	浙江嘉兴荣龙泾桥		64.6	1/5.5	二次抛物线	圆端形			0.8			40.5		
236	浙江萧明线改建工程桥	2009	64.84								双向六车道	16		
237	上海龙东大道东运河大桥	1997	65	1/5		哑铃形	C40			550×10			支架施工	
238	江苏丹阳人民老桥	1996	67.6	1/6	二次抛物线	单圆管	C50	20Mn	0.9	900×20		14		
239	江苏东台泰东河时堰桥	2008	68	1/5.28	二次抛物线	哑铃形	C40					12		
240	江苏泰州引江河大桥	1996	70	1/5.38	二次抛物线	单圆管	C50	Q235	0.8	800×16	10.75	10.5	支架施工	
241	江苏淮安西环路盐河大桥	1999	70									17.4		
242	江苏305省道宿迁京杭运河泗阳2号桥	2002	70	1/5	二次抛物线	单圆管	C50	16Mn	1.06	106×14	双向四车道23	28.2	无支架施工	
243	湖北襄樊316国道开封峪大桥	2008	70	1/6	二次抛物线	哑铃形	C50			1100×14			支架施工	

续上表

序号	桥名	建成年份	跨径(m)	矢跨比	拱轴线形	拱圈(肋)截面					桥宽(m)		施工方法	备注
						截面形式	混凝土	钢材	高度(m)	管径×壁厚(mm)	行车道(机动车)	桥面宽度		
244	江苏宿迁泗阳2号桥	2004	70	1/5	二次抛物线	单圆管	C50	Q345	1.06	1060×14	双向四车道23	28.2	整体纵向拖移	钢箱系梁
245	江西广丰永丰大桥	1998	72	1/5		单圆管			1.4(0.8)	1400×14	15	32	整体拖拉	
246	河南洛阳洛河涧河新桥	2001	72	1/5	二次抛物线	单圆管	C40	16Mnq	1.2	1200×16		15	支架施工	
247	陕西宝鸡新世纪渭河大桥	2002	2×64+72+2×64	1/5	二次抛物线	圆端形	C40	Q345	0.9		双向六车道28	28.6	支架施工	五跨，无风撑
248	浙江嘉善西塘大桥	2002	72			单圆管	C40	16Mnq			12			双幅
249	浙江320国道嘉兴三桥港大桥		72	1/4.5	二次抛物线	单圆管		16Mn		1600×10				
250	浙江余杭良渚塘栖路运河桥		72	1/4.5	二次抛物线	圆端形	C40		1.6					
251	江苏镇大公路谏壁京杭运河大桥	1998	72	1/5	二次抛物线	单圆管	C40	Q345	0.9	900×16	10.75	28.5	浮动拖拉	双幅
252	上海青浦区蒸四公路大蒸港蒸浦大桥	2004	75	1/5.36	二次抛物线	单圆管	C50	Q345C	1	1000×16	双车道7	11.6	悬臂拼装	
253	安徽芜为散货码头栈桥	2012	75	1/7	二次抛物线	哑铃形	C50		2	800×14	15.3	19	支架施工	
254	山西阳泉桃江新泉大桥	2006	76			哑铃形			1	1000×14		26		
255	浙江温州南塘河大桥	2002	76.5	1/5	二次抛物线	圆端形	C40	16Mn	1.2	1000×14	双向六车道32.5	32.5	支架，先拱后梁	无风撑，劲性骨架混凝土系杆

续上表

序号	桥名	建成年份	跨径(m)	矢跨比	拱轴线形	拱圈(肋)截面					桥宽(m)		施工方法	备注
						截面形式	混凝土	钢材	高度(m)	管径×壁厚(mm)	行车道(机动车)	桥面宽度		
256	安徽怀远涡河三桥	1999	77.76	1/4	二次抛物线	哑铃形	C40	16Mn	2	800×12	双向四车道15	20.9	少支架	
257	浙江申嘉湖高速公路嘉兴段三店塘大桥	2007	78	1/5	二次抛物线	矩形			2		16	17	浮运施工	
258	浙江义乌宾王大桥	1997	55.25+78+55.25	1/4.5	二次抛物线	横向双管圆端形	C40	Q235	1.4	1400×16	14	32.7		单肋，无风撑
259	湖北襄阳长征东路桥	2014	78	1/5	二次抛物线	哑铃形				1000×16	双向六车道	25	支架施工	
260	浙江杭州新塘桥	1997	79.42	1/5	二次抛物线	圆端形	C40	Q345	1.2		22	38.5	悬臂拼装	无风撑
261	陕西西安灞河大桥	2007	2×50+80+2×50	1/4	二次抛物线	哑铃形	C50	Q345D		900×16	双向八车道	33	支架施工	五跨
262	浙江义乌望道园桥	1995	80	1/4.5	二次抛物线	圆端形	C40	Q235	0.8		18.4	29	支架施工	
263	浙江永康华丰桥	2000	80	1/5	二次抛物线	哑铃形	C40	Q345C	2	800×20(14)	2×14.50	42.5	支架施工	三肋
264	浙江台州路桥洪里陈大桥	2003	80	1/5	二次抛物线	哑铃形			2	800×20	14.5	21	支架施工	
265	江苏海门王浩大桥	2008	80									11.6		
266	江苏海门正余大桥	2008	80					C55		3			25.5	
267	广东广深港客运专线水田中桥	2011	80	1/3.5	二次抛物线	圆端形					16	16	支架施工	铁路桥
268	江苏南通204县道金余大桥	2011	80	1/4.5	二次抛物线	哑铃形	C50	Q345C	1.8	800×16	16	20	支架施工	

续上表

序号	桥　名	建成年份	跨径(m)	矢跨比	拱轴线形	拱圈(肋)截面 截面形式	混凝土	钢材	高度(m)	管径×壁厚(mm)	桥宽(m) 行车道(机动车)	桥面宽度	施工方法	备注
269	陕西子洲大中银铁路大理河桥	2011	80	1/5	二次抛物线	哑铃形	C50			1000×16		16.2		
270	江西九江八里湖北大道上跨沙河线立交桥	2014	80	1/4	二次抛物线	哑铃形	C50			1000×20		32	支架施工	
271	浙江嘉兴中环南路平湖塘桥		80			哑铃形		Q345qD	2.5			32	支架施工	
272	浙江上虞丰惠大桥		80	1/4	二次抛物线	哑铃形	C50	Q345D	1.8	800×14		21.6	先梁后拱	
273	江苏淮安中山北路盐河大桥	2006	80	1/5.714	二次抛物线	哑铃形	C50	Q345C				20	支架施工	
274	江苏苏州申张线金港段南沙大桥	2015	80	1/5		哑铃形	C50		2.2		双向四车道	16	整体浮吊	三拱肋,劲性拱架系杆
275	江苏苏州申张线金港段袁家桥	在建	80	1/5	二次抛物线	哑铃形					双向六车道	29	整体浮吊	三拱肋,劲性拱架系杆
276	江苏苏州申张线江海大桥	2015	80	1/5	二次抛物线	哑铃形	C40			900×14		38	整体浮吊	
277	江苏苏州尹山桥	1996	80.5	1/5		圆端形					18	19.5		
278	江苏扬州233省道北澄子河大桥	2008	80.6	1/5	二次抛物线	哑铃形	C40	Q235	1.9	850×14		14.65	支架施工	
279	江苏京杭运河高邮二桥	2002	82.88			单圆管						12.4	整体浮拖	
280	上海长清路川杨河桥	2010	83	1/5	悬链线 m=1.167	矩形	C50	Q345C	2	2000×1600		32.5	支架施工,先拱后梁	钢箱混凝土拱肋
281	江苏泰州南水北调盐汀河朱庄公路桥	2013	83.2	1/5	二次抛物线	哑铃形	C40		1.8	800×16			支架施工	

续上表

序号	桥名	建成年份	跨径(m)	矢跨比	拱轴线形	拱圈(肋)截面					桥宽(m)		施工方法	备注
						截面形式	混凝土	钢材	高度(m)	管径×壁厚(mm)	行车道(机动车)	桥面宽度		
282	内蒙古呼和浩特金川大桥	2001	84		二次抛物线	哑铃形	C40		1.1	1100×14		45.5	支架施工	
283	浙江宁波院士桥	2002	84	1/7	二次抛物线	矩形	C50	16Mn	0.8		12×2	50	悬臂拼装	无风撑，高低复合拱肋
284	浙江03省道萧山东复线杭甬运河大桥	2003	84	1/8	二次抛物线	哑铃形				920×14			支架	三肋
285	上海申江路赵家沟大桥		85	1/5.7		矩形	C50				双向六车道	44.4		三肋
286	江苏泰州南水北调岗汀河港口大桥	2014	85			哑铃形							支架施工	
287	浙江杭甬运河余姚段凤凰山桥	2006	88	1/5	悬链线 m=1	哑铃形	C40		2	800×14			支架施工	
288	河南焦作解放大道跨南水北调总干渠公路桥	2013	86	1/4.25	二次抛物线	四肢桁式	C50		3.6	800×18	22.5	25.5	支架施工	
289	山东临沂市沂河大桥	1998	87	1/5	二次抛物线	哑铃形	C40		1.8	750×10	12	19	悬臂拼装	
290	湖南芷江舞水大桥	2009	88	1/4	悬链线 m=1.167	哑铃形	C50	16Mn	2.5	1100×12	四车道	17.6	支架施工	
291	广西柳州龙屯大桥	2004	89	1/4.5	悬链线 m=1.200	哑铃形	C50	Q345	3	900×20	平行四车道	24	悬臂拼装	
292	江苏南京纬一路立交桥	1998	90	1/4.5	二次抛物线	圆端形	C40	16Mn	1.3		25	34	支架施工	
293	广东顺德马岗大桥	1999	90	1/4	二次抛物线	哑铃形			2.1		15	18	支架施工	
294	浙江丽水绕城公路塔下大桥	2004	90			哑铃形		16Mn			2×8.5	25.5	浮运吊装	
295	浙江新104国道桥	2006	90	1/5		双竖圆端形矩形			1.7			29		单肋，无风撑

续上表

序号	桥　　名	建成年份	跨径(m)	矢跨比	拱轴线形	拱圈(肋)截面						桥宽(m)			施工方法	备注
						截面形式	混凝土	钢材	高度(m)	管径×壁厚(mm)		行车道(机动车)	桥面宽度			
296	湖北襄樊316国道清溪河桥	2008	90	1/6	二次抛物线	哑铃形	C50	16Mn	2.1	900×14			31	支架施工	
297	浙江申嘉湖高速公路嘉兴段白滩港大桥	2009	90	1/9		矩形			1.4				37	支架施工	
298	上海张江路川杨河桥		90	1/5		三肢桁式	C50			650×16(850×20)			32.5		倒三角形截面拱肋
299	河南郑州公铁两用桥(跨北岸大堤)	2010	92	1/5	抛物线	哑铃形	C50		6.4(15.6)	1000×20(24)				支架施工	提篮拱(内倾14.036°)
300	河南郑州石武客运专线黄河公铁两用桥(跨南岸大堤)	2010	92	1/5	抛物线	哑铃形	C51		6.4(15.6)	1000×20(24)				支架施工	提篮拱(内倾14.037°)
301	江苏宝应237省道宝射河大桥	2012	92	1/5	二次抛物线	哑铃形	C50		2.4	1050			52.5	整体浮吊	双幅桥
302	河南邓州南水北调总干渠袁庄西南生产桥	2013	93	1/5	二次抛物线	哑铃形	C50	Q345C		820×16	6.5		7.7	整体吊装(汽车吊)	
303	河北唐海曹妃甸海上矿石码头栈桥	2005	2×94	1/6	二次抛物线	双肢桁式	C50		2.8	800×12	7		17.6	浮运架设	钢纵横梁,码头栈桥
304	福建厦门鹰厦铁路烧汤溪右线大桥	2011	96	1/5	二次抛物线	哑铃形	C50		2.9	900×12	单线			支架施工	铁路桥
305	江苏苏州京沪高速公路青阳港大桥	2012	96	1/5	悬链线	哑铃形	C55	Q345qD	3	1000×16			17.1	先拱后梁	斜吊杆,尼尔森拱
306	甘肃兰渝铁路接驾咀苑川河大桥	2014	96	1/5	二次抛物线	哑铃形			3.2	1100×24			15.26	支架施工	

续上表

序号	桥名	建成年份	跨径 (m)	矢跨比	拱轴线形	拱圈(肋)截面 截面形式	混凝土	钢材	高度 (m)	管径×壁厚 (mm)	桥宽 (m) 行车道 (机动车)	桥面宽度	施工方法	备注
307	河北唐山张唐铁路跨京沈高速公路大桥	2014	96	1/5	二次抛物线	哑铃形	C55		2.7	1 000×20		13.8	支架施工	
308	浙江宁波慈城大桥	2008	97	1/6	二次抛物线	哑铃形	C50	Q345	2.4	1 000×14		15.25	支架施工	四肋三系梁
309	海南海口琼州大桥	2003	79+88+98+88+79	1/4.5	二次抛物线	哑铃形	C40	Q345	2.4	1 100×14	15	23m	支架施工	五跨
310	陕西汉中桥闸工程大桥	2006	5×100	1/4	悬链线 m=1.167	哑铃形	C50	Q345	2.416	1016×17.5		28.6	大节段吊装	
311	河南郑州黄河大桥	2004	8×100	1/4.5	悬链线 m=1.347	哑铃形	C50	Q345	2.4	1 000×16	19	24.38	支架	
312	山东烟台滨海东路养马岛大桥	2004	100	1/5	二次抛物线	哑铃形	C50	Q345	3	1 200×12		26	支架施工	
313	上海沪芦高速公路五尺沟大桥	2005	100	1/4	二次抛物线	圆端形	C50		2.6			37.8	吊装	系梁预制吊装
314	江苏宿迁秀强运河大桥(项王路运河桥)	2005	100			哑铃形				1 100×14		28.2		
315	福建宁德霞浦东侨海滨大道2号桥	2009	100	1/5	二次抛物线	横哑铃形桁式	C50	Q345	2.5	600×10		24.5	支架施工	
316	江苏新寨山大桥	2010	100	1/5	二次抛物线	圆端形	C40		1.6	1 600×22		20.5	悬臂拼装	
317	河北青兰高速公路邯涉段南水北调大桥	2010	100	1/5	二次抛物线	圆端形	C50		2			30.3		单肋,无风撑
318	江苏丹阳241省道跨京杭运河大桥	2010	100	1/5	二次抛物线	哑铃形		Q345D	2.2	900×16	25.5	34.3		双幅桥
319	江苏苏州斜港大桥	1996	100.5	1/7	二次抛物线	圆端形			2		18	20	支架施工	

续上表

序号	桥名	建成年份	跨径(m)	矢跨比	拱轴线形	拱圈(肋)截面					桥宽(m)		施工方法	备注
						截面形式	混凝土	钢材	高度(m)	管径×壁厚(mm)	行车道(机动车)	桥面宽度		
320	四川成都高翔东路人行桥	2014	100.5	1/6	悬链线 m=1.167	单圆管	C50	Q345	1.2	1 200×18~26		7	先梁后拱，支架施工	人行桥，单助，钢箱系梁
321	河北石家庄石环公路307国道东互通立交桥	2008	102	1/5		哑铃形	C50	Q345d	3	1 200×16		52.5	顶推	
322	辽宁营口港仙人岛2号原油码头栈桥	2008	103	1/6		双肢桁式	C60	Q345D	2	900×20		2×14.54	整体浮吊	钢纵横梁与桥面，码头栈桥
323	河南叶县大楼庄北跨集生产渠	2013	104.3			哑铃形						6.5	整体吊装	
324	辽宁大连长兴岛码头栈桥	2004	5×108	1/6	二次抛物线	双肢桁式	C50	Q345D	2.8	800×12	9	10.6	浮运吊装	钢纵横梁，码头栈桥
325	西藏青藏铁路拉萨河大桥	2005	108	1/4.7	二次抛物线	双肢桁式	C50	Q345qD	1.2	900×14	6.3	8.1	支架，先梁后拱	铁路桥
326	安徽白连崖水库厂区大桥	2006	110											三跨
327	浙江宣杭铁路东苕溪大桥	2005	112	1/5	悬链线 m=1.347	哑铃形	C50	Q345	3	1 000×16		15(铁路)	悬臂拼装	提篮拱（内倾13°），尼尔森拱，铁路桥
328	河南郑州郑西客运专线跨310国道桥	2008	112	1/5	悬链线 m=1.347	哑铃形	C50	Q345	3	1 200×18		17.4	支架施工	提篮拱（内倾9°），铁路桥
329	湖北赤壁武广客运专线朝家湾大桥	2008	112	1/5	悬链线 m=1.347	哑铃形	C55		3	1 200×18	双向四车道	17.8	支架施工	提篮拱，尼尔森拱，铁路桥
330	湖北武汉至黄冈城际铁路路口大桥	2012	112		悬链线	哑铃形	C55	Q345,Q235	2.5	1 200×18(16)		17.8	支架施工	提篮拱（内倾9°），尼尔森拱，铁路桥

续上表

序号	桥名	建成年份	跨径(m)	矢跨比	拱轴线形	拱圈(肋)截面 截面形式	混凝土	钢材	高度(m)	管径×壁厚(mm)	桥宽(m) 行车道(机动车)	桥面宽度	施工方法	备注
331	湖北武汉广武客运专线东湖大桥	2009	112	1/5	悬链线 m=1.347	哑铃形	C55			1 200×18			竖向转体	提篮拱(内倾9°),尼尔森拱
332	山西大西客运专线临汾大桥	2014	113.3	1/5	二次抛物线	哑铃形	C50		3	1 200×16		18	支架施工	提篮拱(内倾8°),尼尔森拱,铁路桥
333	上海浦东大道9号桥	2012	115	1/5	二次抛物线	哑铃形	C50	Q345	3	1 200×16(18)	双向四车道16	31	支架施工	
334	贵州盘县红果东湖大桥	2012	115.5	1/5	2.06次抛物线	哑铃形	C50	Q345	3	1 200×20	双向六车道22.5	30	悬臂拼装	三跨
335	广东江门东华大桥	2012	118	1/5(1/3.4)		单圆管	C50	Q370qD		1 500×32(800×16)	23.5	34.5	顶推	主拱内倾13°,副拱外倾10°
336	北京通顺路大桥	2008	120	1/5		双肢桁式	C50			1 200×20				
337	浙江宁波琴桥(大沙泥桥)	2002	120	1/5	二次抛物线	圆端形	C40		3.3			33	支架施工	单肋,无风撑
338	广东韶关五里亭大桥	2004	120	1/4	悬链线	双肢集束式	C50	Q235	2.7	1 800(850)×14	双向四车道16	33	支架施工	
339	浙江舟山鲁家峙大桥	2006	80+120+80	1/5	二次抛物线	哑铃形	C50				双向四车道		支架施工	三跨
340	江苏宿迁京杭运河河大桥	2007	120	1/6	二次抛物线	哑铃形	C40			1 000×14		11.5	整体浮吊	劲性骨架系杆
341	山东日照港30万t原油码头栈桥	2009	6×125	1/6								14.25	整体浮吊	双幅,劲性骨架系杆
342	上海六奉公路大冶河桥	2011	120	1/4	二次抛物线	哑铃形	C50			900×14			浮运吊装,先拱后梁	双幅,劲性骨架系杆

续上表

序号	桥　名	建成年份	跨径 (m)	矢跨比	拱轴线形	拱圈(肋)截面					桥宽(m)		施工方法	备注
						截面形式	混凝土	钢材	高度 (m)	管径×壁厚 (mm)	行车道 (机动车)	桥面宽度		
343	河北唐海曹妃甸原油码头栈桥	2007	6×122	1/6		双肢桁式			2.8	800×12		9.95	整体浮吊	钢纵横梁,码头栈桥
344	辽宁大连港原油泊位码头主引桥	2010	126	1/6		双肢桁式	C50	Q345		800×12		15.3	整体浮吊	
345	江苏溧阳南河大桥	2003	126.28	1/5	二次抛物线	哑铃形	C40	Q345	2.6	1100×14	净2×15.2	15.25	悬臂拼装	双幅
346	广西钦北铁路钦江铁路大桥	2012	128	1/5	悬链线 m=1.347	哑铃形	C55		3.6	1300×20	双线		支架施工	铁路桥
347	陕西包西铁路黄延高速大桥	2010	128	1/5	二次抛物线	哑铃形	C60	Q345	3.5	1300×26	双向四车道	25	支架施工	铁路桥
348	新疆兰新新铁路乌鲁木齐河大桥	2014	128	1/5	二次抛物线	哑铃形	C55	Q345		1300×20			支架施工	
349	浙江嵊州曹娥江大桥	2004	2×132	1/5	二次抛物线	横哑铃形桁式	C50	Q345C	3	750×14 (16)	双向四车道 15	36	支架,先梁后拱	两跨
350	陕西红神铁路格王沟大桥	2011	136	1/5	二次抛物线	哑铃形	C55	Q345	3.6	1100×18		11.2	支架施工	铁路桥
351	河南郑州郑新快速通道庞村西大桥	2013	160	1/5	悬链线 m=1.3	四肢桁式	C55	Q345	3.8	900×16		23.6	支架施工	斜交桥
352	河南南阳光武武渠姚湾跨渠公路桥	2013	185	1/5	二次抛物线	四肢桁式	C55	Q345	4.5	1120×20(22)	23.5	20.25	支架施工	双幅桥
353	浙江杭州钱江四桥(复兴大桥)	2004	190	1/4	二次抛物线	横哑铃形桁式	C50	Q345C	4.5	950×24(22)		32	悬臂拼装	双层拱
354	河南岭南高速公路蒲山大桥	2009	225	1/5	二次抛物线	六肢桁式/四肢桁式	C55	Q345	4.15~6.15	1000×16	双向六车道 15	38.8	支架施工	三肋

其他钢管混凝土拱桥

表 A-6

序号	桥名	建成年份	跨径(m)	矢跨比	拱轴线形	结构形式	拱圈(肋)截面					桥宽(m)		施工方法	备注
							截面形式	混凝土	钢材	高度(m)	管径×壁厚(mm)	行车道(机动车)	桥面宽度(m)		
355	广东广梧高速公路K111+495上跨桥	2010	50	1/5	二次抛物线	上承式拱梁组合	单圆管	C50		1.2	1200×16		4.5	支架施工	单肋斜撑、拱梁组合
356	江苏南京孙家凹分离式立交桥	2006	60	1/7.464	悬链线 m=2.814	上承式拱梁组合	单圆管	C50		1	1000×22		9	支架施工	单肋斜撑、拱梁组合
357	上海中春路淀浦河东闸桥	2004	2×55	1/3.67	二次抛物线	连续梁+拱	矩形	C50	Q345	1.5	1500×16	16	21.1	支架施工、先拱后梁	两梁+两拱、半中承式
358	广东南海官山涌民乐新桥	2000	20+60+20+2×16	1/5	二次抛物线	连续梁+拱	三肢桁式	C40	16Mn	1.4	600×12	16.5	22.5	支架施工	五梁+单拱
359	江苏泰兴溪江大桥	2006	54+72+54	1/5	二次抛物线	连续梁+拱	圆端形	C50		1		14	22		斜交20°，三梁+单拱
360	上海宝山蕴藻浜大桥	1999	85	1/5	二次抛物线	连续梁+拱	圆端形		A3	2.4	1200×20	六车道	40	少支架	双跨桁梁+桁拱
361	湖南邵阳西湖大桥	1999	3×88	1/4		连续梁+拱	哑铃形	C40		2.5	1100×12	24.6	29.1	顶推法	三梁+三拱
362	江苏苏州湑台湖大桥	2004	40+96+40	1/6	二次抛物线	连续梁+拱	矩形			1.4	1400×1800×20	双向六车道	36	整体浮吊	三梁+单拱
363	云南曲靖六沾铁路宣天大桥	2012	32.65+100+32.65	1/5	抛物线	连续梁+拱	双肢桁式	C50		4.8(2.8)	1200×16			支架施工	三梁+单拱、铁路拱
364	湖北武汉轻轨1号线跨京汉货场桥	2010	55+105+55	1/5	二次抛物线	连续梁+拱	哑铃形	C50	Q345	2	800×24		14.1	支架施工	三梁+单拱、铁路桥、槽形梁
365	上海轻轨明珠线珠溪路桥	2000	54+128+54	1/8	二次抛物线	连续梁+拱	圆端形		Q235	2		9.4	13.1	支架施工	三梁+单拱、轻轨桥

续上表

序号	桥名	建成年份	跨径(m)	矢跨比	拱轴线形	结构形式	截面形式	混凝土	钢材	高度(m)	管径×壁厚(mm)	行车道(机动车)	桥面宽度(m)	施工方法	备注
							拱圈(肋)截面					桥宽(m)			
366	北京京津城际铁路跨东四环南路桥	2007	60+128+60	1/6	二次抛物线	连续梁+拱	哑铃形	C55	Q345	3	1000×16		18	支架施工	三梁+单拱,铁路桥
367	浙江宁波长丰路大桥	2008	47+132+47	1/5.5	抛物线	连续梁+拱	三肢	C50		1.8	1800×20		36.5	支架施工	三梁+新月拱
368	江苏宿迁宿淮铁路京杭运河大桥	2013	62+132+62	1/6	二次抛物线	连续梁+拱	哑铃形	C50		2.8				支架施工	三梁+单拱,铁路桥
369	浙江温福铁路昆阳大桥	2008	64+136+64	1/5	二次抛物线	连续梁+拱	哑铃形	C50	Q345	2.8	800×16		14	支架施工	三梁+单拱,铁路桥
370	黑龙江哈齐客运专线松花江大桥	2014	77+3×156.8+77	1/4.61(1/5.06)	二次抛物线	连续梁+拱	哑铃形	C50		3.5(3.0)	1500×24(1200×24)	四线铁路		支架施工	五梁+三拱,三片不等高拱肋
371	福建漳州九龙江大桥	2012	40+67+158+67+40	1/3.611	悬链线 m=1.167	连续梁+拱	三肢	C50		5	1800×20		43	支架施工	五梁(两侧)+飞鸟式拱(中间),新月拱
372	广东广深港客运专线沙湾水道大桥	2011	76+160+76	1/5	二次抛物线	连续梁+拱	哑铃形			3	1000×16			支架施工	三梁+单拱
373	江苏镇江京沪高速铁路京杭运河大桥	2011	180	1/5	二次抛物线	连续梁+拱	哑铃形			3.1	1100×20(24)		11.9	支架施工	三梁+单拱,铁路桥
374	四川资阳成渝客运专线沱江多线大桥	2014	90+180+90	1/5	二次抛物线	连续梁+拱	哑铃形	C50		3.1	1100×20~24		11.9	支架施工	三梁+单拱,铁路桥
375	西藏拉日铁路年楚河大桥	2014	134	1/3.4	1.8次抛物线	连续梁+V构+拱	哑铃形	C55		3.17~5.2	1200×20		7.6	支架施工	三梁+单拱,铁路桥
376	广西南宁凌铁大桥	2013	45+2×132+2×45	1/4.5	悬链线	连续刚构+拱	哑铃形			2.5	1000×16	双向四车道15.5	31.5	竖转法	五刚构+两拱

续上表

序号	桥　名	建成年份	跨径(m)	矢跨比	拱轴线形	结构形式	拱圈(肋)截面					桥宽(m)		施工方法	备注
							截面形式	混凝土	钢材	高度(m)	管径×壁厚(mm)	行车道(机动车)	桥面宽度(m)		
377	广东广珠铁路虎跳门大桥	2011	120+248+120	1/5	二次抛物线	连续刚构+拱	三肢桁式	C50	Q345	3	850×20		12.2	支架施工	三刚构+单拱
378	湖北宜万铁路宜昌长江大桥	2007	130+2×275+130	1/5	二次抛物线	连续刚构+拱	四肢桁式	C50	Q345qD	3.0~4.0	750×16~24	双轨道	14.4	竖转法	四刚构+两拱,铁路桥
379	福建福州湾边大桥	2008	90+106+90	1/5	二次抛物线	V形刚构+拱	四肢桁式	C50	16Mn	1.6	400×10		34		
380	广东广珠城际小槛水道大桥	2009	160	1/4.07(1/4.49)	二次抛物线	V形刚构+拱	哑铃形	C50	Q235qD		900×20(22/24)			支架施工	V构+单拱
381	广东潮州韩江北桥	2005	85+114+160+114+85	1/4.66	二次抛物线	斜靠式系杆拱	竖拱哑铃形,斜拱单圆管	C50		2.8(3.1)	1200×16		15	悬臂拼装	斜靠拱,无风撑
382	浙江杭州市景花路桥	2010	68	1/5		斜靠式系杆拱	单圆管	C50		1.4			20		
383	江苏扬州江都龙川二桥	2008	70	1/4		斜靠式系杆拱									
384	江苏南通新开北路通启运河大桥	2011	70	1/4	二次抛物线	斜靠式系杆拱	三肢桁式	C40	Q345D	1.7	1050×22		41.5	转体施工	
385	江苏江阴杏春桥	2004	73.5	1/4.375	二次抛物线	斜靠式系杆拱	三肢桁式	C50			850×20	14	36	支架施工	
386	江苏镇江新河桥	2004	74		二次抛物线	斜靠式系杆拱						变桥宽	50		
387	江苏苏州云梨桥	1996	75			斜靠式系杆拱									
388	广东江门胜利大桥	2012	75	1/5		斜靠式系杆拱								支架施工	

续上表

序号	桥名	建成年份	跨径(m)	矢跨比	拱轴线形	结构形式	拱圈(肋)截面					桥宽(m)		施工方法	备注
							截面形式	混凝土	钢材	高度(m)	管径×壁厚(mm)	行车道(机动车)	桥面宽度(m)		
389	浙江义乌丹溪大桥	2004	88	1/5	二次抛物线	斜靠式系杆拱	三肢桁式		Q345D		325×16	17.65	18.625		
390	福建寿宁杨梅大桥	2008	100	1/4.5	二次抛物线	斜靠式系杆拱		C50	A3	2.7	1200×14		56.4	支架施工	
391	江苏昆山篌河大桥(玉峰大桥)	2004	110	1/5.5	二次抛物线	斜靠式系杆拱	三肢桁式	C40	Q345B	1.974	1100(200)×25	机动车道21	30.45	悬臂拼装	
392	贵州贵阳十二南明河桥	在建	110	1/5.5	二次抛物线	斜靠式系杆拱	三肢桁式	C40			1100×22	24	42~60		
393	湖南益阳康富南路桥	2006	120	1/4.8		斜靠式系杆拱	圆端形			2.5			14	悬臂拼装	
394	西藏拉萨柳梧大桥	2007	120	1/4.615	二次抛物线	斜靠式系杆拱							29	悬臂拼装	
395	江苏淮安天津路运河大桥	2001	143			斜靠式系杆拱								其他	
396	福建夏门霞门飞桥	2006	66	1/5	悬链线 m=1.200	(简支)系杆拱	横哑铃形桁式	C60	Q345	2.4	920×14		38	支架施工	
397	江西端金昌夏公路绵江大桥	2004	70.6	1/5	悬链线 m=1.168	(简支)系杆拱	哑铃形	C50	16Mnq	1.8	800×14	22.5	36.1	悬臂拼装	
398	贵州遵义火车站桥	2009	80	1/4.5	二次抛物线	(简支)系杆拱	哑铃形	C50	Q345	2.2					
399	天津彩虹桥	1998	3×168	1/5	悬链线 m=1.500	(简支)系索拱	哑铃形	C50	Q345	3.75	1500×16	2×8.5	29	支架施工	三跨
400	辽宁丹东月亮岛大桥	2003	202	1/5	二次抛物线	(简支)系索拱	双肢桁式	C50	Q345C	4.6	1100×12		9	支架施工	提篮拱(内倾5.8°)
401	上海轨道交通苏州河桥	2000	64	1/4	二次抛物线	中承式异形拱	圆端形	C55	A3	1.2		8	12.5	支架施工	有支座式鸟足式

续上表

序号	桥　名	建成年份	跨径(m)	矢跨比	拱轴线形	结构形式	截面形式	混凝土	钢材	高度(m)	管径×壁厚(mm)	行车道(机动车)	桥面宽度(m)	施工方法	备注
402	河南郑州市郑东新区A2桥	2006	97.687(86.920)	1/4 1/3.5	其他	中承式异形拱	单圆管	C40	Q345	1	1 000×20		7.5	吊机吊装	两拱侧拉悬吊
403	四川石棉县大渡河桥	2012	123.804(113)	1/4.91(1/3.98)	二次抛物线	中承式异形拱	单圆管	C50			1 800(1 200)		26.5	支架施工	新月拱,副拱外倾18°,挂梁
404	河南洛阳瀍洲大桥	2009	24.51+120+24.51	1/3.5	二次抛物线	飞鸟式异形拱	单圆管	C50			1 500×20	双向四车道23	31	支架施工	单肋、新月拱
405	安徽芜湖袁泽桥	2010	40+135+40			飞鸟式异型拱	三肢集束式					双向八车道			四肋双幅,带副拱
406	江西赣州章江大桥	2010	158	1/4.75	二次抛物线	飞鸟式异形拱	三肢	C50	Q345qD	1.8	1 800×26	双向六车道23.5	34	支架施工	
407	吉林长春102国道跨伊通河大桥	2009	51+158+51	1/4.2	二次抛物线	飞鸟式异形拱	三肢	C50			1 800(1 200)×22	双向六车道	36.5	支架施工	单肋、新月拱
408	湖北兴山高阳大桥	2010	129.5	1/3.5	悬链线 m=1.543	类飞鸟式拱	四肢桁式	C50	16Mn	2.5	351×16	9	17.5		主拱桁肋上拱延至边拱端
409	江西高安樟树岭大桥	1992	70		二次抛物线	桁架拱	双肢桁式				350×10	5	5	转体施工	
410	青海西宁北川河桥	2002	90	1/5	悬链线 m=1.167	中承式刚架系杆拱	四肢桁式	C50	Q345	3	650×12	双向四车道	21.6	支架施工	
411	上海大芦线航道三三公路桥	2011	120			三跨连续桁式系杆拱	双肢桁式	C50	Q345		1 200×16		18		
412	湖南永州天子山大桥	2003	125	1/5	悬链线 m=1.167	桁式组合拱	哑铃形	C50	Q235	2	1 000×12	11	12	悬臂拼装	
413	湖南湘潭莲湘大桥(湘潭湘江四桥)	2007	388	1/5.9	高次抛物线	飞鸟式+斜拉索	六肢桁式	C50	Q345D	5(9)	850×28(24/22)	16.5	27		钢管—钢管混凝土复合拱

附录 B　钢管混凝土拱桥一览表

参考文献❶

3　江忠贵.铁路钢管混凝土拱桥结构分析及截面拟定——浅谈西安安康线庙沟大桥设计思路[J].桥梁建设,1999(1):33-36.

4　赵顺增,刘立,吴万春,等.高性能混凝土在钢管拱桥中的工程应用[J].中国建材科技,2000(3):13-14.

5　袁卫国.广梧高速公路上寨高架二桥方案设计[J].公路工程,2009(4):98-100.

　　陈枝洪.广梧高速公路上寨高架二桥桥型方案设计[J].公路与汽运,2007(4):138-140.

6　王存江,刘晏斌,冯希民.京张高速公路周家沟Ⅰ号桥钢管拱施工技术[J].铁道标准设计,2001(4):22-24.

7　王海良,聂秋祥,张浩.拉西瓦水电站黄河大桥钢管混凝土拱桥拱肋吊装及裸拱线型控制技术[J].铁道标准设计,2004(4):26-28.

　　丛学丰.拉西瓦水电站黄河大桥钢管拱施工技术[J].西部探矿工程,2005(2):144-145.

8　王勃.大跨径拱桥缆索吊装施工系统仿真分析[D].西安:长安大学,2012.

　　刘世明,刘永健,姚晓荣,等.钢管混凝土拱桥缆索吊装施工优化[J].公路交通科技,2012(7):70-75.

9　高培文.大跨度钢管混凝土拱桥结构考虑桩土作用的静力性能及桩基分析[D].太原:太原理工大学,2012.

10　漆卫国.黄柏河特大桥主拱钢结构的现场焊接[J].焊接技术,1998(2):36-38.

11　张自润.黄柏河和下牢溪特大桥施工[J].中国三峡建设,1997(6):13-15.

12　经柏林,胡小庄.九畹溪大桥动载实验及动力分析[C]//中国公路学会桥梁和结构工程分会 1999 年桥梁学术讨论会论文集. 1999:6.

　　付瑞芳.九畹溪大桥大跨度钢管拱分段整体吊装施工安全措施探讨[J].安全与环境工程,

---

❶文献序号对应附录 A 中桥例序号。

2004(2):59-62.

13 韩友续,武维宏,舒春生.祁家黄河大桥设计[J].桥梁建设,2011(3):69-71.

14 王瑛.铁路钢管混凝土拱桥设计[J].甘肃科技,2008(14):132-135.

15 梅青,陈军,杜爱兵.220m 上承式钢管混凝土拱桥的稳定性分析与计算[C]∥中国公路学会桥梁和结构工程分会 2001 年桥梁学术讨论会论文集.2001:8.

16 贵州水柏铁路北盘江大桥[J].土木工程学报,2005(5):133.

   陶建山,任旭初,陈国祥.贵州水柏铁路北盘江大桥钢管拱转体施工技术[J].桥梁建设,2001(2):50-53.

   陶建山.贵州水柏铁路北盘江大桥钢管拱——万吨单铰转体施工技术[C]∥.中国土木工程学会桥梁及结构工程分会第十六届全国桥梁学术会议论文集(上册).2004:8.

17 龚江烈.大跨径钢管混凝土拱桥稳定性非线性有限元分析[J].公路工程,2014(5):300-303.

   匡韶华,单晓东.海螺猛洞河大桥施工优化技术措施[J].湖南交通科技,2013(2):239-243.

   汤浩南.斜拉扣挂法吊装钢管拱桥拱肋受力及施工过程稳定性分析[J].湖南交通科技,2013(3):76-78.

   熊鹰.猛洞河大桥缆索吊装方案设计和施工[J].公路工程,2013(5):204-206.

   朱明,刘让汝.张花高速猛洞河大桥桥梁荷载试验仿真分析[J].湖南交通科技,2013(4):80-82.

18 陈少峰,茅兵海,李安忠,等.千岛湖 1 号特大桥的设计与施工[J].森林工程,2007(1):61-63.

   靳战飞,康永臣,王燕伟,等.千岛湖 1#特大桥的拱肋优化设计[J].公路交通科技(应用技术版),2007(6):100-102.

   杨小森.大跨度钢管混凝土拱桥施工控制[D].北京:北京工业大学,2007.

   孙航,陈少峰,盛洪飞.大跨度上承式钢管混凝土拱桥临时施工系统的计算分析[J].公路,2008(3):85-87.

19 李海峰.桁式钢管砼拱桥灌注过程刚度分析及设计刚度取值研究[D].武汉:武汉理工大学,2008.

20 张红星,刘德宝,余茂峰.乌溪江大桥方案设计[J].公路,2011(8):12-19.

21 钱非凡.恩施至黔江高速公路龙桥特大桥钢管拱拱肋对接焊接工艺评定试验研究[J].城市建设理论研究(电子版),2012(32).

   郭新闻.浅析龙桥特大桥施工工艺[J].科技风,2012(14):148-149.

22 李美军.奉节梅溪河大桥——288 米钢管混凝土上承式拱[J].西南公路,1999(2):1-6.

盛智平. 重庆奉节梅溪河钢管混凝土拱桥的施工工艺和施工技术[D]. 成都:西南交通大学,2002.

23 龚成立,刘静. 钢管混凝土拱桥管内混凝土灌注阶段扣索力计算[J]. 重庆交通大学学报（自然科学版),2009(5):830-832.

曹中良,杨建辉. 利用机制砂配制 C60 级自密实钢管混凝土[J]. 混凝土,2010(6):101-103.

24 准朔铁路黄河特大桥双线钢管拱桥混凝土顶升施工首战告捷[J]. 城市道桥与防洪,2012(7):84.

25 师少辉,刘新华. 特殊地质条件下大跨度拱桥拱座设计方案比选分析[J]. 西部交通科技,2014(2):37-40.

26 彭元诚,李毅谦. 支井河特大桥设计简介[C]//2010 年现场技术交流会论文集. 2010:515-518.

周昌华,李德兵,唐天国. 支井河特大桥钢管拱肋安装方案设计[J]. 工程建设与设计,2007(9):88-92.

贾尚明. 支井河特大桥安装施工方案[J]. 中铁武桥重工股份有限公司.

王成双. 支井河特大桥钢管拱肋拼装斜拉扣挂系统设计[J]. 铁道标准设计,2007(12):63-65.

李毅谦,季文刚. 支井河大桥设计技术创新与施工方案研究[J]. 公路,2013(1):36-44.

袁长春. 430m 跨上承式钢管混凝土拱桥拱肋节段双肋整体拼装施工技术[J]. 铁道标准设计,2009(5):43-47.

27 黄力华. 钢管混凝土拱桥工程中的混凝土施工技术探析[J]. 科技信息,2008(28):449.

28 周亚彬. 武平东门大桥拱肋混凝土的浇筑[J]. 福建交通科技,1999(1):47-49.

30 阎仁才,孙福强,王秀丽. 中承式钢管混凝土拱桥吊杆临时兜吊法更换施工技术分析[J]. 珠江水运,2014(10):58-59.

郑振,郑振飞,郭金琼. 兰溪大桥多跨钢管砼肋拱桥的设计分析[J]. 福州大学学报（自然科学版),1996(4):42-45.

31 李拴虎. 青银公路分离立交钢管混凝土拱桥施工[J]. 山西建筑,2002(12):149-150.

32 石保同. 既有钢管混凝土拱桥安全检测与评价方法研究[D]. 北京:北京工业大学. 2008.

邓洪亮,石保同. 紫下大桥安全检测与评价方法研究[J]. 防灾减灾工程学报,2009(1):92-97.

33 张志峰,刘洋. 深圳东部华侨城环湖路拱桥加固改造[J]. 工业建筑,2008(S1):1040-1042.

34 吴晓亮,王慧. 对于提高钢管混凝土拱桥吊杆索力测试精度的研究[J]. 黑龙江科技信息,2010(10):10.

林友勤,郑振,陈日齐.永安市北塔大桥汽车静载试验[J].实验力学,2001(4):450-456.

36 姜爱泉,张耀.中承式钢管混凝土拱桥施工技术[J].港工技术与管理,1996(1):1-6.

37 邵国平,杨促健.我省首座钢管砼中承式拱桥的施工[J].湖南交通科技,1995(2):16-21.

38 陈华建.福州解放大桥吊杆更换施工技术[J].交通标准化,2010(19):129-134.

王建华,雷廷新.福州解放大桥五联跨中承式钢管混凝土拱桥施工新技术简介[J].福建建设科技,1996(4):4-5.

39 李明元,康省桢,桑德才.钢管混凝土提篮拱桥的设计与施工[J].河南交通科技,1997(5):3-5.

40 严圣友,郑江敏,项贻强,等.哑铃型钢管混凝土拱桥的计算方法研究[J].公路交通科技,2004(6):54-57.

项贻强,严圣友.钢管混凝土拱桥的稳定性分析[C]//中国公路学会桥梁和结构分会2004年全国桥梁学术会议论文集.2004.

41 赵福利.金盘大桥钢管混凝土拱桥施工控制研究[D].杭州:浙江大学,2014.

张黎昌.钢管拱桥受力行为分析及模型试验若干测试技术研究[D].杭州:浙江大学,2014.

42 曾静.钢管混凝土拱桥静、动载试验研究[J].建筑与发展,2013(9):878-879.

43 吴玉英.钢管拱混凝土的施工[J].青海科技,2002(2):39-40.

44 李业国,刘传武.胶东地区单孔跨径最长跨线桥工程完工[J].中国建设报,2010(10):1.

45 古秀丽,孙庆东.延吉市延河路中承式钢管混凝土拱桥的设计[J].城市道桥与防洪,2002(3):39-42.

46 王存江,刘同乐,杜殿锁.桁架式钢管混凝土拱桥的几项施工技术[J].铁道标准设计,2002(4):20-21.

48 丁自明.钢管混凝土系杆拱桥施工控制分析研究[D].南京:东南大学,2011.

陈雪峰.凌云大桥横梁吊装方案比选及稳定性评估[J].现代交通技术,2012(1):40-43.

49 王涛.钢管混凝土拱桥静动载试验研究[D].西安:长安大学,2009.

50 张桂连.衡南湘江公路大桥施工监控[J].中外公路,2003(1):70-72.

51 陈峰,王建华,胡庆安,等.大跨径人行天桥静、动载试验检测与评价分析[J].建筑科学与工程学报,2008(3):122-126.

52 刘绍云,王晓虹,杨春巍.浅析依兰牡丹江大桥设计、施工特点[J].黑龙江交通科技,1998(4):38-40.

付金科,王守恒,刘绍云,等.钢管混凝土中承拱桥吊杆横梁承载力试验[J].哈尔滨建筑大学学报,1999(2):103-106.

云迪,张素梅.横撑布置形式对某中承式 CFST 拱桥动力特性的影响[C]//中国钢协钢—

混凝土组合结构分会第九次年会论文集.2003:4.

53 蒋向阳,蔡金火.洪州大桥主跨100m钢管拱助的拼装技术[J].铁道建筑技术,1999(3):43-44.

汤国栋,谢玲玲,罗加福,等.中承式无横撑集束钢管混凝土平行肋拱桥[J].公路,2001(2):1-5.

54 郭月峰,陈宝春.泉州市和昌大桥设计与施工[J],福建交通科技,2004(2):29-31.

郭月峰.钢管混凝土提篮拱桥受力特性分析——泉州市和昌大桥[D].福州:福州大学,2007.

55 吴俊.钢管混凝土拱桥(南平闽江路1#桥)转体施工技术研究[D].福州:福州大学,2014.

56 郑世虎.中承式钢管混凝土人行天桥舒适度研究[D].西安:长安大学,2014.

58 蒋水龙,王昭椿,邱学哲,等.宜春袁州钢管混凝土拱桥主跨设计及施工工艺[J].华东公路,2002(1):35-37.

59 郑罗云,夏向辉.桃源沅水大桥钢管中承拱施工技术与质量控制[J].湖南交通科技,1999(3):50-52.

曾广文,黄军.桃源沅水大桥缆索吊系列转向轮的设计[J].湖南交通科技,1998(2):59-61.

李志刚,黄军.桃源沅水大桥双跨缆索吊机中塔的稳定性[J].湖南交通科技,1998(1):54-56.

60 林春伟,程秉坤,黄安芳,等.自振频率法在柳州市文惠大桥吊杆索力测试分析中的应用[J].工程质量,2009(12):14-16.

李世忠,易著炜.中承式钢管混凝土拱桥吊杆更换施工技术[J].施工技术,2008(S1):214-216.

61 高敏英.柳州市文惠大桥改造方案设计[J].山西建筑,2013(14):151-153.

62 向建军,黄建雄,刘榕.益阳市资江三桥设计介绍[J].中外公路,2001(6):22-24.

杨建民,王元汉,毛广湘,等.益阳资江三桥静动力荷载试验分析[J].湖南城建高等专科学校学报,2002(3):27-29.

63 蔡胚.无支架缆索系统在钢管拱桥吊装中的应用[J].市政技术,2011(5):46-49.

65 刘晓佳,赵如东.钢管砼拱桥设计施工新构思[J].湖南交通科技,2005(4):93-96.

杨志峰.浅谈韶关百旺大桥钢管拱结构设计特点[J].湖南交通科技,2007(3):78-80.

戴奇德,田海龙.韶关百旺大桥钢管拱现场制作施工要点[J].中外公路,2005(4):106-108.

蒋仲渊,朱有元.韶关市百旺大桥钢管砼中承拱施工方法[J].交通科技,2006(2):19-21.

66 华强.大跨度钢管混凝土拱桥模态参数识别方法应用研究[D].长沙:中南大学,2007.

黄伟,贺国京.四川白日坝大桥动力特性分析[J].中南林业科技大学学报,2008(6):127-131.

67 施红卫.新安江大桥健康检测及维修加固[J].市政技术,2008(5):450-452.

68 孙彩菊,孙昌茂,刘惠林.中承式钢管混凝土拱桥维修加固工艺设计技术[J].钢结构,2006(1):34-36.

70 王俊义.兴隆大桥设计与分析[J].城市道桥与防洪,2012(9):89-91.
焦儒.义乌市兴隆大桥缆索吊装施工方案设计[J].科技致富向导,2013(3):139.
刘小庆.义乌市兴隆大桥设计[J].山西建筑,2011(32):150-151.

71 罗世勋,谢邦珠,谭认,等.当代四川公路桥梁(续集1987—1995),成都:四川科学技术出版社,1996

72 邸玉旭,王世祥.成渝高速公路内江提篮拱桥吊杆更换施工[J].世界桥梁,2008(4):60-63.

73 娄锋,朱向前,毕凯明.钢管混凝土拱桥地震反应分析[J].铁道建筑,2007(6):1-4.
毕凯明,贺国京,王修琼.野山河大桥地震响应分析[C]//全国首届防震减灾工程学术研讨会论文集.2004:4.
毕凯明,贺国京.野山河大桥动力特性分析[J].世界地震工程,2008(1):148-152.

74 吴晓凌.右江平圩大桥钢管防护施工工艺[J].科技传播,2010(7):48-49.

75 张勇.钢管混凝土拱桥施工安全技术的研究[D].成都:西南交通大学,2007.

76 周瑜,魏光霞,任庆铨.成都绕城高速公路府河钢管砼拱桥施工质量监控要点[J].西南公路,2002(1):41-44.
周瑜.钢管混凝土拱桥焊接等工艺技术[D].成都:西南交通大学,2007.

77 谢健,何华.单管结构提篮拱桥拱肋安装控制技术[J].大众科技,2008(10):83-84.
杨新航,黄金文.花周大桥管内混凝土灌注施工工艺[J].西部交通科技,2010(8):94-98.

78 陈宝春,郭金琼,毛承忠,等.316国道福建闽清石潭溪大桥优化设计[C]//中国钢协钢—混凝土组合结构协会第六次年会论文集(下册).福州,1997:5.

79 高振海.浑河长青大桥设计简介[J].辽宁交通科技,1996(2):19-20.
娄妹非.沈阳市浑河长青大桥的建设[C]//1998年全国市政工程学术交流会论文集.1998:5.

80 施洲.钢管混凝土拱桥动力特性分析[D].成都:西南交通大学,2003.
施洲,蒲黔辉,佘川.钢管混凝土拱桥自振特性分析及其检测应用[J].公路交通科技,2005(1):62-65.
施洲,蒲黔辉,佘川.瀑布沟钢管混凝土拱桥的动力性能研究[J].中南公路工程,2005(1):66-68.

潘寿东.无塔架缆索吊装及单肋合龙联合技术在钢管混凝土拱桥拱肋安装上的应用[J]. 铁道标准设计,2006(1):57-61.

81 项庆明,王静法,张征文.温州洞头花岗大桥承载能力试验分析[J].交通标准化,2004 (7):12-14.

82 黄旭.泸州沱江龙西大桥100m边跨振动异常的分析研究[D].重庆:重庆交通大学,2008. 施尚伟,舒绍云,赵剑.钢管混凝土拱桥动力试验与动力性能分析[J].公路交通技术, 2008(8):41-44.

83 吴迅,凌知民,胡匡璋.瓷都大桥的设计与施工[J].桥梁建设,1997(4):9-12.

84 邓雪涛,曾德荣,周燕其.大跨度拱桥缆索吊装系统的稳定性有限元分析[J].重庆交通大 学学报(自然科学版),2007(S1):3-7.

85 雷俊卿,赵小星.汉中潘家河大桥钢管混凝土配合比设计与试验研究[J].公路,2005 (11):182-185.
张臻.潘家河大桥钢管混凝土的注压[J].公路,2004(9):25-27.
祝西文.潘家河中承式钢管混凝土拱桥施工技术[J].铁道标准设计,2007(6):34-37.

88 于洪刚,周水兴,陈强,等.中山大桥钢管初始应力稳定计算分析[J].重庆交通学院学报, 2006(1):4-7.
张辉荣.东阳市中山大桥160m跨钢管拱的安装与施工控制[J].建筑施工,2003(1):5-6.

89 陈勇勤,邢燕,杨洁琼,等.大跨度中承式钢管混凝土拱桥设计[J].世界桥梁,2007(3): 18-20.

90 张贵明.长沙市黑石铺湘江大桥主桥设计[J].湖南交通科技,2001(4):35-36.

91 王卫山.钢管混凝土拱桥力学模型及动力性能研究[D].西安:长安大学,2005.

92 陆安君,毛立云,徐茂风.华光潭大桥拱肋拼装与线形控制[J].公路交通科技,2006(6): 124-125.
毛云龙,胡俊灿,王智保,等.临安华光潭特大桥C50微膨胀钢管混凝土研制与应用[J]. 浙江建筑,2006(2):52-54.

93 谢开仲,韦立林,陈光强,等.钢管混凝土拱桥成桥试验及有限元分析[J].铁道标准设计, 2005(2):35-38.
谢开仲,陈光强,韦立林,等.中承式钢管混凝土拱桥静动载试验[J].兰州理工大学学报, 2005(6):111-114.
张坤球,罗月静,彭文立,等.石家渡漓江大桥索力计算与施工差异探讨[J].广西大学学 报(自然科学版),2003(4):337-340.

94 李兴旺,郭银亮.大跨度钢管混凝土拱桥吊杆索力测试分析[J].山西建筑,2008(19): 313-315.

95 殷树芳.金口河大渡河大桥钢吊杆斜拉桥钢吊杆锈蚀处理方案及加固技术[J].城市建设理论研究(电子版),2013(20).

96 金令.贵阳环城高速公路花溪大桥设计[J].铁道标准设计,2012(7):82-86.

97 陈立文.深溪沟大桥施工控制仿真分析研究[D].武汉:武汉理工大学,2008.

98 赵新征.钢管混凝土拱桥非线性稳定分析[D].西安:长安大学,2005.
   黎世彬.一种特殊结构的吊杆在中承式拱桥中的应用[J].重庆交通学院学报,2000(4):11-14.

99 罗月静.大跨度钢管混凝土拱桥施工控制研究[D].南宁:广西大学,2004.
   罗月静,彭文立,秦荣,等.那莫大桥拱肋施工阶段稳定性分析及吊装方案比选[J].红水河,2004(3):37-39.
   青志刚.钢管混凝土灌注施工技术[C]//第三届广西青年学术年会论文集(自然科学篇).2004:4.

100 沈峰.陶家渡金沙江大桥整体稳定性分析[J].建筑,2008(8):54-55.
   艾智能,尧云涛,李元兵.攀枝花陶家渡金沙江大桥稳定性分析[J].四川建筑,2005(1):106-107.

101 宋先进,陈老伍.细沙河特大桥中承式钢管混凝土拱桥结构设计与创新[J].桥梁建设,2006(6):40-43.

102 张玉杰,沙云燕,杨成峰.江南大桥主桥空间有限元分析[J].城市道桥与防洪,2014(8):112-115,12.

103 李勇,蒋能文.王村特大桥的施工测量与控制[J].公路与汽运,2009(3):145-147.
   徐兵兴.中承式钢管砼拱桥预拱度设置[J].公路与汽运,2008(6):123-125.
   张中.大跨径钢管混凝土拱桥单肋吊装合龙工艺及结构分析[D].长沙:湖南大学,2004.
   张中.酉水河王村特大桥初步设计简介[J].中南公路工程,2003(2):103-105,107.

104 敖建辉.钢管砼拱桥在施工中的受力分析及施工监控[D].重庆:重庆交通学院,2002.

105 马立军.大跨径钢管混凝土拱桥缆索吊装一体化施工技术研究[D].西安:长安大学,2002.
   丁庆军,陈江,李悦,等.龙潭河大桥钢管混凝土配合比设计与施工[J].建筑材料学报,2001(3):265-269.

106 张毕超.钢管混凝土拱桥施工监测与控制技术研究[D].西安:长安大学,2014.

107 王宜贺.大跨度钢管混凝土受力性能研究[D].成都:西南交通大学,2011.

108 蔡清香,冯鹏程,杨耀铨,等.广西六景郁江大桥——钢管混凝土中承式拱桥设计[C]//中国公路学会桥梁和结构工程分会1999年桥梁学术讨论会论文集.1999:8.

109 章铁军,范桂莲.乌江王沱大桥设计关键技术问题研究[J].人民长江,2011(20):19-21.

110　张哲,严关忠,柴志刚,等.浙江铜瓦门大桥设计[C]∥中国土木工程学会桥梁及结构工程学会第十三届年会论文集(上册).1998:4.

　　滕启杰.钢管混凝土拱桥的极限承载力研究[D].大连:大连理工大学,2007.

112　李林,曹正洲,马奎.重庆巫山新龙门大桥主桥设计[J].中外公路,2011(5):156-160.

113　周水兴.浙江三门健跳大桥拱肋安装与施工控制计算[J].重庆交通学院学报,2002(2):1-5.

　　胡免缢,周水兴.浙江三门健跳大桥桥面板计算[J].公路交通技术,2002(3):37-40.

　　张敏,胡免缢,李炎,等.浙江三门健跳大桥施工技术与工程控制[C]∥中国公路学会桥梁和结构工程分会2002年全国桥梁学术会议论文集.2002:6.

114　韦勇球.钦江特大桥钢管拱肋安装施工方案[J].西部交通科技,2012(5):22-25.

　　黎剑华.1—175m钢管混凝土拱桥缆索吊装施工技术[J].中国建筑金属结构,2013(8):41-45.

115　卫启阳,杨齐海.大跨度钢管混凝土拱桥钢管拱桁架节段吊装[J].武汉理工大学学报,2001(4):78-79.

　　向木生,杜国东.钢管混凝土拱桥施工监测与控制技术[C]∥第十届全国结构工程学术会议论文集(第Ⅲ卷).2001:6.

　　王小敏.青干河大桥钢管拱肋的制作工艺与质量控制[J].中外公路,2003(3):30-32.

116　李元兵.中承式钢管混凝土拱桥空间稳定性分析[D].成都:西南交通大学,2005.

117　郑永卫.松岙大桥的稳定及动力特性仿真分析[D].杭州:浙江大学,2008.

　　郑永卫,包泮旺,沈旭东,等.舟山松岙大桥双重非线性稳定分析[J].公路,2011(8):52-55.

118　孔识荣.北深沟特大桥钢管混凝土拱制造[J].商品与质量,2009(S3):142-146.

　　徐小云.钢管拱桥的设计及施工工艺[J].山西建筑,2013(21):172-173.

119　彭振华,徐伟.象山三门口跨海大桥北门桥主桥设计[J].钢结构,2005(2):34-36.

　　吴进明.钢管混凝土拱桥施工技术研究及有限元分析[D].上海:同济大学,2006.

　　刘帮俊.浙江象山县三门口跨海大桥缆索吊装施工方案设计特点[J].公路交通技术,2004(5):82-86.

120　彭振华,徐伟.象山三门口跨海大桥北门桥主桥设计[J].钢结构,2005(2):34-36.

　　吴进明.钢管混凝土拱桥施工技术研究及有限元分析[D].上海:同济大学,2006.

　　刘帮俊.浙江象山县三门口跨海大桥缆索吊装施工方案设计特点[J].公路交通技术,2004(5):82-86.

121　张治成.大跨度钢管混凝土拱桥施工控制研究[D].杭州:浙江大学,2004.

　　陈海滨.桁式钢管混凝土拱桥极限承载能力研究[D].杭州:浙江大学,2006.

122 邱波,刘光栋.大跨度钢管混凝土拱桥施工全过程稳定分析[J].中南公路工程,2003
(2):35-36,40.

黄香健.三岸邕江大桥钢管拱骨架预制和安装[J].广西交通科技,1998(4):28-31,47.

123 孙敦华.太平湖大桥初步设计[J].公路交通科技,2004(8):74-77.

孙敦华.大跨径拱桥上部结构空间计算分析[J].公路交通技术,2004(2):37-40.

姚运昌.大跨度钢管混凝土拱桥施工控制研究[D].合肥:合肥工业大学,2007.

124 罗吉智.南宁市永和大桥主桥拱肋的结构计算分析[J].中外公路,2009(6):161-165.

谭立心.永和大桥钢管拱肋节段吊装施工控制[J].武汉理工大学学报,2005(7):
106-108.

谢希凡,郑全跃,谭立心.南宁永和大桥施工[J].桥梁建设,2004(6):63-66.

张建民,郑皆连,秦荣.大跨度钢管砼拱桥砼时变模式分析[J].重庆交通学院学报,2001
(4):11-15.

张建民,郑皆连,肖汝诚.钢管混凝土拱桥的极限承载能力分析[J].中南公路工程,2004
(4):24-28.

谭立新,丁庆军,何永佳.南宁永和大桥微膨胀钢管混凝土设计与施工[J].国外建材科
技,2005(4):14-15.

125 傅斌.超声波法在定量检测钢管混凝土拱桥脱空缺陷中的应用研究[D].重庆:重庆交通
大学,2008.

张佐安.巫山长江大桥拱肋钢管内混凝土灌注[J].公路,2005(1):134-139.

126 韩玉.净跨500m钢管混凝土拱桥吊装施工方案[J].西部交通科技,2009(8):100-106.

荆旭.钢管混凝土拱管内混凝土水化热及灌注方案研究[D].重庆:重庆交通大学,2012.

段銎,何佳.大跨径钢管混凝土拱桥施工监控研究[J].山西建筑,2012(5):185-186.

韩玉,秦大燕,冯智.合江长江一桥施工关键技术及创新[J].公路,2013(3):69-74.

罗业凤,王建军,陈光辉.合江长江一桥拱肋钢管混凝土灌注施工[J].中外公路,2013
(3):158-160.

128 陈金尧,赵梅,于长海,等.绍兴鉴湖大桥施工裂缝预防措施[J].浙江建筑,2004.

王永新,王信棠,张小江.钢管混凝土拱桥的科学管养[J].公路交通科技,2006(12):
112-116.

金成棣,罗攀.续论预应力混凝土系杆拱桥的设计与施工研究(续)——连续梁拱组合桥
梁[J].上海公路,2008(1):1-7,4.

129 潘柳萍,应丽雅.浅谈海宁市碧云桥钢管砼系杆拱桥主要施工方案、技术措施和施工的质
量控制重点[J].建筑与发展,2011.

131 温彦明.浅谈中承式双哑铃型钢管拱的施工控制[J].上海铁道科技,2008(3):84-86.

景宇.浅谈中承式双哑铃型钢管拱顶升法泵送混凝土的施工控制[J].中国科技投资,
2013(Z1):101-102.

133　孙虎平,郭红军.银川阅海大桥的主桥设计[J].特种结构,2009(4):93-97.

135　张军军.钢管砼拱桥施工技术在西屏三桥中的应用[D].西安:长安大学,2009.

136　马珏伟.杭州市德胜快速路工程(东段)总体设计[J].城市道桥与防洪,2012(6):37-
40,7.

　　王作杰.杭州市德胜快速路沪杭立交总体方案设计[J].城市道桥与防洪,2009(10):72-
75,138.

137　魏勇,刘国军.邯郸输元河钢管混凝土拱桥施工监控技术探讨[J].路基工程,2010(4):
133-135.

　　刘国军.大跨钢管混凝土拱桥施工监测与控制技术研究[D].成都:西南交通大学,2007.

　　杜树伟,李艳明,赵莉弘.中承式钢管混凝土系杆拱桥的设计分析[J].特种结构,2010
(1):84-86.

138　王晓舟,李辉,谢旭.鄞县二桥稳定性分析[J].宁波大学学报(理工版),2006(2):
240-244.

139　王为凯.缆索法吊装桁架式钢管拱肋的线型控制技术[J].施工技术,2009(2):89-93.

　　王亚超,张晋.钢管混凝土拱桥施工控制关键技术研究[J].城市道路防洪,2009(7):222-
224,264-265.

140　李凤民,何大川,姜克强,等.金刚桥上层桥主孔钢管拱制造及安装[C]//中国土木工程
学会市政工程分会2000年学术年会论文集.2000:6.

141　赵跟进,曹大海.钢管拱砼泵送顶升法施工在鼓楼西汾河大桥上的应用[J].山西交通科
技,2010(2):35-36,39.

　　张永奇.临汾鼓楼西汾河大桥钢管拱吊装支架受力分析[J].山西能源与节能,2008(4):
41-42.

　　杨军.临汾鼓楼西汾河大桥钢管拱焊接施工技术[J].山西能源与节能,2008(2):30-31.

　　乔锋.临汾鼓楼西汾河大桥钢管拱涂装施工技术[J].山西能源与节能,2008(1):35-36.

142　张立东,刘近东,张连甲.潮白河大桥钢管拱施工的测量控制[J].北京公路,2000(1):
28-33.

　　高长江,梁金城,张桂兰.潮白河大桥钢管腔体砼配合比设计[J].北京公路,2000(1):
11-13.

　　杨建国,徐君,陈继镇,等.潮白河大桥主桥设计[J].桥梁建设,2001(2):45-49.

　　孙海氏,梁金城,高长江.顺平路潮白河大桥钢管腔体砼压注[J].北京公路,2000(1):
17-19.

143 陆孜敏,王庆中,李云峰.太仓塘大桥主跨拱肋分段组合拼装技术[J].江苏交通科技, 2008(6):19-22.

袁国庆,张韵.太仓塘大桥水中承台施工之钢板拉森桩围堰[J].才智,2011(12):44-45.

144 徐晓彬,陈魁.灵江三桥缆索吊装系统方案与主索受力分析[J].城市建设理论研究,2011.

145 孙吉堂.莲沱特大桥钢管混凝土拱肋施工工艺和监控研究[D].成都:西南交通大学,2002.

146 周国文.江湾大桥主桥连续箱梁变形(高程)监测[J].华东地质学院学报,1997(1): 53-56.

董学文.多跨连续中承式钢管混凝土系杆拱桥型结构研究[D].哈尔滨:哈尔滨工业大学,2008.

何庆源,邓化亭,郭小东.江湾大桥挂篮施工技术及改进措施[J].广东公路交通,1998 (1):17-18,27.

147 王立国.飞燕式钢管混凝土提篮拱桥受力性能分析及试验研究[D].南京:南京林业大学,2008.

148 任洪田.朝阳东大桥钢管混凝土拱桥钢管吊装工艺探讨[J].辽宁交通科技,2006(2): 63-66.

张宏祥,王平.朝阳市东大桥动力特性分析[J].东北林业大学学报,2007(10):94-96.

张连振,黄侨,杨大伟.朝阳市东大桥钢管混凝土拱桥设计[J].公路交通科技,2005(6): 78-81.

周明先.钢管混凝土拱桥动力特性的有限元分析[J].山西建筑,2007(33):327-329.

张彬.超声法检测钢管混凝土拱桥质量的技术研究[D].哈尔滨:东北林业大学,2006.

149 俞建立.中山二桥结构设计[C]//全国城市桥梁青年科技学术会议论文集.1996:5.

俞建立,徐恺嘉.中山二桥主桥上部主要施工技术[C]//全国城市桥梁青年科技学术会议论文集.1996:8.

150 蒋丽萍.金马河大桥静荷载试验研究[J].四川建筑,2010(3):140-142.

陈可.钢管混凝土拱桥温度场及徐变效应研究[D].成都:西南交通大学,2010.

151 刘孝辉,罗强,蒋陈.舟山新城大桥方案研究[J].公路交通技术,2001(4):29-30.

杨元录,郝敬毓,曹国华.舟山新城大桥钢管拱肋制造工艺及精度控制[J].钢结构,2007 (5):78-80.

152 王光明.西洋坪大桥钢管拱安装技术[J].现代交通技术,2008(3):58-60.

李锋,陈宝春.西洋坪钢管混凝土拱桥管内混凝土试验研究与应用[J].中外公路,2011 (1):113-118.

153 隋严春,肖盛燮,李放,等.钢管砼拱桥模型构建及自振特性对比分析[J].重庆交通大学学报(自然科学版),2007(6):10-14.

李晓亮.某大跨钢管混凝土系杆拱桥稳定性计算分析[J].山东交通科技,2014(2):44-47.

潘文跃.斜拉扣挂施工 CFST 拱桥结构分析与施工监测方法研究[D].西安:长安大学,2005.

154 张鸿,徐弈鑫.高安筠州大桥施工控制实践[C]//中国公路学会.中国公路学会 2004 年学术年会论文集.2004:7.

155 王亚超,张晋,隋晓.中承式钢管混凝土系杆拱桥拱肋灌浆方案研究[J].山西建筑,2008(32):13-14.

157 赖泉水,邓新穗.广西梧州桂江三桥的设计与施工[J].中外公路,2003(2):50-53.

158 吴楠.飞燕式钢管混凝土拱桥地震响应分析研究[D].成都:西南交通大学,2014.

龚子松.飞燕式钢管混凝土提篮拱桥施工控制研究[D].成都:西南交通大学,2012.

159 张顺强.跨曹娥江袍江大桥无支架缆索吊装施工技术分析[J].商情,2012.

160 陈丹华,张海燕.吉安白鹭大桥钢管拱安装技术[J].建筑技术,2006(2):96-98.

江正胜,程海琴,兰其平.吉安白鹭大桥钢管拱的施工与检测技术方案[J].江西测绘,2006(3):36-37.

陈志宜.吉安阳明大桥钢管拱架设施工技术[J].桥梁建设,2006(1):48-51.

孙晓红,任伟新.钢管混凝土拱桥空钢管吊装施工控制[C]//全国首届防震减灾工程学术研讨会论文集.广州,2004.

孙晓红.钢管混凝土拱桥施工监控与拱肋吊装计算[D].福州:福州大学,2005.

陈幼林.大跨度三管结构形式钢管混凝土拱桥制作与安装[J].铁道建筑技术,2009(8):19-22.

161 籍建云,邬晓光.钢管混凝土超宽提篮拱桥施工控制关键技术[M].北京:人民交通出版社,2013.

郭聚坤.大跨度钢管混凝土灌注的仿真模拟分析研究[D].西安:长安大学,2011.

162 吕兰明.广东佛山市三山西大桥预应力系杆无损检测及有限元分析[J].交通世界(建养·机械),2009(7):81-83.

董晓博,程鹏.三山西大桥系杆病害研究及养护策略[J].公路,2008(4):90-94.

徐谦,黄勇.三山西大桥的吊杆更换过程[J].公路工程,2010(6):78-81.

163 狄海龙.钢管拱焊接施工总结[J].商品与质量·建筑与发展,2103.

茹利君.郧县汉江二桥钢管拱缆索吊装施工工艺[J].铁道建筑技术,2013(5):13-16.

164 赵雷,卜一之.钢管混凝土系杆拱桥施工过程结构行为非线性分析[J].西南交通大学学报,2000(4):352-356.

邵斌.绵阳涪江三桥的设计与构思[J].西南公路,1998(2):8-13.

166　刘奕斐.某钢管混凝土拱桥改变施工顺序前后施工监控及研究[D].南宁:广西大学,2013.

孙振周.中承式钢管混凝土拱桥稳定性能研究[D].南宁:广西大学,2012.

王鹏韬.T构—肋拱组合结构施工过程中支架失稳后施工方案研究[D].南宁:广西大学,2013.

167　程建华.大跨中承式钢管混凝土拱桥上部结构力学特性仿真研究[D].武汉:湖北工业大学,2009.

窦忠孝,李宏涛.南昌生米大桥钢管混凝土泵压工艺[J].桥梁建设,2006(S1):88-90.

邹文清,姜峰.南昌生米大桥宽幅式三角轻型挂篮设计与施工[J].世界桥梁,2005(3):52-55.

李映,郑本辉,郭文復.南昌生米大桥主桥结构构造和受力分析[J].世界桥梁,2005(3):8-11.

凌建中,唐虎翔,郭文復,等.南昌生米大桥主桥总体设计[J].世界桥梁,2005(3):5-7.

廖宜勤,王朝华.南昌生米大桥总体设计[J].世界桥梁,2005(3):1-4.

李映,唐虎翔,郭文復,等.南昌生米大桥设计[C]∥中国土木工程学会桥梁及结构工程分会第十七届全国桥梁学术会议论文集(上册).2006:7.

王朝华,张金玲.南昌生米大桥工程建设管理与技术创新[M].北京:人民交通出版社,2009.

168　倪顺龙.连云港—徐州高速公路京杭运河特大桥设计[C]∥中国公路学会桥梁和结构工程分会1999年桥梁学术讨论会论文集.1999:6.

倪建华,王颖,胡胜来,等.京杭运河大桥主拱肋预制拼装施工工艺[J].公路,2006(12):32-37.

倪顺龙,郭光松.中承式钢管混凝土系杆拱桥——京杭运河特大桥设计与施工[M].北京:人民交通出版社,2006.

169　唐黎明,鲁应慧,刘新痴,等.武汉市汉江五桥的设计[J].城市道桥与防洪,2002(2):7-11,5.

周水兴,张永水,顾安邦,等.大跨钢管砼拱桥施工控制的理论与实践[J].重庆交通学院学报,2001(S1):12-16,22.

170　苏广瑞.大跨径钢管混凝土拱桥状态监测方案研究[D].重庆:重庆交通大学,2010.

苏广瑞,杜柏松,刘锐.大跨径拱桥缆吊主索安装分析[J].公路交通技术,2010(6):55-58,63.

王彤,陈维超.中承式拱桥钢管混凝土泵送顶升施工技术[J].中外公路,2010(4):210-213.

171　郑怀颖.飞鸟式钢管混凝土拱桥受力特性研究[D].福州:福州大学,2005.

孙潮,郑怀颖,陈宝春.东莞水道特大桥面内受力双重非线性有限元分析[J].福州大学学报(自然科学版),2006(1):109-113.

郑怀颖,陈宝春.飞鸟式钢管混凝土拱桥设计计算分析[J].公路交通科技,2007(1):90-94.

172　任为东.丫髻沙大桥主桥拱肋节点设计[J].铁道标准设计,2001(6):17-18.

何英雷,易小年.丫髻沙大桥施工方案的优化[J].市政技术,2001(4):38-41.

173　陈明宪.茅草街大桥的总体设计与创新技术[J].桥梁建设,2005(2):37-40,54.

颜东煌,赖敏芝,张克波,等.茅草街大桥基于ANSYS的空间计算模型[J].长沙交通学院学报,2003(2):6-10.

孟杰.系杆拱桥结构体系研究[D].长沙:湖南大学,2002.

王国俊.大跨度钢管混凝土拱桥无支架缆索吊装过程中的仿真计算分析[D].长沙:长沙理工大学,2005.

174　蔡玉斌.射阳河大桥主墩深水承台干法施工技术[J].江苏交通科技,2012(3):17-20.

175　陈斌.山前大桥设计与施工[J].福建建筑,2005(4):125-126,119.

176　杨亚林,陈宝春.新桐山大桥静载试验分析[J].福建建筑,2006(1):129-130,35.

177　薛锡芝.深圳芙蓉大桥的设计与施工[J].广东土木与建筑,2002(1):29-32.

孙丽清.深圳市芙蓉大桥钢管拱砼灌注施工[J].广东建材,2002(4):49-51.

薛锡芝.深圳市芙蓉大桥设计[J].中国市政工程,2006(1):28-29,89.

178　陈宝春,邹中权.兰溪大桥钢管砼刚架系杆拱设计[J].湘潭矿业学院学报,1998(4):73-76.

179　彭桂瀚,杨亚林,陈宝春.钢管混凝土下承式刚架系杆拱桥型分析[J].公路,2006(4):99-103.

180　陈昀明,韦建刚,陈宝春.泉州百崎湖大桥静动载试验分析研究[J].公路工程,2009(5):104-108.

181　黄道沸.广州市解放大桥设计[J].城市道桥与防洪,1996(1):31-37.

杨松,刘光武.广州解放大桥钢拱肋制作安装及测量监控[J].市政技术,2002(4):15-18,21.

李树光,周先雁.广州解放大桥主桥拱肋整体吊装静力分析[J].湖南城建高等专科学校学报,2001(4):10-13.

杨松,黄道沸.广州解放大桥主桥施工技术[J].广东公路交通,1996(4):22-26.

182　王黎明.固城大桥85m系杆拱桥设计与施工[J].甘肃科技,2008(23):121-123.

　　　朱启天.固城大桥钢管拱肋的加工与质量控制[J].现代交通技术,2008(S2):114-116.

183　胡守海.北二环滦河大桥主桥上部结构的施工监测与分析[J].公路交通科技(应用技术版),2008(4):95-98,104.

184　崔玉惠,乔景川,于连波.从济南东站立交桥看钢管混凝土拱桥的适应性[C]//中国钢协钢—混凝土组合结构协会第七次年会论文集.1999:3.

　　　赵玉成,杨鸿涛,李朝阳.钢管混凝土系杆拱桥施工监测[J].石家庄铁道学院学报,2000(4):55-58.

185　彭桂瀚,杨亚林,陈宝春.钢管混凝土下承式刚架系杆拱桥型分析[J].公路,2006(4):99-103.

186　黄智华.上海张江路川杨河桥设计及其拱肋受力特征[J].城市道桥与防洪,2011(2):41-44,112.

187　仇国强.石塘湾系杆拱大桥维修[J].江苏交通科技,2013(3):14-16.

188　彭桂瀚,杨亚林,陈宝春.钢管混凝土下承式刚架系杆拱桥型分析[J].公路,2006(4):99-103.

189　林群.钢管混凝土拱桥浮拖法整孔架设关键技术[J].铁道建筑技术,2005(5):45-47.

190　李学建,刘叶红.直湖港大桥施工测量监控[J].交通科技,2009(S2):53-55.

191　万鸣华.缆索吊装钢管混凝土系杆拱桥的设计与施工[J].浙江交通科技,2004(3):68-70.

　　　陈双聪,张燕青,楼旦丰,等.桥面支撑法吊杆更换施工过程模拟分析[J].低温建筑技术,2014(4):31-32,30.

192　张哲,石磊,潘盛山,等.大跨度钢管混凝土窄拱桥的设计实践探索[J].公路交通科技,2005(8):49-54.

193　俞建立,黄道沸.佛陈大桥设计与施工[J].桥梁建设,1995(1):27-32.

　　　郑强,孙国安.佛陈大桥缺陷原因分析及加固[J].中国铁道科学,2000(4):23-31.

194　秦华.钢管混凝土拱桥计算理论分析[J].四川建筑,2014(2):141-143.

　　　安彦斌.钢管混凝土拱桥管内混凝土冬季灌注可行性研究[D].兰州:兰州交通大学,2012.

　　　秦华.钢管混凝土拱桥计算理论及施工控制理论分析[D].成都:西南交通大学,2011.

195　彭桂瀚,杨亚林,陈宝春.钢管混凝土下承式刚架系杆拱桥型分析[J].公路,2006(4):99-103.

196　彭德清.墨山立交桥主桥设计[J].华东公路,1999(5):34-36.

197　彭桂瀚,杨亚林,陈宝春.钢管混凝土下承式刚架系杆拱桥型分析[J].公路,2006(4):

99-103.

198 吴明,郭斌.东莞鸿福大桥钢管拱肋安装优化设计[J].四川建筑,2011(2):172-173.

惠斌.东莞鸿福路大桥桥型结构设计[J].特种结构,2006(1):63-67.

199 贾军政,王明,马国刚,等.兰州市雁盐黄河大桥主桥的一些设计特点[J].桥梁建设, 2003(2):41-43.

王常峰,朱东生,陈兴冲,等.下承式钢管混凝土拱桥横梁结构试验研究[J].兰州铁道学 院学报,2003(1):30-32.

200 彭桂瀚,陈宝春.东莞大汾北水道钢管混凝土拱桥受力分析[J].福建建筑,2003(4): 36-38.

彭桂瀚,陈宝春.广东东莞大汾北水道钢管混凝土拱桥受力分析[C]//中国公路学会桥 梁和结构工程分会2003年全国桥梁学术会议论文集.成都,2003:8.

201 范瑜龙.钢管混凝土系杆拱桥混凝土顶升的施工控制[J].城市道桥与防洪,2009(8): 115-117,254.

江育龙,乐嘉霖,侯刚.多种型式系杆拱桥的成拱工艺及技术经济比较[J].上海公路, 2007(4):31-35,5.

202 朱尚清.大跨径刚性系杆刚性拱桥承载能力评定[C]//第24届全国结构工程学术会议 论文集(第Ⅱ册).厦门,2015.

203 刘昌义.成都青龙场钢管混凝土系杆拱桥设计简介[J].四川建筑,1997(2):33-35.

侯勇.成都青龙场立交桥结构设计[J].四川建筑,1997(2):31-32.

陈立坚.钢管混凝土系杆拱桥健康监测与性能评价研究[D].成都:成都理工大学,2011.

温育新.钢管混凝土拱桥吊杆更换施工技术研究[J].中小企业管理与科技(下旬刊), 2010(7):167.

204 冯鹏程,杨耀铨,李朝阳,等.无锡华清大桥主桥设计与施工[J].中外公路,2006(1): 92-95.

205 乔景川.钢管砼在拱桥上的应用——安阳市文峰路立交桥主桥[J].河南交通科技,1996 (1):15-21.

206 崔海,冯淑珍,田小路.邢台七里河提篮式钢管混凝土拱桥裸拱安装施工方法[J].铁道 标准设计,2007(11):64-65.

207 李冬生.拱桥吊杆损伤监测与健康诊断[D].哈尔滨:哈尔滨工业大学,2007.

陈志伟.大跨度钢管混凝土拱桥施工控制与荷载试验研究[D].成都:西南交通大 学,2009.

高欣,李冬生,邓年春,等.拱桥吊杆荷载效应光纤光栅监测与安全评定[J].大连理工大 学学报,2006(S1):137-143.

李平. 峨边大渡河系杆拱桥的设计[J]. 西南公路,1994(2):1-4.

代晋,余琼. 峨边大渡河大桥维修加固工程施工控制[J]. 佳木斯大学学报(自然科学版),2009(1):97-99.

208　李伟华. 钢管混凝土拱桥有限元仿真分析[D]. 西安:长安大学,2009.

210　陈思甜,王静,龚尚龙. 钢管砼拱桥吊杆更换施工控制技术[J]. 重庆交通学院学报,2005(2):12-17.

李美军. 一座布局美观的钢管混凝土拱桥——乐山沙湾大渡河大桥[J]. 西南公路,2002(1):32-34.

211　李勇,聂建国,陈宜言,等. 深圳彩虹大桥设计与研究[J]. 土木工程学报,2002(5):52-56.

李勇,陈宜言,聂建国,等. 钢—混凝土组合桥梁设计与应用[M]. 北京:科学出版社,2002.

薛锡芝. 单跨下承式钢管混凝土刚架系杆拱桥设计[J]. 城市道桥与防洪,2006(2):31-33,151.

212　林建,苟勇,林伟. 南充下中坝嘉陵江大桥机制砂钢管混凝土设计试验与研究[J]. 公路交通技术,2014(1):63-67.

易辉,李军,苏剑南. 南充市下中坝嘉陵江大桥主桥设计简介[J]. 公路交通技术,2010(5):42-44,55.

苟勇,姚昌良,付非,等. 南充市下中坝嘉陵江大桥主桥缆索吊装施工测量与监控[J]. 西南公路,2012(4):5-7,11.

张朝阳. 钢管混凝土拱桥施工过程仿真分析及控制研究[D]. 成都:西南交通大学,2012.

213　刘桂林. 大跨钢管混凝土刚架系杆拱桥主拱优化设计[D]. 长沙:中南大学,2009.

214　梅家仁,吴劲兵,李莉,等. 280m下承式钢管混凝土系杆拱桥设计与施工[C]∥中国公路学会桥梁和结构工程分会2001年桥梁学术讨论会论文集. 重庆,2001.

李彩霞. 钢管混凝土拱桥动力特性的研究[D]. 武汉:武汉理工大学,2004.

冯仲仁,靳敏超,胡春宇,等. 武汉市晴川桥吊杆索力测试分析[J]. 武汉理工大学学报,2002(12):49-51.

杨齐海,夏万军. 武汉江汉三桥钢管拱桁架吊装方案的比选[J]. 施工技术,2000(6):31-33.

215　陆建中,顾强,季采群. 钢管混凝土系杆拱桥拱肋混凝土倒注施工技术[J]. 西北建筑与建材,2003(3):11-14.

217　孙蔚,江瑞龄. 钢管混凝土系杆拱的设计与施工[J]. 华东公路,1997(6):12-14.

218　顾淦龙,卢威武. 104国道长兴段长兴港大桥吊杆更换技术研究[J]. 交通建设与管理,2013(8):70-72.

翁辉,徐健.长兴港大桥维修加固工程吊杆更换设计[J].西南公路,2013(4):124-126.

219 李卫红,申永刚.系杆拱桥不同施工方法的内力分析[J].浙江水利水电专科学校学报,2003(3):53-54.

项贻强,李新生,申永刚,等.空间梁拱组合式桥梁的分析理论及试验研究[J].中国公路学报,2002(1):70-74.

220 马祥春,周培远,武振亚,等.戴河大桥整体稳定性研究[J].天津城市建设学院学报,2011(1):15-20.

221 李桥峰.开平市潭江大桥改造工程钢管拱肋混凝土接力顶升灌注施工[J].城市建设理论研究,2013.

222 陈玉冰.无横撑钢管混凝土拱桥静力分析与稳定性研究[D].长沙:长沙理工大学,2012.

223 陈宝春.钢管混凝土拱桥发展综述[J].桥梁建设,1997(2):10-15,24.

224 王社江,唐培文.临时钢横撑在系杆拱桥施工中的应用[J].国防交通工程与技术,2004(4):62-65.

225 赵文实,马森.长春轻轨铁路钢管混凝土系杆拱桥设计[J].铁道建筑,2003(6):20-22.

226 詹丛波,俞黎明.钢管拱架混凝土的倒灌顶升施工[J].浙江建筑,2001(6):35.

227 姚启海.钢管混凝土系杆拱桥拱肋施工控制技术[J].安徽建筑,2009(3):82-83.

朱寿春.钢筋混凝土拱桥施工探讨[J].华东公路,2003(4):55-57.

228 毛雨桥.钢管混凝土拱桥损伤机理研究[D].杭州:浙江大学,2014.

229 姜天鹤.平板驳船与汽车吊组合用于跨江大桥钢管拱吊装[J].城市道桥与防洪,2008(1):51-53,18.

231 罗中凯,刘天伦.新团河特大桥三跨连续系杆拱施工工艺[J].企业技术开发,2007(10):36-39.

秦长国,瞿鸿飞.新团河三跨连续钢管混凝土系杆拱桥施工技术[J].公路交通科技,2006(10):149-153.

232 王素娟.钢管混凝土拱桥模型的设计和损伤静动力分析[D].汕头:汕头大学,2007.

233 王亚伟.周家湾延河特大桥钢管混凝土系杆拱施工技术[J].科技信息,2009(7):214-215,188.

234 董鹏飞.西金铁路64m钢管混凝土系杆拱桥设计[J].兰州工业高等专科学校学报,2011(5):61-65.

239 商志清.钢管混凝土系杆拱桥拱肋压注施工工艺和质量控制[J].江苏水利,2006(10):14-15.

240 张师定,王吉盈,李承根,等.宁通公路泰州引江河大桥的设计与施工[C]//中国钢协钢—混凝土组合结构协会第六次年会论文集(上册).1997:6.

242 蒋正国,向彤,杨耀铨. 泗阳二号桥设计[J]. 桥梁建设,2001(4):18-19,24.

245 张元凯,易建国. 永丰大桥结构设计分析与探讨[J]. 上海公路,1999(S1):149-153.

246 张文静,夏明钢. 新填土地基上钢管混凝土拱桥顶推施工[J]. 科技视界,2015(6):76.

247 高妙珍. 广元路渭河大桥钢管拱表面防腐技术. 铁道建筑技术,2003(5):13-15.

248 李万恒,沈红军. 西塘大桥主桥静、动荷载试验[J]. 公路交通科技,2004(9):60-63.

251 华新,单宏伟. 镇大公路京杭运河大桥主桥设计[J]. 华东公路,2000(5):23-26.

252 应国耀,姜辉. 中承式钢管混凝土拱桥施工关键技术[C]//中国公路学会桥梁和结构工程分会2005年全国桥梁学术会议论文集. 2005:6.

孙志安. 系杆拱桥无支架施工探讨[J]. 城市道桥与防洪,2003(6):43-45,3.

陈宏. 先拱后梁法钢管混凝土系杆拱桥设计[J]. 城市道桥与防洪,2004(4):54-56,152.

郭卓明,吴刚,金成棣. 中春路淀浦河东闸桥设计[J]. 中国市政工程,2005(3):24-25.

253 罗学成,朱启揩. 安徽无为焦炭联产甲醇项目配套散货码头跨堤栈桥上部结构设计[J]. 中国水运(下半月),2009(8):75-76.

254 侯旭东. 钢管混凝土拱肋施工保温热工计算[J]. 山西交通科技,2007(6):54-56.

255 陈波. 下承式钢管混凝土无风撑系杆拱桥的设计与施工的实例分析[J]. 铁道建筑技术,2005(S1):24-27.

256 胡可. 涡河三桥钢管混凝土拱肋设计及施工[J]. 华东公路,2000(3):30-32.

257 骆海锋. 三店塘大桥系杆拱桥设计[J]. 城市道桥与防洪,2008(10):78-80,17.

258 祁志伟,方淑君,王捷,等. 义乌宾王大桥静动力性能试验研究分析[J]. 铁道科学与工程学报,2012(5):31-36.

260 丁建江,倪彤元,尹宗学. 钢管混凝土系杆拱桥缆索吊装施工[J]. 浙江建筑,1997(5):39-40.

261 邢乔山. 钢管混凝土拱桥施工方法研究[D]. 重庆:重庆交通大学,2010.

262 鹿建阁. 钢管混凝土拱桥吊杆的破损行为分析[D]. 天津:天津大学,2005.

263 赵林强. 三拱肋下承式钢管混凝土系杆拱桥的设计与施工[J]. 哈尔滨工业大学学报,2001(34)(增刊):93-96.

264 龚中平,王指明. 路桥浃里陈大桥主桥设计简介[J]. 公路运输文摘,2004(5):47-48.

265 王焰. 铁路大跨钢管混凝土拱桥支架法拼装技术[J]. 广东土木与建筑,2012(1):53-56.

268 张秋石. 钢管混凝土系杆拱桥横向联结系设计分析研究[D]. 南京:南京林业大学,2013.

269 马驰. 大理河系杆拱桥的地震响应分析[D]. 兰州:兰州交通大学,2011.

272 周金枝,刘锋. 钢管混凝土拱桥中预应力施加方法的探讨[J]. 固体力学学报,2008(S1):30-33.

273 张睿. 淮安市盐河桥钢管混凝土系杆拱桥施工工艺探讨[J]. 治淮,2011(5):32-33.

276　申哲会.江海大桥三肋钢管混凝土系杆拱桥稳定特性分析[J].中国市政工程,2014(4)：52-54,109.

申哲会.三拱肋钢管混凝土系杆拱桥—江海大桥动力特性分析[J].北方交通,2014(2)：22-25.

申哲会.三肋钢管混凝土系杆拱桥动力特性分析[J].公路,2014(7):150-153.

278　余海涛,管同心,从贺.钢管混凝土系杆拱桥的施工监控[J].现代交通技术,2009(6)：52-54,63.

279　赵中华.钢管混凝土系杆拱浮拖施工[J].公路,2004(3):60-63.

280　黄智华,陶纳川,张文君,等.钢管混凝土拱桥灌注混凝土过程中钢管受力分析[J].城市道桥与防洪,2010(3):52-54,58,18.

281　姜晓峰.朱庄公路桥钢管混凝土系杆拱桥质量控制[J].江苏水利,2014(S1):46-48.

282　赵惠川,沉刚,云学.内蒙古呼和浩特市金川大桥钢管拱抛高拼装法[J].天津市政工程,2004(1):16-17.

283　陈孟冲,朱松杰.宁波市院士桥设计与施工[J].浙江交通科技,2003(3):22-24.

284　汤宝生,张乐飞.杭甬运河大桥预应力施工[J].山西建筑,2007(18):303-304.

285　曹海顺.浦东新区钢管混凝土桁架系杆拱桥的设计实践[J].上海公路,2008(2):44-49,5.

刘朴,夏巨华,蒋卫列,等.申江路赵家沟大桥设计与施工[J].城市道桥与防洪,2006(5):55-58,201.

287　胡国领,陈艳阳,曹竞,等.跨南水北调总干渠桁架式系杆拱桥荷载试验[J].南水北调与水利科技,2014(5):58-62.

李珲.跨南水北调总干渠桥梁的设计与施工[J].城市道桥与防洪,2013(4):108-110,12.

陈来发,王远锋.南水北调跨渠公路桥设计[J].水利水电快报,2002(11):4-5.

梁爱社.南水北调系杆拱桥关键施工技术[J].科技创新与应用,2013(27):211.

290　周海峰.芷江舞水大桥钢管混凝土拱桥关键施工技术[J].湖南交通科技,2011(2):113-115,124.

291　邹煜.钢管混凝土系杆拱桥施工技术[J].科技资讯,2006(13):199.

曾少潮.浅谈简支系杆拱桥系杆张拉力的控制[J].广东科技,2007(10):94-95.

梁茜雪,唐小兵.柳州龙屯立交主桥的施工监测与控制[J].西部交通科技,2006(2):44-47.

292　纪诚,朱亚婷,张亚东.栖霞大桥工程设计总结[J].南京市政,2000(4):18-20.

阮德超.对栖霞大桥主桥施工技术的总结与探讨[J].大陆桥视野,2010(4):90-91.

293　罗国健,陈晓东,丁丽.马岗大桥浮吊设计[J].公路交通技术,2008(1):85-86,90.

295 孙维萍,刘俊,许俊.基于全实体单元模型的系杆拱桥有限元仿真分析[J].结构工程师, 2007(5):15-18.

296 秦建刚.带预应力系梁的钢管混凝土拱桥的施工控制研究[D].武汉:武汉理工大学,2005.

297 刁再烜,卢肇翔,李巍.下承式钢管混凝土系杆拱桥施工技术[J].黑龙江交通科技,2009 (5):92-93.

298 黄智华.上海张江路川杨河桥设计及其拱肋受力特征[J].城市道桥与防洪,2011(2): 41-44,112.

299 杨洁.郑州黄河公铁两用桥钢管拱桥施工技术[J].科技传播,2012(5):157-158.

300 杨洁.郑州黄河公铁两用桥钢管拱桥施工技术[J].科技传播,2012(5):157-158.

301 张秀国.浅谈无支架钢管拱整体吊装施工[J].交通科技,2012(S1):17-19.

302 梁爱社.南水北调系杆拱桥关键施工技术[J].科技创新与应用,2013(27):211.

303 贾宝瑛,宋俊强,代君胜.曹妃甸矿石码头一期工程长94m质量680t钢管混凝土拱桥安装[J].中国港湾建设,2006(2):62-64.

304 任伟,何庭国,许志焰,等.鹰厦铁路烧汤溪右线特大桥主桥设计[J].高速铁路技术, 2012(2):48-52.

305 赵志军.京沪高速铁路青阳港大桥设计[J].桥梁建设,2013(3):89-93.
     赵志军.高速铁路先拱后梁法提篮拱桥设计研究[J].铁道工程学报,2013(12):41-45.

306 王建峰.系杆拱桥的施工监控研究[D].南京:南京理工大学,2014.

308 李明光.宁波慈城大桥施工控制研究[D].沈阳:东北大学,2007.

309 周明.琼州大桥论文集[M].北京:人民交通出版社,2003.
     姜自奇,贾海洋,胡占红,等.琼州大桥维修加固及静载试验研究[J].河南科学,2014 (9):1731-1734.
     袁智慧.钢管混凝土系杆拱安装施工技术[J].广西质量监督导报,2011(5):46-49.

310 孙剑峰.概述汉中桥闸工程关键施工技术[J].西北水电,2011(3):65-68.

311 孙征.郑州黄河钢管混凝土拱桥力学性能分析[D].郑州:郑州大学,2004.

312 米俊峰.养马岛大桥钢管拱肋支撑架的设计与施工[J].山西建筑,2004(4):112-113.
     赵晋华.养马岛大桥钢管拱肋安装的施工技术[J].铁道建筑,2005(6):22-23.
     烟台市公路管理局,交通部公路科学研究所.下承式柔性系杆钢管混凝土简支拱桥——烟台市养马岛大桥工程实例及分析.济南:山东大学出版社,2006.

313 殷奇,蔡亮.五尺沟大跨度钢管混凝土简支系杆拱桥施工方法研究[C]//中国土木工程学会桥梁及结工程分会第十七届全国桥梁学术会议论文集(上册).2006:7.
     李伯楠.大体积混凝土桥墩承台的施工技术措施[J].中国市政工程,2007(4):30-31,92.

316　胡春清.寒山大桥加宽工程主桥设计与施工简介[J].城市道桥与防洪,2013(1):74-77,9-10.

317　马亮.单承载面下承式钢管混凝土拱桥吊杆张拉控制分析[J].交通标准化,2012(3):133-136.

　　侯英超.钢管拱混凝土泵送顶升法施工与质量控制[J].交通世界(建养·机械),2013(8):202-203.

318　肖亮.江苏丹阳运河大桥吊杆索力监测与分析[D].北京:北京交通大学,2010.

320　卢小锋,田波.大跨下承式单肋钢管混凝土人行拱桥设计[J].城市道桥与防洪,2014(9):139-142,19-20.

321　袁平荣.大跨度跨线钢管混凝土拱桥整体顶推施工控制研究[J].国防交通工程与技术,2008(3):49-52.

　　洪小刚.大跨度钢管混凝土拱桥顶推施工技术研究[J].山西建筑,2010(26):285-286.

322　苟海刚.营口港仙人岛2号原油码头单幅单跨钢管混凝土栈桥设计及施工控制[D].西安:长安大学,2011.

323　郑永吉,徐士超.系杆拱桥施工技术——系梁施工[J].科技致富向导,2013(30):272-273.

324　战丽娜.大连30万吨级原油码头钢栈桥工程成套施工技术[J].科学技术与工程,2007(23):6116-6121.

　　闫丹丹.大跨度海上钢管系杆拱桥施工技术[J].华东交通大学学报,2008(3):45-49.

　　苗笛.钢管砼桥的静动力分析与TMD减震研究[D].大连:大连理工大学,2007.

325　李凤芹,王祯.拉萨河特大桥主桥结构设计[J].桥梁建设,2005(5):8-12.

　　李晓斌,夏招广,蒲黔辉,等.拉萨河特大桥动力测试与车桥耦合振动分析[J].振动与冲击,2007(11):129-132,188.

　　孙树礼.青藏铁路拉萨河特大桥设计关键技术及试验研究[J].桥梁建设,2005(5):4-7,12.

　　飘飞在拉萨河上的哈达——青藏铁路拉萨河特大桥[J].铁道知识,2010(2):52-53.

　　青藏铁路拉萨河大桥[N].中华建筑报,2010-04-17.

　　刘羽宇,葛玉梅.大跨下承式连续梁拱组合式桥有限元分析[C]//第九届全国振动理论及应用学术会议论文集.2007:9.

　　张瑞霞.青藏铁路拉萨河桥主桥梁拱组合体系施工技术[J].工程建设与档案,2005(3):181-183.

　　王召祜.青藏铁路拉萨河特大桥方案设计[J].桥梁建设,2005(5):1-3.

327　潘茂盛.宣杭铁路东苕溪特大桥主桥设计[J].桥梁建设,2006(S2):33-35.

张石波,康小英,周天喜.宣杭铁路尼尔森体系提篮式系杆拱桥的设计[J].桥梁建设,2004(1):34-36,46.

冯广胜.尼尔森体系提篮拱桥施工技术[J].铁道标准设计,2005(10):42-45.

何秋恩,贾卫中.东苕溪桥尼尔森体系提篮拱的制造安装技术[J].铁路工程造价管理,2006(2):54-57.

328 卢家友.郑西客运专线跨310国道提篮拱桥拱肋安装施工技术[J].铁道标准设计,2009(7):47-49.

329 郭玉平.客运专线112m提篮拱桥施工过程的分析计算[D].中南大学,2009.

周智辉,向俊,曾庆元.客运专线某钢管混凝土提篮拱桥列车走行性分析[J].铁道科学与工程学报,2008(1):46-50.

李成.客运专线提篮拱系梁支架设计与施工[J].铁道建筑技术,2010(9):19-22.

331 金文成,怀臣子,张艳成,等.东湖特大桥提篮拱施工过程仿真分析[J].华中科技大学学报(城市科学版),2009(4):15-19.

332 赵方刚,李君君.大西客专113.3m系杆拱桥拱肋施工技术[J].国防交通工程与技术,2012(4):54-56.

333 莫景逸,张歆瑜.上海市浦东大道九号桥主桥设计[J].水运工程,2008(10):157-164.

334 牟严松,杨虎根,严允中.主跨120m钢管混凝土下承式系杆拱桥设计及施工[J].贵州大学学报(自然科学版),2009(3):127-129.

335 韦伟.拱梁组合体系吊杆张拉受力行为的分析及优化[D].广州:广州大学,2012.

336 纪伟,刘文明,李勇,等.钢管混凝土拱桥健康监测系统研究[J].中国科技博览,2010.

刘文明,纪伟,李勇,等.基于通顺路大桥的健康监测系统设计与研究[J].中国西部科技,2010(10):18-20.

张恒通.钢管混凝土拱桥健康监测系统研究[D].北京:北京工业大学,2013.

337 袁方,龚仁明.宁波大沙泥桥工程介绍[J].结构工程师,2000(4):43-48,28.

陈云才.宁波琴桥吊杆张拉方案的探讨[J].市政技术,2002(4):12-14.

童贤杰,郭晓燕.大沙泥单承载面系杆拱桥预应力设计分析[J].西北公路,2001(4):38-39,27.

楼伟中,胡学军,吴启宏.拱肋混凝土灌注施工方案简述[J].中国科技信息,2005(13):85.

338 上官兴,童林,黄剑虹,等.三座梁拱组合桥梁的设计简介[J].中南公路工程,2003(2):98-102.

麦深林,李水龙.韶关五里亭大桥主桥设计[J].珠江水运,2004(1):47-49.

刘晖,向坤山,赵如东.五里亭大桥的设计与施工[J].公路与汽运,2006(3):149-151.

339 刘云斌.鲁家峙钢管混凝土拱桥混凝土系杆梁施工中的关键技术[J].桥梁建设,2006
(S1):42-44.

陈琳.下承式钢管混凝土系杆拱桥支架施工技术[J].铁道建筑,2007(1):26-28.

340 练学标,董云祥.洋河大桥120m主跨钢管混凝土系杆拱整体安装工艺[J].公路交通技
术,2009(4):91-94,99.

342 王为凯,刘继林,张润生.六奉公路大治河桥系杆悬吊模板施工技术[J].工程质量,2012
(2):45-52.

343 王英伟,马瑞奇.钢管混凝土拱桥在港口工程中的应用与发展[J].水运工程,2010(1):
75-78.

344 高金萍.钢管混凝土系杆拱桥抗震反应谱分析[J].城市道桥与防洪,2009(12):76-
78,19.

345 戴捷.宁杭高速公路南河大桥设计与施工[C]//中国公路学会桥梁和结构工程分会2003
年全国桥梁学术会议论文集.2003:6.

王成树.大跨径系杆拱桥施工监控若干关键技术研究[D].南京:东南大学,2004.

346 廖成强.钦江铁路特大桥128m钢管混凝土系杆拱桥设计[J].四川建筑,2012(3):144-
145,147.

王风雷.钢管拱肋混凝土灌注施工技术[J].城市建设理论研究(电子版),2013(13).

347 谢光明.包西铁路跨黄延高速大桥桥拱C60倒灌顶升泵送混凝土配合比设计[J].城市
建设理论研究,2012(29).

郭波.黄延大桥128m钢管混凝土系杆拱动力性能研究[J].铁道建筑技术,2010(6):
75-77.

唐英.跨黄延高速公路立交大桥的设计[J].铁道建筑,2014(2):1-4.

卜志鹏.大跨度CFST系杆拱桥静动载试验分析研究[J].西安建筑科技大学学报(自然
科学版),2015(3):388-391.

348 郝建强,米皓洁.乌鲁木齐河特大桥简支系杆拱施工监控方案[J].筑路机械与施工机械
化,2012(4):72-75.

胡世伟.乌鲁木齐河特大桥128m简支系杆拱拱肋安装研究分析.

349 王宇波,赵林强,祝立君,等.嵊州市曹娥江大桥设计与施工[C]//中国钢协钢—混凝土
组合结构分会第九次年会论文集.2003:3.

350 张通.大跨度铁路钢管混凝土系杆拱桥力学分析[D].兰州:兰州交通大学,2010.

351 刘期亮.庞村西特大桥钢管拱加工技术方案[J].中国水运(下半月),2013(3):195-
198,200.

程天甫.钢管混凝土系杆拱桥施工监控的研究[D].武汉:湖北工业大学,2014.

352 陈钒,王建欣,王江宇,等.钢管混凝土系杆拱桥施工中受力性能及稳定性分析[J].桥梁建设,2012(6):27-32.

353 郑宪政,赵林强,许荣华,等.杭州复兴大桥主桥设计与施工简介[C]∥杭州市科协第二届学术年会论文集.2005:142-147.

复兴大桥(钱江四桥)建成通车[J].预应力技术,2004(6):15.

马学峰.复兴大桥13号墩基础土围堰设计与施工[J].民营科技,2009(3):174,121.

354 高子渠.钢管混凝土拱桥拱肋安装施工技术[J].河北企业,2009(5):78.

平栓玲.225m大跨度系杆拱桥系梁安装施工技术[J].桥梁建设,2010(1):63-66.

吴红升,陈淮,李静斌.蒲山大桥力学性能分析[J].华中科技大学学报(城市科学版),2008(3):177-179,183.

王强,吴红升.蒲山大桥稳定性分析[J].科技信息(科学教研),2008(16):136,150.

郭金山.蒲山特大桥钢管拱肋架设过程的理论计算与控制[J].中外公路,2010(4):351-356.

高晓燕,张浩,张晓炜,等.蒲山特大桥静动载试验及质量评定[J].中外公路,2010(4):360-364.

王智勇,郭金山,张晓炜,等.蒲山特大桥设计优化[J].中外公路,2010(4):334-338.

高晓燕.蒲山特大桥施工监控技术研究[J].中外公路,2010(4):342-346.

355 刘沐宇,龚凯,孙向东,等.单肋斜撑钢管混凝土拱桥动力特性分析[J].武汉理工大学学报(交通科学与工程版),2009(6):1104-1107.

356 孙军,俞宏,赖用满,等.上承式单肋钢管混凝土拱桥试验研究[J].中外公路,2007(6):81-85.

358 徐达.一座下承式单肋拱梁组合桥梁的设计[J].广东公路交通,2001(4):12-13,21.

359 陈灏.基于Matlab的下承式钢管混凝土系杆拱桥的冲击系数研究[D].南昌:华东交通大学,2012.

359 虞建成,童浩,黄卫.连续斜系杆拱滨江大桥设计与稳定性能分析[J].东南大学学报(自然科学版),2006(6):1007-1012.

360 刘江涛.先梁后拱施工工艺在蕴藻浜大桥工程中的应用[J].山西建筑,2010(24):335-336.

361 文钰,张贵明.邵阳西湖大桥的设计与施工[J].国外公路,1999(3):44-48.

胡柏学.邵阳西湖大桥主桥施工监控[J].湖南交通科技,2003(2):55-56.

362 孙永刚.苏州澹台湖大桥钢管拱安装工艺[J].世界桥梁,2006(2):24-26.

王庆曾.澹台湖大桥水中墩基础施工[J].桥梁建设,2005(S1):101-103.

刘祖祥.钢管混凝土拱桥拱轴线线型的探讨[J].交通标准化,2003(10):72-75.

363 徐勇,马庭林,任伟.六沾铁路宣天特大桥主桥设计[J].桥梁建设,2010(1):36-39.

364 张朝霞.武汉轻轨跨京汉货场槽形连续梁钢管拱桥设计[J].桥梁建设,2005(5):70-72.

王传素.轨道交通槽型梁—拱组合桥结构静力行为研究[D].成都:西南交通大学,2009.

365 张海荣.漕溪路桥拱脚局部应力分析及构造措施研究[J].铁道标准设计,2003(4):39-40.

366 张海荣,窦建军,张雷.京津城际连续梁拱组合结构中预应力的应用[C]//第十届后张预应力学术交流会论文集.2008:7.

367 张鹤,张治成,谢旭,等.月牙形多拱肋钢管混凝土桁架拱桥动力冲击系数研究[J].工程力学,2008(7):118-124.

368 闫浏.大跨径系杆拱桥施工监控技术研究[D].石家庄:石家庄铁道大学,2014.

369 陈元清,李小波.温福铁路昆阳特大桥施工控制[J].世界桥梁,2011(3):37-40.

温福铁路昆阳特大桥静力及稳定性分析[D].武汉:武汉理工大学,2008.

370 程龙.(77+3×156.8+77)m预应力混凝土连续梁拱组合桥施工监控研究[D].石家庄:石家庄铁道大学,2014.

371 王光明.漳州市九龙江大桥设计构思与技术特点[J].公路交通科技(应用技术版),2013(7):226-228.

方锦森.九龙江大桥主桥承台大体积混凝土施工[J].福建交通科技,2013.

徐飞.九龙江特大桥抛石堤岸区墩台基础施工技术[J].福建交通科技,2011(1):43-45.

372 刘志波.钢管混凝土提篮拱桥钢管拱肋施工技术[J].铁道建筑,2010(6):22-24.

杜砚江.浅析沙湾水道特大桥(76+160+76)m连续梁拱的施工[J].科技资讯,2009(2):90-91.

贾生旭.160m连续梁拱竖向转体施工技术[J].铁道建筑技术,2010(6):4-8.

373 高丽,曹文杰.京沪高铁镇江京杭运河特大桥主桥连续梁拱设计[J].铁道勘测与设计,2008(5):14-18.

374 孙川.大跨径连续梁拱桥列车及地震作用下动力性能研究[D].石家庄:石家庄铁道大学,2014.

375 韩若涛,夏龙.年楚河特大桥V形刚构拱组合桥施工关键技术[J].北方交通,2013(11):53-57.

文强.拉日铁路年楚河特大桥V形刚构加拱组合结构设计[J].铁道标准设计,2013(6):81-83,126.

李子奇,樊燕燕,白家风.V型刚构连续梁组合拱桥吊杆张拉过程仿真分析研究[J].城市道桥与防洪,2014(6):78-80,10.

耿少鹏.V型连续刚构拱组合桥施工技术方案探讨[J].建筑知识(学术刊),2014(5):

419-421.

376　余强.南宁市凌铁大桥主桥设计及特点[J].西南公路,2005(2):26-30.

张显明.钢管混凝土拱桥拱肋整体竖转吊装线形控制[J].公路,2011(11):61-64.

377　王鹏宇,刘振标,罗世东,等.广珠铁路虎跳门特大桥主拱设计[J].桥梁建设,2012(1):72-78.

王鹏宇,刘振标,罗世东,等.广珠铁路虎跳门特大桥主桥连续刚构拱设计[J].铁道标准设计,2011(8):43-46,56.

胡立.广珠铁路"亚洲第一跨"合龙[J].广东交通,2011(3):29;(8):43-46,56.

378　罗世东,严爱国,刘振标.宜万铁路宜昌长江大桥主桥创新技术研究[J].桥梁建设,2006(S2):12-15.

张立超,赵煜澄,陈崇林.宜万铁路宜昌长江大桥大跨度连续刚构梁柔性拱施工[J].铁道标准设计,2010(8):164-169.

刘崇亮.宜万铁路宜昌长江大桥钢管拱拼装和竖转施工技术[J].铁道标准设计,2010(8):158-163.

王东辉.宜万铁路宜昌长江大桥钢管拱转体施工设计[J].铁道标准设计,2009(6):31-35.

刘振标,严爱国,罗世东,等.大跨度连续刚构柔性拱组合桥施工控制[J].桥梁建设,2009(6):62-66.

刘振宇.大跨度梁拱组合桥梁结构优化分析[D].武汉:华中科技大学,2006.

379　宋福春,苏洪仁.单肋拱加劲V型撑刚构—连续梁桥稳定和动力性能研究[J].沈阳建筑大学学报(自然科学版),2010(5):849-854.

380　柳鸣,郑凯锋,罗国庆.V形刚构拱桥的V形结构不同施工方案受力分析和优化[J].广东公路交通,2008(3):5-7.

李坚军.广珠城际轨道工程小榄特大桥施工技术[J].山西建筑,2008(34):3-4.

381　耿悦,王玉银.多跨连续无风撑钢管混凝土拱桥施工方案比选[C]//中国钢协钢—混凝土组合结构分会第十一次年会论文集.2007:4.

杜和军.高标号钢管混凝土配合比设计及施工工艺研究[J].工程与建设,2013(4):548-551.

邓凤学.五跨连续钢管混凝土系杆拱桥施工加载程序优化[J].世界桥梁,2008(2):45-47.

陈淮,朱倩,李静斌,等.结构参数变化对斜靠式拱桥动力特性的影响[J].中国公路学报,2009(1):47-52.

刘昌永.斜靠式钢管混凝土拱桥静力性能分析[D].哈尔滨:哈尔滨工业大学,2007.

王玉银,惠中华.钢管混凝土拱桥施工全过程与关键技术[M].北京:机械工业出版社,2010.

382　于连生,常付平,邱文亮.杭州昙花庵路桥斜靠拱稳定分析[J].公路交通科技,2006(6):113-114.

384　柳明佳.斜靠式系杆拱桥拱肋安装技术[J].铁道建筑技术,2011(12):20-23.

385　冯朝阳,许莉.江阴市杏春桥提篮式系杆拱桥设计[J].南京市政,2004(1):18-21.
　　　赵政杰,薛莲.江阴杏春桥分体浮拖安装施工介绍[J].南京市政,2005(1):30-31,29.

386　冯娜,曹菲.镇江新河桥美学设计[J].金陵科技学院学报,2005(1):51-54.
　　　张晓宇,陈树杰,孔繁龙.双提篮钢管混凝土系杆拱桥施工的几个技术问题[J].华东公路,2004(Z1):24-26.

387　张云.浅谈拱梁组合体系桥梁在苏南运河苏州段的应用[J].水运工程,1998(5):33-34,38.
　　　胡彦卿,杨扬.苏州云梨桥的结构设计[J].浙江建筑,2013(11):25-27,32.

389　魏举.浙江义乌丹溪大桥钢管拱制造[J].施工技术,2007(11):66-68.
　　　张瑶.义乌丹溪钢管拱大桥的制造工艺措施[J].钢结构,2005(3):63-66.
　　　张瑶.义乌市丹溪大桥的架设工艺措施[J].浙江万里学院学报,2005(2):110-114.
　　　潘寿东.斜靠式系杆拱桥主、斜拱圈安装施工技术[J].石家庄铁道学院学报,2006(1):122-127.

391　孙海涛,肖汝诚,孙斌,等.无推力斜靠式拱桥的结构分析[C]//第十六届全国桥梁学术会议论文集(下册).2004:6.
　　　肖汝诚,孙海涛,贾丽君,等.斜靠式拱桥[J].上海公路,2004(4):22-26,5.
　　　李莹.斜靠式梁拱组合体系桥梁设计理论研究[D].上海:同济大学,2006.
　　　肖汝诚,郭瑞,陈磊,等.无推力斜靠式拱桥体系及其优化设计[C]//中国土木工程学会桥梁及结构工程分会第十六届全国桥梁学术会议论文集(上册).2004:6.

392　刘阳.城市宽桥面钢管混凝土斜靠系杆拱桥受力特性研究[D].成都:西南交通大学,2014.

393　孟阳君.大跨径拱桥仿真分析[D].湖南大学,2007.
　　　彭彩林.钢管混凝土拱桥随时间变化对吊杆索力的影响分析[J].湖南城市学院学报(自然科学版),2012(2):10-12.
　　　肖海,陈强,孟阳君.无风撑钢管混凝土拱肋的支架施工[J].湖南城市学院学报(自然科学版),2005(4):15-17.
　　　周先雁,孟阳君,陈强.无风撑钢管混凝土拱桥建模分析[J].中南林学院学报,2005(6):8-11.

394 向学建,杨昀,楼庄鸿,等.拉萨柳梧大桥施工监控技术研究[J].公路交通科技,2009(11):93-97,107.

395 胡茂刚.无内支撑钢板桩深水围堰施工技术[C]//第二届全国地下、水下工程技术交流会论文集.2011:4.

397 田景凤.绵江大桥动载试验研究[J].国防交通工程与技术,2010(2):41-44.

刘长松.绵江大桥钢管拱混凝土施工技术[J].四川建筑,2010(6):194-195.

398 邓开宇.跨遵义火车站下承式钢管混凝土系杆拱桥设计[J].山西建筑,2008(15):313-314.

399 王慧东,李云山,王俊如.大跨度钢管混凝土拱桥施工[J].铁道标准设计,1998(8):12-15.

孔庆德.钢管砼拱桥砼灌注过程的受力性能研究[D].长沙:长沙理工大学,2006.

王克太,杜殿锁,高成云.3孔168m系杆钢管混凝土拱施工方法[J].铁道标准设计,1998(1):10-12.

400 范金军.丹东月亮岛大桥施工控制[D].大连:大连理工大学,2003.

潘盛山,黄才良,张哲.202m跨径钢管混凝土系杆拱桥的施工控制[J].武汉理工大学学报(交通科学与工程版),2004(4):522-525.

401 冯爱军,陈良江.上海轨道交通3号线跨苏州河钢管混凝土拱桥设计与施工[J].城市轨道交通研究,2002(3):78-82.

林贻森.苏州河桥钢管混凝土施工技术[J].江西建材,2003(4):26-28,11.

402 王新龙,陈永华,王贵东.郑东新区A2桥钢管拱制造与安装施工[J].世界桥梁,2008(S1):24-27.

403 张明明.异型钢管混凝土拱桥施工控制研究[D].成都:西南交通大学,2012.

404 王武力.洛阳瀍洲大桥主跨上部结构施工技术[J].世界桥梁,2009(3):16-19.

马朝信,李家培.洛阳瀍洲大桥施工技术[J].天津建设科技,2010(6):62-64.

406 陈坚柔.赣州章江大桥异形钢管拱施工与监控技术[J].门窗,2013(2):132-133.

欧志峰,邓静.章江大桥主桥结构稳定、动力及承载力分析[J].四川建筑,2008(2):118-119.

樊启武,钱永久,黄道全.章江大桥稳定分析[J].世界桥梁,2007(2):42-44.

王国安,李德慧.大跨飞燕式异型拱桥试验研究[J].铁道标准设计,2011(4):58-62.

钟波.赣州章江大桥C50顶升微膨胀自密实钢管混凝土配制[J].江西建材,2013(6):215-216.

吴波.赣州章江大桥钢管拱施工技术[J].企业技术开发,2011(4):134-136.

407 曲正民,谢尉鸿.长春市102国道跨伊通河三跨飞燕式拱桥设计[J].中国市政工程,2010

(6):20-21,76-77.

柯赛华.大跨度钢管混凝土拱桥施工控制[D].哈尔滨:哈尔滨工业大学,2009.

刘文明.钢管混凝土拱桥模型试验研究[D].哈尔滨:哈尔滨工业大学,2009.

陈彦江,李勇,任晓强,等.长春伊通河大桥总体设计、试验及施工关键技术[J].桥梁建设,2011(1):59-63.

曹文生,张志刚,徐勇兵,等.伊通河大桥C50微膨胀钢管混凝土施工技术[J].施工技术,2011(3):35-38.

闫雪冰,臧如意.102国道跨伊通河大桥抗震性能分析[J].黑龙江科技信息,2008(35):364.

408　何方旭.反拱式钢管混凝土拱桥受力特性分析[D].西安:长安大学,2009.

410　彭大文,袁燕,陈昀明.北川河钢管混凝土刚架系杆拱的结构分析[J].福州大学学报(自然科学版),2002(6):831-837.

乔景川,崔玉惠,韩林海.钢管混凝土拱桥拱轴线线型的探讨[C]//中国钢协钢—混凝土组合结构分会第九次年会论文集.2003:4.

宗周红,Bijaya Jaishi,林友勤,等.西宁北川河钢管混凝土拱桥的理论和实验模态分析[J].铁道学报,2003(4):89-96.

411　曹海顺.浦东新区钢管混凝土桁架系杆拱桥的设计实践[J].上海公路,2008(2):44-49,5.

412　陈天本.天子山大桥的设计[J].中南公路工程,2005(2):68-73,77.

李杨.斜拉钢管混凝土拱桥结构静力分析[D].南昌:华东交通大学,2006.

413　王庭正,罗世东,王新国,等.湘潭市莲城大桥总体设计[J].桥梁建设,2008(3):37-40.

荣劲松,石雪飞.湘潭莲城大桥工程设计与技术特点[J].水运工程,2009(12):182-188.

彭敏.斜拉拱桥的设计参数优化研究[D].湘潭:湖南科技大学,2008.

张杰.湘潭市湘江四桥动力特性及抗震性能研究[D].长沙:中南大学,2008.

康厚军,赵跃宇,周海兵,等.湘潭湘江四大桥模型试验的加载方法研究[J].湖南大学学报(自然科学版),2007(10):25-30.

参考文献

[1] 中华人民共和国国家标准.GB 50923—2013 钢管混凝土拱桥技术规范[S].北京:中国计划出版社,2013.

[2] 中华人民共和国行业标准.JTG D64—2015 公路钢结构桥梁设计规范[S].北京:人民交通出版社股份有限公司,2015.

[3] 中华人民共和国行业标准.JTG/T D64-01—2015 公路钢混组合桥梁设计与施工规范[S].北京:人民交通出版社股份有限公司,2015.

[4] 中华人民共和国国家标准.GB 50917—2013 钢—混凝土组合桥梁设计规范[S].北京:中国计划出版社,2013.

[5] 聂建国.钢—混凝土组合结构桥梁[M].北京:人民交通出版社,2011.

[6] 刘玉擎.组合结构桥梁[M].北京:人民交通出版社,2004.

[7] 陈宝春,牟廷敏,陈宜言,等.我国钢—混凝土组合桥梁新进展.建筑结构学报,2013,34(增刊):1-10.

[8] 陈宝春,陈宜言,林松.波形钢腹板桥梁应用调查分析.中外公路,2010,(1):109-118.

[9] 陈宜言.波形钢腹板预应力混凝土桥设计与施工[M].北京:人民交通出版社,2009.

[10] 徐强,万水.波形钢腹板PC组合箱梁桥设计与应用[M].北京:人民交通出版社,2009.

[11] 中华人民共和国行业标准.JT/T 784—2010 组合结构桥梁用波形钢腹板[S].北京:人民交通出版社,2010.

[12] 河南省地方标准.DB 41/T 643—2010 公路波形钢腹板预应力箱梁桥设计规范[S].北京:人民交通出版社,2010.

[13] 蔡芬芳.钢腹杆PC组合箱梁桥抗弯性能研究[D].福州:福州大学,2011.

[14] Leonardo Fernandez Troyano. Bridge Engineering—A global Perspective[M].Thomas Telford, 2003.

[15] Paul E Mondorf. Concrete Bridges, Taylor & Francis, 2006.

[16] 日本土木学会.コニケリート長大ァーチ橋—支間600mクラヌーの設計施工[M].東京:日本土木学会,2003.

[17] 陈宝健,许有胜,陈宝春.日本钢筋混凝土拱桥调查与分析[J].中外公路,2005(4),99-101.

[18] 四川省宜宾市金沙江南门大桥建设指挥部,四川省桥梁工程公司.中承式钢筋混凝土拱桥施工文集(净跨240m宜宾金沙江南门大桥)[M].北京:人民交通出版社,1991.

[19] 程懋方,陈俊卿.大跨径刚架拱桥的设计与施工[C]∥中国钢结构协会钢—混凝土组合结构协会第六次年会论文集.哈尔滨建筑大学学报,1995(5).

[20] 郑皆连.广西公路桥梁的回顾及展望[C]∥中国公路学会桥梁和结构工程分会1996年桥梁学术讨论会论文集.北京:人民交通出版社,1996.

[21] 王劼耘,邕宁邕江大桥钢骨拱桁架千斤顶斜挂扣悬拼架设工艺简介[C]∥中国公路学会桥梁和结构工程分会1996年桥梁学术讨论会论文集.北京:人民交通出版社,1996.

[22] 四川省交通厅,四川省交通厅公路规划勘察设计研究院,四川公路桥梁建设集团有限公司.万县长江公路大桥技术总结[M].成都:电子科技大学出版社,2001.

[23] Xu Y, Chen L, Xie H Q,et al. Design of the Beipanjiang Bridge on the High-speed Railway between Shanghai and Kunming[C]∥Sustainable Arch Bridges-Proceedings of 3rd Chinese-Croatian Joint Colloquium on Long Span Arch Bridges, Zagreb, Croatia, 15-16 July 2011: 71-82.

[24] Xu Y, Chen K J, Wei R,et al. Design of Nanpanjiang Grand Bridge on High-speed Railway from Kunming to Nanning[C]∥Sustainable Arch Bridges-Proceedings of 3rd Chinese-Croatian Joint Colloquium on Long Span Arch Bridges, Zagreb, Croatia, 15-16 July 2011: 83-90.

[25] 郑皆连.百尺竿头,更进一步——努力推动混凝土拱桥向更大跨度发展[J].桥梁,2015(1):19-21.

[26] 陈宝春,王远洋,黄卿维.波形钢腹板混凝土拱桥新桥型构思[J].世界桥梁,2006(4):10-14.

[27] 韦建刚,黄卿维,陈宝春.波形钢腹板—混凝土组合箱拱面内受力全过程试验研究[J].工程力学,2011,28(5):90-96.

[28] 叶琳.平钢腹板—混凝土箱拱试设计研究[D].福州:福州大学,2007.

[29] 韦建刚,牟廷敏,缪锋,等.钢腹杆混凝土新桥组合箱拱桥试设计研究[J].交通科学与工程,2009,25(2):40-45.

1

[30] 高婧,陈宝春.波形钢腹板钢管混凝土拱面内极限承载力试验研究[J].工程力学,2010,27(03):91-100.

[31] J 沃登尼尔.钢管截面的结构应用.张其林,刘大康,译.上海:同济大学出版社,2004.

[32] 成瀬泰雄.鋼管構造.日本:森北出版株式會社,1976.

[33] 中华人民共和国国家标准.GB 50017—2003 钢结构设计规范[S].北京:中国计划出版社,2003.

[34] Theodore V Galambos. Guide to Stability Design Criteria for Metal Structures (Fifth Edition)[M]. John Wiley & Sons, INC.

[35] J A Packer, J E Henderson, J J Cao(曹俊杰).空心管结构连接设计指南[M].北京:科学出版社,1997.

[36] 钟善桐.钢管混凝土结构.3 版[M].北京:清华大学出版社,2004.

[37] 蔡绍怀.现代钢管混凝土结构[M].北京:人民交通出版社,2003.

[38] 韩林海.钢管混凝土结构——理论与实践[M].北京:科学出版社,2004.

[39] 王俊华,陈宝春,黄文金,现代钢管桁架桥[J].中外公路,2006(4):138-142.

[40] 杨啟彬.钢管桁架加劲梁——悬索桥简介[J].公路,2001(5).

[41] 小西一郎.钢桥(第四分册).戴振藩,译.北京:中国铁道出版社,1981.

[42] Joachim Scheer. Failed Bridges—Case Studies, Causes and Consequences. Germany Berlin: Wilhelm Ernst & Sohn, 2010.

[43] Antonia Duenas, Paz Lorenzo, Anna Riera,et al. New Architecture 1—Bridges. Francisco Asensio Cerver,2000.

[44] Ber H Hesselink, Herke Meersma. Railway Bridge across Dintel Harbour, Port of Rotterdam, The Netherlands,Structural Engineering International, 2003(1):27-29.

[45] 陈宝春,黄文金.圆管截面桁梁极限承载力试验研究[J].建筑结构学报,2007,28(3):31-36.

[46] 张联燕,李泽生.钢管混凝土空间桁架组合梁式结构[M].北京:人民交通出版社,1999.

[47] 四川省交通运输厅公路规划勘察设计研究院.公路钢管混凝土桥梁设计与施工指南[M].北京:人民交通出版社,2008.

[48] 徐升桥.铁路桥梁钢管混凝土结构理论与设计[M].北京:人民交通出版社股份有限公司,2014.

[49] Shun-ichi Nakamura. New Structural Farms for Steel/Concrete Composite Bridges[J]. Structural Engineering International, 2000(1):45-50.

[50] 牟廷敏,周武,范碧琨,等.钢管混凝土组合桁梁结构应用综述[J].哈尔滨工业大学学

报,2011,43(Sup. 2):95-98.

[51] 彭桂瀚,牟廷敏,陈宝春.钢管混凝土组合桁梁受弯性能试验研究[J].哈尔滨工业大学学报,2012,44(增刊1):91-94.

[52] 吴庆雄,黄育凡,陈宝春.钢管混凝土组合桁梁——格构墩轻型桥梁振动台阵试验研究[J].工程力学,2014,31(9):89-97.

[53] http://www.ghcivil.com/bbs/read.php? tid=3061.

[54] 陈宝春,高婧.波形钢腹板钢管混凝土梁受弯试验研究[J].建筑结构学报,2008,29(1):75-82.

[55] 王梦雨.波形钢腹板—双管弦杆—混凝土板组合梁抗弯性能研究[D].福州:福州大学,2012.

[56] 周绪红,刘界鹏.钢管约束混凝土柱的性能与设计[M].北京:科学出版社,2010.

[57] 占玉林,赵人达,徐腾飞,等.钢管混凝土组合格构柱高墩大跨连续刚构桥非线性研究[J].四川建筑科学研究,2009,35(6):38-41.

[58] 晏巧玲,牟廷敏,吴庆雄,等.偏压钢管混凝土复合短柱极限承载力试验[J].哈尔滨工业大学学报.2011,43(增刊2):18-21.

[59] 晏巧玲,牟廷敏,范碧琨,等.钢管混凝土复合短柱极限承载力有限元分析[C]//第十二届全国桥梁学术会议论文集.北京:人民交通出版社,2012:106-112.

[60] 刘钊,施大震,吴昚,等,一座钢管混凝土塔柱斜拉桥的结构设计特色[J].桥梁建设,2002(5):26-29.

[61] 王苍和,刘世忠,贾一全.刘家峡大桥钢管混凝土桥塔粘结滑移力学试验研究[J].公路交通科技,2015,32(8):89-92,99.

[62] 浙江公路水运工程咨询公司,等.无伸缩缝桥梁设计与应用研究报告.2011.

[63] 白宝鸿.法国昂特那斯钢管拱桥[J].国外桥梁,1998(3).

[64] Straskey J, Husty I. Arch bridge crossing the Brno-Vienna Expressway[C]//Proceedings of Institute of Civil Engineering, 132. Nov. 156-165.

[65] J Manterola Armisén. Composite Arch Bridges[C]//Proceedings of the Third International Conference on Arch Bridge, Sept. 19-21,2001, Paris:779-785.

[66] Patrucj Cassity, Martine Furrer, Ken Price[C]//Synthesizing Form and Function. Modern Steel Construction, December 1999.

[67] Morcous G, Hanna K, Deng Y,et al. 2012. Concrete-filled Steel Tubular Tied Arch Bridge System:Application to Columbus Viaduct. Journal of Bridge Engineering, 17(1):107-116.

[68] Qingxiong WU, Bao-chun CHEN, Kazuo TAKAHASHI. A Finite Element Method for Elas-

to-plastic and Geometric Nonlinearity of Concrete-filled-steel-tubular Arch[C] // Proceedings of the Fifth International Conference on Arch Bridge, 12-14, Sept. 2007, Madeira, Portugal: 855-862.

[69] 刘玉擎. 日本新西海钢管混凝土拱桥的设计概况[J]. 世界桥梁,2006(2).

[70] Savor Z, Bleiziffer J. From Melan Patent to Arch Bridges of 400m spans[C] // Proceedings of Chinese-Croatian Joint Colloquium on Long Span Arch Bridges, Brijuni Islands, Croatia, July 10-14, 2008:349-356.

[71] Karl Humpf, Siegfried Hopf, Volkhard Angelmaier. Innovative Approaches in Arch Design [C] // Proceedings of 7th International Conference on Arch Bridges, Oct. 2013, Trogir-Split, Croatia:61-68.

[72] 余索. 越南南西贡大道钢管混凝土拱桥水平系杆张拉技术的研究及应用[J]. 世界桥梁,2005(2):1-3.

[73] 程懋方,陈俊卿. 大跨径刚架拱桥的设计与施工[C] // 中国钢结构协会钢—混凝土组合结构协会第六次年会论文集. 哈尔滨建筑大学学报,1995(5).

[74] 胡玉山,吴清明. 预应力系杆钢管混凝土拱桥——旺苍东河大桥[J]. 西南公路,1990(3).

[75] 陈宝春. 钢管混凝土拱桥发展综述[J]. 桥梁建设,1997(2):8-12.

[76] 陈宝春. 钢管混凝土拱桥设计与施工[M]. 北京:人民交通出版社,1999.

[77] 陈宝春. 钢管混凝土拱桥实例集(一)[M]. 北京:人民交通出版社,2002.

[78] 陈宝春. 钢管混凝土拱桥(第二版)[M]. 北京:人民交通出版社,2007.

[79] 陈宝春. 钢管混凝土拱桥实例集(二)[M]. 北京:人民交通出版社,2008.

[80] 陈宝春,杨亚林. 钢管混凝土拱桥调查与分析[J]. 世界桥梁,2006,(2):73-77.

[81] 陈宝春,刘福忠,韦建刚. 327 座钢管混凝土拱桥的统计分析[J]. 中外公路,2011,31(3):96-103.

[82] 陈宝春,陈康明,赵秋. 我国钢拱桥发展现状调查与分析[J]. 中外公路,2011,31(2):121-127.

[83] 陈宝春,叶琳. 我国混凝土拱桥现状调查与发展方向分析[J]. 中外公路,2008,28(2):89-96.

[84] CHEN Bao-chun. Recent Development and Future Trends of Arch Bridges[C] // Proceedings of 7th International Conference on Arch Bridges, Oct. 2013, Trogir-Split, Croatia:29-46.

[85] 郑皆连,王建军,牟廷敏,等. 700m 级钢管混凝土拱桥设计与建造可行性研究[J]. 中国工程科学,2014,16(8):33-37.

[86] 中华人民共和国行业标准. JTG/T D65-06—2015 公路钢管混凝土拱桥设计规范[S].

北京:人民交通出版社股份有限公司,2015.

[87] 王元丰.钢管混凝土徐变理论[M].北京:科学出版社,2013.

[88] 胡曙光,丁庆军.钢管混凝土[M].北京:人民交通出版社,2007.

[89] 中华人民共和国行业标准.JTG F80/1—2004 公路工程质量检验评定标准 第一册 土建工程[S].北京:人民交通出版社,2004.

[90] 中华人民共和国行业标准.JTJ 041—2000 公路桥涵施工技术规范[S].北京:人民交通出版社,2000.

[91] 中华人民共和国行业标准.JTJ/T F50—2011 公路桥涵施工技术规范[S].北京:人民交通出版社,2011.

[92] 福建省工程建设地方标准.DBJ/T 13-136—2011 钢管混凝土拱桥技术规程[S].2011.

[93] 陈宝春,韦建刚,吴庆雄.钢管混凝土拱桥技术规程与设计应用[M].北京:人民交通出版社,2011.

[94] 重庆市公路工程行业标准.CQJTG/T D66—2011 公路钢管混凝土拱桥设计规范[S].北京:人民交通出版社,2011.

[95] 陈宝春,韦建刚,吴庆雄.钢管混凝土拱桥设计计算方法与应用[M].北京:中国建筑工业出版社,2014.

[96] 孙潮,陈友杰.钢管混凝土拱桥[M].北京:人民交通出版社股份有限公司,2015.

[97] Baochun CHEN. Arch Bridges, in Bridge Engineering Handbook (2nd Edition) edited by Wai-Fah Chen and Lian Duan,CRC Press,2013.

[98] 周念先.桥梁方案比选[M].上海:同济大学出版社,1997.

[99] 李毅谦,季文刚.支井河大桥设计技术创新与施工方案研究[J].公路,2013(1).

[100] 王庭英.钢管混凝土在桥梁建筑中的应用[C]∥中国钢结构协会钢—混凝土组合结构协会第四次年会论文集,1993.

[101] Tingmin Mou, Bikun Fan, Bo Tian,et al. Scheme Design of a 530m CFST Arch Bridge-the First Yangtze River Bridge in Hejiang, Sichuan, China[C]∥Proceedings of 6th International Conference on Arch Bridges, Oct. 2010, Fuzhou, China:113-119.

[102] 韩玉,秦大燕,冯智.合江长江一桥施工关键技术及创新[J].公路,2013(3):69-74.

[103] 薛照钧.下承尼尔森体系钢管混凝土提篮式系杆拱桥在铁路客运专线上的应用设计[J].桥梁建设,2006(5):40-43.

[104] 陈宝春,郑怀颖.钢管混凝土飞鸟式拱桥桥型分析[J].中外公路,2006(6):43-51.

[105] 郑怀颖,陈宝春.飞鸟式钢管混凝土拱桥设计计算分析[J].公路交通科技,24(1):90-94.

[106] 孙永刚.苏州澹台湖大桥钢管拱安装工艺[J].世界桥梁,2006(2):24-26.

[107] 刘江涛.先梁后拱施工工艺在蕴藻浜大桥工程中的应用[J].山西建筑,2010,36(24):335-336.

[108] Hai-qing LIU,Yun-ming CHEN, Bao-chun CHEN. Design of Wanbian Bridge in Fuzhou, China[C]//Proceedings of the 5th International Conference on Arch Bridge, 12-14, Sept. 2007, Madeira, Portugal: 469-474.

[109] 冯爱军,陈良江.上海轨道交通3号线跨苏州河钢管混凝土拱桥设计与施工[J].城市轨道交通研究,2002,5(3):78-82.

[110] 郭卓明,吴刚,金成棣.中春路淀浦河东闸桥设计[J].中国市政工程,2005,115(3):24-25.

[111] 程懋方.钢管混凝土在桥梁转体施工中的应用[C]//中国公路学会桥梁和结构工程分会1991年学术会议论文集,1991.

[112] 贺杰军,陈湘林.天子山钢管混凝土桁式组合拱桥的设计与施工[J].中外公路,2004(12).

[113] 陈宝春,陈友杰,刘玉擎.钢管与钢管混凝土复合拱桥[J].桥梁建设,2001(1):17-20.

[114] 罗世东,王新国,王庭正,等.大跨径斜拉拱桥创新技术构思与研究[J].桥梁建设,2005(6).

[115] 王莲香,周水兴.马来西亚吉隆坡特拉贾亚城的斜拉拱组合桥[J].世界桥梁,2004(4).

[116] 陈宝春,林航,王远洋.福州大学旗山校区中轴线景观人行桥设计[J].中外公路,2014,34(5):115-118.

[117] Strasky J. Stress Ribbon & Arch Pedestrian Bridges[C]//Proceeding of 6th International Conference on Arch Bridge, Oct. 2010. Fuzhou, China: 38-45.

[118] 冯阅,陈宝春.介绍一种新型桥梁——悬带拱桥[C]//中国公路学会桥梁和结构工程分会2010年全国桥梁学术会议论文集.北京:人民交通出版社,2010.

[119] 韦伟.拱梁组合体系吊杆张拉受力行为的分析及优化[D].硕士学位论文,广州大学,2012.

[120] 陈孟冲,朱松杰.宁波市院士桥设计与施工[J].浙江交通科技,2003(3):22-24.

[121] 日本土木学会.桥(2002—2003)[M].日本土木学会,2004.

[122] 冯向宇,李映,郭忆.宁波长丰桥结构设计与分析[C]//第十八届全国桥梁学术会议论文集.2008:1223-1228.

[123] 赵秋,陈宝春,郭智勇,等.新月形拱—连续梁组合桥梁结构体系试验研究[J].土木工程学报,2015,48(S1):8-14.

[124] 陈宝春,赵秋,郭智勇.新月型拱—连续梁组合结构体系桥梁受力性能分析[C]//第十四届空间结构学术会议论文集.福州,2012:545-550.

[125] 陈宝春,季韬,黄卿维,等.超高性能混凝土(UHPC)研究综述[J].建筑科学与工程学报,2014,31(3):1-24.

[126] 杜任远,黄卿维,陈宝春.活性粉末混凝土桥梁应用进展[J].世界桥梁,2013,41(1):69-74.

[127] 陈宝春,肖泽荣.钢管混凝土哑铃形拱肋灌注管内混凝土时的截面应力分析[J].中国公路学报,2005,18(1):73-76.

[128] 陈宝春,陈津凯.钢管混凝土内栓钉抗剪承载力试验研究[J].工程力学,2016,33(2):66-73.

[129] Yuancheng Peng, Tong Xiang, Li Li. Structural Design of A CFST Truss Deck Arch Bridge with A Span of 360m[C]//Proceedings of 7th International Conference on Arch Bridges, Oct. 2013, Trogir-Split, Croatia:435-442.

[130] 万明亮.内置PBL哑铃型钢管混凝土拱肋节点力学性能研究[D].西安:长安大学,2012.

[131] 梅家仁,吴劲兵,李莉,等.280m下承式钢管混凝土系杆拱桥设计与施工[C]//中国公路学会桥梁和结构工程分会2001年桥梁学术研讨会论文集.北京:人民交通出版社,2001.

[132] 乔景川.钢管混凝土在拱桥上的应用——安阳市文峰路立交桥主桥[J].河南交通科技,1996(1).

[133] 宋福春.钢管混凝土桁肋拱桥面外稳定性研究[D].福州:福州大学,2009.

[134] 赵跃宇,劳文全,冯锐,等.内倾角对钢管混凝土提篮拱力学性能影响的分析[J].公路交通科技,2007,24(3):56-58.

[135] 刘绍云,王晓虹,杨春巍.浅析依兰牡丹江大桥设计、施工特点[J].黑龙江交通科技,1998(4).

[136] 陈宝春,张伟中,汤意,等.中空夹层钢管混凝土无风撑拱桥的设计构思[C]//中国公路学会桥梁和结构工程分会2006年桥梁学术讨论会论文集.北京:人民交通出版社,2006.

[137] 孙潮,陈宝春,张伟中,等.钢管混凝土系杆拱桥空间效应分析[J].福建工程学院学报,2004(1):17-22.

[138] 孙潮,张凡,陈宝春,等.钢管混凝土拱—钢腹板PC组合箱梁组合桥新桥型研究[J].广西大学学报(自然科学版),2012,37(4):737-743.

[139] 惠斌,冯燕宁.东莞鸿福路钢管拱大桥[C]//第十六届全国桥梁学术会议论文集.北

京：人民交通出版社，2004.

[140] 徐宙元，赵人达，牟延敏.带开孔钢板剪力联接键的钢—混凝土组合桥面板受力性能试验研究[C]//中国钢结构协会钢—混凝土组合结构分会第十五次学术会议论文集.重庆，2015.

[141] 杨亚林，陈宝春.新桐山大桥静载试验分析[J].福建建筑，2006(1):129-130.

[142] 陈宝春，庄一舟，Bruno Briseghella.无伸缩缝桥梁[M].北京：人民交通出版社，2013.

[143] Martin P Burke. Integral & Semi-integral Bridges[M]. Wiley-Blackwell, 2009.

[144] Jiri Strasky, Tomas Romportl, Peter Kocouredk, et al. Integral Arch Bridges[C]//Proceedings of 7th International Conference on Arch Bridges, Oct. 2013, Trogir-Split, Croatia: 333-340.

[145] 中华人民共和国行业标准.JTG D60—2015 公路桥涵设计通用规范[S].北京：人民交通出版社股份有限公司，2015.

[146] 董桔灿，陈宝春，高婧.网拱应用综述[J].中外公路，2007，27(1):78-82.

[147] 张石波，康小英，周天喜.宣杭铁路尼尔森体系提篮式系杆拱桥的设计[J].桥梁建设，2004(1).

[148] 王元清，张勇，石永久，等.吊索与钢管混凝土拱桥新型节点承载性能分析[J].建筑科学与工程学报，2005(3).

[149] 交通运输部公路科学研究所，太原钢铁(集团)有限公司，郑州大学，等.桥梁全寿命不锈钢丝索开发研究.2015.

[150] 江同心，华有恒.关于钢管混凝土拱桥若干问题的探讨[J].桥梁建设，2001(1).

[151] 庄卫林，黄道全，谢邦珠，等.丫髻沙大桥转体施工工艺设计[J].桥梁建设，2000(1).

[152] Ting-min Mou, Bi-kun Fang, Shang-shun Lin. The Design of the Longest Concrete-filled Steel Tubular Arch Bridge—Hejiang Yangtze River Bridge[C]//Proceedings of 7th International Conference on Arch Bridges, Oct. 2013, Trogir-Split, Croatia: 443-450.

[153] 彭月燊.铁路钢管混凝土拱桥的几个技术问题[J].铁道工程学报，2000(2).

[154] 汤国栋，廖光明，等.拱式桥梁的新进展[C]//四川省公路学会桥梁学术研讨会.成都：西南交通大学出版社，1996:370-380.

[155] 郑振飞，徐艳，陈宝春.深圳北站大桥拱墩固结点局部应力[J].中国公路学报，2000(2):67-72.

[156] 金成棣.预应力梁拱组合式桥梁——设计研究与实践[M].北京：人民交通出版社，2001.

[157] 孙潮，陈宝春，张伟中，等.钢管混凝土拱梁组合桥拱脚结点应力分析[J].福州大学学报(自然科学版)，2003，32(2):195-200.

[158] 中华人民共和国行业标准. CJJ 166—2011 城市桥梁抗震设计规范[S]. 北京:中国建筑工业出版社,2011.

[159] 中华人民共和国行业标准. JTG/T B02-01—2008 公路桥梁抗震设计细则[S]. 北京:人民交通出版社,2008.

[160] 中华人民共和国行业标准. CJJ 11—2011 城市桥梁设计规范[S]. 北京:中国建筑工业出版社,2011.

[161] 中华人民共和国行业标准. JTG D61—2005 公路圬工桥涵设计规范[S]. 北京:人民交通出版社,2005.

[162] 中华人民共和国行业标准. JTG D62—2004 公路钢筋混凝土及预应力混凝土桥涵设计规范[S]. 北京:人民交通出版社,2004.

[163] 中华人民共和国行业标准. JTG D63—2007 公路桥涵地基与基础设计规范[S]. 北京:人民交通出版社,2007.

[164] 孙潮,吴庆雄,陈宝春. 钢管混凝土拱桥车振性能分析[J]. 公路交通科技,2007,24(12):54-59.

[165] 黄东洲. 钢管混凝土拱桥冲击系数的实用计算方法[C]//第十六届全国桥梁学术会议论文集(下册). 2004:387-395.

[166] 严志刚. 大跨度中承式钢管混凝土拱桥车辆荷载作用下动力分析[D]. 哈尔滨:哈尔滨工业大学,2003.

[167] 陈亚亮,缪峰. 中下承式拱桥冲击系数研究[J]. 福建交通科技,2012(6):41-45.

[168] 吴庆雄,黄宛昆,陈宝春. 中、下承式钢管混凝土拱桥面内振动模态分析[J]. 工程力学,2012,29(11):221-227.

[169] 张强. 上承式钢管混凝土拱桥动力特性分析[J]. 中国市政工程,2013(2):22-24.

[170] 陈宝春,徐爱民,孙潮. 钢管混凝土拱桥温度内力计算时温差取值分析[J]. 中国公路学报,2000,13(2):52-56.

[171] CHEN Baochun, LIN Ying, XU Aimin. Analysis of the CFST Arch Bridge Temperature Inner Force, Composite and Hybrid structures[C]//Proceedings of the 6th ASCCS Conference on Steel and Concrete Composite Structures, Los Angeles , March, 2000:239-246.

[172] 刘振宇,陈宝春. 钢管混凝土拱肋施工过程截面温度特性分析[J]. 公路交通科技,2006,23(5):52-55.

[173] 陈宝春,刘振宇. 日照作用下钢管混凝土构件温度场实测分析[J]. 公路交通科技,2008,25(12):117-122.

[174] 柯婷娴,陈宝春,刘振宇. 日照下钢管混凝土哑铃形拱肋截面的温度场有限元计算[J],长沙交通学院学报,2008,24(4):12-17.

[175] 陈宝春,刘振宇.日照作用下钢管混凝土桁拱温度场实测研究[J].中国公路学报, 2011,24(3):72-79.

[176] 黄福云,柯婷娴,陈宝春.钢管混凝土哑铃形拱的计算温度取值研究[J].福州大学学报,2011,39(2):266-275.

[177] 刘振宇,余健.上承式钢管混凝土桁拱温度作用取值与温度效应分析[J].南昌大学学报(工科版),2012(4):373-377.

[178] 陈津凯,陈宝春,刘振宇,等.钢管混凝土拱均匀温差设计取值研究[J].土木工程与管理学报,2013,30(4):1-7.

[179] 范丙臣.中承式钢管混凝土拱桥的温度评价及试验研究[D].哈尔滨:哈尔滨工业大学,2001.

[180] 林春姣.钢管混凝土拱计算合龙温度研究[D].广西:广西大学,2008.

[181] 林春姣,郑皆连,秦荣.哑铃形钢管混凝土截面水化热温度分布有限元分析[J].中外公路,2007(4):125-127.

[182] 林春姣,郑皆连,秦荣.钢管混凝土拱肋成型过程水化热影响分析[J].广西大学学报,2007(2):186-188.

[183] 林春姣,郑皆连,黄海东.钢管混凝土拱计算合龙温度试验研究[J].广西大学学报(自然科学版),2010(4):601-609.

[184] 林春姣,林春伟,欧伟.新型哑铃型钢管混凝土拱肋施工阶段水化热温度试验研究[J].混凝土,2011(8):138-140.

[185] 王璐,向中富,杜秋.钢管混凝土构件温变试验分析[J].辽宁省交通高等专科学校学报,2005,7(4):9-11.

[186] 彭友松,强士中,刘悦臣.钢管混凝土圆管拱肋日照温度分布研究[J].桥梁建设,2006(6):18-24.

[187] 陈宝春,刘振宇.钢管混凝土拱桥温度问题研究综述[J].福州大学学报(自然科学版),2009,37(3):412-418.

[188] 彭友松,强士中,李松.哑铃形钢管混凝土拱日照温度分布研究[J].桥梁建设,2006, 27(5):9-11.

[189] 赵毓成,王富强,张文献.钢管混凝土拱桥的非线性温度应力影响因素的探究[J].中国市政工程,2007(5):29-31.

[190] 滕祖峰,汪莲.钢管混凝土拱肋截面温度场模拟分析[J].安徽建筑工业学院学报(自然科学版),2008(5):14-17.

[191] 李自林,刘明艳,李妲.大跨度钢管混凝土拱桥温度效应研究[J].铁道建筑,2010(8):18-20.

[192] 孙国富,李术才,张波.大跨度钢管拱吊装中温度荷载效应分析及应用[J].山东大学学报(工学版),2010(4):96-101.

[193] Zhenyu Liu and Baochun Chen. A Study on the Thermal Field Test of a Concrete Filled Steel Tubular Truss Arch[J]// Proceedings of 6th International Conference on Arch Bridges, Oct. 2010, Fuzhou,China:656-664.

[194] 赵毓成.钢管混凝土拱桥温度应力分析[D].沈阳:东北大学,2005.

[195] 赖秀英,陈宝春,钢管混凝土拱桥收缩次内力计算[J].建筑科学与工程学报,2013,30(3):120-126.

[196] 中华人民共和国行业标准.JTJ 021—89　公路桥涵设计通用规范[S].北京:人民交通出版社,1989.

[197] 陈宝春,赖秀英.钢管混凝土拱收缩与收缩应力[J].铁道学报,2016,38(2).

[198] Terrey P J, Bradford M A, Gilbert R I. Creep and Shrinkage of Concrete in Concrete-Filled Circular Steel Tubes. Proc. of 6th Inter. Symposium on Tubular Structures. Melbourne. Australia. 1994:293-298.

[199] Uy B. Static Long-Term Effects in Short Concrete-Filled Steel Box Columns under Sustained Loading [J]. ACI Structural Journal, 2001(1):96-104.

[200] 王湛,宋兵.钢管高强混凝土自收缩规律的研究[J].建筑结构学报,2002,23(3):32-36.

[201] 韩林海,杨有福,李永进,等.钢管高性能混凝土的水化热和收缩性能研究[J].土木工程学报,2006,39(3):1-9.

[202] 冯斌.钢管混凝土中核心混凝土的水化热、收缩与徐变计算模型研究[D].福州:福州大学,2004.

[203] 赖秀英.钢管混凝土拱桥收缩、徐变效应研究[D].福州:福州大学,2016.

[204] Furlong R W. Design of Steel-encased Concrete Beam-columns[J]. Journal of Structural Division,ASCE,1968,94(ST1):267-281.

[205] Xiuying LAI, Baochun CHEN. Case Study on ACI 209R-92 and CEB-FIP MC90 Creep-models for Creep Prediction of Two CFST Arch Bridges[C]//Proceedings of the 5th International Conference on New Dimensions in Bridges,Flyovers,Overpasses & Elevated Structures. 2012:149-154.

[206] Xiuying LAI, Baochun CHEN. A Comparative Study on Two Creep Prediction Models for CFST Arch Bridges[C]//Proceedings of the 10th International Conference on Advances in Steel Concrete Composite and Hybrid Structures, July 2-4, 2012, Singapore, Research Publishing:539-546.

[207] 赖秀英,陈宝春.钢管混凝土拱桥徐变系数模型对比分析[J].福州大学学报(自然科学版),2014,42(5):737-743.

[208] 谭素杰,齐加连.长期荷载对钢管混凝土受压构件强度影响的实验研究[J].哈尔滨建筑工程学院学报,1987(2):10-24.

[209] Nakai H,Kurita A,Ichinose L H. An Experimental Study on Creep of Concrete Filled Steel Pipes[C] // Proceeding of 3rd International Conference on Steel and Concrete Composite Structures,Fukuoka,Japan,1991:55-60.

[210] Terrey P J,Bradford M A,Gilbert R I. Creep and Shrinkage of Concrete in Concrete-Filled Circular Steel Tubes[C] // Proceeding of 6th International Symposium on Tubular Structures,Melbourne Australia,1994:293-298.

[211] 王湛.钢管膨胀混凝土的徐变[J].哈尔滨建筑工程学院学报,1994,27(3):14-17.

[212] 韩冰,王元丰.钢管混凝土轴心受压短柱的徐变分析[J].铁道学报,1999,21(6):87-90.

[213] 韩冰,王元丰,金红光.长期荷载作用下钢管混凝土轴心受压构件初始应力分析[J].北方交通大学学报,2000,24(1):15-18.

[214] 王元丰,韩冰.钢管混凝土轴心受压构件的徐变分析[J].中国公路学报,2000,13(2):57-60.

[215] Ichinose L H,Watanabe E,Nakai H. An Experimental Study on Creep of Concrete Filled Steel Pipes[J]. Journal of Constructional Steel Research,2001,57 (4):453-466.

[216] 郭薇薇,王元丰,韩冰.钢管混凝土大偏心受压构件的徐变分析[J].工程力学,2003,20(1):91-95.

[217] 魏文期,陈政清.茅草街大桥钢管混凝土收缩徐变试验研究[J].兰州铁道学院学报(自然科学版),2003,22(3):62-65.

[218] Know S H,Kim Y Y,Kim J K. Long-term Behaviour under Axial Service Loads of Circular Columns Made from Concrete Filled Steel Tubes[J]. Magazine of Concrete Research,2005,57(2):87-99.

[219] 王元丰.钢管混凝土徐变[M].北京:科学出版社,2006.

[220] 姚宏旭,陈政清,李瑜.钢管混凝土收缩、徐变性能试验研究[J].中外公路,2007,27(6):133-136.

[221] Wang Y F,Han B,Du J S,et al. Creep Analysis of Concrete Filled Steel Tube Arch Bridges [J]. Structural Engineering and Mechanics,2007,27(6):639-650.

[222] 李博.偏心受压状态下钢管混凝土构件收缩徐变分析[D].重庆:重庆交通大学,2007.

[223] 艾迪华.钢管混凝土轴心受压柱徐变试验研究[J].四川建筑,2007,(5):217-218.

[224] Yang Y F,Han L H,Wu X. Concrete Shrinkage and Creep in Recycled Aggregate Concrete-filled Steel Tubes[J]. Advances in Structural Engineering,2008,11(4):383-396.

[225] Krishna Man SHRESTHA, Bao-chun CHEN, Yong-feng CHEN. State of the Art of Creep of Concrete Filled Steel Tubular Arches[J]. KSCE Journal of Civil Engineering, Vol. 15 No. 1,January 2010, 145-151.

[226] Shrestha K M,陈宝春,李生勇.添加外加剂的密闭混凝土徐变系数计算模型[J].福州大学学报(自然科学版),2010,38(3):425-431.

[227] Wang YY,Geng Y,Ranzi G,et al. Time Dependent Behaviour of Expansive Concrete-filled steel Tubular Columns [J]. Journal of Constructional Steel Research, 2011, 67 (3): 471-483.

[228] Ma Y S,Wang Y F,Mao Z K. Creep Effects on Dynamic Behavior of Concrete Filled Steel Tube Arch Bridge[J]. Structural Engineering and Mechanics,2011,37(3):321-330.

[229] Ma Y S,Wang Y F. Creep of High Strength Concrete Filled Steel Tube Columns[J]. Thin-Walled Structures,2012,53(12):91-98.

[230] Wang Y Y,Geng Y,Ranzi G,et al. Time Dependent Behavior of Expansive Concrete-filled Steel Tubular Columns [J]. Journal of Constructional Steel Research, 2011, 67 (3): 471-483.

[231] 李生勇,李凤芹,陈宝春,等.钢管混凝土拱桥徐变影响分析[J].铁道学报,2011,3: 100-107.

[232] Ma Y S,Wang Y F. Creep of High Strength Concrete Filled Steel Tube Columns[J]. Thin-Walled Structures,2012,53(12):91-98.

[233] Shrestha K M. The Creep Effect on CFST and Encased CFST Arch Bridges[D].福州:福州大学,2013.

[234] 韦建刚,陈宝春.钢管混凝土拱桥拱肋刚度设计取值分析[J].交通运输工程学报, 2008,8(2):34-39.

[235] 韦建刚,陈宝春,彭桂瀚.钢管混凝土(单圆管)刚度取值对静力计算的影响[J].公路交通科技,2004,21(11):47-51.

[236] 陈宝春,韦建刚.钢管混凝土(单圆管)拱肋刚度对其动力特性的影响[J].地震工程与工程振动,24(3):105-109.

[237] 韦建刚,王加迫,陈宝春.钢管混凝土哑铃形拱肋设计刚度取值问题研究[J].福州大学学报(自然科学版),35(4):582-587.

[238] 盛叶.钢管混凝土哑铃形构件抗弯刚度分析[J].北方大学学报(自然科学版),2010, 11(6):566-570.

[239] 钟善桐.钢管混凝土刚度的分析[J].哈尔滨建筑大学学报,1999,32(3):13-18.

[240] 夏桂云,曾庆元,李传习,等.钢管混凝土轴压刚度的分析与计算[J].长沙交通学院学报,2003,19(1):1-5.

[241] 康希良,赵鸿铁,薛建阳,等.钢管混凝土组合轴压刚度的理论分析[J].工程力学,2007,24(1):101-105.

[242] 康希良,赵鸿铁,薛建阳,等.钢管混凝土套箍机理及组合弹性模量的理论分析[J].工程力学,2007,24(11):121-125.

[243] 周晓华,蒋翔.钢管混凝土轴压刚度取值比较[J].公路,2003,(8):105-107.

[244] 张文福,赵文艳,詹界东,等.钢管混凝土抗弯刚度的计算及影响因素[J].大庆石油学院学报,2001,25(2):100-101.

[245] 卢辉,韩林海.圆钢管混凝土抗弯刚度计算方法探讨[J].福建建筑,2004,34(1):1-5.

[246] 彭桂瀚,杨亚林,陈宝春.钢管混凝土下承式刚架系杆拱桥型分析[J].公路,2006(4).

[247] 韦建刚,陈宝春.钢管混凝土拱桥材料非线性分析方法[J].福州大学学报(自然科学版),2004,32(3):344-348.

[248] 陈宝春,肖泽荣,韦建刚.钢管混凝土哑铃形偏压构件试验研究[J].工程力学,2005,22(2):89-95.

[249] 孙潮.钢管混凝土桁拱极限承载力研究[D].福州:福州大学,2009.

[250] 张劲泉,杨元海.钢管混凝土拱桥设计、施工与养护关键技术研究专题四子课题——既有钢管混凝土拱桥养护技术研究报告[R].交通部公路科学研究所,2006.

[251] 潘绍伟,叶跃忠,徐全.钢管混凝土拱桥超声波检测研究[J].桥梁建设,1997(1):32-35.

[252] 童寿兴,商涛平.拱桥拱肋钢管混凝土质量的超声波检测[J].无损检测,2002,24(11):464-466.

[253] 童寿兴.钢管混凝土脱粘的超声波检测与验证[J].无损检测,2007(12):731-732.

[254] 李刚,卞钧需,陈文华.钢管混凝土热脱空现象分析[J].公路交通科技(应用技术版),2007(3):154-158.

[255] 张敏,虢曙安.钢管拱混凝土脱空距离检测计算新方法的研究[J].湖南交通科技,2008(34):83-85.

[256] 殷迅.温度对钢管混凝土拱桥管内混凝土脱粘的影响[J].公路交通技术,2013(5):94-98.

[257] J Xue, B Briseghella, B Chen. Effects of Debonding on Circular CFST Tube Columns[J]. International Journal of Constructional Steel Research, 2011.

[258] Giakoumelis G, Lam D. Axial Capacity of Circular Concrete-filled Tube Columns[J].

Journal of Constructional Steel Research, 2004, 60(7): 1049-1068.

[259] 纪洪广,张贝贝.有脱空缺陷的钢管混凝土短柱承载力分析[J].科研开发,2007,1: 59-62.

[260] 杨毅.钢管与混凝土结合状态对钢管混凝土拱桥稳定性影响研究[D].长沙:湖南大学,2007.

[261] 涂光亚,颜东煌,邵旭东.脱黏对桁架式钢管混凝土拱桥受力性能的影响[J].中国公路学报,2007,20(6):61-66.

[262] Mu T, Fan B, Xie B, Zheng Y. Influence of de-fill on performance of concrete-filled steel tubular columns[C] // Arch 07 5th International Conference on Arch bridges. Madeira, Portugal, September 12-14, 2007: 919-24.

[263] 杨世聪,王福敏,渠平.核心混凝土脱空对钢管混凝土构件力学性能的影响[J].重庆交通大学学报(自然科学版),2008,27(3):360-365.

[264] 涂光亚.脱空对钢管混凝土拱桥受力性能影响研究[D].长沙:长沙理工大学,2008.

[265] 孙庆新,杨冬波.基于 ANSYS 的脱空钢管混凝土拱桥极限承载力分析[J].华中科技大学学报(城市科学版),2009,6(26):47-90.

[266] 周松川.脱空对钢管混凝土单圆管拱肋受力影响分析[D].成都:西南交通大学,2010.

[267] 汤欢.拱肋混凝土脱空对钢管混凝土拱桥极限承载力的影响分析[D].西安:长安大学,2010.

[268] 涂光亚,颜东煌,邵旭东.脱粘对单圆管钢管混凝土拱桥极限承载力的影响[J].哈尔滨工业大学学报,2010(12):1999-2002.

[269] 刘夏平,唐述,唐春会,等.脱空钢管混凝土偏心受压力学性能试验研究[J].铁道建筑,2011(2):117-121.

[270] 唐述.脱空钢管混凝土构件力学性能研究[D].广州:广州大学,2011.

[271] 张永宁.管内混凝土脱空检测新方法及脱空对钢管砼拱桥力学性能影响的研究[D].重庆:重庆交通大学,2013.

[272] 肖博政.界面状况对钢管混凝土拱桥力学性能的影响[D].广州:广州大学,2014.

[273] 刘爱荣,肖博政,黄永辉,等.界面状况对哑铃型钢管混凝土拱承载能力的影响[J].广州大学学报(自然科学版),2015,14(1).

[274] 刘漳.钢管混凝土结构脱空后的受力性能研究[D].杭州:浙江大学,2015.

[275] 陈宝春,黄福云,盛叶.钢管混凝土哑铃形轴压短柱试验研究[J].工程力学,2005,22(1):187-194.

[276] 中国建筑行业标准化协会标准.CECS 28:90 钢管混凝土结构设计与施工规程[S].北京:中国计划出版社,1990.

[277] 中国建筑行业标准化协会标准. CECS 28:2012 钢管混凝土结构设计与施工规程 [S]. 北京:中国计划出版社,2012.

[278] 陈宝春,黄福云,肖泽荣. 钢管混凝土哑铃型短柱极限承载力的等效单圆管算法[J]. 公路交通科技,2004(6):50-54.

[279] 盛叶,陈宝春,黄福云,等. 新型钢管混凝土哑铃型短柱受力性能研究[J]. 铁道科学与工程学报,2005,2(3):29-33.

[280] 盛叶,陈宝春,韦建刚. 钢管混凝土哑铃型轴压构件极限承载力有限元分析[J]. 福州大学学报(自然科学版),2005,33(5):643-648.

[281] 盛叶,陈宝春,韦建刚. 新型钢管混凝土哑铃型偏压短柱试验研究[J]. 福州大学学报(自然科学版),2007,35(2):276-280.

[282] 陈宝春,盛叶. 钢管混凝土哑铃形偏压柱试验研究[J]. 工程力学,2008,25(12):98-105.

[283] 欧智菁,陈宝春. 钢管混凝土格构柱偏心受压面内极限承载力分析[J]. 建筑结构学报,2006,27(4):80-83,102.

[284] 聂建国. 钢—混凝土组合结构原理与实例[M]. 北京:科学出版社,2009.

[285] 蒋丽忠,周旺保,唐斌. 钢管混凝土格构柱偏压承载力分析的数值方法[J]. 计算力学学报,2010,27(1):127-131.

[286] 陈宝春,王来永,欧智菁,等. 钢管混凝土偏心受压应力—应变试验研究[J]. 工程力学,2003,20(6):154-159.

[287] 赵振铭,陈宝春. 杆系与箱型梁桥有限元分析及程序设计[M]. 广州:华南理工大学出版社,1997.

[288] M A Crisfield. Nonlinear Finite Element Analysis of Solids and Structures[M]. JOHN WILEY & SONS, 1991.

[289] O C Zienkiewicz. The Finite Element Method (The Third, Expanded and Revised Edition of The Finite Element Method in Engineering Science)[M]. McGRAW-HILL Book Company (UK) Limited, 1986.

[290] 项海帆,刘光栋. 拱结构稳定与振动. 北京:人民交通出版社,1991.

[291] 陈宝春,林上顺. 钢筋混凝土拱极限承载力研究综述[J]. 福州大学学报(自然科学版),2014,42(2):282-289.

[292] 陈宝春,陈友杰. 钢管混凝土肋拱面内受力全过程试验研究[J]. 工程力学,2000,17(2):44-50.

[293] 陈宝春,韦建刚,林英. 管拱面内两点非对称加载试验研究[J]. 土木工程学报,2006,39(1):43-49.

[294] 陈宝春,韦建刚.管拱面内五点对称加载试验及其承载力简化算法研究[J].工程力学,2007,24(6):73-78.

[295] 陈宝春,盛叶.钢管混凝土哑铃形拱面内极限承载力研究[J].工程力学,2009,26(9):94-104.

[296] 陈宝春,秦泽豹.钢管混凝土(单圆管)肋拱面内极限承载力的参数分析[J].铁道学报,2004,26(4):87-92.

[297] 陈宝春,秦泽豹.钢管混凝土(单圆管)肋拱面内极限承载力计算的等效梁柱法[J].铁道学报,2006,28(6):99-106.

[298] 丁发兴,余志武,蒋丽忠.圆钢管混凝土结构非线性有限元分析[J].建筑结构学报,2006(4):110-116.

[299] 吴庆雄,陈宝春,韦建刚.钢管混凝土结构材料非线性的一种有限元分析方法[J].工程力学,2008,25(6):68-74.

[300] 邓继华,周福霖,谭平.圆钢管混凝土拱空间极限荷载计算方法研究[J].建筑结构学报.2014(11):28-35.

[301] 宋福春,陈宝春.钢管混凝土标准桁肋拱面外弹性稳定分析[J].工程力学,2012,29(9):125-132.

[302] 陈宝春,秦泽豹,彦坂熙,等.钢管混凝土拱(单圆管)面内受力双重非线性有限元分析[J].铁道学报,2003,25(4):80-84.

[303] 陈宝春,林嘉阳.钢管混凝土单圆管拱空间受力双重非线性有限元分析[J].铁道学报,2005(6):77-84.

[304] 杨永清.钢管混凝土拱桥横向稳定性分析[D].成都:西南交通大学,1998.

[305] 陈宝春,韦建刚,林嘉阳.钢管混凝土(单圆管)单肋拱空间受力试验研究[J].工程力学,2006,23(5):99-106.

[306] 陈宝春,盛叶.钢管混凝土哑铃形偏压柱试验研究[J].工程力学,2008,25(12):98-105.

[307] 陈宝春,欧智菁.钢管混凝土格构柱长细比影响试验研究[J].建筑结构学报,2006,27(4):73-79.

[308] 陈宝春,欧智菁.四肢钢管混凝土格构柱极限承载力试验研究[J].土木工程学报,2007,40(6):32-41.

[309] 陈宝春,欧智菁.钢管混凝土格构柱极限承载力计算方法研究[J].土木工程学报,2008,41(1):55-63.

[310] 宋福春,陈宝春.V型缀管钢管混凝土格构柱极限承载力试验[J].沈阳建筑大学学报(自然科学版),2009,25(1):76-79.

[311] 陈宝春,宋福春.钢管混凝土平缀管格构柱极限承载力试验研究[J].建筑结构学报,2009,30(3):36-44.

[312] 欧智菁,陈宝春.钢管混凝土柱稳定系数的统一算法研究[J].土木工程学报,2012,45(4):43-47.

[313] 欧智菁,陈宝春.钢管混凝土柱极限承载力的统一算法研究[J].土木工程学报,2012,45(7):80-85.

[314] 欧智菁,陈宝春.钢管混凝土格构柱稳定计算材料修正系数研究[J].建筑结构学报,2011,32(9):130-134.

[315] 中华人民共和国行业标准.DL/T 5085—1999　钢—混凝土组合结构设计规程[S].北京:中国电力出版社,1999.

[316] 黄福云,李建中,徐艳,等.钢管混凝土拱桥初应力度调查与分析[J].福州大学学报,2013,41(6):892-897.

[317] 黄福云,陈宝春.钢管混凝土哑铃形轴压短柱初应力有限元分析[J].公路交通科技(应用技术版),2007(2):109-111.

[318] 陈昀明,黄福云,陈宝春.初应力对钢管混凝土哑铃形长柱受力性能影响研究[J].长沙交通学院学报,2008,24(4):6-11.

[319] 黄福云,陈宝春,李建中,等.有初应力的钢管混凝土格构柱轴压试验研究[J].建筑结构学报,2003,34(11):109-115.

[320] 韦建刚,黄福云,陈宝春.初应力对钢管混凝土单圆管拱极限承载力影响的研究[J].工程力学,2010,28(4):36-44.

[321] Johansson M, Gylltoft K. Mechanical Behavior of Circular Steel-concrete Composite [J]. Journal of Structural Engineering, ASCE, 2002, 128(8): 1073-1081.

[322] XIONG Dexin, ZHA Xiaoxiong. A Numerical Investigation on the Behaviour of Concrete-filled Steel Tubular Columns under Initial Stresses [J]. Journal of Constructional Steel Research, ASCE, 2007, 63(5): 599-611.

[323] J Y Richard Liew, D X Xiong. Effect of Preload on the Axial Capacity of Concrete-filled Composite Columns [J]. Journal of Constructional Steel Research, ASCE, 2009, 65(3): 709-722.

[324] 周水兴,张敏,王小松.钢管初应力对钢管砼拱桥承载力影响非线性分析[J].计算力学学报,2010,27(2):291-297.

[325] 邓继华,邵旭东.初应力对钢管混凝土拱肋节段极限承载力影响的有限元分析[J].中外公路,2007,27(3):104-109.

[326] 杨孟刚,曹志光.初应力对大跨度钢管混凝土拱桥极限承载力的影响[J].铁道科学与

工程学报,2010,7(4):6-10.

[327] 中华人民共和国行业标准.JTJ 022—85 公路砖石及混凝土桥涵设计规范[S].北京:人民交通出版社,1985.

[328] 中华人民共和国行业标准.JTJ 023—85 公路钢筋混凝土及预应力混凝土桥涵设计规范[S].北京:人民交通出版社,1985.

[329] 吴庆雄,陈宝春,高桥和雄.日本新西海桥的振动特性及舒适性评价研究[J].公路交通科技,2008,25(5):61-67.

[330] 陈宝春,韦建刚,王加迫.钢管混凝土拱桥挠度限值研究[J].中国公路学报,2007,20(6),56-60.

[331] 中华人民共和国行业标准.JTG/T D65-01—2007 公路斜拉桥设计细则[S].北京:人民交通出版社,2007.

[332] 华孝良,杨征宇,陶劲松.大跨径拱桥半刚性骨架悬拼施工的结构分析及稳定问题.西安:西安公路学院.

[333] 陈宝春,孙潮.石潭溪大桥施工受力分析[J].中国公路学报,1998(4):51-57.

[334] 范文理.管结构节点疲劳设计[C]//中国土木工程学会桥梁及结构工程分会第十四届学术讨论会论文集.2000.

[335] 范文理,艾智能,张家元.钢管混凝土管节点疲劳验算的修正系数法[C]//第十七届全国桥梁学术会议论文集(下册).重庆,2006.

[336] 张家元,范文理,邓海,等.经验法在钢管混凝土拱桥管节点疲劳寿命中的研究//第16届全国结构工程学术会议论文集[J].工程力学,2006(增刊).

[337] 刁砚,刘保县.钢管混凝土拱桥管节点疲劳性能研究[M].成都:西南交通大学出版社,2015.

[338] 童乐为,陈昆鹏,Zhao Xiao-Ling.钢管混凝土桁架节点疲劳性能研究进展[J].钢结构,2014(增刊):60-67.

[339] 邓勇帮.K型管节点应力集中系数有限元数值分析[D].西安:长安大学,2010.

[340] 刘谦谦,李睿,何嘉,等.钢管混凝土K型节点应力集中系数分析[J].公路交通科技(应用技术版),2014(2):113-116.

[341] 钟新谷,杨胜,石卫华.K型钢管混凝土节点疲劳性能试验研究[J].中国工程科学,2011,13(9):97-100.

[342] 杨胜.钢管混凝土拱桥桁架局部应力及疲劳性能研究[D].湘潭:湖南科技大学,2009.

[343] 李睿.钢管混凝土街式拱桥节点疲劳寿命研究[D].昆明:昆明理工大学,2012.

[344] 陈艾荣.基于给定结构寿命的桥梁设计过程[M].北京:人民交通出版社,2009.

[345] 任必年.公路钢桥腐蚀与防护[M].北京:人民交通出版社,2002.

[346] 王庭英,金志展.钢管混凝土桥梁钢(管)结构制造与安装[M].北京:人民交通出版社,2003.

[347] 弗朗茨·诺尔,托马斯·沃格尔.构筑物的坚固性设计[M].张德祥,译.北京:中国建筑工业出版社,2014.

[348] General Services Administration(GSA). Progressive Collapse Analysis and Design Guidelines for New Federal Office Buildings And Major Modernization Projects[S]. Washington, D. C. , 2003.

[349] United States Department of Defense(USDOD). Unified Facilities Criteria: Design of Buildings to Resist Progressive Collapse[S]. Washington, D.C. , 2010.

[350] 日本钢结构协会,美国高层建筑和城市住宅理事会.高冗余度钢结构倒塌控制设计指南[M].陈以一,赵宪忠,译.上海:同济大学出版社,2007.

[351] 陈宝春,黄冀卓,余印根.浅谈桥梁抗倒塌设计[J].重庆交通大学学报(自然科学版),2014,33(1):1-7.

[352] 余印根.中、下承式拱桥悬吊桥面系强健性问题研究[D].福州:福州大学,2015.

[353] 吴庆雄,余印根,陈宝春.下承式钢管混凝土刚架系杆拱桥吊杆断裂动力分析[J].振动与冲击,2014,33(15):144-149.

[354] 张秀成.浅析"宜宾市小南门金沙江大桥"桥塌原因与修缮方案[J].河南城建高等专科学校学报,2002,11(2):15-17.

[355] 网易新闻 http://news. 163. com/photoview/00AN0001/14026. html/,2011.

[356] 百度百科.武夷山公馆大桥.http://baike. baidu. com/view/6108695. htm/,2011.

[357] 赵虎,蒲黔辉.吊杆拱桥考虑结构缺陷及交通量增加的受力特性[J].重庆大学学报,2014,37(6):25-32.

[358] Ted Zoli, Justin Steinhouse. Some Considerations in the Design of Long Span Bridges Against Progressive Collapse. HNTB Corporation,2010(1):6-14.

[359] Ted Zoli, Ryan Woodward. Design of Long Span Bridges for Cable Loss. IABSE Symposium Lisbon,2005:1-9.

[360] 中华人民共和国国家标准. GB 50661—2011 钢结构焊接规范[S].北京:中国建筑工业出版社,2011.

[361] 日本道路協會.道路橋示方書(共通編、鋼橋編)[S].日本道路協會,1996.

[362] 刘吉士,阎洪河,李文琪.公路桥涵施工技术规范实施手册[M].北京:人民交通出版社,2002.

[363] 郑皆连.广西公路桥梁的回顾及展望[C]//中国公路学会桥梁和结构工程分会1996年桥梁学术讨论会论文集.北京:人民交通出版社,1996.

[364] 王劼耘.邕宁邕江大桥钢骨拱桁架千斤顶斜挂扣悬拼架设工艺简介[C]//中国公路学会桥梁和结构工程分会 1996 年桥梁学术讨论会论文集.北京:人民交通出版社,1996.

[365] 涂仁初,张超福.钢管混凝土拱桥扣挂悬拼法施工中两大难题处理措施[J].铁道建筑技术,2003(1):16-17.

[366] 袁海庆,范剑锋,范小春.钢管混凝土拱桥拱肋吊装过程的线形优化方法[J].武汉理工大学学报,2002(2):32-35.

[367] 张佐安.特大跨度缆索吊装系统主动式承索器的设计与应用[C]//中国公路学会桥梁和结构工程分会 2003 年桥梁学术讨论会论文集.北京:人民交通出版社,2003.

[368] 王铭琪,张佐安,汪平云.特大跨径钢管混凝土拱桥钢管拱肋的吊装施工[J].公路,2003(11):7-11.

[369] 张联燕,谭邦明,等.桥梁转体施工[M].北京:人民交通出版社,2002.

[370] 陈宝春,孙潮,陈友杰.桥梁转体施工方法在我国的应用与发展[M].公路交通科技,2001(2):24-28.

[371] 刘玉擎,陈宝春,彦坂熙.中国における鋼管コニケリト合成アーチ橋および水平旋回架設工法の発展[J].橋梁と基礎(日),1999(2).

[372] 张自润.黄柏河和下牢溪特大桥转体施工[J].中国三峡建设,1996(9):22-23.

[373] 周璞,任旭初.长江三峡两座转体拱桥的施工实践[C]//中国土木工程学会桥梁及结构工程分会第十二届年会论文集.广州,1996.

[374] 范应心.160m 钢管混凝土拱桥转体施工[C]//中国土木工程学会桥梁及结构工程分会第十二届年会论文集.广州,1996.

[375] 何庭国,马庭林,等.北盘江大桥拱圈单铰转体施工设计[J].铁道标准设计,2002(9):28-31.

[376] 陶建山,任旭初,陈国祥.贵州水柏铁路北盘江大桥钢管拱转体施工设计[J].桥梁建设,2001(2):50-53.

[377] 高吉才."提篮式"钢管混凝土拱桥竖向转体施工[J].世界桥梁,2002(3):32-34.

[378] 倪顺龙,郭光松.中承式钢管混凝土系杆拱桥——京杭运河特大桥设计与施工[M].北京:人民交通出版社,2006.

[379] 孙潮,陈宝春,谢云举,等.徐州京杭运河特大桥竖转受力分析[J].福州大学学报(自然科学版),2002,30(3):358-361.

[380] 张璠琦.桂江三桥钢管拱竖转设计与施工技术[J].铁道工程学报,2001(4).

[381] 胡瑞海,李继平,李东红,等.竖转施工的桂江三桥[J].公路,2001(4).

[382] 胡云江.广州丫髻沙大桥的转体施工[J].公路,2001(6):16-24.

［383］　游洋.丫髻沙大桥的环道施工［J］.公路,2001(10):76-78.

［384］　Shao-qing TANG,Wen-sheng CAI,Bao-chun Chen. A Half-through Rigid-frame Tied CFST Arch Bridge with Two Cantilever Concrete Deck Arches—Xiyangping Bridge in Zhangzhou, China［C］// Proceedings of the Fifth International Conference on Arch Bridge, 12-14, Sept. 2007, Madeira,Portugal.

［385］　Qing-xiong WU,Bao-chun CHEN. Construction Monitoring of Xiyangping Bridge in Zhang-zhou City, China［C］// Proceedings of Chinese-Croatian Joint Colloquium on Long Span Arch Bridges,Brijuni Islands,Croatia,July,2008:383-392.

［386］　王克太.三孔 168m 系杆钢管混凝土拱施工方法［J］.铁道标准设计,1998(8).

［387］　https://enr. construction. com/engineering/subscription/LoginSubscribe. aspx? cid＝25750.

［388］　苟海刚.营口港仙人岛2号原油码头单幅单跨钢管混凝土栈桥设计及施工控制［D］.西安:长安大学,2011.

［389］　肖国强,欧阳佳赐.永连公路天子山大桥施工［J］.中南公路工程,2004(4).

［390］　李锋,陈宝春,丁庆军,等.钢管混凝土拱桥管内混凝土品质检验综述［J］.混凝土, 2011(9):118-124.

［391］　李锋,陈宝春.西洋坪钢管混凝土拱桥管内混凝土试验研究与应用［J］.中外公路, 2011,31(1):113-118.

［392］　丁庆军,彭艳周,何永佳,等.巫山长江大桥钢管混凝土配合比设计与施工［J］.混凝土,2006(10):61-64.

［393］　冯秀云,钢管混凝土拱桥混凝土质量缺陷分析及处理［J］.铁道建筑技术,2001(5): 7-10.

［394］　丁虎,郝建忠,龚汉甫,等.大跨径钢管拱主弦管混凝土在益阳南县茅草街大桥的配制及应用情况［J］.混凝土,2006(10):52-60.

［395］　谢功元,彭劲,袁长春,等.支井河大桥 C50 钢管微膨胀混凝土配合比试验［J］.桥梁建设,2009,(4):32-34.

［396］　蒋正武,李享涛,孙振平,等.钢管拱自密实混凝土的配制与应用［J］.建筑材料学报, 2010,13(2):203-209.

［397］　武金良,刘崇亮,彭艳周,等.混凝土含气量对 C50 自密实钢管混凝土膨胀性能的影响［J］.国外建材科技,2007,28(2):21-23.

［398］　付超,况勇.大跨度钢管混凝土拱桥混凝土泵注技术［J］.铁道建筑技术,2000(2): 6-8.

［399］　秦荣,谢肖礼,彭文立,等.钢管混凝土拱桥钢管开裂事故分析［J］.土木工程学报, 2001(3):74-77.

[400] 彭文立.大跨度钢管混凝土拱桥节点局部变形及其对整体结构分析的影响研究[D].
南宁：广西大学,2000.

[401] 刘清元,熊章绪.两种测试钢管混凝土内部缺陷的判别方法[J].武汉理工大学学报,
2005,27(6):38-40.

[402] 史新伟,魏建东.超声波法测定钢管混凝土脱空量[J].人民黄河,2010,32(3):88-89.

[403] 胡玉涛,李艳丽.某钢管混凝土柱超声波检测与评价[J].科技信息,2008(25).

[404] 张敏,虢曙安.钢管拱混凝土脱空距离检测计算新方法的研究[J].湖南交通科技,
2008,34(2):83-85.

[405] 文国华.钢管混凝土拱肋超声检测及混凝土密度质量评判[J].武汉：世界桥梁,2012,
11(9):34-39.

[406] 丁睿,刘浩吾,罗凤林,等.光纤检测钢管混凝土界面脱空模型的试验研究[J].压电与
声光,2004,26(4):268-271.

[407] 丁睿,刘浩吾,罗凤林,等.钢管混凝土拱桥界面脱空光纤传感研究[J].实验力学,
2005,19(4):493-499.

[408] 叶跃忠,李固华,潘绍伟,等.二次灌浆后钢管混凝土性能研究[J].公路,2003(8):
81-84.

[409] 叶跃忠,文志红,潘绍伟.钢管混凝土脱粘及灌浆补救效果试验研究[J].西南交通大
学学报,2004,39(3):381-384.

[410] 柳州欧维姆机械有限责任公司.OVM拱桥吊杆系杆锚固体系.2014.

[411] 徐君兰.大跨度桥梁施工控制[M].北京：人民交通出版社,2000.

[412] 中华人民共和国行业标准.CJJ 99—2009 城市桥梁养护技术规范[S].北京：中国建
筑工业出版社,2009.

[413] 中华人民共和国行业标准.JTG H11—2004 公路桥涵养护规范[S].北京：人民交通
出版社,2004.

[414] Marzouk M M. Bridge Information Modeling in Sustainable Bridge Management. M.
Hisham, Edito. 2011:457-466.

[415] 王振清.公路超限运输概论[M].北京：人民交通出版社,1996.

[416] 中华人民共和国行业标准.JTG/T H21—2011 公路桥梁技术状况评定标准[S].北
京：人民交通出版社,2011.

[417] 黄卿维,余印根,韦建刚,等.某钢管混凝土拱桥技术状况检测与评定[J].建筑科学与
工程学报,2011,28(3):34-39.

[418] 陈宝春,余印根.公路与城市桥梁技术状况评估方法对比研究[J].中国公路学报,
2013,26(3):94-100,109.

［419］ 中华人民共和国行业标准.JTG/T J21—2011　公路桥梁承载能力检测评定规程［S］.北京:人民交通出版社,2011.

［420］ 刘昌飞.钢管混凝土系杆拱桥的维护与管理［J］.福建建设科技,2005(6):24-25.

［421］ 魏建东.宜宾小南门大桥的抢修加固与维修工程［J］.公路,2003(4):34-38.

［422］ 程华才,梅传江,赵永宽.吊杆拱桥更换拉索工程的施工工艺［J］.安徽建筑工业学院学报(自然科学版),2003(2).

［423］ 陈思甜,王静,龚尚龙.钢管砼拱桥吊杆更换施工控制技术［J］.重庆交通学院学报,2005(2).

［424］ 赵洋.系杆拱桥吊杆更换研究［D］.杭州:浙江大学,2006.

［425］ 严军,易著炜,失万旭,等.一种钢管混凝土拱桥吊杆更换的新方法［J］.预应力技术,2008(1).

［426］ 柯仲伍.钢管混凝土拱桥吊杆更换研究［D］.成都:西南交通大学,2012.

［427］ 李烈佩,罗宇.佛陈大桥系杆拱的加固及认识［J］.广东公路交通,2001(4).

［428］ 姚进年,谢永红,唐建国,等.佛陈大桥加固系杆体系转换施工要点［J］.OVM通讯,2000(2):2-6.

［429］ 吴庆雄,陈宝春.钢管混凝土拱桥桥面平整度评价［J］.交通运输工程学报,2010,10(4):23-28.

［430］ Bao-chun Chen,Ming-zhe An, Qing-wei Huang,etal. Application of Ultra-High Performance Concrete in Bridge Engineering in China［J］//The 1st International Interactive Symposium on UHPC,July 18-20, Session 2, ID. 82, Des Moines, IOWA, USA..

［431］ Bruhwiler E, Denarie E. Rehabilitation Strengthening of Concrete Structures Using Ultra-hing Performance Fibre Reinforced Concrete. Structural Engineering International, 2013, (4): 450-457.

［432］ 彭桂瀚,袁保星,陈宝春.加设钢管桁架纵梁改造中承式拱桥悬挂桥道系的应用研究［J］.公路工程,2009,34(3):109-114.

［433］ 黄建华.中承式拱桥悬吊桥道系加劲纵梁连接构造受力性能研究［D］.福州:福州大学,2014.

［434］ 陈红.丫髻沙大桥桥面系加固设计［J］.桥梁建设,2013,43(2):93-98.

［435］ Bjorn Akesson. Understanding Bridge Collapse. London UK: Taylor & Frances Group, 2008.

［436］ 谌润水,胡钊芳.公路桥梁荷载试验［M］.北京:人民交通出版社,2003.

［437］ Chen Baochun, Chen Shuisheng, Liu Yuqing. Preliminary Analysis of Natural Vibration Characteristics and Anti-seismic Behavior of Concrete Filled Steel Tubular Arch Bridges

[C] // Proceedings of the Sixth International Symposium on Structural Engineering for Youth Experts，Yunnan Science and Technology Press：136-146.

[438] 宗周红. State-of-the-art Report of Bridge Health Monitoring[J]. 福州大学学报，2002，30(2)：127-152.

[439] 李爱群，缪长青. 桥梁结构健康监测[M]. 北京：人民交通出版社，2009.

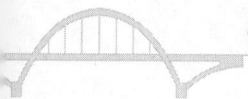

桥名索引

A

Aarwangen 城市桥 30

Antrenas 桥 49,85

Arbois 桥 4

Arco del Escudo 桥 51

Ashtabula 桥 210

Askerofjord 桥 32

Asterix 桥 2

阿克苏过境公路老大河桥 83

阿斯克劳水道桥 32,319

艾斯拉桥 6

安溪兰溪大桥 110,174

安阳文峰路立交桥 109,207

B

Boulonnais 高架桥 4

Brasde la Plaine 桥 4

巴东无源洞大桥 9

巴塞罗那 Bacde Roda 斜靠拱桥 152

白马石梁河大桥 183

白勉峡大桥 9

宝鸡新世纪渭河大桥 102

北京潮白河大桥 127

北京通顺路大桥 186

本谷桥 3

别府明矾桥 7

波司登大桥 2

布尔诺—维也纳高速公路跨线桥 50,85

C

Chenab 钢桁拱桥 54

Cognac 桥 2

长安大学人行桥 183,184

长春伊通河大桥 149

常德姻缘河大桥 188

长沙黑石铺湘江大桥 91,93

常熟海虞桥 101

常州东方大桥 183

常州怀德桥 186

重庆朝天门大桥 58

潮州韩江北桥 186

成都高翔东路人行桥 186

成都青龙场立交桥 174,203

成贵铁路鸭驰河大桥 8

成渝高速公路跨内宜铁路大桥 183

池山高架桥 3

赤壁武广客运专线胡家湾大桥 102,183

川藏铁路拉林段藏木雅鲁藏布江大桥 62

淳安南浦大桥 90,92,427

淳安千岛湖四马巷秀水大桥 183

淳安威坪大桥 8

D

Dättwil 公路桥 30

Dintel 港桥 34

Dole 桥 2

大里营立交桥 376

大连滨海路 4 号桥 186

大连海昌华城大桥 183,404

大连长兴岛码头栈桥 105,403

大瑞铁路澜沧江大桥 8

大翁桥 55

大西客运专线临汾大桥 102,183

大小井大桥 62,82

大堰河桥 3

丹东月亮岛大桥 183

德昌安宁河大桥 93,183

德兴太白桥 9

东莞鸿福路大桥 112,201

东莞水道大桥 121,130,232,240

东营银座 B 桥 3

E

Echelsbach 桥 6

Esla 桥 6

Europe 桥 4

峨边大渡河大桥 307,455

恩施南泥渡大桥 85,199,366

F

Firth of Forth 铁路桥 30

Fremont 桥 139

奉节梅溪河大桥 82,86

弗里蒙特桥 139

福安群益大桥 207

福鼎山前大桥 143,199,237

福鼎桐山大桥 160,206

福清玉融大桥 91,203

福州大学卧龙桥 146

福州湾边大桥 137,186

G

干海子大桥 39,47

赣州章江大桥 149

高安樟树岭大桥 139

高明大桥 91,203

高松大桥 7

哥伦布高架桥 51,188

公伯峡黄河大桥 92

光山浉河大桥 3

广深港客运专线沙湾水道大桥 183

广梧高速公路上寨高架二桥 85,186

广州解放大桥 110,158,186,189

广州丫髻沙大桥 80,132,205,232,307,390,458

贵港郁江大桥 413

贵阳道路十二南明河桥 187

锅田高架桥 3

H

海螺猛洞河大桥 199

海宁碧云大桥 186

汉江五桥 118

杭州钱江复兴大桥 101,106,193

杭州钱江四桥 101,106,193,216

杭州昙花庵路桥 186

杭州新塘路运河桥 186

杭州新塘桥 102

杭州余杭运河大桥 223,453

合川嘉陵江大桥 90,93

合福高速铁路跨福州三环线桥 135

合江长江三桥 62

合江长江一桥 2,58,97,201,232,373,413

黑石铺大桥 45

洪雅洪州大桥 160,186

呼和浩特金川大桥 102,186

湖州奚家庄大桥 183

沪昆高速铁路北盘江大桥 8,11,59

沪蓉西高速公路支井河大桥 75,82,85

化皮冲大桥 8

淮安天津路运河大桥 187

淮安长征桥 3

淮北长山路桥 48

黄柏河大桥 82,376

黄山太平湖大桥 92,183

J

吉安白鹭大桥 122,167,216,240

济南东站立交桥 109

嘉兴菜花泾桥 102

建德新安江大桥 94,385

江门东华大桥 148,405

江门胜利大桥 186

江阴杏春桥 186

金华婺江大桥 8

京港澳高速公路柏乡服务区人行天桥 42

京杭运河高邮二桥 105

京张高速公路周家沟 1 号桥 86

景德镇瓷都大桥 94

鄄城黄河公路大桥 3

K

Kaiserlei 桥 30,34

Kinokawa 桥 4

库尔勒孔雀河大桥 305,321

昆山太仓塘大桥 183

昆山玉峰大桥 187

昆山樾河大桥 187

L

La Plata 桥 34

Lully 高架桥 30

拉萨柳梧大桥 187

拉西瓦水电站黄河大桥 83

腊八斤大桥 45

兰渝线角拱沟大桥 183

兰州雁盐黄河大桥 44,115,209,237

栗东桥 3

溧阳南河大桥 102

临潼王坡沟南桥 172

岭南高速公路蒲山大桥 75,194

刘家峡大桥 48

柳州文惠大桥 91,93

六景郁江大桥 91

六钦高速公路钦江大桥 413

隆安南百高速公路花周大桥 183

洛阳赢洲大桥 149

落脚河大桥 161

M

Maupre 高架桥 2,42

蚂蚁沙桥 7

蒙新高速公路凉水沟大桥 75,82

闽清石潭溪大桥 90,206,240,458

N

New Damen Avenue 桥 51

南昌生米大桥 122

南海佛陈大桥 158,305,451,454

南海官山涌民乐新桥 186

南海三山西大桥 118,129,404,455

南海紫洞大桥 37

南京孙家凹分离式立交桥 85,186

南宁凌铁大桥 135

南宁永和大桥 91,427

南平玉屏山大桥 321

南通新开北路通启运河大桥 186

内江新龙坳立交桥 9

涅瓦河拱桥 8,49

宁波琴桥 101,186

宁波院士桥 148,186

宁波长丰桥 149

P

攀枝花宝鼎大桥 8

攀枝花金沙江俣果大桥 323

邳州京杭运河大桥 183,185,385

莆田阔口大桥 113,404

千岛湖 1 号桥 199

千岛湖金竹牌大桥 199

迁安北二环滦河大桥 186

Q

芹玉桥 55

青兰高速公路郸涉段南水北调大桥 186

青叶大桥 7

泉州百崎湖大桥 110,209,238,242

泉州和昌大桥 183

泉州仰恩大学人行桥 183,184

R

Ricobayo 水库桥 6,54

日见桥 3

日照港 30 万 t 原油码头栈桥 404

S

Sarutagawa 桥 4

Severn 铁路桥 27

Shitsumi 桥 4

Sindelfingen 人行桥 30

Stampfgraben 桥 6

赛文铁路桥 27

三岸邕江大桥 91,95

三道河桥 3

三门健跳大桥 92,453

三峡莲沱大桥 118,203

森举桥 55

沙河口大桥 8

上海昌吉东路蕴藻浜大桥 136

上海轨道交通 3 号线跨苏州河桥 139

上海卢浦大桥 58

上海闵浦大桥 4

上海中春路淀浦河东闸桥 139

韶关百旺大桥 160,186

韶关五里亭大桥 160

邵阳西湖大桥 135,405

绍兴曹娥江大桥 122

绍诸高速公路富盛互通连接线金家岭河 2 号桥 48

深圳彩虹(北站)大桥 44,115,204,241

深圳芙蓉大桥 110

深圳南山大桥 3

石家庄滹沱河大桥 183

石家庄石环公路 307 国道东互通立交桥 405

矢作川桥 3

寿宁杨梅大桥 187

水柏铁路北盘江大桥 85,89,183,378

四川南允下中坝嘉陵江大桥 112

松岛大桥 33

松原公铁立交桥 92

苏州澹台湖大桥 135

苏州斜港大桥 101

苏州尹山桥 101

苏州云梨桥 186

T

Tamaraceite 桥 6

Tomoegawa 桥 4

泰兴滨江大桥 135

泰州引江河大桥 101,203

唐海曹妃甸海上矿石码头栈桥 105,404

天津彩虹桥 402

天子山大桥 140

W

万州长江大桥 8,11,58,408,417

旺苍东河大桥 49,57,114

潍坊潍河大桥 183

温州南塘河大桥 102,186

温州瓯江三桥 9

巫山长江大桥 76,90,96,369

无锡华清大桥 183

梧州桂江三桥 388

武汉城际铁路路口大桥 183

武汉汉江三桥 75,109

武汉轻轨 1 号线跨京汉货场桥 135

武汉晴川大桥 75,109

武汉武广客运专线东湖大桥 183

武汉长丰大桥 118

武隆峡门口乌江大桥 160

武夷山公馆大桥 322

X

西伯利亚依谢季河铁路桥 49

西昌金河雅砻江大桥 8

西海大桥 52

西河原新桥 148

锡宜高速公路京杭运河大桥 113

锡宜高速公路跨京沪铁路大桥 109

下牢溪大桥 82,376

厦门侨英人行天桥 42

仙游兰溪大桥 91

湘潭莲湘大桥 75

湘潭湘江四桥 75,144,167

象山三门口北门大桥 183

象山三门口中门大桥 183

象山铜瓦门大桥 183

新安江望江大桥 91,203

新达门大街桥 51

新开桥 3

新西海桥 52,167,188,200,228

邢台钢铁路七里河桥 183

宿迁泗阳 2 号桥 105

徐州连徐路京杭运河大桥 118

宣杭铁路东苕溪大桥 102,183,214

Y

延吉延河大桥 92

扬州江都龙川二桥 186

阳泉桃江新泉大桥 186

依兰牡丹江大桥 93,167,187

宜宾金沙江戎州大桥 92

宜宾小南门大桥 8,218,321

宜春袁州大桥 93

宜万铁路宜昌长江大桥 75,136

义乌宾王大桥 101,186

义乌丹溪大桥 187

义乌篁圆桥 101,188

益阳康富南路桥 187

益阳茅草街大桥 75,119

益阳资江三桥 91,93

银桥 34

银山御幸桥 3

英德香炉峡北江大桥 9

营口港仙人岛 2 号原油码头栈桥 105,403

邕宁邕江大桥 8,11,364

渝黔铁路夜郎河大桥 8

舆津川桥 3

宇佐川桥 7

云桂铁路南盘江大桥 8,11

Z

漳州九龙江大桥 149

漳州西洋坪大桥 239,401

昭化嘉陵江大桥 8,11

浙江新 104 国道桥 186

镇大公路谏壁京杭运河大桥 404

镇江新河桥 186

郑万铁路梅溪河大桥 8

郑州黄河公路二桥 101,105,166,188,190,241,400

郑州黄河公铁两用桥 183

郑州郑西客运专线跨 310 国道桥 102,183

中山中山二桥 186

忠县长江大桥 32

舟山松岙大桥 183

舟山新城大桥 183

准朔铁路黄河大桥 183

资阳沱江三桥 183

秭归九畹溪大桥 85

秭归青干河大桥 93,427

秭归向家坝大桥 37

总溪河大桥 82,199,233